PLUS DE

6000 QCM

CULTURE GÉNÉRALE
& ACTUALITÉS

Plus de 6000 QCM - Culture générale & Actualités
Édition 2024

Sommaire

Monde & Humanité

A GÉOGRAPHIE

Répondez aux 150 questions de géographie avant de consulter la grille de réponses.

A1- Quelle ligne imaginaire a la latitude la plus septentrionale sur laquelle il est possible d'apercevoir le Soleil directement au zénith, lors du solstice de juin ?
a) L'équateur terrestre   b) Le tropique du Cancer   c) Le tropique du Capricorne   d) Le pôle Nord

A2- Quelle est la longueur de l'équateur terrestre ?
a) 20 075 km   b) 30 075 km   c) 40 075 km   d) 50 075 km

A3- Quel pays est la plus grande nation du globe, avec une superficie totale d'environ 17 000 000 km² soit 11,5 % de la surface habitable de la Terre ?
a) Le Canada   b) Les Etats-Unis   c) La République Populaire de Chine   d) La Fédération de Russie

A4- Quel pays possède la capitale la plus au Sud du Globe ?
a) Le Chili   b) La Nouvelle-Zélande   c) L'Argentine   d) L'Afrique du Sud

A5- Quel est le plus petit océan du Globe en terme de superficie ?
a) L'Océan Indien   b) L'Océan Antarctique   c) L'Océan Arctique   d) L'Océan Atlantique

A6- Quel est le plus long fleuve du monde ?
a) L'Amazone   b) Le Danube   c) Le Yangzi Jiang   d) Le Mississippi

A7- Où le fleuve Yangzi Jiang prend-il sa source ?
a) Au Tibet   b) Au Népal   c) Au Pakistan   d) Au Bangladesh

A8- Où se jette le fleuve Mississippi ?
a) Dans l'Océan Pacifique   b) Dans la Mer des Caraïbes   c) Dans le Golfe du Mexique   d) Dans le Détroit de Davis

A9- Quel golfe sépare l'Iran de la péninsule arabique ?
a) Le Golfe Persique   b) Le Golfe d'Aden   c) Le Golfe de Guinée   d) Le Golfe du Bengale

A10- Quelle est la capitale de l'Équateur ?
a) Quito   b) La Paz   c) Bogota   d) San José

A11- En excluant les masses continentales comme l'Antarctique et l'Australie, quelle est la plus grande île du monde ?
a) La Nouvelle-Guinée   b) Bornéo   c) Le Groenland   d) Madagascar

A12- Quel nom porte la plus profonde abysse du monde ?
a) La fosse du Japon   b) La fosse des Philippines   c) La Fosse des Kermadec   d) La Fosse des Mariannes

A13- Dans quelle chaîne de montagnes se trouve le mont Everest, le plus haut sommet du monde ?
a) Les Alpes   b) Les Rocheuses   c) L'Himalaya   d) Les Andes

A14- Quel pays a pour capitale Tegucigalpa ?
a) Le Chili   b) Le Honduras   c) Le Nicaragua   d) Le Salvador

A15- Quel lac ne se situe pas en Italie ?
a) Le lac de Garde   b) Le lac Majeur   c) Le lac de Côme   d) Le lac Léman

A16- Quelle ville ne se situe pas en Pologne ?
a) Bratislava   b) Varsovie   c) Cracovie   d) Lublin

A17- Quel Golfe se situe à l'extrême nord-ouest de la Méditerranée occidentale, entre le cap de Creus (en Catalogne) et le cap Sicié (dans le Var) ?
a) Le Golfe de Gascogne   b) Le Golfe de Gênes   c) Le Golfe du Lion   d) Le Golfe de Valence

A18- Dans quel pays se trouve la ville de Sintra ?
a) Portugal   b) Espagne   c) Italie   d) Algérie

A19- Quel était le nom d'un des sept territoires basques traditionnels qui disparut lors de la révolution française avec la création du département des Pyrénées-Atlantiques ?
a) La Navarre   b) Le Labourd   c) La Gascogne   d) La Soule

A20- Quelle est la capitale du Mozambique ?
a) Le Cap   b) Kinshasa   c) Brazzaville   d) Maputo

A21- Dans quel État des États-Unis se situe le Grand Canyon ?
a) Le Texas   b) Le Colorado   c) Le Nevada   d) L'Arizona

A22- Quel État partage l'île d'Hispaniola avec la République dominicaine ?
a) La Jamaïque   b) Haïti   c) Porto Rico   d) Cuba

A23- Quel est l'autre nom des îles Falkland ?
a) Les îles Chatham   b) Les îles Canaries   c) Les îles Malouines   d) Les îles des Maldives

A24- Quel État est entièrement enclavé dans le territoire de l'Afrique du Sud ?
a) Le Lesotho   b) Le Swaziland   c) Le Botswana   d) Le Zimbabwe

A25- Au bord de quel lac se trouve la ville de Chicago ?
a) Le lac Érié   b) Le lac Ontario   c) Le lac Michigan   d) Le lac Huron

A26- Dans quel pays se trouve le lac Baïkal ?
a) En Mongolie   b) En Russie   c) Au Kazakhstan   d) Au Kirghizistan

A27- Quelle mer intègre le golfe de Botnie, le golfe de Finlande et le golfe de Riga ?
a) La Mer Baltique   b) La Mer du Nord   c) La Mer Noire   d) La Mer Morte

A28- Quelle mer n'existe pas ?
a) La Mer Rouge   b) La Mer Noire   c) La Mer Blanche   d) La Mer Bleue

A29- Quel pays ne borde pas le Golfe d'Aden ?
a) L'Iran   b) La Somalie   c) Le Yémen   d) Djibouti

A30- Quel fleuve sert de frontière entre le Mexique et les États-Unis ?
a) Le Rio Grande   b) Le Missouri   c) Le Colorado   d) Le Yukon

A31- Quel pays n'est pas frontalier de l'Arménie ?
a) La Géorgie   b) L'Azerbaïdjan   c) La Turquie   d) L'Irak

A32- Sur quel pays ne s'étend pas l'ensemble montagneux des Carpates ?
a) L'Autriche   b) La Hongrie   c) La Slovaquie   d) La Bulgarie

A33- Quel pays a pour capitale Minsk ?
a) La Lettonie   b) La lituanie   c) La Biélorussie   d) L'Estonie

A34- Quelle mer borde la Croatie ?
a) La Mer Ionienne   b) La Mer Adriatique   c) La Mer Égée   d) La Mer Méditerranée

A35- Quelle ville espagnole ne se situe pas en Andalousie ?
a) Séville   b) Grenade   c) Cadix   d) Valladolid

A36- Quelle ville française porte également le nom d'une ville espagnole ?
a) Toulouse   b) Valence   c) Limoges   d) Rouen

A37- Dans quel pays se trouve la ville de Maastricht, connue pour être le lieu de signature du traité de Maastricht qui a donné naissance à l'Union européenne ?
a) En Belgique   b) En Allemagne   c) Aux Pays-Bas   d) Au Luxembourg

A38- Suite à la réforme territoriale de 2016, combien de régions la France métropolitaine compte-t-elle ?
a) 13   b) 15   c) 18   d) 22

A39- Quel numéro porte le département des Landes ?
a) 30   b) 40   c) 50   d) 60

A40- Dans quelle région administrative se situe la ville de Chambéry ?
a) Nouvelle Aquitaine   b) Auvergne-Rhône-Alpes   c) Bourgogne-Franche-Comté   d) Occitanie

A41- Quel sommet du massif du Karakoram est situé sur la frontière sino-pakistanaise dans la région autonome du Gilgit-Baltistan ?
a) Everest   b) K2   c) Lhotse   d) Kanchenjunga

A42- Quelle ville n'est pas située en Bretagne ?
a) Saint-Malo   b) Caen   c) Concarneau   d) Vannes

A43- Quel pays est connu pour la Grande Barrière de corail, ses grandes étendues sauvages et désertiques appelées l'Outback, et ses espèces animales uniques comme le kangourou ?
a) L'Indonésie   b) Le Japon   c) L'Australie   d) La Nouvelle-Zélande

A44- Quelle est la capitale de l'Égypte ?
a) Louxor   b) Alexandrie   c) Assouan   d) Le Caire

A45- Dans quel département se situe le Mont-Saint-Michel ?
a) Les Côtes d'Armor   b) L'Ille-et-Vilaine   c) Le Calvados   d) La Manche

A46- Sur quel continent se trouve le Kilimandjaro?
a) Amérique   b) Afrique   c) Europe   d) Asie

A47- En 2022, cent ans après sa création, quel département n'était toujours pas un département français à part entière, puisque c'était le seul département où il n'existait pas de Cour d'Assises ?
a) La Corse-du-Sud   b) Le Territoire de Belfort   c) Le Bas-Rhin   d) Paris

A48- Quel numéro porte le département de la Vendée ?
a) 65   b) 75   c) 85   d) 95

A49- Quel est la plus longue chaîne de montagnes continentale du monde ?
a) Les Alpes   b) L'Himalaya   c) La Cordillère des Andes   d) Les Rocheuses

A50- Quel numéro porte le département de l'Isère ?
a) 38   b) 48   c) 58   d) 68

A51- Quel archipel de l'océan Indien est situé entre Madagascar et la côte du Mozambique ?
a) Mayotte   b) La Réunion   c) Maurice   d) Seychelles

A52- Quel détroit longe la cité-État de Singapour ?
a) Le détroit de Malacca   b) Le détroit du Bosphore   c) Le détroit de Gibraltar   d) Le détroit de Bab-el-Manded

A53- Quelle ville française n'est pas une ville portuaire maritime ?
a) Dunkerque   b) Le Havre   c) La Rochelle   d) Montpellier

A54- Dans quel pays peut-on visiter le Machu Picchu, l'ancienne cité inca ?
a) Au Chili   b) Au Mexique   c) Au Pérou   d) Au Paraguay

A55- Après 1991, comment a été rebaptisée la ville de Léningrad ?
a) Petrograd   b) Stalingrad   c) Vladivostok   d) Saint-Pétersbourg

A56- Quelle commune n'est pas riveraine de la Seine ?
a) Paris   b) Le Havre   c) Nantes   d) Honfleur

A57- Dans quel pays se situe Hô Chi Minh-Ville ?
a) Vietnam   b) Cambodge   c) Laos   d) Birmanie

A58- Quel est la plus haute montagne de Grèce ?
a) Le Mont Olympe   b) Le Mont Parnasse   c) Le Mont Taygète   d) Le Mont Pélion

A59- Dans quelle province italienne se situe l'Etna ?
a) En Sicile   b) En Sardaigne   c) En Calabre   d) En Vénétie

A60- Quel territoire porte un nom signifiant « Terre verte » ?
a) Irlande   b) Islande   c) Finlande   d) Groenland

A61- Dans quel massif montagneux se situe le pic d'Aneto ?
a) Les Pyrénées   b) Le Massif central   c) Les Alpes   d) Le Jura

A62- Quel numéro porte le département du Calvados ?
a) 4   b) 14   c) 24   d) 34

A63- Dans quel pays se trouve la ville portuaire d'Oran ?
a) Au Maroc   b) En Algérie   c) En Tunisie   d) En Égypte

A64- De quel pays Beyrouth est-elle la capitale ?
a) La Syrie   b) Le Liban   c) Chypre   d) La Jordanie

A65- Quel département est contigu uniquement à deux départements que sont les Côtes d'Armor et le Morbihan?
a) L'Ille-et-Vilaine   b) La Loire Atlantique   c) La Mayenne   d) Le Finistère

A66- Quelle est la préfecture de la Somme ?
a) Amiens   b) Laon   c) Beauvais   d) Arras

A67- Quelle ville n'est pas située dans le département des Alpes-Maritimes ?
a) Saint-Raphaël   b) Nice   c) Cannes   d) Antibes

A68- Quel est le volcan actif de l'île de La Réunion ?
a) Le Piton de la Fournaise   b) La Grande Soufrière   c) Le Piton des Neiges   d) La Montagne Pelée

A69- Où se situe Pompéi, l'ancienne ville romaine ensevelie sous des mètres de cendres et de pierre ponce après l'éruption du Vésuve en 79 av. J.-C ?
a) En Argentine   b) En Algérie   c) En Italie   d) En Chine

A70- Quelle île, en forme d'un papillon, abrite le volcan de la Soufrière ?
a) La Réunion   b) La Guadeloupe   c) La Martinique   d) Mayotte

A71- Quel est, en superficie, le plus grand département de France Métropolitaine ?
a) La Guyane   b) La Gironde   c) Les Landes   d) La Dordogne

A72- Quel sommet américain transformé en mémorial prend la forme de sculptures spectaculaires représentant les visages de quatre présidents célèbres des États-Unis : George Washington, Thomas Jefferson, Théodore Roosevelt et Abraham Lincoln ?
a) Le Mont Washington   b) Le Mont Whitney   c) Le Mont Hood   d) Le Mont Rushmore

A73- Quel numéro porte le département de la Sarthe ?
a) 62   b) 72   c) 82   d) 92

A74- Dans quelle province italienne se situe la ville de Milan ?
a) En Ligurie   b) En Lombardie   c) En Toscane   d) En Campanie

A75- Quel est le seul fleuve qui ne coule pas dans le département du même nom ?
a) Le Var   b) Le Lot   c) La Dordogne   d) La Moselle

A76- Quel est le massif montagneux le plus vaste de France Métropolitaine ?
a) Les Pyrénées   b) Le Massif central   c) Les Alpes   d) Le Jura

A77- Quelle est la préfecture du Lot ?
a) Cahors   b) Albi   c) Rodez   d) Montauban

A78- Dans quelle région administrative se situe la ville de Limoges ?
a) Nouvelle Aquitaine   b) Centre-Val de Loire   c) Pays de la Loire   d) Occitanie

A79- Dans quel pays a été construit le canal de Suez, long de 193,3 km ?
a) En Égypte   b) En Libye   c) En Syrie   d) En Israël

A80- Quelle est la seule capitale européenne qui se situe en dessous du niveau de la mer ?
a) Londres   b) Paris   c) Amsterdam   d) Rome

A81- Quel navigateur a donné son nom au passage maritime qui sépare le continent sud-américain et la grande île de la Terre de Feu ?
a) Christophe Colomb   b) Fernand de Magellan   c) Jacques Cartier   d) James Cook

A82- Quelle est la capitale de l'Australie ?
a) Sydney   b) Canberra   c) Melbourne   d) Brisbane

A83- De quel pays la Sibérie est-elle une vaste province ?
a) Russie   b) Danemark   c) Chine   d) Mongolie

A84- À la suite de la Seconde Guerre mondiale, quelle péninsule fut partagée en deux pays occupés par les États-Unis et par l'Union soviétique ?
a) La péninsule de Corée   b) La péninsule ibérique   c) La péninsule arabique   d) La péninsule Bruce

A85- Par convention, combien de méridiens existe-t-il sur Terre ?
a) 4   b) 90   c) 180   d) 360

A86- Dans quelle ville se trouve le Palais des Papes ?
a) Béziers   b) Nîmes   c) Avignon   d) Arles

A87- Dans quel département se trouvent les Calanques de Cassis ?
a) Var   b) Vaucluse   c) Bouches-du-Rhône   d) Hérault

A88- Où se trouve la source de la Loire ?
a) Au Mont Gerbier-de-Jonc   b) Au Mont Ventoux   c) Au Mont Aigoual   d) Au Mont Blanc

A89- Quel pays possède le territoire autonome du Groenland ?
a) Russie   b) Danemark   c) Chine   d) États-Unis

A90- Quelle est la superficie de la France Métropolitaine (environ) ?
a) 150 000 km^2 b) 350 000 km^2 c) 550 000 km^2 d) 750 000 km^2

A91- Quelle est la seule ville à être sur deux continents différents ?
a) Jérusalem   b) Istanbul   c) Mexico   d) Moscou

A92- Quelle ville est célèbre pour ses plages Copacabana, Leblon et Ipanema ?
a) Venise   b) Nice   c) Cancún   d) Rio de Janeiro

A93- Dans quel pays se situe la ville de Vesoul ?
a) Pays-Bas   b) Belgique   c) Luxembourg   d) France

A94- Quel État insulaire n'a pas de frontière terrestre, mais possède exactement deux frontières maritimes : l'une avec la Norvège et l'autre avec le Danemark ?
a) Irlande   b) Islande   c) Finlande   d) Groenland

A95- Où se situe la Burj Khalifa, devenue en mai 2008 la plus haute structure humaine jamais construite ?
a) Chine   b) Canada   c) Dubaï   d) Inde

A96- Dans quelle ville se trouve la Maison carrée, le temple romain hexastyle ?
a) Béziers   b) Nîmes   c) Avignon   d) Arles

A97- Quelle ville française se trouve à la jonction du Rhône et de la Saône ?
a) Avignon   b) Montélimar   c) Grenoble   d) Lyon

A98- Quel tunnel transfrontalier alpin relie Modane (Savoie, en France) et Bardonnèche (Piémont, en Italie) ?
a) Le Tunnel du Mont Blanc   b) Le Tunnel du Fréjus   c) Le Tunnel du Somport   d) Le Tunnel Prado

A99- Quel numéro porte le département du Cantal ?
a) 5   b) 15   c) 25   d) 35

A100- Quelle ancienne ville romaine a connu la tragique crue meurtrière de l'Ouvèze le 22 septembre 1992 ?
a) Orange   b) Vaison-la-Romaine   c) Arles   d) Lyon

A101- Quel est le plus long fleuve d'Europe ?
a) La Volga   b) Le Danube   c) L'Oural   d) Le Rhin

A102- Quelle est la densité moyenne en France Métropolitaine (nombre approximatif, en nombre d'habitants par km^2) ?
a) 80   b) 100   c) 120   d) 140

A103- Parmi les quatre capitales suivantes, laquelle se situe le plus au Nord de l'Europe ?
a) Berlin   b) Londres   c) Dublin   d) Prague

A104- Dans quel département se situe le Mont Ventoux ?
a) Isère   b) Drôme   c) Vaucluse   d) Hautes-Alpes

A105- Quel pays portait auparavant le nom de Zaïre ?
a) Tanzanie   b) Cameroun   c) République démocratique du Congo   d) Soudan

A106- Quel pays est désigné par l'expression « Empire du Milieu » ?
a) Le Japon   b) L'inde   c) La Chine   d) La Russie

A107- Située à l'est d'Aix-en-Provence, quelle montagne a connu une notoriété internationale grâce au peintre Paul Cézanne ?
a) La Montagne Sainte-Victoire   b) La Montagne Noire
c) La Montagne de Lure   d) La Montagne Cervin

A108- Quelle mer de l'océan Pacifique est située entre le Kamtchatka (Russie) à l'ouest, et l'Alaska (États-Unis) ?
a) La mer de Kara   b) La mer de Barents   c) La mer de Béring   d) La mer d'Okhotsk

A109- Quel nom porte l'île principale du Japon sur laquelle se situent notamment Tokyo, Kyoto et Hiroshima ?
a) Hokkaidō   b) Kyūshū   c) Honshū   d) Shikoku

A110- Dans le recueil « Les feuilles d'automne » publié en 1831, quelle ville Victor Hugo décrit-il comme la « Ville aux cent clochers » ?
a) Paris   b) Brest   c) Lille   d) Rouen

A111- Quel pays a pour capitale Sanaa ?
a) Bangladesh   b) Yémen   c) Pakistan   d) Malaisie

A112- Quel nom porte le célèbre sommet de la ville de Rio de Janeiro, qui accueille en son sommet la statue du Christ Rédempteur ?
a) Maracana   b) Pain de Sucre   c) Corcovado   d) Cariocas

A113- Dans quelle ville se trouve le Grand Canal qui en est la principale artère maritime ?
a) Barcelone   b) Amsterdam   c) Miami   d) Venise

A114- Parmi les quatre capitales suivantes, laquelle se situe le plus au Sud de l'Europe ?
a) Rome   b) Madrid   c) Lisbonne   d) Athènes

A115- Quelle est la capitale du Maroc ?
a) Rabat   b) Casablanca   c) Marrakech   d) Tanger

A116- Quel pays portait auparavant le nom de Rhodésie du sud ?
a) Angola   b) Gabon   c) Zimbabwe   d) Congo

A117- Quelle ville est célèbre pour sa production cinématographique à Hollywood ?
a) New-York   b) Washington   c) San Francisco   d) Los Angeles

A118- Quelle île se trouve dans l'Océan Atlantique ?
a) Cap-vert   b) Java   c) Maldives   d) Galápagos

A119- Quelle est la capitale du Canada ?
a) Toronto   b) Ottawa   c) Montréal   d) Vancouver

A120- Quelle ville d'Irlande du Nord est célèbre pour avoir été le site du chantier naval du célèbre RMS Titanic, qui a percuté un iceberg avant de couler en 1912 ?
a) Belfast   b) Dublin   c) Cork   d) Londonderry

A121- Sur quel fleuve se trouvent les Chutes Livingstone ?
a) Nil   b) Congo   c) Amazone   d) Mississippi

A122- Quelle péninsule est située entre la mer Noire et la mer d'Azov ?
a) Crimée   b) Ruthénie   c) Bukovine   d) Donbass

A123- Quel pays a un drapeau rouge comportant en son centre une bande verticale blanche, surmontée d'une feuille d'érable rouge ?
a) Chine   b) Mexique   c) Canada   d) Bulgarie

A124- Quel nom désigne à la fois un pays sur la côte Est de la mer Noire et un État du Sud des États-Unis ?
a) Géorgie   b) Arménie   c) Slovaquie   d) Turquie

A125- Quel pays est désigné par l'expression « Le pays des aigles » ?
a) Les États-Unis   b) L'Albanie   c) Le Nigeria   d) Le Chili

A126- Quelle grande ville des États-Unis a été touchée par le séisme de 1906 ?
a) San Francisco   b) Denver   c) New York   d) Dallas

A127- Parmi les quatre villes suivantes, laquelle se situe le plus au Sud de la France ?
a) Bordeaux   b) Toulouse   c) Limoges   d) Lyon

A128- Quel terme désigne une grande ville qui concentre la population, les activités et les fonctions de commandement ?
a) Une aire urbaine   b) Une métropole   c) Une ville-centre   d) Une banlieue

A129- Quelle île n'appartient pas à l'Indonésie ?
a) Sumatra   b) Java   c) Bali   d) Ko Lanta

A130- Quel canal relie l'océan Pacifique et l'océan Atlantique?
a) Le Canal de Suez   b) Le Canal du Midi   c) Le Canal de Corinthe   d) Le Canal de Panama

A131- Quelle île de Polynésie française, qui fait partie des îles du Vent dans l'archipel de la Société, est située face à Tahiti ?
a) Hawaï   b) Moorea   c) Papeete   d) Tuamotu

A132- Quel pays portait auparavant le nom de Ceylan ?
a) Sri Lanka   b) Indonésie   c) Malaisie   d) Philippines

A133- Quelle est la capitale de l'Azerbaïdjan ?
a) Bakou   b) Tbilissi   c) Téhéran   d) Astrakhan

A134- Quelle est la capitale de la Guyane française ?
a) Kourou   b) Cayenne   c) Mana   d) La Trinité

A135- Quelle est la mer la plus salée du Monde ?
a) La Mer Noire   b) La Mer Morte   c) La Mer Ionienne   d) La Mer Rouge

A136- Quel nom désigne une région canadienne et une race de chien ?
a) Spitz   b) Caniche   c) Colley   d) Labrador

A137- Quelle région a été colonisée et administrée par le Portugal durant plus de 400 ans jusqu'au 20 décembre 1999 ?
a) Hong Kong   b) Macao   c) Taïwan   d) Singapour

A138- Dans quel pays se trouve La Mecque, la ville la plus sainte de l'Islam ?
a) En Jordanie   b) En Algérie   c) En Egypte   d) En Arabie Saoudite

A139- Quel sommet est surnommé le « Géant de Provence » ?
a) Le Mont Ventoux   b) Le Mont Blanc   c) La Montagne Sainte-Victoire   d) Le Puy de Dôme

A140- Parmi les quatre villes suivantes, laquelle se situe le plus au Nord de la Corse ?
a) Calvi   b) Bastia   c) Ajaccio   d) Bonifacio

A141- Quelle ville portuaire de l'Est de la Tunisie, située à 143 kilomètres au sud de Tunis, est parfois surnommée la « perle du Sahel » ?
a) Monastir   b) Sousse   c) Sfax   d) Bizerte

A142- Quel barrage sur le Yangzi Jiang, situé au centre de la Chine, est considéré comme la plus grande centrale hydroélectrique au monde par sa puissance installée ?
a) Le Barrage de Xiluodu   b) Le Barrage des Trois-Gorges
c) Le Barrage de Longtan   d) Le Barrage de Xiangjiaba

A143- Quelle île, séparée du continent par le pertuis Breton, est reliée au continent par un pont depuis mai 1988 ?
a) L'île de Jersey   b) Belle-Île-en-Mer   c) L'île d'Oléron   d) L'île de Ré

A144- Quel pays a pour drapeau une lune décroissante et une étoile à cinq branches, les deux de couleur blanche, sur un fond rouge ?
a) Turquie   b) Maroc   c) Tunisie   d) Libye

A145- Quelle commune balnéaire et touristique située le long de la Manche, sur la côte d'Albâtre, est célèbre pour ses falaises et leurs trois arches successives ?
a) Étretat   b) Fécamp   c) Dieppe   d) Cabourg

A146- Quelle est l'altitude officielle du Mont-Blanc mesurée en 2021 (environ) ?
a) 4408 mètres   b) 4608 mètres   c) 4808 mètres   d) 5008 mètres

A147- Quel pays a pour symbole national l'oiseau kiwi ?
a) La Nouvelle-Zélande   b) L'Australie   c) La Malaisie   d) L'Indonésie

A148- Quelle est la capitale la plus haute du monde ?
a) Bogota   b) Quito   c) Addis-Abeba   d) La Paz

A149- Les chutes du Niagara sont un ensemble de trois chutes d'eau : les « chutes du Fer-à-Cheval », les « chutes américaines » et ... ?
a) les « chutes du Capitaine »   b) les « chutes du Voile de la Mariée »
c) les « chutes de l'Aigle »   d) les « chutes du Tourbillon »

A150- Quelle est la plus grande ville d'Alaska?
a) Winnipeg   b) Vancouver   c) Anchorage   d) Calgary

B HISTOIRE

Répondez aux 150 questions d'histoire avant de consulter la grille de réponses.

B1- Quelle période s'étend de l'apparition des premiers hommes préhistoriques à l'apparition de l'écriture ?
a) Le Paléolithique   b) Le Mésolithique   c) Le Néolithique   d) La Préhistoire

B2- Quel adjectif qualifie le commerce entre l'Europe, l'Afrique et l'Amérique, pour la déportation d'esclaves noirs, d'abord troqués en Afrique contre des produits européens (textiles, armes) puis en Amérique contre des matières premières coloniales (sucre, café, cacao, coton, tabac) ?
a) Sauvage   b) Triangulaire   c) Euramérindien   d) Transitoire

B3- Quel roi de Prusse de 1740 à 1786, ami de Voltaire, est l'un des principaux représentants du courant du « despotisme éclairé » ?
a) Albert Frédéric de Prusse   b) Georges Guillaume Ier   c) Frédéric II   d) Guillaume Ier

B4- En France, durant la Révolution, quelle guerre opposa les républicains aux royalistes ?
a) La guerre de la Somme   b) La guerre de Paris   c) La guerre de Troie   d) La guerre de Vendée

B5- Au cours de quelle nuit de 1789 s'est tenue la séance de l'Assemblée nationale constituante au cours de laquelle fut votée la suppression des privilèges féodaux ?
a) La nuit du 14 juillet   b) La nuit du 4 août   c) La nuit du 15 août   d) La nuit du 30 août

B6- Quelle organisation politique espagnole nationaliste d'obédience fascisante, fondée le 29 octobre 1933 par José Antonio Primo de Rivera, joua un rôle important dans la guerre civile entre 1936 et 1939 face aux républicains ?
a) La Phalange espagnole   b) Le Front espagnol   c) Le Corte   d) Le Movimiento

B7- Dans quelle ville eut lieu la marche politique le 28 août 1963, lors de laquelle Martin Luther King fit son célèbre discours « I have a dream » ?
a) À Dallas   b) À Washington   c) À New-York   d) À Chicago

B8- Quel terme désigne la diffusion par les Romains de leur culture, leur civilisation, leur mode de vie à l'ensemble des territoires qu'il avaient conquis ?
a) La communion   b) Le civilisation   c) La romanisation   d) L'italinisation

B9- Quel terme désigne la politique étrangère mise en œuvre par Willy Brandt en Allemagne de l'Ouest de 1969 à 1974, pour normaliser les relations avec l'Union soviétique, l'Allemagne de l'Est et les autres pays d'Europe de l'Est afin de durablement assurer la paix et la sécurité en Europe ?
a) Réunification b) Ostpolitik   c) Pacification   d) Secupolitik

B10- Qui est le dernier Bourbon à avoir régné, ainsi que le 68e roi à avoir régné sous le titre « roi de France » ?
a) Charles X   b) Henri II   c) Louis Ier   d) Clovis

B11- En quelle année, la france abolit-elle l'esclavage, y compris dans ses colonies ?
a) En 1848   b) En 1860   c) En 1878   d) En 1918

B12- Quel homme d'État espagnol instaura un régime dictatorial nommé État espagnol, puis dirigea l'Espagne pendant près de 40 ans, de 1936 à 1975 ?
a) Luis Carrero Blanco   b) Francisco Franco   c) Juan Carlos   d) Adolfo Suárez

B13- Quelle a été la première capitale du royaume franc ?
a) Paris   b) Versailles   c) Tournai   d) Soisson

B14- Quel massacre de protestants par des catholiques a été déclenché à Paris, le 24 août 1572 ?
a) De la Saint-Jean   b) De la Saint-Barthélemy   c) De la Saint-Paul   d) De la Saint-François

B15- Quel était le surnom de Louis VI, roi de France de 1108 à 1137 ?
a) « Le Chauve » b) « Le Bref »   c) « Le Vaillant » d) « Le Gros »

B16- Au cours des journées révolutionnaires d'octobre 1789, où Louis XVI, Marie-Antoinette et leurs enfants s'installèrent-ils le 6 octobre 1789 après avoir été ramenés du château de Versailles par les émeutiers ?
a) Au Palais des Tuileries b) Au Grand Palais   c) À la prison de la Bastille   d) Aux Invalides

B17- Quel homme politique français succède à Richelieu en tant que principal ministre d'État de 1643 à 1661 ?
a) Colbert   b) Mazarin   c) Richelieu   d) Jacques Cœur

B18- Quel surnom donne-t-on à la Première Guerre mondiale ?
a) La Grande Guerre   b) La Boucherie   c) La Nouvelle Guerre   d) La Drôle de Guerre

B19- Quel était le surnom de Benito Mussolini, homme d'État italien fondateur du fascisme ?
a) « Duce »   b) « Capo »   c) « Magnifico » d) « Fuerto »

B20- En quelle année la mort de Théodose le Grand provoque-t-elle la division définitive de l'Empire romain en deux parties : l'Empire romain d'Occident et l'Empire romain d'Orient ?
a) En 345   b) En 395   c) En 435   d) En 485

B21- Quel roi invite Léonard de Vinci à rejoindre sa Cour à Amboise en 1516 ?
a) Charles IX   b) François Ier   c) Louis V   d) Henri IV

B22- Quel est le surnom donné posthumément à Jeanne d'Arc ?
a) « La Pucelle d'Orléans »b) « La Brave d'Orléans » c) « La Pieuse d'Orléans » d) « La Vengeresse d'Orléans »

B23- À son retour de l'île d'Elbe, quand Napoléon débarqua-t-il pour rallier Grenoble ?
a) Le 1er mars 1800   b) Le 1er mars 1805   c) Le 1er mars 1810   d) Le 1er mars 1815

B24- Sur quelle ville a eu lieu le bombardement atomique du 9 août 1945 ?
a) Hiroshima   b) Tchernobyl   c) Nagasaki   d) Fukushima

B25- Quel homme d'État français, élevé à la dignité de maréchal de France en 1918, est frappé d'indignité nationale et déchu de sa distinction militaire en 1945 ?
a) Charles de Gaulle   b) Pierre Laval   c) Maurice Papon   d) Philippe Pétain

B26- Quel roi de Macédoine à partir de 336, devient l'un des plus grands conquérants de l'histoire en prenant possession de l'immense Empire perse et en s'avançant jusqu'aux rives de l'Indus ?
a) Perdiccas   b) Amyntas Ier   c) Alexandre le Grand   d) Philippe II

B27- Comment se nomme l'époque de la « nouvelle-pierre polie », la période la plus récente de la Préhistoire ?
a) Le Paléolithique   b) Le Mésolithique   c) Le Néolithique   d) La Renaissance

B28- Quel vaisseau marchand anglais est devenu célèbre pour avoir transporté en 1620 d'Angleterre en Amérique du Nord les Pilgrim fathers (« Pères pèlerins »), à la recherche d'un lieu pour pratiquer librement leur religion ?
a) Le Titanic   b) Le Queen Mary   c) Le Mayflower d) Le Nimits

B29- Quelle bataille de la Première Guerre mondiale commença le 16 avril 1917 à 6 h du matin par la tentative française de rupture du front allemand entre Soissons et Reims vers Laon, sous les ordres du général Nivelle ?
a) Du Chemin des Dames   b) De Verdun   c) De la Marne   d) De Bastogne

B30- Quel était le « Jour J » du débarquement de Normandie, l'opération militaire amphibie et aéroportée alliée lors de la Seconde Guerre mondiale ?
a) Le 8 novembre 1945   b) Le 8 mai 1945 c) Le 11 novembre 1944   d) Le 6 juin 1944

B31- Quel roi était surnommé « le Roi-Soleil » ?
a) Louis XII   b) Louis XIII   c) Louis XIV   d) Louis XV

B32- Aux États-Unis, quand eut lieu la guerre de Sécession ?
a) De 1857 à 1861   b) De 1861 à 1865   c) De 1865 à 1869   d) De 1869 à 1873

B33- Quel terme désignait les nations en guerre contre les Alliés lors de la Seconde Guerre mondiale ?
a) L'Alliance   b) L'Axe   c) Le Mal   d) La Terreur

B34- Quelle comtesse de Saint-Vallier, duchesse de Valentinois, demeure pendant plus de vingt ans la favorite de Henri II, roi de France ?
a) Jane Stuart   b) Marie Gaudin   c) Diane de Poitiers   d) Marie de Clèves

B35- Quel calendrier, créé pendant la Révolution française, fut utilisé pendant la Première République puis l'Empire jusqu'en 1806?
a) Le calendrier grégorien b) Le calendrier phrygien c) Le calendrier romain   d) Le calendrier républicain

B36- Quel est le nom du vaste système de défenses et de fortifications au nord-est de la France pendant la Première Guerre mondiale, construit par les forces armées allemandes pendant l'hiver 1916-1917 ?
a) La Ligne du Bug   b) La ligne Siegfried   c) La Ligne Hindenburg   d) La Ligne Maginot

B37- Qui fut président du Gouvernement provisoire de la République française de 1944 à 1946 ?
a) François Mitterrand   b) Jean Moulin   c) Charles de Gaulle   d) Gaston Defferre

B38- Quelle était la capitale de l'Empire carolingien ?
a) Paris   b) Reims   c) Aix-la-Chapelle   d) Vichy

B39- Quand eut lieu la première croisade qui s'acheva par la prise de la ville de Jérusalem et la création du royaume chrétien de Jérusalem ?
a) De 895 à 899   b) De 995 à 999   c) De 1095 à 1099   d) De 1195 à 1199

B40- Quel roi du Royaume-Uni fut également le dernier empereur des Indes, le dernier roi d'Irlande et le premier chef du Commonwealth ?
a) George VI   b) Édouard VII   c) Guillaume IV   d) Charles II

B41- Comment désigne-t-on l'art sur les parois des grottes ?
a) L'art grutesque   b) L'art caverneux   c) L'art pariétal   d) L'art antiquineux

B42- Qui était président des États-Unis pendant la Première Guerre mondiale?
a) Benjamin Harrison   b) Grover Cleveland   c) Thomas Woodrow Wilson   d) Theodore Roosevelt

B43- Les navires de la flotte de Christophe Colomb lors de sa première traversée de l'océan Atlantique entre le Nouveau Monde (l'Amérique) et l'Europe étaient : la Niña, la Pinta et ... ?
a) la Tercera   b) la Santa María   c) la Tormenta   d) la Sierra

B44- Quel était le premier magistrat de plusieurs républiques d'Italie, particulièrement de Venise et de Gênes ?
a) Le bourgmestre   b) Le doge   c) Le cardinal   d) Le grand-duc

B45- Qui fut la grande épouse royale d'Akhenaton, l'un des derniers rois égyptiens de la XVIIIe dynastie ?
a) Néfertari   b) Néfertiti   c) Cléopâtre VII   d) Touy

B46- En quelle année a eu lieu la chute du mur de Berlin ?
a) 1981   b) 1989   c) 1991   d) 1995

B47- De quel peuple Attila fut-il le souverain de 434 jusqu'à sa mort en mars 453 ?
a) Les Goths   b) Les Vikings   c) Les Huns   d) Les Vandales

B48- Quel nom était donné aux protestants du royaume de France et du royaume de Navarre pendant les guerres de Religion de la seconde moitié du XVIe siècle (1562-1598) ?
a) Les calvinistes   b) Les huguenots   c) Les religionnaires   d) Les franciscains

B49- Quel était le surnom du roi des Francs de 751 à 768, père de Charlemagne ?
a) « Le Formidale »   b) « Le Bref »   c) « Le Poilu»   d) « Le Vilain »

B50- Quel important guide spirituel de l'Inde, né le 2 octobre 1869, a contribué à conduire l'Inde à l'indépendance ?
a) Mahatma Gandhi   b) Che Guevara   c) Rouhollah Khomeini   d) Dalaï-lama

B51- Quel monument mégalithique composé d'un ensemble de structures circulaires concentriques, fut érigé entre 2800 et 1100 av. J.-C. ?
a) Lascaux   b) Stonehenge   c) Chauvet   d) Brassempouy

B52- Quel homme d'État devint le premier président de la Fédération de Russie en 1991 ?
a) Nikita Khrouchtchev   b) Vladimir Poutine   c) Mikhaïl Gorbatchev   d) Boris Eltsine

B53- Dans quel pays était située la centrale nucléaire de Tchernobyl, célèbre pour l'accident nucléaire majeur survenu dans la nuit du 25 au 26 avril 1986 ?
a) En Russie   b) En Biélorussie   c) En Roumanie   d) En Ukraine

B54- Quelle organisation internationale introduite par le traité de Versailles en 1919 mais dissoute en 1946, souhaitait préserver la paix en Europe après la fin de la Première Guerre mondiale ?
a) L'OMS   b) La SDN   c) L'ONU   d) L'OCDE

B55- Quelle année du calendrier julien correspond à la chute de l'Empire romain d'Occident et marque traditionnellement le début du Moyen Âge ?
a) 416   b) 436   c) 456   d) 476

B56- Par quel texte, Henri IV, en 1598, a-t-il octroyé une liberté de culte aux protestants ?
a) L'ordonnance de Villers-Cotterêts   b) L'édit de Nantes
c) Le décret Crémieux   d) Le concordat de Worms

B57- Quel était le plus important ghetto juif au sein des territoires d'Europe occupés par les nazis pendant la Seconde Guerre mondiale ?
a) Le ghetto de Berlin   b) Le ghetto d'Auschwitz   c) Le ghetto de Varsovie   d) Le ghetto de Cracovie

B58- Quelle ancienne alliance militaire groupant les pays d'Europe de l'Est avec l'URSS dans un vaste ensemble économique, politique et militaire a été conclue le 14 mai 1955 ?
a) L'OTAN   b) L'Axe   c) Le pacte de Varsovie   d) L'ONU

B59- Quelle expression est apparue pour désigner la Première Guerre mondiale qui avait laissé un tel traumatisme que plus personne ne voulait plus entendre parler de guerre ?
a) La « sans suite »   b) L'« ultime »   c) La « finale »   d) La « der des ders »

B60- Quel roi, dit « le Juste », était le fils d'Henri IV et de Marie de Médicis ?
a) Louis XII   b) Louis XIII   c) Louis XIV   d) Louis XV

B61- En quelle année Christophe Colomb découvre-t-il l'Amérique?
a) 1432   b) 1492   c) 1542   d) 1582

B62- Quel 3e pharaon de la XIXe dynastie égyptienne porte le surnom de « pharaon bâtisseur » ?
a) Khéops   b) Pépi Ier   c) Toutânkhamon   d) Ramsès II

B63- De quand date la loi concernant la séparation des Églises et de l'État en France ?
a) 1855   b) 1875   c) 1905   d) 1925

B64- Où a été découverte la "Dame à la Capuche", une figurine en ivoire représentant une tête humaine, datée du Paléolithique supérieur ?
a) Lascaux   b) Stonehenge   c) Chauvet   d) Brassempouy

B65- Quelle est l'idéologie politique du NSDAP, parti politique d'extrême droite fondé en Allemagne en 1920 et dirigé par Adolf Hitler ?
a) Le national-socialisme   b) L'antisémitisme   c) Le communisme   d) Le terrorisme

B66- Quel empereur de Russie de la dynastie des Romanov a gouverné de 1894 jusqu'à son abdication en 1917 ?
a) Paul Ier   b) Alexandre III   c) Nicolas II   d) Michel II

B67- Quel fondateur de la république populaire de Chine, a été son principal dirigeant de 1949 jusqu'à sa mort en 1976 ?
a) Zhang Wentian   b) Deng Xiaoping   c) Mao Zedong   d) Zhao Ziyang

B68- Quel était le nom de la colonie grecque fondée par des Phocéens vers 600 avant J.-C., et qui se nomme aujourd'hui Marseille ?
a) Massila   b) Marsalia   c) Marsila   d) Massalia

B69- Quel est le régime républicain en vigueur en France de septembre 1870 à juillet 1940 ?
a) Le Consulat   b) La Première République
c) La Deuxième République   d) La Troisième République

B70- Quel surnom posthume a été donné au quatrième et dernier duc de Bourgogne de la maison de Valois qui monta sur le trône de Bourgogne en 1467 et qui affronta son cousin Louis XI ?
a) Le Vénérable   b) Le Téméraire   c) Le Conquérant   d) Le Hardi

B71- Quel édit, signé par Louis XIV le 18 octobre 1685, révoque l'édit de Nantes ?
a) L'édit de Fontainebleau   b) L'édit de Bordeaux   c) L'édit de Lille   d) L'édit de Rouen

B72- Quel était le nom donné par les Romains à la péninsule Ibérique ?
a) L'Hispanie   b) L'Ibérie   c) L'Espagnie   d) La Catalognie

B73- En quelle année Alexandrie est-elle fondée par Alexandre le Grand ?
a) En 531 av. J.-C.   b) En 431 av. J.-C.   c) En 331 av. J.-C.   d) En 231 av. J.-C.

B74- Qui fut le dernier roi à avoir régné en France, entre 1830 et 1848 ?
a) Louis XVI   b) Charles X   c) Louis-Philippe   d) Francois-Philippe

B75- Quel était le parti politique créé en 1903 et dirigé par Lénine ?
a) Le parti socialiste   b) Le parti bolchevique   c) Le parti menchevique   d) Le parti social-démocrate

B76- Quel impôt royal sur le sel existait en France au Moyen Âge ?
a) La taille   b) La gabelle   c) La dîme   d) Les aides

B77- Dans l'Antiquité, quel nom les grecs donnaient-ils à la place publique de leurs cités ?
a) Le Temple   b) L'agora   c) L'Acropole   d) L'Érechtéion

B78- Qui était la mère d'Henri IV ?
a) Élisabeth de France   b) Catherine de Médicis   c) Jeanne d'Albret   d) Marguerite de Valois

B79- Quel sigle désignait de 1949 et 1990 la partie occidentale de l'Allemagne, dont la capitale politique était installée à Bonn ?
a) CEE   b) URSS   c) RFA   d) RDA

B80- Quel président des États-Unis en fonction de 1945 à 1953 a donné son nom à la doctrine qui fut la base de la politique américaine contre le bloc communiste durant la guerre froide et qui marqua la fin de l'isolationnisme américain ?
a) Harry S. Truman   b) Dwight D. Eisenhower   c) John Fitzgerald Kennedy   d) Franklin Delano Roosevelt

B81- Quel homme politique français, onze fois président du Conseil et vingt-six fois ministre sous la Troisième République, reçoit en 1926 le prix Nobel de la paix ?
a) Adolphe Thiers   b) Aristide Briand   c) Sadi Carnot   d) Félix Faure

B82- Sur combien d'années s'est déroulée la guerre de Cent Ans ?
a) 96 ans   b) 101 ans   c) 109 ans   d) 116 ans

B83- Quel chef et roi du peuple celte des Arvernes est resté célèbre pour avoir fédéré une partie des peuples gaulois dans le cadre d'une révolte contre les forces romaines au cours de la dernière phase de la guerre des Gaules de Jules César ?
a) Clodérix   b) Vercingétorix   c) Cararix   d) Panoramix

B84- Quel nom a été donné à la période de forte croissance économique et d'augmentation du niveau de vie qu'a connue la grande majorité des pays développés entre 1945 et 1975 ?
a) Les Trente Glorieuses   b) Les Trente Fabuleuses
c) Les Trente Joyeuses   d) Les Trente Victorieuses

B85- Quel parti politique algérien fut créé en octobre 1954 pour obtenir de la France l'indépendance de l'Algérie ?
a) Le Front populaire   b) Le Front national   c) Le Front de libération nationale   d) Le Front d'émancipation

B86- Quand fut construit le Parthénon, le temple grec d'Athènes ?
a) Ve siècle avant J.-C.   b) IIIe siècle avant J.-C.   c) Ier siècle avant J.-C.   d) Ier siècle après J.-C.

B87- Quel est le nom donné aux violents pogroms anti-juifs qui eurent lieu les 9 et 10 novembre 1938 en Allemagne, en Autriche annexée et dans la région des Sudètes ?
a) La Nuit de fer   b) La Nuit de charbon   c) La Nuit de velours   d) La Nuit de cristal

B88- De quel empire Nabuchodonosor II était-il le roi entre 605 et 562 av. J.-C. ?
a) L'Empire néo-perse   b) L'Empire néo-égyptien   c) L'Empire néo-babylonien   d) L'Empire néo-romain

B89- Quels accords signés le 18 mars 1962 mettent fin à la guerre d'Algérie ?
a) Les accords de Vichy   b) Les accords d'Évian
c) Les accords de Chambéry   d) Les accords d'Avignon

B90- Quelle est la dernière dynastie impériale à avoir régné sur la Chine, de 1644 à 1912 ?
a) La dynastie Qing   b) La dynastie Yuan   c) La dynastie Ming   d) La dynastie Xia

B91- Quelle coalition de partis de gauche gouverne la France de mai 1936 à avril 1938 ?
a) Le Front républicain   b) Le Front populaire   c) Le Front de gauche   d) Le Front nationaliste

B92- Qui est déchu par le Sénat le 3 avril 1814 et exilé à l'île d'Elbe, selon le traité de Fontainebleau ?
a) Napoléon Bonaparte   b) Louis Napoléon Bonaparte   c) Victor Hugo   d) Louis XVIII

B93- Qui fut le premier chef d'État français élu au suffrage universel masculin, en 1848 ?
a) Patrice de Mac Mahon   b) Adolphe Thiers   c) Louis-Napoléon Bonaparte   d) Jules Grévy

B94- Quel était le monarque le plus puissant de la première moitié du XVIe siècle ?
a) Manuel Ier   b) Henri VIII   c) Charles Quint   d) Élisabeth Ire

B95- Quel empire a été fondé à la fin du XIIIe siècle au nord-ouest de l'Anatolie, dans la commune de Söğüt, par le chef tribal oghouze Osman Ier ?
a) Romain   b) Ottoman   c) Austro-hongrois   d) Napoléonien

B96- Dans la Grèce Antique, quel terme désignait l'assemblée des citoyens?
a) L'Ecclésia   b) La Pnyx   c) La Boulè   d) L'Héliée

B97- Qui a assassiné Henri IV, roi de France, le 14 mai 1610 ?
a) Thomas McMahon   b) Jacques Clément   c) François Ravaillac   d) Charlotte Corday

B98- Avec quel événement la monarchie constitutionnelle disparaît-elle le 10 août 1792 ?
a) La prise de la Bastille   b) La prise du palais des Tuileries
c) La prise du château de Versailles   d) La prise du palais de l'Élysée

B99- Dans quel pays a eu lieu la bataille de Waterloo le 18 juin 1815 ?
a) En France   b) En Belgique   c) En Suisse   d) Au Royaume-Uni

B100- Quel député français est connu pour avoir créé le journal « L'Humanité » et avoir été assassiné par un nationaliste à Paris le 31 juillet 1914 ?
a) Waldeck Rousseau   b) Léon Blum   c) Jean Jaurès   d) Anatole France

B101- Quel sport a donné son nom à l'engagement solennel, pris le 20 juin 1789 à Versailles par des députés, de ne pas se séparer avant l'élaboration d'une Constitution ?
a) Le jeu du tarot   b) Le jeu de paume   c) Le jeu de dames   d) Le jeu de l'oie

B102- Quel nom était donné à un paysan de rang social peu élevé dans l'Empire russe, tel un serf ?
a) Un moujik   b) Un kolkhoze   c) Un sovkhoze   d) Un bolchevik

B103- Quand furent adoptés les articles de la Déclaration des droits de l'homme et du citoyen ?
a) Le 14 juillet 1789   b) Le 3 août 1789   c) Le 26 août 1789   d) Le 2 septembre 1789

B104- Quel nom portait la capitale de l'Empire byzantin, fondée par Constantin Ier en 330 ?
a) Byzance   b) Constantinople   c) Istanbul   d) Ankara

B105- Quel nom donnait-on au courant de pensée qui émergea dans le dernier tiers du XVIIIe siècle dans le monde occidental et qui visait la suppression de l'esclavage ?
a) L'égalitarisme   b) Le négationisme   c) L'abolitionnisme   d) L'anti-racisme

B106- Quel endroit est devenu célèbre à la suite du débarquement le 17 avril 1961, pour tenter de renverser le régime castriste ?
a) La baie des méduses   b) La baie des Loups   c) La baie des Cochons   d) La baie des cerfs

B107- Où a eu lieu la conférence des représentants diplomatiques des grandes puissances européennes du 18 septembre 1814 au 9 juin 1815 pour décider des conditions de paix et des frontières après la défaite de Napoléon Ier ?
a) À Londres   b) À Amsterdam   c) À Berlin   d) À Vienne

B108- Quelle guerre a eu lieu du 6 mars 1998 au 10 juin 1999 ?
a) La guerre du Kosovo   b) La guerre du Liban   c) La guerre d'Irak   d) La guerre du Kippour

B109- Quel régime politique Périclès a-t-il favorisé en faisant participer tous les citoyens à la vie politique ?
a) Le communisme   b) La démocratie   c) L'autoritarisme   d) Le totalitarisme

B110- Quel était le nom donné au régime politique du royaume de France entre 1830 et 1848 ?
a) La Monarchie de Juillet   b) La Restauration   c) Le Consulat   d) L'Empire

B111- Quel homme d'État allemand, membre de l'Union chrétienne-démocrate d'Allemagne (CDU), parvient à mener à bien la réunification allemande en 1990, ce qui lui vaut le surnom de « chancelier de l'unité » ?
a) Gerhard Schröder   b) Helmut Schmidt   c) Helmut Kohl   d) Willy Brandt

B112- Qui était le principal suspect de l'assassinat du président américain John Fitzgerald Kennedy, mort assassiné le 24 novembre 1963 à Dallas ?
a) Earl Warren   b) William Reymond   c) Lee Harvey Oswald   d) Jack Ruby

B113- Quel empereur romain d'Orient a régné de 527 jusqu'à sa mort en 565 ?
a) Auguste   b) Tibère   c) Justinien   d) Calligula

B114- En quelle année Joseph Staline meurt-il à Moscou ?
a) En 1934   b) En 1953   c) En 1945   d) En 1922

B115- En quelle année Charles de Gaulle fut élu pour la première fois Président de la République française ?
a) 1945   b) 1948   c) 1958   d) 1962

B116- Quand débute la République romaine, la phase de la civilisation de la Rome antique ?
a) -753   b) -509   c) -145   d) -27

B117- Quel est « le seul roi de France à avoir régné de sa naissance à sa mort », mais seulement 5 jours ?
a) Louis III   b) Charles VI   c) Henri V   d) Jean Ier

B118- Quel homme d'État américain fut le président des États confédérés pendant la guerre civile américaine ?
a) Jefferson Davis   b) Thomas Jefferson   c) James Madison   d) John Adams

B119- Quelle maison d'Autriche est une importante maison souveraine d'Europe connue pour avoir fourni tous les empereurs du Saint-Empire romain germanique entre 1452 et 1740 ?
a) La maison des Bourbons   b) La maison des Ferrette
c) La maison des Médicis   d) La maison de Habsbourg

B120- À l'époque archaïque, quel peuple, établi au Nord-Est de Rome, avait pour capitale Reate ?
a) Les Romains   b) Les Sabins   c) Les Étrusques   d) Les Vénètes

B121- Qui a été reine de France, puis reine d'Angleterre.?
a) Catherine de Médicis   b) Marie Stuart   c) Mary Tudor   d) Aliénor d'Aquitaine

B122- Quelle place, située au centre de Pékin, a été le centre des manifestations en 1989 ?
a) La place Houhai   *b) La place Tian'anmen*   *c) La place Badaling*   *d) La place Wangfujing*

B123- Quels furent les trois souverains présents sur le champ de bataille à Austerlitz à l'origine de son surnom de « bataille des Trois Empereurs » ?
a) Napoléon Ier, François Ier et Alexandre Ier   *b) Napoléon Ier, Frédéric II et Nicolas II*
c) Napoléon Ier, François Ier et Nicolas II   *d) Napoléon Ier, Frédéric II et Alexandre Ier*

B124- En quelle année est instituée à Ankara la Turquie moderne, républicaine et indépendante ?
a) 1918   *b) 1923*   *c) 1933*   *d) 1938*

B125- Qui a été assassiné le 28 juin 1914 à Sarajevo, faisant de cet événement l'élément déclencheur de la Première Guerre mondiale ?
a) Raymond Poincaré   *b) L'archiduc François-Ferdinand*   *c) Jean Jaurès*   *d) Alfred Dreyfus*

B126- Qu'est-ce qui fut convoqué par le roi de France et de Navarre, Louis XVI, le 8 août 1788 ?
a) Les États généraux   *b) Les Doléances*   *c) Le Tiers-État*   *d) Les Ordres*

B127- Pendant la révolution française de 1789, quel nom donnait-on au groupe d'hommes politiques républicains qui siégeaient à l'Assemblée législative et à la Convention, et y comptait des personnalités influentes comme Danton, Marat et Robespierre ?
a) Les Montagnards   *b) Les Girondins*   *c) Les Sans-culottes*   *d) Les Vendéens*

B128- Quelle politique portée par le dernier dirigeant de l'URSS, Mikhaïl Gorbatchev, avait pour but d'autoriser la liberté d'expression ?
a) La Détente   *b) La Terreur*   *c) La Perestroïka*   *d) La Glasnost*

B129- Quelle est le nom donné à la politique économique lancée par Mao Zedong et mise en œuvre de 1958 à 1960 ?
a) La Révolution chinoise   *b) Le Grand Bond en avant*   *c) La Révolution verte*   *d) La Longue marche*

B130- Quelle dynastie régna du Ve jusqu'au milieu du VIIIe siècle sur une très grande partie de la France et de la Belgique actuelles, ainsi que sur une partie de l'Allemagne, de la Suisse et des Pays-Bas ?
a) Les Capétiens   *b) Les Carolingiens*   *c) Les Mérovingiens*   *d) Les Valois*

B131- Quelle ville, située au centre de la péninsule italienne, avait sept collines et un espace marécageux au bord du Tibre, dans la plaine du Latium ?
a) Gênes   *b) Florence*   *c) Rome*   *d) Naples*

B132- Quel fut le nom donné en France à la journée du 1er novembre 1954, durant laquelle une série d'attentats eut lieu en plusieurs endroits du territoire algérien ?
a) La Toussaint rouge   *b) La Toussaint noire*   *c) La Toussaint blanche*   *d) La Toussaint verte*

B133- Pendant la Guerre froide, quelle phase des relations Est-Ouest commence au début de 1963, après la crise des missiles de Cuba, et s'achève en 1979-1980 avec l'invasion soviétique en Afghanistan et l'arrivée de Ronald Reagan à la présidence des États-Unis ?
a) La Pause   *b) La Détente*   *c) La Trêve*   *d) La Défiance*

B134- En quelle année eut lieu la bataille de Marignan qui opposa le roi de France François Ier et ses alliés vénitiens aux mercenaires suisses qui défendaient le duché de Milan ?
a) 1492   *b) 1515*   *c) 1587*   *d) 1608*

B135- Quel homme d'État américain devint le premier président républicain de l'histoire du pays ?
a) James Buchanan   *b) Abraham Lincoln*   *c) George Washington*   *d) James Monroe*

B136- Quelle très grosse pièce d'artillerie de siège était utilisée par l'armée allemande lors de la Première Guerre mondiale ?
a) La Grosse Bertha   *b) La Grosse Linda*   *c) La Grosse Eva*   *d) La Grosse Ruth*

B137- Qui fut le premier roi de la dynastie des Mérovingiens?
a) Mérovée   *b) Childéric Ier*   *c) Sigebert Ier*   *d) Brunehaut*

B138- Quelle colonie française regroupait, avant sa disparition en 1954, trois pays d'Asie du Sud-Est aujourd'hui indépendants : le Vietnam, le Laos et le Cambodge ?
a) L'inde orientale   *b) L'Indochine française*   *c) L'Indonésie*   *d) La Chine orientale*

B139- Dans la Rome antique, quel terme désignait les citoyens romains, distincts des esclaves ?
a) La plèbe   *b) La patrie*   *c) La boulée*   *d) Les pérégrins*

B140- Quelle expression de Winston Churchill dans son discours à Fulton en 1946 désigne la séparation, d'abord idéologique puis physique, établie en Europe au lendemain de la Seconde guerre mondiale entre la zone d'influence soviétique à l'Est et les pays de l'Ouest ?
a) Le « mur de la honte »   *b) La « frontière orientale »*   *c) Le « rideau de fer »*   *d) La « division bipolaire »*

B141- Quel Préfet de la Seine, de 1853 à 1870, a dirigé les transformations de Paris sous le Second Empire ?
a) Maurice Doublet   *b) Gaspard de Chabrol*   *c) Nicolas Frochot*   *d) Le baron Haussmann*

B142- Quel fondateur du Parti socialiste de Serbie fut accusé auprès du Tribunal pénal international pour l'ex-Yougoslavie de La Haye pour crimes de guerre, crimes contre l'humanité et génocide ?
a) Radislav Krstić   *b) Radovan Karadžić*   *c) Zdravko Tolimir*   *d) Slobodan Milošević*

B143- Comment appelait-on un pilote, membre d'une unité militaire de l'Empire du Japon, qui effectuait une mission-suicide pendant la guerre du Pacifique?
a) Un kamikaze   *b) Un samouraï*   *c) Un ninja*   *d) Un harakiri*

B144- En Algérie, qui fut le premier président de la République de 1963 à 1965 ?
a) Ferhat Abbas   *b) Abderrahmane Farès*   *c) Ahmed Ben Bella*   *d) Houari Boumédiène*

B145- Quel bâtiment de Berlin en Allemagne fut incendié dans la nuit du 27 au 28 février 1933 ?
a) Le palais du Kronprinz   *b) Le palais du Bundestag*   *c) Le palais Ephraim*   *d) Le palais du Reichstag*

B146- Qui fut le septième et dernier roi de Rome qui régna de 534 av. J.-C.à 509 av. J.-C., ?
a) Servius Tulllius   *b) Tarquin le Superbe*   *c) Ancus Martius*   *d) Numa Pompilius*

B147- À qui François Mitterrand a-t-il serré la main le 22 septembre 1984 créant ainsi l'un des gestes parmi les plus symboliques de la réconciliation franco-allemande ?
a) À Helmut Kohl   *b) À Helmut Schmidt*   *c) À Kurt Georg Kiesinger*   *d) À Gerhard Schröder*

B148- Quel homme d'État allemand, proche d'Hitler, a employé des techniques de manipulation des masses de 1933 à 1945 au ministère de l'Éducation du peuple et de la Propagande ?
a) Hermann Göring   *b) Joseph Goebbels*   *c) Heinrich Himmler*   *d) Karl Dönitz*

B149- Dans quel empire se déroula le génocide arménien, perpétré d'avril 1915 à juillet 1916 ?
a) Dans l'Empire byzantyn   *b) Dans l'Empire Germanique*
c) Dans l'Empire Austro-hongrois   *d) Dans l'Empire Ottoman*

B150- Au Rwanda, quel génocide s'est déroulé du 7 avril au 17 juillet 1994 ?
a) Le génocide des Tutsi   *b) Le génocide des Hutus*
c) Le génocide des Burundi   *d) Le génocide des Barundi*

MYTHOLOGIE & RELIGION

Répondez aux 150 questions de mythologie & religion avant de consulter la grille de réponses.

C1- Dans la mythologie grecque, qui est le dieu du feu, de la forge, de la métallurgie et des volcans ?
a) Héphaïstos   b) Vulcain   c) Arès   d) Achille

C2- Au sens large, quel terme désigne l'absence ou le refus de toute croyance en quelque divinité que ce soit ?
a) Le paganisme   b) L'agnosticisme   c) Le satanisme   d) L'athéisme

C3- Dans les religions orientales comme le bouddhisme, quelle est la fleur sacrée qui orne le trône des divinités lorsqu'elles sont représentées ?
a) Le lys   b) La rose   c) Le lotus   d) Le tiaré

C4- Quelle religion abrahamique s'appuie sur le dogme du monothéisme absolu et prend sa source dans le Coran ?
a) L'islam   b) Le judaïsme   c) Le christianisme   d) L'hindouisme

C5- Quel terme désigne un membre de la caste définie par l'hindouisme, qui regroupe les prêtres, les sacrificateurs, les professeurs et les hommes de loi ?
a) Un intouchable   b) Un brahmane   c) Un ashrama   d) Un dharma

C6- Quel animal était Amalthée, qui nourrissait Zeus caché sur le mont Ida lorsqu'il était enfant ?
a) Une louve   b) Une vache   c) Une jument   d) Une chèvre

C7- Qui était le dieu funéraire de l'Égypte antique, maître des nécropoles et protecteur des embaumeurs, représenté comme un grand canidé noir couché sur le ventre ?
a) Isis   b) Horus   c) Anupet   d) Anubis

C8- Quel mouvement religieux dont les principes ont été développés aux États-Unis en 1952 par L. Ron Hubbard promeut une méthode pseudoscientifique ?
a) La phisolophie   b) L'évangélisme   c) La scientologie   d) La naturologie

C9- Quelle est la plus ancienne religion connue du Japon ?
a) L'hindouisme   b) Le tokyoïsme   c) Le shintoïsme   d) Le nipponisme

C10- Pendant le règne de Laomédon, de quelle ville Poséidon et Apollon ont-ils bati des murailles censées être inviolables ?
a) Athènes   b) Corinthe   c) Corfou   d) Troie

C11- Quel terme désigne un temple que les Grecs et les Romains consacraient à certains de leurs dieux ?
a) Le Panthéon   b) Le Parthénon   c) L'Acropole   d) La Nécropole

C12- Quelle célèbre créature fantastique était Pégase dans la mythologie grecque ?
a) Un licorne   b) Un cheval ailé   c) Un chien à trois têtes   d) Un dragon

C13- Quel héros émérite de la mythologie grecque a réussi, avec l'aide d'Ariane, à éliminer le Minotaure ?
a) Achille   b) Thésée   c) Hercule   d) Jason

C14- Qui est l'épouse du roi de Sparte Ménélas, qui s'enfuit avec le prince troyen Pâris, et déclenche la guerre de Troie ?
a) Hélène   b) Léda   c) Pénélope   d) Pasiphaé

C15- Dans la religion grecque antique, qui était l'oracle du temple d'Apollon à Delphes ?
a) La Sibylle   b) La Vigie   c) La Pythie   d) La Brizo

C16- Dans l'Odyssée, quelle déesse est la conseillère divine d'Ulysse ?
a) Aphrodite   b) Calliope   c) Athéna   d) Déméter

C17- Surtout utilisée en Afrique du Nord, quelle amulette censée protéger son porteur du « mauvais œil » a un nom qui fait référence à la fille du prophète Mahomet ?
a) La main de Fatima   b) L'œil de Noûr   c) Le nez de Louna   d) Le pied de Yasmine

C18- Qui sont, dans la mythologie grecque, les géants monstrueux, fils d'Ouranos et de Gaïa, qui possèdent un œil unique au milieu de leur front ?
a) Les Hécatonchires   b) Les Titans   c) Les Sirènes   d) Les Cyclopes

C19- Quel être apparaissant dans le judaïsme, le christianisme et l'islam incarne le mal et la tentation en tant que prince des démons ?
a) Judas   b) Satan   c) Jézabel   d) Simon

C20- Dans la mythologie grecque, qui est la seule Gorgone mortelle ?
a) Méduse   b) Euryale   c) Sthéno   d) Céto

C21- Quel plateau rocheux calcaire s'élevant au centre de la ville d'Athènes a servi de sanctuaire religieux durant l'Antiquité ?
a) L'Agora   b) La Pnyx   c) La Concorde   d) L'Acropole

C22- Qui était le dieu romain des commencements et des fins, des choix, du passage et des portes ?
a) Somnus   b) Neptune   c) Mercure   d) Janus

C23- Quel théologien français, né en 1509, est un important réformateur et un pasteur emblématique de la Réforme protestante du XVIe siècle ?
a) Jean Calvin   b) Bernard De Clairvaux   c) Pierre Abélard   d) Blaise Pascal

C24- Dans la mythologie grecque, qui est la déesse de la nuit personnifiée ?
a) Nyx   b) Hémèra   c) Epiphron   d) Eris

C25- Quel frère augustin théologien, scandalisé par le commerce des indulgences instauré par les papes Jules II et Léon X pour financer la construction de la basilique Saint-Pierre de Rome, publie en 1517 les 95 thèses ?
a) Ulrich Zwingli   b) Martin Luther   c) Jean Calvin   d) Martin Bucer

C26- Qui est le Créateur pour les Apaches, un esprit très puissant, dont l'influence s'étend à tout être vivant, mais sans forme propre ?
a) Atun   b) Erun   c) Opun   d) Ysun

C27- Quel archange, considéré comme le principal messager de Dieu, est un personnage du Livre de Daniel (qui fait partie de la Bible hébraïque et du Nouveau Testament) et du Coran (dans lequel il apparaît sous le nom de Djibril) ?
a) Luc   b) Gabriel   c) Julien   d) Denis

C28- Quel est le lieu de culte juif ?
a) L'église   b) La synagogue   c) La mosquée   d) La chapelle

C29- Quel mythe illustre les effets négatifs d'un désir trop ardent, ainsi que la recherche du bonheur par l'accumulation des richesses ?
a) La boîte de Pandore   b) Jason et la Toison d'or
c) Le mythe de Midas et de Dionysos   d) Les 12 travaux d'Hercule

C30- Quand il était bébé, qui a été plongé par sa mère Thétis dans le fleuve des Enfers, devenant ainsi invulnérable, sauf au talon droit, par lequel sa mère l'a tenu ?
a) Pélée   b) Achille   c) Hector   d) Patrocle

C31- Quel nom portait le système de croyance indigène animiste et chamanique du Tibet, basé sur le culte de la nature et antérieur au bouddhisme ?
a) Le Védisme   b) Le Sikhisme   c) Le Jaïnisme   d) Le Bön

C32- Quelle déesse romaine possèdait deux trompettes : une courte consacrée aux ragots, et une longue à la renommée ?
a) Terra   b) Saturne   c) Fama   d) Juventas

C33- Dans les Textes des pyramides, qui était l'éternel rival d'Horus ?
a) Apophis   b) Osiris   c) Rê   d) Seth

C34- Quelle est, dans le christianisme, la partie de la Bible antérieure à Jésus-Christ ?
a) La Torah   b) L'Ancien Testament   c) Le Nouveau Testament   d) La Septante

C35- Dans la mythologie grecque, qui est la « Déesse mère » ?
a) Era   b) Gaïa   c) Aphrodite   d) Clio

C36- Quelle est la troisième plus grande confession du christianisme, après l'Église catholique et l'ensemble des confessions protestantes ?
a) L'Église réformée   b) L'Église orthodoxe   c) L'Église évangéliste   d) L'Église puritaine

C37- Quel est le nom donné par des chrétiens aux religions de ceux qui ne sont ni chrétiens, ni juifs ?
a) Le satanisme   b) Le paganisme   c) Le catharisme   d) Le xénophisme

C38- Quelle est la fête musulmane qui marque la rupture du jeûne du mois de ramadan ?
a) Aïd el-Adha   b) Laylat al-Qadr   c) Aïd al-Fitr   d) Aïd el-Kebir

C39- Dans la mythologie grecque, quelle maîtresse de Zeus est la mère de ses enfants jumeaux Artémis et Apollon ?
a) Héra   b) Europe   c) Léto   d) Danaé

C40- Quelle est la langue des textes religieux hindous et bouddhistes ?
a) L'hindi   b) Le sanskrit   c) Le népalais   d) Le romani

C41- Quelles étaient, durant l'antiquité romaine, les fêtes qui se déroulaient la semaine du solstice d'hiver pour célébrer le dieu Saturne ?
a) Les Juvéniles   b) Les Saturnales   c) Les Lupercales   d) Les Quirinalia

C42- Qui était le dieu grec des arts, du chant, de la musique, de la beauté masculine, de la poésie et de la lumière ?
a) Apollon   b) Hadès   c) Artémis   d) Dionysos

C43- Où se trouve la plus grande mosquée du monde qui abrite la Kaaba, le plus important sanctuaire de l'islam ?
a) À Jérusalem   b) À La Mecque   c) À Brunei   d) À Casablanca

C44- Quel terme désigne le poisson qui était l'un des symboles majeurs qu'utilisaient les premiers chrétiens en signe de reconnaissance ?
a) La croix   b) Le Chi Rho   c) L'ichthus   d) Le calice

C45- Pour pouvoir approcher Léda sans se faire remarquer d'Héra, son épouse jalouse, en quel animal Zeus choisit-il de se métamorphoser ?
a) En cheval   b) En aigle   c) En carpe   d) En cygne

C46- Quelle fête chrétienne célèbre l'effusion du Saint-Esprit, le cinquantième jour à partir de Pâques, sur un groupe de disciples de Jésus de Nazareth, dont les Douze Apôtres ?
a) L'Ascension   b) La Chandeleur   c) Le Carême   d) La Pentecôte

C47- Que fait Zeus pour détruire les Arcadiens et leur roi Lycaon qui lui avait donné à manger son petit-fils ?
a) Il leur envoie le Déluge   b) Il leur envoie la Foudre
c) Il leur envoie la Peste   d) Il leur envoie la Famine

C48- Pour tenter de déjouer un oracle qui lui prédit que son petit-fils le tuera, qui Acrisios enferma-t-il dans une haute tour d'airain aux fenêtres closes par d'épais barreaux ?
a) Dictys   b) Eurydice   c) Danaé   d) Persée

C49- Dans les épopées homériques, quel terme désigne l'ensemble des Grecs rassemblés devant Troie, dirigés par les rois Ménélas et Agamemnon ?
a) Les Achéens   b) Les Argonautes   c) Les Acarnaniens   d) Les Bisaltes

C50- Dans l'Iliade, en quelle matière était fabriqué le cheval de Troie imaginé par Ulysse ?
a) En cuivre   b) En bois   c) En fer   d) En papier

C51- Quel personnage héroïque de la Mésopotamie antique, fils de la déesse Ninsun, fut le roi de la cité d'Uruk vers 2650 av. J.-C. ?
a) Assur   b) Dagan   c) Gilgamesh   d) Humbaba

C52- Pour les indiens Navajo, quelle créatrice des humains, femme de l'esprit du soleil Tsohanoï, est vieille en hiver et retrouve la jeunesse au printemps ?
a) Oranda   b) Estsanatlehi   c) Hastsezini   d) Tonenili

C53- Dans la mythologie grecque, qui était considéré comme le Titan des vents forts et des tempêtes ?
a) Foudre   b) Cyclone   c) Typhon   d) Tornade

C54- Dans la Bible, qui endort Samson sur ses genoux et lui coupe ses sept tresses, lui faisant perdre sa force et le secours de Dieu ?
a) Abigail   b) Bethsabée   c) Dalila   d) Débora

C55- Quel est le seul titan qui ne se soit pas allié avec Cronos contre leur père Ouranos ?
a) Crios   b) Océanos   c) Japet   d) Hypérion

C56- Selon les poètes, de quelle déesse l'arc-en-ciel était-il la trace du pied descendant rapidement de l'Olympe vers la terre pour porter un message ?
a) Déméter   b) Athéna   c) Éos   d) Iris

C57- Quel adjectif désigne une personne sceptique en matière de métaphysique et de religion ?
a) Athée   b) Agnostique   c) Aporétique   d) Défiante

C58- Quel nom porte le chandelier à sept branches des Hébreux ?
a) Le candélabre   b) Le flambeau   c) La girandole   d) La menorah

C59- Dans l'hindouisme, quel terme générique désigne les dieux ?
a) Dia   b) Deva   c) Davea   d) Davina

C60- Quel terme désigne, dans le vocabulaire religieux chrétien, le contenu essentiel de la foi en Jésus-Christ annoncée et transmise aux non-croyants par les premiers chrétiens ?
a) Le kérygme   b) Le catéchisme   c) Le prêche   d) Le baptême

C61- Qui était chargé par les dieux, avec son frère Épiméthée, de distribuer aux hommes et aux animaux les dons nécessaires pour survivre ?
a) Japet   b) Thémis   c) Épiméthée   d) Prométhée

C62- Qui est le fondateur de l'Islam, considéré comme son prophète majeur ?
a) Allah   b) Gabriel   c) Mahomet   d) Abraham

C63- Quel mouvement religieux chrétien médiéval européen, en dissidence vis-à-vis de l'Église romaine, trouvait un écho particulier dans le Midi de la France ?
a) Le Catharisme   b) Le Navarrisme   c) L'Occitanisme   d) Le Dharbisme

C64- Sur combien de principes fondamentaux, appelés « solas » se fonde le protestantisme ?
a) 1   b) 5   c) 9   d) 13

C65- Dans la mythologie grecque, qui est le chien gardant la porte des Enfers ?
a) Cerbère   b) Charon   c) Chimère   d) Orthos

C66- Qu'est-ce que Minos commanda à Dédale de construire pour y enfermer le Minotaure ?
a) Une tour   b) Une cage   c) Un labyrinthe   d) Un souterrain

C67- Quel écrit en langue grecque relate la vie et l'enseignement de Jésus de Nazareth ?
a) Un testament   b) Une bible   c) Un évangile   d) Une oraison

C68- Le shintoïsme est une religion … ?
a) hommiste   b) animiste   c) mondialiste   d) sacriste

C69- Dans l'histoire légendaire des fondateurs de Rome, qui étaient les jumeaux nouveau-nés qui furent abandonnés puis recueillis par une louve qui les allaita ?
a) Éole et Béotos   b) Hypnos et Thanatos   c) Poséidon et d'Arné   d) Romulus et Rémus

C70- Qui était le principal dieu créateur des civilisations Incas, roi de la foudre et des tempêtes ?
a) Pachacamac   b) Viracocha   c) Inti Illapa   d) Inti

C71- Pour les indiens Pawnee, qui est le créateur du monde, appelé « La Voûte des Cieux » ?
a) Tirawa   b) Atira   c) Pah   d) Shakouroun

C72- Dans la Rome Antique, que devait faire chaque garçon qui rentrait dans la classe des hommes afin d'être recensé ?
a) Se raser   b) Verser une pièce de monnaie à Juventas   c) Boire à la santé d'Athéna   d) Faire un pèlerinage

C73- Quelles festivités mexicaines qui commencent généralement le 31 octobre sont une célébration à la mémoire et un rituel qui privilégie le souvenir à l'oubli ?
a) Día de la Madre   b) Día del Padre   c) Día de los Muertos   d) Día de los Santos Inocentes

C74- Dans la religion chrétienne, quel terme désigne l'instruction des doctrines de la foi chrétienne et le livre à partir duquel est donné cet enseignement ?
a) La catéchèse   b) La Bible   c) Le catéchisme   d) Le dogme

C75- D'après le chapitre 6 de la Genèse, en quelle matière l'arche de Noé a-t-elle été réalisée ?
a) En pierres précieuses   b) En jonc   c) En bambou   d) En bois résineux

C76- Quelle jeune fille âgée de quatorze ans a eu des apparitions de la Vierge Marie à Lourdes en 1858 ?
a) Bernadette Soubirous   b) Jeanne d'Arc   c) Marthe de Béthanie   d) Blandine de Lyon

C77- Quelle nymphe Héra condamne-t-elle à ne plus parler la première et à répéter tout ce que les autres on dit avant elle ?
a) Bis   b) Écho   c) Répéta   d) Parrot

C78- Combien de livres composent la Torah ?
a) 5   b) 10   c) 15   d) 20

C79- Qui était le dieu du Tonnerre dans la mythologie nordique ?
a) Sif   b) Thor   c) Odin   d) Jörd

C80- Selon la théologie catholique, quel terme désigne une conception erronée en matière de foi d'une vérité définie par le magistère ?
a) Une frénésie   b) Une fourberie   c) Une folie   d) Une hérésie

C81- Qui était la déesse de la beauté, de l'amour, du plaisir et de la procréation, de la séduction mais aussi de la fécondité dans la religion grecque ?
a) Vénus   b) Athéna   c) Aphrodite   d) Artémis

C82- Par quel sacrement, le chrétien est-il sauvé et purifié du péché, en devenant enfant de Dieu ?
a) L'eucharistie   b) Le baptême   c) La confirmation   d) L'ordination

C83- En quelle année Mahomet est-il mort à Médine ?
a) En 632   b) En 570   c) En 236   d) En 148

C84- Quel symbole hébreu se compose de deux triangles équilatéraux superposés : l'un dirigé vers le haut, l'autre vers le bas ?
a) L'étoile blanche   b) Le Pentagramme droit   c) L'étoile de David   d) Le Pentagramme inversé

C85- Quel dieu du Ciel pour les Romains, jaloux de ses enfants, les enferme dans le ventre de la terre ?
a) Neptune   b) Zeus   c) Pluton   d) Uranus

C86- Qui est l'auteur de l'Énéide, qui raconte la légende de la naissance de Rome ?
a) Dante   b) Virgile   c) Auguste   d) Homère

C87- Dans les légendes juives qui se répandent au Moyen Âge, qui est présentée comme la première femme d'Adam, avant Ève ?
a) Yaël   b) Jézabel   c) Bérénice   d) Lilith

C88- Dans la mythologie grecque, qui est le dieu du Soleil ?
a) Hélios   b) Ré   c) Perséis   d) Augias

C89- Dans quel évangile trouve-t-on quelques épisodes singuliers, comme les « Noces de Cana » ou la « femme adultère » ?
a) L'Évangile selon Matthieu   b) L'Évangile selon Marc
c) L'Évangile selon Jean   d) L'Évangile selon Luc

C90- Quel est le jour de repos assigné au septième jour de la semaine Biblique, le samedi, qui commence dès la tombée de la nuit du vendredi soir ?
a) Le jeûne   b) L'épiphanie   c) Le carême   d) Le shabbat

C91- Quel terme désignant un être vivant à la fois mâle et femelle, provient du nom de dieux grecs ?
a) Bisexuel　　*b) Hermaphrodite*　　*c) Abstinent*　　*d) Athénaien*

C92- Chez les protestants, qui est le responsable de la communauté ?
a) Le prêtre　　*b) Le curé*　　*c) Le pasteur*　　*d) Le moine*

C93- Quelles créatures forment le cortège dionysiaque, en accompagnant le dieu Dionysos ?
a) Les centaures　*b) Les satyres*　　*c) Les chimères*　　*d) Les érinyes*

C94- Quel nom de quatre lettres désigne Dieu dans le judaïsme ?
a) YMCA　　*b) YHWH*　　*c) YAVE*　　*d) YOHE*

C95- Selon la mythologie grecque, combien de dieux et déesses siégeaient sur le mont Olympe ?
a) 12　*b) 18*　*c) 24*　*d) 30*

C96- Dans l'hindouisme, quel terme désigne la somme de ce qu'un individu a fait, est en train de faire ou fera ?
a) Māyā　　*b) Karma*　　*c) Saṃsāra*　　*d) Âme*

C97- Quelle était la plus importante des déesses de Rome, reine des dieux et protectrice du mariage et de la fécondité ?
a) Aphrodite　　*b) Athéna*　　*c) Junon*　　*d) Jéra*

C98- Dans la mythologie égyptienne, quel rite permet au défunt d'accéder au royaume de l'au-delà ?
a) La purification　　*b) L'embaumement*　　*c) L'onction*　　*d) La réconciliation*

C99- Dans la mythologie romaine, qui est identifié à l'Arès des Grecs ?
a) Mercure　　*b) Jupiter*　　*c) Saturne*　　*d) Mars*

C100- Quel est le texte sacré de l'islam ?
a) La Bible　　*b) Le Coran*　　*c) La Torah*　　*d) La Sunnara*

C101- Par qui les Dix Paroles ou les Dix Commandements, qui sont des instructions morales et religieuses, ont-elles été reçues de Dieu au mont Sinaï ?
a) Gabriel　　*b) Jacob*　　*c) Jean*　　*d) Moïse*

C102- Dans la mythologie nordique, quel est le lieu où les valeureux guerriers défunts sont amenés ?
a) La Valhöll　　　*b) Le Vanaheim*　　　*c) Le Svartalfheim*　　　*d) Le Valhalla*

C103- Quelle déesse est l'équivalent romain d'Aphrodite ?
a) Minerve　　*b) Vénus*　　*c) Diane*　　*d) Vesta*

C104- Quel terme utilisé de nos jours est également le nom de la divinité romaine, gardienne des bornes ?
a) Terminus　　*b) Gare*　　*c) Limite*　　*d) Confins*

C105- Quel terme désigne un point fondamental, considéré comme incontestable d'une doctrine religieuse ?
a) Un principe　　*b) Un dogme*　　*c) Un commandement*　　*d) Un édit*

C106- Quelle « enceinte de l'or », située à Cuzco, était le lieu le plus sacré de l'empire des Incas ?
a) Le temple du Soleil　　*b) Le Machu Picchu*　　*c) Le Titi Khar'ka*　　*d) Le Tahuantinsuyu*

C107- Dans la mythologie grecque, qui était le messager des dieux, le protecteur des voyageurs, des commerçants, des voleurs, des troupeaux ?
a) Hadès   *b) Mars*   *c) Hermès*   *d) Hestia*

C108- Quelle construction flottante du sanctuaire d'Itsukushima, appelée « la porte du Japon », est l'une des attractions touristiques les plus populaires du Japon ?
a) Le grand torii   *b) Le Honden*   *c) Le Hōryū-ji*   *d) Le Kondo*

C109- Selon la tradition rabbinique, combien de commandements sont contenus dans la Torah ?
a) 213   *b) 413*   *c) 613*   *d) 813*

C110- Quel concept philosophique du bouddhisme signifie « extinction» (du feu de passions, de l'ignorance) ou « libération » ?
a) Dharma   *b) Karma*   *c) Nirvana*   *d) Sūtra*

C111- Quel est le deuxième des douze travaux d'Héraclès, l'un des épisodes les plus fameux de la mythologie grecque ?
a) Héraclès et la biche de Cérynie   *b) Héraclès et les écuries d'Augias*
c) Héraclès et l'hydre de Lerne   *d) Héraclès et les bœufs de Géryon*

C112- Quel est le membre de la mosquée chargé de lancer l'appel à la prière ?
a) Le muezzin   *b) L'imam*   *c) Le calife*   *d) Le khatib*

C113- Quel est le dernier livre du Nouveau Testament ?
a) L'Épître de Jude   *b) L'Épître aux Galates*   *c) L'Apocalypse*   *d) L'Évangile selon Luc*

C114- Qui est le héros de la guerre de Troie, fils de la déesse Aphrodite, et fondateur mythique de Lavinium à l'origine de Rome ?
a) Ménélas   *b) Agamemnon*   *c) Pâris*   *d) Énée*

C115- Peu après le Déluge, alors qu'ils parlent tous la même langue, quelle tour, dont le sommet touche le ciel, les hommes décident-ils de construire ?
a) La Tour de Dieu   *b) La Tour de Jérusalem*   *c) La Tour de Babel*   *d) La Tour du Soleil*

C116- Dans la mythologie nordique, quelles étaient les divinités qui servaient Odin, revêtues d'une armure, en volant, en dirigeant les batailles, en distribuant la mort parmi les guerriers et en emmenant l'âme des héros au grand palais d'Odin ?
a) Les Valkyries   *b) Les Tumulus*   *c) Les Ragnaröks*   *d) Les Hels*

C117- Quel très beau jeune homme, membre de la branche cadette de la famille royale de Troie et gardien de moutons sur le mont Ida, devient l'amant de la déesse Aphrodite ?
a) Arès   *b) Dionysos*   *c) Hermès*   *d) Anchise*

C118- Quel nom porte la petite calotte que les hommes Juifs pratiquants portent sur la tête ?
a) Kippa   *b) Bippa*   *c) Baffe*   *d) Chéchia*

C119- Quel terme désigne la tradition et les pratiques du prophète islamique Mahomet, et constitue un modèle à suivre pour la plupart des musulmans ?
a) La charia   *b) La sunna*   *c) Le kalâm*   *d) Le qadar*

C120- Fils de l'architecte athénien Dédale, qui est connu principalement pour être mort après avoir volé trop près du Soleil alors qu'il s'échappait du labyrinthe avec des ailes de cire et de plumes ?
a) Cécrops   *b) Métion*   *c) Icare*   *d) Pandion*

C121- Quelle cathédrale catholique romaine est connue pour avoir été, à partir du XIe siècle, le lieu de la quasi-totalité des sacres des rois de France ?
a) La cathédrale Notre-Dame de Paris   b) La cathédrale Notre-Dame de Chartres
c) La cathédrale Notre-Dame de Reims   d) La cathédrale Notre-Dame de Strasbourg

C122- Quelle nymphe amoureuse d'Ulysse parvint à le retenir auprès d'elle pendant sept années ?
a) Athéna   b) Calypso   c) Pénélope   d) Hélène

C123- Qui sont les cinquante filles de Danaos, roi de Libye et d'Arabie ?
a) Les Néréides   b) Les Pléiades   c) Les Hespérides   d) Les Danaïdes

C124- Quel nom, signifiant en sanskrit « Grande âme », est donné, en Inde, à des chefs spirituels ?
a) Bouddha   b) Guru   c) Sadhguru   d) Mahatma

C125- En Égypte, quel était le signe que le dieu Rê avait triomphé des forces du chaos durant son périple ?
a) Le solstice d'été   b) Le lever du soleil   c) L'arc-en-ciel   d) La foudre

C126- Dans la mythologie grecque, quel nom porte la branche de la rivière souterraine du Styx sur laquelle Charon transportait en barque les âmes des défunts vers les Enfers ?
a) Le Léthé   b) L'Achéron   c) Le Cocyte   d) Le Phtégéthon

C127- Quel est le repas que Jésus-Christ prit avec ses apôtres la veille de la Passion et au cours duquel il institua l'Eucharistie ?
a) Le Dîner   b) La Cène   c) Le Jeûne   d) L'Alimentarium

C128- Contre qui les trois Horaces, d'après la tradition rapportée par Tite-Live, se seraient battus en duel pendant la guerre entre Rome et Albe-la-Longue, durant le règne de Tullus Hostilius ?
a) Les trois Curiaces   b) Les trois Grâces   c) Les trois Gorgones   d) Les trois Parques

C129- Dans la mythologie grecque, qu'est-ce que l'ichor, différent de celui des mortels ?
a) Le sang des dieux   b) La peau des dieux   c) L'âme des dieux   d) La force des dieux

C130- Quel est le nom du dragon de la mythologie grecque, un reptile à cent têtes dont chacune parle une langue différente et qui a pour rôle de protéger les pommes d'or du jardin des Hespérides ?
a) Bahamut   b) L'Hydre de Lerne   c) Ladon   d) Léviathan

C131- Quel roi de Mycènes est souvent nommé comme le « roi des rois de toute la Grèce » ?
a) Agamemnon   b) Zeus   c) Argos   d) Créon

C132- Quelle ville est considérée comme « trois fois sainte » car elle contient les lieux les plus sacrés des religions juive et chrétienne et le troisième lieu saint de l'islam ?
a) Rome   b) Jérusalem   c) Saint-Jacques-de-Compostelle   d) Alexandrie

C133- Quelle religion dharmique monothéiste fondée dans le Pendjab, au nord du sous-continent indien, au XVe siècle, s'est développée autour de l'enseignement spirituel du guru Nanak ?
a) Le bouddhisme   b) L'Hindouisme   c) Le Sikhisme   d) Le Jaïnisme

C134- Quelle expression signifiant « tomber de malheur en malheur », provient de l'Odyssée ?
a) « Tomber de Charybde en Scylla »   b) « Tomber sur la tête »
c) « Tomber de haut »   d) « Tomber dans les pommes »

C135- Dans la théologie catholique, quel pain sans levain devient le corps du Christ, ressuscité d'entre les morts, dont on célèbre la Résurrection le jour de Pâques ?
a) L'azyme   b) La matza   c) L'hostie   d) Le shirmal

C136- Quel endroit des Enfers dans la mythologie grecque est une région très sèche et brumeuse, avec parfois des étangs glacés ?
a) Le Tartare   b) Les Champs Élysées   c) L'Olympe   d) Le Purgatoire

C137- Quel personnage de la Bible y est présenté comme un prophète et le roi d'Israël réputé pour sa richesse et sa sagesse ?
a) David   b) Salomon   c) Judas   d) Mahomet

C138- Quelle table sacrée sert au sacrifice rituel ou au dépôt d'offrandes ?
a) La chaire   b) Le prie-Dieu   c) L'autel   d) Le tabernacle

C139- Dans la mythologie grecque, qui est Talos ?
a) Un géant de bronze   b) Un monstre en argent   c) Un dragon en or   d) Un cheval en bois

C140- Dans la mythologie grecque, qui est la déesse du mariage, de la vie ainsi que de la famille ?
a) Héra   b) Junon   c) Gaïa   d) Io

C141- Quel nom porte la niche architecturale construite dans le mur d'une mosquée pour indiquer la direction de La Mecque vers où se tournent les musulmans pendant la prière ?
a) La kaaba   b) Le mihrab   c) Le minbar   d) Le minaret

C142- Dans la mythologie nordique, où se trouvait le trône d'Odin ?
a) En Týr   b) En Ásgard   c) Au Panthéon   d) Au Ragnarök

C143- Quel est le nom de l'île grecque dont Ulysse était le roi, d'après l'Iliade et l'Odyssée ?
a) Paxos   b) Ithaque   c) Corfoue   d) Leucade

C144- Quel micro-État européen est le support territorial du Saint-Siège ?
a) Andorre   b) Saint-Marin   c) Le Vatican   d) Le Liechtenstein

C145- Où se trouve la plus ancienne synagogue française, édifiée en 1367 et reconstruite au XVIIIe siècle ?
a) À Carpentras   b) À Paris   c) À Marseille   d) À Lyon

C146- Quel dieu romain est souvent représenté tenant à la main un thyrse, entouré de vigne et de lierre et surmonté d'une pomme de pin ?
a) Cérès   b) Cupidon   c) Bacchus   d) Sol

C147- Dans la religion grecque antique, qui est la déesse du monde souterrain, fille de Zeus et épouse d'Hadès ?
a) Héra   b) Perséphone   c) Léto   d) Gaïa

C148- Quel nom porte la construction verticale qui soutient des décors sculptés, parfois peints, en arrière de la table d'autel d'un édifice religieux ?
a) Le retable   b) L'arche   c) Le missel   d) L'abside

C149- Dans la mythologie grecque, quel Titan fut condamné à soutenir la voûte céleste pour l'éternité ?
a) Cronos   b) Atlas   c) Zeus   d) Tartare

C150- Qui est le dieu romain de la médecine ?
a) Vulcain   b) Minerve   c) Esculape   d) Somnus

D PHILOSOPHIE

Répondez aux 150 questions de philosophie avant de consulter la grille de réponses.

D1- Selon Épicure, quel est le calcul nécessaire qu'il faut faire de ses plaisirs et souffrances liés à la satisfaction d'un désir ?
a) La balance   b) La métriopathie   c) La tempérance   d) L'équilibre

D2- En métaphysique, quel est l'être réel doté de qualités et qui produit des actes ?
a) L'homme   b) Le citoyen   c) Le sujet   d) Le peuple

D3- Quel philosophe antique, de la Grèce classique, reprit le travail philosophique de certains de ses prédécesseurs, notamment Socrate dont il fut l'élève ?
a) Platon   b) Gorgias   c) Thalès   d) Aristote

D4- Quel courant philosophique affirme la supériorité ontologique de l'esprit sur la matière ?
a) Le spiritisme   b) Le spiritualisme   c) Le spiritalisme   d) Le spirisme

D5- Quelle école philosophique fondée dans Athènes par Platon vers 387 av. J.-C. dure jusqu'en 86 av. J.-C. ?
a) Le lycée   b) L'Université   c) L'Académie   d) L'École

D6- À qui attribue-t-on la maxime "Nul n'est méchant volontairement" ?
a) Descartes   b) Platon   c) Rousseau   d) Freud

D7- Quel est l'ouvrage philosophique principal de Jean-Paul Sartre publié en 1943 ?
a) L'Être et le Néant   b) L'Homme et la Matière   c) L'Homme et la Mer   d) Le Sujet et le Monde

D8- Quel concept représente un idéal de vie vers lequel tendent les philosophes, qui pensent leur vie et vivent leur pensée, à travers le questionnement et la pratique de vertus ?
a) L'élévation   b) La sagesse   c) La pensée pure   d) La réalisation

D9- Dans le domaine philosophique, quel terme désigne le fait de s'interroger sur les conséquences d'une hypothèse comme si elle était vraie, sans nécessairement la considérer au départ comme telle ?
a) La spéculation   b) Les prémices   c) La détermination   d) La vérification

D10- Quelle doctrine philosophique considère que les concepts sont des constructions humaines et que les noms qui s'y rapportent ne sont que conventions de langage ?
a) Le langagisme   b) Le définisme   c) Le termalisme   d) Le nominalisme

D11- À qui attribue-t-on la maxime "L'homme est un pont, non une fin"
a) Freud   b) Hegel   c) Kant   d) Nietzsche

D12- Quelle est la signification littérale du mot « philosophie », en grec ancien ?
a) « Recherche de culture »   b) « Étude du monde »   c) « Amour de la sagesse »   d) «Vie de pensée »

D13- Quelle notion abstraite est communément définie comme la caractéristique d'une chose qui au travers d'une expérience sensorielle ou intellectuelle procure une sensation de plaisir ou un sentiment de satisfaction ?
a) La beauté   b) L'exaltation   c) L'extase   d) La transe

D14- Quel philosophe anglais né en 1632 est connu pour son Essai sur l'entendement humain ?
a) Francis Bacon   b) John Locke   c) Thomas Hobbes   d) David Hume

D15- Quel concept désigne un souhait irrationnel, obsédant et impossible à satisfaire?
a) L'envie   b) Le désir   c) Le fantasme   d) L'obsession

D16- Quel philosophe né en 384 av. J.-C. a été le disciple de Platon à l'Académie ?
a) Gorgias   b) Aristote   c) Epicure   d) Pyrrhon

D17- À qui attribue-t-on la maxime "Il faut apprendre à philosopher, et non pas la philosophie" ?
a) Marx   b) Kant   c) Pascal   d) Montesquieu

D18- Quelle branche de la philosophie s'intéresse au domaine des valeurs ?
a) La téléologie   b) L'axiologie   c) La sémiologie   d) L'ontologie

D19- Quel dialogue de Platon raconte la mort de Socrate et ses dernières paroles ?
a) Philèbe   b) Phédon   c) Alcibiade majeur   d) Alcibiade mineur

D20- Quelle était la nationalité de Gottfried Wilhelm Leibniz ?
a) Allemande   b) Autrichienne   c) Suisse   d) Belge

D21- Quel trouble psychique touche un sujet conscient de sa souffrance psychique qui s'en plaint ?
a) Un supplice   b) Un malheur   c) Une psychose   d) Une névrose

D22- Quelle est la doctrine selon laquelle toutes les connaissances viennent des sensations ?
a) Le praticisme   b) Le réalisme   c) Le matérialisme   d) Le sensualisme

D23- En philosophie grecque classique, quelles sont les quatre vertus cardinales : la prudence, la tempérance, la force d'âme et ... ?
a) la justice   b) la foi   c) la connaissance   d) la sagesse

D24- Quel philosophe, essayiste et polémiste français, né en 1959, a créé l'université populaire de Caen où il délivra le cours « contre-histoire de la philosophie » retransmis sur France Culture ?
a) Alain Badiou   b) Michel Onfray   c) Edgar Morin   d) Alain Finkielkraut

D25- Quel terme désigne la théorie de la connaissance en général ?
a) La gnoséologie   b) L'eidéniologie   c) L'épignosologie   d) La sémiologie

D26- À qui attribue-t-on la maxime "Connais-toi toi-même" ?
a) Kant   b) Rousseau   c) Nietzsche   d) Socrate

D27- Quel courant issu de la philosophie antique avait pour objectif principal l'atteinte du bonheur par la satisfaction des seuls désirs « naturels et nécessaires » ?
a) L'eudémonisme   b) L'épicurisme   c) L'hédonisme   d) Le naturalisme

D28- Quelle branche de la philosophie, ayant pour objet les actions et activités des hommes, inclut la philosophie morale, la philosophie politique et depuis Kant la philosophie du droit ?
a) La philosophie courante   b) La philosophie globale
c) La philosophie matérielle   d) La philosophie pratique

D29- Quel est l'ouvrage majeur du philosophe allemand Karl Marx ?
a) La Lutte   b) Le Communisme   c) Le Capital   d) Les Classes

D30- Quel concept renvoie au fait de vivre sa propre culture comme si elle était la norme universelle, et de la prendre comme un cadre de référence pour juger d'autres cultures ?
a) L'ethnocentrisme   b) Le nombrilisme   c) Le socialisme   d) L'égoïsme

D31- En philosophie, quel principe consiste à n'utiliser que le minimum de causes élémentaires pour expliquer un phénomène ?
a) L'esssentialisme   b) Le purisme   c) La focalisation   d) La parcimonie

D32- Quel courant de pensée du XXe siècle, fondé par Edmund Husserl, tire son nom de sa démarche, qui est d'appréhender la réalité telle qu'elle se donne, à travers les phénomènes ?
a) *La manifestologie*   b) *La réalisologie*   c) *La phénoménologie*   d) *Le croncrétologie*

D33- En philosophie, quelle notion se définit comme la dépossession de l'individu, c'est-à-dire la perte de sa maîtrise et de ses forces propres au profit d'un autre ?
a) *L'aliénation*   b) *La disparition*   c) *Le remplacement*   d) *La soumission*

D34- Quelle est la traduction de la formule de George Berkeley « esse est percipi aut percipere » ?
a) *« Être précis ce n'est pas être précipité »*   b) *« Être perceptible c'est percevoir »*
c) *« Être précieux c'est perceptible »*   d) *« Être c'est être perçu ou percevoir »*

D35- À qui attribue-t-on la maxime « L'enfer c'est les autres » ?
a) *Rousseau*   b) *Merleau-Ponty*   c) *Sartre*   d) *Montaigne*

D36- Quel principe philosophique, juridique et moral fondamental est en lien avec la morale, le droit, la vertu ou toute autre norme de jugement des comportements ?
a) *La pensée*   b) *La justice*   c) *La vérité*   d) *La pureté*

D37- Quel concept de Sigmund Freud est défini comme le désir d'entretenir un rapport amoureux avec le parent du sexe opposé et celui d'éliminer le parent du même sexe considéré comme rival ?
a) *La sexualité infantile*   b) *L'interdit de l'inceste*   c) *L'adultère*   d) *Le complexe d'Œdipe*

D38- Quelle doctrine est simplifiée par « le plus grand bonheur du plus grand nombre » ?
a) *L'utilitarisme*   b) *La béatitude*   c) *L'ataraxie*   d) *L'avantage*

D39- Quelle est l'activité créatrice par laquelle l'être humain se détache de la nature ?
a) *L'agriculture*   b) *L'art*   c) *La réflexion*   d) *L'accomplissement*

D40- Quel est l'ouvrage principal d'Épicure?
a) *La Foi*   b) *Le Travail*   c) *Le Bonheur*   d) *La Nature*

D41- Quel est surtout de nos jours la valeur normative de la morale, avec comme opposé le Mal ?
a) *L'Éloge*   b) *Le Bien*   c) *Le Bonheur*   d) *La Joie*

D42- À qui attribue-t-on la maxime "Si Dieu n'existait pas, il faudrait l'inventer" ?
a) *Voltaire*   b) *Rousseau*   c) *Diderot*   d) *Montesquieu*

D43- Quelle philosophie était développée et enseignée au Moyen Âge dans les universités ?
a) *La scolastique*   b) *La médiévalique*   c) *La moyennique*   d) *L'antique*

D44- Quel concept de philosophie morale constitue une notion incontournable, en marquant la distinction entre des actions jugées acceptables sur le plan normatif, et celles qui ne le sont pas ?
a) *L'opposition*   b) *Le rejet*   c) *Le déni*   d) *Le consentement*

D45- Quel penseur politique, philosophe des Lumières, est l'auteur de De l'Esprit des lois (1748) ?
a) *Michel de Montaigne*   b) *Charles de Montesquieu*   c) *Blaise Pascal*   d) *Voltaire*

D46- À qui attribue-t-on la maxime « On ne naît pas femme : on le devient » ?
a) *Hannah Arendt*   b) *Simone de Beauvoir*   c) *Simone Weil*   d) *Harriet Taylor Mill*

D47- Selon Claude Lévi-Strauss quel est le préalable nécessaire à la structuration des sociétés humaines ?
a) *La prohibition de l'inceste*   b) *La vie en groupe*   c) *Le travail*   d) *L'agriculture*

D48- Quelle philosophie et méthode grecque antique compare et oppose toutes choses afin d'atteindre la tranquillité de l'âme ?
a) Le scepticisme   b) Le doutisme   c) Le marginalisme   d) La classifisme

D49- Quel polémiste, philosophe, écrivain, essayiste, et producteur de radio né en 1949, est élu membre de l'Académie française en 2014 ?
a) Luc Ferry   b) Marcel Gauchet   c) Paul Ricoeur   d) Alain Finkielkraut

D50- En philosophie, quelle activité consciente et volontaire transforme la nature pour satisfaire les besoins de l'être humain ?
a) L'art   b) L'agriculture   c) La réflexion   d) Le travail

D51- À qui attribue-t-on la maxime "L'homme n'est pas un empire dans un empire" ?
a) Nietzsche   b) Spinoza   c) Aristote   d) Pascal

D52- Selon les théorisations de Freud, qu'est-ce qui possède un sens en renseignant sur les désirs plus secrets refoulés dans l'inconscient ?
a) Les expressions du visage   b) Les rêves   c) Les arrières-pensées   d) Les tics

D53- Quelle était la nationalité de David Hume, un des fondateurs de l'empirisme moderne ?
a) Finlandaise   b) Écossaise   c) Hollandaise   d) Allemande

D54- En psychanalyse, quel mécanisme de défense consiste pour un individu à repousser dans l'inconscient les représentations liées à ses pulsions ?
a) Le secret   b) L'enfouissement   c) L'oubli   d) Le refoulement

D55- Quel adjectif qualifie une pensée ou une action sans nuances, voire simpliste, où le Bien et le Mal sont clairement définis et séparés ?
a) Duale   b) Manichéenne   c) Bivalente   d) Antagoniste

D56- À qui attribue-t-on la maxime « L'existence précède l'essence » ?
a) Nicolas Machiavel   b) John Locke   c) Denis Diderot   d) Jean-Paul Sartre

D57- Quel concept désigne ce qui est et qui est, en tant que tel, un et absolu ?
a) Le vrai   b) Le réel   c) Le pur   d) Le bien

D58- Quel homme d'État romain, assassiné le 7 décembre 43 av. J.-C. à Formies, est à la fois avocat, philosophe, rhéteur et écrivain latin ?
a) Lucrèce   b) Sénèque   c) Marc Aurèle   d) Cicéron

D59- Quelle philosophe, romancière, mémorialiste et essayiste française, née en 1908, est considérée comme une théoricienne majeure du féminisme ?
a) Jeanne Hersch   b) Simone de Beauvoir   c) Simone Weil   d) Barbara Cassin

D60- À qui attribue-t-on la maxime "La connaissance de l'homme ne peut pas s'étendre au-delà de son expérience propre" ?
a) Mill   b) Descartes   c) Foucault   d) Locke

D61- Où naquit Jean-Jacques Rousseau, le 28 juin 1712 ?
a) À Paris   b) À Londres   c) À Bruxelles   d) À Genève

D62- Quel raisonnement logique met en relation au moins trois propositions avec des prémisses qui conduisent à une conclusion ?
a) La logisme   b) Le syllogisme   c) Le conclusionisme   d) Le raisonnisme

D63- En philosophie, quelle conception matérialiste aborde l'ensemble des phénomènes suivant le modèle des liens de cause à effet ?
a) Le conclusionisme   b) Le mécanisme   c) Le déterministe   d) Le causalisme

D64- Quel concept désigne l'influence par laquelle un événement contribue à la production d'un autre événement considéré comme sa conséquence ?
a) Le produit   b) L'inflexion   c) L'effet papillon   d) La causalité

D65- Quelle thèse de la métaphysique prétend que le comportement des animaux est semblable aux mécanismes des machines, même si l'animal est vivant et qu'il a des sentiments ?
a) L'animal-mort   b) L'animal-objet   c) L'animal-machine   d) L'animal-rouages

D66- Quelle femme de lettres et philosophe française, née en 1944, défend la vision d'un « féminisme universaliste laïque, et conquérant », en étant pour le mariage pour tous, la PMA et la GPA ?
a) Luce Irigaray   b) Laurence Vanin   c) Marie-Frédérique Pellegrin   d) Élisabeth Badinter

D67- Quel philosophe de l'école stoïcienne portait un nom signifiant « homme acheté, serviteur » ?
a) Épicure   b) Épictète   c) Cicéron   d) Sénèque

D68- À qui attribue-t-on la maxime « Les philosophes n'ont fait qu'interpréter le monde de différentes manières, ce qui importe, c'est de le transformer. » ?
a) Emmanuel Kant   b) Nicolas Machiavel   c) Martin Heidegger   d) Karl Marx

D69- Quel concept désigne la correspondance entre une proposition et la réalité à laquelle cette proposition se réfère ?
a) La coïncidence   b) La justice   c) La vérité   d) La vérification

D70- Quel homme d'État anglais développe dans son œuvre une théorie empiriste de la connaissance et définit les règles de la méthode expérimentale, faisant de lui l'un des pionniers de la pensée scientifique moderne ?
a) Francis Bacon   b) Bertrand Russell   c) Herbert Spencer   d) George Berkeley

D71- Quelle oeuvre de Voltaire n'est pas un conte philosophique ?
a) Micromégas   b) Candide ou l'Optimisme   c) Mérope   d) Zadig ou la Destinée

D72- Quel philosophe français fut à la Société des Nations (SDN) le premier président de la Commission internationale de coopération intellectuelle ?
a) Raymond Aron   b) Henri Bergson   c) Gaston Bachelard   d) Henri Delacroix

D73- Quelle doctrine philosophique pose comme principe que le bonheur est le but de la vie humaine ?
a) L'hédonisme   b) L'eudémonisme   c) L'épicurisme   d) Le bonhisme

D74- À qui attribue-t-on la maxime « Ose savoir ! » ?
a) Emmanuel Kant   b) René Descartes   c) Friedrich Nietzsche   d) Baruch Spinoza

D75- À qui attribue-t-on la maxime "L'homme est un loup pour l'homme" ?
a) Hobbes   b) Marx   c) Platon   d) Rousseau

D76- Quel philosophe occupa le rôle d'évêque d'Hippone en Numidie ?
a) Marc Aurèle   b) Sénèque   c) Saint Augustin   d) Boèce

D77- Quelle branche de la philosophie aborde les questions fondamentales des principes premiers de l'être, du néant, de l'identité et du changement, de la causalité et de la possibilité ?
a) La prémiologie   b) L'identitologie   c) La métaphysique   d) La pratique

D78- Quel philosophe, précurseur de la sociologie et homme politique français défend la liberté individuelle et l'égalité en politique en se fondant sur l'observation des interactions sociales et l'analyse de leurs déterminants et de leurs effets ?
a) *Max Weber*   b) *Alexis de Tocqueville*   c) *Émile Durkheim*   d) *Pierre Bourdieu*

D79- Quelle philosophe et journaliste allemande naturalisée américaine, est connue pour ses travaux sur l'activité politique, le totalitarisme, la modernité et la philosophie de l'histoire ?
a) *Judith Butler*   b) *Hannah Arendt*   c) *Jeanne Hersch*   d) *Gertrude Anscombe*

D80- Quelle notion philosophique expose l'idée que chaque événement, en vertu du principe de causalité, est déterminé par les événements passés conformément aux lois de la nature ?
a) *Le passéisme*   b) *Le causalisme*   c) *Le déterminisme*   d) *Le concluisme*

D81- Dans son opuscule datant de 1888, de qui Friedrich Nietzsche critique-t-il la musique, mais aussi la conversion au christianisme ?
a) *Jean-Sébastien Bach*   b) *Richard Wagner*   c) *Ludwig van Beethoven*   d) *Wolfgang Amadeus Mozart*

D82- Quelle œuvre de Thomas Hobbes, publiée en 1651 tire son titre d'un monstre biblique?
a) *Béhémoth*   b) *Léviathan*   c) *Néphilim*   d) *Dragon*

D83- Quel est le titre de l'essai existentialiste et féministe de Simone de Beauvoir, paru en 1949 ?
a) *Le Deuxième Sexe*   b) *L'Autre Sexe*   c) *Le Sexe Faible*   d) *Le Sexe Dominé*

D84- Né le 28 février 1533 et mort le 13 septembre 1592, quel philosophe, humaniste et moraliste français de la Renaissance, est considéré comme un écrivain érudit ?
a) *Érasme*   b) *Pétrarque*   c) *Blaise Pascal*   d) *Michel de Montaigne*

D85- Quel religieux de l'ordre dominicain est considéré comme l'un des principaux maîtres de la philosophie scolastique et de la théologie catholique ?
a) *Saint Dominique*   b) *Thomas d'Aquin*   c) *Albert le Grand*   d) *Étienne Tempier*

D86- Quel professeur de philosophie et essayiste a été ministre de la Jeunesse, de l'Éducation nationale et de la Recherche de 2002 à 2004 ?
a) *Luc Ferry*   b) *Alain Calmat*   c) *Pierre Mazeaud*   d) *Jean-Michel Blanquer*

D87- Quelles sont les trois instances de la seconde topique de la théorie psychanalytique élaborée par Sigmund Freud ?
a) *Le conscient, l'inconscient et le surnaturel*   b) *Le ça, le moi et le surmoi*
c) *L'égo, l'autre et le tiers*   d) *Le vrai, le juste et le beau*

D88- À qui attribue-t-on la maxime « L'homme est né libre, et partout il est dans les fers. » ?
a) *Emmanuel Kant*   b) *Jeremy Bentham*   c) *Jean-Jacques Rousseau*   d) *Arthur Schopenhauer*

D89- Quel humaniste florentin de la Renaissance, né en 1469 à Florence, observa la mécanique du pouvoir et le jeu des ambitions concurrentes auprès de la papauté et de la cour de France ?
a) *Nicolas Machiavel*   b) *Michel de Montaigne*   c) *Joachim du Bellay*   d) *Érasme*

D90- De quelle origine était Emmanuel Levinas, le philosophe naturalisé français en 1930 ?
a) *Roumaine*   b) *Lituanienne*   c) *Ukrainienne*   d) *Polonaise*

D91- Quelle œuvre de Spinoza, rédigée en latin et publiée à sa mort, fut interdite en 1678 ?
a) *La Raison*   b) *L'Éthique*   c) *L'Enseignement*   d) *La Nécessité*

D92- Quel philosophe français existentialiste a partagé sa vie avec Simone de Beauvoir ?
a) *Le Marquis de Sade*   b) *Jean-Jacques Rousseau*   c) *René Descartes*   d) *Jean-Paul Sartre*

D93- Quel est le titre de l'autobiographie de Jean-Jacques Rousseau couvrant les cinquante-trois premières années de sa vie , jusqu'à 1765 ?
a) *Les Vérités*   b) *Les Lumières*   c) *Les Confessions*   d) *Les Essais*

D94- Quel concept désigne l'ensemble des règles et normes de comportement relatives au bien et au mal, au juste et à l'injuste, en usage dans un groupe humain ?
a) *La morale*   b) *La déviance*   c) *La justice*   d) *La normalité*

D95- Quelle est l'œuvre principale du philosophe allemand Arthur Schopenhauer, publiée pour la première fois en 1819 ?
a) *La Foi des athées et des croyants*   b) *La Vérité humaine et spirituelle*
c) *Le Monde comme volonté et comme représentation*   d) *La Démocratie antique et contemporaine*

D96- À qui attribue-t-on la maxime "L'ego est une fiction." ?
a) *Bacon*   b) *Aristote*   c) *Hume*   d) *Kant*

D97- Quelle notion désigne « la tendance dans la nature à constituer des ensembles qui sont supérieurs à la somme de leurs parties, au travers de l'évolution créatrice » ?
a) *Le primautisme*   b) *Le réductionnisme*   c) *Le systémisme*   d) *Le holisme*

D98- Dans quel livre, écrit en 1903, Bertrand Russell présente-t-il son célèbre paradoxe et sa thèse que les mathématiques et la logique sont identiques ?
a) *Les Principes des Sciences*   b) *Les Principes des Probabilités*
c) *Les Principes d'Algèbre*   d) *Les Principes des Mathématiques*

D99- Quel nom portent les trois dialogues philosophiques rédigés par Denis Diderot en 1769 ?
a) *L'école de D'Alembert*   b) *Le Rêve de D'Alembert*
c) *La pensée de D'Alembert*   d) *L'éthique de D'Alembert*

D100- Quel ouvrage édité de 1751 à 1772 sous la direction de Denis Diderot et de Jean Le Rond d'Alembert est une synthèse des connaissances de son époque ?
a) *L'Encyclopédie*   b) *Le Dictionnaire*   c) *L'Annuaire*   d) *La Thèse*

D101- Quel concept se définit comme l'absence de contrainte ?
a) *La sagesse*   b) *La servilité*   c) *La liberté*   d) *L'oisiveté*

D102- Quel mathématicien, physicien et philosophe, est né à La Haye-en-Touraine en 1596 ?
a) *Nicolas de Condorcet*   b) *René Descartes*   c) *Guillaume Du Val*   d) *Voltaire*

D103- Quel terme désigne une pratique mentale qui consiste en une attention portée sur un certain objet, au niveau de la pensée, des émotions et du corps ?
a) *La méditation*   b) *La concentration*   c) *La focalisation*   d) *L'ouverture*

D104- Quel ouvrage de référence qui rassemble les principaux concepts de la psychanalyse a été publié en 1967 par Jean Laplanche et Jean-Bertrand Pontalis ?
a) *Les Mécanismes de la psychanalyse*   b) *Les Techniques de la psychanalyse*
c) *Le Vocabulaire de la psychanalyse*   d) *Les Références de la psychanalyse*

D105- Qui est l'auteur de « Ainsi parlait Zarathoustra », le poème philosophique publié entre 1883 et 1885 ?
a) *Baptiste-Marie Jacob*   b) *Arsène Danton*   c) *Friedrich Nietzsche*   d) *Élie Halévy*

D106- Quel traité politique écrit au début du XVIe siècle par Nicolas Machiavel, montre comment accéder et rester au pouvoir ?
a) *Le Prince*   b) *L'État*   c) *L'Ascension*   d) *La Politique*

D107- À qui attribue-t-on la maxime « La mort n'est rien pour nous. » ?
a) Thalès   b) Socrates   c) Épictète   d) Épicure

D108- Quel mathématicien, physicien et inventeur français se consacre à la réflexion philosophique et religieuse après une expérience mystique qu'il éprouve en 1654 ?
a) Samuel Sorbière   b) Blaise Pascal   c) Nicolas Malebranche   d) René Descartes

D109- Quelle locution latine est utilisée en philosophie pour décrire l'objectif final recherché par tout être humain ?
a) Fluctuat Nec Mergitur   b) Summum bonum   c) Ad vitam æternam   d) Alea jacta est

D110- Quel médecin, lexicographe, philosophe et homme politique français, né en 1801, est surtout connu pour son Dictionnaire de la langue française ?
a) Auguste Comte   b) Émile Littré   c) Henri Bergson   d) Félix Ravaisson

D111- À qui attribue-t-on la maxime "L'homme n'est qu'un roseau, le plus faible des roseaux, mais c'est un roseau pensant" ?
a) Constant   b) Hume   c) Pascal   d) Descartes

D112- Quelle œuvre d'Emmanuel Kant, publiée en 1781 examine et confronte les possibilités et limites de la raison et de la métaphysique ?
a) La Limite de la raison pure   b) La Critique de la raison pure
c) La Faiblesse de la raison pure   d) La Faille de la raison pure

D113- Quel concept désigne l'obligation à l'égard de ce qu'il faut faire ou ne pas faire ?
a) La loi   b) La morale   c) Le droit   d) Le devoir

D114- Quel terme désigne l'attitude de refus de prendre en compte une partie de la réalité, vécue comme inacceptable par l'individu ?
a) Le rejet   b) Le déni   c) Le dénigrement   d) Le refus

D115- Quelle est l'œuvre majeure de Michel de Montaigne qui traite de nombreux sujets en 107 chapitres ?
a) Les Théories   b) Les Essais   c) Les Discours   d) Les Idées

D116- Quel élève de Socrate, frère aîné de Platon, est l'un des principaux interlocuteurs de Socrate dans La République ?
a) Antiphon   b) Adimante de Collytos   c) Glaucon   d) Potonè

D117- Selon Aristote, dans son traité sur la mémoire intitulé De la Mémoire et de la réminiscence, quel est le siège de l'intelligence, du courage et de la mémoire ?
a) Le Cerveau   b) L'Esprit   c) Le Cœur   d) Le Pouvoir

D118- Quel affranchi et secrétaire impérial est célèbre pour avoir aidé Néron à se donner la mort en lui enfonçant une épée dans la gorge et pour avoir eu comme esclave Épictète qu'il maltraita ?
a) Claudius Narcissus   b) Sextus Rufus   c) Épaphrodite   d) Lucius Volusius

D119- Quel neurologue autrichien né en 1856 est le fondateur de la psychanalyse ?
a) Otto Neurath   b) Friedrich Hayek   c) Karl Popper   d) Sigmund Freud

D120- Quel concept est une manifestation, consciente ou inconsciente, d'un désir ?
a) L'envie   b) Le fantasme   c) Le souhait   d) Le rêve

D121- À qui attribue-t-on la maxime "La liberté est le droit de faire tout ce que les lois permettent." ?
a) Montesquieu   b) Rousseau   c) Hume   d) Kant

D122- À qui attribue-t-on la maxime « L'homme est un animal politique. » ?
a) Socrate   b) Aristote   c) Platon   d) Descartes

D123- Au IVe siècle av. J.-C., à qui Héraclide du Pont attribue-t-il la création du mot « philosophe » ?
a) À Pythagore   b) À Thalès   c) À Socrate   d) À Platon

D124- Quel courant de philosophie politique datant du XVIIe siècle estime que l'origine de la société et de l'État provient d'une limitation de liberté des humains, en échange de lois garantissant la perpétuation du corps social ?
a) Le mutualisme   b) Le sociétisme   c) Le contractualisme   d) Le compromisme

D125- Quelle est la théorie selon laquelle les concepts, notions, ou idées abstraites, existent réellement, en étant immuables et universels et en formant des modèles de ce que nous percevons avec nos organes sensoriels ?
a) La théorie des jeux   b) La théorie des formes   c) La théorie des images   d) La théorie des sensations

D126- Quel concept désigne ce qui est au-delà du perceptible et des possibilités de l'intelligible ?
a) Le fantastique   b) Le surnaturel   c) Le transcendant   d) L'irréel

D127- À qui attribue-t-on la maxime "L'homme est un animal métaphysique." ?
a) Marx   b) Nietzsche   c) Socrate   d) Schopenhauer

D128- Quelle revue a été fondée en 1893 par un groupe de jeunes philosophes qui ont été les élèves d'Alphonse Darlu quelques années auparavant au lycée Condorcet ?
a) La Revue philosophique   b) La Revue de métaphysique et de morale
c) La Revue de psychanalyse   d) La Revue de théories et d'idées

D129- En métaphysique, quel mot désigne normalement l'élément immatériel incarné en l'être humain ?
a) Âme   b) Pensée   c) Ego   d) Esprit

D130- Comment meurt Sénèque, le philosophe de l'école stoïcienne ?
a) Assassiné   b) Contraint à un suicide forcé   c) Disparu en mer   d) De maladie

D131- En Grèce antique, qu'était un scholarque ?
a) Un précepteur de pensées   b) Un étudiant en philosophie
c) Un maître à penser   d) Le directeur d'une école de philosophie

D132- À qui attribue-t-on la maxime "N'attends pas que les événements arrivent comme tu le souhaites ; décide de vouloir ce qui arrive et tu seras heureux." ?
a) Héraclite   b) Epictète   c) Épicure   d) Confucius

D133- Quel ouvrage publié par le philosophe allemand Hegel, en 1817, expose sa philosophie sous forme d'un système ?
a) Le Lexique des sciences philosophiques   b) La Théorie des sciences philosophiques
c) L'Encyclopédie des sciences philosophiques   d) Le Dictionnaire des sciences philosophiques

D134- Quel nom désigne les philosophes qui, dans la Grèce antique, ont participé aux origines de la philosophie et ont vécu du milieu du VIe siècle av. J.-C. Jusqu'au IVe siècle av. J.-C. ?
a) Antiques   b) Présocratiques   c) Postplatoniques   d) Athéniens

D135- Quelle œuvre posthume contient une compilation d'écrits de Blaise Pascal ?
a) Les Réflexions   b) Les Idées   c) Les Pensées   d) Les Croyances

D136- Quelle traduction française d'une locution latine fut employée par René Descartes dans le Discours de la méthode (1637), pour exprimer la première certitude qui résiste à un doute méthodique ?
a) « Le sort en est jeté »   b) « Dans le vin est la vérité »
c) « Je suis venu, j'ai vu, j'ai vaincu »   d) « Je pense, donc je suis »

D137- Dans une conversation au sujet de la justice et de l'injustice, qui décline l'offre que lui fait Criton de l'aider à s'évader de prison ?
a) Aristote   b) Platon   c) Socrate   d) Thalès

D138- Quelle récompense reçoit le philosophe français Henri Bergson en 1927 ?
a) Le prix Nobel de la paix   b) Le prix Nobel de littérature
c) Le prix Nobel de physique   d) Le prix Nobel de médecine

D139- À qui attribue-t-on la maxime "Science sans conscience n'est que ruine de l'âme." ?
a) Du Bellay   b) De Montaigne   c) De Ronsard   d) Rabelais

D140- Quel philosophe grec aurait dit « Ôte-toi de mon soleil », à Alexandre le Grand ?
a) Gorgias   b) Timée de Locres   c) Diogène de Sinope   d) Leucippe

D141- Qu'est-ce que l'ataraxie ?
a) La peur des autres   b) La tranquillité de l'âme   c) La connaissance absolue   d) La perfection

D142- Quel philosophe néerlandais du XVIIe siècle appartenait au courant des modernes rationalistes ?
a) Gottfried Wilhelm Leibniz   b) Baruch Spinoza   c) John Locke   d) Henry More

D143- Selon Platon, quel mode de propriété est conçu pour assurer l'harmonie collective ?
a) Le bien public   b) Le bien privé   c) Le bien naturel   d) Le bien commun

D144- Quelle allégorie exposée par Platon dans la République présente les conditions d'accession de l'homme à la connaissance du Bien, ainsi que sa difficile transmission ?
a) De la forêt   b) De la caverne   c) De la rivière   d) De la montagne

D145- Descartes distingue trois types d'idées : les idées innées, les idées adventices et les ... ?
a) idées acquises   b) idées étranges   c) idées factices   d) idées irréalistes

D146- La Pythie de Delphes aurait affirmé : «Il n'y a pas d'homme plus sage, plus libre, plus juste, plus sensé que ...» ?
a) Pythagore   b) Platon   c) Thalès   d) Socrate

D147- Quelle réalité introduite par Sigmund Freud désigne une forme de réalité distincte de la réalité matérielle, reliée à la vie fantasmatique et au désir d'une personne ?
a) La réalité refoulée   b) La réalité fonctionnelle   c) La réalité psychique   d) La réalité contestable

D148- En psychanalyse, quel concept élaboré dans les années 1910 par Sigmund Freud désigne une étape du développement de la libido au cours de la formation du moi conçu comme objet d'amour ?
a) Le narcissisme   b) L'égoïsme   c) L'égocentrisme   d) La mégalomanie

D149- À qui Platon a-t-il attribué la maxime « Je sais que je ne sais rien. » ?
a) Épictère   b) Épicure   c) Gorgias   d) Socrate

D150- Quel était le vrai nom du philosophe français Alain ?
a) Louis-André Dupont   b) Pierre-Henri Fournier   c) Marc-Auguste Alanier   d) Émile-Auguste Chartier

Répondez aux 150 questions de ce thème avant de consulter la grille de réponses.

E1- Quelle fête, célébrée le 1er mai dans de nombreux pays du monde, est l'occasion d'importantes manifestations du mouvement ouvrier ?
a) La fête du Muguet   b) La fête de la Libération   c) La fête des Prolétaires   d) La fête du Travail

E2- Que mangent les espagnols lors des 12 coups de minuit la nuit du 31 décembre ?
a) 12 olives   b) 12 grains de raisin   c) 12 grains de riz   d) 12 bonbons

E3- De quel pays est originaire la tradition de l'Arbre de Pâques, qui consiste à décorer un arbre avec des œufs de Pâques multicolores ?
a) D'Allemagne   b) De Belgique   c) D'Italie   d) D'Espagne

E4- Quel mot de trois lettres désigne une ceinture servant à fermer les vêtements traditionnels japonais, comme le kimono ou le keikogi ?
a) Un wan   b) Un qun   c) Un obi   d) Un eda

E5- Selon la tradition, qu'est-il coutume d'offrir à ses proches le 1er mai ?
a) Un agneau   b) Un œuf en chocolat   c) Un brin de muguet   d) Un arbre

E6- Quel nom porte le ragoût d'agneau servi avec des légumes, considéré comme le plat national irlandais ?
a) L'Irish Stew   b) Le boxty   c) Le colcannon   d) Les cornish pasties

E7- Quel ministre de la Culture est à l'origine de la Fête de la Musique ?
a) Jack Lang   b) François Léotard   c) Jacques Toubon   d) Philippe Douste-Blazy

E8- Quel terme abrégé, signifiant « Câlins et bisous », est utilisé principalement en anglais à la fin d'une lettre écrite, d'un courrier électronique ou d'un SMS ?
a) LOL   b) XOXO   c) OMG   d) IRL

E9- Lors des Fêtes de Bayonne, de quelle couleur est le foulard qui accompagne la tenue blanche des participants ?
a) Rouge   b) Vert   c) Noir   d) Bleu

E10- À quel âge les jeunes garçons juifs font-ils la cérémonie de la bar-mitzvah qui célèbre le statut de majorité religieuse acquis ?
a) 12 ans   b) 13 ans   c) 14 ans   d) 15 ans

E11- Quelle période festive marque la fin de la « semaine des sept jours gras » ?
a) Mardi gras   b) Le Carême   c) La Chandeleur   d) L'Assomption

E12- Le jour d'Halloween, que disent les enfants costumés qui se déplacent de maison en maison pour demander des friandises ?
a) « Dead or Alive »   b) « Candies or Death »   c) « Lived or Died »   d) « Trick or Treat »

E13- Lors de la Chandeleur, que doit-on tenir dans la main gauche quand on fait sauter la première crêpe et qui assure qu'on aura de l'argent toute l'année ?
a) Un haricot   b) Une pièce d'or   c) Un morceau de sucre   d) Une assiette

E14- Que disent les Espagnols après un éternuement ?
a) « Hola »   b) « Jesus »   c) « Cheese »   d) « Salud »

E15- Quel festival de musiques, a lieu tous les ans dans la commune de Carhaix-Plouguer ?
a) Les Insulaires   b) Les Nuits Soniques   c) Le festival des Vieilles Charrues   d) Le festival Les Lunatiques

E16- Quelle est la récompense annuelle du festival d'art pyrotechnique de Cannes, organisé en juillet et août ?
a) Une « Palme d'argent »　　　　　*b) Une « Bombe d'argent »*
c) Une « Sphère d'argent »　　　　*d) Une « Vestale d'argent »*

E17- À partir de 2008, les parapets grillagés de quel pont parisien deviennent-ils le support de nombreux « cadenas d'amour » accrochés par des couples ?
a) Du pont Neuf　　*b) Du pont Alexandre III*　　*c) Du pont de l'Alma*　　*d) Du pont des Arts*

E18- Quel est l'ingrédient principal du bacalhau, le plat renommé de la cuisine portugaise ?
a) Les haricots　　*b) L'olive*　　*c) La morue*　　*d) La pomme de terre*

E19- Que portent les étudiants et étudiantes qui obtiennent leur diplôme de licence ou de master en Italie pour faire la fête dans la rue ?
a) Un chapeau　　*b) Une cape*　　*c) Des gants*　　*d) Une couronne de laurier*

E20- Quelle fête à l'origine française a pour but de rompre l'isolement et de tenter de créer un sentiment d'appartenance au quartier ?
a) La Fête des foins　　*b) La Fête des voisins*　　*c) La Fête des vendanges*　　*d) La Fête de la ville*

E21- Aux États-Unis, quand a lieu Thanksgiving ?
a) Le deuxième dimanche de novembre　　*b) Le quatrième jeudi de novembre*
c) Le troisième lundi de novembre　　*d) Le 30 novembre*

E22- En Italie, à Sienne, quel concours entre quartiers de la cité est disputé avec des chevaux ?
a) Le Duo　　*b) Le Tornamento*　　*c) Le Rincontro*　　*d) Le Palio*

E23- Quel animal est traditionnellement mangé au Pérou, notamment dans le « cuy chactao » ?
a) Le lama　　*b) Le cochon d'Inde*　　*c) L'alpaga*　　*d) La vigogne*

E24- Selon la superstition, que faut-il jeter par-dessus son épaule quand on renverse une salière ?
a) De l'eau　　*b) Du lait*　　*c) Du sel*　　*d) Du poivre*

E25- Quelle expression française désigne les usages, les traditions d'un pays, d'un peuple ?
a) Les temps jadis　　*b) Les aléas de la vie*　　*c) Les sautes d'humeur*　　*d) Les us et coutumes*

E26- Quelle manifestation festive traditionnelle organisée par l'Office de tourisme de la ville de Menton se tient chaque année à la fin de l'hiver ?
a) La fête du Citron　　*b) La fête du Printemps*　　*c) La fête du Soleil*　　*d) La fête de la Plage*

E27- D'après son étymologie, quels outils sont utilisés par un acupuncteur pour stimuler les zones de l'épiderme ?
a) Des aiguilles　　*b) Des pierres chaudes*　　*c) Des allumettes*　　*d) Des vibromasseurs*

E28- Quel instrument suisse, qui a la forme d'un long tube conique recourbé en son extrémité, a longtemps été un outil pour les vachers qui appelaient les vaches à l'heure de la traite ?
a) Le trombone de Genève　　*b) Le cor des Alpes*　　*c) La flûte helvète*　　*d) La trompette de Lausanne*

E29- Quelle est l'avenue entourée de gradins où se déroule le défilé des meilleures écoles de samba lors du carnaval de Rio de Janeiro, au Brésil ?
a) La sambavenida　　*b) La sambacalle*　　*c) Le samboboulevard*　　*d) Le sambodrome*

E30- Quelle spécialité culinaire, traditionnelle de la cuisine de Marseille, est une soupe de poissons accompagnée de croûtons de pain frottés à l'ail et tartinés de rouille ?
a) Le pastis　　*b) Les farcis*　　*c) La bouillabaisse*　　*d) L'aïoli*

E31- Traditionnellement, quel jeu venait compléter la dot de la mariée ?
a) Le jeu des invités b) Le jeu de paume c) Le jeu de la jarretière d) Le jeu des chaises musicales

E32- Quel terme désignait le premier jour de chaque mois dans le calendrier romain ?
a) L'avent b) L'initium c) Les calendes d) L'antedia

E33- Quand fête-t-on l'Épiphanie ?
a) Le 1er dimanche de janvier b) Le 2ème dimanche après Noël
c) Le 2ème dimanche après le jour de l'an d) Le 3e dimanche de janvier

E34- Quelle longue pièce d'étoffe est un vêtement traditionnel porté par des millions de femmes d'Asie du Sud ?
a) Le boubou b) Le sari c) La djellaba d) Le kimono

E35- Parmi les capitales suivantes, quelle est celle qui fête en premier la nouvelle année ?
a) Canberra b) Wellington c) Tokyo d) Jakarta

E36- Selon la tradition, que doit-on briser sur la coque d'un bateau fraîchement mis à l'eau, avant tout pour conjurer le sort ?
a) Une bouteille b) Une épée c) Une bouée d) Une lanterne

E37- Au cours de quel mois a lieu le Festival de Cannes, le festival de cinéma international ?
a) Février b) Mars c) Avril d) Mai

E38- Durant la période médiévale, quelle fleur les guerriers samouraïs utilisaient-ils pour symboliser l'essence du Samouraï ?
a) La fleur de rose b) La fleur de lotus c) La fleur d'oranger d) La fleur de cerisier

E39- Quel symbole représente l'unité dans la dualité ?
a) La croix b) Le peace and love c) Le yin et le yang d) Le chai

E40- Quel plat de pêcheur, originaire du pays valencien (en Espagne), est à base de vermicelles cuits dans un bouillon de poisson, parfois agrémenté de morceaux de calmars ou de seiches ?
a) La paella b) La fideuà c) Le gazpacho d) La tortilla

E41- Quel nom porte le masque vénitien en papier mâché faisant partie d'un ensemble composé d'une capuche de soie, d'une cape noire, d'un tricorne noir et d'un jabot blanc ?
a) La colombina b) L'arlequino c) La bauta d) Le domino

E42- Quelle fête clôt le cycle des festivités du Nouvel an en Chine ?
a) La fête des dragons b) La fete de la lune c) La fête de l'eau d) La fête des lanternes

E43- Quel événement célébré en Grande-Bretagne, est l'anniversaire de la Conspiration des poudres au cours de laquelle des catholiques tentèrent de faire sauter le Parlement ?
a) Saint George's Day b) Plough Monday c) Remembrance Day d) Guy Fawkes Night

E44- Quel interprète du chant « Petit Papa Noël » l'a chanté pour la première fois en 1946 ?
a) Salvatore Adamo b) Tino Rossi c) Éric Morena d) Luis Mariano

E45- Quelle matière faut-il toucher pour conjurer le sort et avoir de la chance ?
a) Du coton b) Du fer c) Du bois d) Du papier

E46- Quelle fête se tient chaque année pendant quatre jours autour du 8 décembre, à Lyon ?
a) La fête des Canuts b) La fête des Terreaux c) La fête de la Part-Dieu d) La fête des Lumières

E47- Quelle manifestation culturelle traditionnelle des Pays catalans consiste à bâtir une pyramide humaine de six à dix étages ?
a) Un castell   b) Un monte   c) Una torre   d) Una duna

E48- Quel jour fictif du calendrier liturgique catholique, est utilisé pour évoquer un événement qui aurait lieu à une date indéterminée et lointaine, voire jamais ?
a) La Saint-Ferdinand   b) La Saint-Glinglin   c) La Saint-Jean   d) La Saint-Étienne

E49- Quel renne, grâce à son nez rouge lumineux, guide le père Noël et lui permet d'effectuer sa tournée malgré la neige et le brouillard ?
a) Rudolph   b) Timothé   c) Felix   d) Clarence

E50- Le 25 Novembre, jour de la Sainte Catherine, quel âge ont les jeunes filles qui ne sont pas encore mariées et qui doivent porter un chapeau extravagant aux tons jaunes et verts ?
a) 20 ans   b) 25 ans   c) 30 ans   d) 35 ans

E51- Quel réveillon est célébré la nuit du 31 décembre au 1er janvier ?
a) Le réveillon de la Saint-Innocent   b) Le réveillon de la Saint-Félicien
c) Le réveillon de la Saint-Marc   d) Le réveillon de la Saint-Sylvestre

E52- Aux États-Unis, quand est célébré le Labor Day, la fête du Travail pour honorer et reconnaître le mouvement ouvrier américain et les travaux et contributions des travailleurs au développement et aux réalisations des États-Unis ?
a) Le 1er mai   b) Le 4 juillet   c) Le premier lundi de septembre   d) Le dernier dimanche d'octobre

E53- Quel art millénaire d'origine chinoise a pour but d'harmoniser l'énergie environnementale d'un lieu pour favoriser le bien-être, la santé et la prospérité de ses occupants ?
a) Le krav maga   b) Le feng shui   c) Le kung-fu   d) Le wushu

E54- Où se déroule le plus grand carnaval de France ?
a) À Paris   b) À Lille   c) À Strasbourg   d) À Nice

E55- Quel objet creux rempli de sucreries ou de jouets est suspendu en l'air grâce à une ficelle et cassé par les enfants à l'aide d'un bâton ?
a) La guirlande   b) La bonbonnière   c) La sucrerie   d) La piñata

E56- Où a lieu traditionnellement la prestigieuse vente aux enchères de charité des vins de Bourgogne, qui fait également office de baromètre international du marché des vins de prestige ?
a) À la Colline Notre-Dame du Haut   b) Aux Hospices de Beaune
c) À l'Abbaye de Fontenay   d) À l'Abbaye de Cluny

E57- Quelle spécialité culinaire traditionnelle de la cuisine niçoise, à base de farine de pois chiche et d'huile d'olive, est cuite au four à bois ?
a) Le pan bagnat   b) La pissaladière   c) La socca   d) Les farcis

E58- Quel est le 91e jour de l'année du calendrier grégorien, qui est le jour des farces ?
a) Le 29 février   b) Le 15 mars   c) Le 25 mars   d) Le 1er avril

E59- Qui a été célébré lors de la fête nationale des Pays-Bas, le 27 avril 2020 ?
a) Willem-Alexander   b) Vincent van Gogh   c) Rembrandt   d) Willem Jansz

E60- Dans quelle ville a lieu le Grand Fénétra, la manifestation festive folklorique qui se déroule chaque été pendant plusieurs jours dans les rues et jardins autour du Capitole ?
a) À Agen   b) À Bordeaux   c) À Toulouse   d) À Montpellier

E61- Quel terme japonais est utilisé après le nom de la personne pour s'adresser à un professeur, enseignant ou médecin ?
a) Sensei   b) Kachō   c) Senpai   d) Buchō

E62- Quelle fête traditionnelle dans le monde latino-hispanique marque le passage de l'enfance à la femme adulte pour la jeune fille qui fête ses quinze ans ?
a) La Adulteria   b) La Quinceañera   c) La Adolescencia   d) La Majoridad

E63- Qu'est-ce que le boubou africain ?
a) Un plat   b) Une boisson   c) Un vêtement   d) Un objet décoratif

E64- Où a lieu, chaque année, le principal festival de bande dessinée francophone ?
a) À Bruxelles   b) À Angoulême   c) À Lyon   d) À Chambéry

E65- Quand a lieu habituellement la fête des Mères en France ?
a) Le deuxième dimanche de mai   b) Le dernier dimanche de mai
c) Le premier dimanche de juin   d) Le deuxième dimanche de juin

E66- Lors de quelles expositions horticoles sont présentées de nombreuses plantes à fleurs ?
a) Les plantalies   b) Les plantafolies   c) Les floralies   d) Les floraisolies

E67- Quel est le jour de la fête nationale des États-Unis ?
a) Le 4 juillet   b) le 14 juillet   c) Le 10 août   d) Le 15 août

E68- Quelle ville est célèbre pour le Christkindelsmärik, le traditionnel marché de Noël qui s'y tient depuis 1570 ?
a) Colmar   b) Strasbourg   c) Reims   d) Sarlat

E69- En Allemagne, quel sketch comique anglais de 1963 passe à la télévision tous les soirs du Nouvel An depuis les années 1960 ?
a) Dinner For One   b) Christmas Eve   c) Holidays in Family   d) Toys for Kids

E70- Quelles petites figurines en argile, très colorées, représentent, dans la crèche de Noël, la scène de la nativité, les Rois Mages et les bergers, ainsi que tous les habitants d'un village provençal ?
a) Les miniatures   b) Les géants   c) Les fèves   d) Les santons

E71- Quand a lieu la Saint-Valentin, la fête des amoureux ?
a) Le 14 février   b) Le 26 février   c) Le 4 mars   d) Le 21 mars

E72- Quel breuvage traditionnel, consommé en Amérique du Sud, est élaboré avec des feuilles infusées ?
a) Le submarino   b) Le terremoto   c) Le mocochinchi   d) Le maté

E73- Quand est célébrée la Journée internationale des femmes qui met en avant la lutte pour les droits des femmes et notamment pour la fin des inégalités par rapport aux hommes ?
a) Le 1er mars   b) Le 8 mars   c) Le 18 mars   d) Le 25 mars

E74- Qu'organisait Eddie Barclay dans sa villa du Cap Camarat, à Saint-Tropez ?
a) Des « Soirées branchées »   b) Des « Dîners champêtres»
c) Des « Réveillons magiques »   d) Des « Nuits blanches »

E75- Qu'est-ce que la fabophilie ?
a) Collectionner les bouchons de bouteilles   b) Collectionner les fèves de galettes des rois
c) Collectionner les briquets   d) Collectionner les magnets de réfrigérateur

E76- Quel type de fête bretonne, où l'on danse, a été inventé dans les années 1950 pour recréer les anciens rassemblements festifs des paysans ?
a) Un Kan ar Bobl   b) Un fest-noz   c) Un brezhoneg   d) Un Gouel Broadel

E77- Quelle fête religieuse hindoue, marque la fin de l'hiver et le début du printemps, par des jets de poudres et d'eau colorées ?
a) Diwali   b) Soufi Darbar   c) Holi   d) Hemis Setchu

E78- En Allemagne, quelle pochette, en forme de cône et garnie de bonbons et cadeaux, est distribuée par les parents à leurs enfants lors de leur tout premier jour d'école ?
a) Une Schultüte   b) Une Hülle   c) Une Streichholzbriefchen   d) Une Umschlag

E79- Quelle manifestation populaire se déroule chaque année à Lille, le week-end du premier dimanche de septembre ?
a) Lillarious   b) La fête de la soupe   c) La braderie de Lille   d) Festival CinéComédies

E80- En quelle année ont été créées les Journées européennes du patrimoine (JEP) qui permettent au public de découvrir de nombreux édifices et musées gratuitement ?
a) En 1984   b) En 1994   c) En 2004   d) En 2014

E81- Quel nom porte le vêtement traditionnel japonais ?
a) Le tatami   b) Le kimono   c) Le kaido   d) Le sashimi

E82- Quel plat traditionnel grec est composé de petits morceaux de viande et de légumes grillés sur une brochette ?
a) Le souvláki   b) Le Tzatziki   c) Le Bougasta   d) Le Tarama

E83- Lors de quelle fête les participants rivalisent d'ingéniosité pour la confection de leur clet'che, leur déguisement ?
a) Le carnaval de Rio   b) Le carnaval de Venise   c) Le carnaval de Cologne   d) Le carnaval de Dunkerque

E84- Quel concours a été créé en 1959 en France pour promouvoir le fleurissement, le cadre de vie et les espaces verts ?
a) Le Concours des villes et villages fleuris   b) Le Concours des fleurs
c) Le Concours des jardins   d) Le Concours des verdures

E85- Quelle plante, de la famille des Asteraceae, est habituellement utilisée pour fleurir les tombes lors de Journée des défunts le 2 novembre ?
a) Le chrysanthème   b) Le lys   c) La rose   d) L'amaryllis

E86- En quelle année a eu lieu le célèbre Festival de Woodstock à White Lake ?
a) 1961   b) 1965   c) 1969   d) 1973

E87- Pour célébrer la naissance de quelle personnalité le troisième lundi du mois de janvier est-il un jour férié, aux États-Unis ?
a) George Washington   b) Abraham Lincoln   c) Marilyn Monroe   d) Martin Luther King Jr

E88- Quelle fête populaire, se déroulant à Munich en Allemagne, est connue dans les pays francophones sous le nom de fête de la bière ?
a) L'Oktoberfest   b) L'Ostermontag   c) Le Weltkindertag   d) Le Fronleichnam

E89- Quelle boisson à base de lait, de crème, de sucre et de jaune d'œuf parfumée à la noix de muscade ou à la cannelle est traditionnellement servie le soir de Noël ?
a) Le lait de poule   b) Le milk-shake   c) Le pumpkin latte   d) Le babeurre

E90- À la fin du XIXe siècle, dans quel pays asiatique Rama V a-t-il introduit des fourchettes et des cuillères pour manger ?
a) En Thaïlande   *b) En Indonésie*   *c) En Inde*   *d) Au Vietnam*

E91- Quel plat, populaire au Brésil, est un ragoût de haricots noirs avec de la viande et du riz ?
a) La farofa   *b) La feijoada*   *c) Le churrasco*   *d) Le brigadeiro*

E92- En Afrique du Nord et au Moyen-Orient, quelle célébration liée à un mariage, se déroule souvent la veille de celui-ci pour décorer les mains de la future mariée ?
a) La soirée du vernis   *b) La soirée du henné*   *c) Le soirée des feutres*   *d) La soirée des perles*

E93- Quelle ornementation portée sur la lèvre inférieure ou supérieure, peut être formée d'un disque élargissant la taille de la lèvre, en la perçant ou non ?
a) Le discobole   *b) Le disquet*   *c) Le labret*   *d) Le péliquet*

E94- Quel gâteau typique du Labourd et d'une partie de la Basse-Navarre, est traditionnellement fourré de cerises noires, ou de crème pâtissière à l'amande ou au rhum/vanille ?
a) La tropézienne   *b) Le gâteau basque*   *c) Le Saint-Honoré*   *d) Le pastis*

E95- Quel festival annuel se déroule à La Nouvelle-Orléans en Louisiane, depuis 1970 ?
a) Le festival du bourbon   *b) Le festival de jazz*   *c) Le festival du vaudou*   *d) Le festival de la Louisiane*

E96- Quel nom porte la fête juive célébrant la nouvelle année civile du calendrier hébraïque ?
a) Pourim   *b) Roch Hachana*   *c) Pessah*   *d) Lag Baomer*

E97- Quelle danse traditionnelle de la culture chinoise, exécutée au Nouvel An chinois par deux danseurs, imite les mouvements d'un animal dans le but d'apporter de la chance ?
a) La danse du dragon   *b) La danse des canards*   *c) La danse du lion*   *d) La danse du chat*

E98- À Bruges, lors de quelle fête religieuse, le jeudi de l'Ascension, un défilé présente des tableaux vivants de l'Ancien et du Nouveau Testament ?
a) La fête des canaux   *b) La procession du Saint-Sang*   *c) Le Cortège de l'Arbre*   *d) Le Koofestival*

E99- Quelles chaussures légères, en toile avec une semelle en corde de chanvre tressée, font partie intégrante de l'uniforme de gala de la police régionale de Catalogne, les Mossos d'Esquadra ?
a) Les santiag   *b) Les espadrilles*   *c) Les salomés*   *d) Les rangers*

E100- Quel plat national de la Colombie, est une soupe de pommes de terre agrémentée de morceaux de poulets et d'épis de maïs ?
a) L'arepa   *b) Le ceviche*   *c) L'ajiaco*   *d) Le sancocho*

E101- De quel pays est originaire la cérémonie du thé, un art traditionnel dans lequel le thé vert en poudre est préparé de manière codifiée et servi à un petit groupe d'invités dans un cadre calme ?
a) Du Pérou   *b) D'Inde*   *c) Du Liban*   *d) Du Japon*

E102- Dans quel pays est célébrée la fête de la Tomatina, le dernier mercredi du mois d'août de chaque année, avec sa célèbre bataille de tomates ?
a) En Espagne   *b) En Italie*   *c) En Argentine*   *d) Au Mexique*

E103- Quel mot japonais est employé pour trinquer ?
a) Santé   *b) Kon'nichiwa*   *c) Kanpai*   *d) Arigato*

E104- Quel couvre-chef d'origine béarnaise est un bonnet en feutre souple, de forme circulaire et plate, généralement garni d'une couronne intérieure en cuir ?
a) La bombe   *b) Le béret*   *c) Le Bourdaloue*   *d) L'attifet*

E105- Quel grand rassemblement se tient chaque année dans le désert de Black Rock au Nevada pendant neuf jours ?
a) Le Nortwest Folklike Festival   *b) Le Cherry Blossom*   *c) Le Burning Man*   *d) La Gay Pride*

E106- Parmi les rennes suivants, quel renne ne tire pas le traineau du père Noël ?
a) Comète   *b) Étoile*   *c) Fringant*   *d) Furie*

E107- Quel nom porte le Nouvel an musulman ?
a) Achoura   *b) Jalsa Salana*   *c) Ra's as-Sana*   *d) Aïd al-Fit*

E108- Quel hymne national de la République corse fut adopté lors de la consulte de Corte en 1735 ?
a) Le Dio vi salvi Regina   *b) Corsica*   *c) Salmu di Davìdiu*   *d) Sintineddi*

E109- Lors d'une cérémonie mortuaire japonaise, de quelle couleur sont traditionnellement habillés les proches ?
a) En noir   *b) En rouge*   *c) En blanc*   *d) En jaune*

E110- Qu'est-ce que le quart d'heure académique, dans certaines universités belges ?
a) Une pause de 15 minutes   *b) Un contrôle écrit rapide en 15 minutes*   *c) Un exposé noté de 15 minutes*
d) Un délai de 15 minutes entre l'heure prévue pour un cours et son heure réelle de début

E111- Quel nom porte la coiffe traditionnelle des toreros à pied qui est une toque noire, d'aspect « frisé », prolongée de chaque côté par deux boursouflures ?
a) La taleguilla   *b) Le chaleco*   *c) La pañoleta*   *d) La montera*

E112- Dans la tradition provençale, combien de desserts sont présentés à la fin du gros souper servi lors de la veillée de la fête de Noël ?
a) 5   *b) 9*   *c) 13*   *d) 17*

E113- Quelle coiffe vestimentaire de cérémonie, caractérisée par sa haute taille, est devenue un symbole de la Bretagne ?
a) La coiffe bretonne   *b) La coiffe bigoudène*   *c) La coiffe brestoise*   *d) La coiffe nantaise*

E114- Selon la coutume populaire, à combien d'années de mariage est associée la porcelaine ?
a) 10 ans   *b) 20 ans*   *c) 30 ans*   *d) 40 ans*

E115- Qu'est-ce que l'oshibori que l'on présente aux clients d'un restaurant ou d'un bar au Japon ?
a) Un menu   *b) Une petite serviette chaude*   *c) Un digestif*   *d) Un plateau de desserts*

E116- Quel bruit est une caractéristique du Nouvel An chinois, pour chasser les démons et implorer la paix et le bonheur pour la nouvelle année ?
a) Le bruit des feux d'artifice   *b) Le bruit des pétards*
c) Le bruit des tambours   *d) Le bruit des chaussures*

E117- Par qui était traditionnellement porté le kilt ?
a) Par les hommes des Highlands   *b) Par les sportifs écossais*
c) Par les étudiants gaéliques   *d) Par les ouvriers anglais*

E118- Quel terme désigne une forme particulière de tatouage traditionnel au Japon, qui couvre de larges parties du corps, voire son intégralité ?
a) Irezumi   *b) Tebori*   *c) Munewari*   *d) Ukiyo-e*

E119- Quels jours sont traditionnellement associés à des jours de malchance, excepté pour la chance au jeu, alors décuplée ?
a) Les dimanches 1er   *b) Les mardis 6*   *c) Les jeudis 31*   *d) Les vendredis 13*

E120- Combien de coups de canon sont tirés en France à l'investiture du Président de la République ?
a) 1   b) 11   c) 21   d) 31

E121- Élément de la tenue des diplômés anglosaxons lors de la cérémonie de la remise de leurs diplômes, quel nom porte la toque de forme carrée, ornée d'un tassel ?
a) La toge   b) Le tassel   c) Le mortarboard   d) Le pompon

E122- Quand a lieu la fête de la Saint-Patrick, qui célèbre le saint patron de l'Irlande ?
a) Le 1er février   b) Le 17 février   c) Le 1er mars   d) Le 17 mars

E123- Quel nom porte le lampion fabriqué à partir d'une citrouille évidée dans laquelle un visage, souvent grimaçant, a été découpé ?
a) Une Halloween-light   b) Une Sunloween   c) Un Magic-lamp   d) Une Jack-o'-lantern

E124- Dans la Flandre française, quel jour Saint Nicolas défile-t-il dans les rues ?
a) Le 5 janvier   b) Le 6 décembre   c) Le 24 décembre   d) Le 31 décembre

E125- Dans le nord de l'Europe, au Nouvel An, où est-il d'usage de s'embrasser, à minuit, pour avoir de la prospérité et une longue vie ?
a) Sous une branche de gui   b) Devant le sapin   c) Dans le jardin   d) Dans la rue

E126- Dans quelle célèbre fontaine de Rome est-il coutume de jeter une pièce de monnaie par le bras droit en tournant le dos à la fontaine avant de quitter « la ville éternelle » ?
a) La fontaine Samson   b) La fontaine de la Richesse
c) La fontaine de Trevi   d) La fontaine d'Apollo

E127- D'après la légende, du lait de quel animal Cléopâtre, reine d'Égypte antique, prenait-elle des bains pour entretenir sa beauté et la jeunesse de sa peau ?
a) De lait de brebis   b) De lait de vache   c) De lait d'ânesse   d) De lait de chamelle

E128- Quel objet est traditionnellement destiné à faire patienter les enfants jusqu'à Noël ?
a) Les chocolats   b) Le calendrier de l'Avent   c) Les chaussettes   d) Les cadeaux

E129- Quel objet est utilisé par les marins pour signaler certaines manœuvres à l'équipage ou pour saluer d'autres navires ?
a) Le sifflet   b) La corne   c) Le fusil   d) Le klaxon

E130- Quelle statue traditionnelle japonaise, en céramique ou en porcelaine, représente un chat assis et levant la patte au niveau de l'oreille ?
a) Daruma   b) Omamori   c) Senbazuru   d) Maneki-neko

E131- Quelle tradition des corporations du bâtiment consiste à marquer l'achèvement du gros œuvre d'une construction par la pose d'un branchage ?
a) Le bouquet final   b) L'arbre dressé   c) La branche décorée   d) Le lierre droit

E132- Selon les coutumes populaires, à combien d'années de mariage est associé le chêne ?
a) 40 ans   b) 60 ans   c) 80 ans   d) 100 ans

E133- Quelle fête observée par les bouddhistes correspond à « l'anniversaire de Bouddha » ?
a) Parinirvana   b) Vesak   c) Magha Puja   d) Hanamatsuri

E134- Dans quelle ville une petite centaine de courageux se jètent-ils à l'eau en décembre sur la plage du Ruhl pour le traditionnel bain de Noël ?
a) À Perpignan   b) À Marseille   c) À Toulon   d) À Nice

E135- En Italie, le soir du 5 janvier, comme le veut la tradition, qui vient remplir les chaussettes que les enfants sages ont déposées près de la cheminée ?
a) La Befana   *b) Les Rois mages*   *c) Saint-Nicolas*   *d) Le Père Noël*

E136- Quel animal est célébré en Amérique du Nord le jour de la Chandeleur, le 2 février ?
a) L'ours   *b) La marmotte*   *c) Le renard*   *d) Le caribou*

E137- Pour les francophones, qui est Zwarte Piet, l'assistant de Saint-Nicolas dans le folklore des Pays-Bas et de Belgique ?
a) Un renne   *b) Un elfe*   *c) La mère Noël*   *d) Le père Fouettard*

E138- Dans quel pays a lieu le Songkran et ses célèbres batailles d'eau ?
a) En Corée du Sud   *b) En Corée du Nord*   *c) En Thaïlande*   *d) Au Japon*

E139- Quel est le plus grand rassemblement de bikers au monde ?
a) Bike Week de Daytona   *b) Morzine Avoriaz Harley Days*   *c) Hometown Rally*   *d) Sturgis*

E140- Quel pain blanc coupé en tranches, tartiné de beurre et recouvert de paillettes est souvent servi lors des fêtes d'enfants en Australie et en Nouvelle-Zélande ?
a) Le funny bread   *b) Le fairy bread*   *c) Le smiley bread*   *d) Le lighty bread*

E141- Quel jour de pénitence marque le début du carême dans le christianisme ?
a) Le jeudi noir   *b) Le mardi gras*   *c) Le mercredi des Cendres*   *d) Le vendredi saint*

E142- Quelle fête qui tombe le premier jour de l'Avent est le point le départ des festivités de Noël ?
a) La Saint-Paul   *b) La Saint-Pierre*   *c) La Saint-André*   *d) La Saint-Firmin*

E143- Quelle pipe était utilisée par les Amérindiens pour décréter la paix entre deux tribus ?
a) Une chibouque   *b) Un calumet*   *c) Un kiseru*   *d) Un narguilé*

E144- Quelle fête a été créée en 1987 par une marque de café du groupe Kraft Jacobs Suchard ?
a) La fête des mères   *b) La fête des grands-mères*   *c) La fête des pères*   *d) La Saint-Valentin*

E145- Qu'est-ce que le Tā moko des Māoris de Nouvelle-Zélande et des îles Cook ?
a) Un masque de cérémonie   *b) Une coiffe*   *c) Un tatouage traditionnel permanent*   *d) Une jupe*

E146- Quelle coutume funéraire se rencontre dans certaines régions de Madagascar, notamment la région des Hautes Terres ?
a) Le fado   *b) Le falicado*   *c) Le famadihana*   *d) Le fanama*

E147- En Allemagne, lors du Sockenkranz qu'accroche-t-on à la porte des célibataires mâles le jour de leur 25e anniversaire ?
a) Des mots d'insulte   *b) Des clochettes dorées*   *c) Des slips sales*   *d) Des vieilles chaussettes*

E148- Dans quelle ville ont lieu les fêtes de San Fermín, célèbres pour l'encierro au cours duquel des spécialistes et des novices courent devant les taureaux ?
a) À Saint-Sébastien   *b) À Pampelune*   *c) À Bilbao*   *d) À Saragosse*

E149- À l'instar de la fête de la Sainte-Catherine pour filles, quelle est la fête des vieux garçons ?
a) La Saint-Nicolas   *b) La Saint-Patrick*   *c) La Saint-Marcel*   *d) La Saint-Francis*

E150- Quelle bataille est organisée pendant le carnaval d'Ivrée dans la province de Turin, durant les trois jours gras précédant le mercredi des Cendres ?
a) Une bataille de fleurs   *b) Une bataille d'oranges*   *c) Une bataille d'eau*   *d) Une bataille de chocolat*

Monde des Affaires

Répondez aux 150 questions d'économie et finance avant de consulter la grille de réponses.

F1- Quelle distinction, décernée pour la première fois en 1969, récompense chaque année une ou des personnes pour leur contribution exceptionnelle dans le domaine des sciences économiques ?
a) Le prix Nobel d'économie
b) La médaille Fields
c) Le prix du meilleur jeune économiste
d) Le prix du Cercle des économistes

F2- Quel indice statistique vise à évaluer le taux de développement des pays en se fondant sur l'économie, l'éducation et la santé ?
a) Le produit intérieur brut
b) L'indice de développement humain
c) L'indice de Gini
d) Le taux d'inflation

F3- Quelles furent les obligations émises par les États-Unis dans les années 1960 afin d'alimenter les banques centrales étrangères en liquidités et réduire le volume de dollars américains détenus par des pays étrangers ?
a) Les bons Seeta
b) Les bons Puuma
c) Les bons Roosa
d) Les bons Jiika

F4- Quelle crise boursière, qui se déroula à la Bourse de New York, commença un 24 octobre appelé « jeudi noir » ?
a) La crise de 2008
b) Le bulle internet
c) Le krach de 1929
d) Le krack de 1987

F5- Quel modèle néoclassique développé en 1956, vise à expliquer la croissance économique grâce à ses déterminants que sont l'accumulation du capital et le facteur travail ?
a) Le modèle de Solow
b) Le modèle de Walras
c) Le modèle de Menger
d) Le modèle de Jevons

F6- Quel nom porte la longue phase de crise économique et de récession qui frappa l'économie mondiale dans les années 1930 ?
a) La Grande Crise
b) La Grande Dépression
c) La Grande Chute
d) La Grande Récession

F7- Où se trouve le siège de la Banque centrale européenne (BCE) ?
a) En Allemagne
b) Au Luxembourg
c) En Belgique
d) Aux Pays-Bas

F8- Quelle est la monnaie comprenant les pièces modernes et les billets de banque ?
a) La monnaie métallique
b) La monnaie fiduciaire
c) La monnaie scripturale
d) La monnaie papier

F9- Dans son utilisation habituelle, que mesure le coefficient de Gini ?
a) Les inégalités de revenus
b) Le niveau d'activité économique
c) Le niveau d'inflation
d) Le taux de chômage

F10- Quel organisme français indépendant de recherche, de prévision et d'évaluation des politiques publiques fut créé par l'État français en février 1981, à l'initiative du Premier ministre Raymond Barre ?
a) L'Institut national de la statistique et des études économiques (INSEE)
b) L'Observatoire français des conjonctures économiques (OFCE)
c) L'Organisation de coopération et de développement économiques (OCDE)
d) Le Conseil d'Analyse Économique (CAE)

F11- Quel économiste américain, prix Nobel d'économie en 1970 et chef de file de l'école la « synthèse néo-classique », est considéré comme « le père » de la microéconomie actuelle ?
a) Carl Menger
b) Léon Walras
c) Paul Samuelson
d) Stanley Jevons

F12- Quel quotidien français d'information économique et financière a été fondé en 1908 par les frères Robert et Émile Servan-Schreiber ?
a) La Tribune
b) Le Monde
c) Le Journal de l'économie
d) Les Échos

F13- Quelle est la branche de l'économie qui modélise le comportement des agents économiques (consommateurs, ménages, entreprises,) et leurs interactions ?
a) La macroéconomie
b) La microéconomie
c) La théorie des jeux
d) La finance

F14- Quelle expression désigne un système économique où les décisions de produire et d'échanger sont déterminées majoritairement par la confrontation de l'offre et de la demande ?
a) Une économie du marché   b) Une économie d'échange
c) Une économie d'informations   d) Une économie de production

F15- Quels accords économiques de 1944 ont dessiné les grandes lignes du système financier international de l'après-Seconde Guerre mondiale ?
a) Les accords de Gênes   b) Les accords de Bretton Woods   c) Les accords de Brême   d) Les accords d'Oslo

F16- En quelle année l'euro est-elle devenue la monnaie unique de douze États membres de l'Union européenne, par sa mise en circulation ?
a) 1997   b) 2000   c) 2002   d) 2005

F17- Quel économiste français, né en 1971, est l'auteur du livre Le Capital au XXIe siècle (2013) ?
a) Jean Tirole   b) Thomas Piketty   c) Jean-Michel Charpin   d) Bertrand Cluzel

F18- Quel terme fait référence à la situation économique d'un pays à un moment donné ?
a) La croissance   b) L'activité   c) La conjoncture   d) L'inflation

F19- Quelle organisation internationale fondée sur le traité de Paris (1951), rassemblait six nations, unifiant l'Europe de l'Ouest et créant les bases d'une démocratie et d'une union européenne ?
a) La Communauté économique européenne (CEE)   b) L'Union européenne (UE)
c) L'Organisation des Nations unies (ONU)   d) La Communauté européenne du charbon et de l'acier (CECA)

F20- En finance, quelle est la rémunération d'un prêt, généralement versée périodiquement par l'emprunteur au prêteur ?
a) L'intérêt   b) Le dividende   c) Le coupon   d) L'échéance

F21- Quel économiste français est surtout connu pour son livre Économie politique pure, dans lequel il démontre que la rareté conduit à l'existence d'un équilibre général ?
a) Jacques Bresson   b) Léon Walras   c) Jean-Baptiste Say   d) Henri Lefèvre

F22- Quel économiste américain, ardent défenseur du libéralisme, obtient le prix Nobel d'économie en 1976 pour ses travaux sur « l'analyse de la consommation, l'histoire monétaire et la démonstration de la complexité des politiques de stabilisation » ?
a) Joseph Schumpeter   b) Thomas Sowell   c) Milton Friedman   d) Gottfried Haberler

F23- En France, quel organisme établit la comptabilité nationale annuelle et trimestrielle, évalue la démographie nationale, et calcule le taux de chômage ?
a) L'EUROSTAT   b) L'INED   c) Le CNIS   d) L'INSEE

F24- Quel économiste britannique a pour oeuvre majeure la Théorie générale de l'emploi, de l'intérêt et de la monnaie (1936) ?
a) Alfred Marshall   b) John Maynard Keynes   c) James Meade   d) Douglas North

F25- Sur quoi est basée la mesure de parité de pouvoir d'achat (PPA), inventée par le magazine The Economist en 1986 ?
a) Les prix d'un hamburger   b) Le prix d'une télévision   c) Le prix du pétrole   d) Le prix d'une voiture

F26- Quel nom de rue est donné au New York Stock Exchange (NYSE), qui est la plus grande des bourses mondiales ?
a) Broadway   b) Washington Street   c) Wall Street   d) Park Avenue

F27- Que tente de montrer la courbe élaborée par Arthur Laffer et qui porte son nom ?
a) « Trop d'impôt tue l'impôt »   b) « Qui peut le plus peut le moins »
c) « Les bons comptes font les bons amis »   d) « La croissance crée de la croissance »

F28- Quelle expression correspond à la baisse du coût unitaire d'un produit qu'obtient une entreprise en accroissant la quantité de sa production ?
a) Une économie d'échelle b) Un coût marginal   c) Une productivité   d) Un coût de production

F29- Quelle est la situation dans laquelle le chômage d'un territoire est réduit au chômage incompressible, faisant qu'il n'y a pas de difficulté particulière à trouver un emploi ?
a) Le chômage frictionnel   b) Le plein emploi   c) Le chômage structurel   d) Le chômage technologique

F30- Quelle est l'institution chargée par l'État de décider d'appliquer la politique monétaire ?
a) La Banque centrale   b) Le Sénat   c) Le gouvernement   d) Le Ministère des Finances

F31- Quel terme désigne l'amélioration des techniques qui sont utilisées dans le processus de production des biens et des services ?
a) La compétitivité   b) Le progrès technique   c) La productivité   d) La croissance

F32- Quel terme désigne le transfert de tout ou partie d'une fonction d'une organisation (entreprise ou administration) vers un partenaire externe ?
a) La transférisation   b) La délocalisation   c) L'externalisation   d) La partenarisation

F33- En microéconomie, quelle stratégie consiste pour une entreprise à se concentrer sur un seul domaine d'activité afin d'en avoir la maîtrise, de profiter de l'effet d'expérience et de compétences spécifiques et complémentaires ?
a) De différenciation   b) De diversification   c) Concurrentielle   d) De spécialisation

F34- Quelle discipline de l'économie étudie le système économique au niveau agrégé à travers les relations entre les grands agrégats économiques que sont le revenu, l'investissement, la consommation ?
a) La macroéconomie   b) La microéconomie   c) L'économie familiale   d) L'économie politique

F35- Quelle économiste franco-américaine, professeure au Massachusetts Institute of Technology (MIT), a reçu le prix Nobel d'économie en 2019 conjointement avec son époux Abhijit Banerjee et Michael Kremer ?
a) Anne-Laure Delatte   b) Hélène Rey   c) Esther Duflo   d) Laurence Boone

F36- Qui est le principal économiste classique français auteur du Traité d'économie politique, paru en 1803 ?
a) Thomas Malthus   b) Adam Smith   c) Jean-Baptiste Say   d) Frédéric Bastiat

F37- Qu'est-ce qui mesure la capacité à consommer d'un ménage grâce à son revenu disponible ?
a) Le taux de consommation   b) Le pouvoir d'achat   c) Le revenu brut   d) Les dépenses d'achat

F38- Quelle école de pensée économique a été fondée par l'économiste britannique John Maynard Keynes ?
a) Le libéralisme   b) L'interventionnisme   c) Le collectivisme   d) Le keynésianisme

F39- Quel indicateur économique permet de quantifier la valeur totale de la production économique de richesse annuelle effectuée par les agents économiques résidant à l'intérieur d'un territoire ?
a) La valeur ajoutée   b) Le produit intérieur brut
c) Les consommations intermédiaires   d) Le revenu national brut

F40- Quel est le traité fondateur de l'Union européenne ?
a) Le traité de Rome   b) Le traité de Versailles
c) Le traité de Maastricht   d) Le traité de Lisbonne

F41- Quelle est la monnaie nationale de Porto Rico ?
a) Le peso   b) Le florin   c) Le dollar américain   d) L'euro

F42- Quelle école de pensée économique, fondée par Milton Friedman au XXe siècle, défend la neutralité monétaire et prône l'absence d'intervention des banques centrales sur les marchés ?
a) *L'interventionnisme*   b) *Le centrisme*   c) *Le neutralisme*   d) *Le monétarisme*

F43- Quel terme désigne une concentration d'entreprises et d'institutions interreliées dans un domaine particulier, sur un territoire géographique ?
a) *Un pôle de compétitivité*   b) *Un quartier d'affaires*   c) *Une technopole*   d) *Un pôle de recherche*

F44- Quel agrégat mesure, en comptabilité nationale, l'investissement en capital fixe des différents agents économiques résidents ?
a) *La fondation brute de capital fixe (FBCF)*   b) *La fédération brute de capital fixe (FBCF)*
c) *La formation brute de capital fixe (FBCF)*   d) *La fonction brute de capital fixe (FBCF)*

F45- Quel économiste anglais, reçoit en 1977 le prix dit Nobel d'économie, avec le Suédois Bertil Ohlin, pour sa contribution à la théorie du commerce international et des mouvements de capitaux internationaux ?
a) *Eli Heckscher*   b) *James Meade*   c) *Paul Samuelson*   d) *Wolfgang Stolper*

F46- Quelle instance composée d'économistes reconnus de sensibilités diverses a été créée en 1997 pour conseiller le Premier ministre français ?
a) *Le Conseil d'analyse économique*   b) *L'Organisation de coopération et de développement économiques*
c) *Le Fonds monétaire international*   d) *Le Conseil Économique Social et Environnemental*

F47- Quel sigle de trois lettres désigne un ensemble de critères que les États de la zone euro se sont engagés à respecter vis-à-vis de leurs partenaires afin de coordonner leurs politiques budgétaires nationales et d'éviter l'apparition de déficits publics excessifs ?
a) *PSC*   b) *PIB*   c) *PNB*   d) *PME*

F48- Que signifie le sigle CAC 40, le principal indice de la Bourse de Paris ?
a) *Contrôle Assisté en Cours*   b) *Cotation Assistée en Continu*
c) *Cours Automatique en Continu*   d) *Cours Administré Contrôlable*

F49- Quel fut le programme américain de prêts accordés aux différents États d'Europe pour aider à la reconstruction après la Seconde Guerre mondiale, à la condition d'importer pour un montant équivalent d'équipements et de produits américains ?
a) *Le plan Marshall*   b) *Le plan Roosevelt*   c) *Le plan Truman*   d) *Le plan Keynes*

F50- Quel pôle des industries de pointe situé dans l'État de Californie, aux États-Unis, comprend environ trois millions d'habitants et 6 000 entreprises de haute technologie ?
a) *Hollywood*   b) *Les GAFAM*   c) *La Silicon Valley*   d) *La Sun Belt*

F51- Quelle expression, créée par Jean Fourastié, désigne la période de forte croissance économique et d'augmentation du niveau de vie qu'a connue la grande majorité des pays développés entre 1945 et 1975 ?
a) *Les Années folles*   b) *Les Ans florissants*   c) *Les Fortes puissances*   d) *Les Trente Glorieuses*

F52- Quelle stratégie consiste à transférer une activité de production nationale vers une unité de production à l'étranger, pour importer cette production réalisée à l'étranger ?
a) *La délocalisation*   b) *La relocalisation*   c) *La compétitivité*   d) *La concurrence*

F53- Quel économiste autrichien développe une conception subjective de la valeur, qui repose sur l'utilité marginale du bien qui dépend de son utilisateur et de ses conditions subjectives ?
a) *Friedrich Hayek*   b) *Carl Menger*   c) *Otto Neurath*   d) *Felix Kaufmann*

F54- Quelle forme de politique adoptée par certains États assure une panoplie plus ou moins étendue de dépenses sociales au bénéfice de leurs citoyens ?
a) *L'État régalien*   b) *Le minarchisme*   c) *L'État-providence*   d) *L'État de droit*

F55- Quel économiste écossais, auteur de Recherches sur la nature et les causes de la richesse des nations, publié en 1776, est considéré comme « le père de l'économie politique » ?
a) Adam Smith   b) Charles Fourier   c) Robert Lucas   d) Paul Romer

F56- Quel physicien français a obtenu le prix Nobel d'économie en 1988 ?
a) Afred Sauvy   b) François Perroux   c) Jean-Jacques Laffont   d) Maurice Allais

F57- Quelle situation se définit par un offreur qui détient une position d'exclusivité sur un produit ou un service offert à une multitude d'acheteurs ?
a) L'oligopole   b) Le monopole   c) La concurrence parfaite   d) L'oligopsone

F58- Quel sigle désigne une entreprise de 10 à 250 salariés et dont le chiffre d'affaires annuel n'excède pas 50 millions d'euros ou dont le total de bilan ne dépasse pas 43 millions d'euros ?
a) Une PME   b) Une TPE   c) Une ETI   d) Une GE

F59- Quelle taxe sur les transactions financières a été suggérée en 1972 par le lauréat du prix Nobel d'économie, pour limiter la volatilité du taux de change ?
a) La Taxe Leontief   b) La taxe Lewis   c) La taxe Tobin   d) La taxe Simon

F60- Quel économiste soviétique a démontré que les économies capitalistes connaissent une croissance soutenue de long terme, suivie d'une période de dépression ?
a) Mikhaïl Okhitovitch   b) Wassily Leontief   c) Nikolaï Dmitrievitch Kondratiev   d) Alexandre Joukov

F61- Quel terme désigne l'accroissement de valeur réalisé par une entreprise ?
a) La plus-value   b) La valeur ajoutée   c) L'excédent brut d'exploitation   d) La marge nette

F62- Quelle branche de la science économique a pour objectif d'estimer et de tester les modèles économiques ?
a) La macroéconomie   b) La statistique   c) L'économétrie   d) La finance

F63- Quelle est la monnaie officielle du Japon ?
a) Le yen   b) Le yuan   c) La roupie   d) Le won

F64- Quel économiste autrichien naturalisé américain, est connu pour ses théories sur la destruction créatrice et l'innovation ?
a) Robert Lucas   b) Joseph Schumpeter   c) Harry Markowitz   d) Merton Miller

F65- Quel groupe fondé en 1978 par la fondation Rockefeller, est un think tank basé à Washington, qui regroupe des financiers et des universitaires autour de problèmes économiques et financiers ?
a) Le G8   b) Le G20   c) Le G30   d) Le G47

F66- Quel fut le nom donné par le président des États-Unis Franklin Delano Roosevelt à sa politique mise en place pour lutter contre les effets de la Grande Dépression aux États-Unis ?
a) Le New Deal   b) Le patriot Act   c) Le Care Act   d) Le Economic Plan

F67- Quel terme regroupe trois formes d'activités : l'économie générée par le travail au noir, les délits économiques ou les activités criminelles ou délictuelles et leur recel ?
a) Économie illégale   b) Économie du travail   c) Économie souterraine   d) Économie noire

F68- En économie, quel terme désigne le revenu que les ménages tirent de leur contribution à l'activité économique, sans prendre en compte les prestations sociales ?
a) Le revenu primaire   b) Le revenu brut   c) Le revenu net   d) Le revenu de transfert

F69- Qui a été président de la Banque centrale européenne de 2011 à 2019 ?
a) Wim Duisenberg   b) Christine Lagarde   c) Mario Draghi   d) Jean-Claude Trichet

F70- En quelle année a été créée la Banque de France, la banque centrale de la France ?
a) 1800   b) 1850   c) 1900   d) 1950

F71- Quelle « loi des débouchés » stipule que l'offre crée sa propre demande ?
a) La loi de Keynes   b) La loi de Smith   c) La loi de Solow   d) La loi de Say

F72- Quel titre obligataire émis par l'État, par l'intermédiaire du Trésor public, est remboursable à échéance ?
a) Une OPCVM   b) Un bon du Trésor   c) Une lettre de crédit   d) Un contrat-cadre

F73- Qu'est-ce qu'un versement d'une entreprise à ses actionnaires ?
a) Un dividende   b) Une action   c) Un prêt   d) Un salaire

F74- Quelle école de pensée économique libérale, théorise le libre-échange et ses avantages, ainsi que le fonctionnement du marché ?
a) L'école keynésienne   b) L'école marginaliste   c) L'école du circuit   d) L'école classique

F75- Quelle organisation internationale créée en 1995 s'occupe des règles régissant le commerce international entre les pays ?
a) L'Accord général sur les tarifs douaniers et le commerce (GATT)
b) L'Organisation des Nations unies (ONU)
c) L'Organisation mondiale du commerce (OMC)
d) L'Organisation de coopération et de développement économiques (OCDE)

F76- Quelle était l'unité de compte de la Communauté européenne avant l'adoption du nom de « l'euro », lors du Conseil européen de Madrid en décembre 1995 ?
a) Le franc   b) L'écu   c) Le louis   d) La livre

F77- Quelle politique d'atténuation des inégalités de revenus est opérée au moyen des transferts sociaux ?
a) La redevance   b) La discrimination positive
c) La redistribution des revenus   d) Le remboursement de la dette sociale

F78- Quel pays entré dans la CEE en 1981 puis dans l'Eurozone en 2001 a été durement touché par la crise financière en 2008 ?
a) L'Espagne   b) La Grèce   c) L'Italie   d) Le Portugal

F79- Quelle doctrine politique prônant la restriction démographique tire son nom d'un économiste britannique de l'École classique, qui était également un prêtre anglican ?
a) Le sauvisme   b) Le ricardisme   c) Le bastiatisme   d) Le malthusianisme

F80- Dans quel système monétaire toute émission de monnaie se fait avec une contrepartie et une garantie d'échange en or ?
a) L'étalon de change-or   b) Le système de changes fixes   c) Le Pool de l'or   d) L'étalon-or

F81- Quel actif numérique émis de pair à pair, sans nécessité de banque centrale, est utilisable au moyen d'un réseau informatique décentralisé ?
a) Un hacker   b) Une blockchain   c) Une NFT   d) Une cryptomonnaie

F82- Quelle théorie du commerce international explique les échanges par les différences de dotations en facteurs de production des pays qui y participent ?
a) La théorie des avantages comparatifs   b) La théorie des avantages absolus
c) Le modèle Heckscher-Ohlin-Samuelson (HOS)   d) Le modèle mondialiste

F83- Quel est le plus vieil indice boursier du monde ?
a) Le Dow Jones   b) Le Nasdaq   c) Le Dax   d) Le Footsie

F84- Quel mode de production est caractérisé par une organisation telle que les produits passent linéairement de poste à poste jusqu'à prendre leur forme finale ?
a) La production unitaire b) La production en série c) La production par lot   d) La production en continu

F85- Quelle attitude d'un État cherche à accroître la compétitivité des entreprises présentes sur son territoire en allégeant les dispositions législatives visant à protéger l'environnement ?
a) Les normes environnementales   b) La protection environnementale
c) La législation environnementale   d) Le dumping environnemental

F86- Quel économiste du XIXe siècle est connu pour son analyse des rouages du capitalisme et de la lutte des classes, et pour son activité révolutionnaire au sein du mouvement ouvrier ?
a) Léon Trotski   b) Karl Marx   c) Lénine   d) Joseph Staline

F87- Quel est l'ensemble de personnes d'un même logement qui participent à son économie ?
a) Un ménage   b) Un foyer fiscal   c) Une unité de consommation   d) Un agent économique

F88- Quelle politique agricole fut menée par le gouvernement de Joseph Staline en Union soviétique entre 1929 et 1939 ?
a) La communautarisation   b) La prévision   c) La collectivisation   d) La nationalisation

F89- Quelle est la devise nationale de la république populaire de Chine à l'exception des régions administratives spéciales de Hong Kong et de Macao ?
a) Le yen   b) Le dinar   c) La roupie   d) Le yuan

F90- Quelle perte du pouvoir d'achat de la monnaie se traduit par une augmentation générale et durable des prix ?
a) La déflation   b) La stagflation   c) L'inflation   d) La désinflation

F91- Quel terme exprime la capacité d'un État à rembourser ses emprunts et donc sa solvabilité ?
a) Le remboursement de la dette publique   b) Le capital de la dette publique
c) La soutenabilité de la dette publique   d) La rentabilité de la dette publique

F92- Quelle structure de marché théorisée au XIXe siècle par les économistes néoclassiques permettrait d'atteindre un équilibre des prix et des quantités sur tous les marchés ?
a) La concurrence pure et parfaite   b) L'économie idéale c) L'équilibre général   d) Les dotations parfaites

F93- Quel est le régime de change où la valeur des monnaies varie librement sur un marché ?
a) De changes fixes   b) De changes constants   c) De changes ouverts   d) De changes flottants

F94- Quelle notion désigne la situation où un niveau de prix d'échanges sur un marché est artificiellement excessif par rapport à la valeur financière intrinsèque des biens échangés ?
a) Une surchauffe   b) Une bulle   c) Une croissance   d) Une dévalorisation

F95- Quel économiste a été lauréat du prix Nobel d'économie avec George Akerlof et Michael Spence en 2001 pour des travaux sur les marchés avec asymétrie d'information ?
a) Theodore Schultz   b) Kenneth Arrow   c) Joseph Stiglitz   d) James Heckman

F96- Créé en 1979, quel système a resserré la coopération en matière de politique monétaire entre les pays de la Communauté, afin d'aboutir à une zone de stabilité monétaire en Europe ?
a) Le serpent monétaire européen (SPE)   b) Le système monétaire européen (SME)
c) La communauté économique européenne (CEE)   d) Le conseil européen (CE)

F97- Quelle institution financière internationale accorde des prêts à effet de levier à des pays en développement pour des projets d'investissement ?
a) La Banque mondiale   b) Le Fonds monétaire international
c) La Banque des règlements internationaux   d) La Banque du développement

F98- Quelle partie du revenu, pendant une période donnée, n'est pas dépensée ?
a) L'investissement   b) L'épargne   c) La consommation   d) Le patrimoine

F99- Quelle politique économique et fiscale interventionniste, est menée par un État pour protéger ses producteurs contre la concurrence des producteurs étrangers ?
a) Le libéralisme   b) Le protectionnisme   c) Le libre-échange   d) La concurrence imparfaite

F100- Quel est le rapport entre la variation relative de la demande d'un bien et la variation relative du prix de ce bien ?
a) L'élasticité-prix   b) La rigidité du prix   c) Le prix relatif   d) Le prix variable

F101- En économie, quel terme désigne la propriété d'un bien dont la consommation par un agent diminue la quantité de bien disponible pour les autres agents ?
a) La dualité   b) La complémentarité   c) La substituabilité   d) La rivalité

F102- Quel terme correspond à un libre échange des marchandises, des capitaux, des services, des personnes, des techniques et de l'information à l'échelle planétaire ?
a) La planétarisation   b) La mondialisation   c) La coopération   d) La mutualisation

F103- Quel organisme est chargé d'évaluer le risque de non-remboursement de la dette ou d'un emprunt d'un État, d'une entreprise ou d'une collectivité locale ?
a) Un organisme d'intérêt public   b) Une association à but non lucratif
c) Une organisation non gouvernementale   d) Une agence de notation financière

F104- Dans une économie comportant plusieurs biens, quels biens doivent être consommés ensemble pour couvrir un besoin ?
a) Les biens inférieurs   b) Les biens substituables
c) Les biens complémentaires   d) Les biens indépendants

F105- Quel est le concept de David Ricardo qui explique que, dans un contexte de libre-échange, chaque pays a intérêt à se spécialiser dans la production pour laquelle il dispose de l'écart de productivité le plus fort en sa faveur, ou le plus faible en sa défaveur ?
a) L'avantage comparatif   b) L'avantage absolu   c) L'avantage concurrentiel   d) L'avantage majeur

F106- Quels services sont fournis gratuitement ou à des prix qui ne sont pas économiquement significatifs, notamment dans les domaines de l'éducation ou de la santé ?
a) Publics   b) De l'État   c) Non marchands   d) Administratifs

F107- Qui est le « père de l'Euro », qui reçut en 1999 le Prix Nobel d'économie ?
a) Robert Schuman   b) Robert Mundell   c) Konrad Adenauer   d) Paul-Henri Spaak

F108- Quelle taxe environnementale sur les émissions de gaz à effet de serre vise à contrôler le réchauffement climatique ?
a) La taxe carbone   b) La taxe pigouvienne   c) La taxe financière   d) La taxe environnementale

F109- Quel terme désigne un marché avec un seul demandeur et un nombre important d'offreurs ?
a) Un monopole   b) Un monopsone   c) Un oligopole   d) Un oligopsone

F110- Sur quel marché, un nombre faible d'offreurs dispose d'un certain pouvoir de marché sur un nombre important de demandeurs ?
a) Le monopole   b) Le monopsone   c) L'oligopsone   d) L'oligopole

F111- Quel terme désigne un transfert de la propriété du capital d'une entreprise du secteur public au secteur privé ?
a) Une libéralisation   b) Une collectivation   c) Une nationalisation   d) Une privatisation

F112- Quel est le pseudonyme utilisé par le ou les développeurs de la cryptomonnaie Bitcoin ?
a) Satoshi Nakamoto   b) Vitalik Buterin   c) Gavin Andresen   d) Blythe Masters

F113- Quelle institution internationale, regroupant 190 pays, a pour fonction d'assurer la stabilité du système monétaire international et la gestion des crises monétaires et financières ?
a) Le FMI   b) L'OMC   c) La BCM   d) L'OFM

F114- En 2019, qui devient présidente de la Banque centrale européenne (BCE) ?
a) Neelie Kroes   b) Ursula von der Leyen   c) Kristalina Georgieva   d) Christine Lagarde

F115- Quelles sont les ressources mises en œuvre dans la production de biens et de services, comme par exemple les machines et travailleurs ?
a) Les inputs   b) Les matières premières
c) Les facteurs de production   d) Les consommations intermédiaires

F116- En économie, quel terme désigne un marché où les offreurs et demandeurs sont si nombreux et petits relativement, par rapport à la taille du marché ?
a) L'atomicité   b) L'homogénéité   c) La fluidité   d) La transparence

F117- Quelle crise financière a touché le secteur des prêts hypothécaires à risque aux États-Unis à partir de juillet 2007 provocant la crise financière mondiale de 2007-2008 ?
a) La crise Barings   b) La crise du Coronavirus   c) La crise des subprimes   d) La crise du crédit

F118- Quel processus historique du XIXe siècle fit basculer une société à dominante agraire et artisanale vers une société commerciale et industrielle ?
a) Le bond en avant   b) La révolution industrielle   c) La modernisation   d) Le progrès

F119- Quel goupe est issu de la fusion des bourses d'Amsterdam, de Bruxelles et de Paris qui est intervenue le 22 septembre 2000 ?
a) Europan   b) Eurofin   c) Euribor   d) Euronext

F120- Sur quelle zone géographique l'ALENA a-t-il instauré une zone de libre-échange dès 1994 ?
a) L'Amérique du Nord   b) L'Asie du Sud-Est   c) L'Europe de l'Est   d) L'Océanie

F121- Quel terme qualifie la période de crise économique ayant succédé aux Trente Glorieuses ?
a) Les Trente Malheureuses   b) Les Trente Piteuses
c) Les Trente Affreuses   d) Les Trente Horribles

F122- Quelle communauté économique regroupe plusieurs pays de l'Amérique du Sud, dont l'Argentine, le Brésil, le Paraguay et l'Uruguay ?
a) Le Mercosur   b) Le Brasao   c) Le Suramo   d) L'Amerosur

F123- Comment est désignée la variation positive de la production de biens et de services dans une économie sur une période donnée, généralement longue ?
a) L'inflation   b) La croissance économique   c) Le développement   d) L'embellie économique

F124- Quel concept économique concerne l'utilisation des ressources rares pour satisfaire à court et long terme les besoins de consommation de la population ?
a) L'allocation des ressources   b) L'offre de ressources
c) La demande de ressources   d) L'emploi de ressources

F125- Quel mouvement s'oppose au libéralisme économique et à la mondialisation économique des pratiques financières pour favoriser une économie plus sociale et mieux répartie ?
a) Le capitalisme   b) Le communisme   c) La décroissance   d) L'altermondialisme

F126- Quel économiste et homme d'État français devient Premier ministre de 1976 à 1981 ?
a) Michel Debré   b) Raymond Barre   c) Pierre Mauroy   d) Pierre Messmer

F127- Quelle pratique vise à diminuer les coûts de production en abaissant le coût de la main-d'œuvre ?
a) Le licenciement   b) Le dumping social   c) La mécanisation   d) La substitution

F128- En quelle année est signé le Traité de Rome, instituant la CEE ?
a) En 1957   b) En 1960   c) En 1968   d) En 1975

F129- Quel est le principal indice boursier de la Bourse de Madrid ?
a) L'Ibex 35   b) Le DAX   c) Le Footsie   d) Le CAC 40

F130- Quelle théorie de Joseph Schumpeter met en évidence des cycles industriels où, après une innovation majeure, l'économie entre dans une phase de croissance créatrice d'emplois, suivie d'une phase de dépression, où les innovations chassent les entreprises « dépassées » et provoquent une destruction d'emplois ?
a) Le remplacement   b) Le progrès technique   c) La destruction créatrice   d) L'industrialisation

F131- Quelle expression d'Adam Smith désigne la théorie selon laquelle l'ensemble des actions individuelles des acteurs économiques, guidées uniquement par l'intérêt personnel de chacun, contribuent finalement à la richesse et au bien commun ?
a) L'aléa positif   b) Le tour de force   c) L'égoïsme collectif   d) La main invisible

F132- Quel groupe de réflexion a obtenu une notoriété mondiale en publiant le « rapport Meadows » en 1972, sur les dangers, pour l'environnement, de la croissance économique et démographique ?
a) Le club de Paris   b) Le club de Londres   c) Le club de Berlin   d) Le club de Rome

F133- Quel système économique est caractérisé par la propriété privée des moyens de production et la liberté de concurrence ?
a) Le capitalisme   b) Le libéralisme   c) Le mercantilisme   d) Le nationalisme

F134- Quel concept désigne un bien dont la demande augmente avec la hausse de prix ?
a) Un bien supérieur   b) Un bien normal   c) Un bien inférieur   d) Un bien de Giffen

F135- Quel principe fait supporter les frais résultant des mesures de prévention, de réduction et de lutte de la pollution à celui qui en est la cause ?
a) Le principe du pollueur-payeur   b) Le principe de la responsabilité environnementale
c) Le principe de l'efficacité durable   d) Le principe du responsable-condamné

F136- Quelle est la monnaie officielle de l'Afrique du Sud ?
a) Le rand   b) Le loti   c) Le dalasi   d) Le shilling

F137- Quel est le déséquilibre du budget de l'État avec des recettes inférieures aux dépenses ?
a) Le déficit budgétaire   b) La dette publique   c) L'emploi public   d) Le plafond public

F138- Quel concept de microéconomie désigne l'évolution de la consommation de deux biens en fonction de l'évolution du revenu du consommateur ?
a) La contrainte budgétaire   b) La droite de budget
c) La courbe d'indifférence   d) Le chemin d'expansion du revenu

F139- Quel type de défaillance du marché se produit lorsque ceux qui bénéficient d'une ressource ou d'un service ne la paient pas ou la sous-paient ?
a) Aléa moral   b) Externalité   c) Bien commun   d) Passager clandestin

F140- Quel impôt prélevé sur une marchandise à importer constitue l'un des principaux instruments du protectionnisme ?
a) Le droit de douane   b) Le quota d'importation
c) La norme d'importation   d) La taxe sur la valeur ajoutée

F141- Quelle théorie économique néoclassique a comme objectif de modéliser le comportement d'un agent économique en tant que consommateur de biens et de services ?
a) La théorie du consommateur   b) La théorie des jeux
c) La théorie du consomnivore   d) La théorie de la décision

F142- Quel sigle désigne la banque centrale des États-Unis ?
a) La BCUS   b) La BUSA   c) La BCA   d) La FED

F143- Quels sont les critères économiques établis par le traité de Maastricht que doivent respecter les pays membres de l'Union européenne candidats à l'entrée dans l'Union économique et monétaire européenne ?
a) Les critères mineurs   b) Les critères de convergence
c) Les critères communautaires   d) Les critères obligatoires

F144- En sciences économiques, quel est le ratio indiquant la variation de la quantité consommée d'un bien 1 nécessaire pour maintenir l'utilité d'un consommateur constante, alors que la quantité consommée d'un bien 2 diminue ?
a) Le taux moyen de consommation   b) Le taux médian de complémentarité
c) Le taux effectif d'utilité   d) Le taux marginal de substitution

F145- En novembre 2020, lors du 37e sommet de quelle organisation est conclue la signature d'un vaste accord de libre-échange entre 15 pays, incluant l'Australie, la Chine, la Corée du Sud, le Japon et la Nouvelle-Zélande ?
a) L'ASEAN   b) L'ANEA   c) L'AZCEA   d) L'AJACEAN

F146- Combien d'entreprises britanniques sont cotées dans le Footsie à la bourse de Londres ?
a) 50   b) 75   c) 100   d) 125

F147- Quel lieu historique la Bourse de Paris a-t-elle longtemps occupé ?
a) Le Palais Brongniart   b) Le Palais de Tokyo   c) Le Palais Bourbon   d) Le Palais du Luxembourg

F148- Quel économiste américain fut président de la Réserve fédérale, de 1987 à 2006 ?
a) Ben Bernanke   b) Alan Greenspan   c) Jerome Powell   d) G. William Miller

F149- Dans quel pays se trouve le siège de l'Organisation mondiale du commerce (OMC), l'organisation internationale qui s'occupe des règles régissant le commerce international entre les pays ?
a) Aux États-Unis   b) Au Royaume-Uni   c) En Suisse   d) En Belgique

F150- Quel ensemble de doctrines politiques, issues du socialisme et du marxisme, s'oppose au capitalisme et vise à l'instauration d'une société sans classes sociales ?
a) Le collectivisme   b) Le communisme   c) Le socialisme   d) La social-démocratie

ENTREPRISES & GESTION

Répondez aux 150 questions sur les entreprises et la gestion, avant de consulter la grille de réponses.

G1- Quel homme d'affaires espagnol, créateur de la marque de vêtements Zara, est le fondateur du groupe textile international Inditex ?
a) Francisco Correa Sánchez   b) Antoni Brufau   c) Tomàs Rosés   d) Amancio Ortega Gaona

G2- Quel homme d'affaires et milliardaire français est le cofondateur d'Ubisoft avec ses frères Claude, Michel, Gérard et Christian en 1986 ?
a) Yves Guillemot   b) Laurent Mignon   c) Olivier Roussat   d) Benoît Potier

G3- Quel groupe automobile multinational résulte de la fusion du groupe français PSA Peugeot-Citroën et de Fiat Chrysler Automobiles ?
a) Francitalia   b) Geely   c) Oceanus   d) Stellantis

G4- Où est historiquement implanté le groupe industriel français Legrand ?
a) À Limoges   b) À Marseille   c) À Toulouse   d) À Brest

G5- Quel est l'acronyme des géants du Web américains qui dominent le marché du numérique ?
a) OPEP   b) VPC   c) OMG   d) GAFAM

G6- Dans quel pays se trouve le siège social d'IKEA, spécialisée dans la conception et la vente de détail de mobilier et d'objets de décoration prêts à poser ou à monter en kit ?
a) En Suisse   b) En Finlande   c) En Suède   d) Aux Pays-Bas

G7- Quel groupe de communication français fondé en 1926 par Marcel Bleustein-Blanchet a pour principale actionnaire près d'un siècle plus tard sa fille, Élisabeth Badinter ?
a) Publicis Groupe   b) Omnicom Groupe   c) Havas Groupe   d) Les Causantes

G8- Quelle entreprise d'État brésilienne recherche, extrait, raffine, transporte et vend du pétrole ?
a) ADNOC   b) PETROBRAS   c) SINOPEC   d) ROMPETROL

G9- Quelle alliance de compagnies aériennes, dont le siège est en Allemagne, voit le jour en 1997 ?
a) Moon Alliance   b) Sky Alliance   c) Star Alliance   d) Cloud Alliance

G10- Que signifie la lettre M du sigle LVMH, le fameux groupe de l'industrie du luxe ?
a) Mercier   b) Moët   c) Martine   d) Montblanc

G11- Quel groupe américain, fondé en 1923 par un ingénieur, commercialise des prestations de marketing, réalisant un chiffre d'affaires de 6,3 milliards de dollars en 2016 ?
a) IQVIA   b) Ipso   c) Gartner   d) Nielsen

G12- Quelle ville était surnommée « the Motor City » au début du XXe siècle ?
a) Chicago   b) Atlanta   c) Détroit   d) Boston

G13- En 2020, quel était le plus grand opérateur de téléphonie mobile au monde par le nombre d'abonnés, avec plus de 943 millions d'abonnés ?
a) Nippon Telegraph and Telephone   b) Verizon Communications   c) China Mobile   d) AT&T

G14- Quel est le pourcentage de ventes d'une entreprise sur un marché par rapport au total des ventes de ce produit faites par ses concurrents et elle-même ?
a) Le taux de pénétration   b) La part de marché   c) Le chiffre sectoriel   d) La marge concurrentielle

G15- Quelle entreprise multinationale américaine commercialise des produits électroniques grand public, comme les ordinateurs Macintosh, l'iPod, l'iPhone et l'iPad ?
a) Dell   b) IBM   c) Apple   d) Microsoft

G16- À la fin des années 1980, qui devient PDG du groupe de luxe LVMH ?
a) Virgil Abloh   b) François-Henri Pinault   c) Alain Wertheimer   d) Bernard Arnault

G17- Quelle est la nationalité de l'entreprise SWIFT, fondée en 1973, et qui a ouvert, en 1977, un réseau de paiement portant son nom ?
a) Américaine   b) Britannique   c) Belge   d) Luxembourgeoise

G18- Quel groupe industriel français spécialiste des gaz industriels, a été créé en 1902 par Georges Claude et Paul Delorme ?
a) Linde AG   b) Praxair   c) Air liquide   d) Air Products et Chemicals Inc.

G19- Quelle marque ne fait pas partie du groupe automobile allemand Volkswagen AG ?
a) Mercedes   b) Bentley   c) Audi   d) Seat

G20- Quel état financier synthétise à un moment donné ce que l'entreprise possède et ses ressources ?
a) Le compte de résultat   b) Le bilan comptable   c) La balance des paiements   d) Le journal

G21- Quel homme d'affaires a été maire de la ville de New York de 2002 à 2013 ?
a) Bernard Madoff   b) Carl Celian Icahn   c) Michel David-Weill   d) Michael Bloomberg

G22- Quel groupe industriel français de produits cosmétiques a été fondé par Eugène Schueller en 1909 ?
a) Pierre Fabre   b) L'Oréal   c) Christian Dior   d) Guerlain

G23- Quel terme désigne en Corée les ensembles d'entreprises, de domaines variés, entretenant entre elles des participations croisées ?
a) Zaibatsu   b) Chaebol   c) Keiretsu   d) Kitoghi

G24- Avant 2013, quel était le nom du groupe français du secteur du luxe Kering ?
a) Yves Saint Laurent   b) Jean-Paul Gaultier   c) LVMH   d) Pinault-Printemps-Redoute

G25- Quel important groupe industriel indien tire son nom de la famille parsie qui l'a fondé ?
a) Mama   b) Papa   c) Tata   d) Sasa

G26- Quel est le surnom de la société américaine IBM, présente dans les domaines du matériel informatique, du logiciel et des services informatiques ?
a) Big Machine   b) Big Office   c) Big Blue   d) Big Company

G27- Quel est le rapport entre un revenu obtenu et les ressources employées pour l'obtenir ?
a) La marge   b) La rentabilité   c) La productivité   d) La valeur ajoutée

G28- Quelle société chinoise a été créée en 1999 par Jack Ma et Peng Lei ?
a) Vanke   b) Tencent   c) Hisense   d) Alibaba Group

G29- Par qui a été fondée en 1665 l'entreprise Saint-Gobain, spécialisée dans la production, la transformation et la distribution de matériaux, sous le nom de Manufacture royale des glaces ?
a) Par Nicolas Fouquet   b) Par Jean-Baptiste Colbert   c) Par John Law   d) Par Jacques Necker

G30- Quel élément comptable désigne tout ce que l'entreprise possède ?
a) Les dettes   b) Le passif   c) L'actif   d) Les créances

G31- Qui a créé le groupe industriel anglais Virgin Group ?
a) Richard Roberts   b) David Brown   c) Hans Rausing   d) Richard Branson

G32- Quel constructeur automobile français est lié aux constructeurs japonais Nissan depuis 1999 et Mitsubishi depuis 2017 ?
a) Peugeot   b) Citroën   c) Mini   d) Renault

G33- Quelle entreprise américaine spécialisée dans le domaine de l'astronautique et du vol spatial a été fondée en 2002 par Elon Musk ?
a) SpaceJ   b) SpaceK   c) SpaceW   d) SpaceX

G34- Quelle entreprise française spécialisée dans la fabrication et la distribution de vins et spiritueux a été créée à la suite de la fusion en 1975 de deux sociétés françaises d'apéritifs ?
a) Perrier   b) Pernod Ricard   c) Mezcal Mahani   d) Whisky Bellevoye

G35- Quelle entreprise américaine, créée en 1923, était en 2012 le premier groupe de divertissement au monde ?
a) Charter Communications Inc.   b) Comcast Corp.   c) The Walt Disney Company   d) ViacomCBS Inc.

G36- Quelle est la période délimitée au cours de laquelle une entreprise enregistre tous les faits économiques qui concourent à l'élaboration de sa comptabilité ?
a) L'année fiscale   b) La saison hivernale   c) La durée maximale   d) L'exercice comptable

G37- Quelle femme d'affaires et milliardaire française, disparue en 2017, était la première actionnaire du groupe L'Oréal ?
a) Margarita Louis-Dreyfus   b) Martine Primat   c) Liliane Bettencourt   d) Danièle Ricard

G38- Que signifie le sigle PDG ?
a) Président du groupe   b) Président-directeur-gérant
c) Président-directeur-gardien   d) Président-directeur général

G39- Quelle ancienne parfumerie de Grasse a été nommée en hommage à un grand peintre local ?
a) Galimard   b) Fragonard   c) Molinard   d) Isnard

G40- Quelle entreprise fondée à Paris en 1837 était à l'origine une manufacture de harnais et de selles ?
a) Lacoste   b) Hermès International   c) Chanel   d) Saint Laurent

G41- Quelle entreprise allemande, fondée en 1906 par Claus Johannes Voss, Alfred Nehemias et August Eberstein, est spécialisée dans la fabrication de stylos de luxe ?
a) Sheaffer   b) Parkerker   c) Montblanc   d) Caran d'Ache

G42- Quel élément comptable permet de représenter ce que doit l'entreprise ?
a) Les amortissements   b) Le capital   c) L'actif   d) Le passif

G43- Quel studio d'animation japonais fondé par Hayao Miyazaki et Isao Takahata en 1985 a pour logo Totoro, une créature apparue dans un film sorti en 1988 ?
a) Studio Ghibli   b) Madhouse   c) Bones   d) Mappa

G44- Quelle entreprise américaine basée en Californie a été créée en 2015 comme un conglomérat de sociétés précédemment détenues par la société Google ?
a) ProjectX Inc.   b) Future Inc.   c) Alphabet Inc.   d) Next Inc.

G45- Quelle marque de jouets allemande a été créée en 1974 par Hans Beck et Horst Brandstätter ?
a) Lego   b) Nathan   c) Playmobil   d) Ravensburger

G46- Quel est l'examen approfondi des comptes d'une entreprise et de ses perspectives ?
a) L'expertise comptable   b) L'analyse financière   c) le contrôle de gestion   d) L'audit externe

G47- Quel type de management repose sur l'autorité incontestée du dirigeant, qui entretient des relations privilégiées avec ses subordonnés ?
a) Participatif   b) Consultatif   c) Autoritaire   d) Paternaliste

G48- Quelle est l'activité principale de Teleperformance, la multinationale d'origine française ?
a) La télévision   b) La mesure d'efficacité médias   c) Les centres d'appels   d) Les antennes 5G

G49- Quel état financier synthétise les charges et produits d'une entreprise, pour une période ?
a) Le journal   b) La balance   c) Le compte du résultat   d) Le grand livre

G50- Quelle coentreprise franco-italienne issue d'une fusion en 2007 est devenue le premier constructeur en Europe dans le domaine des satellites ?
a) Airbus Space   b) Thales Alenia Space   c) Aerospatiale   d) EADS Astrium Satellites

G51- En 1986, de quel club de football l'homme d'affaires Bernard Tapie prend-il les rênes ?
a) L'AS Saint-Étienne   b) Le Paris Saint-Germain
c) Le Football Club de Nantes   d) L'Olympique de Marseille

G52- Quelle coopération industrielle internationale présente dans le secteur aéronautique et spatial civil et militaire a réalisé un chiffre d'affaires de 66,8 milliards d'euros en 2017 ?
a) Boeing   b) Airbus   c) Dassault Aviation   d) Safran

G53- Quel homme d'affaires français prend la tête du groupe de la Compagnie générale des eaux, dans les années 1990 et le renomme Vivendi ?
a) Jean-Marie Messier   b) Bernard Tapie   c) Pierre Castel   d) Noël Le Graët

G54- Quel terme désigne un petit segment de marché en termes de clientèle ou de produits ?
a) Une cage   b) Une prison   c) Une niche   d) Une maison

G55- Quelle est la nationalité de Nokia Corporation, l'entreprise multinationale de télécommunications fondée en 1865 par Fredrik Idestam et Leo Mechelin ?
a) Finlandaise   b) Suédoise   c) Japonaise   d) Coréenne

G56- Quelle société française était à l'origine une entreprise de télécommunications britannique devenue en 2000 la filiale du groupe France Télécom ?
a) Free   b) Orange   c) SFR   d) Bouygues

G57- Que signifie le nom Swatch de la célèbre marque de montres ?
a) Simple Watch   b) Swiss Watch   c) Strange Watch   d) Smiling Watch

G58- D'où vient le nom de Haribo, la marque de confiserie allemande ?
a) Du surnom du fils de l'inventeur   b) Du bonbon préféré de l'inventeur
c) Du nom de son inventeur et de sa ville d'origine   d) Du prénom du grand-père de l'inventeur

G59- En finance d'entreprise, quels sont tous les mouvements de liquidités entrants ou sortants, que connaît une entreprise au cours d'une période spécifique ?
a) Les inventaires   b) Les stocks   c) Les flux de trésorerie   d) Les consommations intermédiaires

G60- Quelle console portable de jeu vidéo a été produite de 1989 à 2003 ?
a) La PlayStation b) La Game Boy   c) La Mega Drive   d) La Nintendo DS

G61- Quel milliardaire indien, président et fondateur du groupe éponyme centré sur le développement et les opérations portuaires en Inde est devenu la troisième personne la plus riche du monde selon l'indice Bloomberg publié en août 2022 ?
a) Rahul Bajaj   b) Gautam Adani   c) Yusuf Hamied   d) Azim Premji

G62- Quelle multinationale française de transport, de logistique et de communication a son siège social dans la commune d'Ergué-Gabéric, près de Quimper, en Bretagne ?
a) Kuehne + Nagel   b) DHL   c) FEDEX   d) Bolloré

G63- Quelle entreprise, créée en 1932, est connue pour l'invention du soutien-gorge cœur-croisé ?
a) Playtex   b) Dim   c) Etam   d) Lejaby

G64- Quelle multinationale américaine, créée en 1965, était en 2012 la deuxième entreprise agroalimentaire du monde et la première entreprise agroalimentaire d'Amérique du Nord par son chiffre d'affaires de 65,5 milliards de dollars ?
a) Cargill   b) Kellogg's   c) PepsiCo   d) Coca-Cola

G65- Quelles sont, en comptabilité, les ressources d'une société qui appartiennent à ses actionnaires ?
a) Les dettes sociales   b) Les capitaux propres   c) Les dividendes   d) Les créances

G66- Quel sigle désigne la gestion anticipative et préventive des ressources humaines, en fonction des contraintes de l'environnement et des choix stratégiques de l'entreprise ?
a) GAPRH   b) GPEC   c) GAPCS   d) GSTRA

G67- Où se trouve le siège social du Groupe Samsung ?
a) À Tokyo   b) À Hong Kong   c) À Pékin   d) À Séoul

G68- Avec Bill Gates, qui est le co-fondateur de Microsoft Corporation, la multinationale informatique et micro-informatique américaine, fondée en 1975 ?
a) Paul Allen   b) Steve Ballmer   c) Warren Buffett   d) Fred Gitelman

G69- Quel grand groupe industriel et technologique français, a été créé en 2005 lors de la fusion entre Snecma et Sagem ?
a) Dassault   b) Safran   c) Matra   d) Naval Group

G70- Quel est le grand groupe industriel italien, spécialisé dans l'armement, les hélicoptères, l'aéronautique, l'industrie spatiale et l'énergie ?
a) Ricardo S.p.A.   b) Francisco S.p.A.   c) Bernardo S.p.A.   d) Leonardo S.p.A.

G71- Que signifie le sigle DAF, qui supervise la gestion financière ?
a) Directeur des affaires fiscales   b) Directeur des audits financiers
c) Directeur adjoint à la finance   d) Directeur administratif et financier

G72- Quelle marque créée par General Motors en 1918 est un synonyme de réfrigérateur ?
a) Frigo   b) Frigidaire   c) Congélateur   d) Congel

G73- Quelle entreprise multinationale française, fondée par Pierre Bellon en 1966, est l'un des plus gros fournisseurs mondiaux de services de restauration collective ?
a) Nestor   b) Sodexo   c) Elior   d) Générale de restauration

G74- Quel industriel français de l'horlogerie a cofondé en 2001 une marque de montres suisse de luxe qui porte son nom ?
a) Louis Cartier   b) Richard Mille   c) Hans Wilsdorf   d) Léon Breitling

G75- Quel ordre professionnel, créé en France après la Seconde Guerre mondiale, a pour vocation de gérer et d'animer le plus grand réseau français de professionnels libéraux au service de l'entreprise ?
a) L'Ordre des agents de nettoyage   b) L'Ordre des consultants
c) L'Ordre des avocats   d) L'Ordre des experts-comptables

G76- Quel anglicisme désigne la combinaison d'une fatigue profonde, d'un désinvestissement de l'activité professionnelle et d'un sentiment d'échec et d'incompétence dans le travail ?
a) Stress   b) Burnout   c) Fed-up   d) Stay calm

G77- Quel groupe industriel énergétique français était le troisième plus grand groupe mondial dans le secteur de l'énergie, hors pétrole, en 2015 ?
a) TotalEnergies   b) Engie   c) Antargaz   d) Suez

G78- Avec Sergey Brin, qui est le co-fondateur de Google LLC, l'entreprise américaine de services technologiques créatrice du moteur de recherche Google ?
a) Elon Musk   b) Jeff Bezos   c) Larry Page   d) Bill Gates

G79- Où se trouve le siège social de l'entreprise Michelin, leader mondial de pneumatiques ?
a) À Paris   b) À Digne-les-Bains   c) À Clermont-Ferrand   d) À Rennes

G80- Quelle compagnie a été fondée en 1924 par Ernest Mercier sous le nom de « Compagnie française des pétroles » ?
a) Esso   b) Antargaz   c) Elf Aquitaine   d) TotalEnergies

G81- Quelle multinationale française, créée en 1928 est aujourd'hui spécialisée dans le secteur des transports, principalement ferroviaires ?
a) SNCF   b) Alstom   c) Atos   d) Siemens

G82- Quelle est la nationalité de la société de transport maritime de conteneurs Maersk Line ?
a) Islandaise   b) Finlandaise   c) Danoise   d) Suédoise

G83- Quel ancien ministre de l'Économie, des Finances et de l'Industrie au sein du gouvernement Raffarin III de 2005 à 2007, a été PDG du groupe Atos de 2009 à 2019 ?
a) François Baroin   b) Jean-Louis Borloo   c) Hervé Gaymard   d) Thierry Breton

G84- Par la collaboration de quels groupes est née en 1994 Smart, la marque automobile allemande spécialisée dans la manufacture de micro-voitures citadines à deux places ?
a) Swatch et Mercedes-Benz   b) Bic et Renault   c) Peugeot et Michelin   d) Volkswagen et Piaggio

G85- Pour une entreprise, quel est l'étalement du coût d'un investissement sur sa durée d'utilisation ?
a) La mise en réserve   b) La dépréciation   c) Les provisions   d) L'amortissement comptable

G86- Quel réseau bancaire était anciennement surnommé la « Banque verte » ?
a) Le Crédit agricole   b) Le Crédit Lyonnais   c) La Banque Populaire   d) La caisse d'Épargne

G87- Quel avion d'affaires biréacteur de Dassault Aviation a été présenté au salon du Bourget en 1989 ?
a) Le Falcon 50   b) Le Falcon 100   c) Le Falcon Mystère   d) Le Falcon 2000

G88- Quel magazine hebdomadaire économique français a pour slogan : « L'économie de demain est l'affaire de tous » ?
a) Le Nouvel Économiste   b) Le Point   c) Les Échos   d) Challenges

G89- À quel groupe appartient la marque Nespresso ?
a) Johnson & Johnson   b) Procter & Gamble   c) Nestlé   d) Danone

G90- Quel est l'état comptable des flux de trésorerie d'emplois mobilisés et de ressources dégagées par l'entreprise au cours d'un exercice comptable passé ?
a) Le tableau de financement   b) Le plan de financement   c) L'inventaire   d) L'état d'endettement

G91- De la contraction de quels mots vient le nom Twingo du modèle d'automobile du constructeur Renault ?
a) Two in cargo   b) Twin inside gogo   c) Twist, swing et tango   d) Tweet Sing Bingo

G92- Où est basé le siège social d'Amazon, l'entreprise de commerce en ligne américaine ?
a) À San Francisco   b) À Las Vegas   c) À Denver   d) À Seattle

G93- Quelle personne est élue par les membres du conseil d'administration, au sein d'une société anonyme, pour représenter le conseil d'administration ?
a) Le PDG   b) Le président du conseil d'administration   c) Le DAF   d) Le gérant

G94- Quel nom porte le groupe français de télécommunications fondé par Xavier Niel en 1991 ?
a) Bouygues   b) Odyssey   c) Iliad   d) Orange

G95- Quel groupe industriel américain, créé en 1925, fabrique notamment des bulldozers et des pelles mécaniques hydrauliques ?
a) Liebherr   b) Komatsu   c) Decker   d) Caterpillar Inc

G96- Quel groupe français est devenu en 1999 le numéro un européen de la grande distribution en fusionnant avec Promodès ?
a) Auchan   b) Carrefour   c) Leclerc   d) Intermarché

G97- Quelle méthode d'organisation et de gestion de la production appliquée à l'industrie consiste à réduire au minimum le temps de passage des produits à travers les différentes étapes ?
a) Le taylorisme   b) Le fordisme   c) Le juste-à-temps   d) Le cercle de qualité

G98- Quelle entreprise japonaise d'électronique porte un nom signifiant « Lever de soleil » ?
a) Sony   b) Hitachi   c) Toshiba   d) Panasonic

G99- Quelle entreprise postale est surnommée la Big Brown, en raison la couleur de l'uniforme des employés ?
a) UPS   b) FedEx   c) DHL   d) DPD

G100- Quel terme anglais est un indicateur décrivant le rythme de renouvellement des effectifs dans une organisation ?
a) Burn-out   b) Go-out   c) Take-off   d) Turn-over

G101- Quel indicateur de gestion est utilisé pour apprécier la gestion d'une entreprise d'un point de vue analytique ?
a) Un taux d'activité   b) Une élasticité croisée
c) Un solde intermédiaire de gestion   d) Un coefficient budgétaire

G102- Que signifie la lettre T du nom du constructeur automobile italien FIAT ?
a) Technologie   b) Transport   c) Technique   d) Turin

G103- Quelle lettre désigne l'entreprise américaine semi-secrète, filiale de Alphabet Inc., qui travaille sur des innovations de rupture en lien avec la robotique et l'intelligence artificielle ?
a) G   b) R   c) X   d) Z

G104- Quelle entreprise a été fondée en 1908 sous le nom Société générale d'entreprises ?
a) Eiffage   b) Bouygues   c) Suez   d) Vinci

G105- Quelle marque turque d'appareils électroménagers a été fondée en 1955 ?
a) Candy   b) Beko   c) Seb   d) Moulinex

G106- Quel nom porte l'enseigne de magasins spécialisés dans la vente de vin, créée en 1822 ?
a) Nicolas   b) Inter caves   c) La grande cave   d) Cavavin

G107- Quelle entreprise française spécialisée dans la confiserie, créée en 2017, regroupe notamment les marques Lutti, Kréma, La Pie qui Chante, Malabar, les pastilles Vichy et les rochers Suchard ?
a) Malabar & Co.   b) Carambar & Co.   c) Tagada & Co.   d) Kréma & Co.

G108- Dans quelle ville se trouve le siège social de Thales, le groupe d'électronique français spécialisé dans l'aérospatiale, la défense, la sécurité et le transport terrestre ?
a) À Toulon   b) À Toulouse   c) À Strasbourg   d) À Paris

G109- Quelle marque de piles électriques a utilisé dans ses publicités depuis les années 1970 un lapin rose jouant du tambour ?
a) Varta   b) Energizer   c) Duracell   d) Philips

G110- Quel cadre d'analyse en stratégie d'entreprise distingue six catégories d'influences macro-environnementales qui peuvent influencer une industrie ?
a) Le modèle SWAPER   b) Le modèle INFORM   c) Le modèle PESTEL   d) Le modèle CASSAT

G111- Quel indicateur correspond à la différence entre le prix de vente et le prix d'achat ?
a) La marge commerciale   b) Le chiffre d'affaires   c) La valeur ajoutée   d) Le prix de revient

G112- Quelle marque de boissons rafraîchissantes française au nectar de fruits et à l'eau de source a été vendue à Coca-Cola en 2018 ?
a) Oasis   b) Tropico   c) Fanta   d) Orangina

G113- En quelle année ont été fondées Les Papeteries de Clairefontaine, la société française de papeterie dont le siège est dans les Vosges à Étival-Clairefontaine ?
a) 1808   b) 1858   c) 1908   d) 1958

G114- Quel groupe sidérurgique mondial, dont le siège social est au Luxembourg, est le plus important producteur d'acier au monde, avec 96,42 millions de tonnes produites en 2018 ?
a) Valin Group   b) JFE   c) HBIS Group   d) ArcelorMittal

G115- Quel nom d'entreprise a pris la ville de Koromo au Japon en 1959 ?
a) Suzuki   b) Kawasaki   c) Honda   d) Toyota

G116- En France, quel ensemble de lois porte sur le droit commercial ?
a) Le Code de commerce   b) Le Code pénal   c) Le Code civil   d) Le Code du travail

G117- Quelle marque d'outils française a été créée en 1918 par l'ingénieur Louis Mosés ?
a) Ryobi   b) Facom   c) Diager   d) Metabo

G118- Quel ingénieur civil des mines français, auteur de L'administration industrielle et générale (1916) est l'un des pionniers de la gestion d'entreprise et du management ?
a) Max Weber   b) Elton Mayo   c) Henri Fayol   d) Michel Crozier

G119- Qui a inventé le médicament indiqué dans les troubles de l'érection et l'hypertension artérielle pulmonaire, commercialisé sous le nom de Viagra ?
a) Pfizer   b) Merck & Co.   c) Bristol-Myers Squibb   d) GlaxoSmithKline

G120- En comptabilité, quel est le passif dont l'échéance ou le montant n'est pas fixé précisément ?
a) Une échéance   b) Une provision   c) Une dette   d) Une créance

G121- Quelle firme allemande d'articles de sport fut fondée en 1949 par Adolf Dassler ?
a) Reebok   b) Nike   c) Adidas   d) Puma

G122- Dans quelle ville italienne est basé Ferrari S.p.A., le constructeur automobile, fondée par Enzo Ferrari en 1947 ?
a) À Naples   b) À Turin   c) À Maranello   d) À Bologne

G123- Quel est le surnom courant du logo de Nike, qui représente une aile de la déesse grecque Niké stylisée sous forme de virgule ?
a) Le Wave   b) Le Swoosh   c) Le Tilt   d) Le Boomy

G124- Quels établissements d'une chaîne de cafés américaine fondée en 1971 vendent exclusivement leur propre marque de café ?
a) Planet Hollywood   b) Starbucks   c) Malongo   d) Dunkin' Donuts

G125- Quelle multinationale japonaise a été nationalisée en raison du coût exorbitant de la catastrophe de Fukushima, centrale dont elle était l'exploitant ?
a) Senkaku   b) JNR   c) JX Holdings   d) TEPCO

G126- Quel groupe international français est spécialisé dans l'assurance depuis sa création en 1817, et dans la gestion d'actifs depuis 1994 ?
a) Groupama   b) Axa   c) Matmut   d) MMA

G127- En France quel nom portait la barre chocolatée Twix avant 1991?
a) Raider   b) Mars   c) Lion   d) Snickers

G128- Quel groupe audiovisuel international, créé en 1931 au Luxembourg, exploite des dizaines de chaînes de télévision et de stations de radio en Allemagne, en France et dans d'autres pays d'Europe ?
a) Bouygues   b) NRJ Group   c) RTL Group   d) France Televisions

G129- Que sont les biens achetés, transformés ou à vendre à un moment donné ?
a) Les stocks   b) Les surplus   c) Les soldes   d) Les références

G130- Quel groupe de vente par correspondance a été créé en 1953 par la famille Despature, qui invente le Thermolactyl ?
a) Les 3 Suisses   b) La Redoute   c) Damart   d) Bonprix

G131- Quel terme désigne le contrôle des performances avec des tableaux de bord ?
a) Le pilotage   b) Le contrôle de gestion   c) La comptabilité   d) Le management

G132- Quelle entreprise internationale spécialisée dans les produits du tabac a été crée en 1881 ?
a) John Player Special   b) Gitane   c) Marlboro   d) Philip Morris

G133- Quelle société exploite la marque de mouchoirs en papier jetables Kleenex ?
a) Johnson & Johnson   b) Kimberly-Clark   c) SCA   d) Procter & Gamble

G134- Quel organe non-exécutif a pour mission de veiller au bon fonctionnement d'une entreprise et d'en rendre compte aux actionnaires ?
a) Le directoire   b) Le conseil de surveillance   c) Le conseil d'administration   d) L'assemblée générale

G135- Quel groupe de services français, fondé en 1952, est structuré autour de trois activités : la construction, les télécoms et les médias à travers le groupe TF1 ?
a) Bouygues   b) Orange   c) Vinci   d) Vivendi

G136- Que signifie le nom 3M du conglomérat américain vendant les marques Scotch et Post-it ?
a) Milton March Mercer
b) Modern Material Mangement
c) Medical and Military Materials
d) Minnesota Mining and Manufacturing

G137- Quel médecin dans l'armée allemande durant la Seconde Guerre mondiale met au point, avec son ami l'ingénieur Herbert Funck, une chaussure montée sur coussin d'air ?
a) Dr. Birkenstock
b) Dr. Martens
c) Dr. Crocs
d) Dr. Kickers

G138- Quel homme d'affaires français est le fondateur du groupe de distribution Auchan ?
a) Pierre Castel
b) Axel Dumas
c) Alain Wertheimer
d) Gérard Mulliez

G139- À l'envers, quel logo est semblable à un escargot ?
a) Le logo Axa
b) Le logo Caisse d'Épargne
c) Le logo TGV
d) Le logo Carrefour

G140- Quelle entreprise d'origine italienne, fondée en 1978 et spécialisée dans le petit électroménager, a créé la première centrale vapeur avec chaudière à usage domestique ?
a) Magimic
b) Ariete
c) Polti
d) Alessi

G141- Quelle société américaine, fondée en 1982 et dont le siège se situe à Redwood City en Californie, développe et produit des jeux vidéo ?
a) Electronic Arts
b) Nintendo
c) Sony
d) Ubisoft

G142- Quelle est la ressource durable, mise à la disposition de l'entreprise par ses actionnaires ou créée via l'argent dégagé de son exploitation, et destinée à financer les investissements et les emplois nets du cycle d'exploitation ?
a) La trésorerie
b) Les capitaux variables
c) Les capitaux fixes
d) Le fonds de roulement

G143- Quelle était la spécialisation initiale de l'entreprise Polaroid Corporation connu pour la fabrication d'appareils photographiques à développement instantané ?
a) L'imagerie médicale
b) Les lunettes de soleil
c) Les téléviseurs
d) Les rasoirs jetables

G144- Quelle entreprise allemande spécialisée dans la fabrication d'articles de sport a été fondée en 1948 par le frère aîné du fondateur d'Adidas?
a) Asics
b) Reebok
c) Nike
d) Puma

G145- Quelle entreprise a été créée par le suédois Erling Persson ?
a) Absolut Vodka
b) IKEA
c) H&M
d) Saab

G146- Quel groupe de télécommunications britannique dont le siège est à Newbury, était le 3e opérateur de réseau mobile dans le monde par le nombre d'abonnés en 2017 ?
a) Verizon Group
b) Orange Group
c) Vodafone Group
d) Virgin Group

G147- Quel nom porte la holding gérant la fortune de Bill Gates ?
a) Mountain Investment
b) Earth Investment
c) Country Investment
d) Cascade Investment

G148- Le 30 avril 2015, qui a été élu membre du conseil d'administration de Renault ?
a) Nicolas Sarkozy
b) Cherie Blair
c) Bernadette Chirac
d) Elton John

G149- Quelle entreprise de services du numérique française a été créée par Serge Kampf en 1967 à Grenoble, sous le nom de Sogeti ?
a) PricewaterhouseCoopers
b) Accenture
c) Capgemini
d) Arthur Andersen

G150- Quelle girafe en caoutchouc naturel est un jouet pour les nourrissons, créé en 1961 par la société Delacoste ?
a) Julie la girafe
b) Sophie la girafe
c) Émilie la girafe
d) Mélanie la girafe

DROIT & POLITIQUE

Répondez aux 150 questions de droit et politique avant de consulter la grille de réponses.

H1- Quel surnom les médias donnent-ils aux membres du Conseil constitutionnel ?
a) « Les Justes »　　　b) « Les Sages »　　　c) « Les Droits »　　　d) « Les Puissants »

H2- En France, quel est le troisième personnage de l'État dans l'ordre de préséance, après le président de la République dont il assure l'intérim le cas échéant, et le Premier ministre ?
a) Le ministre de la Justice　　　b) Le ministère de l'Intérieur
c) Le président du Sénat　　　d) Le président de l'Assemblée nationale

H3- Le système politique des États-Unis repose sur trois principes fondamentaux : la République, la démocratie et ... ?
a) la liberté　　　b) le fédéralisme　　　c) la Constitution　　　d) la légalité

H4- Quelle est la norme juridiquement obligatoire, quelle que soit sa source, son degré de généralité ou sa portée ?
a) La loi　　　b) La règle de droit　　　c) La preuve judiciaire　　　d) La jurisprudence

H5- Qui est devenu Premier ministre du Luxembourg en décembre 2013 ?
a) Jean-Claude Juncker　　　b) Xavier Bettel　　　c) Dan Kersch　　　d) Luc Frieden

H6- En France, quelle femme politique fut la première à se présenter à l'élection présidentielle ?
a) Ségolène Royal　　　b) Arlette Laguiller　　　c) Marine Le Pen　　　d) Élisabeth Guigou

H7- Quel gouvernement a instauré en France les premiers congés payés, la réduction du temps de travail avec la semaine de quarante heures et l'établissement des conventions collectives ?
a) L'Union nationale　　　b) Le Rassemblement social　　　c) Le Front populaire　　　d) Le Parti unitaire

H8- Qui a été la première femme candidate de l'un des deux grands partis américains pour le poste de président des États-Unis ?
a) Blanche Lincoln　　　b) Sarah Palin　　　c) Kamala Harris　　　d) Hillary Clinton

H9- Quel Président de la République a nommé Jean-Pierre Raffarin Premier ministre en 2002 ?
a) Nicolas Sarkozy　　　b) Jacques Chirac　　　c) François Hollande　　　d) Emmanuel Macron

H10- Quel médecin et homme politique français, cofondateur de Médecins sans frontières et de Médecins du monde, a été ministre de différents gouvernements ?
a) Claude Pigement　　　b) Bernard Kouchner　　　c) Jean-Marie Le Guen　　　d) Jérôme Cahuzac

H11- En France, en quelle année a été promulgué le Code civil ?
a) 1804　　　b) 1814　　　c) 1824　　　d) 1834

H12- Quel terme désigne la coexistence institutionnelle entre un chef de l'État et un chef du gouvernement (issu de la majorité parlementaire) politiquement antagonistes ?
a) L'alternance　　　b) La cohabitation　　　c) La majorité　　　d) L'opposition

H13- Quel fondateur du fascisme a été président du Conseil du royaume d'Italie, de 1922 à 1943 ?
a) Francisco Franco　　　b) Matteo Salvini　　　c) Benito Mussolini　　　d) Silvio Berlusconi

H14- Quel homme d'État français a été nommé président du Conseil par le président René Coty en juin 1954 ?
a) Edgar Faure　　　b) Guy Mollet　　　c) Pierre Mendès France　　　d) Antoine Pinay

H15- Quelle loi fondamentale fixe l'organisation et le fonctionnement d'un État ?
a) Un Décret　　　b) Une Constitution　　　c) Un Édit　　　d) Une Convention

H16- Quel homme d'État portugais a été président de la République du Portugal de 2006 à 2016 ?
a) Mário Soares   b) Jorge Sampaio   c) Aníbal Cavaco Silva   d) Marcelo Rebelo de Sousa

H17- Quelle est la chambre haute du Parlement français, qui siège au palais du Luxembourg ?
a) L'Assemblée nationale   b) Le Sénat   c) Le Conseil Constitutionnel   d) Le Conseil d'État

H18- Suite à la primaire citoyenne de 2017, qui devient le candidat PS à l'élection présidentielle ?
a) Manuel Valls   b) Benoît Hamon   c) Jean-Marc Ayrault   d) François Hollande

H19- Par qui a été créée en 1799 le Conseil d'État, l'institution publique qui siège au Palais-Royal à Paris depuis 1875 ?
a) Le cardinal de Richelieu   b) Talleyrand   c) Fouché de Nantes   d) Napoléon Bonaparte

H20- Quel Président de la République fait voter une série de lois sociales comme la semaine de 39 heures et l'instauration de la 5e semaine de congés payés ?
a) Jacques Chirac   b) François Mitterrand   c) François Hollande   d) Valéry Giscard d'Estaing

H21- En quelle année Lionel Jospin est-il devenu Premier ministre ?
a) 1995   b) 1997   c) 1999   d) 2001

H22- En quelle année est votée la loi interdisant le travail des enfants de moins de 8 ans dans les entreprises de plus de 20 salariés ?
a) 1831   b) 1836   c) 1841   d) 1846

H23- En mai 2022, quel homme d'État français a été condamné en appel pour complicité de détournement de fonds publics pour l'emploi fictif de son épouse, Penelope ?
a) Bernard Cazeneuve   b) François Fillon   c) Jérôme Cahuzac   d) Nicolas Sarkozy

H24- En quelle année le Sénat français ratifie-t-il la loi des huit heures quotidiennes et fait du 1er mai une journée chômée ?
a) 1909   b) 1919   c) 1929   d) 1939

H25- Quel hôtel particulier situé au 57, rue de Varenne, dans le 7e arrondissement de Paris est, depuis 1935, la résidence officielle et le lieu de travail du chef du gouvernement français ?
a) L'hôtel de Beauvau   b) L'hôtel d'Aumont   c) L'hôtel de Matignon   d) L'hôtel de Bourvallais

H26- En droit constitutionnel français, quelle mesure est prise par le gouvernement dans des matières relevant normalement du domaine de la loi ?
a) Un décret   b) Une circulaire   c) Un projet de loi   d) Une ordonnance

H27- Quel cofondateur du journal L'Humanité avec Jean Jaurès, fut ministre du Travail et président du Conseil au moment de la déclaration de la guerre de 1914-1918 ?
a) Léon Blum   b) René Viviani   c) Aristide Briand   d) Francis de Pressensé

H28- Quel professeur de droit privé et avocat au barreau de Paris, s'est fait connaître pour son combat contre la peine de mort dont il défend l'abolition devant le Parlement en 1981 ?
a) Alain Peyrefitte   b) Robert Badinter   c) Jean Lecanuet   d) Albin Chalandon

H29- Quelle est l'appellation commune de l'Institut d'études politiques de Paris (IEP) ?
a) HEC   b) X   c) Sciences Po   d) Polytechnique

H30- Quel organe constitutionnel français a pour rôle de garantir l'indépendance des magistrats de l'ordre judiciaire par rapport au pouvoir exécutif ?
a) Le Conseil d'État   b) Le Conseil National
c) Le Conseil des Ministres   d) Le Conseil supérieur de la magistrature

H31- Le 21 mai 1981, où a été organisée la cérémonie du début de septennat du nouveau président François Mitterrand avec dépôt de roses rouges à Jean Jaurès, Jean Moulin et Victor Schœlcher ?
a) *Sur les Champs-Élysées*   b) *Au Panthéon*   c) *À l'Arc de triomphe*   d) *Au Louvre*

H32- Quelles affaires judiciaires et politico-médiatiques françaises mettent en cause le coordinateur de différents services lors des déplacements du président de la République, Emmanuel Macron ?
a) *Les affaires Darmanin*   b) *Les affaires De Rugy*   c) *Les affaires Benalla*   d) *Les affaires Delevoye*

H33- En France, quelle procédure consiste à mettre prématurément fin au mandat d'une chambre du parlement ?
a) *La question de confiance*   b) *La motion de censure*
c) *La séparation des pouvoirs*   d) *La dissolution parlementaire*

H34- En droit des personnes physiques, quelle est la mesure de protection à l'égard d'un mineur ou d'un majeur qui ne peut pleinement exercer ses droits civils ?
a) *L'inéligibilité*   b) *La curatelle*   c) *La tutelle*   d) *La caution*

H35- Quel homme d'État français a été le premier à exercer la fonction de Premier ministre de la Ve République, de 1959 à 1962 ?
a) *Pierre Messmer*   b) *Georges Pompidou*   c) *Michel Debré*   d) *Jacques Chaban-Delmas*

H36- En France, quelle juridiction de premier degré règle les litiges individuels nés à l'occasion de l'exécution ou de la rupture du contrat de travail entre employeurs et salariés de droit privé, comme le licenciement ?
a) *Le tribunal administratif*   b) *Le conseil d'entreprise*
c) *Le tribunal du travail*   d) *Le conseil de prud'hommes*

H37- Complétez la première phrase de l'article premier de la Constitution de la Ve République, du 4 octobre 1958 : « La France est une République indivisible, laïque, démocratique et ... » ?
a) *juste*   b) *indépendante*   c) *environnementale*   d) *sociale*

H38- Quel juge a conduit l'instruction de l'« affaire Elf », un vaste scandale politico-financier qui a éclaté en 1994 ?
a) *Guy Floc'h*   b) *Corinne Goetzmann*   c) *Pierre Bouchardon*   d) *Eva Joly*

H39- En quelle année la convention nationale du 31 décembre, signée par les organisations représentatives des employeurs et des salariés, crée l'assurance chômage ?
a) *1928*   b) *1938*   c) *1948*   d) *1958*

H40- En France, où siège l'Assemblée nationale ?
a) *Au Palais de l'Élysée*   b) *À l'hôtel de Biron*   c) *À l'hôtel de Lassay*   d) *Au Palais Bourbon*

H41- Quelle institution de l'Union européenne, dont le siège est à Luxembourg, veille à l'application du droit de l'Union et à l'uniformité de son interprétation sur tout son territoire ?
a) *La Cour des comptes européenne*   b) *La Commission européenne*
c) *La Cour de justice de l'Union européenne*   d) *Le Conseil de l'Union européenne*

H42- De quelle ville Michèle Alliot-Marie a-t-elle été maire de 1995 à 2002 ?
a) *Toulouse*   b) *Saint-Jean-de-Luz*   c) *Nantes*   d) *Strasbourg*

H43- Quelle femme d'État a été la première femme chef de gouvernement en France ?
a) *Hélène Luc*   b) *Édith Cresson*   c) *Marie-Thérèse Goutmann*   d) *Cécile Duflot*

H44- Quelle expression latine désigne la règle du précédent, qui veut que les arrêts des juridictions supérieures font jurisprudence ?
a) *« De lege ferenda »*   b) *« Dura lex, sed lex »*   c) *« Stare decisis »*   d) *« Error communis facit jus »*

H45- Quel projet de loi, présenté en 1986, visait à réformer les universités françaises en sélectionnant les étudiants à l'entrée et en mettant les universités en concurrence ?
a) Le projet de loi Bourguignon
b) Le projet de loi Lagleize
c) Le projet de loi Devaquet
d) Le projet de loi Matras

H46- En quelle année la loi sur le repos hebdomadaire est promulguée, accordant à tous les ouvriers et les employés un repos de 24h après six jours de travail ?
a) 1856
b) 1876
c) 1906
d) 1936

H47- Quel homme d'État français a été maire de Bordeaux de 1947 à 1995 ?
a) Gérard Collomb
b) Jacques Chaban-Delmas
c) Edmond Hervé
d) Gaston Defferre

H48- Sur quelle célèbre place parisienne est installé l'hôtel de Bourvallais qui abrite le ministère de la Justice ?
a) La place de la Bastille
b) La place Vendôme
c) La place de la Concorde
d) La place du Trocadéro

H49- Quel est le sommet du pouvoir judiciaire aux États-Unis et le tribunal de dernier ressort ?
a) Le Sénat
b) Le Congrès
c) La Cour suprême
d) La Maison-Blanche

H50- En quelle année la révision de la Constitution de la Ve République a-t-elle été adoptée par référendum, afin de réduire la durée du mandat présidentiel de 7 à 5 ans ?
a) 1990
b) 1995
c) 2000
d) 2005

H51- Quel homme d'État italien a été président du Conseil des ministres italien de 2006 à 2008 ?
a) Silvio Berlusconi
b) Romano Prodi
c) Walter Veltroni
d) Mario Monti

H52- Quel article de la Constitution de la Cinquième République française permet au Gouvernement de prendre par ordonnances, après habilitation votée par le Parlement, des mesures qui relèvent du domaine de la loi ?
a) L'article 68
b) L'article 34
c) L'article 38
d) L'article 49

H53- Quel nom portait le parti politique socialiste français de 1905 à 1969 ?
a) Section internationale communiste
b) Section socialiste communiste
c) Section ouvrière socialiste
d) Section française de l'Internationale ouvrière

H54- En quelle année la loi Veil autorise-t-elle l'IVG pour une période probatoire de 5 ans ?
a) 1965
b) 1970
c) 1975
d) 1980

H55- En quelle année la loi du 13 décembre autorise-t-elle la délivrance sans ordonnance des contraceptifs d'urgence non susceptibles de présenter un danger pour la santé ?
a) 1985
b) 1990
c) 1995
d) 2000

H56- En France, qui était Premier ministre de décembre 2016 à mai 2017 ?
a) Manuel Valls
b) Bernard Cazeneuve
c) Édouard Philippe
d) Jean-Marc Ayrault

H57- En France, quelle est la juridiction de premier ressort et de droit commun de l'ordre administratif ?
a) Le tribunal pénal
b) Le tribunal arbitral
c) Le tribunal administratif
d) Le tribunal

H58- Quelle affaire politique a impliqué le président de la République française Valéry Giscard d'Estaing et l'ancien président puis empereur de Centrafrique Jean-Bedel Bokassa ?
a) L'affaire des visons
b) L'affaire des diamants
c) L'affaire des limousines
d) L'affaire des montres

H59- En janvier 2000, quelle loi fait passer le temps de travail à 35 heures au lieu des 39 heures ?
a) La loi Jospin II
b) La loi Aubry II
c) La loi Guigou II
d) La loi Védrine II

H60- Quel homme politique français a été ministre de l'Intérieur lors des deux premiers gouvernements de cohabitation, de 1986 à 1988 et de 1993 à 1995 ?
a) Pierre Joxe　　　　　b) Charles Pasqua　　　　c) Paul Quilès　　　　d) Philippe Marchand

H61- En droit civil, quelle est l'aptitude d'une personne physique à exercer ses droits et obligations ?
a) La majorité juridique　　b) La conscience juridique　　c) La morale juridique　　d) La capacité juridique

H62- Pendant combien d'années Angela Merkel a-t-elle été chancelière fédérale d'Allemagne ?
a) 12 ans　　　　b) 14 ans　　　　c) 16 ans　　　　d) 18 ans

H63- En France, quel acte exécutoire, à portée générale ou individuelle, est pris par le président de la République (ou par le Premier ministre) qui exerce le pouvoir réglementaire ?
a) Un décret　　　　　b) Une loi　　　　c) Une convention　　　　d) Un arrêté

H64- Quel homme d'État espagnol, membre du Parti populaire (PP), a été président du gouvernement espagnol de 2011 à 2018 ?
a) José Luis Rodríguez Zapatero　　b) Mariano Rajoy　　　c) Pedro Sánchez　　　d) José María Aznar

H65- Quel homme d'État français est nommé Premier ministre en 1984, à seulement 37 ans ?
a) Jacques Chirac　　　　b) Édouard Balladur　　　c) Laurent Fabius　　　d) Alain Juppé

H66- Quel terme désigne l'ensemble des normes théoriques prenant en considération la nature de l'Homme et sa finalité dans le monde ?
a) Le droit civil　　　　b) Le droit naturel　　　　c) Le droit positif　　　　d) Le droit constitutionnel

H67- Quel militaire vénézuélien a été président de la République du Vénézuela de 1999 à 2013 ?
a) Rafael Caldera　　　b) Nicolás Maduro　　　c) Hugo Chávez　　　d) Ramón José Velásquez

H68- Quel ministère français est surnommé « le Quai d'Orsay » ?
a) Le ministère de la Justice　　　　　　b) Le ministère de l'Intérieur
c) Le ministère des Affaires étrangères　　d) Le ministère de l'Économie et des Finances

H69- En France, quelle juridiction financière de l'ordre administratif est chargée principalement de contrôler la régularité des comptes publics ?
a) La Cour de contrôle　　b) La Cour des comptes　　c) La Cour financière　　d) La Cour budgétaire

H70- Quelle loi promulguée en France en 1791 interdisait tout groupement professionnel, que ce soit de gens de métier, les « maîtres », ou de leurs ouvriers et apprentis ?
a) La loi Waldeck-Rousseau　　　b) La loi Le Chapelier　　　c) La loi Viviani　　d) La loi Majestic

H71- Quel terme désigne l'abandon d'une action judiciaire en cours de procédure, par un juge, lorsque les éléments rassemblés par l'enquête ne justifient pas la poursuite d'une action pénale ?
a) Un acquittement　　　b) Un non-lieu　　　c) Une relaxe　　　d) Un classement sans suite

H72- Durant la Seconde Guerre mondiale, quel chef du gouvernement du régime de Vichy d'avril 1942 à mai 1944 a mené la politique de collaboration avec l'Allemagne nazie ?
a) Adrien Marquet　　　b) François Darlan　　　c) Pierre Pucheu　　　d) Pierre Laval

H73- Quel homme d'État américain a été le 43e président des États-Unis, en fonction de 2001 à 2009 ?
a) Bill Clinton　　b) Ronald Reagan　　　c) George W. Bush　　　d) Barack Obama

H74- Quel est l'emblème du gaullisme ?
a) La rose　　　b) La croix de Lorraine　　　c) Le fer à cheval　　　d) La serpe

H75- Quel homme d'État français est ministre de l'Économie, des Finances et du Budget de 1981 à 1984 dans les gouvernements dirigés par Pierre Mauroy ?
a) Jacques Delors   b) Michel Rocard   c) Michel Jobert   d) Pierre Dreyfus

H76- Quel terme désigne l'ensemble des décisions de justice précédemment rendues, relatives à une question juridique donnée, qui illustrent la manière dont un problème juridique a été résolu ?
a) L'inventaire   b) La jurisprudence   c) L'annuaire   d) L'arrêt

H77- En Suisse, quel terme désigne un scrutin populaire par lequel les membres d'une collectivité ayant le droit de vote prennent des décisions ?
a) La décision populaire   b) La combinaison populaire   c) La votation populaire   d) La vision populaire

H78- De quelle ville Pierre Mauroy a-t-il été maire de 1973 à 2001 ?
a) Strasbourg   b) Nantes   c) Reims   d) Lille

H79- En 2016, quel mouvement Jean-Luc Mélenchon fonde-til ?
a) Le Parti de gauche   b) Le Front de gauche   c) La France insoumise   d) Le Parti communiste français

H80- Quel nom porte la loi du 31 décembre 1979 qui reconduit définitivement la loi Veil ?
a) La loi Dupont   b) La loi Pelletier   c) La loi Normand   d) La loi Biscont

H81- Quel pacte militaire offensif germano-italien signé à Berlin en 1939 scelle officiellement l'union des forces de l'Axe ?
a) Le Pacte de métal   b) Le Pacte d'acier   c) Le Pacte de fer   d) Le Pacte de cuivre

H82- Quel nom porte la loi du 28 décembre 1967 qui autorise la contraception ?
a) Loi Neuwirth   b) Loi Bompard   c) Loi Menuet   d) Loi Pascalino

H83- Qui était le Première ministre du Royaume-Uni de 2016 à 2019 ?
a) Liz Truss   b) Harriet Harman   c) Theresa May   d) Margaret Thatcher

H84- En quelle année la loi concernant la séparation des Églises et de l'État a-t-elle été adoptée à l'initiative du député républicain-socialiste Aristide Briand ?
a) 1805   b) 1855   c) 1905   d) 1955

H85- Quel syndicaliste et homme d'État polonais a été président de la République de Pologne de 1990 à 1995 ?
a) Lech Wałęsa   b) Nicolae Ceaușesc   c) Pál Losonczi   d) Jeliou Jelev

H86- Quelle déclaration adoptée par l'Assemblée générale des Nations unies en 1948 précise les droits fondamentaux de l'homme ?
a) La Déclaration des droits de l'homme et de la femme
b) La Déclaration des droits de l'homme et du citoyen
c) La Déclaration universelle des droits de l'homme
d) La Déclaration mondiale des droits universels

H87- Où se trouve le Conseil des États, la chambre haute de l'Assemblée fédérale suisse ?
a) À Genève   b) À Lausanne   c) À Zurich   d) À Berne

H88- Quel homme d'État républicain et libéral français, né en 1846, est célèbre pour avoir participé à la légalisation des syndicats en 1884 ?
a) Émile Loubet   b) Jules Ferry   c) Pierre Waldeck-Rousseau   d) Jules Grévy

H89- Quelle voie de droit permet de contester ou d'annuler le jugement d'un tribunal ?
a) Le pourvoi en cassation   b) Le dernier ressort   c) L'appel   d) Le renvoi

H90- Quel révolutionnaire argentin a été un dirigeant de la révolution cubaine ?
a) Che Guevara   b) Fidel Castro   c) Fulgencio Batista   d) Nikita Khrouchtchev

H91- En quelle année la loi autorise-t-elle les femmes à gérer leurs biens propres et à exercer une activité professionnelle sans le consentement de leur mari ?
a) 1955   b) 1965   c) 1975   d) 1985

H92- Quel homme d'État chinois a été élu président de la République populaire de Chine en 2013 ?
a) Xi Jinping b) Hu Jintao c) Jiang Zemin d) Yang Shangkun

H93- En quelle année Valéry Giscard d'Estaing est-il élu président de la République française ?
a) 1973   b) 1974   c) 1975   d) 1976

H94- Quel était le surnom donné à Daniel Cohn-Bendit en mai 68 ?
a) « Dany le Révolutionnaire » b) « Dany le Rouge » c) « Dany l'Étudiant » d) « Dany la Tornade »

H95- Quel homme d'État yougoslave a fondé après-guerre le régime communiste yougoslave, dont il resta le principal dirigeant jusqu'à sa mort en 1980 ?
a) Lazar Koliševski b) Josip Broz Tito c) Slobodan Milosevic d) Sergej Kraigher

H96- Dans quel pays Gamal Abdel Nasser organisa-t-il en 1952 le renversement de la monarchie ce qui lui permit d'accéder au pouvoir ?
a) Égypte b) Iran c) Irak d) Libye

H97- Quel homme d'État congolais a été président de la République démocratique du Congo de 1997 jusqu'à son assassinat en 2001 ?
a) Mobutu Sese Seko b) Laurent-Désiré Kabila c) Jean Bédel Bokassa d) Léopold Sédar Senghor

H98- Quel est l'ensemble des règles de droit qui régissent les rapports entre les personnes physiques ou morales ?
a) Le droit public b) Le droit privé c) Le droit civil d) Le droit pénal

H99- Quel mouvement de protestation non structuré et sporadique est apparu en France en octobre 2018, initialement pour manifester contre l'augmentation du prix des carburants automobiles ?
a) Le mouvement des Chaussettes noires b) Le mouvement des Gilets jaunes
c) Le mouvement des Pantalons bleus d) Le mouvement des Cravates rouges

H100- À l'initiative de quel gouvernement a été créée la contribution sociale généralisée (CSG) ?
a) Le gouvernement de Pierre Mauroy   b) Le gouvernement de Michel Rocard
c) Le gouvernement de Pierre Bérégovoy   d) Le gouvernement de Lionel Jospin

H101- Aux États-Unis, quel animal est l'emblème des Démocrates ?
a) Un aigle b) Un lion c) Un âne d) Un éléphant

H102- Quelle organisation étudiante représentative est fondée en mai 1907 à Lille, sous le nom d'Union nationale des associations d'étudiants de France ?
a) L'UNI b) L'UNEF c) La FAGE d) L'Alternative, Solidaires étudiant-e-s

H103- En France, quel recours contre une décision de justice rendue en dernier ressort extraordinaire est formé devant la Cour de cassation ou devant le Conseil d'État ?
a) Un pourvoi en cassation b) Un appel en cassation c) Un coup de cassation d) Un défi de cassation

H104- Le 13 mars 1995, quel dirigeant étranger Georges Marchais reçoit-il à son domicile de Champigny-sur-Marne en le présentant comme son « ami » ?
a) Bill Clinton b) Boris Eltsine c) Helmut Kohl d) Fidel Castro

H105- Quel activiste né en 1929 était le dirigeant du Fatah et de l'Organisation de libération de la Palestine ?
a) Mahmoud Abbas   b) Yasser Arafat   c) Rauhi Fattouh   d) Ahmed Qoreï

H106- De quel pays Jair Bolsonaro est-il devenu président en 2019 ?
a) Le Brésil   b) La Colombie   c) Le Chili   d) L'Argentine

H107- En quelle année, la loi autorise-t-elle les femmes mariées à exercer une profession séparée, sauf opposition de leur mari et à disposer librement de leur salaire ?
a) 1867   b) 1887   c) 1907   d) 1927

H108- En quelle année la révision de la Constitution de la Ve République a-t-elle été adoptée par référendum, pour instaurer l'élection du Président de la République au suffrage universel direct ?
a) 1959   b) 1962   c) 1965   d) 1968

H109- Quel homme d'État français a été maire de Strasbourg de 1959 à 1983 ?
a) Charles Frey   b) Pierre Pflimlin   c) Charles Altorffer   d) Marcel Rudloff

H110- Quelle politique de l'Union européenne avait initialement pour but de moderniser et développer l'agriculture par des mesures de contrôle des prix et de subventionnement ?
a) La politique agricole contrôlée   b) La politique agricole mutualisée
c) La politique agricole sociale   d) La politique agricole commune

H111- Quelle branche spécialisée du droit des affaires regroupe l'ensemble des dispositions législatives et réglementaires visant à garantir le respect d'une économie de libre marché ?
a) Le droit des baux commerciaux   b) Le droit des contrats
c) Le droit des sociétés   d) Le droit de la concurrence

H112- Quel homme d'État sud-africain a été président de la République de 2009 à 2018 ?
a) Kgalema Motlanthe   b) Jacob Zuma   c) Cyril Ramaphosa   d) Nelson Mandela

H113- Quel terme ne désigne pas un lieu où sont enfermés les personnes condamnées ?
a) Une prison   b) Un pénitencier   c) Une maison d'arrêt   d) Un centre judiciaire

H114- De quel pays Saddam Hussein a-t-il été président de 1979 à 2003 ?
a) Iran   b) Irak   c) Palestine   d) Turquie

H115- En France, quel nom porte la loi du 10 janvier 1991 relative à la lutte contre le tabagisme et l'alcoolisme ?
a) La loi Lang   b) La loi Toubon   c) La loi Évin   d) La loi Pinel

H116- Quelle est la résidence officielle et le lieu de travail du Premier ministre du Royaume-Uni ?
a) City Hall   b) Buckingham Palace   c) Le 10 Downing Street   d) Palais de Westminster

H117- Que signifie la lettre S du sigle Pacs, qui est un contrat conclu entre 2 personnes majeures, de sexe différent ou de même sexe ?
a) Sexuel   b) Symbolique   c) Symbiose   d) Solidarité

H118- Quel ministre sous les présidences du général de Gaulle puis de Georges Pompidou, a été président de l'Assemblée nationale de 1973 à 1978 ?
a) Louis Mermaz   b) Achille Peretti   c) Edgar Faure   d) Jacques Chaban-Delmas

H119- En droit français, quel avocat a le monopole de la représentation des justiciables devant le Conseil d'État et la Cour de cassation ?
a) Aux affaires   b) De la défense   c) Des parties civiles   d) Aux conseils

H120- Quel nom porte le parlement monocaméral du royaume de Suède ?
a) Le Bundestag   *b) Le Riksdag*   *c) Le Storting*   *d) L'Althing*

H121- Où est mort Charles de Gaulle, le 9 novembre 1970 ?
a) À Lille   *b) À Verdun*   *c) À Colombey-les-Deux-Églises*   *d) À Baden-Baden*

H122- Quel politique français est devenu le premier président de la république de Côte d'Ivoire ?
a) Robert Guéï   *b) Félix Houphouët-Boigny*   *c) Henri Konan Bédié*   *d) Laurent Gbagbo*

H123- Quelle femme défraye la chronique en 1998-1999 pour des relations sexuelles avec le président Bill Clinton, lors d'un stage effectué à la Maison-Blanche ?
a) Linda Tripp   *b) Paula Jones*   *c) Sally Hemings*   *d) Monica Lewinsky*

H124- Quel terme désigne l'action de signer un acte tout en validant une autre signature ?
a) Le contreseing   *b) Le nantissement*   *c) Le cautionnement*   *d) L'adjudication*

H125- Lors d'une élection, quel terme désigne le fait de voter pour aucun des candidats ?
a) L'abstention   *b) Le vote nul*   *c) Le vote blanc*   *d) Le vote pondéré*

H126- Quelle branche du droit privé étudie la transmission des biens à la suite d'un décès ?
a) Le droit des héritiers   *b) Le droit des défunts*   *c) Le droit des successions*   *d) Le droit des transmissions*

H127- Quel Premier ministre du Japon a été assassiné par balles à Nara en juillet 2022 ?
a) Fumio Kishida   *b) Tarō Asō*   *c) Yasuo Fukuda*   *d) Shinzō Abe*

H128- Quel bail immobilier a une très longue durée, le plus souvent compris entre 18 et 99 ans ?
a) Le bail commercial   *b) Le bail emphytéotique*   *c) Le bail de rendement*   *d) Le bail social*

H129- Quel poste a occupé Roselyne Bachelot dans le gouvernement Castex, sous la présidence d'Emmanuel Macron, de 2020 à 2022 ?
a) Ministre de la Culture   *b) Ministre de l'Écologie et du Développement durable*
c) Ministre des Solidarités et de la Cohésion sociale   *d) Ministre de la Santé et des Sports*

H130- Dans Le Bébête Show, émission de télévision satirique de marionnettes sur l'actualité politique, diffusée de 1982 à 1995, quel homme politique était incarné en ours en peluche ?
a) François Mitterrand   *b) Jacques Chirac*   *c) Raymond Barre*   *d) Bernard Tapie*

H131- En quelle année la loi "le mariage pour tous" est-elle votée en France ?
a) 2009   *b) 2013*   *c) 2017*   *d) 2021*

H132- Quelle coalition de partis politiques de la gauche française a été créée pour soutenir la candidature de Jean-Luc Mélenchon à l'élection présidentielle française de 2022 ?
a) Le Front populaire   *b) Le Rassemblement pour la République*
c) La Nouvelle Union populaire écologique et sociale   *d) L'Union socialiste et écologique*

H133- Quel homme d'État russe a été élu à la présidence de la fédération de Russie en 2008 ?
a) Viktor Zoubkov   *b) Vladimir Poutine*   *c) Dimitri Medvedev*   *d) Sergueï Ivanov*

H134- Quel poste occupa Bernard Tapie au sein du gouvernement de Pierre Bérégovoy ?
a) Ministre de l'industrie et du commerce extérieur   *b) Ministre des affaires sociales et de l'intégration*
c) Ministre de la ville   *d) Mnistre de la jeunesse et des sports*

H135- Quel homme d'État français a été président de la République de 1947 à 1954 ?
a) René Coty   *b) Albert Lebrun*   *c) Vincent Auriol*   *d) Charles de Gaulle*

H136- Quelle expression péjorative désigne un procès dont le verdict est déterminé à l'avance et où les droits de la défense sont partiellement ou totalement bafoués ?
a) Un déni de justice   b) Une parodie de procès   c) Un procès stalinien   d) Un abus de droit

H137- Quel titre religieux chiite possédait Rouhollah Moussavi Khomeini, le guide spirituel de la révolution islamique de 1979 qui renversa Mohammad Reza Pahlavi ?
a) Shah   b) Imanah   c) Ayatollah   d) Dilawah

H138- En France, quel titre porte le ministre de la Justice ?
a) « Garde des Sceaux »   b) « Garde des Lois »   c) « Garde des Droits »   d) « Garde des Tribunaux »

H139- En droit français des associations, quelle expression désigne un régime d'association à but non lucratif mis en place par Pierre Waldeck-Rousseau ?
a) Association loi de 1901   b) Association loi de 1911   c) Association loi de 1921   d) Association loi de 1931

H140- Quelle personnalité politique française est nommée ministre des Solidarités et de la Santé en février 2020, alors que débute la pandémie de Covid-19 ?
a) Agnès Buzyn   b) Olivier Véran   c) Brigitte Bourguignon   d) Marisol Touraine

H141- Quel fondateur de l'État d'Israël a proclamé son indépendance en 1948 ?
a) Moshé Sharett   b) David Ben Gourion   c) Abba Eban   d) Chaim Weizmann

H142- En 1993, quel procureur de la République du Tribunal de grande instance de Valenciennes a instruit l'affaire VA-OM (Union Sportive Valenciennes-Anzin - Olympique de Marseille) ?
a) Éric de Montgolfier   b) Jean Carbonnier   c) Rémy Heitz   d) Pierre Bézard

H143- Qui a été élu suppléant à la Chambre des représentants de Colombie en 1982 ?
a) Jhon Jairo Velásquez   b) Pablo Escobar   c) Gabriel Garcia Marquez   d) Rodrigo Valdes

H144- Quelle disposition juridique exceptionnelle permet à un État de faire face à une épidémie mettant en péril tout ou partie du pays en question ?
a) La crise sanitaire   b) L'état d'urgence sanitaire   c) La catastrophe sanitaire   d) Le scandale sanitaire

H145- Qui fut nommé ministre des Sports en septembre 2011 ?
a) Patrick Kanner   b) Najat Vallaud-Belkacem   c) Chantal Jouanno   d) David Douillet

H146- Quel terme anglais désigne une procédure du droit anglo-saxon permettant au pouvoir législatif de destituer un haut fonctionnaire, comme le président aux États-Unis ?
a) « Blocking »   b) « Antiaction »   c) « Impeachment »   d) « Politicy »

H147- Quel terme désigne l'opposition à l'intégration européenne et à l'Union européenne, en critiquant sa viabilité ou son utilité ?
a) L'euroscepticisme   b) Le fédéralisme   c) L'altermondialisme   d) Le souverainisme

H148- Quel est le surnom donné au ministère de l'Économie et des Finances ?
a) « Beaubourg »   b) « Bercy »   c) « Orphèvres »   d) « Seine »

H149- Dans quel pays Recep Tayyip Erdoğan est devenu président en 2014 ?
a) La Turquie   b) La Roumanie   c) La Bulgarie   d) La Hongrie

H150- Avec quel président de la République, mort dans ses bras au palais de l'Élysée, Marguerite Steinheil a-t-elle entretenu une liaison ?
a) Paul Deschanel   b) Sadi Carnot   c) Félix Faure   d) Raymond Poincaré

Arts

I LITTÉRATURE

Répondez aux 150 questions de littérature avant de consulter la grille de réponses.

I1- Quelle romancière française est connue pour ses romans policiers qui mettent en scène, pour la plupart, le commissaire Adamsberg ?
a) Pierrette Fleutiaux   b) Anne-Marie Garat   c) Fred Vargas   d) Andrée Chedid

I2- Quelle pièce en un acte de Jean Anouilh est la réécriture de la pièce éponyme de Sophocle, qui est inspirée du mythe antique de la fille d'Œdipe ?
a) Ismène   b) Antigone   c) Eurydice   d) Léocadia

I3- Quel est le premier mot de L'Étranger, le premier roman publié d'Albert Camus, en 1942 ?
a) Aujourd'hui   b) Moi   c) Solitude   d) Finalement

I4- Quelle œuvre de Colette est intitulée du surnom de sa mère ?
a) La Chatte   b) Gigi   c) La Vagabonde   d) Sido

I5- Quel livre de François Mauriac paru en 1927 a été adapté au cinéma en 1962 par Georges Franju et en 2012 par Claude Miller ?
a) Le Nœud de vipères   b) Thérèse Desqueyroux   c) Le Sagouin   d) La Fin de la nuit

I6- Combien de membres élus par leurs pairs composent l'Académie française, fondée en 1634 et officialisée en 1635 par le cardinal de Richelieu ?
a) 30   b) 40   c) 50   d) 60

I7- Dans le texte d'une pièce de théâtre, quel nom portent les indications d'action, de jeu, de mise en scène ou de décor ?
a) Les répliques   b) Les didascalies   c) Les tirades   d) Les annonces

I8- Quel était le véritable nom de Molière, le comédien et dramaturge français ?
a) Jean-Baptiste Poquelin   b) Jean-Baptiste Moulin   c) Jean-Baptiste Comédien   d) Jean-Baptiste Plasin

I9- Quel est le titre du premier roman de François Rabelais, qui raconte les aventures d'un géant ?
a) Gargantua   b) Pantagruel   c) Orion   d) Argos

I10- Quel écrivain a publié des œuvres sous différents pseudonymes dont celui d'Émile Ajar ?
a) Albert Camus   b) Jean Giono   c) Romain Gary   d) Marcel Proust

I11- Dans la comédie Le Jeu de l'amour et du hasard de Marivaux, quel est le nom du père de Silvia qui souhaite que sa fille épouse le fils d'un de ses vieux amis ?
a) M. Argante   b) Arlequin   c) Iphicrate   d) M. Orgon

I12- Quel prix littéraire français, récompensant des auteurs d'expression française, est attribué depuis 1903 ?
a) Le Prix Renaudot   b) Le prix Goncourt   c) Le Prix Femina   d) Le Prix Médicis

I13- Qui a écrit le recueil Les Regrets qui inclut le poème inspiré par le mythe d'Ulysse débutant par le vers : « Heureux qui, comme Ulysse, a fait un beau voyage » ?
a) Victor Hugo   b) Pierre de Ronsard   c) Arthur Rimbaud   d) Joachim du Bellay

I14- Quel écrivain a reçu le prix Renaudot pour son roman autobiographique Chagrin d'école ?
a) André Malraux   b) George Perec   c) Daniel Pennac   d) Claude Abromont

I15- Quel écrivain français, auteur du roman Les Faux-monnayeur, a obtenu le prix Nobel de littérature en 1947 ?
a) Eugène Ionesco   b) Jean-Paul Sartre   c) Louis Arago   d) André Gide

I16- Par quel titre de noblesse est connue Madame de Sévigné, l'épistolière française, née en 1626 ?
a) *La comtesse*   b) *La marquise*   c) *La duchesse*   d) *La princesse*

I17- Quel moraliste français, né en 1645, est célèbre pour l'œuvre Les Caractères ou les Mœurs de ce siècle (1688) ?
a) *Michel de Montaigne*   b) *Blaise Pascal*   c) *Jean de La Bruyère*   d) *Charles de Saint-Évremond*

I18- À quel âge est mort Raymond Radiguet l'auteur de Le Diable au corps ?
a) *20 ans*   b) *30 ans*   c) *40 ans*   d) *50 ans*

I19- Quel est le chef-d'œuvre autobiographique de François-René de Chateaubriand ?
a) *Les Mémoires d'un névropathe*   b) *Les Mémoires de Vanitas*
c) *Les Mémoires d'Hadrien*   d) *Les Mémoires d'outre-tombe*

I20- Quel poème de Stéphane Mallarmé, a été publié en 1876 avec des illustrations issues de gravures sur bois d'Édouard Manet, et fit l'objet entre 1892 et 1894 d'une mise en musique par Claude Debussy ?
a) *L'Après-midi d'un faune*   b) *Brise marine*   c) *Quand l'Ombre menaça*   d) *Soupir*

I21- Quel personnage de Voyage au bout de la nuit, le premier roman de Louis-Ferdinand Céline publié en 1932, raconte à la première personne son expérience de la Première Guerre mondiale ?
a) *François Albertin*   b) *Ferdinand Bardamu*   c) *Frédéric Corentin*   d) *Francis Dobetinaud*

I22- Dans quelle nouvelle de l'écrivain français Joris-Karl Huysmans un jeune conscrit raconte-t-il le quotidien des soldats français durant la guerre franco-prussienne de 1870 ?
a) *Sac au dos*   b) *À la vie à la mort*   c) *La Peur*   d) *J'ai tué*

I23- Quel est le prénom de la fille de Victor Hugo morte noyée en 1843, à l'âge de 19 ans ?
a) *Claudine*   b) *Martine*   c) *Sabine*   d) *Léopoldine*

I24- Dans un roman de Joseph Kessel paru en 1958, quel animal porte le nom de King ?
a) *Un ours*   b) *Un lion*   c) *Un aigle*   d) *Un perroquet*

I25- Quelle oeuvre de Jules Renard, publiée en 1894, raconte l'enfance et les déboires d'un garçon roux mal-aimé ?
a) *Poil de Carotte*   b) *Histoires naturelles*   c) *L'Écornifleur*   d) *Crime du village*

I26- Quels mots terminent la première strophe du poème Le Pont Mirabeau de Guillaume Apollinaire : « Sous le pont Mirabeau coule la Seine Et nos amours Faut-il qu'il m'en souvienne La joie venait toujours après ... » ?
a) *la haine*   b) *la flemme*   c) *la bohème*   d) *la peine*

I27- Quelle femme de lettres française devient célèbre dès son premier roman, Bonjour tristesse, publié en 1954, alors qu'elle n'a que dix-huit ans ?
a) *Marguerite Duras*   b) *Françoise Sagan*   c) *Nathalie Sarraute*   d) *Marguerite Yourcenar*

I28- Quelle tragédie n'a pas été écrite par William Shakespeare ?
a) *Hamlet*   b) *Roméo et Juliette*   c) *Othello*   d) *Bajazet*

I29- Qui a écrit Le Portrait de Dorian Gray, dans le contexte de l'époque victorienne ?
a) *James Joyce*   b) *Mark Twain*   c) *Oscar Wilde*   d) *Charles Dickens*

I30- Quelle nouvelle fantastique de Dino Buzzati raconte l'histoire d'un garçon, Stefano, poursuivi par un monstre marin aux allures de squale géant ?
a) *Le A*   b) *Le K*   c) *Le M*   d) *Le W*

I31- Qui est l'auteur du roman de cape et d'épée Le Capitaine Fracasse, paru en 1863, qui depuis a fait l'objet de nombreuses adaptations à la scène, à la télévision et au cinéma ?
a) Gérard de Nerval   b) Théophile Gautier   c) Prosper Mérimée   d) Alfred de Musset

I32- Pour quel roman Jean Echenoz a-t-il reçu le prix Goncourt en 1999 ?
a) Cherokee   b) Un an   c) Je m'en vais   d) Le Méridien de Greenwich

I33- Dans quelle pièce de Molière le titre Mamamouchi est inventé pour un dignitaire turc ?
a) Le Misanthrope   b) Le Bourgeois gentilhomme
c) Le Malade imaginaire   d) Les Femmes savantes

I34- Quels sont les noms des deux vagabonds de la pièce En attendant Godot de Samuel Beckett ?
a) Alfred et Basilic   b) Martin et Thym   c) Florent et Ciboulette   d) Vladimir et Estragon

I35- Dans Candide ou l'Optimisme, le conte de Voltaire, de qui Cunégonde est-elle la fille ?
a) Du comte Mounter-den-moren   b) Du marquis Launcher-sen-lorentz
c) Du duc Pernser-ben-pontzel   d) Du baron Thunder-ten-tronckh

I36- Quel est le titre de la suite romanesque de Marcel Proust, publiée de 1913 à 1927 en 7 tomes ?
a) Les Plaisirs et les Jours   b) À la recherche du temps perdu   c) Sésame et les lys   d) La Bible d'Amiens

I37- Dans Skidamarink, le premier roman publié par Guillaume Musso, qu'est-ce qui a été volé ?
a) La Joconde   b) Le Cri   c) La Nuit Étoilée   d) Guernica

I38- Qui est l'auteur de la collection de romans et de nouvelles Les Voyages extraordinaires ?
a) Herbert George Wells   b) Arthur Conan Doyle   c) Jules Verne   d) Robert Louis Stevenson

I39- Quelle femme de lettres française, auteure du roman à caractère autobiographique La Place, a obtenu le prix Nobel de littérature en 2022 ?
a) Françoise Xenakis   b) Jeanne Bourin   c) Benoîte Groult   d) Annie Ernaux

I40- Quel écrivain français est l'auteur de La Place de l'Étoile, Les Boulevards de ceinture et Rue des Boutiques obscures ?
a) Patrick Modiano   b) Erik Orsenna   c) Jean-Marie Gustave Le Clézio   d) Jean-Paul Rappeneau

I41- Quel écrivain péruvien naturalisé espagnol est élu à l'Académie française, devenant le premier membre de cette institution élu sans avoir écrit un ouvrage en français ?
a) Ricardo Palma   b) Mario Vargas Llosa   c) César Vallejo   d) José Carlos Mariátegui

I42- À partir de 1991, quelle émission traitant de l'actualité littéraire Bernard Pivot présente-t-il ?
a) Chapitre d'été   b) Bouquins & Confidences   c) Bouillon de culture   d) Arts et lettres

I43- Quel écrivain américain est l'auteur de L'Appel de la forêt et de Croc-Blanc ?
a) Jack Kerouac   b) Stephen Crane   c) Jack London   d) John Steinbeck

I44- Quelle trilogie de romans publiés par Virginie Despentes de 2015 à 2017 porte le nom du personnage principal éponyme, un ancien disquaire propriétaire de la boutique Revolver ?
a) Pink Polatex   b) Loyd Manfilex   c) Watson Vitorex   d) Vernon Subutex

I45- Quel est le nom de plume de Ricardo Eliécer Neftalí Reyes Basoalto, poète et écrivain chilien ?
a) Pablo Neruda   b) Luis Sepúlveda   c) Roberto Bolaño   d) Francisco Coloane

I46- Quelle tragédie de Jean Racine a pour titre le nom de la fille d'Agamemnon, fiancée d'Achille ?
a) Britannicus   b) Iphigénie   c) Bajazet   d) Bérénice

147- Quelle fable de Jean de La Fontaine se termine par la morale : « Trompeurs, c'est pour vous que j'écris : Attendez vous à la pareille. » ?
a) *Le Corbeau et le Renard*   b) *Le Loup et l'Agneau*
c) *Le Renard et la Cigogne*   d) *Le Chêne et le Roseau*

148- Quel personnage de Molière a donné lieu à une antonomase qui désigne une personne avare ?
a) *Géronte*   b) *Sganarelle*   c) *Argante*   d) *Harpagon*

149- Quelle collection française de livres pour la jeunesse a été créée en 1923 par Hachette ?
a) *La Bibliothèque rose*   b) *La Bibliothèque verte*   c) *La Bibliothèque bleue*   d) *La Bibliothèque jaune*

150- Quel roman épistolaire, écrit par Alice Walker et publié en 1982, fut adapté au cinéma par Steven Spielberg en 1985 ?
a) *La Couleur pourpre*   b) *Il faut sauver le soldat Ryan*   c) *Le Terminal*   d) *Minority Report*

151- Quel terme désigne les premiers mots d'un texte littéraire ?
a) *Préface*   b) *Incipit*   c) *Lexique*   d) *Quotation*

152- Quel écrivain français se fait connaître dès son premier roman Les Choses : Une histoire des années soixante, qui obtient le prix Renaudot en 1965 ?
a) *Eugen Helmlé*   b) *Georges Perec*   c) *David Bellos*   d) *Jacques Roubaud*

153- Quel écrivain fut le premier africain à siéger à l'Académie française ?
a) *Léon-Gontran Damas*   b) *Aimé Césaire*   c) *Léopold Sédar Senghor*   d) *Frantz Fanon*

154- Quel roman de William Styron, publié en 1979, a pour héros Stingo, un jeune écrivain débutant qui se lie d'amitié avec Nathan Landau et sa magnifique petite amie, survivante d'un camp de concentration nazi ?
a) *Le Choix de Julie*   b) *Le Choix de Nathalie*   c) *Le Choix de Sophie*   d) *Le Choix de Virginie*

155- En quelle année est mort Marcel Pagnol, l'écrivain, dramaturge, cinéaste et producteur français ?
a) *1962*   b) *1966*   c) *1970*   d) *1974*

156- Quel est le titre du premier et du plus célèbre des contes de Noël écrits par Charles Dickens et paru en 1843 ?
a) *Le Grillon du foyer*   b) *Les Carillons*   c) *Un chant de Noël*   d) *La Bataille de la vie*

157- Quel est le nom de la septième chèvre dans la nouvelle La Chèvre de monsieur Seguin du recueil Lettres de mon moulin d'Alphonse Daudet ?
a) *Noiraute*   b) *Rouselle*   c) *Brunille*   d) *Blanquette*

158- Quel écrivain britannique est l'auteur des romans Le Hobbit et Le Seigneur des anneaux ?
a) *C. S. Lewis*   b) *Peter Jackson*   c) *J. R. R. Tolkien*   d) *William Styron*

159- Quel titre porte le recueil de récits de guerre de Maurice Genevoix, rassemblés sous un même titre en 1949 ?
a) *Morts en 14*   b) *Après 14*   c) *En l'an 14*   d) *Ceux de 14*

160- Quel poème de l'écrivain américain Edgar Allan Poe raconte l'histoire d'une mystérieuse visite que reçoit le narrateur, alors qu'il se lamente sur la mort de son amour, Lenore ?
a) *Le Corbeau*   b) *L'Aigle*   c) *La Mouette*   d) *L'Hirondelle*

161- Quelle pièce de théâtre de Jean Anouilh débute par la rencontre entre une actrice et un violoniste qui tombent amoureux ?
a) *Antigone*   b) *Eurydice*   c) *L'Alouette*   d) *Léocadia*

I62- Quel est le titre du roman de Louis Sachar, qui raconte l'histoire de Stanley Yelnats IV, un adolescent envoyé dans un centre d'éducation pour délinquants juvéniles, le «Camp du Lac vert» ?
a) La Rue   *b) L'Impasse*   *c) Le Passage*   *d) La Grange*

I63- Quel homme, né le 30 novembre 1916 à Marseille, est le fondateur d'une importante maison d'édition française en 1941 ?
a) Louis Hachette   *b) Robert Laffont*   *c) Gaston Gallimard*   *d) Albin Michel*

I64- Quel roman de Marie Ndiaye raconte l'histoire de trois femmes : Norah, Fanta et Khady ?
a) Trois Femmes riches   *b) Trois Femmes célèbres*   *c) Trois Femmes épuisées*   *d) Trois Femmes puissantes*

I65- Quel poète français est l'auteur du recueil Paroles, publié en 1946 ?
a) Guillaume Apollinaire   *b) Jacques Prévert*   *c) Paul Eluard*   *d) Raymond Queneau*

I66- Qui est l'auteur de L'Archipel du Goulag, publié en 1973, qui traite du système carcéral et du travail forcé mis en place en Union soviétique ?
a) Fiodor Dostoïevski   *b) Léon Tolstoï*   *c) Alexandre Soljenitsyne*   *d) Alexandre Pouchkine*

I67- Quel personnage de fiction, qui vit que pour les plaisirs de la vie en rejetant les contraintes, apparaît pour la première fois au XVIIe siècle dans une pièce de théâtre de Tirso de Molina ?
a) Le Marquis de Sade   *b) Don Juan*   *c) Casanova*   *d) Dorante*

I68- Quel écrivain, journaliste et philosophe français, né en 1925, est l'auteur du roman La Gloire de l'Empire, publié en 1971 ?
a) Jean Dutourd   *b) Jean d'Ormesson*   *c) Jean-Marie Rouart*   *d) Maurice Druon*

I69- Quelle romancière française est connue pour son roman Marie-Claire, qui reçoit le prix Fémina en 1910 ?
a) Brigitte Aubert   *b) Juliette Adam*   *c) Olympe Audouard*   *d) Marguerite Audoux*

I70- Combien de romans comporte la série littéraire Harry Potter, écrite par l'auteure britannique J. K. Rowling de 1997 à 2007 (sans compter la suite théâtrale) ?
a) 5   *b) 6*   *c) 7*   *d) 8*

I71- Quel personnage fictif du roman de Miguel de Cervantes, Don Quichotte, est dans l'esprit de Don Quichotte, Aldonza Lorenzo, une vigoureuse paysanne ?
a) Rossinante   *b) Dulcinée*   *c) Ricote*   *d) Antonia*

I72- Dans quel genre littéraire le récit est basé sur la correspondance fictive ou non d'un ou plusieurs personnages ?
a) Le roman biographique   *b) Le roman fantastique*   *c) Le roman épistolaire*   *d) Le roman épique*

I73- Quel était le pseudonyme de Gérard Labrunie, la figure majeure du romantisme français, connue pour son ouvrage Les Filles du feu (1854) ?
a) Alfred de Musset   *b) Alfred de Vigny*   *c) François-René de Chateaubriand*   *d) Gérard de Nerval*

I74- Qui fut la première femme élue membre de l'Académie française en 1980 ?
a) Françoise Sagan   *b) Marguerite Duras*   *c) Marguerite Yourcenar*   *d) Michèle Sarde*

I75- Quel genre littéraire se caractérise par l'intrusion du surnaturel dans le réalisme d'un récit ?
a) La science-fiction   *b) Le naturalisme*   *c) Le fantastique*   *d) Le romanesque*

I76- Quel roman de Jacques-Henri Bernardin de Saint-Pierre, publié en 1788, raconte comment l'idylle de deux jeunes gens tourne court à la suite d'un naufrage ?
a) L'Arcadie   *b) La Chaumière indienne*   *c) Voyage à l'île de France*   *d) Paul et Virginie*

I77- Le 17 février 1673, après avoir joué sur scène la quatrième représentation de quelle pièce Molière est-il mort ?
a) *Le Bourgeois gentilhomme*   b) *Le Misanthrope*   c) *Les Femmes savantes*   d) *Le Malade imaginaire*

I78- Qui est le véritable auteur de San-Antonio, la série de romans policiers signés du nom d'un commissaire de police, Antoine San-Antonio ?
a) *Frédéric Dard*   b) *Agatha Christie*   c) *Georges Simenon*   d) *Jean-François Parot*

I79- Quel titre porte le premier recueil poétique de Paul Verlaine, publié en 1866 ?
a) *Parallèlement* b) *Jadis et Naguère*   c) *Sagesse*   d) *Poèmes saturniens*

I80- De quel auteur L'Âge d'homme est-il un récit autobiographique, publié en 1939 ?
a) *Pierre Vilar*   b) *Georges Bataille*   c) *Michel Butor*   d) *Michel Leiris*

I81- Quelle femme de lettres et résistante française d'origine russe, fut la première femme à obtenir le prix Goncourt ?
a) *Ludmila Petrouchevskaïa*   b) *Lili Brik*   c) *Elsa Triolet*   d) *Anna Starobinets*

I82- Dans quelle ville se déroule l'histoire de La Peste, le roman d'Albert Camus publié en 1947 ?
a) *À Lyon*   b) *À Budapest*   c) *À Singapour*   d) *À Oran*

I83- Qui est l'auteur de Crime et Châtiment publié en 1866 ?
a) *Fiodor Dostoïevski*   b) *Maxime Gorki*   c) *Vladimir Nabokov*   d) *Franz Kafka*

I84- Quel poète est l'auteur du poème Le Lac qui est paru dans les Méditations poétiques en 1820, et qui est considéré comme un des fleurons de la poésie romantique française ?
a) *Arthur Rimbaud*   b) *Paul Verlaine*   c) *Alphonse de Lamartine*   d) *Charles Baudelaire*

I85- Quelle figure de style de substitution consiste à remplacer un mot par sa définition ou par une expression plus longue, mais équivalente ?
a) *Une antithèse*   b) *Une périphrase*   c) *Une anaphore*   d) *Une métaphore*

I86- Dans quelle ville commence l'action du roman La Chartreuse de Parme de Stendhal ?
a) *Milan*   b) *Paris*   c) *Barcelone*   d) *Munich*

I87- De quel auteur le livre Le Monde d'hier, Souvenirs d'un Européen, paru en 1943, est-il l'autobiographie ?
a) *Léon Tolstoï*   b) *Arthur Schnitzler*   c) *Joseph Roth*   d) *Stefan Zweig*

I88- Quel écrivain français a obtenu le prix Goncourt en 1968 pour le roman Les Fruits de l'hiver ?
a) *Alexandre Jardin*   b) *Bernard Clavel*   c) *Dominique Ehrhard*   d) *Erik Orsenna*

I89- Quelle fable de Jean de La Fontaine se termine par la morale : « Cette fable contient plus d'un enseignement. Nous y voyons premièrement : Que ceux qui n'ont du monde aucune expérience Sont aux moindres objets frappés d'étonnement : Et puis nous y pouvons apprendre, Que tel est pris qui croyait prendre. » ?
a) *La Laitière et le pot au lait*   b) *La Grenouille qui se veut faire aussi grosse que le Boeuf*
c) *Le Rat des villes et le Rat des champs*   d) *Le Rat et L'Huître*

I90- Quel poète français est l'auteur du recueil Les Fleurs du mal ?
a) *Charles Baudelaire*   b) *Paul Valéry*   c) *Guillaume Apollinaire*   d) *André Breton*

I91- Qui est l'auteur de Madame Bovary, Mœurs de province, qui raconte l'histoire de l'épouse d'un médecin de province ?
a) *Guy de Maupassant*   b) *Stendhal*   c) *Honoré de Balzac*   d) *Gustave Flaubert*

I92- Quelle muse du poète Paul Éluard le quitte pour devenir celle du peintre Salvador Dalí ?
a) Marie   *b) Gala*   *c) Julie*   *d) Aurore*

I93- Qui est l'auteur de Désert, le roman d'apprentissage racontant les histoires de Nour et Lalla ?
a) Henri Michaux   *b) Prosper Mérimée*   *c) Jean-Marie Gustave Le Clézio*   *d) Blaise Cendrars*

I94- Quelle tragédie en cinq actes et en vers (1 770 alexandrins) de Jean Racine, a pour titre le nom du fils que l'empereur Claude a eu de Messaline ?
a) Andromaque   *b) Britannicus*   *c) Bajazet*   *d) Néron*

I95- Sous quel titre Honoré de Balzac a-t-il regroupé un ensemble de plus de quatre-vingt-dix ouvrages écrits de 1829 à 1850 ?
a) La Comédie humaine   *b) La Tragédie humaine*   *c) La Folie humaine*   *d) La Joie humaine*

I96- Qui est l'auteur de la nouvelle fantastique Le Horla parue en 1886 ?
a) Alexandre Dumas   *b) Théophile Gautier*   *c) Honoré de Balzac*   *d) Guy de Maupassant*

I97- Qui a écrit le célèbre sonnet Mon rêve familier qui débute par "Je fais souvent ce rêve étrange et pénétrant " ?
a) Paul Verlaine   *b) Guillaume Apollinaire*   *c) Arthur Rimbaud*   *d) Stéphane Mallarmé*

I98- Qui est l'auteur du sonnet en alexandrins « Le Dormeur du val » ?
a) Arthur Rimbaud   *b) Charles Baudelaire*   *c) Paul Éluard*   *d) Pierre de Ronsard*

I99- En 1761, avec quel roman épistolaire Jean-Jacques Rousseau connaît-il un grand succès ?
a) Mémoires de deux jeunes mariées   *b) Les Liaisons dangereuses*
c) Julie ou la Nouvelle Héloïse   *d) Les Passagers anglais*

I100- Quelle actrice et danseuse française a été la maîtresse et la muse de Charles Baudelaire ?
a) Damase Jouaust   *b) Louise Béchet*   *c) Ambroise Dupont*   *d) Jeanne Duval*

I101- Quel écrivain publie son premier roman en 1930 mais ne connaît la consécration littéraire qu'en 1968 avec Belle du Seigneur ?
a) Isaac Babel   *b) Albert Cohen*   *c) Romain Gary*   *d) Philip Roth*

I102- Quel auteur romantique français a publié Ruy Blas en 1838 ?
a) Victor Hugo   *b) Alfred de Musset*   *c) Alphonse de Lamartine*   *d) Alexandre Dumas*

I103- Quel écrivain est surtout connu pour ses pièces de théâtre, comme La guerre de Troie n'aura pas lieu, Électre et La Folle de Chaillot ?
a) Christopher Fry   *b) Jean Anouilh*   *c) Ernest Renan*   *d) Jean Giraudoux*

I104- Quelle figure de style utilise un mot pour signifier une idée distincte mais associée ?
a) Une métonymie   *b) Une allitération*   *c) Un oxymore*   *d) Un chiasme*

I105- Quel roman de Jean-Philippe Toussaint, ayant reçu la même année le prix Médicis en 2005, est le second volet du « Cycle de Marie » ?
a) Être   *b) Fuir*   *c) Rester*   *d) Devenir*

I106- Quel roman de Romain Gary paru en 1960 est largement inspiré de sa relation avec sa mère ?
a) Clair de femme   *b) Les Racines du ciel*   *c) La Promesse de l'aube*   *d) Les Couleurs du jour*

I107- Qui a raconté son enfance juive dans son roman Un sac de billes paru en 1973 ?
a) Joseph Joffo   *b) Élie Chouraqui*   *c) Émile Zola*   *d) Albert Cohen*

I108- Quelle oeuvre n'a pas été écrite par Alexandre Dumas fils ?
a) Les Trois Mousquetaires   *b) Le Fils naturel*   *c) La Dame aux camélias*   *d) Un père prodigue*

I109- Dans Les Aventures d'Alice au pays des merveilles, le roman publié en 1865 par Lewis Carroll, quel animal, aux yeux roses et vêtu d'une redingote avec une montre à gousset, Alice suit-elle ?
a) Un chien   *b) Un chat*   *c) Un lapin*   *d) Un rat*

I110- Quel est le titre de l'unique recueil de poésie du « poète maudit » Tristan Corbière, publié en 1873 ?
a) Les Amours blanches   *b) Les Amours jaunes*   *c) Les Amours noires*   *d) Les Amours roses*

I111- Dans Ubu roi, la pièce de théâtre d'Alfred Jarry publiée en 1896, qui le père Ubu assassine-t-il pour prendre le pouvoir ?
a) Le roi Stanislas de Serbie   *b) Le roi Menelas de Hongrie*
c) Le roi Venceslas de Pologne   *d) Le roi Elias de Pologne*

I112- Quelle romancière française, auteure du roman Les Adieux à la reine, est élue à l'Académie française le 28 janvier 2021 et succède à Jean d'Ormesson au fauteuil 12 ?
a) Marguerite Duras   *b) Chantal Thomas*   *c) Colette*   *d) Cécile Aubry*

I113- Quel roman de Jean Cocteau, paru en 1929, raconte l'histoire de Paul, victime d'une pierre lancée par Dargelos ?
a) La Machine infernale   *b) La Difficulté d'être*   *c) Les Enfants terribles*   *d) La belle et la bête*

I114- Quel roman n'est pas une oeuvre de l'écrivain russe Léon Tolstoï ?
a) Guerre et Paix   *b) Anna Karénine*   *c) Les Frères Karamazov*   *d) Résurrection*

I115- Quel écrivain français du XVIIe siècle est surtout connu pour ses Maximes ?
a) Voltaire   *b) Madame de La Fayette*   *c) Jean de La Bruyère*   *d) François de La Rochefoucauld*

I116- Quelle pièce de théâtre de Yasmina Reza, créée en 1994, raconte comment trois amis s'entre-déchirent devant un tableau blanc et débattent de la valeur de l'art contemporain ?
a) Conversations après un enterrement   *b) La Traversée de l'hiver*
c) Trois versions de la vie   *d) « Art »*

I117- Qui a écrit le recueil Sonnets pour Hélène, qui est une commande de la reine Catherine de Médicis pour sa protégée et fille d'honneur, Hélène de Fonsèque ?
a) Clément Marot   *b) Michel de Montaigne*   *c) Joachim du Bellay*   *d) Pierre de Ronsard*

I118- Quelle figure de style consiste à commencer des vers ou des phrases par le même mot ?
a) L'assonance   *b) L'euphémisme*   *c) L'anaphore*   *d) L'antiphrase*

I119- Quel est le titre du témoignage autobiographique de Primo Levi sur sa survie dans le camp d'extermination nazi d'Auschwitz ?
a) La Clé à molette   *b) La Trêve*   *c) Le Système périodique*   *d) Si c'est un homme*

I120- Au cours de quel siècle Voltaire a-t-il écrit l'ensemble de son œuvre ?
a) XVIe siècle   *b) XVIIe siècle*   *c) XVIIIe siècle*   *d) XIXe siècle*

I121- Quel écrivain américain rencontre un grand succès avec sa tétralogie sur le personnage de Harry « Rabbit » Angstrom ?
a) Norman Mailer   *b) John Updike*   *c) Saul Bellow*   *d) John Cheever*

I122- Quelle est la profession de Boule de Suif, dans la nouvelle de Guy de Maupassant ?
a) Vendeuse   *b) Blanchisseuse*   *c) Institutrice*   *d) Prostituée*

I123- Quelle série de romans policiers, écrits par le romancier écossais Alexander McCall Smith, relate des enquêtes qui se déroulent majoritairement au Botswana ?
a) *Les enquêtes de Ffa Ramotswe*   b) *Les enquêtes de Mma Ramotswe*
c) *Les enquêtes de Ppa Ramotswe*   d) *Les enquêtes de Vva Ramotswe*

I124- Dans De la Terre à la Lune, le roman d'anticipation de Jules Verne paru en 1865, quel est le nom du club d'artilleurs qui propose d'envoyer un boulet de canon sur la Lune ?
a) *Le Fight Club*   b) *Le Gun Club*   c) *Le Bullet Club*   d) *Le Fire Club*

I125- Quelle pièce de théâtre de Jean Genet, met en scène deux sœurs, Claire et Solange, qui travaillent pour une femme riche appartenant à la haute bourgeoisie ?
a) *Haute Surveillance*   b) *Le Balcon*   c) *Les Bonnes*   d) *Les Paravents*

I126- Qui est l'auteur du roman Les Particules élémentaires, publié en 1998 ?
a) *Michel Houellebecq*   b) *Frédéric Beigbeder*   c) *Jean-Jacques Birgé*   d) *Alain Finkielkraut*

I127- Quel mot complète la première strophe du poème Chanson d'automne de Paul Verlaine : « Les sanglots longs Des violons De l'automne Blessent mon coeur D'une langueur ... » ?
a) *profonde*   b) *monotone*   c) *difforme*   d) *cyclone*

I128- Qui a écrit Les Aventures de Télémaque publié pour la première fois en 1699 ?
a) *Jean Racine*   b) *Fénelon*   c) *Jean de La Fontaine*   d) *Charles Perrault*

I129- Quel roman court écrit par Franz Kafka décrit les mésaventures de Gregor Samsa, un représentant de commerce qui se réveille un matin transformé en un « monstrueux insecte » ?
a) *L'Éveil*   b) *La Révélation*   c) *La Métamorphose*   d) *Le Renouveau*

I130- Quel est le titre de la fresque romanesque en vingt volumes dans laquelle Émile Zola dépeint la société française sous le Second Empire ?
a) *Les Blanchon-Quernois*   b) *Les Rougon-Macquart*
c) *Les Noiron-Villiers*   d) *Les Verdon-Petriaud*

I131- Dans La Ferme des animaux, le roman de George Orwell publié en 1945, quel animal est Sage l'Ancien, l'orateur et le philosophe du changement ?
a) *Un chien*   b) *Un cochon*   c) *Un âne*   d) *Un cheval*

I132- Dans Le Vieil Homme et la Mer, le roman écrit d'Ernest Hemingway publié en 1952, quel est le nom du vieux pêcheur ?
a) *Santiago*   b) *Bogota*   c) *Brasilia*   d) *Montevideo*

I133- Quel écrivain a inventé le personnage de Figaro, qui figure dans trois de ses pièces, en tant que héros : Le Barbier de Séville, Le Mariage de Figaro et La Mère coupable ?
a) *Molière*   b) *Voltaire*   c) *Marivaux*   d) *Beaumarchais*

I134- Quel écrivain franco-libanais a reçu le Prix Goncourt en 1993 pour Le Rocher de Tanios ?
a) *Khaled Hosseini*   b) *Amin Maalouf*   c) *Omar Khayyām*   d) *Tahar Ben Jelloun*

I135- Quel humaniste a écrit l'ouvrage L'Utopie, publié en 1516 ?
a) *Thomas More*   b) *Érasme*   c) *Montaigne*   d) *Agrippa d'Aubigné*

I136- Qui a écrit La Petite Sirène, le conte paru en 1837 ?
a) *Charles Perrault*   b) *Hans Christian Andersen*   c) *Les frères Grimm*   d) *Voltaire*

I137- Quel personnage du roman Les Misérables de Victor Hugo a été élevé par sa soeur Jeanne ?
a) *Fantine*   b) *Cosette*   c) *Jean Valjean*   d) *Gavroche*

I138- Qui a écrit Zazie dans le métro, le roman paru en 1959 ?
a) Paul Valéry   b) Boris Vian   c) Georges Perec   d) Raymond Queneau

I139- De quel personnage le roman Bel-Ami de Guy de Maupassant retrace-t-il l'ascension sociale ?
a) Etienne Lantier   b) Jean Joachim Goriot   c) Georges Duroy   d) Julien Sorel

I140- Quel terme désigne un court récit narratif démonstratif et fictif, à visée argumentative et rédigé principalement en vers dont on tire une morale pratique ?
a) Le décalogue   b) L'épilogue   c) Le prologue   d) L'apologue

I141- Quel est le titre du quatrième roman de l'auteur américain William Faulkner, publié en 1929, dont l'histoire se situe dans la région imaginaire de Yoknapatawpha ?
a) Le Bruit et la Fureur   b) Une rose pour Emily   c) Tandis que j'agonise   d) Lumière d'août

I142- Dans la pièce de théâtre tragi-comique Le Cid de Pierre Corneille, quel est le nom de l'infante de Castille, secrètement amoureuse de Don Rodrigue ?
a) Doña Elvira   b) Doña Castilla   c) Doña Martina   d) Doña Urraque

I143- Qui est l'auteur du roman La Disparition, qui ne comporte pas une seule fois la lettre e ?
a) Georges Perec   b) Raymond Queneau   c) André Malraux   d) Eugen Helmlé

I144- Quel est le titre du premier roman de Marc Levy, publié en 2000, qui raconte l'histoire de Lauren Kline, une jeune femme médecin, qui a survécu à un accident de voiture ?
a) Le Voleur d'ombres   b) C'est arrivé la nuit   c) Toutes ces choses   d) Et si c'était vrai...

I145- Quel écrivain français, auteur du roman Les dieux ont soif, reçoit le prix Nobel de littérature pour l'ensemble de son œuvre en 1921 ?
a) Rudyard Kipling   b) Émile Zola   c) Anatole France   d) Jules Barbey d'Aurevilly

I146- Quel nom d'animal porte la pièce de théâtre absurde d'Eugène Ionesco qui dépeint une épidémie imaginaire ?
a) Ours   b) Éléphant   c) Rhinocéros   d) Loup

I147- Quel romancier américain a remporté deux fois le prix Pulitzer de la fiction, en 2017 et 2020, pour Underground Railroad et Nickel Boys ?
a) James McBride   b) Colson Whitehead   c) Amor Towles   d) Ta-Nehisi Coates

I148- Quel est le titre du roman épistolaire d'Éric-Emmanuel Schmitt sorti en 2005 ?
a) Ma vie avec Mozart   b) L'Enfant de Noé   c) Lorsque j'étais une œuvre d'art   d) La Part de l'autre

I149- Quelle tragédie en cinq actes de Pierre Corneille, représentée pour la première fois en 1634, a pour héroïne une magicienne répudiée par Jason après lui avoir donné deux enfants et condamnée à l'exil par Créon ?
a) Horace   b) Médée   c) Polyeucte   d) Cinna

I150- Qui a écrit l'œuvre autobiographique Un roman français publié en 2009 et ayant reçu le prix Renaudot la même année ?
a) Tonino Benacquista   b) Philippe Bertrand   c) Michel Houellebecq   d) Frédéric Beigbeder

Répondez aux 150 questions de musique avant de consulter la grille de réponses.

J1- Quelle chanson écrite par Gilles Thibaut et Claude François, sur une musique composée par Jacques Revaux et Claude François, a acquis une réputation internationale à travers son adaptation en anglais My Way par Paul Anka et par Frank Sinatra ?
a) Le lundi au soleil   b) Chanson populaire   c) Magnolias for Ever   d) Comme d'habitude

J2- Quel groupe américain de soul originaire de l'Indiana était composé au départ de cinq membres d'une même fratrie : Jackie, Tito, Jermaine, Marlon, et Michael ?
a) The 5th Dimension   b) The Jackson Five   c) The Temptations   d) Soul II Soul

J3- Quel groupe de punk rock américain a enregistré les tubes Pretty Fly (for a White Guy), Why Don't You Get a Job?, The Kids Aren't Alright et Original Prankster ?
a) Green Day   b) The Clash   c) The Offspring   d) Ramones

J4- Quelle chanteuse française de variétés née en 1946 connaît son premier grand succès en 1966 avec Mon credo ?
a) Sheila   b) Mireille Mathieu   c) Dalida   d) Sylvie Vartan

J5- Dans la musique occidentale, quel signe noté sur une partition indique l'intensité relative d'une note, d'une phrase, ou encore d'un passage entier d'une œuvre musicale ?
a) Une clé   b) Un bémol   c) Une nuance   d) Un dièse

J6- Quel chanteur, compositeur et acteur américain né en 1947 est surnommé « l'Iguane » ?
a) Kurt Cobain   b) R. Kelly   c) Bruce Springsteen   d) Iggy Pop

J7- Qui a composé les tubes Bidon, Allô maman bobo ou Jamais content écrits par Alain Souchon ?
a) Jacques Higelin   b) Laurent Voulzy   c) Michel Jonasz   d) Yves Simon

J8- Quel musicien américain est connu pour être le chanteur et compositeur du groupe de hard rock américain Guns N' Roses ?
a) Axl Rose   b) Steven Tyler   c) Paul Stanley   d) Don Henley

J9- Quelle chanson commence par les paroles « À faire pâlir tous les Marquis de Sade » ?
a) Petit   b) Je vais t'aimer   c) Les Ricains   d) La Maladie d'amour

J10- Dans les années 1980, quel est l'alter ego sombre que s'invente Serge Gainsbourg ?
a) Gainsbill   b) Gainsboom   c) Gainsbet   d) Gainsbarre

J11- Quel magazine bimensuel américain, traitant de la pop culture à dominante musicale, a été créé à San Francisco en 1967 par Jann Wenner et Ralph J. Gleason ?
a) Billboard   b) Variety   c) Rolling Stone   d) Vibe

J12- En 2001, qui a enregistré la chanson À ma place, en duo avec Zazie ?
a) Axel Bauer   b) Florent Pagny   c) Pascal Obispo   d) Paolo Nutini

J13- Quelle chanson écrite et interprétée par Queen et David Bowie en 1981 a dans ses paroles les phrases « It's the terror of knowing what this world is about » ?
a) Magic Dance   b) Under Pressure   c) Let's Dance   d) Ashes to Ashes

J14- Quelle chanson n'est pas un tube d'Édith Piaf ?
a) La Vie en rose   b) la Foule   c) Mon légionnaire   d) Ma cabane au Canada

J15- Quel compositeur français, né à Ciboure en 1875, a composé le Boléro en 1928 ?
a) Maurice Ravel   b) Claude Debussy   c) Hector Berlioz   d) Jean-Philippe Rameau

J16- Quelle chanson du groupe allemand de hard rock Scorpions a été le single le plus vendu de l'année 1984 en France ?
a) *Still Loving You*   b) *No One Like You*   c) *Rock You Like a Hurrican*   d) *Wind of Change*

J17- Qui a écrit pour Claude François les paroles des chansons « Alexandrie Alexandra » et « Magnolias for Ever » ?
a) *Gérard Bourgeois*   b) *Jean-Loup Dabadie*   c) *Pierre Delanoë*   d) *Étienne Roda-Gil*

J18- Quel chant liturgique officiel et ordinaire de l'Église catholique reste pratiqué de nos jours dans un certain nombre d'églises paroissiales ou de monastères ?
a) *Le chant bénédictin*   b) *Le chant grégorien*   c) *Le chant franciscain*   d) *Le chant latin*

J19- Quel chanteur, acteur, guitariste et auteur-compositeur de musique country américain était le mari de la chanteuse country June Carter ?
a) *Willie Nelson*   b) *Johnny Cash*   c) *Kenny Rogers*   d) *Blake Shelton*

J20- Quel compositeur, musicien, producteur, arrangeur et chef d'orchestre remporte une seule fois l'Oscar de la meilleure musique de film pour Les Huit Salopards de Quentin Tarantino ?
a) *Ennio Morricone*   b) *Maurice Jarre*   c) *Michel Legrand*   d) *Jerry Goldsmith*

J21- Dans le solfège, quel ensemble de cinq lignes horizontales et de quatre interlignes est destiné à recevoir notamment les figures de notes ?
a) *La mesure*   b) *La portée*   c) *La partition*   d) *Le livret*

J22- Qui a donné lors du passage à l'an 2000 un spectacle intitulé Les 12 Rêves du Soleil sur le site des pyramides de Gizeh aux portes du Caire en Égypte ?
a) *Daft Punk*   b) *Kraftwerk*   c) *Jean-Michel Jarre*   d) *Vangelis*

J23- Quelle chanson de Daniel Balavoine, parue en 1985, rend hommage à son épouse Corinne, d'origine juive marocaine ?
a) *Mon fils ma bataille*   b) *L'Aziza*   c) *Tous les cris les SOS*   d) *La vie ne m'apprend rien*

J24- Quelle chanson écrite par Freddie Mercury et enregistrée par le groupe Queen, dans l'album A Night at the Opera sorti en 1975, dure 5 minutes et 55 secondes ?
a) *We Will Rock You*   b) *Bohemian Rhapsody*   c) *I Want to Break Free*   d) *Radio Ga Ga*

J25- Quel est l'unique opéra composé par Ludwig van Beethoven ?
a) *Carmen*   b) *Fidelio*   c) *La Bohème*   d) *La Traviata*

J26- Sur la chanson Money for Nothing du groupe rock britannique Dire Straits, qui participe en chantant les harmonies ?
a) *David Bowie*   b) *Sting*   c) *John Lennon*   d) *Freddie Mercury*

J27- Quelle chanson sortie en 2012 a vu son clip être la première vidéo ayant dépassé le milliard de vues sur YouTube ?
a) *Despacito*   b) *Baby Shark*   c) *Gangnam Style*   d) *Despacito*

J28- En quelle année Jean-Sébastien Bach est-il mort à Leipzig ?
a) *1550*   b) *1650*   c) *1750*   d) *1850*

J29- Qui a interprété la chanson 7 Seconds avec Neneh Cherry ?
a) *Tom Jones*   b) *Youssou N'Dour*   c) *Peter Gabriel*   d) *Paul Simon*

J30- Quel est le titre du premier album studio de Patricia Kaas sorti en novembre 1988 ?
a) *Mademoiselle chante...*   b) *Scène de vie*   c) *Je te dis vous*   d) *Dans ma chair*

J31- À quelle famille d'instruments appartient la contrebasse ?
a) Les cuivres   *b) Les percussions*   *c) Les instruments à vent*   *d) Les instruments à cordes*

J32- En quelle année a été présenté pour la première fois le spectacle de la comédie musicale Starmania, l'opéra rock de Michel Berger et de Luc Plamondon ?
a) 1969   *b) 1974*   *c) 1979*   *d) 1984*

J33- Qui est l'auteur, le compositeur, et l'interprète de la chanson Like a Rolling Stone, sortie en 45 tours en 1965 ?
a) Jim Morrison *b) Bob Dylan*   *c) Jimi Hendrix*   *d) Ray Charles*

J34- Quel crooner américain né en 1915 était surnommé « The Voice » ?
a) Frank Sinatra *b) Bing Crosby*   *c) Dean Martin*   *d) Louis Prima*

J35- Quelle locution utilisée en musique vocale indique qu'un chant est exécuté sans accompagnement instrumental ?
a) A sambuca   *b) A cappella*   *c) A organicus*   *d) A chordacista*

J36- Quel est le véritable nom de Sir Elton John, le chanteur, auteur-compositeur et pianiste britannique ?
a) Reginald Kenneth Dwight   *b) Reginald Kenneth Johnnes*
c) Reginald Kenneth Lowel   *d) Reginald Kenneth Pritcher*

J37- Quel musicien médiéval de langue d'oc interprétait ses œuvres poétiques ?
a) Un trouvère   *b) Un troubadour*   *c) Un ménestrel*   *d) Un cantaire*

J38- Qui est l'interprète de la chanson Poulaillers' Song dans l'album Jamais content, en 1977 ?
a) Alain Souchon   *b) Christophe*   *c) Marc Lavoine*   *d) Renaud*

J39- Quel chanteur remporte la saison 3 de l'émission Popstars avec le groupe Linkup, ainsi que la première édition de Danse avec les stars ?
a) Baptiste Giabiconi   *b) Kamel Ouali*   *c) Grégory Lemarchal*   *d) M. Pokora*

J40- Quelle est la figure de note dont la durée vaut la moitié de la blanche ?
a) La noire   *b) La grise*   *c) La demi- croche*   *d) La ronde*

J41- Qui est le chanteur principal et le guitariste du groupe français Indochine ?
a) Manu Chao   *b) Gaëtan Roussel*   *c) Nicola Sirkis*   *d) Bernie Bonvoisin*

J42- Quelle chanteuse de jazz américaine a enregistré 70 albums, vendus à environ 40 millions d'exemplaires en près de 60 ans de carrière ?
a) Billie Holiday   *b) Ella Fitzgerald*   *c) Nina Simone*   *d) Dee Dee Bridgewater*

J43- Quelle chanteuse française obtient une grande notoriété grâce à son premier rôle dans le film La Famille Bélier, qui lui vaut notamment le César du meilleur espoir féminin en 2015 ?
a) Olivia Ruiz   *b) Jaïa Rose*   *c) Amel Bent*   *d) Louane*

J44- Quelle chanson du duo de folk rock américain Simon et Garfunkel débute par les paroles : « Hello darkness, my old friend, I've come to talk with you again » ?
a) Mrs. Robinson   *b) I Am a Rock*   *c) The Sound of Silence*   *d) Bridge over troubled water*

J45- Qui est le compositeur des concertos baroques Les Quatre Saisons ?
a) Jean-Sébastien Bach   *b) Antonio Vivaldi*   *c) Richard Wagner*   *d) Joseph Haydn*

J46- Quel DJ acquiert une reconnaissance internationale avec ses titres When Love Takes Over, Sexy Bitch, ou Gettin' Over You ?
a) Bob Sinclar   b) Avicii   c) David Guetta   d) Martin Solveig

J47- Qui chante le tube de l'été 1984 Désir, désir, en duo avec Laurent Voulzy ?
a) Isabelle Adjani   b) Claire Keim   c) Catherine Deneuve   d) Véronique Jannot

J48- Quel est le titre du huitième album studio de Michael Jackson, sorti en 1991, avec les titres : Black or White, Remember the Time, In the Closet, et Will You Be There ?
a) Bad   b) Thriller   c) Dangerous   d) HIStory

J49- Quel rappeur français a sorti les albums Feu, Cyborg et Les Étoiles vagabondes ?
a) Booba   b) Nekfeu   c) Orelsan   d) Jul

J50- À quel âge est mort Wolfgang Amadeus Mozart, le grand compositeur autrichien ?
a) 15 ans   b) 25 ans   c) 35 ans   d) 45 ans

J51- Par qui a été écrite et interprétée la chanson jazz Put Your Head on My Shoulder, en 1959 ?
a) Nat King Cole   b) Frank Sinatra   c) Stevie Wonder   d) Paul Anka

J52- Quelle chanson n'est pas un tube d'Hugues Aufray ?
a) Nathalie   b) Santiano   c) Le Petit Âne gris   d) Stewball

J53- Quel ténor italien né en 1873 est souvent considéré comme le plus grand chanteur d'opéra ?
a) Andrea Bocelli   b) Enrico Caruso   c) Luciano Pavarotti   d) Nicola Monti

J54- Quelle chanson écrite et composée par Michel Berger et enregistrée par France Gall en 1987 a été élaborée après la mort accidentelle de leur ami Daniel Balavoine ?
a) J'irai où tu iras   b) Évidemment   c) Si, maman si   d) La Chanson d'Azima

J55- Quel chanteur de pop latino portoricain est devenu mondialement célèbre avec sa chanson Despacito en featuring avec Daddy Yankee ?
a) Luis Fonsi   b) Enrique Iglesias   c) Juanes   d) Ricky Martin

J56- Avec qui la chanteuse Cher a-t-elle formé un duo en 1963 ?
a) Andy Williams   b) Sonny Bono   c) Anthony Kiedis   d) Glen Campbell

J57- De quelle nationalité est le groupe de rock Led Zeppelin ?
a) Britannique   b) Américaine   c) Australienne   d) Allemande

J58- Qui a gagné l'Oscar de la meilleure chanson originale pour I Just Called to Say I Love You ?
a) Neil Young   b) Ray Charles   c) Stevie Wonder   d) Barry White

J59- Quel chanteur, auteur-compositeur et acteur français est célèbre pour ses tube Les Play Boys, Les Cactus, J'aime les filles et Il est cinq heures Paris s'éveille ?
a) Richard Anthony   b) Jacques Dutronc   c) Charles Aznavour   d) Léo Ferré

J60- Quelle ex enfant-star au Mickey Mouse Club en tant qu'animatrice, s'est fait connaître mondialement en 1998 grâce à son titre ...Baby One More Time ?
a) Anastacia   b) Christina Aguilera   c) Mariah Carey   d) Britney Spears

J61- Quel auteur-compositeur-interprète français est célèbre pour ses titres Il suffira d'un signe (1981), Quand la musique est bonne (1982), Je te donne (1985) ou Là-bas (1987) ?
a) Jean-Jacques Goldman   b) Daniel Balavoine   c) Marc Lavoine   d) Patrick Bruel

J62- Quelle chanson française, écrite et interprétée par Hervé Vilard, lança la carrière du jeune chanteur alors âgé de 19 ans ?
a) Reviens   b) Méditerranéenne   c) Capri c'est fini   d) Nous

J63- Quel musicien de jazz et chanteur afro-américain a enregistré What a Wonderful World en 1967 ?
a) Jean Reinhardt   b) Louis Armstrong   c) Ray Charles   d) Duke Ellington

J64- Quel personnage de la comédie musicale Notre-Dame de Paris en 1998 a été interprété par le chanteur canadien Garou ?
a) Claude Frollo   b) Quasimodo   c) Louis XI   d) Phœbus de Châteaupers

J65- Quel chanteur français faisait partie de 2011 à 2017 du duo Fréro Delavega avant de lancer sa carrière en solo avec le single Revoir ?
a) Jérémy Frerot   b) Jean Frerot   c) Joachim Frerot   d) Julien Frerot

J66- Quel groupe américain de hard rock a été formé en 1985 avec notamment les guitaristes Slash et Izzy Stradlin, le bassiste Duff McKagan et le batteur Steven Adler ?
a) Guns N' Roses   b) Bon Jovi   c) Scorpions   d) The Who

J67- Quelle chanson n'a pas été enregistrée par Tom Jones ?
a) She's a Lady   b) What's New Pussycat?   c) It's Not Unusual   d) Lonely Boy

J68- De 1962 à 1969, qui étaient les membre du groupe The Beatles : John Lennon, Paul McCartney, George Harrison et ... ?
a) Mike Portnoy   b) Keith Moon   c) Neil Peart   d) Ringo Starr

J69- Quel groupe moldave de musique pop, chantant en roumain, a rencontré un succès mondial en 2003 avec la chanson Dragostea din tei ?
a) Tragedie   b) Kyo   c) O-Zone   d) Linkin Park

J70- Dans quelle ville est mort Elvis Presley le 16 août 1977 ?
a) Memphis   b) Las Vegas   c) Tupelo   d) New York

J71- Quelle chanson écrite et interprétée par Barbara en 1966 débute par les paroles « Du plus loin que me revienne L'ombre de mes amours anciennes » ?
a) La Solitude   b) Ma plus belle histoire d'amour   c) L'Aigle noir   d) Dis, quand reviendras-tu ?

J72- Quel chanteur et acteur portoricain, naturalisé espagnol, est souvent désigné comme le « roi de la pop latino-américaine » avec ses chansons La bomba ou encore Livin' la vida loca ?
a) Ricky Martin   b) Daddy Yankee   c) Carlos Santana   d) Pitbull

J73- Quelle est la figure de note dont la durée vaut la moitié de la carrée et le double de la blanche ?
a) La noire   b) La ronde   c) La croche   d) La tierce

J74- Quel est le pseudonyme de Philippe Fragione, le membre du groupe IAM ?
a) Shurik'n   b) Akhenaton   c) Shurik'n   d) Imhotep

J75- Quel auteur-compositeur-interprète est désigné pour représenter la France au Concours Eurovision de la chanson 2016, où il se classe en sixième position avec le titre J'ai cherché ?
a) Tom Leeb   b) Bilal Hassani   c) Amir   d) Patrick Fiori

J76- Quel genre musical, dérivé du rock et apparu au début des années 1990, est devenu célèbre grâce aux groupes Nirvana ou Pearl Jam ?
a) Le punk rock   b) Le hard rock   c) Le folk rock   d) Le grunge

J77- Quelle chanson du groupe de pop espagnol Las Ketchup sortie le 22 juillet 2002 a atteint la première place des hit-parades dans 26 pays différents ?
a) Hijo de La Luna   b) Porque te vas   c) Aserejé   d) Piensa en mí

J78- Quelles récompenses créées en 1958 sont décernées chaque année aux États-Unis par la National Academy of Recording Arts and Sciences pour honorer les meilleurs artistes et les meilleurs techniciens de l'industrie américaine du disque ?
a) Les Billboard Music Awards   b) Les NRJ Music Awards
c) Les Grammy Awards   d) Les prix Pulitzer de musique

J79- Quelle chanson française interprétée, composée et écrite par Clara Luciani débute par les paroles « Hé toi Qu'est-ce que tu regardes ? » ?
a) Amour toujours   b) Ma sœur   c) Le Reste   d) La Grenade

J80- À quelle famille d'instruments appartient le piano ?
a) Les percussions   b) Les instruments à cordes frottées
c) Les instruments à cordes pincées   d) Les instruments à cordes frappées

J81- Quel était le nom du groupe de musique pop britannique formé par George Michael et Andrew Ridgeley en 1981 ?
a) Modern Talking   b) Wham!   c) Abba   d) Europe

J82- Quelle chanteuse est célèbre pour être la gagnante pour la France du Concours Eurovision de la chanson en 1977 avec la chanson L'Oiseau et l'Enfant ?
a) Lara Fabian   b) Marie Myriam   c) France Gall   d) Céline Dion

J83- Quel est le silence qui correspond à la noire ?
a) Le soupir   b) La pause   c) Le chut   d) La respiration

J84- Qui est reconnu en tant qu'auteur de plus de 2000 chansons et en tant qu'interprète de À toutes les filles... et Il faut laisser le temps au temps ?
a) Serge Gainsbourg   b) Didier Barbelivien   c) Georges Brassens   d) Pascal Sevran

J85- Quel est le nom de scène de Claude Moine ?
a) Christophe   b) Eddy Mitchell   c) Claude François   d) Michel Polnareff

J86- Quel chanteur et guitariste français connaît le succès dès son premier titre, Color Gitano ?
a) Slimane   b) Kendji Girac   c) Booba   d) Claudio Capéo

J87- Quel groupe féminin américain de R'n'B était composé des trois chanteuses : Beyoncé Knowles, Kelly Rowland et Michelle Williams ?
a) Allure   b) Sisters with Voices   c) Mis-Teeq   d) Destiny's Child

J88- Quelle forme de jazz vocal est à base d'improvisation musicale, de simples syllabes, d'onomatopées rythmiques, ou d'imitations vocales d'instruments de musique, dénuées de sens ?
a) Le scat   b) Le swing   c) Le bebop   d) Le ragtime

J89- Quelle interprète américaine surnommée « The Queen of Pop » a atteint le sommet des charts avec Holiday, Like a Virgin, Into the Groove ou La isla bonita ?
a) Jennifer Lopez   b) Alicia Keys   c) Mariah Carey   d) Madonna

J90- Quel guitariste, chanteur, auteur-compositeur-interprète britannique de blues rock a repris sur son album Slowhand la chanson Cocaine, écrite et enregistrée en 1976 par J.J. Cale ?
a) Mark Knopfler   b) Carlos Santana   c) Eric Clapton   d) Keith Richards

J91- Quelle compilation à vocation caritative réunissant plus de 40 artistes francophones est parue en 1998 au profit de l'association Sidaction, avec notamment le titre « Sa raison d'être » ?
a) Uni   b) Ensemble   c) Tous   d) Solidaire

J92- Quelle est la nationalité de la chanteuse Nana Mouskouri ?
a) Italienne   b) Portugaise   c) Grecque   d) Espagnole

J93- Quel document porte la transcription d'une œuvre musicale ?
a) Un livret de note   b) Un livre de chœur   c) Une partition de musique   d) Un morceau de chant

J94- De quel groupe de pop anglais créé à Manchester en 1990 Robbie Williams a-t-il été membre ?
a) Boyzone   b) Take That   c) A-ha   d) Worlds Apart

J95- Quelle chanson, écrite et interprétée à l'origine en italien par Zucchero en 1987, a été réenregistrée en anglais en 1991 par Paul Young ?
a) Sarà perché ti amo   b) Se Bastasse Una Canzone   c) Senza Una Donna   d) Caruso

J96- Quel est le titre de la chanson thème du film Titanic (1997) interprétée par Céline Dion ?
a) My Heart Will Go On   b) The Power of Love   c) All By Myself   d) How Does a Moment Last Forever

J97- Quel interprète français est connu pour ses tubes Gaby oh Gaby et Vertige de l'amour ?
a) Étienne Daho   b) Nino Ferrer   c) Pierre Bachelet   d) Alain Baschung

J98- Dans la musique occidentale, quel chanteur a une voix de tessiture moyenne, entre les ténors et les basses ?
a) Un mezzo-soprano   b) Un soprano   c) Un baryton   d) Un contralto

J99- Quelle chanson française de Renaud écrite peu après les attentats du 11 septembre 2001 a été interprétée en duo avec Axelle Red ?
a) Manu   b) Cœur perdu   c) Dès que le vent soufflera   d) Manhattan-Kaboul

J100- Quel album a sur sa pochette une photographie du groupe The Beatles traversant une rue sur un passage piéton juste en face des studios d'enregistrement ?
a) Abbey Road   b) A Hard Day's Night   c) Yellow Submarine   d) Let It Be

J101- En 1987, qui a interprété la chanson Joe le taxi vendue à 1 300 000 exemplaires en France ?
a) Liane Foly   b) Elsa   c) Lio   d) Vanessa Paradis

J102- Dès la première phrase, quel réseau social Stromae critique-t-il dans la chanson Carmen ?
a) Facebook   b) Twitter   c) TikTok   d) Instagram

J103- Quel chanteur et parolier français est célèbre pour ses chansons D'aventures en aventures, Je suis malade et Les P'tites Femmes de Pigalle ?
a) Serge Lama   b) Gilbert Bécaud   c) Michel Delpech   d) Michel Jonasz

J104- Quelle chanteuse italienne s'est fait connaître en 1993, avec la chanson La Solitudine ?
a) Gianna Nannini   b) Elisa   c) Laura Pausini   d) Rita Pavone

J105- Quelle chanson de Renaud de 1985 a un titre qui vient du nom d'une ancienne confiserie ?
a) Berlingot   b) Mistral gagnant   c) Cachou   d) Car en sac

J106- À qui la chanson Initials B.B., écrite, composée et enregistrée par Serge Gainsbourg entre février et avril 1968, est-elle un vibrant hommage ?
a) À Bonnie Bold   b) À Béatrice Béjot   c) À Barbara   d) À Brigitte Bardot

J107- Quelle est la nationalité de Dave, qui connaît le succès dans les années 1970 avec ses chansons Vanina et Du côté de chez Swann ?
a) Française   b) Néerlandaise   c) Belge   d) Allemande

J108- Quel rappeur français, un des membres fondateurs du groupe Ministère A.M.E.R., se lance en 1996 dans une carrière solo avec son album Le Calibre qu'il te faut ?
a) Stomy Bugsy   b) Doc Gyneco   c) Passi   d) Kenzy

J109- Quel compositeur, pianiste et chef d'orchestre allemand né en 1833 était considéré comme le « successeur » de Ludwig van Beethoven ?
a) Johannes Brahms   b) Georg Friedrich Haendel   c) Jean-Sébastien Bach   d) Richard Strauss

J110- Quel est le titre de l'hymne national des États-Unis ?
a) Freedom   b) God Save the King   c) The Star-Spangled Banner   d) America the Beautiful

J111- À qui la chanson Donatella écrite par Lady Gaga et Zedd rend-elle hommage ?
a) À Donatella Turri   b) À Donatella Arpaia   c) À Donatella Versace   d) À Donatella Finocchiaro

J112- Quel modèle de guitare électrique produit par la marque américaine Fender apparaît en avril 1954 à la suite de la Telecaster ?
a) La Nocaster   b) La Stratocaster   c) La Broadcaster   d) La Musicmaster

J113- Quel auteur-compositeur-interprète français remporte la cinquième saison de The Voice : La plus belle voix, avant de sortir en juillet 2016 son premier album, À bout de rêves ?
a) Slimane   b) Soprano   c) Claudio Capéo   d) Dadju

J114- Quel chanteur britannique a formé en 2010 le boys band One Direction avec Niall Horan, Louis Tomlinson, Liam Payne et Zayn Malik ?
a) James Arthur   b) Liam Payne   c) Harry Styles   d) Gary Barlow

J115- Quelle chanson contestataire du groupe irlandais Cranberries, sur l'album No Need to Argue, évoque le conflit nord-irlandais et contient des références à l'insurrection de Pâques 1916 ?
a) Animal Instinct   b) Promises   c) Just My Imagination   d) Zombie

J116- Qui a inventé la chorégraphie présente dans le clip vidéo de Macarena, la chanson du groupe espagnol Los del Río sortie en 1993 ?
a) Mia Frye   b) Kamel Ouali   c) Marie-Claude Pietragalla   d) Akram Khan

J117- Quel était le véritable nom de Johnny Hallyday ?
a) Jean Allois   b) Jean-Marc Berteaud   c) Jean-Philippe Smet   d) Jean-Jacques Vernier

J118- Quel groupe de hip-hop américain était composé à l'origine de will.i.am, apl.de.ap et Taboo ?
a) Gang Starr   b) Beastie Boys   c) Black Moon   d) The Black Eyed Peas

J119- En notation musicale, quel signe en forme de point surmonté d'un demi-cercle, a pour fonction de prolonger la durée de la figure de note ou de silence sur laquelle il est placé ?
a) Le triolet   b) Le double point   c) Le point de prolongation   d) Le point d'orgue

J120- Dans quel groupe l'acteur Mark Wahlberg a-t-il débuté jeune une carrière musicale aux côtés de son frère Donnie Wahlberg ?
a) NSYNC   b) Boyzone   c) New Kids on the Block   d) Backstreet Boys

J121- Quel est le premier single musical pop rock de Damien Saez, qui lui vaut une nomination au titre de Révélation de l'année des 16e cérémonie des Victoires de la musique de 2001 ?
a) La chanson du vieux réac   b) Jeune et con   c) Sur Ma Tombe   d) Tous les gamins du monde

J122- Quel groupe de rock alternatif britannique est connu du grand public pour ses titres Nancy Boy, Pure Morning, Every You Every Me, Special K ou encore The Bitter End ?
a) *Radiohead*　　　　　b) *Placebo*　　　　　c) *The Cure*　　　　　d) *Coldplay*

J123- Quelle chanson célèbre de Jacques Brel sur la rupture amoureuse, a été écrite et composée avec son pianiste Gérard Jouannest et enregistrée par Brel en 1959 ?
a) *Ces gens-là*　　　b) *Ne me quitte pas*　　　c) *Amsterdam*　　　d) *La Chanson des vieux amants*

J124- Quel groupe de heavy metal américain originaire de Californie est célèbre pour son album Master of Puppets sorti en 1986 ?
a) *Metallica*　　　b) *Black Sabbath*　　　　c) *Deep Purple*　　　　d) *Led Zeppelin*

J125- Quelle chanson de Léo Ferré présente sur l'album Paname, en 1960 débute par les paroles « T'es toute nue sous ton pull Y a la rue qu'est maboule » ?
a) *Avec le temps*　　　　b) *Jolie Môme*　　　　c) *C'est extra*　　　　d) *Petite*

J126- Quel interprète représente l'Arménie dans plusieurs instances diplomatiques internationales à partir de 1995 et obtient la nationalité arménienne en 2008 ?
a) *Patrick Bruel*　　　　b) *Charles Aznavour*　　　　c) *Sacha Distel*　　　　d) *Julien Clerc*

J127- Quel État des États-Unis donne son nom au groupe de pop rock écossais fondé en 1985 par la chanteuse Sharleen Spiteri ?
a) *Nevada*　　　b) *Arizona*　　　c) *Texas*　　　d) *Wisconsin*

J128- De la bande originale de quel film les chansons I Will Always Love You et I Have Nothing, interprétées par Whitney Houston, sont-elles extraites ?
a) *Grease*　　　b) *Titanic*　　　c) *Bodyguard*　　　d) *Dirty dancing*

J129- Qui a chanté et écrit les paroles de la chanson de 1954 Le Déserteur, qui en pleine guerre d'Indochine a provoqué beaucoup de polémiques ?
a) *Boris Vian*　　　b) *Charles Trenet*　　　c) *Bourvil*　　　d) *Fernandel*

J130- Quel auteur-compositeur-interprète français s'est marié en 1966 à Chantal Goya ?
a) *Maxime Le Forestier*　　b) *Jean Ferrat*　　c) *Jean-Jacques Debout*　　d) *Patrick Juvet*

J131- Quel chanteur du groupe Noir Désir a écrit la chanson L'Homme pressé ?
a) *Manu Chao*　　b) *Bertrand Cantat*　　c) *Pascal Humbert*　　d) *Denis Barthe*

J132- Quel type de musique vocale et sacrée, née chez les esclaves noirs des États-Unis au XIXe siècle, est à l'origine du gospel ?
a) *La soul*　　　b) *Le negro spiritual*　　　c) *Le funk*　　　d) *Le spirit song*

J133- Qui a écrit les paroles de Milord, la chanson du répertoire d'Édith Piaf ?
a) *Yves Montand*　　　b) *Barbara*　　　c) *Georges Moustaki*　　　d) *Serge Reggiani*

J134- Quelle chanson de Charles Trenet débute par les paroles « Longtemps, longtemps, longtemps Après que les poètes ont disparu » ?
a) *La Mer*　　　b) *Verlaine*　　　c) *Que reste-t-il de nos amours ?*　　　d) *L'Âme des poètes*

J135- Quel interprète américain s'est fait connaître avec le titre Nothin' on You , puis Billionaire ?
a) *Bruno Mars*　　b) *Snoop Dogg*　　c) *Justin Timberlake*　　d) *Jay-Z*

J136- Quel groupe a enregistré la chanson California Girls en 1965 ?
a) *The Mamas and the Papas*　　　b) *The Beach Boys*　　　c) *The Beatles*　　　d) *The Rolling Stones*

J137- Dans quelle chanson de Michel Sardou, entend-on les paroles « Je n'aurais jamais cru que ma mère ait su faire un enfant » ?
a) Dix ans plus tôt b) Musulmanes c) Une fille aux yeux clairs d) Les Vieux Mariés

J138- Qui rencontre en 1984 un succès avec Marre de cette nana-là et l'année suivante avec Comment ça va pour vous ?
a) Jean-Jacques Goldman b) Calogero c) Daniel Balavoine d) Patrick Bruel

J139- Quel auteur-compositeur-interprète français a notamment composé La Boîte de jazz, Joueurs de blues et Les Vacances au bord de la mer ?
a) Alain Barrière b) Michel Jonasz c) Jean-Louis Aubert d) Michel Delpech

J140- Quel producteur, auteur-compositeur et réalisateur français réalise le clip de la chanson de Mylène Farmer Pourvu qu'elles soient douces ?
a) Michel Gondry b) Jean-Baptiste Mondino c) Laurent Boutonnat d) Alexandre Courtès

J141- Quel auteur-compositeur-interprète français est né le 23 novembre 1953 à Agen ?
a) Johnny Hallyday b) Francis Cabrel c) Michel Polnareff d) Serge Lama

J142- En 2018, quelle chanteuse sort le titre intitulé Djadja ?
a) Jain b) Zaz c) Aya Nakamura d) Izïa Higelin

J143- Qui étaient les membre du group de rock français Téléphone : Jean-Louis Aubert, Corine Marienneau, Richard Kolinka et … ?
a) Paul Bertignac b) Louis Bertignac c) Alexandre Bertignac d) Xavier Bertignac

J144- Quelle chanson du groupe irlandais de rock U2 est un hommage à la tuerie du 30 janvier 1972 en Irlande du Nord, lors du conflit nord-irlandais ?
a) Pride (In The Name of Love) b) Sunday Bloody Sunday c) With or Without You d) Vertigo

J145- Quel groupe de rock britannique a composé l'hymne officiel des Jeux olympiques de Londres de 2012 : la chanson Survival ?
a) Muse b) The Verve c) The Darkness d) Savage Garden

J146- Quel groupe français de variété, formé par Michel Fugain en 1972, a connu le succès grâce à ses chansons : Une belle histoire, Attention mesdames et messieurs, Fais comme l'oiseau, Chante… Comme si tu devais mourir demain ou encore La Fête ?
a) Le Big Show b) Le Big Tour c) Le Big Bazar d) Le Big Rock

J147- De 2007 à 2011, quel batteur français présente sur la chaîne Arte l'émission musicale One Shot Not ?
a) Bernard Minet b) Richard Kolinka c) Nicolas Bastos d) Manu Katché

J148- Quel single du rappeur et acteur américain Will Smith sorti en 1998 utilise des samples du classique des années 1980 And The Beat Goes On, du groupe funk The Whispers ?
a) Just the Two of Us b) Miami c) Gettin' Jiggy Wit It d) Wild Wild West

J149- Quelle chanson de Georges Brassens parue en 1964 débute par les paroles : « Non, ce n'était pas le radeau De la Méduse, ce bateau » ?
a) La Mauvaise Réputation b) Je me suis fait tout petit
c) Les Copains d'abord d) Les Amoureux des bancs publics

J150- Quel est le nom de scène de Bruno Nicolini, l'auteur-compositeur-interprète et acteur français ?
a) Antoine b) Passi c) Calogero d) Bénabar

K ▸ CINÉMA & THÉÂTRE

Répondez aux 150 questions de cinéma & théâtre avant de consulter la grille de réponses.

K1- D'après l'expression du critique Ricciotto Canudo, comment est désigné le cinéma ?
a) Le « sixième art »   b) Le « septième art »   c) Le « huitième art »   d) Le « neuvième art »

K2- Dans Le Vieux Fusil, sorti en 1975, qui joue le rôle du chirurgien de Montauban qui sombre dans une folie exterminatrice, après l'assassinat de son épouse et de sa fille par des soldats SS ?
a) Jean Rochefort   b) Michel Piccoli   c) Philippe Noiret   d) Jean-Pierre Marielle

K3- Dans Un Indien dans la ville, le film français d'Hervé Palud sorti en 1994, quel est le nom du personnage de 13 ans qui est le fils autochtone d'Amazonie de Stéphane Marchadot ?
a) Kiki-Misu   b) Lili-Kimu   c) Mimi-Siku   d) Nini-Pilu

K4- Dans La Méthode Williams, le film réalisé par Reinaldo Marcus Green et sorti en 2021, qui joue le rôle de Richard Williams qui entraîne ses filles Venus et Serena à la pratique du tennis ?
a) Denzel Washington   b) Eddie Murphy   c) Chris Rock   d) Will Smith

K5- En 2014, qui crée au théâtre de la Madeleine Deux hommes tout nus, avec François Berléand, Isabelle Gélinas et lui-même, dans une mise en scène de Ladislas Chollat ?
a) Bernard Murat   b) Sébastien Thiéry   c) Jean-Michel Ribes   d) Richard Berry

K6- Quel film sud-coréen de Bong Joon-ho remporte la Palme d'or au Festival de Cannes 2019 ?
a) Parasite   b) 500 mètres sous Terre   c) Carter   d) Midnight silence

K7- Dans Chouchou, le film français réalisé par Merzak Allouache, qui joue le rôle du père Léon ?
a) Victor Lanoux   b) Claude Brasseur   c) Michel Galabru   d) Antoine Duléry

K8- Quel film américain de John Badham a popularisé le disco, avec les chansons originales des Bee Gees comme Stayin' Alive et Night Fever ?
a) Dirty Dancing   b) Flashdance   c) Staying Alive   d) La Fièvre du Samedi Soir

K9- Dans Les Visiteurs, le film français réalisé par Jean-Marie Poiré et sorti en 1993, quel est le nom du personnage joué par Jean Reno ?
a) Édouard de Montmirail   b) Godefroy de Montmirail   c) Childéric de Montmirail   d) Rainier de Montmirail

K10- Dans A Star Is Born, le film de Bradley Cooper, quelle chanteuse joue le rôle d'Ally Campana ?
a) Ariana Grande   b) Katy Perry   c) Lady Gaga   d) Beyoncé

K11- Qui joue le rôle du comédien travesti dans Tootsie, le film réalisé par Sydney Pollack ?
a) Gene Hackman   b) Robert De Niro   c) Robin Williams   d) Dustin Hoffman

K12- Dans La Tour Montparnasse infernale, la comédie française réalisée par Charles Nemes, quelle est la profession des personnages joués par Éric et Ramzy ?
a) Comptables   b) Informaticiens   c) Laveurs de carreaux   d) Standardistes

K13- Quel film de science-fiction a son action qui se déroule en 2154 sur Pandora ?
a) Avengers: Endgame   b) Avatar   c) The Mask   d) Shrek

K14- À la film d'Intouchables, la comédie dramatique française réalisée par Olivier Nakache et Éric Toledano, quel objet qu'il avait dérobé Driss pose-t-il devant Philippe ?
a) Un œuf de Fabergé   b) Un tableau   c) Un collier   d) Un sac

K15- Dans le film Green Book : Sur les routes du Sud réalisé par Peter Farrelly, quel est le nom du pianiste noir qui part en tournée dans les États du Sud en 1962 avec son chauffeur blanc ?
a) Don Morgan   b) Don Shirley   c) Don Scott   d) Don Williams

K16- En 2002, qui interprète le rôle de Babe Bennett dans Les Aventures de Mister Deeds ?
a) Winona Ryder b) Natalie Portman c) Keira Knightley d) Mila Kunis

K17- Dans quel film s'opposent les caractères des deux danseuses : Lorelei Lee et Dorothy Shaw ?
a) Le Prince et la Danseuse b) Les hommes préfèrent les blondes
c) Sept ans de réflexion d) Certains l'aiment chaud

K18- Dans quel film Travis Bickle, joué par Robert De Niro, se regarde dans le miroir, l'arme à la main, en disant : « C'est à moi que tu parles ? » ?
a) Taxi Driver b) Casino c) Les Affranchis d) Le Parrain, 2e partie

K19- Quel est le titre du film biographique britannico-américain, sorti en 2018, qui fait un portrait romancé du chanteur de rock britannique Freddie Mercury et de son groupe Queen ?
a) Somebody to Love b) We Are the Champions c) Bohemian Rhapsody d) A Kind of Magic

K20- Qui a réalisé Les Dents de la mer, sorti en 1975, qui raconte l'histoire d'un grand requin blanc mangeur d'hommes attaquant les baigneurs dans une station balnéaire des États-Unis ?
a) David Fincher b) Quentin Tarantino c) Steven Spielberg d) Brian De Palma

K21- Dans Psychose, réalisé par Alfred Hitchcock et sorti en 1960, qui interprète le rôle de Norman Bates, un jeune homme perturbé, propriétaire du motel où Marion Crane connaîtra la mort ?
a) Anthony Perkins b) Paul Newman c) Gary Cooper d) Henry Fonda

K22- Dans Highlander, le film américano-britannique de Russell Mulcahy sorti en 1986, quel guerrier écossais des Highlands est surnommé « Highlander » ?
a) Kenneth MacLeod b) Loyd MacLeod c) Duncan MacLeod d) Connor MacLeod

K23- Quel est le titre troisième volet de la série de quatre films centrés sur le personnage d'Indiana Jones incarné par Harrison Ford ?
a) Indiana Jones et le Temple maudit b) Les Aventuriers de l'arche perdue
c) Indiana Jones et le Royaume du crâne de cristal d) Indiana Jones et la Dernière Croisade

K24- Quelle société de production cinématographique américaine, créée en 1912 par Carl Laemmle, est le plus ancien studio de cinéma américain encore en activité ?
a) Universal Pictures b) Paramount c) Metro-Goldwyn-Mayer d) Warner Bros

K25- Dans Outsiders, le film américain réalisé par Francis Ford Coppola en 1983, quel est le nom de la bande des jeunes des quartiers pauvres qui affrontent les Socs issus de familles bourgeoises ?
a) Les Plumbers b) Les Greasers c) Les Streeters d) Les Walkers

K26- Qui joue le rôle de la marquise de Merteuil dans Les Liaisons dangereuses, le film américano-britannique réalisé par Stephen Frears et sorti en 1988 ?
a) Meryl Streep b) Christine Baranski c) Glenn Close d) Julie Walters

K27- Qui a réalise La Guerre du feu, le film d'aventures préhistorique sorti en 1981 ?
a) Bertrand Tavernier b) Claude Berri c) Jean-Jacques Annaud d) Jean-Luc Godard

K28- Quel est le nom du personnage interprété par Vivien Leigh dans Autant en emporte le vent ?
a) Margo Channing b) Scarlett O'Hara c) Juliette Hardy d) Eliza Doolittle

K29- Dans Joker, quel est le nom du personnage qui se transforme en tueur psychopathe ?
a) Jason Todd b) Thomas Wayne c) Arthur Fleck d) Joe Kerr

K30- Dans Priscilla, folle du désert, le film australien de Stephan Elliott, qui est « Priscilla » ?
a) Une danseuse b) Un livre c) Une poupée d) Un bus

K31- Dans quel film Blondin, joué par Clint Eastwood, dit-il à Touco : « Tu vois, le monde se divise en deux catégories. Ceux qui ont un pistolet chargé et ceux qui creusent. Toi tu creuses. » ?
a) *Pale Rider, le cavalier solitaire*   b) *Le Bon, la Brute et le Truand*
c) *Pour une poignée de dollars*   d) *L'Homme des hautes plaines*

K32- Qui a réalisé Le Loup de Wall Street qui raconte l'ascension d'un courtier en bourse ?
a) *Stanley Kubrick*   b) *Francis Ford Coppola*   c) *Martin Scorsese*   d) *David Lynch*

K33- Dans Crocodile Dundee, le film australien réalisé par Peter Faiman et sorti en 1986, qui joue le personnage de Michael J. « Crocodile » Dundee ?
a) *Tommy Lee Jones*   b) *Harrison Ford*   c) *Paul Hogan*   d) *Sean Connery*

K34- Quel film dramatique américain réalisé par Tom McCarthy et sorti en 2015, raconte la rédaction d'un article par une équipe d'investigation du Boston Globe, pour dévoiler un scandale impliquant des prêtres pédophiles couverts par l'Église catholique dans la région de Boston ?
a) *Mystic River*   b) *Spotlight*   c) *Hounddog*   d) *Sleepers*

K35- En quelle année est sorti le film d'anticipation Orange mécanique, de Stanley Kubrick ?
a) *1961*   b) *1971*   c) *1981*   d) *1991*

K36- Dans le film américain Good Morning, Vietnam réalisé par Barry Levinson, qui joue le rôle de l'animateur radio Adrian Cronauer transféré de Crète à Saïgon ?
a) *Robin Williams*   b) *Jim Carrey*   c) *Dustin Hoffman*   d) *Robert Redford*

K37- Dans La vie est un long fleuve tranquille, le film français réalisé par Étienne Chatiliez, quel nom porte la famille aisée catholique pratiquante ?
a) *Le Dumélec*   b) *Le Longlais*   c) *Le Nouvel*   d) *Le Quesnoy*

K38- En quelle année le film Les Révoltés du Bounty a-t-il obtenu l'oscar du meilleur film ?
a) *1926*   b) *1936*   c) *1946*   d) *1956*

K39- Dans Inglourious Basterds, le film réalisé par Quentin Tarantino, quel est le nom du lieutenant interprété par Brad Pitt ?
a) *Archie Hicox*   b) *Donny Donowitz*   c) *Aldo Raine*   d) *Hans Landa*

K40- Quel film de Richard Brooks sorti en 1958, d'après la pièce de théâtre de Tennessee Williams, raconte la réunion d'une famille pour fêter l'anniversaire du patriarche malade, Big Daddy ?
a) *Doux oiseau de jeunesse*   b) *La Ménagerie de verre*
c) *La Chatte sur un toit brûlant*   d) *Un tramway nommé Désir*

K41- Qui a réalisé À bout de souffle, le film emblématique de la Nouvelle Vague, sorti en 1960 ?
a) *Alain Resnais*   b) *Jean-Luc Godard*   c) *François Truffaut*   d) *Jacques Audiard*

K42- Dans quel film Louis Joss, joué par Jean Gabin, dit-il à Nathalie Villar : « Tu sais, quand on cause pognon, à partir d'un certain chiffre, tout le monde écoute ! » ?
a) *Le Pacha*   b) *Le Clan des Siciliens*   c) *Touchez pas au grisbi*   d) *La Traversée de Paris*

K43- Qui a réalisé Jules et Jim, le film français sorti en 1962 ?
a) *Bertrand Blier*   b) *Jean-Pierre Melville*   c) *François Truffaut*   d) *Gérard Oury*

K44- De quel genre cinématographique est le film américain Ben-Hur de William Wyler ?
a) *Western*   b) *Policier*   c) *Péplum*   d) *Comédie musicale*

K45- Dans Astérix et Obélix : Mission Cléopâtre, quel est le personnage joué par Jamel Debbouze ?
a) *Numérobis*   b) *Astérix*   c) *Panoramix*   d) *Jules César*

K46- Quelle comédie romantique en noir et blanc, écrite et réalisée par Michel Hazanavicius, met en scène Jean Dujardin dans le rôle de George Valentin, une star du cinéma muet ?
a) OSS 117 : Le Caire, nid d'espions   *b) Coupez !*   *c) Les Infidèles*   *d) The Artist*

K47- Quel est le nom du personnage joué par Russell Crowe dans Gladiator, le film américano-britannique réalisé par Ridley Scott et sorti en 2000 ?
a) Le sénateur Gracchus   *b) Marc Aurèle*   *c) Maximus Decimus*   *d) Commode*

K48- Dans E.T., l'extra-terrestre, réalisé par Steven Spielberg et sorti en 1982, quel est le prénom du petit garçon solitaire qui se lie d'amitié avec un extraterrestre abandonné sur Terre ?
a) Elbert   *b) Ethan*   *c) Evan*   *d) Elliott*

K49- Quel film dramatique français de Claude Berri narre l'histoire d'un pompiste alcoolique et dépressif, joué par Coluche ?
a) Inspecteur la bavure   *b) Tchao Pantin*
c) Le Maître d'école   *d) Deux Heures moins le quart avant Jésus-Christ*

K50- Qui est le réalisateur et l'acteur principal du film Argo, un thriller politique américain sorti en 2012 qui évoque le sauvetage de six des otages de l'ambassade américaine à Téhéran en 1979 ?
a) George Clooney   *b) Matt Damon*   *c) Mark Wahlberg*   *d) Ben Affleck*

K51- Dans quel film musical américano-australien sorti en 2001, Nicole Kidman joue-t-elle une courtisane et actrice de cabaret ?
a) West Side Story   *b) Moulin Rouge*   *c) La La Land*   *d) Sexy Dance*

K52- Quel film américain de Fred Zinnemann, réalisé en 1953, a remporté huit Oscars en 1954 dont ceux des meilleurs seconds rôles attribués à Frank Sinatra et Donna Reed ?
a) De plein fouet   *b) L'Inconnu de Las Vegas*   *c) Tant qu'il y aura des hommes*   *d) L'Ombre d'un géant*

K53- Dans Quatre Mariages et un enterrement, le film britannique de Mike Newell, sorti en 1994, qui sont les premiers mariés ?
a) Angus et Laura   *b) Bernard et Lydia*   *c) Carrie et Hamish*   *d) Charles et Henriette*

K54- Quel film biographique américain réalisé par Miloš Forman et sorti en 1996 raconte la vie du créateur du magazine pornographique Hustler ?
a) Back Issues: The Hustler Magazine Story   *b) Larry Flynt*   *c) Circus of Books*   *d) Inside Deep Throat*

K55- Quel acteur américain a joué dans les films Peur primale, American History X et Fight Club, Dragon rouge, Braquage à l'italienne, L'Illusionniste et L'Incroyable Hulk ?
a) Brad Pitt   *b) Michael Keaton*   *c) Edward Norton*   *d) Mark Ruffalo*

K56- Dans quel film entend-on la réplique « Les cons ça ose tout, c'est même à cela qu'on les reconnaît » ?
a) Il était une fois un flic   *b) Les Tontons flingueurs*   *c) Les Barbouzes*   *d) Flic ou Voyou*

K57- Dans Jurassic Park, le film de Steven Spielberg sorti en 1993, quel est le nom de l'île fictive dans l'océan Pacifique sur laquelle se trouve le parc d'attractions avec des dinosaures ?
a) Isla Bonita   *b) Isla Feodara*   *c) Isla Nublar*   *d) Isla Pandor*

K58- Qui joue les rôles de Zedko Preskovic dans Le père Noël est une ordure et de Gilbert Selzmann dans Les Bronzés font du ski ?
a) Thierry Lhermitte   *b) Christian Clavier*   *c) Michel Blanc*   *d) Bruno Moynot*

K59- Quelle est la plus prestigieuse récompense décernée lors du Festival international du film de Berlin depuis 1951 ?
a) Le Singe d'or   *b) Le Lion d'or*   *c) L'Ours d'or*   *d) L'Aigle d'or*

K60- Quel acteur co-réalise le film musical Chantons sous la pluie avec Stanley Donen ?
a) Fred Astaire   b) Gene Kelly   c) Gregory Peck   d) Bing Crosby

K61- Quel film américain, réalisé par David Fincher, raconte la conception de Facebook et les procès lancés contre Mark Zuckerberg ?
a) The Facebook Network   b) The Social Network   c) The Harvard Network   d) The First Network

K62- Au tout début de la comédie française La Cité de la peur, écrite par le trio comique Les Nuls, quel est le titre du film projeté dans lequel un tueur en série communiste tue ses victimes à la faucille et au marteau, à l'occasion du premier jour du festival de Cannes ?
a) Red Is dangerous   b) Red Is Dead   c) Red Is Mortal   d) Red Is End

K63- Dans quelle comédie romantique britannique écrite et réalisée par Richard Curtis et sortie en salles en 2003 l'amour est-il montré à travers plusieurs histoires distinctes dont celle du Premier ministre joué par Hugh Grant et sa jeune collaboratrice ?
a) Love Actually   b) Pour un garçon   c) Coup de foudre à Notting Hill   d) L'Amour sans préavis

K64- Qui a réalisé Trois Hommes et un couffin, le film français sorti en 1985, avec Roland Giraud, Michel Boujenah et André Dussollier ?
a) Jean-Pierre Jeunet   b) Coline Serreau   c) Michel Gondry   d) Zabou Breitman

K65- Qui est le réalisateur du film de gangsters américain Pulp Fiction sorti en 1994 ?
a) Quentin Tarantino   b) Tim Burton   c) Woody Allen   d) David Fincher

K66- Dans Le Cercle des poètes disparus, le film réalisé par Peter Weir et sorti en 1989, quel est le nom de la prestigieuse académie dans laquelle Todd Anderson, un garçon timide, rencontre M. Keating, un professeur de littérature anglaise aux pratiques pédagogiques originales ?
a) Académie de Shelton   b) Académie de Welton   c) Académie de Felton   d) Académie de Kelton

K67- De 2001 à 2016, qui interprète à trois reprises le personnage de Bridget Jones dans la trilogie adaptée des romans d'Helen Fielding?
a) Catherine Zeta-Jones   b) Renée Zellweger   c) Reese Witherspoon   d) Nicole Kidman

K68- Quel acteur américain est principalement connu pour avoir tenu le rôle de Peter Parker dans la première trilogie cinématographique Spider-Man, réalisée par Sam Raimi ?
a) Andrew Garfield   b) Tom Holland   c) Leonardo DiCaprio   d) Tobey Maguire

K69- Qui incarne Forrest Gump dans la comédie dramatique américaine de Robert Zemeckis, sortie en 1994 ?
a) Mark Wahlberg   b) Tom Hanks   c) Tom Cruise   d) Matt Damon

K70- Quel est le nom du psychopathe cannibale interprété par Anthony Hopkins dans le film Le Silence des agneaux (1991) ?
a) Cannibal Ferox   b) Hannibal Lecter   c) Lannibal Dexter   d) Mannibal Cooker

K71- Quel est le prénom de la fille de Francis Ford Coppola, qui s'est fait connaître comme réalisatrice avec Lick The Star (1998), Virgin Suicides (1999) et Lost in Translation (2003) ?
a) Sofia   b) Cristina   c) Esmeralda   d) Lucinda

K72- Quel acteur américain remporte l'Oscar du meilleur acteur en 1934 pour son interprétation dans le film New York-Miami ?
a) William Powell   b) Gary Cooper   c) Clark Gable   d) Frank Morgan

K73- De quel roi du Royaume-Uni, le drame historique Le Discours d'un roi réalisé par Tom Hooper raconte-t-il le grave problème de bégaiement ?
a) Charles II   b) Édouard   c) George VI   d) Guillaume

K74- Quel acteur américain a remporté deux Oscars : celui du Meilleur acteur pour son rôle de policier véreux dans Training Day et celui du Meilleur acteur dans un second rôle pour Glory ?
a) Denzel Washington   b) Tommy Lee Jones   c) Johnny Depp   d) Val Kilmer

K75- Dans La Liste de Schindler, le film américain réalisé par Steven Spielberg et sorti en 1993, qui joue le rôle d'Oskar Schindler ?
a) Colin Firth   b) Ewan McGregor   c) Ralph Fiennes   d) Liam Neeson

K76- Par qui a été fondée la Metro-Goldwyn-Mayer, l'entreprise américaine créée en 1924 par la fusion de trois sociétés ?
a) Gary Barber   b) Samuel Goldwyn   c) Louis B. Mayer   d) Marcus Loew

K77- Qui reçoit en 2008 le Molière du metteur en scène pour la pièce de théâtre Good Canary ?
a) John Malkovich   b) John Cusack   c) Colin Farrell   d) Jeremy Irons

K78- Qui est le réalisateur de Citizen Kane, le film dramatique américain sorti en 1941 ?
a) Orson Welles   b) John Huston   c) John Houseman   d) Alfred Hitchcock

K79- Quel personnage de l'Univers cinématographique Marvel est interprété par Robert Downey Jr. dans le film réalisé par Jon Favreau en 2008 ?
a) Batman   b) Iron Man   c) Spider-Man   d) Captain America

K80- Dans quel pays est mort Charlie Chaplin, le 25 décembre 1977 ?
a) Aux États-Unis   b) Au Royaume-Uni   c) En France   d) En Suisse

K81- Quel film américain d'anticipation et de science-fiction dystopique, réalisé par Andrew Niccol, met en vedette Ethan Hawke, Uma Thurman et Jude Law ?
a) 1984   b) Soleil vert   c) Bienvenue à Gattaca   d) The Truman Show

K82- Quel film américain, réalisé par Clint Eastwood et sorti en 2004, est un drame sportif dans le domaine de la boxe anglaise féminine ?
a) Une nouvelle chance   b) La Mule   c) Million Dollar Baby   d) Invictus

K83- Quel film italo-français réalisé par Federico Fellini a obtenu la Palme d'or au Festival de Cannes en 1960 ?
a) Rocco et ses frères   b) La dolce vita   c) L'avventura   d) La Nuit

K84- Quel réalisateur français est révélé par ses succès Le Péril jeune et Chacun cherche son chat ?
a) Gilles Lellouche   b) Cédric Klapisch   c) Jean-Pierre Darroussin   d) Guillaume Canet

K85- Qui joue le rôle de Tom Joad dans le film américain Les Raisins de la colère réalisé par John Ford en 1940 ?
a) Robert Mitchum   b) John Wayne   c) Charles Bronson   d) Henry Fonda

K86- Dans le film d'action américain réalisé par Tony Scott et sorti en 1986 avec Tom Cruise, Kelly McGillis et Val Kilmer, qu'est-ce que « Top Gun » ?
a) Un manuel de combat aérien   b) Une stratégie de combat aérien
c) Un avion de combat aérien   d) Une école de combat aérien

K87- De qui le film Un homme d'exception réalisé en 2001 par Ron Howard est-il la biographie ?
a) Leonhard Euler   b) Isaac Newton   c) Alan Turing   d) John Nash

K88- Quel est le nom de l'avenue de Manhattan le long de laquelle la majorité des grands théâtres populaires de New York étaient situés au tournant du XXe siècle ?
a) Madison Avenue   b) Broadway   c) 5th Avenue   d) Park Avenue

K89- Quel acteur né en 1948 est révélé en 1974 avec Patrick Dewaere par le film Les Valseuses, dans lequel il joue le rôle de Jean-Claude, un petit voyou ?
a) Pierre Richard   b) Gérard Jugnot   c) Gérard Depardieu   d) Alain Delon

K90- Dans Harvey Milk, de Gus Van Sant, qui joue le rôle d'Harvey Milk, l'homme politique ?
a) Sean Penn   b) Nicolas Cage   c) Ben Stiller   d) Josh Brolin

K91- Qui joue le rôle de Virgil Tibbs Dans la chaleur de la nuit, réalisé par Norman Jewison ?
a) James Earl Jones   b) Bill Cosby   c) Sidney Poitier   d) Nathan Lane

K92- Quel café-théâtre a été fondé en 1974, par un collectif d'auteurs et d'acteurs, dont Christian Clavier, Gérard Jugnot, Thierry Lhermitte et Josiane Balasko ?
a) Le Splendid   b) Le Magnific   c) Le Perfect   d) Le Sublim

K93- Quel film germano-britannique, réalisé par Kevin Macdonald et sorti en 2006, revient sur le règne du dictateur ougandais Idi Amin Dada ?
a) Kipchoge : l'ultime défi   b) Jeux de Pouvoir   c) Désigné Coupable   d) Le Dernier Roi d'Écosse

K94- Dans quelle ville vit Miss Daisy dans le film Miss Daisy et son chauffeur, de Bruce Beresford ?
a) Boston   b) Dallas   c) Atlanta   d) San Francisco

K95- Qui a réalisé la comédie française Camping, sortie en 2006, avec Franck Dubosc Gérard Lanvin et Mathilde Seigner ?
a) Mathieu Kassovitz   b) Fabien Onteniente   c) Gérard Oury   d) Alexandre Astier

K96- Après avoir joué dans plus de 120 spectacles, quelle comédienne française devient actrice de cinéma avec le film Le Duel d'Hamlet réalisé en 1900 ?
a) Agnes Moorehead   b) Marie Bell   c) Sarah Bernhardt   d) Madeleine Renaud

K97- Quel documentaire parodique belge de Rémy Belvaux, André Bonzel et Benoît Poelvoorde, met en scène une équipe d'apprentis réalisateurs qui tournent un documentaire sur un tueur ?
a) Génération Raymond   b) C'est arrivé près de chez vous
c) Et j'aime à la fureur   d) Pas de C4 pour Daniel Daniel

K98- Quelle actrice, réalisatrice, scénariste et productrice franco-algérienne a été nommée aux César pour Pardonnez-moi, Polisse et Mon roi ?
a) Shanna   b) Maïwenn   c) Milla   d) Isild

K99- Qui est le réalisateur de Sixième Sens, Incassable, Signes et Le Village ?
a) Otto Preminger   b) Greg Brooker   c) Brian De Palma   d) M. Night Shyamalan

K100- Dans Danse avec les loups, de Kevin Costner en 1990, quel est le surnom du loup ?
a) « Casquettes »   b) « Liquettes »   c) « Chaussettes »   d) « Claquettes »

K101- Quel film français réalisé par Albert Dupontel et sorti en 2020, raconte l'histoire de Suze Trappet atteinte d'une maladie auto-immune qui recherche son fils avant de mourir ?
a) Bernie   b) Adieu les cons   c) Au Revoir Là-haut   d) 9 mois ferme

K102- Quel film fantastique américain, réalisé par David Fincher et sorti en 2008, met en scène un homme, incarné par Brad Pitt, qui naît vieux et qui rajeunit au fil des années ?
a) Zodiac   b) Fight Club   c) Seven   d) L'Étrange Histoire de Benjamin Button

K103- Quel film américain, sorti en 1935, est fondé sur la pièce de théâtre éponyme de William Shakespeare et raconte l'histoire d'une jeune femme nommée Hermia amoureuse de Lysander ?
a) La Main qui venge   b) Le Portrait de Jennie   c) Le Songe d'une nuit d'été   d) Tous les biens de la terre

K104- Dans quel opus, de la saga Star Wars, Dark Vador avoue-t-il être le père de Luke Skywalker ?
a) Le Retour du Jedi   *b) L'Attaque des clones*   *c) L'Empire contre-attaque*   *d) La Menace fantôme*

K105- Dans Le Sens de la fête, le film français écrit et réalisé par Éric Toledano et Olivier Nakache, qui joue le rôle de Max, un organisateur de mariage ?
a) Jean-Pierre Bacri   *b) Gérard Darmo*   *c) Gérard Lanvin*   *d) Pierre Arditi*

K106- Dans Rain Man, le film américain de Barry Levinson sorti en 1988, quel nom porte le personnage joué par Tom Cruise ?
a) Bernie Wilton   *b) John Malcolm*   *c) Charlie Babbitt*   *d) Samuel Jensen*

K107- Dans Full Metal Jacket, le film de guerre britanno-américain produit et réalisé par Stanley Kubrick, quel nom porte le sergent instructeur aux méthodes viriles et directes basées sur l'injure et l'humiliation ?
a) Blackman   *b) Hartman*   *c) Sadman*   *d) Langman*

K108- En quelle année est sorti Le Grand Bleu, le film coécrit, coproduit et réalisé par Luc Besson ?
a) 1980   *b) 1984*   *c) 1988*   *d) 1992*

K109- Qui joue le rôle de Vito Corleone jeune dans Le Parrain, 2e partie, le film américain réalisé par Francis Ford Coppola et sorti en 1974 ?
a) Marlon Brando   *b) Ray Liotta*   *c) Al Pacino*   *d) Robert De Niro*

K110- Quelle série de trois films réalisés par Jay Roach raconte les aventures d'un photographe de mode le jour et agent secret britannique la nuit, qui est en duel contre le terrible Docteur Denfer ?
a) La saga OSS 117   *b) La saga Austin Powers*   *c) La saga James Bond*   *d) La saga Mission impossible*

K111- Quel film réalisé par Cédric Klapisch est le troisième et dernier film de la trilogie qui fait suite à L'Auberge espagnole et Les Poupées russes ?
a) Casse-tête chinois   *b) Riens du tout*   *c) Chacun cherche son chat*   *d) Ce Qui Nous Lie*

K112- Dans Casablanca, le film de Michael Curtiz sorti en 1942, qui joue le rôle de Rick Blaine, un américain expatrié à Casablanca au Maroc où il est propriétaire du Rick's Café ?
a) Humphrey Bogart   *b) James Cagney*   *c) Cary Grant*   *d) Clark Gable*

K113- Dans The Big Lebowski, le film américano-britannique de 1998, réalisé par Joel Coen, à quoi Jeffrey Lebowski, dit « le Dude », passe-t-il son temps à jouer ?
a) Au tennis   *b) Au bowling*   *c) Au golf*   *d) Au squash*

K114- Dans quelle pièce de théâtre François Pignon est-il fou de maquettes en allumettes ?
a) L'emmerdeur   *b) Le tourbillon*   *c) Le Dîner de cons*   *d) Le placard*

K115- De quel boxeur Raging Bull, le film de Martin Scorsese, est-il la biographie ?
a) Sugar Ray Robinson   *b) Jake LaMotta*   *c) Rocky Marciano*   *d) Floyd Patterson*

K116- Qui a réalisé la trilogie sur la guerre du Viêt Nam : Platoon, Né un 4 juillet et Entre ciel et terre ?
a) Spike Lee   *b) Clint Eastwood*   *c) Oliver Stone*   *d) Francis Ford Coppola*

K117- Quel film français, réalisé par Albert Dupontel en 1996, raconte l'histoire extraordinaire et déjantée d'un orphelin jeté à la poubelle à sa naissance ?
a) Bernie   *b) Un long dimanche de fiançailles*   *c) La proie*   *d) Paris*

K118- Dans Pirates des Caraïbes, quel est le nom du personnage joué par Johnny Depp ?
a) Willy Wonka   *b) Tom Hanson*   *c) Glen Lanta*   *d) Jack Sparrow*

K119- Dans quelle pièce de théâtre, d'Éric Assous, Simon annonce-t-il qu'il vient tuer sa femme ?
a) Secret de famille   b) Représailles   c) Nos femmes   d) Le Technicien

K120- Quel film américain, sorti en 1940, est le premier film parlant réalisé par Charlie Chaplin ?
a) Le Kid   b) Les Temps modernes   c) Le Dictateur   d) Les Lumières de la ville

K121- Quelle pièce de théâtre de Josiane Balasko, créée en 1988, raconte l'histoire de Tom, un romancier populaire à succès, qui héberge son ex-femme et son amie psychiatre ?
a) Nuit d'ivresse   b) L'Ex-femme de ma vie   c) Gazon maudit   d) Le Hérisson

K122- Qui joue le rôle de L'Inspecteur Harry, dans le film sorti en 1971 et réalisé par Don Siegel ?
a) Harrison Ford   b) Donald Sutherland   c) Robert Redford   d) Clint Eastwood

K123- Qui est l'auteur de la pièce de théâtre biographique La Vie de Galilée, écrite de 1938 à 1939 ?
a) Samuel Beckett   b) Eugène Ionesco   c) Bertolt Brecht   d) Paul Claudel

K124- Dans Kramer contre Kramer, le film de Robert Benton, sorti en 1979, qui joue le rôle de Ted Kramer, le dessinateur publicitaire new-yorkais qui se bat pour la garde de son fils Billy ?
a) Dustin Hoffman   b) Robin Williams   c) Pierce Brosnan   d) Richard Gere

K125- Qui a créé la pièce Joyeuses Pâques en 1982 au Théâtre du Palais Royal ?
a) Jean-Pierre Mocky   b) Jean Poiret   c) Michel Serrault   d) Francis Blanche

K126- Dans quel film, d'Agnès Jaoui, Castella tombe-t-il amoureux de Clara ?
a) Le Goût des autres   b) Cuisine et dépendances   c) Un air de famille   d) On connaît la chanson

K127- Qui joue le rôle de Judy dans La Fureur de vivre, au côté de James Dean ?
a) Lana Wood   b) Natalie Wood   c) Jill St John   d) Marion Marshall

K128- Qui est l'auteur de la pièce de théâtre Les Monologues du vagin, créée en 1996 à Broadway ?
a) Sabryna Pierre   b) Gloria Steinem   c) Shiva Rose   d) Eve Ensler

K129- Dans la pièce de théâtre de Matthieu Delaporte et Alexandre de la Patellière, quel prénom l'un des convives annonce vouloir donner à son fils, en référence à un roman ?
a) Louis   b) Henry   c) Adolphe   d) Joseph

K130- Quelle pièce de théâtre écrite par Laurent Ruquier met en scène un directeur de la Direction Régionale des Affaires Culturelles en vacances, pendant la canicule de l'été 2003 en France ?
a) Grosse Chaleur   b) La presse est unanime   c) Je m'voyais déjà   d) Je préfère qu'on reste amis

K131- Dans quel film américain, réalisé par Miloš Forman, R. P. McMurphy se fait-il interner dans un hôpital psychiatrique pour échapper à la prison après une accusation de viol sur mineure ?
a) Les Amours d'une blonde   b) Man on the Moon   c) Hair   d) Vol au-dessus d'un nid de coucou

K132- Quelle pièce de théâtre, de Raffy Shart, a été interprétée en 1997 au théâtre du Gymnase Marie-Bell à Paris par Régis Laspalès et Philippe Chevallier ?
a) Déviation obligatoire   b) Monsieur chasse !   c) Ma femme s'appelle Maurice   d) Le Banc

K133- Quel film américain de Sydney Pollack, raconte l'histoire d'amour d'une aristocrate danoise interprétée par Meryl Streep et d'un chasseur épris d'aventures interprété par Robert Redford ?
a) Nos plus belles années   b) Eyes Wide Shut   c) Les Trois Jours du Condor   d) Out of Africa

K134- Quelle pièce de Samuel Beckett met en scène 4 personnages physiquement handicapés ?
a) En attendant Godot   b) Fin de partie   c) Oh les beaux jours   d) Play

K135- Quel théâtre national français est situé au 1, place du Trocadéro à Paris ?
a) La Comédie-Française   b) Théâtre de l'Opéra-Comique   c) Théâtre de la Colline   d) Le théâtre de Chaillot

K136- Quel film américain de 1957 a pour intrigue un jury populaire qui doit délibérer ?
a) Le Procès   b) Douze Hommes en colère   c) Jour de jugement   d) Verdict attendu

K137- Dans quelle comédie musicale Eliza Doolittle rencontre-t-elle le professeur Henry Higgins ?
a) Chantons sous la pluie   b) Le Magicien d'Oz   c) Les Parapluies de Cherbourg   d) My Fair Lady

K138- Qui a réalisé 1900, le film sorti en 1976, qui raconte les vies parallèles de deux garçons nés le même jour dans une grande propriété terrienne de l'Émilie-Romagne en Italie ?
a) Marco Bellocchio   b) Bernardo Bertolucci   c) Pier Paolo Pasolini   d) Sergio Leone

K139- Dans La Vérité si je mens !, le film français réalisé par Thomas Gilou et sorti en 1997, qui joue le rôle de Patrick Abitbol, un homme d'affaires milliardaire, cousin de Serge Benamou ?
a) José Garcia   b) Richard Anconina   c) Gilbert Melki   d) Vincent Elbaz

K140- Quelle pièce de théâtre de Robert Thomas est portée deux fois à l'écran : en 1960 sous le titre La Nuit des suspectes et en 2002 sous son titre original par François Ozon ?
a) Double Jeu   b) Huit Femmes   c) Piège pour un homme seul   d) Le Marchand de soleil

K141- Quel acteur américain devient célèbre en tenant le rôle-titre de Mad Max en 1979 ?
a) Danny Glover   b) Mel Gibson   c) Bruce Willis   d) Sylvester Stallone

K142- Quelle pièce de théâtre, d'Éric-Emmanuel Schmitt, a été créée au Théâtre Marigny à Paris en mars 1996 avec Alain Delon dans le rôle d'Abel Znorko et Francis Huster dans celui d'Erik Larsen ?
a) Hôtel des deux mondes   b) Si on recommençait   c) Variations énigmatiques   d) Le visiteur

K143- Quelle pièce de théâtre, en trois actes de Jean Cocteau, raconte l'histoire de Georges et sa femme Yvonne et leur fils Michel qui vivent avec Léonie, l'ex-fiancée de Georges ?
a) La Machine infernale   b) Les Parents terribles   c) La Voix humaine   d) La Machine à écrire

K144- Quelle actrice obtient le César pour son rôle dans Se souvenir des belles choses, ainsi que le Molière de la comédienne pour Mademoiselle Else et L'Hiver sous la table ?
a) Isabelle Carré   b) Valérie Bonneton   c) Karin Viard   d) Sandrine Kiberlain

K145- Qui interprète l'adjudant Gerber de la gendarmerie de Saint-Tropez ?
a) Jean Lefebvre   b) Fernandel   c) Michel Galabru   d) Michel Serrault

K146- De qui Walk the Line, le film réalisé par James Mangold, est-il la biographie ?
a) David Bowie   b) Elton John   c) Johnny Cash   d) Mick Jagger

K147- Quel film britannique s'inspire de l'histoire de deux athlètes des Jeux olympiques 1924 ?
a) Altamira   b) Revolution   c) Les Chariots de feu   d) Le Carrefour des innocents

K148- Dans Jeux d'enfants, de 2003, qui interprète les personnages principaux, Sophie et Julien ?
a) Diane Kruger et Frédéric Diefenthal   b) Audrey Tautou et Jean Dujardin
c) Marion Cotillard et Guillaume Canet   d) Léa Seydoux et Benoît Magimel

K149- Quel film d'anticipation, avec Viggo Mortensen, est tiré d'un roman de Cormac McCarthy ?
a) La Route   b) Des hommes sans loi   c) Triple 9   d) The Proposition

K150- Pour quel film Paul Newman a-t-il remporté l'Oscar du meilleur acteur en 1986 ?
a) L'Arnaqueur   b) La Couleur de l'argent   c) Luke la main froide   d) Le Verdict

Répondez aux 150 questions de ce thème avant de consulter la grille de réponses.

L1- Quel auteur de bandes dessinées belge a qualifié pour la première fois la bande dessinée de « neuvième art » dans le journal Spirou, dans les années 1960 ?
a) André Franquin   b) Morris   c) Hergé   d) Peyo

L2- Quel photographe fut le compagnon de la photographe Gerda Taro ?
a) Brassaï   b) Robert Capa   c) Henri Cartier-Bresson   d) David Bailey

L3- Quel couple d'artistes a réalisé l'emballage de l'Arc de triomphe de l'Étoile en 2021 ?
a) Les Lalanne   b) Robert et Sonia Delaunay   c) Christo et Jeanne-Claude   d) Riopelle et Mitchell

L4- Quelle fresque du peintre italien Raphaël rassemble les philosophes et mathématiciens les plus célèbres de l'Antiquité ?
a) La Pensée d'Athènes   b) L'Université d'Athènes   c) L'Académie d'Athènes   d) L'École d'Athènes

L5- Quel mouvement pictural, apparu en France au XIXe siècle, représente le caractère éphémère de la lumière et ses effets sur les couleurs et les formes ?
a) L'expressionnisme   b) L'impressionnisme   c) Le fauvisme   d) Le modernisme

L6- Quelle expression italienne, signifiant « au premier coup », désigne une technique de peinture à l'huile dans laquelle l'aspect final du tableau est obtenu immédiatement ?
a) Alla una   b) Alla coupa   c) Alla prima   d) Alla natura

L7- Qui a peint La Jeune Fille à la perle, la peinture à l'huile sur toile réalisée vers 1665 ?
a) Jean-François Millet   b) Auguste Renoir   c) Johannes Vermeer   d) Gustav Klimt

L8- Quelle récompense annuelle est décernée à un artiste contemporain de moins de 50 ans par la Tate Britain à Londres, depuis 1984 ?
a) Le prix Marcel Duchamp   b) Le prix Turner   c) Le prix Godecharle   d) Le prix Antral

L9- Quelle technique de sculpture se pratique sur des matières malléables comme l'argile ?
a) Le pétrissage   b) La gravure   c) Le façonnage   d) Le modelage

L10- Quel animal géant est représenté par la sculture Maman de la plasticienne Louise Bourgeois ?
a) Une cigogne   b) Une vache   c) Une ourse   d) Une araignée

L11- Quel romancier et scénariste belge de bande dessinée a créé les aventures de Thorgal, XIII et Largo Winch ?
a) Ted Benoit   b) William Vance   c) Jean Van Hamme   d) Christian Denayer

L12- Quel nom portent les statues monumentales de l'île de Pâques des XIIIe et XVe siècles ?
a) Les moaï   b) Les koaï   c) Les soaï   d) Les boaï

L13- Quelles grandes figures tracées sur le sol par une culture pré-inca sont visibles dans un désert dans le sud du Pérou ?
a) Les géoglyphes de Bazca   b) Les géoglyphes de Mazca
c) Les géoglyphes de Nazca   d) Les géoglyphes de Razca

L14- Quelle peinture murale de Léonard de Vinci a été réalisée de 1495 à 1498 pour le réfectoire du couvent dominicain de Santa Maria delle Grazie à Milan ?
a) L'Homme de Vitruve   b) La Cène   c) L'Annonciation   d) La Dame à l'hermine

L15- Quelle statue de l'Antiquité, attribuée à Myron, représente un athlète qui lance un disque ?
a) Le Discobole   b) Le Joueur   c) L'athlète   d) Le lancer

L16- Quel mouvement artistique postimpressionniste d'avant-garde, constitué à Paris en 1888 par de jeunes peintres comme Paul Sérusier, porte un nom signifiant « prophète » ?
a) Le mouvement febi   b) Le mouvement nabi   c) Le mouvement pobi   d) Le mouvement subi

L17- Où a été retrouvée L'armée de terre cuit, l'ensemble des milliers de statues de soldats et de chevaux en terre cuite représentant les troupes de Qin Shi Huang, le premier empereur de Chine ?
a) Sur le Mont Tai   b) Dans sa demeure   c) Dans son mausolée   d) Sur l'île de Hainan

L18- Quelle fondation privée d'art moderne et d'art contemporain est située à proximité du village de Saint-Paul-de-Vence, à 19 km de Nice ?
a) Maeght   b) Carmignac   c) Clément   d) Villa Datris

L19- Quel peintre surréaliste belge a réalisé La Trahison des images, une peinture à l'huile représentant une pipe, accompagnée de la légende : « Ceci n'est pas une pipe. » ?
a) André Breton   b) René Magritte   c) Max Ernst   d) Marcel Duchamp

L20- De quel mouvement Joan Miró, le peintre catalan, est-il l'un des principaux représentants ?
a) Le mouvement dada   b) Le mouvement surréaliste   c) Le mouvement cubiste   d) Le mouvement réaliste

L21- Où Vincent van Gogh a-t-il peint La Nuit étoilée en 1889 ?
a) À Arles   b) À Saint-Rémy-de-Provence   c) À Marseille   d) À Avignon

L22- Quel plasticien et sculpteur de style kitsch néo-pop américain a conçu les œuvres : l'Inflatable Rabbit, les Balloon Dogs et les Tulips ?
a) Keith Haring   b) Damien Hirst   c) Jeff Koons   d) John Baldessari

L23- Quel mouvement artistique se développe en Allemagne après l'expressionnisme ?
a) La nouvelle réalité   b) La nouvelle objectivité   c) La nouvelle fraternité   d) La nouvelle créativité

L24- Quel tableau renommé du peintre espagnol Francisco de Goya représente des soldats français qui exécutent en 1808 les combattants espagnols faits prisonniers au cours de la bataille ?
a) Uno de enero   b) Dos de marzo   c) Tres de mayo   d) Cuatro de julio

L25- Quel jour a été prise V-J Day in Times Square, la célèbre photographie de Alfred Eisenstaedt montrant un marin de l'US Navy penché sur une jeune infirmière qu'il est en train d'embrasser ?
a) Le 11 novembre 1918   b) Le 6 juin 1944   c) Le 14 août 1945   d) Le 9 novembre 1989

L26- Quel peintre et sculpteur colombien est réputé pour ses personnages aux formes rondes et voluptueuses inspirés de l'art précolombien ?
a) Joan Miró   b) Fernando Botero   c) Diego Rivera   d) Francisco de Goya

L27- Quelle construction verticale porte des décors sculptés, parfois peints, en arrière de la table d'autel d'un édifice religieux (comme une église ou une chapelle) ?
a) Le retable   b) La prédelle   c) Le diptyque   d) L'alcôve

L28- Qui a réalisé la célèbre estampe japonaise La Grande Vague de Kanagawa ?
a) Hiroshige   b) Hokusai   c) Utamaro   d) Sharaku

L29- Quelle commune du département du Finistère dans la région Bretagne est surnommée « La cité des peintres » par les séjours de nombreux peintres dont Paul Gauguin ?
a) Bénodet   b) Pont-Aven   c) Quimper   d) Morlaix

L30- Quel est le neuvième album de la série de bande dessinée Les Aventures de Tintin, créé par le dessinateur belge Hergé, qui marque l'entrée du capitaine Haddock dans la série ?
a) Les Cigares du pharaon   b) Tintin en Amérique   c) Le Crabe aux pinces d'or   d) Le Lotus bleu

L31- Quel tableau de l'artiste américain Roy Lichtenstein est une adaptation du comic-book All American Men of War (datant de 1962) ?
a) Boom!   b) Whaam!   c) Plouf!   d) Vlann!

L32- Quel artiste peintre, représentant du réalisme américain, est l'auteur de Nighthawks, qui représente quatre personnes assises dans un restaurant de centre-ville, tard dans la nuit ?
a) Norman Rockwell   b) Edward Hopper   c) David Hockney   d) Jackson Pollock

L33- Quel photographe américain est très connu pour son portrait de l'adolescente afghane Sharbat Gula pris pendant la guerre d'Afghanistan ?
a) Steve McCurry   b) Man Ray   c) Robert Capa   d) Edward Weston

L34- En 1916, quel peintre italien réalise le Portrait de Chaïm Soutine, un jeune peintre russe portant un manteau informe avec les mains posées sur les genoux ?
a) Umberto Boccioni   b) Giorgio De Chirico   c) Luigi Russolo   d) Amedeo Modigliani

L35- Qui a peint le plafond de la salle de spectacle de l'opéra Garnier, en 1964 ?
a) Piet Mondrian   b) Georges Braque   c) Chaïm Soutine   d) Marc Chagall

L36- Quel animal de 4,3 mètres de long est immergé dans du méthanal, dans une vitrine à panneaux de verre, dans l'oeuvre L'Impossibilité physique de la mort dans l'esprit d'un vivant, du plasticien britannique Damien Hirst ?
a) Une girafe   b) Un requin-tigre   c) Un crocodile   d) Un dinosaure

L37- Quel tableau d'Edvard Munch, peintre expressionniste norvégien, décliné en cinq versions différentes, représente une jeune femme dans une position lascive ?
a) Séparation   b) Le cri   c) La Madone   d) Jalousie

L38- Quel photojournaliste américain est célèbre pour sa photographie de l'Homme de Tian'anmen face à une colonne de chars pendant les émeutes de Pékin en 1989 ?
a) Kevin Carter   b) Jeff Widener   c) Nick Ut   d) Eddie Adams

L39- Par qui ont été réalisées les fresques du palais du Vatican de la Chambre de l'Incendie de Borgo, de la chambre de la Signature, de la chambre d'Héliodore et de la chambre de Constantine ?
a) Titien   b) Sandro Botticelli   c) Raphaël   d) Le Caravage

L40- Quel acronyme désigne le musée d'art moderne et contemporain inauguré en 1929 et situé à Manhattan, New York ?
a) MAMAC   b) MoC   c) MoMA   d) MoCMA

L41- Quel est le prénom du petit-fils du médecin et fondateur de la psychanalyse, Sigmund Freud, qui est célèbre pour avoir peint, en 2001, le portrait de la reine Élisabeth II à l'occasion de son jubilé d'or ?
a) Lucian   b) Julian   c) Kylian   d) Bastian

L42- Quelle peinture à l'huile sur toile recouverte de feuilles d'or du peintre autrichien Gustav Klimt représente un couple debout enlacé, sur un sol densément couvert de fleurs ?
a) Le Couple   b) Le Baiser   c) L'Union   d) L'Amour

L43- Quelle toile de René Magritte de 1964 présente un homme en veste noire et au chapeau melon avec une pomme verte devant le visage ?
a) Le Fils de l'homme   b) Le Fruit de l'homme   c) Le Penchant de l'homme   d) Le Sombre de l'homme

L44- En quelle année a été réalisé Guernica, une des peintures les plus célèbres du peintre espagnol Pablo Picasso ?
a) 1927   b) 1937   c) 1947   d) 1957

L45- Quel photographe cubain est renommé pour son cliché de Che Guevara, le Guerrillero Heroico, pris le 5 mars 1960 ?
a) Osvaldo Salas   b) René Peña   c) Pau Audouard   d) Alberto Korda

L46- Quel sculpteur du mouvement des Nouveaux réalistes est connu pour ses Compressions et pour être le créateur du trophée en bronze de la cérémonie du cinéma français ?
a) Bernar   b) Oscar   c) César   d) Féodar

L47- Quel est le titre du tableau de Salvador Dalí connu sous le titre Les Montres molles ?
a) La Tentation de saint Antoine   b) La Persistance de la mémoire
c) Le torero hallucinogène   d) La Métamorphose de Narcisse

L48- Quelle photographe américaine s'est rendue le 8 décembre 1980 dans l'appartement de John Lennon et de Yoko Ono pour prendre la dernière photographie de John Lennon en vie ?
a) Annie Leibovitz   b) Diane Arbus   c) Dorothea Lange   d) Imogen Cunningham

L49- Quel procédé de moulage de précision permet d'obtenir une sculpture en métal à partir d'un modèle en cire ?
a) La cire déchue   b) La cire fondue   c) La cire oubliée   d) La cire perdue

L50- Quelle expression désigne l'ensemble des œuvres d'art réalisées par l'Homme sur des parois de grottes et abris sous roche ?
a) L'art rocailleux   b) L'art grutal   c) L'art pariétal   d) L'art primaire

L51- Dans l'album de Tintin Le Sceptre d'Ottokar, quel expert en sigillographie accompagne Tintin à Klow, la capitale de la Syldavie ?
a) Alfredo Topolino   b) Laszlo Carreidas   c) Nestor Halambique   d) Séraphin Lampion

L52- Quelle collection de NFT représente 10000 personnages pixelisés créés par ordinateur, selon le logiciel développé en 2017 par la société Larva Labs ?
a) Les CryptoPunks   b) Les CyberPunks   c) Les MonkeyPunks   d) Les HardPunks

L53- À la fin des années 1950, aux États-Unis, quel mouvement émerge avec des artistes tels qu'Andy Warhol, Roy Lichtenstein ou David Hockney ?
a) Le funk art   b) Le pop art   c) Le grunge art   d) Le new art

L54- À partir de quel tableau de Claude Monet, le journaliste Louis Leroy invente-t-il le terme « impressionnisme », devenu depuis le nom du mouvement ?
a) Impression, soleil couchant   b) Impression, soleil levant
c) Impression, soleil montant   d) Impression, soleil descendant

L55- Quelle peinture à l'huile sur bois de noyer, attribuée à Léonard de Vinci a été vendue en 2017 lors d'une vente aux enchères de Christie's à New York pour la somme de 450 millions de dollars au Prince héritier d'Arabie saoudite, Mohammed ben Salmane ?
a) Le Salvator Mundi   b) La Vierge aux Rochers   c) L'Annonciation   d) La Joconde

L56- Dans XIII, la série de bande dessinée belge initialement dessinée par William Vance sur un scénario de Jean Van Hamme, où le personnage principal a-t-il le chiffre « XIII » tatoué ?
a) Au-dessus du genou gauche   b) Au-dessus de la clavicule gauche
c) Au-dessus de l'oreille gauche   d) Au-dessus du poignet gauche

L57- Quelle artiste représente la femme grâce à des poupées de taille impressionnante, les Nanas ?
a) Dorothea Tanning   b) Niki de Saint Phalle   c) Louise Bourgeois   d) Faith Ringgold

L58- Quelle tendance de l'art contemporain utilise le cadre et les matériaux de la nature ?
a) Le nature art   b) Le country art   c) Le land art   d) Le bulk art

L59- Quel stade de football a été représenté par cinq tableaux de Nicolas de Staël réalisés en 1952 ?
a) Le Stade de l'Abbé-Deschamps   b) Le Stade de la Beaujoire   c) Le Vélodrome   d) Le Parc des Princes

L60- Quelle technique picturale utilise de petites zones de couleur juxtaposées (plutôt que des mélanges de pâtes colorées) comme dans les œuvres de Georges Seurat ?
a) Le pointillisme   b) Le tachisme   c) Le combinationisme   d) Le zonisme

L61- Dans quel port se trouve La Petite Sirène, la statue en bronze sculptée par Edvard Eriksen ?
a) Le port d'Anvers   b) Le port de Rotterdam   c) Le port de Copenhague   d) Le port de Hambourg

L62- En quelle matière a été réalisée Le Penseur, la célèbre sculpture d'Auguste Rodin ?
a) En bronze   b) En marbre   c) En plâtre   d) En laiton

L63- De quelle couleur est le coran de Kairouan daté de la fin du IXe siècle ou du début du Xe siècle et qui constitue l'une des œuvres les plus célèbres des arts de l'Islam ?
a) Vert   b) Rouge   c) Bleu   d) Jaune

L64- Quel tableau de Jean-François Millet représente un couple de paysans qui a posé ses outils pour la prière sonnée au loin par le clocher de l'église ?
a) Le Glas   b) L'Angélus   c) Les Vêpres   d) Le Tocsin

L65- Quelle technique décorative, très utilisée pendant la Renaissance, consiste en un motif ou dessin réalisé par hachures ou grattage d'un enduit blanc recouvrant un fond noir ou coloré ?
a) Le motivo   b) Le segondo   c) Le tireto   d) Le sgraffito

L66- Au XXe siècle, quel sculpteur a créé des représentations de corps élancés comme L'Homme qui marche I. et L'Homme qui chavire ?
a) Alberto Giacometti   b) Auguste Rodin   c) Henry Moore   d) Jaume Plensa

L67- Quel peintre italien est célèbre pour ses portraits avec des végétaux, des animaux ou des objets astucieusement disposés, comme sa représentation de Rodolphe II en Vertumne ?
a) Pietro Avogadro   b) Giuseppe Avallone   c) Giorgio Vasari   d) Giuseppe Arcimboldo

L68- Qui a réalisé la photographie en noir et blanc Le Violon d'Ingres représentant Kiki de Montparnasse, nue, dont le dos arbore les ouïes d'un violon ?
a) André Kertész   b) Ansel Adams   c) Man Ray   d) Edward Weston

L69- Quel mouvement de renouveau de la culture afro-américaine, dans l'Entre-deux-guerres, avait son berceau et son foyer dans le quartier de Harlem, à New York ?
a) La Révélation de Harlem   b) La Réapparition de Harlem
c) Le Renouveau de Harlem   d) La Renaissance de Harlem

L70- De quel artiste Camille Claudel a-t-elle été l'élève, l'assistante, la maîtresse et la muse ?
a) Aristide Maillol   b) Auguste Rodin   c) Auguste Renoir   d) Henri Matisse

L71- Qui a réalisé l'oeuvre Neuf lignes obliques, installée en 2010 sur le bord de mer à Nice, à l'occasion du 150e anniversaire de l'annexion du comté de Nice à la France ?
a) Sam Szafran   b) Martial Raysse   c) Daniel Buren   d) Bernar Venet

L72- Quel tableau du peintre français Gustave Caillebotte, réalisé en 1875, constitue une des premières représentations du prolétariat urbain ?
a) Homme au bain   b) Les Raboteurs de parquet   c) Canotiers ramant sur l'Yerres   d) Les Orangers

L73- Quelle photographe australienne est spécialisée dans les photographies de nouveau-nés ?
a) Sally Mann   b) Anne Geddes   c) Annie Leibovitz   d) Cindy Sherman

L74- Quel est le titre du vingt-troisième et dernier album achevé de la série de bande dessinée Les Aventures de Tintin, créée par le dessinateur belge Hergé ?
a) Tintin au Tibet   b) Tintin et les Picaros   c) Les Bijoux de la Castafiore   d) On a marché sur la Lune

L75- Quelle roche ferrique composée d'argile colorée par un hydroxyde de fer est utilisée comme pigment naturel depuis la Préhistoire, comme à la grotte de Lascaux ?
a) La terre de Sienne   b) L'ocre   c) La chaux   d) La silice

L76- Quelle était la nationalité de Frida Kahlo, décédée en 1954 ?
a) Argentine   b) Colombienne   c) Brésilienne   d) Mexicaine

L77- Quel caricaturiste et dessinateur de presse a créé les personnages du Grand Duduche et du Beauf ?
a) Plantu   b) Georges Wolinski   c) Charb   d) Cabu

L78- Combien de boîtes de conserve de soupe sont représentées sur le tableau Campbell's Soup Cans, créé en 1962 par Andy Warhol ?
a) 12   b) 22   c) 32   d) 42

L79- Quelle peinture à l'eau couvrante et opaque est une peinture à la détrempe ?
a) L'aquarelle   b) La gouache   c) L'acrylique   d) La peinture à l'huile

L80- Qui est le lauréat du prix Pulitzer en 1969 pour un cliché de l'exécution sommaire, dans une rue de Saïgon, d'un prisonnier vietcong par le chef de la police du Sud du Viêt Nam ?
a) Nick Ut   b) Steve McCurry   c) Gordon Parks   d) Eddie Adams

L81- Quelle sculpture en marbre d'un couple enlacé a été créée par Auguste Rodin à la demande de l'État français pour l'Exposition universelle de Paris de 1889 ?
a) Le Câlin   b) Le Baiser   c) L'Étreinte   d) L'Union

L82- Quelle était la nationalité du peintre Rembrandt, mort à Amsterdam en 1669 ?
a) Allemande   b) Autrichienne   c) Danoise   d) Néerlandaise

L83- Quelle œuvre, en triptyque, est une peinture à l'huile sur bois du peintre néerlandais Jérôme Bosch, représentant la création du monde, l'humanité pécheresse avant le Déluge et l'Enfer ?
a) Le Jardin des péchés   b) Le Jardin des tentations   c) Le Jardin des délices   d) Le Jardin des hommes

L84- Combien de personnages sont représentés sur le tableau Le Déjeuner sur l'herbe d'Édouard Manet achevé en 1863 ?
a) 2   b) 3   c) 4   d) 5

L85- Quel terme japonais signifiant « image du monde flottant » désigne le mouvement artistique japonais de l'époque d'Edo matérialisé principalement par des estampes gravées sur bois ?
a) Le yōkai   b) L'ukiyo-e   c) Le meisho-e   d) Le surimono

L86- Quel artiste français, né à Nice en 1928, invente un bleu outremer nommé « IKB » ?
a) Arman   b) Yves Klein   c) Ben   d) Albert Chubac

L87- Lors de quel conflit la photographie, Fille brûlée au napalm, de Nick Ut a-t-elle été prise ?
a) La Première Guerre mondiale   b) La Guerre d'Indochine
c) La Seconde Guerre mondiale   d) La Guerre du Viêt Nam

L88- Dans les années 1970, quel artiste new-yorkais recouvre les murs de Radiant Babies, des bébés entourés de rayons symbolisant l'énergie, l'appel à la vie, la joie et l'espoir pour le futur ?
a) Shepard Fairey   b) Yayoi Kusama   c) Roy Lichtenstein   d) Keith Haring

L89- Dans Les Schtroumpfs, la série de bande dessinée jeunesse belge créée par Peyo en 1958, quel est le second Schtroumpf de sexe féminin, après la Schtroumpfette ?
a) Babette   *b) Jajette*   *c) Nanette*   *d) Sassette*

L90- Quelle expression désigne les portraits funéraires peints et insérés dans les bandelettes au niveau du visage de la momie, remontant à l'Égypte romaine (du Ier au IVe siècle) ?
a) Les « portraits du Cairoum »   *b) Les « portraits du Niloum »*
c) Les « portraits du Fayoum »   *d) Les « portraits du Vetoum »*

L91- Dans La Petite Fille au ballon de Banksy, quelle est la forme du ballon ?
a) Un croissant   *b) Une étoile*   *c) Un cœur*   *d) Un chien*

L92- Quel est le titre du livre de photographies de Yann Arthus-Bertrand paru en 1999 ?
a) Home   *b) GoodPlanet*   *c) La Terre vue du ciel*   *d) Woman*

L93- Qui a peint Le Radeau de La Méduse, l'huile sur toile réalisée entre 1818 et 1819 ?
a) Théodore Géricault   *b) Gustave Courbet*   *c) John Constable*   *d) Eugène Delacroix*

L94- Quel est le prénom du marchand d'art néerlandais, frère cadet du peintre Vincent van Gogh, à qui le peintre écrivit des centaines de lettres ?
a) Théo   *b) Eliott*   *c) Ludwig*   *d) Henri*

L95- Quel illustrateur américain est célèbre pour avoir illustré de 1916 à 1963 les couvertures du magazine The Saturday Evening Post, où il représenta la vie quotidienne aux États-Unis ?
a) Edward Hopper   *b) Joseph Christian Leyendecker*   *c) Norman Rockwell*   *d) Maxfield Parrish*

L96- Dans la première version en noir et blanc de Les Cigares du pharaon des Aventures de Tintin par Hergé, sous quel nom apparaissent les personnages Dupond et Dupont ?
a) Z33 et Z33bis   *b) X33 et X33bis*   *c) W33 et W33bis*   *d) Y33 et Y33bis*

L97- Quel tableau d'Auguste Renoir représente une scène sur la butte Montmartre, à Paris ?
a) Le Bal du moulin rouge   *b) Le Bal du moulin de la Grange*
c) Le Bal du moulin abandonné   *d) Le Bal du moulin de la Galette*

L98- Quel peintre de la haute société de l'époque victorienne a été caricaturiste pour Vanity Fair ?
a) James Tissot   *b) Gustave Doré*   *c) John Singer Sargent*   *d) Jean-Auguste-Dominique Ingres*

L99- Dans Lanfeust de Troy, la série de bandes dessinées, quelle est la profession de Lanfeust, avant de partir pour une quête initiatique après la découverte d'un pouvoir hors du commun ?
a) Apprenti forgeron   *b) Apprenti maçon*   *c) Apprenti verrier*   *d) Apprenti boucher*

L100- Quel est le titre du portrait le plus célèbre de Diego Vélasquez, peint en 1656 et représentant le roi Philippe IV et la jeune infante Marguerite-Thérèse entourée de demoiselles d'honneur, d'un chaperon, d'un garde du corps, d'une naine, d'un enfant italien et d'un chien ?
a) L'Infante Marguerite en bleu   *b) Vénus à son miroir*   *c) La Reddition de Bréda*   *d) Les Ménines*

L101- Dans La Naissance de Vénus, de Sandro Botticelli, sur quoi se tient la vénus ?
a) Un rocher   *b) Une carapace de tortue*   *c) Un aigle royal*   *d) Une coquille Saint-Jacques*

L102- Où se trouve le Cœur de Voh, rendu célèbre par la photographie de Yann Arthus-Bertrand ?
a) En Indonésie   *b) En Nouvelle-Zélande*   *c) En Australie*   *d) En Nouvelle-Calédonie*

L103- Quel mouvement artistique pictural du dernier quart du XXe siècle est une reproduction à l'identique d'une image, qu'il est possible de prendre pour une photographie ?
a) L'ultraréalisme   *b) Le superréalisme*   *c) L'hyperréalisme*   *d) Le mégaréalisme*

L104- Quelle série de bande dessinée raconte les aventures du sergent Cornélius M. Chesterfield et du caporal Blutch, militaires dans l'armée de l'Union, lors de la guerre de Sécession ?
a) Les Tuniques vertes   b) Les Tuniques rouges   c) Les Tuniques bleues   d) Les Tuniques blanches

L105- Quelle huile sur toile d'Eugène Delacroix est inspirée de la révolution des Trois Glorieuses ?
a) Médée furieuse   b) Scènes des massacres de Scio   c) La Mort de Sardanapale d) La Liberté guidant le peuple

L106- Qui est l'illustrateur des aventures du Petit Nicolas, dont l'auteur est René Goscinny ?
a) Plantu   b) Gotlib   c) Sempé   d) René Goscinny

L107- Quel bâtonnet de couleur est composé de pigments, d'une charge et d'un liant ?
a) Le fusain   b) Le pastel   c) La craie   d) Le feutre

L108- Quel reporter photo sud-africain est célèbre pour la photo « La fillette et le vautour », montrant un enfant soudanais affamé observé par un vautour ?
a) João Silva   b) Greg Marinovich   c) Ken Oosterbroek   d) Kevin Carter

L109- Quelle commune française située dans le département de l'Eure en région Normandie est connue pour la maison et les jardins du peintre impressionniste Claude Monet ?
a) Giverny   b) Boncourt   c) Chennebrun   d) La Croisille

L110- Au second plan du tableau Olympia d'Édouard Manet, que tient la femme noire vêtue de blanc ?
a) Un plateau   b) Un chat noir   c) Un bouquet   d) Un drap

L111- Quel tableau de Vincent van Gogh, peint en 1885, représente un homme qui boit le café que vient de lui servir la femme, tandis que les autres personnages coupent la nourriture ?
a) Les Mangeurs de pommes de terre   b) La Maison jaune   c) Terrasse du café le soir   d) Les semeurs

L112- Quel sculpteur et peintre français est l'auteur de la statue de la Liberté, offerte par la France aux États-Unis et érigée à l'entrée du port de New York ?
a) Auguste Bartholdi   b) Gustave Eiffel   c) Richard Morris Hunt   d) Maurice Koechlin

L113- En 1982, quel artiste entame une idylle passionnée avec la chanteuse américaine Madonna, et représente son ami Andy Warhol sous la forme d'une banane ?
a) Jean-Michel Basquiat b) Pablo Picasso   c) Roy Lichtenstein   d) Jean Dubuffet

L114- Quel tableau de Grant Wood montre un paysan debout à côté de sa fille célibataire ?
a) Victorian Survival   b) Dinner for Threshers   c) Stone City, Iowa   d) American Gothic

L115- Quel peintre français a réalisé une série de toiles sur la montagne Sainte-Victoire ?
a) Édouard Manet   b) Paul Gauguin   c) Paul Cézanne   d) Auguste Renoir

L116- Quelle est la première affiche commerciale composée par Henri de Toulouse-Lautrec en décembre 1891 avec pour couleur dominante le jaune ?
a) Troupe de Églantine   b) P. Sescau Photographe   c) Moulin-Rouge - La Goulue d) Reine de joie - Victor Joze

L117- En 1972, quel artiste propose, comme nouveau logo du constructeur automobile Renault, un losange graphiquement épuré et dynamique qui va être aposé tout d'abord sur la Renault 5 ?
a) Jesús-Rafael Soto   b) Vassily Kandinsky   c) Joan Miró   d) Victor Vasarely

L118- Quelle célèbre photographie de Robert Doisneau, prise en 1950 à Paris, représente un homme et une femme qui s'embrassent tout en marchant sur un trottoir encombré de passants ?
a) Le Baiser du Champ-de-Mars   b) Le Baiser du musée du Louvre
c) Le baiser de l'épicerie   d) Le Baiser de l'hôtel de ville

L119- Quel est le véritable nom de Zep, l'auteur de bande dessinée connu pour sa série Titeuf ?
a) Philippe Chappuis   b) Frédéric Thébault   c) Bruno Chevrier   d) Thierry Maunier

L120- Qui a peint la fresque du plafond de la chapelle Sixtine ?
a) Sandro Botticelli   b) Léonard de Vinci   c) Michel-Ange   d) Raphaël

L121- Qui a peint le tableau Les Noces de Cana en 1563, exposé au musée du Louvre, à Paris ?
a) Paul Véronèse   b) Le Tintoret   c) Titien   d) Le Caravage

L122- Quelle peintre française du XIXe siècle est spécialisée dans la représentation animalière ?
a) Berthe Morisot   b) Mary Cassatt   c) Nathalie Micas   d) Rosa Bonheur

L123- Quel artiste, connu pour ses peintures murales, fut l'époux de l'artiste Frida Kahlo ?
a) Diego Rivera   b) José Clemente Orozco   c) David Alfaro Siqueiros   d) Rufino Tamayo

L124- Qui a peint La partie de cartes, une huile sur toile cubiste de 1917 ?
a) Pablo Picasso   b) Georges Braque   c) Otto Dix   d) Fernand Léger

L125- Quel est l'autre titre de Dans un café, la célèbre peinture d'Edgar Degas ?
a) La Gervoise   b) La Bière   c) Le Cognac   d) L'Absinthe

L126- Quel tableau de Gustave Courbet est un autoportrait d'un jeune homme, dont la pâleur du visage et de la chemise contraste avec la noirceur des cheveux et de la barbe ?
a) L'Étrange   b) Le Désespéré   c) Le Fragile   d) L'Inconnu

L127- Quel peintre russe, naturalisé allemand puis français, est considéré comme l'auteur de la première œuvre d'art abstrait de l'époque moderne ?
a) Edvard Munch   b) Paul Klee   c) Vassily Kandinsky   d) Piet Mondrian

L128- Dans Joe Bar Team, la série de bandes dessinées humoristique créée en 1990 par Bar2, quel est le nom du personnage surnommé Ed' la poignée ?
a) Édouard Manchzeck   b) Édouard Bracame   c) Édouard Ducable   d) Édouard Posichon

L129- Quel peintre et aquarelliste britannique, surnommé le « peintre de la lumière », est renommé pour ses huiles et pour ses paysages à l'aquarelle ?
a) William Blake   b) John Constable   c) William Turner   d) David Wilkie

L130- Quel tableau de Rembrandt représente des mousquetaires d'Amsterdam ?
a) Le Cavalier polonais   b) Le Bœuf écorché   c) Le Porte-drapeau   d) La Ronde de nuit

L131- Quel tableau de nu féminin réalisé par Gustave Courbet en 1866 montre en gros plan, en contre-plongée, la vulve et le torse d'une femme allongée nue, les cuisses écartées ?
a) La Valeur du monde   b) La Nature du monde   c) L'Origine du monde   d) La Beauté du monde

L132- Quelle œuvre de Duane Hanson, créée en 1969, est la caricature d'une américaine des années 60 dans la société de consommation de masse ?
a) Consumer Lady   b) Supermarket Lady   c) Simple Lady   d) American Lady

L133- Qui est le maître de Snoopy, le chien du comic strip Peanuts ?
a) Jackie Brown   b) Bobby Brown   c) Kenny Brown   d) Charlie Brown

L134- Quel marchand d'art français a promu les artistes issus de l'École de Barbizon et du mouvement impressionniste ?
a) Daniel-Henry Kahnweiler   b) Ambroise Vollard   c) Paul Durand-Ruel   d) Georges Petit

L135- Qui a peint Rue de Paris, temps de pluie, une peinture à l'huile réalisée en 1877 ?
a) Edgar Degas   b) Camille Pissarro   c) Alfred Sisley   d) Gustave Caillebotte

L136- Quelle fresque de Michel-Ange représente l'index de Dieu projeté vers celui d'Adam ?
a) La Création d'Adam   b) Le Jugement dernier   c) Le Déluge   d) La Pietà

L137- Qui a peint la série de 5 tableaux Les Joueurs de cartes en 1890 et 1895 ?
a) Paul Signac   b) Henri de Toulouse-Lautrec   c) Georges Seurat   d) Paul Cézanne

L138- Quel peintre baroque espagnol a réalisé les Fileuses ?
a) Pierre Paul Rubens   b) Diego Vélasquez   c) Salvador Dalí   d) Le Greco

L139- Quelle série de bande dessinée belge de Stephen Desberg et Bernard Vrancken raconte comment Larry Max déchiffre les circuits d'évasion fiscale et de blanchiment d'argent ?
a) Le Scorpion   b) I.R.$.   c) Black Op   d) Empire USA

L140- Quel est le pseudonyme de Radhia Novat, l'artiste de street art connue pour ses œuvres au pochoir, essentiellement sur les murs de la capitale française ?
a) Miss.Tère   b) Miss.Tic   c) Miss.Tigri   d) Miss.Tinguet

L141- Qui a peint Bonaparte franchissant le Grand-Saint-Bernar, un portrait équestre ?
a) Jacques-Louis David   b) Jean-Auguste-Dominique Ingres   c) Nicolas Poussin   d) Eugène Delacroix

L142- Quel tableau de Jean-Auguste-Dominique Ingres peint en 1814 sur une commande de Caroline Murat, représente une femme nue vue de dos se prélassant de façon lascive avec un éventail, des bijoux ou un turban ?
a) Le bain Turc   b) La Grande Odalisque   c) La Source   d) La Baigneuse Valpinçon

L143- Quel homme politique a peint Le Bassin de poissons rouges à Chartwell, adjugé pour 1,8 million £ en 2014 ?
a) Nelson Mandela   b) Adolf Hitler   c) Franklin D. Roosevelt   d) Winston Churchill

L144- Qui a peint Portrait de Theodore Roosevelt (1903) et Portrait de John D. Rockefeller (1917) ?
a) Edward Hopper   b) Winslow Homer   c) Wilfrid de Glehn   d) John Singer Sargent

L145- Quel est le nom du groupe d'artistes allemands expressionnistes formé à Dresde en 1905 ?
a) Die Fledermaus (La Chauve-Souris) b) Die Debatte (Le Débat) c) Die Brücke (Le Pont) d) Die Partei (Le Parti)

L146- Quelle importante période de Pablo Picasso, située entre 1901 et 1904, tire son nom de la teinte dominante des tableaux que peint le jeune artiste, alors à peine âgé de 20 ans ?
a) La période noire   b) La période bleue   c) La période rose   d) La période jaune

L147- Quel est le véritable prénom de « Le Douanier Rousseau », le peintre français naïf ?
a) Henri   b) Jacques   c) Louis   d) Fernand

L148- Quel photographe, co-créateur de l'agence photographique Gamma en 1966, est l'auteur du portrait officiel du président François Hollande ?
a) Hugues Vassal   b) Gilles Caron   c) Raymond Depardon   d) Hubert Henrotte

L149- Quelle peintre américaine a exposé en 1879 son tableau Petite Fille dans un fauteuil bleu ?
a) Marie Bracquemond   b) Mary Cassatt   c) Éva Gonzalès   d) Berthe Morisot

L150- Que représente la série Les Nymphéas de Claude Monet ?
a) Des nénuphars   b) Des papillons   c) Des poissons   d) Des saules

Répondez aux 150 questions d'architecture et design avant de consulter la grille de réponses.

M1- Quel designer a conçu la Freebox Révolution et le grand voilier le Sailing Yacht A ?
a) Jean Nouvel　　　b) Karim Rashid　　　c) Marc Newson　　　d) Philippe Starck

M2- Quel monument a été construit à Hauterives, en France, par le facteur Ferdinand Cheval ?
a) Le Palais doré　　　b) Le Palais idéal　　　c) Le Palais ultime　　　d) Le Palais écologique

M3- Quel immeuble de bureaux, situé dans le quartier d'affaires de La Défense à l'ouest de Paris, a été conçu par l'architecte danois Johan Otto von Spreckelsen ?
a) La Tour Défense 2000　b) L'Arche de la Défense　c) L'Ellipse　　　d) La Tour Ève

M4- Quel prix d'architecture, décerné annuellement par un jury indépendant depuis 1979, est considéré comme le « Prix Nobel d'architecture » ?
a) Le prix Booker　　　b) Le prix Pritzker　　　c) Le prix Abel　　　d) Le prix Gairdner

M5- Quel architecte a conçu le Louvre Abou Dabi, inauguré le 8 novembre 2017 ?
a) Mario Botta　　　b) Rem Koolhaas　　　c) Jean Nouvel　　　d) Frank Gehry

M6- Quel architecte français est connu pour ses restaurations de constructions médiévales, édifices religieux et châteaux dont Notre-Dame de Paris, Carcassonne et le Mont Saint-Michel ?
a) Désiré Charnay　　　b) Eugène Viollet-le-Duc　c) Charles Garnier　　　d) Félix Duban

M7- Quel prix international de design de produits fabriqués en Italie a été créé en 1954 en Lombardie par Gio Ponti ?
a) Le compas d'or　　　b) Le prix Lucky Strike　　c) Le prix Lunning　　　d) Le Red Dot Design Award

M8- Dans la cour d'honneur de quel édifice se situe Les Deux Plateaux, communément appelés « colonnes de Buren », l'œuvre d'art de Daniel Buren ?
a) Le Palais-Royal　　　b) L'Hôtel des Invalides　c) Le musée du Louvre　　d) Le Palais Garnier

M9- Quel couple de designers a créé la chaise Lounge Chair Wood (LCW), en 1945 ?
a) Aino et Alvar Aalto　　b) Aline et Eero Saarinen　c) Florence et Hans Knoll　d) Ray et Charles Eames

M10- Quel barrage voûte, construit sur le Reyran, dans le Var, est en ruine depuis sa rupture le 2 décembre 1959 ?
a) Le barrage de Bissorte　b) Le barrage de Monteynard　c) Le barrage de Malpasset　d) Le barrage de Génissiat

M11- Quel morceau du mur de Berlin de 1,3 km de long, situé près du centre de Berlin, sert de support pour une exposition d'œuvres de street art ?
a) La West Side Gallery　b) L'East Side Gallery　　c) La South Side Gallery　d) La North Side Gallery

M12- Où la cathédrale Notre-Dame de Paris a-t-elle été construite ?
a) Sur l'île de la Guyère　b) Sur l'île Saint-Louis　c) Sur l'île de la Cité　d) Sur Belle Île

M13- Quelle est la couleur du pont du Golden Gate, le pont suspendu américain de Californie ?
a) Ocre international　b) Jaune international　c) Rouge international　d) Orange international

M14- Quel est le premier grand style créé au Moyen Âge en Europe, caractérisé par des voûtes de pierre et des constructions aux murs de pierre épais ?
a) L'architecture pré-romane　b) L'architecture gothique　c) L'architecture romane　d) L'architecture classique

M15- Quel fabricant suisse de mobilier design commercialise la Panton Chair, la chaise en plastique en forme de S, créée dans les années 1960 par le designer danois Verner Panton ?
a) USM Haller　　　b) Wilkhahn　　　c) Walter Knoll　　　d) Vitra

M16- Quelle cloison ajourée, permettant une ventilation naturelle ou forcée, est fréquemment utilisée dans l'architecture traditionnelle des pays arabes ?
a) Le moucharabieh   b) Le pandjara   c) L'oriel   d) La loggia

M17- Dans quel arrondissement de Paris est situé le palais du Louvre, entre le jardin des Tuileries et l'église Saint-Germain-l'Auxerrois ?
a) Le 1er arrondissement   b) Le 2e arrondissement   c) Le 3e arrondissement   d) Le 4e arrondissement

M18- Quel palais d'Istanbul fut de 1465 à 1853 la résidence officielle du sultan ottoman ?
a) Le palais de Yildiz   b) Le palais de Topkapi   c) Le palais de Dolmabahce   d) Le palais Ciragan

M19- Quel designer finlandais conçoit la chaise Tulipe en 1956 pour la société new-yorkaise Knoll ?
a) Arne Jacobsen   b) Philip Johnson   c) Eero Saarinen   d) Kevin Roche

M20- Quel château du XVIIe siècle situé à Maincy (Seine-et-Marne) fut construit pour le surintendant des finances de Louis XIV, Nicolas Fouquet ?
a) De Vincennes   b) De Versailles   c) De Fontainebleau   d) De Vaux-le-Vicomte

M21- Quelle station de sports d'hiver d'intérieur a été ouverte en novembre 2005, au cœur du Mall of the Emirates, un grand centre commercial aux Émirats arabes unis ?
a) Ski Dubaï   b) Snow Dubaï   c) Winter Dubaï   d) Ice Dubaï

M22- Quelle architecte britanno-iraquienne a réalisé l'Opéra de Canton dans la province du Guangdong dans le sud de la Chine ?
a) Zaha Hadid   b) Denise Scott Brown   c) Farshid Moussav   d) Suchi Reddy

M23- Quel style architectural constitue l'aboutissement de l'architecture médiévale britannique au cours de l'ère allant de 1485-1603 ?
a) Le style Jacobéen   b) Le style néogothique   c) Le style Tudor   d) Le style Élisabéthain

M24- Quel pont suspendu au-dessus du Tage, à Lisbonne au Portugal, fut nommé pont Salazar jusqu'à la révolution des œillets ?
a) Le pont Gonçalo Ribeiro Telles   b) Le Pont Vasco da Gama   c) Le pont du 25 Avril   d) Le pont de Lezíria

M25- Quel terme désigne des arcs de voûte en nervures diagonales qui se croisent ?
a) Les croisés   b) Les ogives   c) L'ossature   d) Le tambour

M26- Où se trouvent les tours jumelles Petronas, conçues par César Pelli et inaugurées en 1998 ?
a) À Kuala Lumpur   b) À Dubaï   c) À New York   d) À Londres

M27- Quel château, situé dans les Yvelines, fut la résidence principale des rois de France Louis XIV, Louis XV et Louis XVI ?
a) Le château de Rambouillet   b) Le château de Versailles   c) Le château de Breteuil   d) Le château de Monte

M28- Quel barrage sur le Yangzi Jiang, dans la province chinoise du Hubei, a créé une retenue de 600 kilomètres de longueur ?
a) Le barrage de Longtan   b) Le barrage de Xiluodu   c) Le barrage des Trois-Gorges   d) Le barrage de Xandu

M29- Quel large fauteuil à dossier rembourré, avec joues pleines, manchettes et coussin sur le siège, est apparu vers 1720 ?
a) Un voltaire   b) Un bridge   c) Une bergère   d) Une chauffeuse

M30- Quelle lampe créée par le designer Richard Sapper est commercialisée depuis 1972 par la société Artemide ?
a) La lampe De Marseille   b) La lampe Tizio   c) La lampe Gräshoppa   d) La lampe AJ

M31- Quel terme anglais désigne une baie vitrée incurvée ?
a) Curl window   b) Sun window   c) Out window   d) Bow window

M32- Quel type de pont mobile défensif se baisse et se lève pour ouvrir ou fermer le passage au-dessus d'un fossé encerclant un ouvrage fortifié ?
a) À effacement latéral   b) Un pont-roulant   c) Un pont-levis   d) À effacement longitudinal

M33- Au Portugal, qu'est-ce qu'un azulejo ?
a) Un carreau de faïence décoré   b) Une peinture lavable à l'eau c) Un bois peint en bleu d) Un meuble de plage

M34- Quelle salle de concert située dans le centre-ville historique de Bucarest, sur la Calea Victoriei et la place de la Révolution, fut inaugurée en 1889 ?
a) Le Colisée roumain   b) Le Plaza roumain   c) L'Athénée roumain   d) La Scala roumaine

M35- En architecture, quel nom porte l'auvent vitré, situé devant une porte et qui sert d'abri ?
a) Une princesse   b) Une comtesse   c) Une duchesse   d) Une marquise

M36- En mars 2022, avec la pose à son sommet d'une nouvelle antenne radio, quelle était la hauteur de la Tour Eiffel ?
a) 330 m   b) 380 m   c) 430 m   d) 480 m

M37- Dans quel département se situe fort Boyard, connu grâce au jeu télévisé ?
a) En Vendée   b) En Charente-Maritime   c) En Gironde   d) En Loire-Atlantique

M38- Qui a designé la table basse en bois composée de deux pièces de bois courbes identiques et d'un plateau en verre et présentée par Herman Miller en 1947 ?
a) David Smith   b) Kenzō Tange   c) Constantin Brâncuşi   d) Isamu Noguchi

M39- Quelles maisons innovantes construites dans les années 1970 à Rotterdam par Piet Blom, font que chaque maison représente un arbre et que l'ensemble ressemble à une forêt ?
a) Les maisons cubiques   b) Les maisons cylindriques c) Les maisons coniques   d) Les maisons pyramidales

M40- Quel musée d'art moderne et contemporain situé à Bilbao au Pays basque espagnol a été dessiné par Frank Gehry ?
a) Le musée du Prado   b) Le musée Guggenheim
c) Le musée Reina Sofia   d) Le musée Thyssen-Bornemisza

M41- Quelle station thermale et de villégiature de l'antiquité romaine, célèbre pour son ambiance sulfureuse, est de nos jours en partie submergée ?
a) Alange   b) Spa   c) Annaba   d) Baïes

M42- Quelle entreprise italienne spécialisée dans la fabrication de produits en plastique a été fondée en 1949 à Milan par Giulio Castelli ?
a) Meritalia   b) Kartell   c) Danese   d) Artemide

M43- Quelle école d'architecture et d'arts appliqués a été fondée en 1919 en Allemagne, à Weimar, par Walter Gropius ?
a) L'école du Bauhaus   b) L'école du Neues Bauen c) L'école du Mossehaus   d) L'école du Hampstead

M44- Qu'est-ce que Big Ben à Londres ?
a) La grande cloche de la tour Élisabeth   b) La tour horloge du palais de Westminster
c) La Chambre du Parlement britannique   d) Le pont de Westminster

M45- Quelle chauffeuse, dotée d'une structure apparente et d'un piétement d'acier chromé poli en X, a été dessinée par Ludwig Mies van der Rohe et sa partenaire Lilly Reich ?
a) La chaise Barcelona   b) La chaise Madrid   c) La chaise Valencia   d) La chaise Cordoba

M46- Quel lac artificiel a été créé en 1963 sur le fleuve Colorado par le barrage de Glen Canyon ?
a) Le lac Hartwell   *b) Le lac Livingston*   *c) Le lac Falcon* *d) Le lac Powell*

M47- Quel animal imaginé par les époux Eames en 1945, fut d'abord un jouet en bois contreplaqué non commercialisé, avant d'être aujourd'hui un tabouret pour enfant commercialisé par Vitra ?
a) Une girafe   *b) Un lion*   *c) Un éléphant*   *d) Un crocodile*

M48- En quelle matière est la base de la lampe Arco, d'Achille et Pier Giacomo Castiglioni (1962), sur laquelle est fixée une tige métallique incurvée qui soutient l'abat-jour demi-sphérique ?
a) En granit noir   *b) En chêne massif*   *c) En marbre de Carrare* *d) En béton armé*

M49- Quel architecte est notamment connu pour avoir gagné, à 33 ans, le concours du Centre Pompidou à Paris, qu'il construisit avec Richard Rogers et Gianfranco Franchini ?
a) Renzo Piano   *b) Louis Sullivan*   *c) Carlo Rubbia*   *d) Norman Foster*

M50- Quel édifice circulaire surmonté d'une coupole, situé rue de Viarmes, dans le 1er arrondissement de Paris, a été réhabilité par Tadao Ando pour abriter la collection Pinault ?
a) La rotonde   *b) La Bourse de commerce de Paris*   *c) L'Hôtel de Ville*   *d) Le Panthéon*

M51- En l'honneur de qui la chaise modèle B3 dessinée par Marcel Breuer en 1925-1926 a été nommée la Chaise Wassily ?
a) Un peintre   *b) Un roi*   *c) Un militaire*   *d) Un chanteur*

M52- Quel meuble créé en 1959 par les designers italiens Achille Castiglioni et Pier Giacomo Castiglioni tire son nom d'un village situé sur le lac de Côme ?
a) La chaise Menaggio   *b) La chaise Lecco*   *c) La chaise Lierna*   *d) La chaise Torno*

M53- Quel support extérieur en forme d'arc soutient un mur contre la poussée des voûtes ?
a) Une contre-bute   *b) Un pilier de culée*   *c) Un contrefort*   *d) Un arc-boutant*

M54- Quelle lampe créée par la designer Gae Aulenti, en s'inspirant de la silhouette d'une chauve-souris, est fabriquée par la firme italienne Martinelli Luce ?
a) La lampe Lilistrello   *b) La lampe Mimistrello*   *c) La lampe Pipistrello*   *d) La lampe Riristrello*

M55- Quelle est la nationalité d'Oscar Niemeyer qui est célèbre pour avoir construit le siège du Parti communiste français et l'ancien siège du journal L'Humanité ?
a) Cubaine   *b) Argentine*   *c) Brésilienne*   *d) Mexicaine*

M56- Déguisée en rocher, quelle salle de concert a vue sur la Grande Muraille en Chine ?
a) Chapel of sound   *b) Spirit of Sound*   *c) Soul of sound*   *d) Silence of sound*

M57- Quel monument triomphal, se composant d'une porte à ouvertures en arc en plein cintre, est destiné à rappeler le souvenir d'un grand événement ?
a) L'obélisque   *b) L'arc de triomphe*   *c) Le panthéon*   *d) Le forum*

M58- Quelle vallée le viaduc de Millau franchit-il ?
a) La vallée du Tarn   *b) La vallée du Lot*   *c) La vallée du Gers*   *d) La vallée de la Garonne*

M59- À Arles, quelle remarquable tour en fer abrite des installations d'art moderne immersives dans une ancienne gare de triage des années 1800 ?
a) Suma Arles   *b) Luma Arles*   *c) Buma Arles*   *d) Tuma Arles*

M60- Quel fauteuil, conçu en 1963 par le designer finlandais Eero Aarnio et distribué par Adelta, est constitué d'une sphère en fibre de verre posée sur un pied rond ?
a) Le Circus Chair   *b) Le Circle Chair*   *c) Le Bubble Chair*   *d) Le Ball Chair*

M61- Que signifient les lettres LC de la collection LC de mobilier à base de tubes métalliques ?
a) « Lewis Carroll »   b) « Lazare Carnot »   c) « Le Corbusier »   d) « Louis Chevrolet »

M62- Quel architecte italien a supervisé la conception de l'Academy Museum of Motion Pictures, le musée de Los Angeles, en Californie, qui se consacre à l'industrie cinématographique ?
a) Santiago Calatrava Valls   b) Richard Rogers   c) Renzo Piano   d) Carlo Rubbia

M63- À Berlin en Allemagne, quel bâtiment a été incendié dans la nuit du 27 au 28 février 1933 ?
a) L'Alexanderplatz   b) Le rotes Rathaus   c) La Fernsehturm   d) Le palais du Reichstag

M64- Quel fauteuil de cuir, large et profond, est apparu au début du XXe siècle, sous le nom de « fauteuil confortable » ?
a) Le fauteuil crapaud   b) Le fauteuil cabriolet   c) Le fauteuil club   d) Le fauteuil indiscret

M65- Dans quelle ville italienne se trouve le « bosco verticale », conçu par Stefano Boeri et constitué de deux tours d'habitations végétalisées dans le quartier de Porta Nuova ?
a) Venise   b) Florence   c) Rome   d) Milan

M66- Quel est le premier musée consacré au design en Israël, dont le bâtiment a été conçu et dessiné par les architectes Ron Arad et Bruno Asa ?
a) Le Musée de Tel Aviv   b) Le Musée de Netanya   c) Le Musée de Jérusalem   d) Le Musée de Holon

M67- Dans quelle ville Antoni Gaudí a-t-il construit la Casa Milà et la Sagrada Família ?
a) Saragosse   b) Barcelone   c) Tolède   d) Séville

M68- Quel terme désigne les statues féminines sculptées remplissant le rôle de colonnes, et portant sur leurs têtes l'architrave d'un édifice ?
a) Les matrides   b) Les cariatides   c) Les femmides   d) Les damicides

M69- Quel est le seul bâtiment conçu en Allemagne par Mies van der Rohe après avoir fui ce pays juste avant la Seconde Guerre mondiale ?
a) La Neue Nationalgalerie   b) L'Alte Nationalgalerie   c) Le Kulturforum   d) La Gemäldegalerie

M70- Quel monument parisien abrite le tombeau de Napoléon Ier ?
a) Le Panthéon   b) L'hôtel des Invalides   c) La Cathédrale Notre-Dame de Paris   d) La Sainte-Chapelle

M71- En architecture, quel ornement découpé, souvent ajouré, borde un avant-toit en saillie ou le haut d'une fenêtre ?
a) Un vanteau   b) Un lambrequin   c) Une banne   d) Un prétoit

M72- Quel est le surnom donné à l'immeuble de bureaux Nationale-Nederlanden situé au centre de Prague et conçu par les architectes Vlado Milunić et Frank Gehry en 1994 ?
a) La maison pleurante   b) La maison ruminante   c) La maison dansante   d) La maison hurlande

M73- Quel édifice de Dubai, sur la Sheikh Zayed Road, est un tore asymétrique recouvert d'acier et de verre, pensé par l'architecte Shaun Killa ?
a) L'Almas Tower   b) Le Burj Khalifa   c) Le Museum of the Future   d) Le DAMAC Residenze

M74- Quel type de mosaïque à base d'éclats de céramique, typique de l'architecture moderniste catalane, a été utilisé par Antoni Gaudí et Josep Maria Jujol dans de nombreux projets ?
a) L'eclatis   b) Le trencadis   c) Le platadis   d) Le mosadicis

M75- Quel nom anglais désigne la chaise à bascule, dont les pieds avant et arrière sont reliés par deux bandes latérales incurvées permettant de se balancer d'avant en arrière ?
a) Rocking chair   b) Rolling chair   c) Curving chair   d) Lounging chair

M76- Quel architecte français a réalisé le château de Vaux-le-Vicomte ?
a) François Mansart　　b) Jacques Lemercier　　c) Louis Le Vau　　d) Robert de Cotte

M77- Quel automate d'art, représentant un personnage sculpté en bois ou en métal, indique les heures en frappant une cloche avec un marteau ?
a) Un gnomon　　b) Un jacquemart　　c) Un carillon　　d) Une clepsydre

M78- Quel est le nom de la marque de lampes industrielles créée en 1950 par Jean-Louis Domecq ?
a) Jieldé　　b) Domequié　　c) Dimejel　　d) Domej

M79- Quel complexe de Singapour, imaginé par l'architecte Moshe Safdie, est formé de trois hôtels de 55 étages surmontés d'une terrasse qui accueille l'Infinity pool, une piscine à débordement de 150 mètres de longueur à deux cents mètres de hauteur ?
a) Le Marina Bay Sands　　b) Le Marina Board Sands　　c) Le Marina Beach Sands　　d) Le Marina Building Sands

M80- Quelle technique en stuc imitant le marbre est originaire d'Italie ?
a) Le gesso　　b) Le stucco　　c) La scagliola　　d) Le staff

M81- Quel béton est armé avec des armatures d'acier mises en forte traction à la coulée et relâchées à la prise pour annuler les effets des contraintes dues à la portée ?
a) Le béton précontraint　　b) Le béton éteint　　c) Le béton retombant　　d) Le béton alternant

M82- Quel siège double est coupé par un dossier disposé de telle façon que les personnes qui y sont assises se tournent le dos ?
a) Un crapaud　　b) Un confident　　c) Une boudeuse　　d) Un indiscret

M83- Quelle construction éphémère ne résista pas aux intempéries et fut détruite en 1687 pour être remplacée par le Grand Trianon, le château situé dans le domaine de Versailles ?
a) La grotte de Téthys　　b) Le Trianon de porcelaine　　c) La Petite Écurie　　d) L'Orangerie

M84- Sur quelle pierre, en forme de pyramide tronquée et inversée, s'appuient les deux demi-arcs qui constituent une voûte ?
a) La clef de voûte　　b) L'as de voûte　　c) La porte de voûte　　d) Le fermoir de voûte

M85- Quelle cathédrale, se trouvant sur la place Rouge de Moscou, est le symbole de l'architecture traditionnelle russe ?
a) Du Christ-Sauveur　　b) Saint-Nicolas　　c) Basile-le-Bienheureux　　d) Saint-Isaac

M86- Quelle grande tente, utilisée lors de réceptions, est pliable et s'installe rapidement en extérieur grâce à une structure tubulaire en acier ?
a) La pergola　　b) Le barnum　　c) La tonnelle　　d) La charmille

M87- Quel architecte français né en 1646 fut Premier architecte du roi Louis XIV et surintendant des Bâtiments du roi ?
a) Jules Hardouin-Mansart　　b) Louis Le Vau　　c) André Le Nôtre　　d) Robert de Cotte

M88- Dans quel pays a été construit le radiotélescope d'Arecibo qui collecte des données radioastronomiques, d'aéronomie terrestre et des données radar pour les scientifiques ?
a) Au Vénézuela　　b) Au Paraguay　　c) À Porto Rico　　d) En Colombie

M89- Quel architecte suisse naturalisé français est l'inventeur de « l'unité d'habitation » ?
a) Auguste Perret　　b) Pierre Jeanneret　　c) Jean Prouvé　　d) Le Corbusier

M90- Quel ouvrage d'art de l'U.S. Route 1 se situe dans les Keys de Floride aux États-Unis ?
a) Le Six Mile Bridge　　b) Le Seven Mile Bridge　　c) Le Eight Mile Bridge　　d) Le Nine Mile Bridge

M91- Quelle section de la route nationale 64, de 8 274 mètres, est située dans la partie nord de la zone côtière de Hustadvika, en Norvège, et relie les communes de Eide et Averøy ?
a) La route du Nord   b) La route de l'Atlantique   c) La route de la Baltique   d) La route des Fjords

M92- Quel château le plus célèbre d'Allemagne est situé sur un éperon rocheux haut de 200 mètres, près de Füssen en Bavière et a été construit sur ordre de Louis II de Bavière entre 1869 et 1886 ?
a) De Hohenschwangau   b) De Linderhof   c) De Nymphenburg   d) De Neuschwanstein

M93- Quel théâtre d'opéra italien, datant de 1778, a été construit en deux ans par l'architecte Giuseppe Piermarini sur la commande de Marie-Thérèse d'Autriche ?
a) Maggio Musicale de Florence   b) Sferisterio de Macerata   c) Scala de Milan   d) Fenice de Venise

M94- Dans quel pays se trouve le palais d'Été, construit par l'impératrice Cixi à partir de 1886 non loin de l'ancien Palais d'Été incendié en octobre 1860 lors de la seconde guerre de l'opium ?
a) En Arménie   b) En Inde   c) En Chine   d) Au Japon

M95- Quel style, qui s'est épanoui en Angleterre et aux États-Unis aux XVIIIe et XIXe siècles, recherche la beauté en s'inspirant des formes et des proportions des anciens temples grecs ?
a) Greek Revival   b) Greek Renew   c) Greek Modern   d) Greek Again

M96- Quelle lucarne de comble est placée en saillie sur un pan de toit ?
a) Le chien-debout   b) Le chien-assis   c) Le chien-couché   d) Le chien-perdu

M97- Quelle guérite en bois ou en pierre, placée en encorbellement sur la muraille ou l'angle d'une construction fortifiée, permettait d'en surveiller les abords ?
a) L'échauguette   b) Le mâchicoulis   c) La meurtrière   d) La courtine

M98- Quelles pièces de mobilier urbain présentes à Nice sur la Promenade des Anglais ont été un véritable symbole de la ville ?
a) Les chaises claires   b) Les chaises azur   c) Les chaises bleues   d) Les chaises iodées

M99- À Montpellier, quel nom portent les belles demeures aristocrates entourées de jardins ?
a) Les bêtises   b) Les bizarreries   c) Les idioties   d) Les folies

M100- Dans quel pays se trouve le Palais des vents, un bâtiment construit à la fin du XVIIIe siècle et qui est aujourd'hui considéré comme l'une des merveilles de l'architecture radjpoute ?
a) Au Rajasthan   b) Au Pakistan   c) En Inde   d) En Birmanie

M101- Quel nom porte la pièce de travail centrale de la maison basque de type agricole ?
a) L'ilarguia   b) L'ezkaratze   c) L'etxe   d) Le morroiak

M102- Quelle voûte en forme de quart de sphère fut utilisée dès l'Antiquité et jusqu'à la fin de la période romane pour couvrir les absides ?
a) Une tête-de-four   b) Un bras-de-four   c) Un cul-de-four   d) Un œil-de-four

M103- Quel terme anglais désigne un appartement situé au dernier étage d'un immeuble ou d'un palace ?
a) Une saltbox   b) Un bungalow   c) Un loft   d) Un penthouse

M104- Comment peut se traduire la citation « Less is more » de l'architecte Mies Van der Rohe ?
a) « Moins est mieux »   b) « Moins est plus »   c) « Moins est mort »   d) « Moins est étrange »

M105- Que veut dire « More is not less, less is a bore » de l'architecte américain Robert Venturi ?
a) « Mieux n'en est pas moins, moins est pire »   b) « Mort n'est pas moins, moins est vivant »
c) « Étrange n'en est pas moins, moins est classique »   d) « Plus n'en est pas moins, moins est ennui »

M106- Quel style architectural s'est développé dans les pays anglophones entre 1720 et 1840 ?
a) L'architecture fédérale   b) L'architecture classique c) L'architecture georgienne   d) L'architecture palladienne

M107- Quelle partie supérieure, généralement triangulaire, de la façade d'une construction comprend le tympan et l'ensemble des moulures qui l'entourent ?
a) Le fronton   b) Le tympan   c) Le portail   d) La galerie

M108- Quelle réalisation de l'architecte catalan Antoni Gaudí à Barcelone devait être à l'origine une cité-jardin édifiée sur la colline El Carmel, au nord-ouest de la ville ?
a) Le Parc Vicens   b) Le Parc Bru   c) Le Parc Güell   d) Le Parc Milà

M109- Quelle résidence édifiée par Le Corbusier est surnommée La Maison du fada ?
a) La Cité majestueuse   b) La Cité lumineuse   c) La Cité joyeuse   d) La Cité radieuse

M110- Qu'est-ce qu'un garde-corps ?
a) Une statue   b) Un escalier   c) Une barrière de protection   d) Une cheminée

M111- Quel terme désigne la gouttière en saillie sculptée (en forme d'animal, de démon, de monstre) par laquelle s'éjectent les eaux de pluie ?
a) Le dégorgeoir   b) La chimère   c) Le dauphin   d) La gargouille

M112- Quel terme, inventé vers 1797 par Pierre-Maurice Quay, désigne un mouvement artistique européen du XVIIIe siècle touchant notamment l'architecture ?
a) « Barocco »   b) « Siroco »   c) « Carosco »   d) « Rococo »

M113- Dans quelle ville se trouve le Chrysler Building, un gratte-ciel construit entre 1928 et 1929 sous la supervision de l'architecte William Van Alen ?
a) New York   b) Seattle   c) Detroit   d) Los Angeles

M114- Quel système de proportions architecturales Le Corbusier a-t-il appliqué à ses réalisations ?
a) Modor   b) Modulor   c) Modulator   d) Modulativor

M115- Quelle proportion donnerait la clef de l'harmonie d'une œuvre architecturale ?
a) Le nombre antique   b) Le nombre idéal   c) Le nombre divin   d) Le nombre d'or

M116- Quel terme anglais désigne le mouvement des micromaisons prônant la simplicité ?
a) Jolly house   b) Tiny house   c) Penny house   d) Maddy house

M117- Quel terme désigne l'ensemble des pieux en bois enfoncés dans le sol et destinés à soutenir une construction hors de l'eau ou au-dessus du sol ?
a) Les épontilles   b) Les portiques   c) Les pilotis   d) Les barrots

M118- Quel meuble bas et à larges tiroirs, pour ranger du linge ou des objets divers, dispose d'un abattant pour son modèle dos d'âne ?
a) Un bureau   b) Une commode   c) Un buffet   d) Un chiffonnier

M119- Quel nom portait le porche dans les temples antiques ?
a) Pronaos   b) Albatros   c) Naos   d) Chaos

M120- Quelle est la plus grande et plus célèbre fontaine de Rome, adossée au palais Poli ?
a) La fontaine des Naïades b) La fontaine Barcaccia   c) La fontaine de Trevi   d) La fontaine de Neptune

M121- Quel renfoncement pratiqué dans l'épaisseur d'un mur est utilisé pour placer une statue ?
a) Le socle   b) Le reposoir   c) La ruche   d) La niche

M122- Quel architecte romain qui vécut au Ier siècle av. J.-C. est l'auteur du traité, De architectura, duquel viennent l'essentiel des techniques de construction connues de l'Antiquité classique ?
a) Celer   *b) Severus*   *c) Vitruve*   *d) Trajan*

M123- Quel nom, de la couleur de ses façades, donne-t-on au siège du pouvoir exécutif argentin, situé au centre de Buenos Aires ?
a) La Maison blanche   *b) La Maison bleue*   *c) La Maison verte*   *d) La Maison rose*

M124- Quel est le terme officiel désignant les bras d'un siège, appelés de façon erronée par le grand public « accoudoirs » ?
a) Les accotations   *b) Les accotements*   *c) Les accotés*   *d) Les accotoirs*

M125- Quel architecte a conçu la pyramide du Louvre, au milieu de la cour Napoléon à Paris ?
a) Henry N. Cobb   *b) Ieoh Ming Pei*   *c) Philip Johnson*   *d) Walter Gropius*

M126- Originaire du Maroc, quelle mosaïque ornementale est utilisée pour les murs et fontaines ?
a) Le carreau de grès   *b) Le zellige*   *c) L'abacule*   *d) La pâte de verre*

M127- En architecture, quel ensemble cohérent d'éléments détermine les proportions, les formes et l'ornementation de toute partie construite en élévation ?
a) L'ordre   *b) Le sens*   *c) La valeur*   *d) La tendance*

M128- Quelle est la pièce commune d'un couvent, où l'on se rassemble pour prendre les repas ?
a) Le diocèse   *b) La cour*   *c) L'internat*   *d) Le réfectoire*

M129- Quel architecte français fut élu à l'Académie royale d'architecture en 1762 et devint architecte de Frédéric II de Prusse ?
a) Armand-Claude Mollet   *b) Philippe Madec*   *c) Étienne-Louis Boullée*   *d) Claude-Nicolas Ledoux*

M130- Quel palais impérial de la Cité impériale de Pékin s'étend sur une superficie de 72 hectares ?
a) La Cité interdite   *b) La Cité radieuse*   *c) La Cité royale*   *d) La Cité parfaite*

M131- Quel nom de philosophe porte le pont à haubans, situé dans la commune néerlandaise de Rotterdam, qui relie la rive nord et la rive sud de la nouvelle Meuse ?
a) Érasme   *b) Pétrarque*   *c) Platon*   *d) Aristote*

M132- Quel architecte a imaginé l'opéra de Sydney situé à Bennelong Point ?
a) Stig Matthiesen   *b) Edmund Happold*   *c) Ove Arup*   *d) Jørn Utzon*

M133- Quelle est le surnom de la Tour Eiffel ?
a) La « Dame de fer »   *b) La « Grande tour »*   *c) La « Géante ajourée»*   *d) La « Belle de Paris »*

M134- Quel meuble créé par le designer français Philippe Starck en 2005 est entièrement composée de polycarbonate tout en étant inspirée par l'époque du roi Louis XVI ?
a) La chaise Louis King   *b) La chaise Louis Ghost*   *c) La chaise Louis Head*   *d) La chaise Louis Renew*

M135- Quel nom porte le troisième quartier d'affaires de France après La Défense (Paris) et La Part-Dieu (Lyon) et qui se trouve dans la région Hauts-de-France ?
a) Euratlantique   *b) Arénas*   *c) Euralille*   *d) Le Silicon Sentier*

M136- Quel pont de Paris, qui franchit la Seine entre le quai des Tuileries et le quai d'Orsay, a porté le nom de « pont Louis-XVI » pendant la Restauration ?
a) Le pont des Arts   *b) Le pont Neuf*   *c) Le pont de la Concorde*   *d) Le pont de l'Alma*

M137- Dans quel arrondissement de Paris le cabaret le Moulin-Rouge a-t-il été fondé en 1889 ?
a) Le 17e arrondissement
b) Le 18e arrondissement
c) Le 19e arrondissement
d) Le 20e arrondissement

M138- Au cours de quel siècle a été construit l'Arc de triomphe de l'Étoile à Paris ?
a) XVIIe siècle
b) XVIIIe siècle
c) XIXe siècle
d) XXe siècle

M139- Quelle ancienne ville maya située entre Valladolid et Mérida dans la péninsule du Yucatán au Mexique reste aujourd'hui l'un des sites archéologiques les plus importants ?
a) Cobá
b) Chichén Itzá
c) Tulum
d) Ek' Balam

M140- Que signifie le sigle CAO, désignant l'ensemble des logiciels et des techniques de modélisation géométrique permettant de concevoir, tester virtuellement et réaliser des produits ?
a) La construction assistée par ordinateur
b) La création assistée par ordinateur
c) La conception assistée par ordinateur
d) La composition assistée par ordinateur

M141- Quelle pièce ferme la partie supérieure d'une porte en soutenant la maçonnerie ?
a) Une sablière
b) Un linteau
c) Un sole
d) Un montant

M142- Quelle était le nom de la tour ou du clocher servant à faire le guet et où se trouvait une cloche pour sonner l'alarme ?
a) Un beffroi
b) Un campanile
c) Un clocher républicain
d) Une tour à tambour

M143- Quel bâtiment, proche d'une sphère et situé dans le parc de la Villette dans le 19e arrondissement de Paris, a été inauguré en 1985 ?
a) La Coupole
b) La Géode
c) La Rotonde
d) L'Ellipse

M144- Quel architecte français est l'auteur de nombreux bâtiments néo-classiques parisiens, dont le palais de la Bourse de Paris ?
a) Georges-Ernest Coquart
b) Alexandre-Théodore Brongniart
c) Louis-Jules André
d) Victor-Auguste Blavette

M145- Quel symbole de la ville de Berlin, fut érigé par Carl Gotthard Langhans pour le roi de Prusse Frédéric-Guillaume II, en s'inspirant du Propylée de l'Acropole d'Athènes ?
a) La porte Molitor
b) La porte d'Italie
c) La porte de Brandebourg
d) La porte de Clignancourt

M146- Quel monument de Toulouse abrite aujourd'hui l'hôtel de ville et un théâtre ?
a) Le Quai des Savoirs
b) Le Capitole
c) Les Abattoirs
d) Le couvent des Jacobins

M147- À Boulogne-Billancourt dans les Hauts-de-Seine, où se trouve la Seine musicale, l'ensemble de bâtiments en forme de vaisseau, consacrés à la musique ?
a) Sur l'île Saint-Louis
b) Sur l'île de la Cité
c) Sur l'île Saint-Germain
d) Sur l'île Seguin

M148- Quelle avenue prolonge les Champs-Élysées au-delà de l'arc de triomphe de l'Étoile ?
a) L'avenue de l'Opéra
b) L'avenue Foch
c) L'avenue de la Grande-Armée
d) L'avenue Montaigne

M149- Dans la Grèce antique, quelle était la place publique pour les rassemblements sociaux, politiques et mercantiles de la cité ?
a) L'agora
b) Le forum
c) La pnyx
d) L'acropole

M150- En 1969, quel président de la République décida de construire « Beaubourg » un nouveau musée d'Art moderne ?
a) Valéry Giscard d'Estaing
b) Jacques Chirac
c) Georges Pompidou
d) François Mitterrand

Sciences

INVENTIONS & DÉCOUVERTES

Répondez aux 150 questions d'inventions et découvertes avant de consulter la grille de réponses.

N1- En quelle année a eu lieu la première transplantation cardiaque ?
a) 1961   b) 1967   c) 1971   d) 1974

N2- Dans quel pays a été implanté un pacemaker pour la première fois ?
a) États-Unis   b) Suède   c) France   d) Suisse

N3- Dans quel pays, en 1889, un premier brevet a été déposé pour une télévision en couleur ?
a) États-Unis   b) Japon   c) France   d) Russie

N4- Qui est Louise Brown née 1978 ?
a) Le premier bébé éprouvette   b) La première femme dans l'espace
c) L'inventeur des ciseaux génétiques   d) L'inventeur de la vanille synthétique

N5- Quel était le texte contenu dans le tout premier email ?
a) azerty   b) hi   c) qwertyuiop   d) hello

N6- Quel titre de noblesse avait le créateur du stylo BIC ?
a) Vicomte   b) Baron   c) Comte   d) Duc

N7- Quel est le nom de l'inventeur du téléphone ?
a) Thomas Edison   b) Nikola Tesla   c) John Frederic Daniell   d) Alexander Graham Bell

N8- De quelle invention Wallace H. Carothers est-il l'auteur en 1938 ?
a) Le vernis à ongles   b) Le bas en nylon   c) Le soutien-gorge   d) L'espadrille

N9- Qui est l'inventeur du premier pneumatique gonflable moderne en 1887 ?
a) André Michelin   b) Giovanni Battista Pirelli   c) John Boyd Dunlop   d) Charles Goodyear

N10- Quel nouveau moyen de transport Gustave Ponton d'Amécourt inventa-t-il et nomma-t-il en 1861 ?
a) L'hélicoptère   b) L'automobile   c) L'avion   d) La motocyclette

N11- De quel pays était originaire Ruben Rausing, l'inventeur du berlingot tétraédrique en carton laminé qui donnera les premières briques de lait longue conservation ?
a) Canada   b) Suisse   c) France   d) Suède

N12- Qu'a créé en 1945 Percy Spencer ?
a) L'allume-gaz   b) La hotte aspirante   c) Le four à micro-ondes   d) Le réfrigérateur

N13- Dans quel pays la première bombe atomique de l'histoire a-t-elle explosé ?
a) États-Unis   b) Japon   c) France   d) Russie

N14- En quelle année la première vidéo a-t-elle mise sur Youtube ?
a) 1999   b) 2005   c) 2008   d) 2011

N15- Qui inventa en 1795 une méthode de conservation des aliments ?
a) Zénobe Gramme   b) Lazzaro Spallanzani   c) James Beaumont Neilson   d) Nicolas Appert

N16- Quel était le prénom de Champollion, première personne à déchiffrer les hiéroglyphes ?
a) Jérôme   b) Jean-François   c) Charles   d) Jean-Luc

N17- En 1997, quelle prouesse une équipe de chercheurs japonnais réussit-elle ?
a) Cloner des rats
b) Créer de l'antimatière
c) Rendre luminescentes des souris
d) Transformer du plomb en or

N18- Quelle était la particularité des plans de Léonard Da Vinci ?
a) Ils étaient en couleurs
b) Il étaient écrits avec de l'encre invisible
c) Ils étaient écrits de droite à gauche en miroir
d) Ils étaient symétriques

N19- Quel mets John Montagu, homme politique anglais, inventa-t-il ?
a) Le cookie
b) La pizza
c) Le sushi
d) Le sandwich

N20- Dans quel pays Christophe Colomb est-il né ?
a) En Italie
b) En Espagne
c) En France
d) Au Portugal

N21- Qui a fait le tour complet de l'Australie en 1642 ?
a) Un hollandais
b) Un anglais
c) Un allemand
d) Un italien

N22- Quelle est la date de création du concours d'inventions Lépine ?
a) 1898
b) 1901
c) 1909
d) 1913

N23- Quel lien de parenté avaient Pierre et Marie Curie ?
a) Frère et sœur
b) Père et fille
c) Mère et fils
d) Mari et femme

N24- Quel philosophe et mathématicien inventa la machine à calculer ?
a) Léonard de Vinci
b) Emmanuel Kant
c) Blaise Pascal
d) Enrico Fermi

N25- Qui découvrit la chambre mortuaire de Toutankhamon ?
a) Howard Carter
b) Jean-François Champollion
c) Napoléon Bonaparte
d) Victor Loret

N26- Qu'a réalisé pour la première fois Guglielmo Marconi en juillet 1896 ?
a) Un vol en avion
b) Une transmission sans fil
c) Dépasser les 200 km/h en voiture
d) Effectuer un vol de 24h en avion

N27- L'île de Pâques fut découverte par le navigateur hollandais Jacob Roggeveen le 5 avril 1722, mais à quel pays appartient maintenant cette île ?
a) À l'Argentine
b) Au Royaume-Uni
c) Au Paraguay
d) Au Chili

N28- De quel produit Washington Sheffield révolutionna-t-il l'empaquetage ?
a) Les piles
b) La crème solaire
c) Le dentifrice
d) Les sachets de thé

N29- Quelle est la première femme à être allée dans l'espace ?
a) Sally Ride
b) Valentina Terechkova
c) Claudie Haigneré
d) Samantha Cristoforetti

N30- Dans quelle ville le premier feu de circulation fut-il installé en 1868 ?
a) Londres
b) New-York
c) Paris
d) Berlin

N31- De quel pays est originaire le papier ?
a) Japon
b) Égypte
c) Chine
d) Russie

N32- Quel objet a inspiré Gutenberg pour fabriquer sa première presse à imprimer ?
a) Un lavoir
b) Une presse à raisin
c) Un pressoir à huile
d) Un battoir

N33- Quels ont été les premiers passagers en 1783 du premier vol d'une montgolfière devant Louis XVI ?
a) Des hommes   b) Des chiens   c) Des chats   d) Un mouton, un canard et un coq

N34- Quelle ville fut dotée en premier d'un métro ?
a) Paris   b) Moscou   c) Londres   d) Berlin

N35- Quel liquide était utilisé à l'origine dans le tube de Torricelli pour mesurer les variations de pression ?
a) Du mercure   b) De l'eau   c) De l'alcool   d) Du vinaigre

N36- Pour quelle invention Denis Papin a-t-il joué un rôle important ?
a) Le ballon dirigeable   b) Le cinéma   c) La machine à vapeur   d) La fermeture éclair

N37- Que mesure le sextant, créé autour des années 1730 ?
a) La latitude et la longitude   b) La vitesse de déplacement
c) La courbure de la Terre   d) La distance entre les étoiles

N38- Qui a développé en 1799 la thermolampe, un dispositif d'éclairage ?
a) Denis Papin   b) Philippe Lebon   c) Thomas Edison   d) Anton Philips

N39- Qui a inventé un code télégraphique encore utilisé de nos jours ?
a) Louis Braille   b) Nikola Tesla   c) Samuel Morse   d) Graham Bell

N40- Comment s'appelait l'invention de Karl Drais von Sauerbronn, qui était un ancêtre du vélo ?
a) VTT   b) Dioptère   c) Rennrad   d) Draisienne

N41- Quel était la nationalité de Gustaf Erik Pasc, l'inventeur des allumettes ou allumettes de sûreté en 1844 ?
a) Indienne   b) Pakistanaise   c) Suédoise   d) Française

N42- Que signifie le G dans 4G, désignant une norme de réseau de téléphonie mobile ?
a) Groupe   b) Global   c) Génération   d) Géolocalisation

N43- Dans l'acronyme DVD, désignant un disque optique utilisé pour la sauvegarde et le stockage de données sous forme numérique, que signifie le V ?
a) Versatile   b) Very   c) Vital   d) Vision

N44- Quelle est l'utilité de la boîte cylindrique inventée par Julius Richard Pétri ?
a) Conserver des aliments   b) Cultiver des bactéries
c) Conserver des cigares   d) Optimiser l'espace de rangement

N45- Qui inventa le révolver ?
a) Oliver Fisher Winchester   b) Mastro Bartolomeo Beretta   c) Robert Adams   d) Samuel Colt

N46- Quel appareil médical fut inventé par René Laennec ?
a) L'échographe   b) Le stéthoscope   c) Le bistouri   d) Le microscope

N47- Quel physicien français, né à Orthez, inventa l'accumulateur électrique au plomb ?
a) Gaston Planté   b) Alessandro Volta   c) Antoine Lavoisier   d) Michael Faraday

N48- Où a été créée la clémentine par le père Clément grâce à un croisement entre le mandarinier et l'oranger ?
a) En Corse   b) Au Chili   c) En Angleterre   d) En Algérie

N49- Selon un slogan des années 1950, qui commercialisait « la bicyclette qui roule toute seule », mue par un petit moteur disposé sur la roue avant?
a) Renault   b) Honda   c) Peugeot   d) Solex

N50- Dans quel pays Léonard de Vinci est-il mort ?
a) En Italie   b) En Espagne   c) En France   d) En Grèce

N51- Qui construisit la première voiture de l'histoire, grâce au premier prototype à trois roues avec moteur à combustion ?
a) Renault   b) Benz   c) Ford   d) Bugatti

N52- Qu'inventa Anna Connelly en 1887 ?
a) La machine à coudre   b) La motocyclette   c) Le mixeur   d) L'escalier de secours

N53- Quelle invention de Maria Donovan révolutionna la vie des bébés ?
a) La couche-culotte   b) Le biberon   c) La sucette   d) La veilleuse

N54- Qui inventa le kevlar ?
a) Yves Chauvin   b) Carl Bosch   c) Stephanie Kwolek   d) Françoise Barré-Sinoussi

N55- Qui fut le premier programmeur au monde ?
a) Graham Bell   b) Louis Braille   c) Charles Babbage   d) Ada Lovelace

N56- Quelle boisson a été transformée grâce à l'invention de Amalie Melitta Liebscher ?
a) Le cola   b) Le café   c) Le thé   d) La bière

N57- Quel mets Ruth Wakefield inventa-t-elle par hasard ?
a) La chantilly   b) Le cookie   c) La mayonnaise   d) Le ketchup

N58- Quelle était l'origine de Hedy Lamarr qui avait trouvé un moyen, toujours utilisé, de coder les transmissions radio ?
a) Américaine   b) Française   c) Russe   d) Autrichienne

N59- Quel appareil Josephine Cochran inventa-telle à la fin du XIXème siècle ?
a) Le four   b) Le lave-vaisselle   c) Le réfrigérateur   d) Le grille-pain

N60- Quel célèbre jeu fut inventé par Charles Darrow ?
a) Le Monopoly   b) Le Uno   c) Risk   d) Le Scrabble

N61- Qui inventa le liquide correcteur blanc utilisé encore de nos jours par des millions d'élèves ?
a) Bette Nesmith Graham   b) Le Baron Bich   c) Richard Reynolds   d) Lewis Edson Waterman

N62- Qui découvrit le bacille, bactérie à l'origine de la tuberculose ?
a) Walther Flemming   b) Robert Koch   c) Paul Ehrlich   d) Joseph Lister

N63- De quel organe Joseph Murray réalise-t-il avec succès la première transplantation ?
a) Le foie   b) Le coeur   c) Le rein   d) Les poumons

N64- Quel objet Mary Anderson inventa-t-elle en 1903 ?
a) La cafetière   b) L'essuie-glace   c) Le cintre   d) L'économe

N65- De quelle discipline Sigmund Freud est-il qualifié de « père » ?
a) La psychiatrie   b) La psychologie   c) La psychothérapie   d) La psychanalyse

N66- Pour quelle invention Godfrey Hounsfield a-t-il reçu le Prix Nobel de médecine en 1979 alors qu'il n'était pas médecin ?
a) Le scanner   *b) Le microscope électronique*   *c) L'échographe*   *d) Le bistouri électrique*

N67- Qui est à l'origine du système ABO qui permet de classer les différents types de sang ?
a) Karl Landsteiner   *b) Edmond Locard*   *c) Leone Lattes*   *d) Louis Vidal*

N68- Quel tube de 1913 a amélioré le tube de Crookes, qui avait permis de produire les premiers rayons X ?
a) Le tube de Coolidge   *b) Le tube de Torricelli*   *c) Le tube de Warton*   *d) Le tube de Bell*

N69- Quelle hormone humaine de régulation fut découverte en 1921 par Frederick Banting ?
a) La FSH   *b) L'insuline*   *c) Le glucagon*   *d) L'adrénaline*

N70- Que signifie la lettre M de l'acronyme OMS, créée le 7 avril 1948 par l'ONU ?
a) Médicale   *b) Médiatrice*   *c) Multi*   *d) Mondiale*

N71- Dans quel pays la loi Neuwirth du 19 décembre 1967 autorisa-t-elle l'usage de la pilule contraceptive mise au point dans les années 1950 par Grégory Pincus ?
a) États-Unis   *b) Angleterre*   *c) Canada*   *d) France*

N72- Quel est le nom de la molécule qui constitue la dynamite ?
a) Le TNT   *b) Le C4*   *c) La nitroglycérine*   *d) La poudre noire*

N73- Quel matériau constitue le filament de la lampe à incandescence ?
a) Le tungstène   *b) La silice*   *c) Le granite*   *d) Le fer*

N74- Combien de roues possédait la première automobile ?
a) 3   *b) 4*   *c) 6*   *d) 8*

N75- Que signifie le dernier A de l'acronyme NASA désignant l'agence spatiale américaine créée le 29 juillet 1958 par le président Eisenhower ?
a) Aeronotics   *b) American*   *c) Administration*   *d) Avionics*

N76- En quelle année Christiaan Barnard fut-il le premier chirurgien à réaliser une greffe de cœur ?
a) 1956   *b) 1961*   *c) 1967*   *d) 1971*

N77- Quelle firme a développé la première pellicule couleur ?
a) Kodak   *b) Fuji*   *c) Agfa*   *d) Canon*

N78- Quel était le nom du premier sous-marin nucléaire ?
a) Vigilant   *b) Nautilus*   *c) Calypso*   *d) Vaillant*

N79- Que signifie le F de l'acronyme TSF, qui a révolutionné le monde des télécommunications en permettant grâce à des ondes électromagnétiques de communiquer sur des grandes distances ?
a) Far   *b) Française*   *c) Fast*   *d) Fil*

N80- Quelle étendue d'eau Charles Lindbergh, avec son avion Spirit of Saint Louis, traversa-t-il pour la première fois en 1927 ?
a) La Manche   *b) La Méditerranée*   *c) L'Océan Pacifique*   *d) L'Océan Atlantique*

N81- Comment s'appelaient les premiers accélérateurs de particules ?
a) Synchrotrons   *b) Cyclotrons*   *c) Neutronisateurs*   *d) Protonisateurs*

N82- Quel fut le nom donné à la première pile atomique française ?
a) Mina   b) Caro   c) Léa   d) Zoé

N83- Quel type de réaction chimique permet la fabrication du nylon, inventé en 1935 par la société Du Pont de Nemours ?
a) Polymérisation   b) Élimination   c) Oxydoréduction   d) Substitution

N84- De quel appareil moderne le télégraphone de Valdemar Poulsen est-il l'ancêtre ?
a) Magnétoscope   b) Disc-laser   c) Magnétophone   d) Téléphone

N85- Qui déposa en 1714 le premier brevet pour une machine à écrire ?
a) Underwood   b) Mill   c) Hansen   d) Olympia

N86- Comment s'appelait le premier calculateur entièrement électronique ?
a) ENIAC   b) DARYL   c) COYOTE   d) CYBERDINE

N87- En quelle année est né le premier bébé-éprouvette en France ?
a) 1978   b) 1980   c) 1982   d) 1986

N88- Qui inventa Google en 1998 avec Serguëi Brin ?
a) Paul Allen   b) Bill Gates   c) Steve Wozniak   d) Larry Page

N89- Qu'inventa Whitcomb L. Judson ?
a) Le briquet   b) La fermeture éclair   c) La gomme   d) Le tire-bouchon

N90- Quel fromage aurait été inventé par Marie Harel ?
a) Le camembert   b) Le reblochon   c) Le cantal   d) Le gruyère

N91- Quelle machine moderne a pu être créée grâce à John Lethbridge qui a inventé l'une des premières machines de plongée sous-marine ?
a) Le scaphandre   b) Le sous-marin   c) Le tuba   d) Le masque de plongée

N92- En quelle année Louis Pasteur développa-t-il le vaccin contre la rage ?
a) 1869   b) 1872   c) 1874   d) 1885

N93- Quel pharmacien a inventé la margarine ?
a) Richard Trevithick   b) Louis Pasteur   c) Étienne Lenoir   d) Hippolyte Mège-Mouriès

N94- Quel métal alcalin a été découvert par le chimiste suédois Johan August Arfwedson en 1817 ?
a) Le sodium   b) Le potassium   c) Le lithium   d) Le césium

N95- Quel physicien britannique a découvert le zéro absolu ?
a) Anders Celsius   b) Lord Kelvin   c) Daniel Fahrenheit   d) James Prescott Joule

N96- Qui est l'auteur de la phrase « rien ne se perd tout se transforme » ?
a) Alessandro Volta   b) André-Marie Ampère   c) Amedeo Avogadro   d) Antoine Lavoisier

N97- En 1887, quelle langue Louis-Lazare Zamenhof inventa-t-il ?
a) Le volapük   b) L'international   c) Le bodabuk   d) L'espéranto

N98- Quel français est l'inventeur de la carte à puce ?
a) Roland Moreno   b) Hervé Martin   c) Alain Dupont   d) Jacques Delmont

N99- Qu'invente Jean Marius en 1705 ?
a) *Le pneu*   b) *Le cutter*   c) *Le parapluie*   d) *L'agrafeuse*

N100- Quel est le nom du premier micro-ordinateur développé par l'ingénieur français Gernelle ?
a) *Bull*   b) *Micral*   c) *TO8*   d) *Commodore*

N101- Quel pharmacien et chimiste a découvert deux éléments chimiques : le chrome et le béryllium ?
a) *Louis-Nicolas Vauquelin*   b) *Antoine François Fourcroy*
c) *Louis Jacques Thénard*   d) *Mathieu Orfila*

N102- De quel pays est originaire Zénobe Gramme qui inventa et commercialisa la première dynamo industrielle ?
a) *France*   b) *Belgique*   c) *Roumanie*   d) *République Tchèque*

N103- Pour quelle grande ville l'ingénieur Fulgence Bienvenüe construisit-il un métro ?
a) *Londres*   b) *New-York*   c) *Berlin*   d) *Paris*

N104- Qui inventa le jeans ?
a) *Anton Diesel*   b) *Levi Straus*   c) *Lee Cooper*   d) *Kenny Kaporal*

N105- Quel capitaine britannique franchit le cercle polaire antarctique pour la première fois en 1773 ?
a) *Matthew Flinders*   b) *Robert Peary*   c) *James Cook*   d) *Roald Amundsen*

N106- Quel est l'ancêtre de la charrue ?
a) *L'araire*   b) *La roulotte*   c) *Le porte-bœuf*   d) *La porteuse*

N107- En 1968, qui crée la première baignoire à jets intégrés au monde, la Roman Bath ?
a) *Roy Massage*   b) *Roy Jacuzzi*   c) *Roy Spa*   d) *Roy Jet*

N108- Quel est le nom de l'inventeur qui trouva la dénomination « escalator » pour l'escalier mécanique ?
a) *Vertech*   b) *Otis*   c) *Seeberger*   d) *Kone*

N109- D'après des historiens, quel objet déjà à la mode en Italie aurait été introduit par Catherine de Médicis et Henri III à la cour royale française ?
a) *La fourchette*   b) *La serviette*   c) *L'assiette*   d) *Le coquetier*

N110- Quel est le nom commercial de l'anhydrure de polyoxybenzylméthylèneglycol, développé par le chimiste belge Leo Baekeland ?
a) *La bakélite*   b) *Le kevlar*   c) *Le nylon*   d) *Le vinyle*

N111- Quel était le titre du premier film parlant, sorti aux États-Unis en 1927 ?
a) *Casablanca*   b) *Le chanteur de jazz*   c) *L'ange bleu*   d) *L'intruse*

N112- Sur quelle commune française découvrit-on le plus grand champ de gaz naturel ?
a) *Froges*   b) *Bourges*   c) *Épernay*   d) *Lacq*

N113- Qui a démocratisé l'école en Europe de l'Ouest ?
a) *Hugues Capet*   b) *Charles Quint*   c) *Charlemagne*   d) *Louis XIV*

N114- Avec Calmette, qui a développé le BCG, le vaccin contre la tuberculose ?
a) *Guérin*   b) *Pasteur*   c) *Fleming*   d) *Montagnier*

N115- Pour la découverte de quelle molécule Kendall, Reichstein et Hench reçurent-ils en 1950 le prix Nobel de physiologie ou médecine ?
a) L'adrénaline   b) L'ADN   c) La cortisone   d) La pénicilline

N116- Quelle est l'année de découverte du plutonium ?
a) 1940   b) 1942   c) 1944   d) 1945

N117- Pour quelle invention les chercheurs des laboratoires Bell ont-ils reçu le prix Nobel, en 1956 ?
a) La télévision couleur   b) L'alternateur   c) La pile   d) Le transistor

N118- Quelle substance utile en égyptologie Martin Kamen et Samuel Ruben ont-ils découvert ?
a) La nicotine   b) Le papier   c) L'encre   d) Le carbone 14

N119- Pour quelle société travaillait Tracy Hall, chercheur américain, qui inventa la méthode reproductible de la synthèse du diamant ?
a) Dupont de Nemours   b) General Electric   c) Edison   d) Saint-Gobain

N120- Quelle île découvrit l'anglais Samuel Wallis en 1767 ?
a) Les Comores   b) Les Açores   c) Tahiti   d) La Nouvelle-Zélande

N121- Qui inventa le personnage de James Bond, alias 007 ?
a) Jean Bruce   b) Ian Fleming   c) Roald Dahl   d) Richard Maibaum

N122- Dans quel domaine s'applique la loi de Fischer tirée du nom de son inventeur ?
a) La mécanique des fluides   b) La thermodynamie   c) La physique quantique   d) Les statistiques

N123- Quel est le nom du premier explorateur européen qui en 1488 longea le littoral ouest africain et franchit le Cap de Bonne Espérance ?
a) Fernand de Magellan   b) Bartolomeu Dias   c) Jacques Cartier   d) Vasco de Gama

N124- Sur quelle île débarqua Christophe Colomb lorsqu'il découvrit l'Amérique en 1492 ?
a) Cuba   b) La Guadeloupe   c) Saint-Martin   d) San Salvador

N125- Quel explorateur est à l'origine du nom Amérique ?
a) Fernand de Magellan   b) Vasco de Gama   c) Amerigo Vespucci   d) Christophe Colomb

N126- Qui est à l'origine du nom de l'océan Pacifique ?
a) Fernand de Magellan   b) Vasco de Gama   c) Amerigo Vespucci   d) Christophe Colomb

N127- Quel type de navires était utilisé pour les grandes découvertes des nouveaux continents ?
a) La caravelle   b) La goélette   c) La jonque   d) Le ketch

N128- En quelle année le casse-tête Rubik's Cube a-t-il été inventé par Ernő Rubik ?
a) En 1954   b) En 1964   c) En 1974   d) En 1984

N129- Quel livre a été créé par Hugh Beaver ?
a) Le Quid   b) Le Robert   c) Le Guiness World Records   d) L'Encyclopédie Universalis

N130- Lequel de ces personnages n'a pas donné son nom à un livre éponyme ?
a) Édouard Bled   b) Sébastien Bottin   c) Marc Encyclopédie   d) Pierre Larousse

N131- De quelle révolution culinaire Earl Tupper est-il à l'origine ?
a) Un mixeur
b) Une boîte plastique de conservation
c) Le rouleau d'aluminium
d) La bouteille en plastique

N132- Quel personnage a donné son nom à une vindicte populaire demandant un meilleur traitement face à un riche propriétaire britannique ?
a) James Blocus
b) Charles Boycott
c) Matt Quarantaine
d) Earl Index

N133- Quel jeu tire son nom d'une société de moules à tarte ?
a) Badminton
b) Skateboard
c) Hula hoop
d) Frisbee

N134- Qui inventa une technique en athlétisme qui porte maintenant son nom ?
a) Dick Fosbery
b) Marc Jogging
c) Marvin Marathon
d) James Ciseau

N135- Quel était le titre de noblesse de James Thomas Brudenell, le créateur de la veste en laine appelée « cardigan » ?
a) Duc de Cardigan
b) Vicomte de Cardigan
c) Comte de Cardigan
d) Seigneur de Cardigan

N136- Quel inventeur révolutionna le monde du son par un système de réduction des bruits de fond ?
a) Sato Sony
b) Ray Dolby
c) Nakajima Toshiba
d) Evans Stereo

N137- Quel objet fut développé par Alexis Godillot ?
a) Des skis
b) Des chaussures
c) Des stylos
d) Des lampes

N138- Quelle invention portant le nom de son inventeur est très utile dans l'industrie de l'imprimerie ?
a) Massicot
b) Chevalet
c) Blanchet
d) Pelliculeuse

N139- Quel procédé a été inventé par Louis Rustin en 1908 ?
a) La congélation
b) La synthétisation du kérosène
c) La réparation d'un pneu
d) La création d'une peinture acrylique

N140- Qui a inventé une échelle qui évalue numériquement l'intensité des tremblements de Terre ?
a) Francis Beaufort
b) Rensis Likert
c) Wilbur Scoville
d) Charles Francis Richter

N141- En 1880, quel produit Guerlain crée et appelle « Ne m'oubliez pas » ?
a) Un foulard
b) Un parfum
c) Un rouge à lèvres
d) Un sac

N142- En quelle année l'ingénieur suédo-américain Gideon Sundbäck dépose-t-il le brevet pour la mise au point de la fermeture éclair moderne en remplaçant le système d'œillets et de crochets par un dispositif de dents engrenées à l'aide d'un curseur ?
a) En 1883
b) En 1913
c) En 1943
d) En 1973

N143- Quel architecte, ayant participé à la création du centre Pompidou à Paris, porte le nom d'instrument de musique ?
a) Violon
b) Flûte
c) Piano
d) Trompette

N144- Quel peuple a inventé le quipus, un ancêtre de la calculatrice ?
a) Les aztèques
b) Les incas
c) Les égyptiens
d) Les grecs

N145- Quel est l'autre nom de la constante Pi, notée « π », qui évoque le travaille d'un grand scientifique grec ?
a) La constante d'Archimède
b) La constante de Thalès
c) La constante d'Aristote
d) La constante de Pythagore

N146- Quel mode de fermeture George de Mestral, ingénieur suisse, inventa-t-il ?
a) Le zip   *b) Le bouton pression*   *c) Le velcro*   *d) Les lacets*

N147- Dans quelle ville Pierre de Coubertin relança-t-il les jeux olympiques en 1896 ?
a) Paris   *b) Athènes*   *c) Londres*   *d) Berlin*

N148- Quel composant mécanique a été breveté en 1902 par Frederick William Lanchester ?
a) L'échappement   *b) Le pare-brise*   *c) Le radiateur*   *d) Le frein à disque*

N149- Quel objet présent dans les trousses des écoliers a été breveté par Bernard Lassimone en 1828 ?
a) Le crayon gris   *b) Le stylo plume*   *c) La gomme*   *d) L'équerre*

N150- Dans quel endroit les premières douches furent-elles installées en 1872 en France ?
a) Dans une prison   *b) Dans une piscine*   *c) Dans un château*   *d) Dans un hôpital*

O SCIENCES DE LA TERRE

Répondez aux 150 questions de sciences de la Terre avant de consulter la grille de réponses.

O1- Qu'est-ce que l'albédo ?
a) Une réflexion   b) Un type de cristaux   c) Une concentration en sel   d) Un taux d'humidité

O2- À quel type de planète la Terre appartient-t-elle ?
a) Gazeuse   b) Nébuleuse   c) Solaire   d) Tellurique

O3- Quand intervient une éclipse solaire ?
a) Quand la Terre est entre la Lune et le Soleil   b) Quand la Lune est entre la Terre et le Soleil
c) Quand le Soleil est entre la Terre et la Lune   d) Aucune de ces propositions n'est correcte

O4- Comment est appelé un volcan provoquant des coulées de lave très abondantes et spectaculaires ?
a) Éruptif   b) Explosif   c) Vulcanien   d) Effusif

O5- Comment s'appelle la première couche de la croûte terrestre ?
a) La lithosphère   b) Le manteau   c) L'asthénosphère   d) Le noyau

O6- Qui est à l'origine du concept de la tectonique des plaques ?
a) Charles Darwin   b) Alfred Wegener   c) Francis Richter   d) Harry Hess

O7- Quel est le principal facteur d'érosion de la roche ?
a) L'air   b) L'eau   c) Le dioxyde de carbone   d) Le diazote

O8- À partir de quelle matière se forme le pétrole ?
a) Le sable   b) Le dioxyde de carbone   c) La matière organique   d) Du charbon

O9- Outre la température, quel autre paramètre est à l'origine de la formation du magma ?
a) L'humidité   b) La gravité   c) Le réchauffement climatique   d) La pression

O10- Qu'est-ce qu'une marne en géologie ?
a) Un département   b) Une grotte   c) Une roche   d) Une fosse

O11- Quel paramètre est à l'origine de la sédimentation ?
a) La pesanteur   b) La température   c) L'humidité   d) La pression

O12- Quelle espèce minérale compose principalement le granite ?
a) Silicate   b) Quartz   c) Chromate   d) Carbone

O13- Qu'indique la présence de l'ammonite, qui est un fossile, dans une roche ?
a) La présence d'une ancienne forêt   b) La présence d'un ancien fleuve
c) La présence d'un ancien océan   d) Ne révèle rien de spécifique

O14- Quel est le plus grand désert du monde ?
a) Le Sahara   b) Le désert d'Arabie   c) L'Arctique   d) L'Antarctique

O15- Quelle méthode classique permet l'extraction du pétrole ?
a) Le craquage   b) Le forage   c) Le pilonnage   d) Le pompage

O16- Comment s'appelle la zone de départ d'un séisme ?
a) Hypocentre   b) Épicentre   c) Hypercentre   d) Zone D

O17- Quel type d'échelle est l'échelle de Richter mesurant l'intensité des séismes ?
a) Linéaire   b) Exponentielle   c) Logarithmique   d) Inverse

O18- Lors d'une explosion volcanique, quel est le gaz le plus abondant émis ?
a) Le dioxyde de carbone   b) Le dioxyde de soufre   c) La vapeur d'eau   d) Le monoxyde de carbone

O19- À quelle profondeur approximative se situe le centre de la Terre ?
a) 1540 km   b) 3230 km   c) 6370 km   d) 10520 km

O20- Quel est le constituant majeur du noyau de la Terre ?
a) Le fer   b) Le nickel   c) Le carbone   d) Le silicium

O21- Comment s'appelle la cavité souterraine contenant le magma dans un volcan ?
a) La lampe   b) Le réservoir   c) La grotte   d) La chambre

O22- Comment s'appelait le continent unique ou super continent qui existait il y a plusieurs millions d'années ?
a) L'Australium   b) La Pangée   c) L'Agglomérat   d) L'Unitae

O23- Chaque année, de quelle distance s'éloigne le continent américain du continent européen ?
a) 1 à 3 mm   b) 1 à 3 cm   c) 1 à 3 dm   d) 1 à 3 m

O24- Comment se nomme la zone de subduction entre deux plaques tectoniques ?
a) Zone de divergence   b) Zone d'élongation   c) Zone d'étirement   d) Zone de convergence

O25- Comment s'appelle la zone entre le noyau et la croûte terrestre ?
a) Le manteau   b) La graine   c) Le magma   d) La lave

O26- Quel est le nom des deux plaques tectoniques à l'origine de la chaîne de l'Himalaya ?
a) La plaque africaine et la plaque eurasienne   b) La plaque indonésienne et la plaque eurasienne
c) La plaque indienne et la plaque eurasienne   d) La plaque indienne et la plaque pacifique

O27- Qu'est-ce qu'un rift ?
a) Une zone volcanique   b) Une zone de fracture   c) Une zone d'érosion   d) Une zone tellurique

O28- Qu'est-ce qu'un point amphidromique ?
a) Le niveau de la mer   b) Un détroit   c) Le point le plus haut d'une zone   d) Un endroit sans marée

O29- Quel est le nom de la fosse la plus profonde de Méditerranée ?
a) La fosse Cassidaigne   b) La fosse Calypso   c) La fosse du Matapan   d) La fosse des Mariannes

O30- À quel endroit se séparent deux plaques tectoniques ?
a) Au niveau d'une dorsale   b) Au niveau d'un rift
c) Au niveau d'une marne   d) Au niveau de la mer

O31- En quelle date Pompéi fut-elle ensevelie par une explosion du Vésuve ?
a) En 49 avant JC   b) En 7 après JC   c) En 79 après JC   d) En 107 après JC

O32- Qu'est-ce que le marnage ?
a) Un niveau d'érosion   b) Un niveau de marée   c) Un niveau d'équinoxe   d) Un niveau de pression

O33- Quel est l'âge de la Terre ?
a) 50 millions d'années   b) 400 millions d'années   c) 4,5 milliards d'années   d) 13 milliards d'années

O34- Comment s'appelle la partie supérieure du manteau ?
a) La lithosphère   b) L'asthénosphère   c) La croûte   d) La graine

O35- Que signifie le mot ductile ?
a) Qui a la capacité à s'étirer   b) Qui a la capacité à se plier
c) Qui a la capacité à se rompre   d) Qui a la capacité à supporter la chaleur

O36- Qu'est-ce que le mascaret ?
a) Une vague   b) Un affluent   c) Un type de terre   d) Une roche

O37- De quel atome est constitué le diamant ?
a) Oxygène   b) Fluor   c) Carbone   d) Soufre

O38- Quel métal est considéré comme un métal précieux ?
a) Le titane   b) Le lithium   c) Le palladium   d) L'étain

O39- Quelle est la profondeur du forage, le plus profond pendant deux décennies, se trouvant à Kola en Russie ?
a) 4,4 km   b) 12,2 km   c) 16,3 km   d) 37,2 km

O40- Quel scientifique a décrit le cycle de vie des continents, qui porte son nom aujourd'hui ?
a) Harry Hammond Hess   b) Arthur Holmes   c) Alfred Wegener   d) John Tuzo Wilson

O41- Quelle est la profondeur approximative de la fosse des Mariannes ?
a) 7400 m   b) 9200 m   c) 11 000 m   d) 14 500 m

O42- Quel phénomène physique permet de comprendre la structure interne de la Terre ?
a) Les ondes sismiques   b) La lumière   c) La radioactivité   d) Les rayons X

O43- Quel est le troisième type de roches existant autre que les roches magmatiques et métamorphiques ?
a) Granitiques   b) Sédimentaires   c) Basaltiques   d) Céramiques

O44- Quel est le moteur de la tectonique des plaques ?
a) Le Soleil   b) Les océans   c) Les séismes   d) La chaleur interne

O45- Quel atome donne sa couleur rouge au rubis ?
a) Le chrome   b) L'aluminium   c) Le fluor   d) Le silicium

O46- Dans quel pays a eu lieu le séisme de magnitude 9,5 le 22 mai 1960 ?
a) Au Japon   b) En Russie   c) Au Chili   d) Au Pakistan

O47- Quelle est la bonne définition du phénomène de percolation ?
a) Transport des sédiments   b) Érosion des sols
c) Déplacement de matière   d) Mouvement de filtration de l'eau à travers le sol

O48- Outre la Terre, quelle planète du système solaire aurait pu également abriter la vie ?
a) Vénus   b) Mars   c) Jupiter   d) Mercure

O49- Quelle est la masse approximative de la Terre ?
a) 6.10^{18} kg   b) 6.10^{20} kg   c) 6.10^{24} kg   d) 6.10^{26} kg

O50- Dans quel milieu une onde se propage-t-elle le moins rapidement ?
a) L'air   b) L'eau   c) La roche   d) Le fer

O51- Quel préfixe désigne le mot Terre ?
a) Bio   b) Ter   c) Hélio   d) Géo

O52- Quel phénomène provoque les aurores boréales ?
a) La climatologie   b) Le magnétisme   c) La météorologie   d) La géologie

O53- Quelle était la magnitude du séisme de Lambesc de 1909, séisme le plus fort jamais enregistré en France métropolitaine jusqu'en 2020 ?
a) 5,4   b) 6,2   c) 7,5   d) 8,1

O54- Outre le chrome, quel atome donne sa couleur verte aux émeraudes ?
a) Le béryllium   b) Le lithium   c) Le vanadium   d) Le ruthénium

O55- Quel scientifique d'origine polonaise est considéré comme un des pionniers de la volcanologie moderne ?
a) Haroun Tazieff   b) Joseph Babinski   c) Ludwik Hirszfeld   d) Stanislaw Ulam

O56- Quel rayonnement est à l'origine de l'échauffement de l'atmosphère ?
a) Les UV   b) Les infrarouges   c) Les rayons X   d) Les micro-ondes

O57- Quelle est la salinité de la mer Morte, mer la plus salée au monde ?
a) 140 g/L   b) 205 g/L   c) 270 g/L   d) 310 g/L

O58- À quoi sont dues les marées ?
a) L'attraction uniquement de la Lune   b) L'attraction conjointe de la Lune et du Soleil
c) L'attraction uniquement du Soleil   d) La pluie

O59- Quelle science étudie les caractères chimiques et physiques des sols ?
a) La pédologie   b) La géologie   c) La géographie   d) La géobiologie

O60- Quelle est la molécule présente dans l'atmosphère qui protège des UV ?
a) Le dioxygène   b) Le diazote   c) Le dioxyde carbone   d) L'ozone

O61- Sur quel continent se trouve le volcan le plus haut du monde ?
a) L'Amérique   b) L'Europe   c) L'Asie   d) L'Océanie

O62- Quel pourcentage représente l'eau douce sur le total de l'eau présente sur la Terre ?
a) 1,5 %   b) 2,8 %   c) 3,9 %   d) 5,4 %

O63- Pourquoi le pôle Sud est-il plus froid que le pôle Nord ?
a) Il y a plus de glace   b) Il y a moins de Soleil   c) La différence d'altitude   d) Il n'y a pas de différence

O64- D'où provient le sel de la mer ?
a) Des nuages   b) De l'érosion de la croûte terrestre
c) Des fleuves   d) De la décomposition de la matière organique

O65- Où se situent les volcans actifs ?
a) Dans l'hémisphère sud   b) En limite de plaques tectoniques
c) Dans l'hémisphère nord   d) Pas d'endroit particulier

O66- Comment s'appelle l'échelle de mesure des vitesses des vents ?
a) Beaufort   b) Richter   c) Magellan   d) Camembert

O67- Comment s'appelle un séisme qui se produit après un séisme principal ?
a) Séisme bis   b) Réplique   c) Résurgence   d) Onde de choc

O68- Quelle pierre est une pierre précieuse ?
a) La topaze   b) L'ambre   c) L'agate   d) Le saphir

O69- Quel lac contient la plus grande réserve d'eau douce non gelée du monde ?
a) Lac Baïkal   b) Lac Léman   c) Lac Supérieur   d) Lac Michigan

O70- Quelle est la circonférence approximative de la Terre ?
a) 6300 km   b) 29 000 km   c) 40 000 km   d) 320 000 km

O71- Quelle est la température approximative du centre de la Terre ?
a) 180°C   b) 1450°C   c) 3200°C   d) 5500°C

O72- Qu'est-ce que l'isostasie ?
a) La densité d'une roche   b) Un équilibre entre les roches et le manteau
c) La dureté d'une roche   d) La qualité d'une roche

O73- Qu'est-ce que la limnologie ?
a) La science des limons   b) La science des sédiments
c) La science des eaux continentales   d) La science des fonds marins

O74- Comment s'appelle la zone qui sépare la croûte terrestre du manteau ?
a) La lithosphère   b) L'asthénosphère   c) La graine   d) Le moho

O75- Qu'est-ce que la datation relative en géologie ?
a) Donner l'âge précis d'une roche
b) Déterminer la chronologie de formation des roches
c) Faire des analyses de la radioactivité
d) Déterminer le nombre d'années qui sera nécessaire à la disparition d'une roche

O76- Quelle notion, en géologie, désigne, sur un diagramme de phase, un domaine où coexistent pour un matériau sa phase solide et sa phase liquide ?
a) La sublimation   b) Le solidus   c) Le modelus   d) La fusion

O77- Qu'est-ce que le géotherme ?
a) La variation de la température en fonction de la profondeur
b) La variation de la température en fonction de la densité
c) La variation de la température en fonction de la viscosité
d) La variation de la température du sol

O78- Approximativement quand la dernière période glaciaire en Europe s'est-elle terminée ?
a) Il y a 1500 ans   b) Il y a 4000 ans   c) Il y a 12 000 ans   d) Il y a 100 000 ans

O79- Qu'est-ce que la diagénèse ?
a) Processus de transformation des sédiments en roche   b) Processus de formation du pétrole
c) Processus de formation des montagnes   d) Processus de formation des océans

O80- Comment nomme-t-on la période géologique actuelle qui se caractérise par l'avènement des hommes comme principale force de changement sur Terre ?
a) Quaternaire   b) Cambrien   c) Anthropocène   d) Carbonifère

O81- Qu'est-ce que le carottage ?
a) La culture de carottes
b) L'échantillonnage par forage
c) La recherche par impulsions
d) Le traçage au laser

O82- Quel mot ne désigne pas un nuage ?
a) Cirrus
b) Stratus
c) Culumostratus
d) Altocumulus

O83- Comment s'appelait la dernière période glaciaire en Europe, qui s'étendait de 115 000 à 11 700 ans avant le présent ?
a) Günz
b) Mindel
c) Riss
d) Würm

O84- Quel autre nom donne-t-on au champ magnétique terrestre ?
a) Bouclier magnétique
b) Corridor magnétique
c) Pare-feu magnétique
d) Gaine magnétique

O85- Quelle est la pression atmosphérique moyenne au niveau de la mer ?
a) 973 hPa
b) 1013 hPa
c) 1022 hPa
d) 1043 hPa

O86- Qu'est-ce que l'aéronomie ?
a) L'étude des vents
b) L'étude des courants
c) L'étude des nuages
d) L'étude de l'atmosphère

O87- À quelle époque géologique les dinosaures ont-ils disparu ?
a) Crétacé
b) Jurassique
c) Cambrien
d) Tonien

O88- Qui a été à la base de la météorologie par l'écriture de Le traité des Météorologiques ?
a) Léonard De Vinci
b) Blaise Pascal
c) Pythagore
d) Aristote

O89- Qu'est-ce que le Gulf Stream ?
a) Un pipeline
b) Un courant pacifique
c) Un courant océanique
d) Un type de vent

O90- Comment s'appelle le passage de l'état liquide à l'état solide de l'eau, à l'origine des flocons de neige ?
a) La vaporisation
b) La solidification
c) La condensation
d) La fusion

O91- Qu'est-ce qu'un typhon ?
a) Un cyclone de l'océan Atlantique
b) Un cyclone de la mer Méditerranée
c) Un cyclone de la mer de Chine
d) Un cyclone de la mer du Nord

O92- Quelle unité de mesure principale du vent, utilisée dans le domaine maritime, représente le déplacement d'un mille marin en une heure ?
a) m/s
b) km/h
c) mile/h
d) nœud

O93- Comment nomme-t-on une tempête de neige, poussée par un vent violent et accompagnée d'un froid très vif ?
a) Blizzard
b) Giboulées
c) Grêle
d) Foehn

O94- Quelle discipline étudie les différentes couches de roches du sol ?
a) La solographie
b) La stratigraphie
c) La couchographie
d) La pelliculographie

O95- Combien de branches possède un flocon de neige ?
a) 2
b) 4
c) 6
d) 8

O96- Comment se nommait le premier satellite météo européen ?
a) Weatherlab 1
b) Meteolab 1
c) Meteosat 1
d) Forecast 1

O97- Quel est le nom du plus gros des nuages ?
a) Stratus   b) Cumulonimbus   c) Altostratus   d) Cirrus

O98- Quel est le nom du premier éon (=période divisant l'histoire de la Terre) ?
a) Le phanérozoïque   b) L'hadéen   c) Le protérozoïque   d) L'archéen

O99- Qu'étudie la paléontologie ?
a) Les pyramides   b) Le sol   c) Les palais   d) Les fossiles

O100- Quel pourcentage du volume de la Terre représente son noyau ?
a) 10%   b) 15%   c) 20%   d) 25%

O101- Qu'est-ce qu'un point chaud en géologie ?
a) Lieu où les températures au sol sont très chaudes   b) Lieu où les températures de l'eau sont très chaudes
c) Lieu où l'activité volcanique est importante   d) Lieu de fusion des roches

O102- Comment nomme-t-on le vent violent qui souffle du nord vers la mer Méditerranée ?
a) Le foehn   b) Le sirocco   c) Le mistral   d) L'autan

O103- Quel prix équivalent au Nobel a été créé en 2011 pour récompenser des scientifiques des géosciences notamment ?
a) Médaille Fields   b) Prix Craaford   c) Prix Shaw   d) Prix Wolf

O104- Qu'est-ce que la gravimétrie ?
a) La mesure de la pesanteur   b) La mesure de la viscosité
c) La mesure de la densité   d) La mesure de la taille des graviers dans des agrégats

O105- Outre le calcaire, quel composé intervient dans la composition du ciment ?
a) Le charbon   b) Le basalte   c) Le granite   d) L'argile

O106- Qui fit les premières études scientifiques sur le Gulf Stream ?
a) Benjamin Franklin   b) Jacques-Yves Cousteau   c) Walter Munk   d) Ponce de León

O107- Quelle énergie l'Islande utilise-t-elle majoritairement pour son chauffage ?
a) L'énergie nucléaire   b) L'énergie cinétique   c) L'énergie géothermique   d) L'énergie magnétique

O108- Quel était le travail de la personne qui a donné son nom de « derrick » à la tour de forage pétrolier ?
a) Géologue   b) Maçon   c) Bourreau   d) Ambassadeur

O109- Quelle est la matière à l'origine du charbon ?
a) La matière minérale   b) La matière basaltique   c) La matière granitique   d) La matière organique

O110- Quel pays détient les plus grandes réserves prouvées de pétrole au monde, avec 300,9 milliards de barils de pétrole de réserves prouvées à fin 2015 ?
a) Venezuela   b) Russie   c) Arabie Saoudite   d) États-Unis

O111- Quel ouragan a dévasté la Nouvelle-Orléans en 2005 ?
a) Daniel   b) El Niño   c) Katrina   d) Andrew

O112- Quel est le nom du nuage le plus élevé ?
a) Stratus   b) Cumulonimbus   c) Altostratus   d) Cirrus

O113- Quel climat se caractérise par des températures douces et des précipitations nombreuses ?
a) Climat méditerranéen   b) Climat tropical   c) Climat océanique   d) Climat montagnard

O114- Comment s'appellent certaines vagues océaniques très hautes, soudaines, considérées comme très rares ?
a) Des tsunamis   b) Des vagues scélérates   c) Des tubes   d) Des murs

O115- Quel est le métal le plus abondant dans la croûte terrestre ?
a) Le fer   b) Le nickel   c) L'aluminium   d) Le silicium

O116- Quel est le constituant majeur du manteau inférieur ?
a) Granite   b) Basalte   c) Magma   d) Pérovskite

O117- Comment s'appelle l'alignement de volcans qui borde l'océan Pacifique sur la majorité de son pourtour ?
a) Volcano   b) La ceinture de feu   c) Périfeu   d) La ronde des volcans

O118- De quel type est un volcan gris ?
a) Effusif   b) Explosif   c) Détonant   d) Hawaïen

O119- Qu'est-ce que la turbidité ?
a) La fluidité d'un liquide   b) La dureté d'un liquide
c) La viscosité d'un liquide   d) La teneur d'un liquide en particules suspendues

O120- Comment s'appelle une concrétion calcaire qui descend de la voûte d'une grotte ?
a) Stalactite   b) Dolmen   c) Stalagmite   d) Marne

O121- Dans quelle période géologique sommes-nous actuellement ?
a) Le quaternaire   b) Le trias   c) Le crétacé   d) Le néogène

O122- Qu'étudie un géomorphologue ?
a) La qualité des sols   b) L'état sismologique d'une région
c) Les formes du relief terrestre   d) La densité de la croûte terrestre

O123- Qu'est-ce qui désigne l'ensemble des formes de l'eau présente sur la Terre ?
a) Hydrosphère   b) Hydromorphisme   c) Hydrosituation   d) Hydrométrie

O124- Pour une strate, comment s'appelle l'ensemble des fossiles qu'elle renferme ?
a) Le squelette   b) La fossilisation   c) Le biofaciès   d) Le commedore

O125- Quel couple de radioéléments a permis au géochimiste américain Clair Cameron Patterson d'être le premier à déterminer précisément l'âge de la Terre dans les années 1950 ?
a) Plutonium/Strontium   b) Uranium/Plomb   c) Césium/Rhubinium   d) Carbone/Uranium

O126- Quel est le plus vieux minéral connu à la surface de la Terre ?
a) Zircon   b) Quartz   c) Graphite   d) Diamant

O127- Quel cataclysme a provoqué directement l'accident nucléaire de Fukushima ?
a) Un séisme   b) Un typhon   c) Un tsunami   d) Une tornade

O128- Quelle est l'origine du Sirocco ?
a) Espagne   b) Sahara   c) Atlantique   d) Europe du Nord

O129- Quelle est la température moyenne approximative de la surface terrestre ?
a) -5°C   b) 5°C   c) 10°C   d) 15°C

O130- Que représente l'autan, la lombarde, le grec, le levant ou le libeccio ?
a) Des vents   b) Des nuages   c) Des rivières   d) Des typhons

O131- Qu'est-ce qu'un biome ?
a) Un milieu écologique étendu et homogène, à la surface du globe terrestre
b) Un type de sol
c) L'ensemble des organismes vivants qui se développent sur la Terre
d) Un animal dont l'espèce vient d'être découverte

O132- Quelle est l'unité de viscosité dans le système international ?
a) Poiseuille   b) Poise   c) Pascal.seconde   d) Pascal.heure

O133- Qu'est-ce que la biostratographie ?
a) Étude de la composition des sols
b) Étude de la répartition des espèces fossiles dans les strates
c) Étude de la composition chimique des montagnes
d) Étude des terrains pétrolifères

O134- Qu'est-ce que le permafrost ?
a) Une zone de l'arctique   b) Une zone de l'Antarctique
c) Un synonyme d'iceberg   d) Un sol perpétuellement gelé

O135- Quel est le pourcentage minimum de la partie immergée d'un iceberg ?
a) 35%   b) 45%   c) 75%   d) 95%

O136- Comment s'appelle le point le plus septentrional de la planète Terre ?
a) Le pôle Nord magnétique   b) Le pôle Nord géographique
c) Le pôle Sud géographique   d) Le pôle Sud magnétique

O137- Qu'est-ce que le stéradian ?
a) Une unité de longueur   b) Une unité de masse   c) Une unité de viscosité   d) Une unité d'angle solide

O138- Quelle montagne s'est créée suite à la rencontre des plaques Nazca et d'Amérique du Sud ?
a) La Cordillère des Andes   b) Les Appalaches   c) La Sierra Nevada   d) Les rocheuses

O139- Qu'est-ce qu'une chronozone ?
a) Un temps d'enfouissement d'une strate   b) Une demi-vie
c) Une subdivision chronologique   d) Un temps d'immersion

O140- Qu'est-ce que le craquage ?
a) Une distillation du sol   b) Un procédé de raffinage du pétrole
c) Un filtrage des alluvions   d) Une macération forcée

O141- De quoi est composé un iceberg ?
a) D'eau salée   b) D'eau distillée   c) D'eau calcaire   d) D'eau douce

O142- Qu'est-ce qui désigne l'ensemble des organismes vivants qui se développent sur la Terre ?
a) Biocop   b) Bioserre   c) Biosphère   d) Bioterra

O143- À combien de litres correspond un baril de pétrole ?
a) 25 L   b) 159 L   c) 204 L   d) 325 L

O144- Qu'est-ce que le naphta ?
a) Un indice   b) Une unité   c) Un type de forage   d) Un des produits du pétrole

O145- Comment s'appelle l'activité qui consiste à rechercher, explorer, étudier et cartographier les cavités souterraines ?
a) Spéléologie   b) Hydrologie   c) Grouffrologie   d) Permafrologie

O146- Qu'est-ce qu'un habitat troglodytique ?
a) Un gouffre   b) Une fourmilière
c) Dans une région de Jordanie   d) Une maison creusée dans la roche

O147- Quelle force permet aux icebergs de flotter ?
a) Le poids   b) La poussée d'Archimède   c) La gravité   d) Les frottements

O148- Quelle science traite de l'étude des eaux souterraines ?
a) Hydrospéléologie   b) Hydrologie   c) Hydrogéologie   d) Hydrogéographie

O149- À la formation de la Terre, quel était l'élément principal de l'atmosphère primitive ?
a) Dioxyde de carbone   b) Dioxygène   c) Diazote   d) Dihydrogène

O150- Que signifie le « L » de l'acronyme du carburant GPL ?
a) Liquéfié   b) Low   c) Large   d) Lytique

P ▶ PHYSIQUE & CHIMIE

Répondez aux 150 questions de physique et chimie avant de consulter la grille de réponses.

P1- Quel est le symbole chimique du sodium ?
a) So   b) Na   c) Sd   d) Ne

P2- Quelles sont les deux particules qui constituent le noyau d'un atome ?
a) L'électron et le proton   b) L'électron et le neutron   c) Le proton et le neutron   d) Le neutrino et le proton

P3- Quelle unité de mesure est exprimée en kilogramme ?
a) Poids   b) Pression   c) Volume   d) Masse

P4- Combien 4,4 cm³ représentent-ils en mL ?
a) 44   b) 4,4   c) 440   d) 0,44

P5- Quelle formule lie la tension U en Volt, l'intensité I en Ampère et la résistance R en Ohm ?
a) $U = R/I$ b) $R = U \times I$ c) $U = R \times I$ d) $I = U \times R$

P6- Qui a découvert le phénomène de la radioactivité ?
a) Henri Becquerel   b) Albert Einstein   c) Marie Curie   d) Rolf Sievert

P7- Quel est le principal constituant de l'air ?
a) Le dioxygène   b) L'ozone   c) Le dioxyde de carbone   d) Le diazote

P8- Quelle est la température de fusion de l'eau au niveau de la mer ?
a) 20°C   b) 100°C   c) 0°C   d) 75°C

P9- Quelle est la valeur de la vitesse de la lumière ?
a) 300 m/s   b) 300 000 km/s   c) 300 km/s   d) 300 000 m/s

P10- Quelle distance approximative sépare la Terre de la Lune ?
a) 380 000 km   b) 10 000 km   c) 150 millions de km   d) 1,5 million de km

P11- Quel était le nom du premier satellite artificiel ?
a) Apollo   b) Explorer   c) Astérix   d) Spoutnik

P12- Quel est l'atome le plus léger ?
a) Hélium   b) Hydrogène   c) Lithium   d) Carbone

P13- Avec le fer, quel est l'autre constituant de l'acier ?
a) Le titane   b) Le carbone   c) L'aluminium   d) Le silicium

P14- Quel est la vitesse du son dans l'air ?
a) 100 m/s   b) 10 m/s   c) 3300 m/s   d) 330 m/s

P15- Quel est le symbole chimique de l'or ?
a) O   b) Or   c) Au   d) Gd

P16- Quelle couleur apparaît lorsque l'on additionne de la soude à de l'eau contenant du cuivre ?
a) Verte   b) Rouge   c) Bleue   d) Jaune

P17- Quel gaz l'eau de chaux révèle-t-elle ?
a) Dioxyde de carbone   b) Dioxygène   c) Diazote   d) Monoxyde de carbone

P18- De combien de décibels un son augmente-t-il quand son intensité est doublée ?
a) 1 décibel   b) 2 décibels   c) 3 décibels   d) 10 décibels

P19- Quelle est la durée de la rotation de la Terre sur elle-même ?
a) 1 heure   b) 6 heures   c) 24 heures   d) 365 jours

P20- Combien de temps environ met la lumière produite par le Soleil pour nous parvenir sur Terre ?
a) 1 seconde   b) 1 minute   c) 5 minutes   d) 8 minutes

P21- Quelle est la principale molécule responsable de l'addiction au tabac ?
a) Le goudron   b) La nicotine   c) La dopamine   d) La caséine

P22- Quelle est la couleur d'un corps (comme un astre ou une étoile) qui indique la température la plus chaude ?
a) Bleue   b) Orange   c) Blanche   d) Rouge

P23- Par combien faut-il diviser une vitesse en km/h pour obtenir une vitesse en m/s ?
a) 3,6   b) 5   c) 0,4   d) 10,5

P24- Quelle est la valeur de la force de gravité terrestre exprimée en N/kg ?
a) 1,6   b) 5,3   c) 9,8   d) 15,2

P25- Quelle particule est à l'origine du courant électrique ?
a) Le proton   b) L'électron   c) Le neutron   d) Le neutrino

P26- Quel est le diamètre du noyau d'un atome ?
a) 10^{-9} m   b) 10^{-10} m   c) 10^{-12} m   d) 10^{-15} m

P27- À quelle acidité correspond un pH égal à 3 ?
a) Acido-basique   b) Acide   c) Basique   d) Neutre

P28- Quel est le nom des ondes ayant une longueur d'onde supérieure à celles du rouge visible ?
a) Les UV   b) Les rayons X   c) Les micro-ondes   d) Les infrarouges

P29- Quelle formule permet de lier un rayon incident et un rayon réfracté lors de la propagation d'un rayon lumineux entre deux milieux transparents différents ?
a) Loi de Snell-Descartes   b) Loi de Pascal   c) Loi d'Edison   d) Loi de Newton

P30- De quel type de lumière est la lumière blanche ?
a) Polychromatique   b) Monochromatique   c) Dichromatique   d) Trichromatique

P31- Quelle est la valeur du nombre d'Avogadro en nombre d'entités ?
a) 100   b) 412   c) $4,52 \times 10^{-21}$ d) $6,02 \times 10^{23}$

P32- Quelle est la charge d'un atome ?
a) -1   b) 0   c) +1   d) +5

P33- Quel est l'atome le plus abondant dans l'univers ?
a) Soufre   b) Azote   c) Carbone   d) Hydrogène

P34- Quelle est la température de surface du Soleil ?
a) 3000°C   b) 5900°C   c) 15 millions de °C   d) 150 millions de °C

P35- Quels sont les constituants du bronze ?
a) Carbone/fer   b) Cuivre/fer   c) Cuivre/étain   d) Fer/nickel

P36- Quel composé n'est pas un alliage ?
a) Acier   b) Or   c) Laiton   d) Fonte

P37- Quelle particule est contenue en même quantité dans 2 isotopes ?
a) Proton   b) Neutron   c) Nucléon   d) Aucune de ces réponses

P38- Quel atome fait partie de la famille des halogènes ?
a) Le carbone   b) Le lithium   c) Le fluor   d) L'azote

P39- Quelle est l'origine d'un référentiel géocentrique ?
a) Le sol   b) La Lune   c) Le Soleil   d) Le centre de la Terre

P40- Quelle est la trajectoire d'un satellite dont la position par rapport à la Terre ne varie pas ?
a) Haute   b) Basse   c) Polaire   d) Géostationnaire

P41- De quoi dépend la gravité ?
a) De la masse   b) Du poids   c) De la surface   d) Du volume

P42- Sachant que la force d'attraction de la Terre sur la Lune est de 2.1020 N, quelle force exerce la Lune sur la Terre ?
a) $0\,N$ b) $10^{20}\,N$ c) $2.10^{20}\,N$ d) $5.10^{20}\,N$

P43- Parmi les entités suivantes, quelle est celle qui est majoritairement responsable de l'effet de serre ?
a) Le diazote   b) L'argon   c) Le dioxygène   d) L'eau

P44- Quel est le gaz utilisé dans les lampes des éclairages publics donnant une couleur orange caractéristique ?
a) Xénon   b) Sodium   c) Chlore   d) Argon

P45- Quel est le nom commun de l'acide acétylsalicylique ?
a) L'aspirine   b) Le paracétamol   c) La vitamine D   d) La vitamine E

P46- Quel est le nom commun de l'acide ascorbique ?
a) Le curare   b) La soude   c) Le bicarbonate   d) La vitamine C

P47- Quel est le symbole chimique du dioxyde de carbone ?
a) O_2 b) CO_2 c) H_2O d) CH_4

P48- Quelle est la molécule à l'origine des crampes musculaires ?
a) L'acide lactique   b) L'acide citrique   c) L'acide nitrique   d) L'acide ascorbique

P49- Pour quelles valeurs de fréquence a-t-on des ultrasons ?
a) Entre 0 et 20 Hz   b) Entre 20 et 10 000 Hz   c) Entre 10 000 et 20 000 Hz   d) Au-delà de 20 000 Hz

P50- Dans quel milieu se propage le plus rapidement une onde ?
a) L'air   b) L'eau   c) La roche   d) Le fer

P51- Quelle est l'onde la plus pénétrante ?
a) Les rayons X   b) Les UV   c) Les infrarouges   d) Les ondes radio

P52- De quel produit l'aspartame est-il un substitutif ?
a) Sel　　　　　*b) Poivre*　　　　*c) Sucre*　　　　*d) Citron*

P53- Quelle verrerie spécifique utilisée en chimie doit son nom à celui de son inventeur ?
a) Fiole　　　　*b) Bécher*　　　*c) Erlenmeyer*　　*d) Einstein*

P54- En théorie classique, lors d'une chute libre, quelle est l'unique force subie par l'objet ?
a) Le frottement　　　　*b) La traction*　　　*c) La réaction de l'air*　　*d) Le poids*

P55- Qui a énoncé le principe d'inertie ?
a) Isaac Newton　　　　*b) Nikola Tesla*　　　*c) Marie Curie*　　　　*d) Pythagore*

P56- L'énergie mécanique est la somme de deux autres énergies, lesquelles ?
a) L'énergie chimique et l'énergie potentielle　　　*b) L'énergie chimique et l'énergie nucléaire*
c) L'énergie cinétique et l'énergie thermique　　　*d) L'énergie cinétique et l'énergie potentielle*

P57- Qui a établi l'équation $E = mc^2$?
a) Marie Curie　　*b) Albert Einstein*　　　*c) Henri Becquerel*　　　*d) Nikola Tesla*

P58- Lors du freinage d'un véhicule, en quelle énergie est convertie l'énergie cinétique ?
a) Énergie chimique　　*b) Énergie potentielle*　*c) Énergie thermique*　　*d) Énergie mécanique*

P59- À cause de l'absence de quel gaz la flamme s'éteint-elle, lorsqu'on dépose un verre sur une bougie ?
a) Le dioxygène　　　*b) L'air*　　　*c) Le dioxyde de carbone*　*d) Le monoxyde de carbone*

P60- Quel est le symbole chimique de l'azote ?
a) A　　*b) Az*　　*c) N*　　*d) At*

P61- Quelle loi indique que le produit de la pression P d'un gaz par le volume V est constant ?
a) Loi de Pascal　　　*b) Loi de Boyle-Mariotte*　　　*c) Loi de Bar*　　　*d) Loi de Newton*

P62- Quel est le diamètre d'un atome ?
a) $10^{-9}\,m$　　*b) $10^{-10}\,m$*　　*c) $10^{-12}\,m$*　　*d) $10^{-15}\,m$*

P63- Quel est le gaz à l'origine de l'effervescence d'un comprimé d'aspirine dans un verre d'eau ?
a) L'oxygène　　*b) Le diazote*　　*c) Le dihydrogène*　　*d) Le dioxyde de carbone*

P64- Comment s'appelle l'appareil qui mesure une tension électrique ?
a) Un voltmètre　　　*b) Un ampèremètre*　　*c) Un ohmmètre*　　　*d) Un gaussmètre*

P65- Quelle est l'unité de la mesure du champ magnétique ?
a) Le tesla　　　*b) Le becquerel*　　*c) L'ampère*　　　*d) Le newton*

P66- De quel état à quel état la sublimation permet-elle le passage ?
a) L'état gazeux à l'état liquide　　　*b) L'état solide à l'état liquide*
c) L'état gazeux à l'état solide　　　*d) L'état solide à l'état gazeux*

P67- Quelle unité de mesure représente une année-lumière ?
a) Le temps　　*b) La vitesse*　　*c) La distance*　　*d) L'angle*

P68- Sachant que la distance entre la Terre et Alpha du Centaure est d'environ 4 années-lumière, quel temps a mis la lumière de cette étoile pour nous parvenir ?
a) 4 secondes   b) 4 minutes   c) 4 heures   d) 4 ans

P69- Sachant que le diamètre d'un cheveu est d'environ 100 µm, quelle est sa valeur en mètre ?
a) 0,01 m   b) 0,0001 m   c) 100 m   d) 0,1 m

P70- Quel est le principal composé du Soleil autre que l'hydrogène ?
a) Carbone   b) Oxygène   c) Hélium   d) Uranium

P71- En optique, quel type de système est un prisme ?
a) Dissipatif   b) Dispersif   c) Sombre   d) Convergent

P72- À quoi est environ égale la masse d'un atome ?
a) La masse des protons   b) La masse des électrons   c) La masse des neutrons   d) La masse des nucléons

P73- Combien un ion Fe^{2+} a-t-il gagné ou perdu d'électrons ?
a) Gagné deux électrons   b) Perdu deux protons   c) Perdu deux électrons   d) Gagné deux protons

P74- Que signifie qu'un atome de carbone 14 a un nombre de masse de 14 et un numéro atomique de 6 ?
a) Qu'il possède 6 protons et 6 électrons   b) Qu'il possède 6 protons et 6 neutrons
c) Qu'il possède 14 neutrons   d) Qu'il possède 14 protons

P75- Quand est-ce que deux atomes sont des isotopes ?
a) Ils ont le même numéro atomique   b) Ils ont le même nombre de masse
c) Ils ont le même nombre de neutrons   d) Aucune de ces réponses

P76- Qui est l'inventeur du tableau périodique ?
a) Amadeo Avogadro   b) Antoine Lavoisier   c) Dmitri Mendeleïev   d) Louis De Broglie

P77- Quel repère nécessite l'étude du mouvement des planètes autour du Soleil ?
a) Géocentrique   b) Héliocentrique   c) Terrestre   d) Magnétique

P78- Dans quelle condition un mouvement est-il considéré comme rectiligne uniforme ?
a) L'objet accélère en ligne droite   b) L'objet décélère en ligne droite
c) L'objet est à vitesse constante en ligne droite   d) L'objet est à vitesse constante en courbe

P79- Quel instrument de mesure est utilisé pour mesurer une force ?
a) Un dynamomètre   b) Une balance   c) Un ampèremètre   d) Un voltmètre

P80- Quelle condition peut entraîner une modification de la trajectoire d'un objet ?
a) Être soumis à une force   b) Que les forces qui s'exercent se compensent
c) Être soumis à au moins 3 forces   d) Aucune de ces réponses

P81- Quel type d'action est une interaction gravitationnelle ?
a) De contact attractive   b) De contact répulsive   c) À distance répulsive   d) À distance attractive

P82- Quelle formule lie une fréquence F en Hertz et une période T en seconde ?
a) $F = 2/T$ b) $F = 2 \times T$ c) $F = 1/T$ d) $F = T/2$

P83- Quelle est la fréquence en Hertz d'un phénomène ondulatoire ayant une période de 0,5 seconde ?
a) 0,5 Hz   b) 1 Hz   c) 2 Hz   d) 10 Hz

P84- Quelle est la fréquence cardiaque, en Hertz, d'un coureur mesurant 60 pulsations cardiaques par minute ?
a) 0,5 Hz   *b) 1 Hz*   *c) 2 Hz*   *d) 10 Hz*

P85- Quelle est la formule brute du dioxyde de soufre constitué d'un atome de soufre et de deux atomes d'oxygène ?
a) SO_2   *b) S_2O*   *c) O_2S*   *d) OS_2*

P86- Quand est-ce que deux molécules sont des isomères ?
a) Quand elles ont la même formule brute   *b) Quand elles ont la même formule semi-développée*
c) Quand elles ont la même formule développée   *d) Quand elles ont les mêmes matrices*

P87- Quel type de mélange est de l'eau salée non saturée en sel ?
a) Un mélange hétérogène   *b) Un corps pur*
c) Un mélange homogène   *d) Une molécule*

P88- Quelle est la formule de la masse volumique ?
a) masse + volume   *b) masse – volume*   *c) masse / volume*   *d) volume / masse*

P89- Quelle est la valeur de la densité de l'eau ?
a) 0,5   *b) 1*   *c) 2*   *d) 5*

P90- Comment se nomme le passage de l'état solide à l'état liquide ?
a) La vaporisation   *b) La solidification*   *c) La condensation*   *d) La fusion*

P91- Que permet de mesurer le banc de Kofler ?
a) La température de fusion   *b) La conductivité*   *c) La puissance*   *d) L'intensité sonore*

P92- Quelle est la formule brute de la thréonine qui est un acide aminé contenant 1 atome d'azote, 9 atomes d'hydrogène, 4 atomes de carbone et 3 atomes d'oxygène ?
a) $H_9C_4NO_3$ *b) $C_4O_3H_9N$*   *c) $C_4H_9NO_3$*   *d) $NO_3C_4H_9$*

P93- Quelle verrerie faut-il utiliser pour séparer deux liquides non miscibles ?
a) Filtre   *b) Ampoule à décanter*   *c) Appareil à distiller*   *d) Fiole jaugée*

P94- Quel est le paramètre qui est à la base d'une distillation ?
a) Degré d'alcool   *b) Température de fusion*
c) Degré d'humidité   *d) Température de vaporisation*

P95- Quelle est l'unité de la quantité de matière ?
a) Le kilogramme   *b) La mole*   *c) Le mètre*   *d) Le mètre cube*

P96- Qui est l'auteur de la phrase « Rien ne se perd, rien ne se crée, tout se transforme. » ?
a) Isaac Newton   *b) André-Marie Ampère*
c) Amedeo Avogadro   *d) Antoine Lavoisier*

P97- Dans une solution d'eau salée, quelle affirmation est vraie ?
a) L'eau est le soluté   *b) Le sel est le solvant*   *c) L'eau est le solvant*   *d) Aucune de ces réponses*

P98- Quel atome Marie Curie a-t-elle découvert ?
a) L'uranium   *b) Le césium*   *c) Le strontium*   *d) Le radium*

P99- Quelle existence Blaise Pascal a-t-il confirmée ?
a) Le vide   *b) La lumière*   *c) Les électrons*   *d) La gravité*

P100- Quel scientifique a mesuré, pour la première fois et de façon fiable, la constante de gravitation ?
a) Henry Cavendish   b) Isaac Newton   c) Charles-Augustin Coulomb   d) André-Marie Ampère

P101- Qui est l'inventeur du paratonnerre ?
a) Michael Faraday   b) Thomas Edison   c) Benjamin Franklin   d) Nikola Tesla

P102- Quelle est l'unité de capacité électrique ?
a) Le coulomb   b) Le faraday   c) L'ampère   d) Le volt

P103- En quelle année Albert Einstein a-t-il reçu le prix Nobel de physique ?
a) 1905   b) 1915   c) 1921   d) 1936

P104- Qui a découvert le phénomène de supraconductivité ?
a) André-Marie Ampère   b) Heike Kamerlingh Onnes
c) Nikola Tesla   d) Charles-Augustin Coulomb

P105- Alfred Nobel est connu pour ses prix récompensant des scientifiques, mais qu'a-t-il inventé d'autre ?
a) La dynamite   b) La poubelle   c) Le moteur à pistons   d) L'aspirine

P106- Comment appelle-t-on la table du chimiste ?
a) La couche   b) L'établi   c) La paillasse   d) Le comptoir

P107- Qui a découvert la pénicilline ?
a) Alexander Fleming   b) Claude Bernard   c) Louis Pasteur   d) Xavier Bichat

P108- Quelle notation désigne l'électron ?
a) e b) e^- c) B d) B^+

P109- Quelle est l'unité de l'énergie ?
a) La calorie   b) Le watt   c) L'ampère   d) Le joule

P110- Que représente un neutrino ?
a) Un électron   b) Un neutron   c) Une particule élémentaire   d) Un atome

P111- Quelles ondes utilise un radar ?
a) Des ondes mécaniques   b) Des ondes sonores
c) Des ondes électromagnétiques   d) Des ondes sismiques

P112- Qui découvrit l'oxygène en 1773 ?
a) Antoine Lavoisier   b) Carl Wilhelm Scheele
c) Charles-Augustin Coulomb   d) Amedeo Avogadro

P113- Que se passe-t-il au cours d'une transformation chimique ?
a) Les molécules se conservent   b) Les atomes se conservent
c) Les ions se conservent   d) Les charges changent

P114- Au cours de la réaction chimique suivante : $Cu + O_2 \rightarrow CuO_2$, que peut-on dire ?
a) Le Cu est un produit   b) L'O_2 est un produit
c) Le CuO_2 est un réactif   d) Le CuO_2 est un produit

P115- Quand un mélange est-il « stoechiométrique » ?
a) Quand les réactifs sont en quantités équivalentes
b) Quand les produits sont formés en quantités équivalentes
c) Quand les réactifs sont consommés entièrement à l'état final
d) Quand les réactifs ne sont pas consommés entièrement à l'état final

P116- De quoi est constitué un gaz au niveau moléculaire ?
a) De molécules immobiles et ordonnées   b) De molécules mobiles et ordonnées
c) De molécules immobiles et désordonnées   d) De molécules mobiles et désordonnées

P117- Quel instrument permet de mesurer une pression ?
a) Un manomètre   b) Un anémomètre   c) Un pressurimètre   d) Un dynamomètre

P118- Que devient le volume d'un gaz quand, à température constante, la pression augmente ?
a) Le volume reste constant   b) Le volume diminue   c) Le volume augmente   d) Cela n'a pas de lien

P119- Qui inventa la pile électrique ?
a) Adolf Müller   b) Alessandro Volta   c) Thomas Edison   d) John Daniell

P120- À quelle force s'oppose la poussée d'Archimède ?
a) Au poids   b) Aux frottements   c) À la masse   d) À l'eau

P121- Qui est le premier français à avoir reçu le prix Nobel de chimie ?
a) Henri Becquerel   b) Marie Curie   c) Henri Moissan   d) Louis Pasteur

P122- Quel pays construisit la première centrale nucléaire civile ?
a) La France   b) Les États-Unis   c) La Grande-Bretagne   d) L'URSS

P123- Quel physicien allemand inventa un compteur de particules ?
a) Henri Becquerel   b) Nikola Tesla   c) Charles-Augustin Coulomb   d) Hans Geiger

P124- Quelle particule élémentaire constitue par son flux le rayonnement électromagnétique ?
a) L'électron   b) Le boson   c) Le photon   d) Le neutrino

P125- Par quel type d'ondes s'effectue l'écholocalisation utilisée par les dauphins ?
a) Les ondes électromagnétiques   b) Les infrasons   c) Les ultrasons   d) Les micro-ondes

P126- Quel est le premier gaz rare dans le tableau périodique des éléments dont le numéro atomique est 2 ?
a) L'argon   b) L'hélium   c) Le krypton   d) Le xénon

P127- Dans une centrale nucléaire, qu'est-ce qui fait tourner les turbines produisant de l'électricité ?
a) La vapeur d'eau   b) Le plutonium   c) L'uranium   d) Les neutrons

P128- Quel scientifique a dirigé le projet Manhattan à l'origine de la première bombe atomique américaine ?
a) Albert Einstein   b) Robert Oppenheimer   c) Werner Heisenberg   d) Marie Curie

P129- Quelle est la formule chimique du diazote, principal constituant de l'air ?
a) A   b) Az_2 c) A_2 d) N_2

P130- Quelle transformation physique est exothermique (= libère de la chaleur) ?
a) La vaporisation   b) La sublimation   c) La liquéfaction   d) La fusion

P131- Comment se nomme un ion chargé négativement ?
a) Un négation   b) Un anion   c) Un cation   d) Un positron

P132- Quelle est l'unité de temps dans le système international ?
a) La seconde   b) La minute   c) L'heure   d) Le jour

P133- Quelle référence Gabriel Fahrenheit a-t-il utilisé pour établir son échelle de température ?
a) Le point de solidification de l'eau   b) La température corporelle d'un cheval
c) Le zéro absolu   d) Le point de fusion du chocolat

P134- Quel est le lien entre un kilogramme d'eau liquide et un kilogramme de glace ?
a) Ils ont le même volume   b) L'eau liquide a un volume plus grand que la glace
c) La glace a un volume plus grand que l'eau liquide   d) Ils ont la même température

P135- Qu'est-ce qui définit un mouvement ?
a) Son sens   b) Sa valeur   c) Sa norme   d) Sa trajectoire

P136- De quelle substance sont formés les nuages libérés par les cheminées des centrales nucléaires ?
a) De dioxyde de carbone   b) De monoxyde de carbone   c) D'eau   d) D'uranium

P137- Qui a découvert les neutrons ?
a) James Chadwick   b) Ernest Rutherford   c) Albert Einstein   d) Marie Curie

P138- Quelle particule émet une radioactivité alpha ?
a) Un noyau d'hélium   b) Un électron   c) Un proton   d) Un atome d'hydrogène

P139- Quelle particule peut-être captée par une base ?
a) Un électron   b) Un proton   c) Un neutron   d) Un neutrino

P140- Quelle solution conduit le courant électrique ?
a) De l'eau distillée   b) Une solution moléculaire
c) Une solution d'eau sucrée   d) Une solution ionique

P141- Comment s'appelle l'expérience du physicien Erwin Schrödinger pour caractériser les différents états quantiques de l'atome ?
a) La licorne de Schrödinger   b) Le tigre de Schrödinger
c) Le lion de Schrödinger   d) Le chat de Schrödinger

P142- Quel scientifique a défini les niveaux énergétiques d'un atome ?
a) Niels Bohr   b) James Prescot Joule   c) Henri Becquerel   d) Rolf Sievert

P143- Quelle est approximativement la vitesse de propagation d'un photon dans le vide ?
a) 330 m/s   b) 1500 km/h   c) 400 000 km/h   d) 300 000 km/s

P144- Quelle condition faut-il pour qu'ait lieu une réaction de fission nucléaire ?
a) 2 atomes légers   b) 2 atomes lourds
c) Un atome léger et un neutron   d) Un atome lourd et un neutron

P145- En quoi se transforme la perte de masse lors d'une réaction nucléaire ?
a) En eau   b) En énergie   c) En dioxyde de carbone   d) En vide

P146- Quelle est la quantité de produit dans une réaction chimique à l'état initial ?
a) Zéro
b) La même quantité que les réactifs
c) Le double de la quantité des réactifs
d) Mille

P147- Dans une réaction chimique, combien de réactifs permettent l'arrêt de la réaction ?
a) Zéro
b) 1
c) 2
d) Tous

P148- Que convertit une combustion ?
a) De l'énergie physique en énergie nucléaire
b) De l'énergie physique en énergie mécanique
c) De l'énergie chimique en énergie thermique
d) De l'énergie thermique en énergie nucléaire

P149- Quel est le symbole chimique de l'ion chlorure ?
a) Cl^+
b) Cl
c) Cl^-
d) Cl^{2-}

P150- Qu'est-ce qui constitue un atome à 99% de son volume ?
a) Les nucléons
b) L'électron
c) L'eau
d) Le vide

Q MATHÉMATIQUES

Répondez aux 150 questions de mathématiques avant de consulter la grille de réponses.

Q1- Quelle est la valeur de la somme des angles d'un triangle ?
a) 45°   b) 90°   c) 180°   d) 360°

Q2- Quel est le plus petit nombre premier ?
a) 0   b) 1   c) 2   d) 3

Q3- Quel est le périmètre d'un cercle trigonométrique ?
a) 0   b) 1   c) π d) 2π

Q4- Combien 55 m^3 représentent-ils en L ?
a) 0,55   b) 55   c) 5500   d) 55 000

Q5- Par quelle lettre est représenté l'ensemble des nombres entiers naturels ?
a) Q   b) R   c) N   d) D

Q6- Qui énonça un théorème sur les triangles rectangles : « Si un triangle est rectangle, le carré de la longueur de l'hypoténuse est égal à la somme des carrés des longueurs des deux autres côtés. » ?
a) Thalès   b) Pascal   c) Pythagore   d) Euclide

Q7- Que définit l'hypoténuse ?
a) Le plus grand côté d'un triangle rectangle   b) La diagonale d'un parallélogramme
c) Un côté d'un losange   d) Un polygone

Q8- Combien mesure un angle plat ?
a) 90°   b) 180°   c) 270°   d) 360°

Q9- Quelle est la formule du volume d'un cône de rayon R et de hauteur h ?
a) $(\pi R^2 \times h)/2$ b) $(\pi R^2 + h)/3$ c) $(R^2 \times h)/4$ d) $(\pi R^2 \times h)/3$

Q10- Qu'est-ce qu'un quadrilatère ?
a) Une figure à 4 côtés   b) Une figure à 5 côtés   c) Une figure à 6 côtés   d) Une figure à 7 côtés

Q11- Comment sont qualifiées deux droites qui ne se coupent jamais ?
a) Sécantes   b) Parallèles   c) Perpendiculaires   d) Confondues

Q12- Avec quel instrument trace-t-on un cercle ?
a) Un rapporteur   b) Une équerre   c) Un compas   d) Une règle en T

Q13- Quelle est la formule de l'aire d'un disque de rayon R ?
a) $2\pi R$ b) πR^2 c) $2R$ d) $4\pi R^2$

Q14- Quel adjectif qualifie un triangle qui a deux côtés égaux ?
a) Quelconque   b) Équilatéral   c) Rectangle   d) Isocèle

Q15- Quel est le coefficient de réduction d'une figure géométrique qui a subi une réduction ?
a) Égal à 0   b) Compris entre 0 et 1   c) Supérieur à 1   d) Inférieur à 0

Q16- Que permet de calculer ou de définir directement la propriété de Thalès ?
a) Des mesures d'angles   b) Des mesures de longueurs
c) Qu'un triangle est rectangle   d) Que des droites sont parallèles

Q17- Dans une figure géométrique en 3D, quel segment forme l'intersection de deux surfaces planes ou courbes ?
a) Une droite   b) Un sommet   c) Une arête   d) Une face

Q18- Combien vaut 1557 à la puissance 0 ?
a) 0   b) 1   c) 1557   d) -1557

Q19- Quel terme désigne une droite dont une courbe s'approche de plus en plus, sans jamais l'atteindre ?
a) Une oblique   b) Une limite   c) Une asymptote   d) Une tangente

Q20- Quel mathématicien a découvert une méthode pour calculer les décimales du nombre Pi, noté π ?
a) Archimède   b) Pythagore   c) Socrate   d) Euclide

Q21- Combien vaut √0 ?
a) 0   b) 1   c) 2   d) Impossible

Q22- Combien vaut 5^3 ?
a) 5   b) 15   c) 125   d) 250

Q23- Quel est le plus grand diviseur commun entre 144 et 180 ?
a) 2   b) 12   c) 24   d) 36

Q24- Quelle est la valeur de la somme des angles d'un quadrilatère ?
a) 45°   b) 90°   c) 180°   d) 360°

Q25- Comment s'appelle la symétrie qui fait apparaître deux figures capables de se superposer par un demi-tour autour d'un point ?
a) La symétrie axiale   b) La symétrie centrale   c) L'homothétie de rapport 1   d) La translation

Q26- Quelle unité vaut 10^{-6} m ?
a) Le millimètre   b) Le nanomètre   c) Le femtomètre   d) Le micromètre

Q27- Quand est-ce qu'un nombre est un multiple de 3 ?
a) Il finit par 3
b) Il finit par 3 ou 9
c) La somme des chiffres qui le constituent est divisible par 3
d) La somme des chiffres qui le constituent est égale à 3

Q28- Qu'est-ce qui est caractérisé par un sens, une norme et une direction ?
a) Un vecteur   b) Une droite   c) Une demi-droite   d) Un angle

Q29- Quelle est la valeur de 2! ?
a) 0   b) 1   c) 2   d) 4

Q30- Quel est l'équivalent du Prix Nobel en mathématiques ?
a) Le prix Femto   b) La médaille Fields   c) Le lauréat Médicis   d) Le prix Euclide

Q31- Dans un triangle, comment s'appelle la droite qui joint un sommet au milieu du côté opposé ?
a) La hauteur   b) La bissectrice   c) La médiane   d) La médiatrice

Q32- Comment se nomme en statistiques le point milieu d'un jeu de données ?
a) La médiane   b) La moyenne   c) La variance   d) L'espérance

Q33- Dans un calcul, que faut-il effectuer en premier ?
a) Les additions   *b) Les calculs entre parenthèses*   *c) Les multiplications*   *d) Les soustractions*

Q34- Dans une fraction a/b, comment se nomme la valeur a ?
a) Le dénominateur   *b) Le nominateur*   *c) Le numérateur*   *d) Le rapport*

Q35- Par quel(s) nombre(s) est-il interdit de diviser ?
a) Aucun nombre n'est interdit   *b) 0*   *c) 1*   *d) Un nombre négatif*

Q36- Quelle est la mesure d'un angle aigu ?
a) Entre 0° et 45°   *b) Entre 0° et 90°*   *c) Entre 90° et 180°*   *d) Entre 180° et 360°*

Q37- Quelle est la formule de l'aire d'un triangle de base B et de hauteur H ?
a) $B \times H$ *b) $(B + H)/2$*   *c) $(B \times H)/2$*   *d) $(B \times H)/3$*

Q38- En géométrie, quel polyèdre est toujours composé de 4 faces triangulaires, 6 arêtes et 4 sommets ?
a) Un cône   *b) Un cube*   *c) Une pyramide*   *d) Un tétraèdre*

Q39- Quelle est la représentation graphique d'un phénomène proportionnel ?
a) Une parabole   *b) Une hyperbole*
c) Une droite qui ne passe pas par l'origine   *d) Une droite qui passe par l'origine*

Q40- Comment nomme-t-on une fonction de la forme y = ax + b ?
a) Affine   *b) Linéaire*   *c) Quelconque*   *d) Du second degré*

Q41- Qui est le premier français à recevoir la médaille Fields en 1950 ?
a) Jean-Pierre Serre   *b) Laurent Schwartz*   *c) Alain Connes*   *d) Cédric Villani*

Q42- À combien est égale la somme des probabilités de tous les événements élémentaires ?
a) À 0   *b) À 0,5*   *c) À 1*   *d) À 10*

Q43- Quelle est la formule de l'aire d'un parallélogramme de côté c et de hauteur associée h ?
a) $(c + h)/2$ *b) $c \times h$*   *c) $(c - h)/2$*   *d) $(c \times h)/3$*

Q44- Quelle est la formule du volume d'une boule de rayon R ?
a) $4\pi R^2$ *b) πR^3*   *c) $\pi R^3/3$*   *d) $4/3\, \pi R^3$*

Q45- Que signifie une échelle au 1/200 ?
a) 1 cm sur le dessin correspond à 200 cm en réel   *b) 1 m sur le dessin correspond à 200 cm en réel*
c) 1 cm sur le dessin correspond à 200 m en réel   *d) 1 cm en réel correspond à 200 cm sur le dessin*

Q46- Comment s'appelle un repère dont les axes se coupent perpendiculairement et dont leurs graduations sont identiques ?
a) Un repère normé   *b) Un repère orthonormé*
c) Un repère orthocentré   *d) Un repère centronormé*

Q47- Quelle est la formule de la circonférence d'un cercle de rayon R ?
a) $2\pi R$ *b) πR^2*   *c) $2R$*   *d) $4\pi R^2$*

Q48- Quelle est la valeur de 3! ?
a) 2   *b) 3*   *c) 5*   *d) 6*

Q49- Que sont deux angles complémentaires ?
a) *Dont la somme est égale à 45°*   b) *Dont la somme est égale à 90 °*
c) *Dont la somme est égale à 180°*   d) *Dont la somme est égale à 360°*

Q50- Quel adjectif qualifie un triangle qui possède un angle droit ?
a) *Quelconque*   b) *Équilatéral*   c) *Rectangle*   d) *Isocèle*

Q51- Quel parallélogramme possède 4 angles droits et des diagonales qui ne se coupent pas perpendiculairement ?
a) *Un losange*   b) *Un rectangle*   c) *Un carré*   d) *Un trapèze*

Q52- Quel est le plus petit nombre premier supérieur à 100 ?
a) *101*   b) *103*   c) *105*   d) *108*

Q53- Quelle est la notation scientifique de 5214 ?
a) $5,214.10^3$ b) $52,14.10^3$ c) $5,214.10^{-3}$ d) 5214.10^3

Q54- Comment se nomme en statistiques la différence entre la valeur la plus grande et la valeur la plus petite d'une série ?
a) *La médiane*   b) *La moyenne*   c) *Le quartile*   d) *L'étendue*

Q55- Dans une figure géométrique en 3D, qu'est-ce qu'un point se situant à l'extrémité de deux arêtes ?
a) *Une droite*   b) *Un sommet*   c) *Une demi-droite*   d) *Une face*

Q56- Quelle unité vaut 10^{-9} m ?
a) *Le millimètre*   b) *Le nanomètre*   c) *Le femtomètre*   d) *Le micromètre*

Q57- Par quelle lettre est représenté l'ensemble des nombres décimaux ?
a) *Q*   b) *R*   c) *N*   d) *D*

Q58- Quel est le résultat du développement de (a + b)(a − b) ?
a) $a - b$ b) $a + b$ c) $a^2 - b^2$ d) $a^2 + b^2$

Q59- Quelle figure ABCD est décrite par deux vecteurs (un d'extrémités A et B ; et l'autre d'extrémités D et C) égaux non confondus et non alignés ?
a) *Un parallélogramme*   b) *Un pentagone*   c) *Un triangle*   d) *Un hexagone*

Q60- Comment sont qualifiées deux droites qui se coupent en formant un angle droit ?
a) *Sécantes*   b) *Parallèles*   c) *Perpendiculaires*   d) *Confondues*

Q61- Combien vaut 10^6 ?
a) *60*   b) *10 000*   c) *100 000*   d) *1 000 000*

Q62- Dans un triangle, comment s'appelle la droite passant par un sommet et qui coupe perpendiculairement le côté opposé ?
a) *La hauteur*   b) *La bissectrice*   c) *La médiane*   d) *La médiatrice*

Q63- Quelle est la formule de l'aire d'une sphère de rayon R ?
a) $4\pi R^2$ b) πR^3 c) $\pi R^3/3$ d) $4/3\pi R^3$

Q64- Avec quel instrument trace-t-on un angle droit ?
a) *Un ellipsographe*   b) *Une équerre*   c) *Un compas*   d) *Une règle*

Q65- Quel est le résultat du développement de $(a - b)^2$?
a) $a^2 + 2ab + b^2$ b) $a^2 - 2ab - b^2$ c) $a^2 - 2ab + b^2$ d) $a^2 - b^2$

Q66- Combien vaut $\sqrt{(-4)}$?
a) 0   b) 1   c) 2   d) Impossible

Q67- Dans un triangle, le point de concourance de quelles droites particulières est le centre du cercle inscrit au triangle ?
a) Les hauteurs   b) Les bissectrices   c) Les médianes   d) Les médiatrices

Q68- Quel est le synonyme de « produit en croix », qui permet de calculer une donnée manquante dans un tableau de proportionnalité ?
a) L'inverse proportionnel   b) Le calcul différentiel
c) Le 3 sur 4   d) La quatrième proportionnelle

Q69- Quelle est le diamètre d'un cercle de 4,7 hm de rayon ?
a) 470 cm   b) 4700 dm   c) 94 000 cm   d) 940 000 m

Q70- Comment s'appelle la symétrie qui fait apparaître deux figures symétriques par rapport à une droite ?
a) La symétrie axiale   b) La symétrie centrale   c) L'homothétie   d) La translation

Q71- En statistiques, en combien de parts égales un quartile divise-t-il une série de données ?
a) 2   b) 4   c) 8   d) 10

Q72- Quelle est la mesure des angles au centre interceptant les côtés d'un hexagone régulier ?
a) 30°   b) 60°   c) 90°   d) 120°

Q73- Comment s'appelle, en statistiques, le rapport entre l'effectif d'une valeur et l'effectif total ?
a) Une moyenne   b) Une moyenne pondérée   c) Une médiane   d) Une fréquence

Q74- De quoi dépend une expérience aléatoire ?
a) De l'heure   b) Uniquement du hasard
c) Des joueurs   d) Du type d'expérience

Q75- De quel type est le triangle dont le carré du plus grand côté est égal à la somme des carrés des deux autres côtés ?
a) Le triangle est isocèle   b) Le triangle est équilatéral   c) Le triangle est rectangle
d) Le triangle est quelconque

Q76- Comment s'appelle le symbole définissant l'infini en mathématiques ?
a) Lemniscate   b) Arobase   c) Esperluette   d) Rho

Q77- Quel est le synonyme du diagramme circulaire ?
a) Diagramme rond   b) Diagramme en camembert
c) Diagramme sphérique   d) Diagramme en gâteau

Q78- En trigonométrie, à quel rapport correspond le cosinus ?
a) Le côté opposé sur l'hypoténuse   b) Le côté adjacent sur l'hypoténuse
c) Le côté opposé sur le côté adjacent   d) Le côté adjacent sur le côté opposé

Q79- Quelle est la formule de l'aire d'un losange d'une grande diagonale D et d'une petite diagonale d ?
a) $D + d$ b) $(D \times d)/2$ c) $(D + d)/2$ d) $(D - d)/2$

Q80- Quelle figure représente la section d'un cylindre par un plan perpendiculaire à l'axe du cylindre ?
a) Un rectangle   b) Un trapèze   c) Un triangle   d) Un disque

Q81- Quel adjectif qualifie un triangle ayant deux angles mesurant chacun 60° ?
a) Quelconque   b) Équilatéral   c) Rectangle   d) Isocèle

Q82- Quel est le résultat de $\sqrt{((-9)^2)}$?
a) -9   b) -3   c) 9   d) 81

Q83- Quelle est la solution de $x^2 = 4$?
a) 2   b) -2   c) -2 et 2   d) -4 et 4

Q84- Quelle est la probabilité de tirer un nombre pair sur dé 6 ?
a) 1/6   b) 1/3   c) 1/2   d) 1/5

Q85- Quel est le résultat de la factorisation de $a^2 + 2ab + b^2$?
a) $(a + b)^2$ b) $(a - b)^2$ c) $(a + b)(a - b)^2$ d) $(a + b)(a - b)$

Q86- À quoi correspond le cube d'un nombre d ?
a) d à la puissance 2   b) Le produit de d par d à la puissance 2
c) Le nombre d multiplié par 2d   d) Le nombre d multiplié par 3

Q87- Quelle est la mesure d'un angle obtus ?
a) Entre 0° et 45°   b) Entre 0 et 90°   c) Entre 90° et 180°   d) Entre 180° et 360°

Q88- Quand est-ce qu'un nombre est un multiple de 4 ?
a) Il finit par 4
b) Il finit par 2 ou 4
c) Le nombre formé par ses deux derniers chiffres est divisible par 4
d) La somme de tous ses chiffres est un multiple de 4

Q89- Quelle est la valeur de : $15 - 4 \times 3 + 1$?
a) 4   b) 32   c) 34   d) 44

Q90- Comment s'appelle le nombre caractérisant des proportions parfaites ?
a) Le nombre d'or   b) Le nombre d'argent   c) Le parfait   d) Le nombre de Da Vinci

Q91- Quel mathématicien développa une procédure de calcul qui, à deux entiers naturels appelés dividende et diviseur, associe deux autres entiers appelés quotient et reste ?
a) Pythagore   b) Euler   c) Euclide   d) Archimède

Q92- Dans un triangle, l'orthocentre correspond au point de concourance de quelles droites particulières ?
a) Les hauteurs   b) Les bissectrices   c) Les médianes   d) Les médiatrices

Q93- Dans une figure géométrique en 3D, qu'est-ce qu'une surface, plane ou courbe, délimitée par des arêtes ?
a) Une arête   b) Un sommet   c) Une demi-droite   d) Une face

Q94- Dans un triangle non équilatéral, quelle droite passe par l'orthocentre H, le centre de gravité G et le centre du cercle circonscrit O ?
a) Droite d'Euclide   b) Droite de Pythagore   c) Droite de Socrate   d) Droite d'Euler

Q95- Quelle masse représente le triple du quart de la moitié d'1 kg ?
a) 0,500 kg   b) 7,5 dg   c) 375 g   d) 125 g

Q96- Dans un triangle, comment s'appelle la droite qui partage un angle en deux angles de même mesure ?
a) La hauteur   b) La bissectrice c) La médiane   d) La médiatrice

Q97- Lequel de ces nombres est le plus grand ?
a) 1/4   b) 1/3   c) 0,30   d) 7/22

Q98- Quelle unité vaut 10^{-15} m ?
a) Le picomètre   b) Le nanomètre   c) Le femtomètre   d) Le micromètre

Q99- Quel est le résultat du produit de 5 par le double de lui-même ?
a) 5   b) 15   c) 25   d) 50

Q100- À quel type de suite appartient la série 3 ; 8 ; 13 ; 18 ; 23 ?
a) Géométrique   b) Fibonacci   c) Arithmétique   d) Décroissante

Q101- Comment nomme-t-on un événement qui n'est réalisé par aucune issue ?
a) Certain   b) Impossible   c) Incompatible   d) Contraire

Q102- Combien de côtés possède un heptagone ?
a) 5   b) 7   c) 9   d) 10

Q103- En quelle année Cédric Villani a-t-il reçu la médaille Fields ?
a) 2010   b) 2012   c) 2013   d) 2015

Q104- Quelle suite est une suite de Fibonacci ?
a) 0 ; 1 ; 2 ; 3 ; 4 ; 5 ; 6 ...   b) 0 ; 4 ; 8 ; 16 ; 32 ; 64 ; 128 ...
c) 4 ; 5 ; 7 ; 10 ; 14 ; 19 ; 25 ...   d) 0 ; 1 ; 1 ; 2 ; 3 ; 5 ; 8 ...

Q105- Que vaut un quart soustrait à un demi ?
a) 0,5   b) 1/8   c) 0,125   d) 1/4

Q106- Que sont deux angles supplémentaires ?
a) Leur somme est égale à 45°   b) Leur somme est égale à 90 °
c) Leur somme est égale à 180°   d) Leur somme est égale à 360°

Q107- Comment nomme-t-on le résultat d'une multiplication ?
a) Une différence   b) Un produit   c) Un quotient   d) Une somme

Q108- En statistiques, en combien de parts égales un décile divise-t-il une série de données ?
a) 2   b) 4   c) 8   d) 10

Q109- Avec quel instrument trace-t-on un angle de 28° ?
a) Un rapporteur   b) Une équerre   c) Un compas   d) Une règle en T

Q110- Quelle est la formule du volume d'un parallélépipède rectangle de longueur L, de largeur l et de hauteur h ?
a) $L \times l + h$ b) $L + l + h$ c) $(L + l + h)/2$ d) $L \times l \times h$

Q111- Combien y-a-t il de secondes dans une heure ?
a) 60   b) 360   c) 1200   d) 3600

Q112- Quelles caractéristiques possède la médiatrice d'un segment ?
a) Elle passe par le milieu du segment et son extrémité
b) Elle passe par son milieu et le coupe perpendiculairement
c) Elle le coupe perpendiculairement à son extrémité
d) Elle passe par son milieu ou le coupe perpendiculairement

Q113- Comment s'appelle la transformation qui fait correspondre à tout point de l'espace un autre point dans un rapport constant avec le premier, par rapport à un point fixe ?
a) La symétrie axiale   b) La symétrie centrale   c) L'homothétie   d) La translation

Q114- Quel est le résultat du double de 20 % de 22 litres ?
a) 8,8 litres   b) 12,2 litres   c) 16,4 litres   d) 18,8 litres

Q115- Que signifie le « C » de PGCD ?
a) Commun   b) Classique   c) Corollaire   d) Collectif

Q116- En trigonométrie, à quel rapport correspond le sinus ?
a) Le côté opposé sur l'hypoténuse   b) Le côté adjacent sur l'hypoténuse
c) Le côté opposé sur le côté adjacent   d) Le côté adjacent sur le côté opposé

Q117- Comment s'appelle un polygone à 10 côtés ?
a) Décagone   b) Hendécagone   c) Dodécagone   d) Tétradécagone

Q118- Quand est-ce qu'un nombre est un multiple de 6 ?
a) Il est pair et divisible par 3
b) Il finit par 3 ou 6
c) Le nombre formé par ses deux derniers chiffres est divisible par 6
d) La somme de tous ses chiffres est un multiple de 6

Q119- À combien f(-2) est-elle égale, si f(x) = 2x − 4 ?
a) 0   b) -8   c) 8   d) Impossible

Q120- Combien fait $(-2)^{-2}$?
a) -4   b) 4   c) -1/4   d) 1/4

Q121- Par quelle courbe est représentée une fonction du second degré ?
a) Une droite   b) Une parabole   c) Une hyperbole   d) Une courbe quelconque

Q122- Dans un triangle, le point de concourance de quelles droites particulières est le centre du cercle circonscrit au triangle ?
a) Les hauteurs   b) Les bissectrices   c) Les médianes   d) Les médiatrices

Q123- Quelle est la dérivée de la fonction f(x) = 3x − 5 ?
a) 3   b) -5   c) 3x   d) -3x

Q124- Comment nomme-t-on un événement pour lequel toutes les issues se réalisent ?
a) Certain   b) Impossible   c) Incompatible   d) Contraire

Q125- Quelle est la notation scientifique de 0,00782 ?
a) $78,2.10^3$ b) $7,82.10^3$ c) $7,82.10^{-3}$ d) 782.10^{-3}

Q126- Quelle est la valeur de 5! ?
a) 70   b) 90   c) 120   d) 140

Q127- Combien vaut √(81) ?
a) 0   b) 1   c) 9   d) 9 ou -9

Q128- Quel est le plus contemporain de ces mathématiciens grecs ?
a) Thalès   b) Archimède   c) Pythagore   d) Euclide

Q129- Combien de côtés possède un octogone ?
a) 5   b) 7   c) 8   d) 10

Q130- Quelle figure représente la section d'un cylindre par un plan parallèle à l'axe du cylindre ?
a) Un rectangle   b) Un trapèze   c) Un triangle   d) Un disque

Q131- Combien vaut $(-3/4)^{-2}$?
a) -0,5   b) 1,5   c) 4/9   d) 16/9

Q132- Que représente un gogol ?
a) 10^{10} b) 10^{50} c) 10^{100} d) 10^{1000}

Q133- Quelle figure représente la section d'un cône par un plan parallèle à la base ?
a) Un rectangle   b) Un trapèze   c) Un triangle   d) Un disque

Q134- En écriture décimale, 10^{26} est un nombre composé de combien de zéros ?
a) 1   b) 24   c) 25   d) 26

Q135- Quelle est la probabilité de tirer un 6 au 100e lancer avec un dé à 6 faces non truqué, qui est lancé 100 fois de suite de manière indépendante et équivalente ?
a) 1/2   b) 1/6   c) 1/100   d) 1/600

Q136- Quel nom porte un objet géométrique formé d'une infinité de points alignés ?
a) Une droite   b) Un sommet   c) Un cercle   d) Une face

Q137- Quelle est la représentation graphique d'une fonction inverse ?
a) Une droite   b) Une parabole   c) Une hyperbole   d) Une courbe quelconque

Q138- Comment s'appelle le point de concourance des trois médianes d'un triangle ?
a) L'orthocentre   b) Le médiacentre   c) Le centre de gravité   d) Pas de nom particulier

Q139- En trigonométrie, à quel rapport correspond la tangente ?
a) Le côté opposé sur l'hypoténuse   b) Le côté adjacent sur l'hypoténuse
c) Le côté opposé sur le côté adjacent   d) Le côté adjacent sur le côté opposé

Q140- Par quelle lettre est représenté l'ensemble des nombres réels ?
a) Q   b) R   c) N   d) D

Q141- En probabilités, comment nomme-t-on deux événements qui ne peuvent pas se réaliser en même temps ?
a) Certains   b) Impossibles   c) Incompatibles   d) Contraires

Q142- Quelle est l'image d'un carré par une symétrie centrale de centre O ?
a) Un carré identique   b) Un carré réduit   c) Un carré agrandi   d) Un rectangle

Q143- Suite à une homothétie de coefficient k = 0,5, comment sont les longueurs de l'objet image par rapport à celles de l'objet initial ?
a) Identiques *b) Divisées par 2* *c) Multipliées par 2* *d) Divisées par 0,5*

Q144- Que représente dans les nombres complexes i² ?
a) 0 *b) 1* *c) -1* *d) Aucune valeur numérique*

Q145- Que mesure le grade, qui vaut π/200 radian ?
a) L'aire *b) Le volume* *c) La longueur des côtés* *d) La mesure des angles*

Q146- Comment sont deux droites distinctes (d) et (d') perpendiculaires à une même troisième droite ?
a) (d) et (d') sont parallèles entre elles *b) (d) et (d') sont perpendiculaires entre elles*
c) (d) et (d') sont sécantes *d) (d) et (d') sont confondues*

Q147- Quelle est l'antécédent de 50 par la fonction f(x)= 9x + 5 ?
a) 5 *b) 9* *c) 50* *d) 455*

Q148- Dans un triangle équilatéral, quelle est la valeur de chaque angle ?
a) 30° *b) 45°* *c) 60°* *d) 90°*

Q149- À quel type de suite appartient la série 1 ; 3 ; 9 ; 27 ; 81 ?
a) Géométrique *b) Fibonacci* *c) Arithmétique* *d) Pas de type particulier*

Q150- Quels sont tous les nombres égaux à leur cube ?
a) -1 ; 0 ; 1 *b) 0 ; 1 ; 2* *c) 0* *d) 1*

ASTRONOMIE

Répondez aux 150 questions d'astronomie avant de consulter la grille de réponses.

R1- Quelle unité de longueur créée par un physicien suédois est utilisée en astronomie ?
a) L'Anderson   b) L'Ångström   c) Le Poulsen   d) Le Kristensen

R2- Quel est l'équivalent de 1 parsec ?
a) 1 année-lumière   b) 2,4 années-lumière   c) 3,26 années-lumière   d) 26,2 années-lumière

R3- Combien y-a-t il de planètes dans le Système solaire ?
a) 5   b) 6   c) 7   d) 8

R4- Quelle est la plus grosse planète du système solaire ?
a) La Terre   b) Uranus   c) Jupiter   d) Mercure

R5- De quelle molécule la comète de Halley est-elle principalement composée ?
a) D'eau   b) De monoxyde de carbone   c) De dioxyde de carbone   d) De méthane

R6- Quel sorte d'objet est le Soleil ?
a) Planète   b) Supernova   c) Géante rouge   d) Étoile

R7- Dans quelle galaxie se situe la Terre ?
a) Cassopié   b) Andromaque   c) La Voie Lactée   d) Centaure

R8- Quelle est la température moyenne de l'Univers ?
a) -270°C   b) -100°C   c) 0°C   d) 20°C

R9- Que définit l'astrométrie ?
a) Le nombre d'étoiles   b) La position des étoiles
c) La luminosité des étoiles   d) Le spectre des étoiles

R10- Comment s'appelle l'instrument astronomique d'observation et de calcul analogique existant depuis l'Antiquité et permettant notamment de mesurer la hauteur des étoiles, dont le Soleil, et ainsi de déterminer l'heure de l'observation et la direction de l'astre ?
a) Le sextant   b) Le télescope   c) Le satellite   d) L'astrolabe

R11- Combien de satellites possède Jupiter ?
a) 11   b) 54   c) 80   d) 115

R12- Quel est l'autre nom de Vénus ?
a) L'étoile Polaire   b) L'étoile du Sud   c) Sirius   d) L'étoile du Berger

R13- Quelle est l'étoile la plus brillante dans le ciel ?
a) L'étoile Polaire   b) Canopus   c) Sirius   d) L'étoile du Berger

R14- Quelle est le surnom de la planète Terre ?
a) La planète de vie   b) L'arche   c) L'éden   d) La planète bleue

R15- Quel est le référentiel dans le cadre de l'héliocentrisme ?
a) Le Soleil   b) Le centre de la Voie Lactée   c) Le sol de la Terre   d) Le centre de la Terre

R16- Quelle est la cinquième planète du Système solaire ?
a) La Terre   b) Saturne   c) Uranus   d) Jupiter

R17- Comment se nomme un amas de gaz et de poussières interstellaires ?
a) Une galaxie   b) Une nébuleuse   c) Un trou noir   d) Supernova

R18- Quel scientifique utilisa pour la première fois le mot « cosmos » ?
a) Socrate   b) Archimède   c) Pythagore   d) Platon

R19- Quelle est la durée de rotation de la Terre autour du Soleil ?
a) 1 heure   b) 6 heures   c) 24 heures   d) 365 jours

R20- Quelle planète n'est pas une planète gazeuse ?
a) Mercure   b) Jupiter   c) Neptune   d) Uranus

R21- Quel est l'élément principal composant le Soleil ?
a) L'hélium   b) L'hydrogène   c) Le carbone   d) L'oxygène

R22- Quelle est la couleur qui indique la température la plus froide pour une étoile ?
a) Bleu   b) Orange   c) Blanc   d) Rouge

R23- Comment s'appelait l'engin qui, pour la première fois de l'humanité, se posa sur une comète en 2004 ?
a) Icare   b) Explorer   c) Voyager   d) Rosetta

R24- Comment s'appelle l'engin humain le plus éloigné de la Terre ?
a) Voyager 1   b) Hubble   c) Explorer   d) Pioneer 1

R25- Quelle réaction de noyaux d'hydrogène en hélium est générée sur le Soleil ?
a) Réaction d'oxydation   b) Réaction de fusion nucléaire
c) Réaction de fission nucléaire   d) Réaction de réduction

R26- Quelle est la couleur d'apparence de la planète Mars ?
a) Noire   b) Bleue   c) Rouge   d) Violette

R27- Quelle galaxie est la plus proche de la nôtre ?
a) Perseus   b) Andromède   c) Magellan   d) Sagittaire

R28- Quel est le nom donné aux hommes russes allant dans l'espace ?
a) Astronautes   b) Spationautes   c) Taïkonautes   d) Cosmonautes

R29- Quelle sonde spatiale n'a jamais existé, jusqu'en 2022 ?
a) Rosetta   b) Missionary 1   c) Voyager 2   d) Surveyor 1

R30- Autour de quelle planète la sonde Cassini-Huygens était-elle en orbite pour son observation ?
a) Mercure   b) Vénus   c) Saturne   d) Jupiter

R31- Parmi ces planètes, laquelle n'a pas d'anneaux ?
a) Vénus   b) Saturne   c) Jupiter   d) Uranus

R32- Quel est l'âge de l'Univers en milliards d'années ?
a) 4,6   b) 7,2   c) 9,5   d) 13,6

R33- Quelle est la planète la plus proche de la Terre ?
a) Mars   b) Mercure   c) Jupiter   d) Vénus

R34- Quel est, en km, le rayon approximatif du Soleil ?
a) 15 000   *b) 90 000*   *c) 700 000*   *d) 1 000 000*

R35- Comment s'appelle le moment supposé de la création de l'Univers ?
a) Big one   *b) Big Bang*   *c) D-Day*   *d) The day*

R36- Après 1986, quelle est la date de l'apparition suivante de la comète de Halley ?
a) 2029   *b) 2044*   *c) 2052*   *d) 2061*

R37- Quelle découverte doit-on à l'astronome Christiaan Huygens en 1655 ?
a) Titan   *b) Uranus*   *c) Callisto*   *d) Phobos*

R38- Quelle navette spatiale américaine a explosé le 28 janvier 1986 ?
a) Discovery   *b) Challenger*   *c) Columbia*   *d) Atlantis*

R39- Par qui fut identifiée la constellation de la Grande Ourse ?
a) Pythagore   *b) Archimède*   *c) Thalès*   *d) Ptolémée*

R40- Quelle est la vitesse approximative de l'ombre lunaire sur la Terre ?
a) 500 km/h   *b) 1000 km/h*   *c) 1300 km/h*   *d) 2000 km/h*

R41- Combien au minimum y-a-t il d'éclipses solaires et lunaires sur une année ?
a) 2   *b) 4*   *c) 6*   *d) 7*

R42- Comment s'appelle l'instrument astronomique qui visualise par son ombre les déplacements du Soleil sur la voûte céleste ?
a) Astrolabe   *b) Gnomon*   *c) Rapporteur*   *d) Goniomètre*

R43- Avec la Terre, quelle autre planète possède une calotte glaciaire polaire ?
a) Saturne   *b) Uranus*   *c) Mars*   *d) Neptune*

R44- Quelle était la durée de l'éclipse solaire la plus longue jamais enregistrée à bord d'un Concorde en 1973 ?
a) 17 minutes   *b) 39 minutes*   *c) 74 minutes*   *d) 107 minutes*

R45- Dans la constellation d'Orion, quel est le nom de l'étoile la plus brillante ?
a) Actarus   *b) Rigel*   *c) Alkor*   *d) Vénusia*

R46- Parmi ces planètes, laquelle n'a aucune lune ?
a) Mercure   *b) Mars*   *c) Jupiter*   *d) Saturne*

R47- Quel est le nom de la planète dont une journée dure 243 jours terrestres, alors qu'une année dure seulement 225 jours terrestres ?
a) Mars   *b) Uranus*   *c) Vénus*   *d) Jupiter*

R48- Sur quelle planète est-il possible de voir des couchers de Soleil bleus ?
a) Jupiter   *b) Uranus*   *c) Vénus*   *d) Mars*

R49- Sur quelle planète existe-t-il une tempête de forme hexagonale ?
a) Mars   *b) Saturne*   *c) Jupiter*   *d) Neptune*

R50- Combien de fois le diamètre de Jupiter est-il plus grand que celui de la Terre ?
a) 2 fois   *b) 5 fois*   *c) 11 fois*   *d) 17 fois*

R51- En quelle année la Station Spatiale ISS est-elle devenue opérationnelle ?
a) 1989   b) 1998   c) 2001   d) 2004

R52- Sur quel astre se trouve la « mer de la tranquillité » ?
a) Mars   b) La Lune   c) Io   d) Titan

R53- Qu'est-ce qui est à l'origine de la « Grande Tache Rouge » sur Jupiter ?
a) Un sol rocheux   b) Un anticyclone   c) Un volcan   d) Un océan de méthane

R54- Comment est appelé le point dans le ciel d'où semblent provenir les météorites ?
a) Quantum   b) Punctum   c) La cible   d) Radiant

R55- Quel est le nom du catalogue astronomique d'objets d'aspect diffus créé en 1774 ?
a) Catalogue de Newton   b) Catalogue de Messier
c) Catalogue de Kepler   d) Catalogue de Magellan

R56- Quel est le nom du prédécesseur de la station spatiale ISS ?
a) Mir   b) Volga   c) Sputnik 3   d) Horizon

R57- Quel est le nom du prédécesseur du télescope spatial James Webb qui a été lancé en 2021 ?
a) Curie   b) Rosetta   c) Hubble   d) Explorer

R58- Quel scientifique créa le concept d'héliocentrisme ?
a) Einstein   b) Newton   c) Copernic   d) Magellan

R59- Combien vaut 1 Ångström ?
a) 10^{-3} m   b) 10^{-6} m   c) 10^{-9} m   d) 10^{-10} m

R60- Quel est le deuxième élément le plus abondant dans l'Univers après l'hydrogène ?
a) Carbone   b) Hélium   c) Sodium   d) Azote

R61- Quelle découverte doit-on à Jean-Dominique Cassini, astronome du XVIIe siècle naturalisé français en 1665 ?
a) Titan   b) La tache rouge sur Jupiter   c) La comète de Halley   d) Phobos

R62- Quel était le nom du premier satellite artificiel lancé par les États-Unis après le Spoutnik de l'URSS le 1er février 1958 ?
a) Voyager 1   b) Univers 1   c) Explorer 1   d) Curiosity 1

R63- Quel était le nom du premier chien dans l'espace ?
a) Laïka   b) Lassie   c) Buck   d) Chaser

R64- Quel objet céleste est si compact que l'intensité de son champ gravitationnel empêche l'échappement de toute forme de matière ou de rayonnement ?
a) Un soleil   b) Un trou noir   c) Un effondrement d'une étoile   d) Une géante rouge

R65- Quelle constellation contient la « grande casserole » ?
a) Grande Ourse   b) Andromède   c) Dragon   d) Grand Chien

R66- Quel était le nom de la première fusée française ?
a) Ariane   b) Julie   c) Véronique   d) Diamant

R67- Quel était le nom de la navette pilotée par Youri Gagarine, qui devint ainsi le premier être humain à voyager dans l'espace ?
a) Soyouz 1   *b) Mir 1*   *c) Zeus 1*   *d) Vostok 1*

R68- Quel temps a mis la lumière pour nous parvenir entre la Terre et l'étoile Polaire en sachant que la distance qui les sépare est d'environ 450 années-lumière ?
a) 450 secondes *b) 450 minutes* *c) 450 heures* *d) 450 ans*

R69- Quelle est la plus petite planète du Système solaire ?
a) La Terre   *b) Uranus*   *c) Jupiter*   *d) Mercure*

R70- Quel est le deuxième constituant du Soleil, après l'hydrogène ?
a) Carbone   *b) Oxygène*   *c) Hélium*   *d) Uranium*

R71- Avec Neil Armstrong et Buzz Aldrin, quel était le nom de l'astronaute qui s'envola le 16 juillet 1969 depuis la base de Cap Canaveral en Floride à bord d'Apollo 11 pour la Lune ?
a) Michael Collins   *b) Charles Duke*   *c) Alan Bean*   *d) David Scott*

R72- Quel était le nom du premier engin spatial envoyé par la NASA en 1995 pour orbiter autour de Jupiter ?
a) Voyager   *b) Rosetta*   *c) Galileo*   *d) Curiosity*

R73- Quel scientifique a établi des lois qui régissent les mouvements des planètes sur leur orbite ?
a) Isaac Newton   *b) Pythagore*   *c) Johannes Kepler*   *d) Jean-Dominique Cassini*

R74- Combien de missions a effectué Discovery, la navette spatiale américaine de la NASA, qui lors de la fin de son programme en 2011 avait le record du nombre de missions de tous les engins spatiaux terrestres ?
a) 17   *b) 21*   *c) 32*   *d) 39*

R75- Jupiter possède quatre principaux satellites : Europe, Ganymède, Callisto et ... ?
a) Io   *b) Galilée*   *c) Piazzi*   *d) Titan*

R76- Quel scientifique fit la découverte d'Uranus ?
a) Archimède   *b) Galilée*   *c) Nicolas Copernic*   *d) William Herschel*

R77- Une voile solaire est un dispositif de déplacement des engins spatiaux mais quelle particule permet son mouvement ?
a) Les électrons *b) Les photons* *c) Les protons* *d) Les neutrons*

R78- En quelle année la fusée Ariane a-t-elle été lancée pour la première fois ?
a) 1971   *b) 1976*   *c) 1979*   *d) 1983*

R79- D'où proviennent les noms des navettes spatiales américaines Discovery et Endeavour ?
a) De noms des navires de James Cook   *b) De noms de dieux grecs*
c) De noms d'anciennes dénominations du pays *d) De noms de mots porte-bonheur*

R80- Quelle force utilisent les engins spatiaux pour accélérer leur vitesse lors de voyages à travers le système Solaire ?
a) La force centrifuge   *b) La force gravitationnelle*   *c) La force vectorielle*   *d) La force de poussée*

R81- Comment se nomme le flux de plasma, constitué essentiellement d'ions et d'électrons, éjecté de la haute atmosphère du Soleil ?
a) Le solar stream   *b) La brise solaire*   *c) Le quantum*   *d) Le vent solaire*

R82- Quel est l'objet utilisé dès 1946 dans la technique du rebond ?
a) Le mont Blanc   b) Le Soleil   c) Mars d) La Lune

R83- Comment nomme-t-on un satellite qui émet à nouveau après une longue période d'inactivité ?
a) Backlife satellite   b) Satellite zombie   c) Satellite mort-vivant   d) Satellite chat

R84- Quelle est la vitesse approximative de déplacement de la station spatiale ISS par rapport à la Terre ?
a) 3200 km/h   b) 11 000 km/h   c) 22 000 km/h   d) 28 000 km/h

R85- Qui a découvert la planète naine Pluton en 1930 ?
a) Halley   b) Galilée   c) Tombaugh   d) Lowell

R86- Quel est le nom du premier astéroïde découvert par le scientifique Piazzi en 1801 ?
a) Cérès   b) Vesta   c) Pallas   d) Hygie

R87- Qui est le premier français commandant de bord sur la station spatiale ISS ?
a) Jean-Loup Chrétien   b) Thomas Pesquet   c) Patrick Baudry   d) Philippe Perrin

R88- Quel secrétaire général soviétique a offert à la fille de John Fitzgerald Kennedy un des chiots de Strelka, une des premières chiennes à être revenue d'un voyage dans l'espace ?
a) Vladimir Poutine   b) Nikita Khrouchtchev   c) Léonid Brejnev   d) Joseph Staline

R89- Dans quelle région de la Terre les habitants ont 24 h de jour lors du solstice d'été ?
a) Sur l'équateur   b) En Antarctique   c) En Arctique   d) Nulle part

R90- Quels sont les mois où se produisent les équinoxes ?
a) Mars/Septembre   b) Juin/Décembre   c) Février/Novembre   d) Mars/Juin/Décembre

R91- Combien de lunes Vénus possède-t-elle ?
a) 0   b) 1   c) 2   d) 3

R92- Quelle est l'origine d'une étoile à neutrons ?
a) Un soleil   b) Un trou noir   c) Un effondrement d'une étoile   d) Une géante rouge

R93- Qu'a découvert en 1761 le scientifique russe Mikhaïl Lomonossov à propos de Vénus ?
a) Sa trajectoire   b) Sa composition   c) Ses volcans   d) Son atmosphère

R94- Avec Vénus, quelle autre planète tourne sur elle-même dans le sens des aiguilles d'une montre ?
a) La Terre   b) Uranus   c) Jupiter   d) Saturne

R95- Quelle planète du système solaire possède le plus de satellites ?
a) Vénus   b) Saturne   c) Jupiter   d) Uranus

R96- Que signifie le terme astérisme ?
a) Regroupement d'étoiles n'appartenant pas à la même constellation   b) Forme particulière d'une étoile
c) Trajectoire particulière d'une étoile   d) Lumière diffuse d'une étoile

R97- Quel mot définit un angle formé par le plan vertical d'un astre et le plan méridien du point d'observation ?
a) L'aurore   b) L'élévation   c) L'azimut   d) L'équinoxe

R98- Quel est le mot commençant par A dans l'acronyme « ESA »?
a) Astronaute   b) Agency   c) Aeronotic   d) Avionic

R99- Quel message pour les humains du futur est à bord du satellite LAGEOS-1 conçu par la NASA en 1976 et qui doit revenir dans 8,4 millions d'années sur Terre ?
a) Bonjour !
b) La recette d'un hamburger
c) Les paroles de « We are the world »
d) La représentation de la Terre à différentes ères

R100- Comment se nomme la couche d'une atmosphère caractérisée par une ionisation partielle des gaz ?
a) L'ionosphère   b) L'exosphère   c) La thermosphère   d) La mésosphère

R101- Que désigne un astromobile ?
a) Une étoile filante   b) Un véhicule se déplaçant sur un astre
c) Un déplacement des galaxies   d) Une carte des étoiles

R102- Quelle est la planète la plus froide du Système solaire ?
a) La Terre   b) Uranus   c) Jupiter   d) Mercure

R103- Quel astrophysicien était atteint de la maladie de Charcot et passa la majorité de sa vie en fauteuil ?
a) Albert Einstein   b) Hubert Reeves
c) Stephen Hawking   d) Subrahmanyan Chandrasekhar

R104- Quel scientifique introduit pour la première fois le concept « d'Univers en expansion » ?
a) Alexandre Friedmann   b) Albert Einstein   c) Nikola Tesla   d) Erwin Schrödinger

R105- Qui est le premier français à être allé dans l'espace ?
a) Jean-Loup Chrétien   b) Thomas Pesquet   c) Patrick Baudry   d) Philippe Perrin

R106- Quel astre a perdu en 2006 son statut de planète du Système solaire ?
a) Alpha   b) Mercure   c) Pluton   d) L'étoile du Berger

R107- Combien y-a-t il de phases dans le cycle lunaire ?
a) 3   b) 8   c) 12   d) 28

R108- Quel est le nom associé à une explosion très lumineuse qui marque la fin de la vie de certaines étoiles ?
a) Naine rouge   b) Géante bleue   c) Étoile blanche   d) Supernova

R109- Quelle était la nationalité de Félicette, premier chat dans l'espace ?
a) Russe   b) Française   c) Américaine   d) Chinoise

R110- Comment s'appelle l'œuvre de Ptolémée synthétisant les connaissances les plus avancées de l'Antiquité en mathématiques et en astronomie ?
a) L'Iliade   b) L'Arénaire   c) L'Almageste   d) L'Odyssée

R111- Quelles ondes sont utilisées en astronomie radar ?
a) Des micro-ondes   b) Des ondes mécanique   c) Des infrarouges   d) Des UV

R112- Comment s'appelle l'un des plus grands radiotélescopes du monde situé à Porto Rico et apparu dans de nombreux films tels que James Bond ?
a) Radiotélescope d'Atacama   b) Radiotélescope d'Eupatoria
c) Radiotélescope d'Arecibo   d) Radiotélescope d'Ooty

R113- Quel jour de l'année, l'ombre à midi est-elle la plus longue ?
a) Solstice d'hiver   b) Solstice d'été   c) Équinoxe d'été   d) Équinoxe d'hiver

R114- Quelle formule permet de calculer la force de gravitation en fonction de la masse de A (m_A), de la masse de B (m_B), de la distance séparant A et B (d) et d'une constante G ?
a) $F = G.m_A.m_B.d$ b) $F = G.m_A.m_B/d$ c) $F = G.m_A.m_B/d^2$ d) $F = G.m_A.m_B.d^2$

R115- Comment se nommait le dieu romain du commerce et des voleurs, messager des dieux et fils de Jupiter, qui a donné son nom à la planète éloignée du Soleil de 46 et 70 millions de kilomètres ?
a) Uranus   b) Mercure   c) Mars   d) Pluton

R116- Qu'est-ce que la couronne solaire ?
a) La couche la plus interne de l'atmosphère du Soleil
b) Les satellites autour du Soleil
c) L'ensemble des planètes autour du Soleil
d) La couche la plus externe de l'atmosphère du Soleil

R117- À quoi correspond une matière interstellaire se trouvant dans une phase de condensation qui prélude à la naissance d'une étoile ?
a) Une nébuleuse   b) Une naine rouge   c) Une protoétoile   d) Une naine blanche

R118- Comment se nomme la base de lancement des fusées aux États-Unis ?
a) Kourou   b) Cap Canaveral   c) Salt Lake   d) Nouveau Mexique

R119- Quel type d'ondes propage le fond diffus cosmologique ?
a) UV   b) Infrarouges   c) Micro-ondes   d) Rayons X

R120- Quelle planète a un rayon approximativement égal à celui de la Terre ?
a) Mercure   b) Mars   c) Vénus   d) Uranus

R121- Quelle est la planète la plus chaude du Système solaire ?
a) La Terre   b) Vénus   c) Jupiter   d) Mercure

R122- Comment se nomme le phénomène d'oscillation périodique de l'axe de rotation de la Terre ?
a) La nutation   b) L'équinoxe   c) L'horizon vrai   d) Le parallaxe

R123- Comment se nomme l'un des deux points de la sphère céleste où l'équateur céleste et l'écliptique se croisent ?
a) Le périhélie   b) L'azimut   c) Le point vernal   d) L'apogée

R124- Qu'est-ce qu'un bolide ?
a) Une étoile filante   b) Un satellite   c) Un trou noir   d) Un phénomène lumineux important

R125- Quel nom de planète est considéré dans la mythologie romaine comme celui de la déesse de l'amour ?
a) Jupiter   b) Uranus   c) Saturne   d) Vénus

R126- Comme nomme-t-on le passage de la Lune du premier quartier à la pleine Lune, ou de la pleine Lune au dernier quartier ?
a) La Lune Gibbeuse   b) Le croissant   c) La demi-Lune   d) La Lune rousse

R127- Quel atome est le carburant majeur du scintillement des étoiles, tout en étant par sa fusion le premier maillon de la chaîne de nucléosynthèse ?
a) L'hélium   b) Le plutonium   c) L'uranium   d) L'hydrogène

R128- Au sein de quelle couche de l'atmosphère la station internationale ISS orbite-t-elle ?
a) L'ionosphère   b) L'exosphère   c) La thermosphère   d) La mésosphère

R129- Comment se nommait le dieu romain des guerriers qui a donné son nom à la deuxième planète du Système solaire par ordre croissant de la taille et de la masse ?
a) Uranus   b) Vénus   c) Mars   d) Pluton

R130- Quelle est la durée d'un cycle lunaire ?
a) 27 jours   b) 28 jours   c) 28,5 jours   d) 29,5 jours

R131- Comment se nomme la distance angulaire entre l'horizon et un astre ?
a) La nutation   b) La hauteur   c) L'horizon vrai   d) Le parallaxe

R132- Quelle est la valeur approximative de l'unité astronomique ?
a) 300 000 km   b) 150 000 000 km   c) 200 000 000 km   d) 300 000 000 km

R133- Comment se nomme la base de lancement des fusées françaises ?
a) Kourou   b) Cap Canaveral   c) Tahiti   d) Mururoa

R134- Comment appelle-t-on une éclipse dont la partie visible du Soleil prend la forme d'un anneau ?
a) Totale   b) Symétrique   c) Annulaire   d) Azimutale

R135- Comment s'appelle l'accélérateur de particules situé sur la frontière franco-suisse ?
a) LHC   b) Tevatron   c) RHIC   d) ILC

R136- Quel est le nom de la première femme française à être allée dans l'espace ?
a) Mary Weber   b) Julie Payette   c) Sandra Magnus   d) Claudie Haigneré

R137- Comment se nommait le dieu romain du ciel, qui a donné son nom à la planète qualifiée de « géante de glaces » ?
a) Uranus   b) Vénus   c) Jupiter   d) Pluton

R138- Comment se nomme l'angle fait par l'orbite d'un corps avec le plan de l'écliptique ?
a) La hauteur   b) La magnitude   c) L'inclinaison   d) Le parallaxe

R139- Quelle est la température moyenne sur la planète Mars ?
a) -100°C   b) -63°C   c) -5°C   d) 18°C

R140- Comment se nomme la couche d'une atmosphère la plus externe ?
a) L'ionosphère   b) L'exosphère   c) La thermosphère   d) La mésosphère

R141- Qu'est-ce que le centre galactique ?
a) Le centre de l'Univers   b) Le centre du système solaire
c) Le centre de la voie Lactée   d) Le lieu du Bing Bang

R142- Vers quel type de lumière tend une galaxie s'éloignant de nous ?
a) Le violet   b) Le rouge   c) Le vert   d) Le jaune

R143- Quelle est approximativement la vitesse de propagation d'un son dans l'Univers ?
a) 0 m/s   b) 330   km/h   c) 300 000 km/h   d) 400 000 km/s

R144- Qu'est-ce qu'un blazar ?
a) Une étoile   b) Une onde cosmique   c) Un bruit magnétique   d) Un type de quasar

R145- Comment se nomme l'inclinaison de l'axe donnée par l'angle entre l'axe de rotation d'une planète et une perpendiculaire à son plan orbital ?
a) La déclinaison   b) La hauteur   c) L'obliquité   d) L'azimut

R146- Quel est l'âge du système solaire ?
a) 3,8 milliards d'années   b) 4,6 milliards d'années
c) 9,6 milliards d'années   d) 13,7 milliards d'années

R147- Comme nomme-t-on le point de l'orbite d'un corps autour de la Terre situé au plus près de celle-ci ?
a) Le périgée   b) L'apogée   c)La hauteur   d) La déclinaison

R148- Comment se nomme le mouvement d'oscillation de l'axe de rotation de la Terre ?
a) La hauteur   b) La précession   c) L'inclinaison   d) Le parallaxe

R149- Comment se nomme la base de lancement des fusées russes ?
a) Kourou   b) Baïkonour   c) Tchernobyl   d) Vladivostok

R150- Comment se nommait le roi des dieux romains, qui a donné son nom à la planète plus volumineuse que toutes les autres planètes du Système solaire réunies ?
a) Uranus   b) Vénus   c) Saturne   d) Jupiter

Répondez aux 150 questions de médecine et corps humain avant de consulter la grille de réponses.

S1- Combien d'os le corps humain comporte-t-il ?
a) 192   b) 203   c) 206   d) 217

S2- Quelle technique thérapeutique consiste à introduire des aiguilles très fines en des points précis des tissus ou des organes ?
a) Le tai chi   b) L'acupuncture   c) La réflexologie   d) La sophrologie

S3- Quelle la plus grosse artère du corps humain ?
a) La carotide   b) La fémorale   c) La faciale   d) L'aorte

S4- À quelle partie du corps appartient l'enclume ?
a) L'oreille   b) Le cœur   c) L'œil   d) Le foie

S5- De combien de paires de nerfs crâniens l'Homme est-il constitué ?
a) 8   b) 10   c) 12   d) 14

S6- Qui a identifié et isolé pour la première fois le VIH ?
a) Didier Raoult   b) Luc Montagnier   c) Christiaan Barnard   d) Jean Dausset

S7- Quelle maladie, portant le nom du médecin l'ayant découverte, se caractérise par un type de démence qui provoque des troubles de la mémoire ?
a) Parkinson   b) Charcot   c) Alzheimer   d) Huntington

S8- Quel syndrome psychologique désigne la propension des otages, ayant partagé longtemps la vie de leur geôlier, à sympathiser avec eux et à adopter leur point de vue ?
a) Peter Pan   b) Stendhal   c) Münchhausen   d) Stockholm

S9- Quelle thérapie est fondée sur l'utilisation des extraits de plantes et des principes actifs naturels ?
a) Phytothérapie   b) Naturopathie   c) Plantopathie   d) Verturopathie

S10- Quelle catégorie de médicaments lutte contre les bactéries ?
a) Antalgiques   b) Anti-inflammatoires   c) Antipyrétiques   d) Antibiotiques

S11- Quel est l'autre nom du cubitus ?
a) Ulna   b) Bracus   c) Radius   d) Petit tibia

S12- Quel est l'os le plus long du corps humain ?
a) Le cubitus   b) Le tibia   c) Le péroné   d) Le fémur

S13- Qu'est-ce que l'atlas ?
a) Un os de la main   b) Un os du pied   c) Une vertèbre   d) Un os du bras

S14- Qu'est-ce qu'un oncologue ?
a) Un médecin spécialiste des nerfs   b) Un médecin spécialiste du cancer
c) Un médecin spécialiste du foie   d) Un médecin spécialiste des os

S15- Dans l'œil, quelle partie joue le rôle de la première lentille ?
a) L'iris   b) La pupille   c) La rétine   d) La cornée

S16- Quelles cellules sont responsables de l'immunité ?
a) Globules rouges   b) Plaquettes   c) Globules blancs   d) Globules jaunes

S17- Comment se nomme l'ouvrage de référence pour les médecins concernant tous les médicaments ?
a) Le Vidal   b) Le CAS   c) L'encyclopédie du médicament   d) Gray's Anatomie

S18- Comment s'appelle la petite zone déprimée dans l'œil qui est située au centre de la rétine et où l'acuité visuelle est maximale ?
a) L'iris   b) La fovéa   c) La rétine   d) La macula

S19- Comment se nomme la spécialité en médecine étudiant les maladies du sang ?
a) La virologie   b) L'hématologie   c) La gastro-entérologie   d) L'hépatologie

S20- Combien de côtes contient le corps humain ?
a) 12   b) 18   c) 20   d) 24

S21- Comment se nomment les espaces mous sur la tête du bébé qui disparaissent quand les os du crâne se rejoignent ?
a) Les jointures ancestrales   b) Les fontanelles   c) Les interstices primaires   d) Les protubérances

S22- Quel mot est synonyme de colonne vertébrale ?
a) Rachis   b) Atlas   c) Axis   d) Support de crâne

S23- Quelle hormone a un impact sur la masse musculaire ?
a) La dopamine   b) L'adrénaline   c) La testostérone   d) L'insuline

S24- Qu'est-ce que la glycémie ?
a) Le taux d'hormones de croissance dans le sang   b) Le taux de triglycérides dans le sang
c) Le taux d'insuline dans le sang   d) Le taux de sucre dans le sang

S25- De quoi a peur un acrophobe ?
a) Du vide   b) De la hauteur   c) Du mariage   d) Des clowns

S26- Quel est le pourcentage moyen d'eau dans un corps humain ?
a) 40%   b) 50%   c) 65%   d) 85%

S27- Quel est le synonyme de globule rouge ?
a) Plaquette   b) Hématie   c) Lymphocyte   d) Phagocyte

S28- Quel est le synonyme d'odontologue ?
a) Cancérologue   b) Dentiste   c) Cardiologue   d) Rhumatologue

S29- De quel type sont toutes les cellules qui constituent le corps humain ?
a) Des cellules procaryotes   b) Des bactéries   c) Des virus   d) Des cellules eucaryotes

S30- Dans quel organe, autre que le foie, le glycogène, la réserve de glucides du corps, est-il stocké ?
a) Les reins   b) La rate   c) Les muscles   d) Le cœur

S31- Quel organe fut le premier transplanté ?
a) Les reins   b) Le cœur   c) Le foie   d) Les poumons

S32- Quel est le synonyme d'un globule blanc ?
a) Cellule épithéliale   b) Leucocyte   c) Plaquette   d) Hématie

S33- De quelle nationalité était le premier médecin qui pratiqua une greffe cardiaque ?
a) Française   b) Américaine   c) Allemande   d) Sud-africaine

S34- Outre les bâtonnets, quel est l'autre type de cellules spécifiques dont est équipé l'œil ?
a) Les plots   b) Les étoiles   c) Les cubes   d) Les cônes

S35- Comment s'appelle le traitement de suppléance de la fonction rénale ?
a) La dialyse   b) La chimiothérapie   c) La radiothérapie   d) La déviation rénale

S36- Quelle hormone est produite par les reins ?
a) La testostérone   b) La LH   c) Le cortisol   d) L'érythropoïétine

S37- Combien y-a-t il normalement de vertèbres dans le corps humain ?
a) 33   b) 36   c) 42   d) 45

S38- Parmi les propositions, laquelle de ces cellules n'est pas un globule blanc ?
a) Lymphocyte   b) Monocyte   c) Granulocyte   d) Hématie

S39- Combien de dents contient le corps humain chez un adulte normal ?
a) 28   b) 32   c) 36   d) 40

S40- Comment se nomme la spécialité en médecine étudiant les maladies du foie ?
a) La virologie   b) L'hématologie   c) La gastro-entérologie   d) L'hépatologie

S41- Quel syndrome psychologique se caractérise par le besoin de simuler une maladie ou un traumatisme pour attirer l'attention ou la compassion ?
a) Peter Pan   b) Stendhal   c) Münchhausen   d) Stockholm

S42- Comment se nomme l'appareil utilisant des techniques permettant d'obtenir des images à partir de la résonance magnétique nucléaire ?
a) Le scanner   b) L'échographie   c) La radiographie   d) L'IRM

S43- Quelles cellules sont responsables de la conduction du message nerveux ?
a) Le lymphocytes   b) Les neurones   c) Les adipocytes   d) Les cellules myoépithéliales

S44- Quel élément chimique est plus faible dans le cas d'une hyponatrémie ?
a) Potassium   b) Sodium   c) Chlore   d) Zinc

S45- Quel est le nom commun de l'acétaminophène ?
a) L'aspirine   b) Le paracétamol   c) La vitamine D   d) La vitamine E

S46- Quel est le nom commun du calciférol ?
a) Le curare   b) La soude   c) La vitamine D   d) La vitamine C

S47- Quel est le symbole chimique de la molécule captée par les poumons ?
a) O_2 b) CO_2 c) H_2O d) N_2

S48- Que provoque l'accumulation d'acide lactique dans le corps ?
a) De la tachycardie   b) De la bradycardie   c) Des crampes   d) De l'hyperthermie

S49- Quel poison est utilisé pour les anesthésies ?
a) L'arsenic   b) Le curare   c) Le sarin   d) L'anthrax

S50- Qu'étudie un obstétricien ?
a) La grossesse   b) L'obésité   c) L'appareil uro-génital masculin   d) Les hormones

S51- Quel type de rayons utilise-t-on pour faire une radiographie ?
a) Les rayons X   b) Les ultrasons   c) Les infrarouges   d) Les ondes radio

S52- Quelle structure dans l'œil joue le rôle de diaphragme en régulant la quantité de lumière destinée à atteindre la rétine ?
a) L'iris   b) La cornée   c) La rétine   d) Le corps vitré

S53- Comment se nomme les os de la main entre le poignet et les phalanges ?
a) Carpes   b) Tarses   c) Métatarses   d) Métacarpes

S54- Comment se nomme la saillie osseuse de la cheville ?
a) Le talon d'Achille   b) La malléole   c) Le métatarse   d) Le point tibial

S55- Quelle molécule principale constitue les ongles ?
a) Le sébum   b) L'acide hyaluronique   c) La kératine   d) Le collagène

S56- Que signifie le C dans l'acronyme AVC ?
a) Circulatoire   b) Cérébral   c) Cinétique   d) Cerveau

S57- De quel trouble psychiatrique est atteint un potomane ?
a) Peur des poteaux   b) Peur du vide   c) Besoin irrépressible de boire de l'eau   d) Peur de l'avenir

S58- Quelle partie du cerveau représente une aire cérébrale, appartenant au télencéphale, et porte le nom d'un animal ?
a) L'hippocampe   b) L'escargot   c) Le serpent   d) L'hérisson

S59- Dans la liste suivante, quelle hormone est dite hormone de la « peur » ?
a) L'insuline   b) L'adrénaline   c) Le glucagon   d) La testostérone

S60- Quel est le synonyme de plaquette ?
a) Thrombocyte   b) Hématie   c) Lymphocyte   d) Phagocyte

S61- Combien de valves possède un cœur humain ?
a) 1   b) 2   c) 4   d) 6

S62- Quelle hormone l'hypophyse, jouant un rôle majeur lors du cycle menstruel chez la femme, produit-elle en plus de la FSH ?
a) DRH   b) Progestérone   c) Glucagon   d) LH

S63- Comment se nomme la spécialité en médecine étudiant les maladies du tube digestif ?
a) La virologie   b) L'hématologie   c) La gastro-entérologie   d) L'hépatologie

S64- Où se rencontrent lors de la fécondation l'ovule et le spermatozoïde ?
a) Trompe de Fallope   b) Utérus   c) Pavillon   d) Ovaire

S65- Quel est le nom de la deuxième vertèbre cervicale, en partant du haut du cou ?
a) Le support   b) L'axis   c) La basis   d) L'atlas

S66- Qu'est-ce que la thrombopénie ?
a) Perte de la parole   b) Perte des globules rouges   c) Perte des plaquettes   d) Perte des globules blancs

S67- Comment se nomment les os de la main constituant le squelette du poignet ?
a) Carpes   b) Tarses   c) Métatarses   d) Métacarpes

S68- De quoi a peur un gamétophobe ?
a) Du sang   b) De l'avion   c) Du mariage   d) Des clowns

S69- Outre l'enclume et le marteau, quelle structure constitue l'oreille interne ?
a) Le frein   b) L'étrier   c) Le tambour   d) La cymbale

S70- Quel scientifique a découvert la tache aveugle, zone de la rétine dépourvue de photorécepteurs occasionnant un angle mort dans la vision ?
a) Blaise Pascal   b) Antoine Lavoisier   c) Nicolas Copernic   d) Edme Mariotte

S71- Comment se nomme la partie de l'encéphale située sous le cerveau et en arrière du tronc cérébral qui intervient notamment dans le tonus musculaire ?
a) L'hippocampe   b) Le thalamus   c) Le cervelet   d) L'hypophyse

S72- Quel syndrome psychologique se caractérise par une admiration sans borne pour une œuvre d'art et une impression de sublime qui finit par déborder émotionnellement le sujet ?
a) Peter Pan   b) Stendhal   c) Münchhausen   d) Stockholm

S73- Comment s'appelle la membrane séparant le conduit auditif externe de l'oreille de l'oreille moyenne ?
a) Le tympan   b) L'étrier   c) Le marteau   d) La fibronne

S74- Combien d'incisives contient le corps humain chez un adulte normal ?
a) 2   b) 4   c) 6   d) 8

S75- Quel appareil mesure la fréquence cardiaque ?
a) Un hertzmètre   b) Un cardiomètre   c) Un bpmètre   d) Un cardiofréquencemètre

S76- Où a lieu la nidation de la cellule-œuf ?
a) Dans l'endomètre   b) Dans le vagin   c) Dans les trompes   d) Dans le pavillon

S77- Quel est le composant principal de l'urine ?
a) L'urée   b) L'eau   c) La créatinine   d) Le potassium

S78- Combien un humain a-t-il de cheveux, en moyenne ?
a) 5 000   b) 20 000   c) 100 000   d) 1 000 000

S79- Quel instrument est utilisé pour mesurer la tension artérielle ?
a) Un dynamomètre   b) Un tensiomètre   c) Un ampèremètre   d) Un pressiomètre

S80- Quelle petite glande, située sous le cerveau, contrôle la production d'hormones comme le cortisol ?
a) L'hypophyse   b) Le thalamus   c) Les glandes thyroïdiennes   d) Les glandes rénales

S81- Qu'est-ce qu'une valve tricuspide ?
a) Un clapet cardiaque   b) Un clapet pulmonaire   c) Un clapet urinaire   d) Un clapet rénal

S82- Quel est le véritable nom du « limaçon », la structure de l'oreille représentant la partie interne enroulée en spirale, contenant les terminaisons nerveuses localisées dans l'os temporal ?
a) Le vestibule   b) La cochlée   c) Le nerf auditif   d) La trompe d'eustache

S83- Quel organe sécrète l'insuline ?
a) Les reins　　　b) Le foie　　　c) Le pancréas　　　d) L'estomac

S84- De quoi a peur un mysophobe ?
a) Du vide　　　b) Des chiens　　　c) Des femmes　　　d) De la poussière

S85- Quelle est la fréquence cardiaque moyenne normale au repos ?
a) 20 battements par minute　　　b) 40 battements par minute
c) 60 battements par minute　　　d) 120 battements par minute

S86- Où sont produits principalement les globules blancs ?
a) Dans le foie　　　b) Dans la moelle osseuse　　　c) Dans la rate　　　d) Dans les reins

S87- Par quelle cavité le sang entre-t-il dans le cœur ?
a) Par le ventricule droit　　　b) Par le ventricule gauche
c) Par l'oreillette droite　　　d) Par l'oreillette gauche

S88- Quel est le taux normal de sucre dans le sang ?
a) 0,50 g/L　　　b) 1 g/L　　　c) 1,50 g/L　　　d) 1,80 g/L

S89- Quel canal permet d'expulser l'urine de la vessie ?
a) L'urètre　　　b) Le canal séminal　　　c) Le canal labial　　　d) L'uretère

S90- Qu'étudie un andrologue ?
a) Les globules blancs　　　b) Les plaquettes　　　c) L'appareil uro-génital masculin　　　d) Les hormones

S91- De combien d'ovaires dispose une femme ?
a) 1　　　b) 2　　　c) 10　　　d) 400 000

S92- À quel objet peut-être assimilé le cristallin de l'œil ?
a) Un diaphragme　　　b) Une lentille divergente　　　c) Une lentille convergente　　　d) Un obturateur

S93- Comment se nomment les cellules responsables du stockage des lipides ?
a) Le lymphocytes　　　b) Les neurones　　　c) Les adipocytes　　　d) Les cellules myoépithéliales

S94- Comment s'appelle l'artère irriguant la tête ?
a) L'aorte　　　b) L'artère fémorale　　　c) L'artère pulmonaire　　　d) L'artère carotide

S95- Quelle est la protéine la plus abondante dans le corps humain ?
a) Le sébum　　　b) L'élastine　　　c) La kératine　　　d) Le collagène

S96- Quelle est la seule veine du corps qui transporte du sang oxygéné ?
a) La veine cave　　　b) La veine porte　　　c) La veine pulmonaire　　　d) La veine fémorale

S97- Qu'est-ce que l'aplasie ?
a) La perte de la parole　　　b) La perte des globules rouges
c) La perte des plaquettes　　　d) La perte des globules blancs

S98- Quelle est la durée moyenne du cycle ovarien ?
a) 14 jours　　　b) 21 jours　　　c) 28 jours　　　d) 42 jours

S99- Comment se nomme la spécialité en médecine étudiant les maladies liées à la vieillesse ?
a) La gériatrie　　　b) L'hématologie　　　c) La gastro-entérologie　　　d) L'hépatologie

S100- Comment se nomme la partie postérieure du squelette du pied ?
a) Carpes   b) Tarses   c) Métatarses   d) Métacarpes

S101- Quel conduit relie l'oreille au nez ?
a) La trompe de Fallope   b) Le conduit nasocochléaire
c) La trompe d'eustache   d) Le conduit rhino-auditif

S102- Par quelle cavité le sang sort-il du cœur ?
a) Par le ventricule droit   b) Par le ventricule gauche
c) Par l'oreillette droite   d) Par l'oreillette gauche

S103- Qu'est-ce que l'aphasie ?
a) Perte de la parole   b) Perte des globules rouges
c) Perte des plaquettes   d) Perte des globules blancs

S104- De quoi a peur un nostophobe ?
a) De rentrer chez lui   b) Du passé   c) De la nuit   d) Des groupes

S105- Quelle hormone régule le taux de sucre sanguin ?
a) La dopamine   b) L'insuline   c) La FSH   d) La testostérone

S106- Comment se nomme l'arrêt définitif des règles chez une femme ?
a) L'andropause   b) La ménorrhée   c) L'amenstruation   d) La ménopause

S107- Combien de canines contient le corps humain chez un adulte normal ?
a) 2   b) 4   c) 6   d) 8

S108- Quel os du bras s'articule en haut avec la scapula et en bas avec les deux os de l'avant-bras, l'ulna et le radius ?
a) L'humérus   b) Le cubitus   c) L'omoplate   d) Le fémur

S109- Quelle artère du corps transporte du sang désoxygéné ?
a) L'aorte   b) L'artère pulmonaire   c) L'artère carotide   d) L'artère fémorale

S110- Comment se nomme l'inflammation aiguë de l'oreille et plus précisément, de la peau du conduit auditif externe ?
a) Les oreillons   b) Les acouphènes   c) L'ostospongiose   d) Une otite

S111- En moyenne, au bout de combien de jours, à partir du début du cycle ovarien, l'ovulation intervient-elle ?
a) 8 jours   b) 10 jours   c) 14 jours   d) 28 jours

S112- Comment s'appelle le vaisseau reliant le cœur aux poumons ?
a) L'aorte   b) La veine cave   c) L'artère pulmonaire   d) L'artère fémorale

S113- Quel syndrome psychologique se caractérise par un refus de grandir ?
a) Peter Pan   b) Stendhal   c) Münchhausen   d) Stockholm

S114- Que signifie la lettre A dans l'acronyme SAMU ?
a) Aide   b) Actif   c) Agir   d) Action

S115- Qu'étudie un endocrinologue ?
a) Les globules blancs   b) Les plaquettes   c) Le foie   d) Les hormones

S116- Qu'est-ce que l'anémie ?
a) Perte de la parole   b) Perte des globules rouges
c) Perte des plaquettes   d) Perte des globules blancs

S117- Quelle maladie mortelle attaquant le système nerveux des bovidés est communément connue sous le nom de « maladie de la vache folle » ?
a) L'encéphalopathie spongiforme bovine   b) La sclérose latérale amyotrophique
c) La leptospirose   d) La maladie de Cadasil

S118- Quels canaux relient les reins à la vessie ?
a) Les urètres   b) Les canaux séminaux   c) Les canaux labiaux   d) Les uretères

S119- Comment se nomme la diminution des hormones masculines avec la vieillesse ?
a) L'andropause   b) L'urotomie   c) L'atomie   d) L'ahormotie

S120- Comment s'appelle la pathologie liée à un trouble du rythme cardiaque ?
a) Coronopathie   b) Infarctus   c) Arythmie   d) Hypertension artérielle

S121- Quel est le plus petit os du corps humain ?
a) Le marteau   b) L'étrier   c) L'enclume   d) L'axis

S122- Où trouve-t-on l'amylase, l'enzyme permettant la digestion de l'amidon ?
a) Dans l'estomac   b) Dans le suc gastrique   c) Dans la salive   d) Dans le foie

S123- Quelle hormone le pancréas synthétise-t-il pour réguler la glycémie ?
a) Le glucagon   b) Le cortisol   c) La FSH   d) La testostérone

S124- Quel élément est en déficit dans le cas d'une hypokaliémie ?
a) Potassium   b) Sodium   c) Chlore   d) Zinc

S125- En quelle unité est mesurée la tension artérielle ?
a) Pascal   b) Bar   c) Millibar   d) Millimètre de mercure

S126- Quel est le synonyme de pharmacie ?
a) Droguerie   b) Officine   c) Cacheterie   d) Medicstore

S127- Quel est le numéro d'appel d'urgence du SAMU ?
a) 15   b) 16   c) 17   d) 18

S128- Qu'étudie un néphrologue ?
a) Les reins   b) Les poumons   c) Le foie   d) Le cœur

S129- De quoi a peur un géphyrophobe ?
a) De l'avion   b) Des ponts   c) De la nuit   d) De la foule

S130- Que signifie la lettre U dans l'acronyme CHU ?
a) Uniforme   b) Urologie   c) Unique   d) Universitaire

S131- Comment s'appelle une crise passagère dont les principaux symptômes sont des convulsions ?
a) AVC   b) Tachycardie   c) Crise d'épilepsie   d) Coma

S132- Quel fameux mélange, à base de camphre et venu de Birmanie, soulage les contractions musculaires ?
a) Le baume du tigre   b) Flector   c) Décontractil   d) Li Phang

S133- Avant la réforme de 2020, comment s'appelait la première année de médecine ?
a) PCM1   b) MD1   c) PACES   d) EUM

S134- Comment se nomme la personne à l'hôpital qui assure l'hygiène et le confort des patients ?
a) L'ASH   b) L'aide-soignant   c) L'infirmière   d) Le médecin

S135- Quelle maladie est transmise lors d'une piqûre de tique infectée par une bactérie de la famille des spirochètes ?
a) La maladie de Basedow   b) La maladie de Lyme   c) La maladie de Horton   d) La maladie de Ménière

S136- Quel est le principal constituant des granules d'homéopathie ?
a) Sucre   b) Soja   c) Lipides   d) Acides aminés

S137- Quel laboratoire a commercialisé pour la première fois le Viagra ?
a) Boiron   b) Pfizer   c) Sanofi   d) Mercx

S138- Comment se nomme la méthode d'exploration par injection d'une substance légèrement radioactive ?
a) La radiographie   b) L'IRM   c) Le scanner   d) La scintigraphie

S139- Qu'étudie un ophtalmologue ?
a) Le sang   b) Les poumons   c) Les yeux   d) Le cœur

S140- Que véhicule un neurone ?
a) Des liquides   b) Un fluide   c) Un courant électrique   d) Une bille

S141- Quel élément est en déficit dans le cas d'une hypochlorémie ?
a) Potassium   b) Sodium   c) Chlore   d) Zinc

S142- Quel scientifique a introduit et étudié de façon scientifique le vaccin contre la variole, ce qui lui vaut d'être considéré comme le « père de l'immunologie » ?
a) Louis Pasteur   b) Edward Jenner   c) Alexander Fleming   d) Hippocrate

S143- Quelle infection bactérienne sur la paupière inférieure ou supérieure apparaît lorsqu'une glande sébacée située sur le bord de la paupière s'infecte ?
a) L'orgelet   b) La mycose   c) La conjonctivite   d) Le zona

S144- Quelle sécrétion grasse mélangée à la sueur, protège la peau du dessèchement ?
a) Le sébum   b) L'élastine   c) La kératine   d) Le collagène

S145- Quelle atteinte motrice est une lésion de la moelle épinière au niveau des vertèbres cervicales n'entraînant pas la mort ?
a) Paraplégie   b) Tétraplégie   c) Hémiplégie   d) Amnésie

S146- Comment se nomme l'ensemble des os du pied entre le talon et les phalanges des orteils ?
a) Carpes   b) Tarses   c) Métatarses   d) Métacarpes

S147- Comment se nomme le spécialiste des maladies du sytème veineux ?
a) Un phlébologue   b) Un artériologue   c) Un vénologue   d) Un sanguinologue

S148- Que signifie la lettre M dans l'acronyme OMS ?
a) Mondiale   b) Médicale   c) Maladie   d) Multi

S149- Combien de molaires contient le corps humain chez un adulte normal ?
a) 6   b) 8   c) 12   d) 14

S150- Quelle très fine couche de peau, se trouvant autour de l'ongle et venant recouvrir la matrice de l'ongle, constitue la barrière naturelle entre la racine de l'ongle et les différentes agressions extérieures qu'il peut subir ?
a) La kératine   b) La lunule   c) L'hyponychium   d) La cuticule

T ▸ FAUNE

Répondez aux 150 questions sur la faune avant de consulter la grille de réponses.

T1- Quel poisson n'a pas d'écailles ?
a) Le brochet   b) La sardine   c) L'anguille   d) Le hareng

T2- Quel animal est un grand mangeur de fourmis ?
a) Le tapir   b) Le fourmilier   c) La chèvre   d) L'addax

T3- Quel pays a pour emblème un éléphant ?
a) Le Cameroun   b) L'Algérie   c) Le Maroc   d) La Côte d'Ivoire

T4- Qu'est-ce qu'un lépidoptère ?
a) Un lapin   b) Un papillon   c) Une gazelle   d) Un paon

T5- Quel papillon est célèbre pour ses migrations en Amérique jusqu'à 4000 km, deux fois par an, d'août à octobre vers le sud, et au printemps vers le nord ?
a) Le sphinx   b) L'argus   c) Le citron   d) Le monarque

T6- Comment s'appelle la femelle du sanglier ?
a) La sanglière   b) La laie   c) La marcassine   d) La hase

T7- Comment se nomme le marsupial sauteur de petite taille vivant en Australie ?
a) Kangourou   b) Koala   c) Marsupilami   d) Wallaby

T8- Quel était l'oiseau symbole des incas ?
a) L'aigle   b) La buse   c) Le condor   d) L'albatros

T9- Comment se nomme la femelle du lièvre ?
a) La lièvre   b) La lapine   c) La diablesse   d) La hase

T10- Quel est l'animal terrestre le plus rapide ?
a) Le guépard   b) L'antilope   c) L'autruche   d) Le lévrier

T11- Quel est l'animal terrestre le plus lourd ?
a) Le rhinocéros   b) L'éléphant   c) L'ours   d) Le buffle

T12- Quelle espèce vivant en meute est réapparue dans les Alpes ?
a) Le lynx   b) Le loup   c) L'ours   d) Le mouflon

T13- Quel était le nom du premier ours réintroduit dans les Pyrénées en provenance de la Slovénie ?
a) Ziva   b) Gaïa   c) Athéna   d) Léa

T14- Comment nomme-t-on un coq castré ?
a) Une poule   b) Un coquelet   c) Une poularde   d) Un chapon

T15- Quel est le seul serpent venimeux dans la nature en France métropolitaine ?
a) La couleuvre   b) L'orvet   c) La vipère   d) Le python

T16- Combien de pattes possède une araignée ?
a) 4   b) 6   c) 8   d) 10

T17- En moyenne, par minute, combien de battements d'ailes effectue une mouche ?
a) 1 000   b) 12 000   c) 37 000   d) 95 000

T18- Quel est le seul oiseau à pouvoir voler en marche arrière ?
a) Le colibri   b) Le pivert   c) La pie   d) Le rouge-gorge

T19- Quel animal glapit ?
a) L'ours   b) L'autruche   c) La panthère   d) Le renard

T20- Quel animal possède la longévité la plus grande sur Terre ?
a) La tortue   b) Le requin   c) La méduse   d) La baleine

T21- Qu'est-ce qu'une espèce ovipare ?
a) Une espèce qui pond des œufs   b) Une espèce qui rampe
c) Une espèce sous-marine   d) Une espèce à plumes

T22- Quelle espèce de prédateurs est solitaire ?
a) Les loups   b) Les hyènes   c) Les jaguars   d) Les coyotes

T23- Quel poisson est un poisson d'eau douce ?
a) Le goujon   b) Le bar   c) Le loup   d) L'églefin

T24- Qu'est-ce qu'un mammifère de la famille des ursidés ?
a) Un loup   b) Un requin   c) Une gazelle   d) Un ours

T25- Quelle espèce est surnommée la licorne des mers ?
a) Le lamantin   b) Le narval   c) Le dauphin   d) Le requin

T26- Quel est le plus gros lézard du monde ?
a) Le crocodile   b) L'alligator   c) Le varan   d) Le caïman

T27- Quelle fut la première espèce domestiquée par l'Homme, au cours du Paléolithique ?
a) Le bœuf   b) Le mouton   c) La chèvre   d) Le chien

T28- Quelle est la race de chien la plus grande, d'après le record enregistré par le Guiness World Records le 22 mars 2022, avec Zeus mesurant 104,59 cm debout sur ses quatre pattes ?
a) Le dogue allemand   b) Le bouvier bernois   c) Le saint-Bernard   d) Le dogue argentin

T29- Quel est le poisson le plus rapide ?
a) Le requin   b) L'espadon   c) Le thon   d) Le thazard

T30- De quel animal obtient-on la fibre de cachemire ?
a) Le mouton   b) Le bouc   c) La chèvre   d) Le lama

T31- Quel animal s'est éteint au XXe siècle en Tasmanie ?
a) Le tigre de Tasmanie   b) Le zèbre de Tasmanie   c) La loutre de Tasmanie   d) Le loup de Tasmanie

T32- Quel pays contient la faune la plus dangereuse du monde ?
a) L'Australie   b) Le Brésil   c) Le Congo   d) L'Afrique du Sud

T33- Quel est le seul primate entièrement carnivore ?
a) Le chimpanzé   b) Le gibbon   c) Le tarsier   d) Le singe hurleur

T34- Quel poisson est capable de délivrer un courant électrique de 800 Volts ?
a) La raie   *b) L'anguille*   *c) Le poisson chat*   *d) Le fugu*

T35- Combien de pattes possède une fourmi ?
a) 4   *b) 6*   *c) 8*   *d) 10*

T36- Quel mammifère marin est le plus lourd ?
a) Le cachalot   *b) La baleine bleue*   *c) Le requin-baleine*   *d) Le lamantin*

T37- Quelle espèce vole à l'altitude la plus haute, dépassant 10 000 mètres ?
a) Le vautour   *b) L'aigle*   *c) Le condor*   *d) Le canard*

T38- Comment se nomme la femelle du paon ?
a) Panne   *b) Ponette*   *c) Paonne*   *d) Paonnette*

T39- Quel est l'oiseau le plus petit du monde ?
a) Le roitelet huppé   *b) Le merle noir*   *c) La mésange*   *d) Le colibri-abeille*

T40- Comment se nomme le cadre utilisé dans l'apiculture pour récupérer le miel des abeilles ?
a) Versil   *b) Warré*   *c) Goupillon*   *d) Hélior*

T41- Quel animal cancane ?
a) Le canard   *b) L'autruche*   *c) La hyène*   *d) Le renard*

T42- Quel est le nombre moyen d'abeilles dans une ruche ?
a) 1000   *b) 15 000*   *c) 30 000*   *d) 50 000*

T43- De quelle maladie la mouche tsé-tsé est-elle vecteur ?
a) Le paludisme   *b) La maladie du sommeil*   *c) Ébola*   *d) Le VIH*

T44- Quel animal fait le plus de victimes chez les êtres humains tous les ans ?
a) Le moustique   *b) Le rat*   *c) La méduse*   *d) Le requin*

T45- Quel animal est un gastéropode ?
a) Un serpent   *b) Un crocodile*   *c) Une raie*   *d) Un escargot*

T46- Quel oiseau est l'eider ?
a) Un moineau   *b) Une hirondelle*   *c) Un albatros*   *d) Un canard*

T47- Outre le chat sauvage, quel autre félin peuple les Alpes ?
a) Le tigre   *b) Le guépard*   *c) Le jaguar*   *d) Le lynx*

T48- Qu'est-ce qu'un sus scrofa ?
a) Un loup   *b) Un sanglier*   *c) Une gazelle*   *d) Un ours*

T49- Quel animal a la mâchoire la plus puissante ?
a) Le chien   *b) Le crocodile*   *c) Le jaguar*   *d) Le lion*

T50- Quelle race de chats, originaire du Canada, est caractérisée par la quasi-absence de sa fourrure ?
a) L'abyssin   *b) Le sphynx*   *c) Le siamois*   *d) Le manx*

T51- Quelle vitesse de pointe peut atteindre un lièvre?
a) 45 km/h   b) 60 km/h   c) 80 km/h   d) 110 km/h

T52- De quelle région du monde sont originaires les chinchillas ?
a) Du sahara   b) De Mongolie   c) De la cordillère des Andes   d) Du pôle Nord

T53- Chaque année, au cours de quelle période un loir hiberne-t-il ?
a) D'octobre à avril   b) De décembre à février   c) De mars à juillet   d) De juin à septembre

T54- Quel est le nom du petit du bouquetin ?
a) Le faon   b) Le mouflon   c) Le bouquetinois   d) Le cabri

T55- À quelle famille appartient le renne ?
a) Ovidés   b) Canidés   c) Felidés   d) Cervidés

T56- Combien de pattes possède une abeille ?
a) 4   b) 6   c) 8   d) 10

T57- Comment se nomme le petit lézard couvert d'épines pointues que l'on trouve dans le désert australien ?
a) Le quokka   b) L'ornithorynque   c) Le wombat   d) Le moloch

T58- Quel est l'oiseau le plus grand du monde ?
a) L'albatros   b) L'autruche   c) Le condor   d) L'émeu

T59- Où trouve-t-on le goundi, ce petit rongeur herbivore qui a la particularité de ne pas boire ?
a) En Afrique du Nord   b) En Martinique   c) À la réunion   d) En Bolivie

T60- Quel pays a pour emblème le fennec ?
a) Le Cameroun   b) L'Algérie   c) Le Maroc   d) La Côte d'Ivoire

T61- À quel animal fait référence le nom «moula-moula» pour les touaregs ?
a) Une antilope   b) Un oiseau   c) Un serpent   d) Un dromadaire

T62- Comment se nomme le petit rongeur nocturne capable de sauts très longs ?
a) Le rat des champs   b) La wallaby   c) La gerboise   d) Le goundi

T63- Comment se nomme le petit animal carnivore faisant partie de la famille des Mustélidés et dont la silhouette est élégante et la fourrure renommée souvent symbole de pureté ?
a) Le renard   b) L'hermine   c) La gerboise   d) Le lynx

T64- Quel animal caquette ?
a) Le canard   b) L'autruche   c) La hyène   d) La poule

T65- De quelle maladie le moustique tigre est-il vecteur ?
a) Le paludisme   b) La maladie du sommeil   c) La dengue   d) Le VIH

T66- Quel est le petit de la biche ?
a) Le faon   b) Le mouflon   c) La biquette   d) Le cabri

T67- Quelle espèce de poisson est Nemo, le personnage du célèbre dessin animé Le Monde de Nemo ?
a) Un poisson rouge   b) Un combattant   c) Un poisson clown   d) Un poisson chat

T68- En moyenne, combien de temps un panda passe-t-il à manger chaque jour ?
a) 3 heures   *b) 6 heures*   *c) 9 heures*   *d) 14 heures*

T69- À quelle famille appartient un manchot ?
a) Les alcidés   *b) Les sphéniscidés*   *c) Les mergules*   *d) Les guillemots*

T70- Comment se nomme le plus imposant représentant des phoques ?
a) L'éléphant de mer   *b) Le morse*   *c) Le phoque gris*   *d) Le léopard des mers*

T71- Qu'est-ce qu'un canidé ?
a) Un chien   *b) Un sanglier*   *c) Une koala*   *d) Un canard*

T72- Comment se nomme la grande espèce de ruminant domestique à longue toison de l'Himalaya ?
a) Le bœuf tibétain   *b) La vache indienne*   *c) Le zébu*   *d) Le yack*

T73- Quel animal est un mammifère ?
a) Le requin   *b) Le putois*   *c) Le pingouin*   *d) L'alligator*

T74- Quel est le serpent le plus lourd du monde ?
a) Le boa   *b) Le cobra*   *c) L'anaconda*   *d) Le crotale*

T75- Quel est l'autre nom du carcajou, ce petit prédateur extrêmement agressif ?
a) Le cigare humain   *b) Le teigneux*   *c) Le vorace*   *d) Le glouton*

T76- À quelle famille appartient le bandicoot ?
a) Muridés   *b) Marsupiales*   *c) Canidés*   *d) Cervidés*

T77- Quel est le chien le plus rapide ?
a) Barzoï   *b) Saluki*   *c) Greyhound*   *d) Lévrier espagnol*

T78- Quel animal brait ?
a) Le canard   *b) L'âne*   *c) La hyène*   *d) La poule*

T79- De quelle couleur est la langue de la girafe ?
a) Rouge   *b) Verte*   *c) Bleue*   *d) Jaune*

T80- Quel est le seul mammifère qui pond des œufs ?
a) Le crocodile   *b) L'hirondelle*   *c) Le manchot*   *d) L'ornithorynque*

T81- Quelle est la durée moyenne de la gestation de la souris ?
a) 20 jours   *b) 40 jours*   *c) 75 jours*   *d) 90 jours*

T82- De quelle maladie le lapin sauvage est-il le réservoir ?
a) Le paludisme   *b) La rage*   *c) La dengue*   *d) La myxomatose*

T83- Quel animal se nomme en anglais « wolverine » ?
a) Le castor   *b) Le gulo gulo*   *c) Le renard*   *d) Le tigre*

T84- Combien de pattes possède une coccinelle ?
a) 4   *b) 6*   *c) 8*   *d) 10*

T85- Quels amphibiens s'accouplent exclusivement hors de l'eau ?
a) Les salamandres tachetées
b) Les tritons marbrés
c) Les grenouilles taureaux
d) Les crapauds verts

T86- Quel animal est appelé caribou au Canada ?
a) Le daim
b) L'addax
c) L'antilope
d) Le renne

T87- Quel animal est un lézard ?
a) L'orvet
b) La vipère
c) La couleuvre
d) Le boa

T88- À quel ordre appartiennent les dauphins ?
a) Les amphibiens
b) Les cétacés
c) Les gastéropodes
d) Les sauriens

T89- Quel animal transporte sa nourriture à son terrier dans ses joues ?
a) Le rat
b) La marmotte
c) Le hamster
d) Le castor

T90- Quel animal possède un groin ?
a) Le lion
b) La vache
c) Le rat
d) Le cochon

T91- Quel animal coasse ?
a) La tourterelle
b) Le cheval
c) Le crapaud
d) Le coq

T92- À quelle famille appartient le dingo ?
a) Muridés
b) Marsupiales
c) Canidés
d) Cervidés

T93- Quel est le plus gros des mustélidés en France ?
a) Le blaireau
b) Le furet
c) Le putois
d) La fouine

T94- Quel est le seul mammifère terrestre indigène des îles Malouines ?
a) Le Renard des Malouines
b) Le Lapin des Malouines
c) Le Singe des Malouines
d) Le Loup des Malouines

T95- Quel oiseau a donné son nom à la voiture de la police nationale française qui, jusqu'à la fin des années 1980, était peinte en blanc et noir, faisant ainsi penser au plumage de l'oiseau ?
a) La pie
b) Le pivert
c) Le col-vert
d) L'hirondelle

T96- Quelle maladie le renard peut-il transmettre ?
a) Le paludisme
b) La rage
c) La dengue
d) La myxomatose

T97- Quelle est la durée de la gestation de la laie ?
a) 90 jours
b) 120 jours
c) 180 jours
d) 270 jours

T98- Comment se nomme le lièvre mâle ?
a) Le speedy
b) Le hazum
c) Le bouquin
d) Le lévrier

T99- À quelle période le cerf perd-il ses bois ?
a) Décembre à janvier
b) Février à mai
c) Juin à septembre
d) Octobre à décembre

T100- Quel cervidé n'a pas de queue ?
a) Le daim
b) La biche
c) Le cerf
d) Le chevreuil

T101- Lequel n'est pas un scarabée ?
a) Rodeur mortel
b) Goliathus
c) Titan
d) Scarabée glorieux

T102- Quel est le nom du jeune chamois ?
a) Le faon   b) Le mouflon   c) L'éterlou   d) Le cabri

T103- Quelle plante potagère donne son nom aux holothuries, les animaux de mer au corps mou et cylindrique ?
a) La courgette   b) L'aubergine   c) La carotte   d) Le concombre

T104- Quel animal stridule ?
a) L'abeille   b) Le criquet   c) Le colibri   d) La mouche

T105- Comment se nomme le petit du corbeau ?
a) Le corbinot   b) Le corbillat   c) Le corbineto   d) Le corbinou

T106- Quel terme désigne un porc mâle employé comme reproducteur ?
a) Verrat   b) Cochonou   c) Cochonnet   d) Laie

T107- Quel est le nom du petit du cheval ?
a) Le chevalon   b) Le poulain   c) Le poney   d) Le chevaly

T108- Quel est le plus gros requin du monde ?
a) Requin blanc   b) Requin bleu   c) Requin-baleine   d) Requin-marteau

T109- En moyenne, quel animal a la plus grande espérance de vie ?
a) La tortue   b) L'éléphant   c) Le requin   d) Le lamantin

T110- Quel primate mâle adulte est coloré par sa peau du visage bleutée, son nez rouge vif, sa tête entourée d'une collerette de poils blancs et des couleurs vives sur ses fesses ?
a) Le nasique   b) Le macaque   c) Le mangabey   d) Le mandrill

T111- Quel pays a pour emblème le castor ?
a) La Bolivie   b) Le Danemark   c) La Russie   d) Le Canada

T112- Comment se nomme le bovidé ruminant domestique que l'on trouve en Asie, en Afrique tropicale et à Madagascar, caractérisé par une gibbosité musculaire sur les épaules et par ses cornes souvent très grandes ?
a) Le bœuf tibétain   b) La vache indienne   c) Le zébu   d) Le yack

T113- Quel animal pond les plus gros oeufs ?
a) La poule   b) L'autruche   c) La tortue   d) Le crocodile

T114- Quel animal fait partie de la famille des ratites ?
a) Le goéland   b) L'aigle   c) Le condor   d) L'émeu

T115- Quel l'oiseau est le plus rapide en piqué ?
a) Le faucon pèlerin   b) L'aigle royal   c) Le condor   d) Le flamant rose

T116- Quel animal blatère ?
a) La baleine   b) L'éléphant   c) Le chameau   d) Le tigre

T117- Quel animal est interdit de chasse commerciale depuis 1986, dans les pays membres de la CBI ?
a) La baleine   b) Les bébés phoques   c) Les ours polaires   d) Le vison

T118- Qu'est-ce qu'un loxodonta ?
a) Une baleine   b) Un sanglier   c) Un éléphant   d) Un ours

T119- Quel animal est surnommé le « casseur d'os » ?
a) La loutre   b) Le vautour   c) La hyène   d) Le gypaète barbu

T120- Dans les Alpes, d'où provient 80 % de l'alimentation de l'aigle royal ?
a) Les souris   b) Les marmottes   c) Les chèvres   d) Les castors

T121- Quel animal brame ?
a) La baleine   b) L'éléphant   c) Le cerf   d) La lionne

T122- Quel animal est un pottok, vivant principalement à l'ouest du Pays basque, dans les Pyrénées ?
a) Un âne   b) Un poney   c) Un loup   d) Un isard

T123- Quel est l'autre nom du desman des Pyrénées ?
a) Le rat trompette   b) Le ragondin   c) La galinette cendrée   d) La chauve-souris

T124- Quel animal chasse en meute ?
a) Le lycaon   b) Le jaguar   c) Le léopard   d) Les ours

T125- Quel animal a donné son nom à un véhicule blindé militaire français ?
a) Le lion   b) L'anaconda   c) Le serval   d) La gazelle

T126- À quel type d'animal correspond le nyala ?
a) Un tigre   b) Une fourmi   c) Une antilope   d) Un vautour

T127- En général, combien de doigts ont les rhinocéros à chaque pied ?
a) 2   b) 3   c) 4   d) 6

T128- Quel animal est un primate ?
a) Le col-vert   b) Le diable de tasmanie   c) Le potto de Bosman   d) Le gnou à queue bleue

T129- Sous quelle forme naît le petit du kangourou ?
a) Un œuf   b) Un bébé valide c) Un cocon   d) Une larve

T130- De quoi se nourrissent les koalas ?
a) D'écorces   b) De feuilles d'eucalyptus c) De bananes   d) De maïs

T131- Quel animal zinzinule ?
a) La baleine   b) L'éléphant   c) La mésange   d) La lionne

T132- Quel animal est le crocuta crocuta ?
a) Une hyène   b) Un zèbre   c) Une gazelle   d) Un varan

T133- Quel est le surnom du martin-pêcheur ?
a) Le mistigri océanique   b) Le frelon marin   c) La tornade bleue   d) La flèche bleue

T134- Qu'est-ce qu'un bénitier ?
a) Un poisson   b) Un coquillage   c) Une méduse   d) Un phoque

T135- Quel animal, aussi appelé zorille du Cap, est le plus agressif d'Afrique, réputé pour son comportement féroce et particulièrement tenace ainsi que pour son endurance ?
a) Le lion   b) Le cobra royal   c) Le ratel   d) Le jaguar

T136- Quel animal est le taïpan ?
a) Une hyène   b) Un serpent   c) Un lézard   d) Un scorpion

T137- Quel est le surnom du dugong ?
a) La vache des mers   b) Le bourdon marin   c) Le buffalo aquatique   d) La truie azur

T138- Quel animal était le couagga, dont le dernier spécimen sauvage fut abattu en 1878 ?
a) Un tigre   b) Un zèbre   c) Une antilope   d) Un varan

T139- Qu'est-ce qu'un mustang ?
a) Un félin   b) Un cheval   c) Un singe   d) Un oiseau

T140- Par an, combien d'œufs pond une femelle vautour ?
a) 1   b) 2   c) 10   d) 100

T141- Quel est l'autre nom du saumon de fontaine ?
a) Omble de fontaine   b) Truite de fontaine   c) Merlan de fontaine   d) Cabillaud de fontaine

T142- Quel animal est de la même famille que l'isard ?
a) Le chat   b) Le chamois   c) Le renard   d) L'aigle

T143- Quel scientifique est à l'origine de la zoologie, avec la publication de l'ouvrage L'Histoire des animaux ?
a) Charles Darwin   b) Aristote   c) Edward Wilson   d) Konrad Lorenz

T144- Quel est le nom scientifique des étoiles de mer ?
a) Asteroidea   b) Étoilea   c) Constellea   d) Méristellairea

T145- Quel animal feule ?
a) La baleine   b) L'éléphant   c) La mésange   d) Le tigre

T146- Que sont les poriferas ?
a) Des langoustes   b) Des éponges de mer   c) Des poulpes   d) Des huîtres

T147- Quelle langue est à l'origine du nom « Bernard l'hermite » ?
a) L'occitan   b) Le basque   c) Le corse   d) Le breton

T148- À quelle profondeur maximum moyenne peut descendre un hippocampe ?
a) 30 m   b) 45 m   c) 100 m   d) 600 m

T149- À quelle température peut monter le flash produit dans la pince de la crevette-pistolet ?
a) 150°C   b) 350°C   c) 900°C   d) 5000°C

T150- Quel oiseau détient le record de durée en vol ?
a) Le condor   b) Le martinet   c) Le col-vert   d) Le cygne

FLORE

Répondez aux 150 questions sur la flore avant de consulter la grille de réponses.

U1- Quel pays est le premier producteur de tulipes au monde ?
a) Pays-Bas   *b) Italie*   *c) Tunisie*   *d) Inde*

U2- Quelle espèce d'arbre a été utilisée par Napoléon pour ombrager les routes de France ?
a) Le pin   *b) Le peuplier*   *c) Le cyprès*   *d) Le platane*

U3- Quel cépage est utilisé pour faire un champagne blanc de blanc ?
a) Chardonnay   *b) Merlot*   *c) Cabernet*   *d) Sauvignon*

U4- Quel arbre fruitier fleurit en premier en fin d'hiver ?
a) Le cerisier   *b) Le poirier*   *c) L'amandier*   *d) Le prunier*

U5- Qu'est-ce qu'un sakura ?
a) Un cerisier   *b) Un oranger*   *c) Un amandier*   *d) Un clémentinier*

U6- À quelle période peut-on ramasser des morilles ?
a) Janvier/février   *b) Mars/avril*   *c) Juillet/août*   *d) Novembre/décembre*

U7- Comment s'appellent les fleurs qui signifient en latin « début du printemps » ?
a) Les marguerites   *b) Les jonquilles*   *c) Les primevères*   *d) Les pâquerettes*

U8- Quel type de salade est une « craquerelle du midi » ?
a) Batavia   *b) Laitue*   *c) Iceberg*   *d) Cresson*

U9- Comment s'appelle un regroupement de palétuviers, arbres se développant dans des rivages subissant la marée ?
a) La canopée   *b) La lisière*   *c) La mangrove*   *d) La savane*

U10- Quel est le fruit du bigaradier ?
a) La poire   *b) Le kiwi*   *c) La mangue*   *d) L'orange amère*

U11- À quelle famille de plantes appartient la pomme de terre ?
a) Fabacées   *b) Solanacées*   *c) Cucurbitacées*   *d) Astéracées*

U12- Quelle fleur de la famille des papavéracées fleurit dans les champs et sur les bords de route du printemps à l'été ?
a) Les pâquerettes   *b) Les marguerites*   *c) Les coquelicots*   *d) Les pissenlits*

U13- Quelle fleur de la famille des astéracées Vincent Van Gogh a-t-il représenté ?
a) Les pâquerettes   *b) Les marguerites*   *c) Les coquelicots*   *d) Les tournesols*

U14- Quelle fleur fut, en France, le symbole de la royauté ?
a) La tulipe   *b) Le lys*   *c) Le chrysanthème*   *d) Le muguet*

U15- Quel est le parc national le plus ancien au monde qui fut créé en 1872 ?
a) Parc de Yellowstone   *b) Parc du Mercantour*   *c) Parc du Serengeti*   *d) Parc du Banff*

U16- Quelle préparation à base d'œuf doit son nom à une espèce végétale ?
a) Rose   *b) Mimosa*   *c) Marguerite*   *d) Jonquille*

U17- Combien y avait-il de parcs nationaux en France, en 2020 ?
a) 4   b) 7   c) 9   d) 11

U18- Quel poison se trouve dans les noyaux de pêche en petites quantités ?
a) Le curare   b) La ricine   c) L'anthrax   d) Le cyanure

U19- De quelle espèce fait partie la green zebra ?
a) Des pommes   b) Des poires   c) Des tomates   d) Des pommes de terre

U20- Quel légume peut être du type gros long d'été, elbeuf éléphant ou albos ?
a) L'aubergine   b) L'endive   c) Le poireau   d) Le poivron

U21- Quel arbre est un conifère ?
a) Le mélèze   b) Le chêne   c) Le frêne   d) Le noyer

U22- Quelle fleur symbolisa la révolution portugaise de 1974 ?
a) La tulipe   b) Les œillets   c) La rose   d) Le lys

U23- Quel légume est le symbole de l'Écosse ?
a) La carotte   b) La blette   c) Le poireau   d) Le chou

U24- Dans quel pays la première plantation de café est établie en 1727 par Francisco de Mello Palheta ?
a) Éthiopie   b) Vietnam   c) Brésil   d) Colombie

U25- Quel est le surnom du sarrasin ?
a) Le blé dur   b) Le blé bleu   c) Le blé blond   d) Le blé noir

U26- De quelle espèce fait partie l'elstar ?
a) Des pommes   b) Des poires   c) Des tomates   d) Des pommes de terre

U27- Quelle fleur est à l'origine d'un fameux plat culinaire niçois ?
a) La fleur de lys   b) La fleur de courgette   c) La fleur de rose   d) La fleur de tournesol

U28- Quelle variété de rosiers, nommée initialement « Madame Antoine Meilland » est l'une des plus vendues dans le monde ?
a) Peace   b) Semi-plena   c) Alba   d) Bourbon

U29- Quel est le fruit de l'actinidia ?
a) La poire   b) Le kiwi   c) La mangue   d) L'orange amère

U30- Quel surnom est donné à la sansevière, la plante vivace ne possédant pas de tige ?
a) Les oiseaux de paradis   b) La queue de souris   c) La langue de belle-mère   d) Le tue chien

U31- Quelle espèce de sapin est utilisée majoritairement pour les fêtes de Noël en raison de la tenue de ses épines sur l'arbre ?
a) L'épicea   b) Le colorado   c) Le noble   d) Le nordmann

U32- Selon la tradition, sous quelle plante doit-on s'embrasser au Nouvel An pour une année de bonheur ?
a) Le muguet   b) Le houx   c) Le gui   d) La rose

U33- Comment se nomme une plante dont la tige, les rameaux et parfois les feuilles, gorgés d'eau, sont épais et charnus ?
a) Une plante grasse
b) Une plante rampante
c) Une plante vivace
d) Une plante exotique

U34- Quel légume peut être du type doux de Valence, petit vert marseillais, doux long des Landes ou pepper Mont Jolien ?
a) L'aubergine
b) L'endive
c) La carotte
d) Le poivron

U35- Quelle fleur est la plus vendue en France le jour de la saint Valentin ?
a) La tulipe
b) L'orchidée
c) Le lys
d) La rose

U36- Comment se nomme les arbustes à feuillage persistant de la famille des aquifoliacées, couramment cultivés pour leur aspect ornemental ?
a) Le houx
b) La sauge
c) Le gui
d) Le chèvrefeuille

U37- Quelle fleur est symbole de la Toussaint ?
a) La tulipe
b) Le lys
c) Le chrysanthème
d) Le muguet

U38- Quelle structure au sein d'une fleur représente les organes reproducteurs mâles ?
a) Le pistil
b) Les sépales
c) Les étamines
d) Le pétale

U39- Quel aromate n'intervient pas dans la composition des herbes de Provence ?
a) L'origan
b) Le thym
c) Le romarin
d) La ciboulette

U40- Comment se nomme l'ensemble des vaisseaux conduisant la sève brute ?
a) Le rhizome
b) Le xylème
c) Les follicules
d) Le phloème

U41- En 2019, quel pays était le premier producteur de coton au monde ?
a) États-Unis
b) Chine
c) Brésil
d) Colombie

U42- Quel est le fruit du cognassier ?
a) La grenade
b) Le coing
c) La mangue
d) L'orange amère

U43- Quand est récolté le sirop d'érable ?
a) En hiver
b) Au printemps
c) En été
d) En automne

U44- Quelle fleur est symbole de la fête du travail ?
a) La tulipe
b) Le lys
c) Le chrysanthème
d) Le muguet

U45- Quelle espèce d'arbres est surnommée « l'arbre aux quarante écus » ?
a) Le cyprès
b) Le cèdre
c) Le ginkgo
d) Le tilleul

U46- Quelle espèce de palmiers originaire d'Inde et de Malaisie produit des fruits rouge orangé connus sous le nom de noix d'arec ?
a) Le palmier à bétel
b) Le cocotier
c) Le palmier à rotin
d) Le rônier

U47- À quelle famille de plantes appartient le soja ?
a) Fabacées
b) Solanacées
c) Cucurbitacées
d) Astéracées

U48- Quel est le parc national le plus grand de France métropolitaine ?
a) Parc national des écrins
b) Parc national des Cévennes
c) Parc national du Mercantour
d) Parc national des Calanques

U49- Quel légume peut être du type romain, pinto, cornille ou great northern ?
a) L'aubergine   b) Le haricot   c) La carotte   d) La courgette

U50- Quel arbre est un feuillu ?
a) Le mélèze   b) Le pin   c) Le sapin   d) Le noyer

U51- À quelle famille de plantes appartient la courgette ?
a) Fabacées   b) Solanacées   c) Cucurbitacées   d) Astéracées

U52- Quel surnom est donné à la strelitzia, une plante vivace frileuse à l'allure fortement exotique ?
a) Les oiseaux de paradis   b) La queue de souris
c) La langue de belle-mère   d) Le tue chien

U53- De quelle fleur se pare le drapeau de Macao ?
a) Une tulipe   b) Un lotus   c) Une rose   d) Un lys

U54- De quel type de plante était ornée la couronne de César l'empereur romain ?
a) D'olivier   b) De sauge   c) De laurier   d) De lys

U55- À quelle structure correspond la corolle chez une fleur ?
a) L'ensemble des pétales   b) L'ensemble des sépales
c) L'ensemble des étamines   d) L'ensemble des pistils

U56- Quel est le fruit du pacanier ?
a) La poire   b) L'amande   c) La noix de cajou   d) La noix de pécan

U57- Quel légume est une racine ?
a) La carotte   b) La tomate   c) Le haricot   d) L'aubergine

U58- Quel est l'arbre endémique de l'île de Socotra ?
a) Le cactus   b) Le cyprès de Lambert   c) L'arganier   d) Le dragonnier

U59- Quelle plante herbacée peut se révéler très toxique par ses baies noires contenant de l'atropine ?
a) La luzerne   b) La mauve   c) L'absinthe   d) La belladone

U60- Quel nom de fleur signifie « noble blanc » en allemand ?
a) Agapanthe   b) Löwenzahn   c) Edelweiss   d) Sonnenblume

U61- Quelles plantes herbacées doivent leur nom à une sainte, qui aurait recueilli un linge portant les traits du Christ et aurait, grâce à ce linge, guéri l'empereur Tibère de la lèpre ?
a) Les moniques   b) Les véroniques   c) Les dominiques   d) Les frédériques

U62- De quel type d'espèce fait partie la guyot ?
a) Des pommes   b) Des poires   c) Des tomates   d) Des pommes de terre

U63- Quelle plante, rapportée du Brésil à la fin du XVIIIe siècle par le botaniste Philibert Commerson, doit son nom au commandant de cette expédition ?
a) Le ficus   b) Le laurier   c) La capucine   d) Le bougainvillier

U64- Quelle plante, dont le nom provient du grec signifiant sarment ou branche, produit une huile macérée qui était utilisée pour lutter contre la gale dans l'Antiquité ?
a) La vigne vierge   b) Le dattier   c) Le figuier   d) La clématite

U65- Quelle plante est généralement utilisée pour fêter chez les catholiques français le dimanche des rameaux ?
a) Le houx   b) Le buis   c) Le laurier   d) Le sapin

U66- Quel surnom est donné à la myosurus minimus, plante de la famille des ranunculaceae ?
a) Les oiseaux de paradis   b) La queue de souris
c) La langue de belle-mère   d) Le tue chien

U67- De quelle espèce fait partie la vitelotte ?
a) Des pommes   b) Des poires   c) Des tomates   d) Des pommes de terre

U68- De quel type d'arbre fait partie le dattier ?
a) Le sapin   b) Le cyprès   c) Le palmier   d) Le jojoba

U69- Quel poison se trouve dans un arbrisseau d'origine tropicale de la famille des euphorbiacées ?
a) Le curare   b) La ricine   c) L'anthrax   d) Le cyanure

U70- Comment se nomme la tige supportant la fleur ?
a) Le pédoncule   b) Le calice   c) La corolle   d) Les étamines

U71- À quelle famille de plantes appartient l'endive ?
a) Fabacées   b) Solanacées   c) Cucurbitacées   d) Astéracées

U72- Quelle est la plante grimpante à feuillage persistant ayant pour nom scientifique Hedera, issu du latin signifiant « être attaché » ?
a) La vigne vierge   b) Le lierre   c) La glycine   d) La bignone

U73- Quelle fleur est à l'origine de la première crise financière au XVIIe siècle ?
a) La tulipe   b) Le lys   c) Le chrysanthème   d) La rose

U74- Quel fruit peut être du type beurré hardy, conférence, avranches ou comice ?
a) La cerise   b) La poire   c) L'ananas   d) La mangue

U75- Quel arbre est un résineux ?
a) Le saule   b) Le pin   c) Le peuplier   d) Le tilleul

U76- Quelle fleur est à la base d'une sucrerie créée par Candiflor en 1818 dans la ville de Toulouse ?
a) La rose   b) La lavande   c) La violette   d) Le laurier

U77- Sur quelle plante prélève-t-on le safran ?
a) Le safranier   b) L'hibiscus   c) L'arbousier   d) Le crocus

U78- Quel est le fruit de l'anacardier ?
a) L'ananas   b) L'amande   c) La noix de cajou   d) La noix de pécan

U79- Quel nom est donné à un thé noir aromatisé à la bergamote ?
a) Earl grey   b) Tchaï   c) English breakfast   d) Rooibos

U80- Quelle fleur est célébrée par une grande fête dans la ville française de Mandelieu ?
a) La rose   b) La violette   c) Le mimosa   d) La lavande

U81- À partir de quelle huile de plante à baies le savon d'Alep est-il fabriqué ?
a) L'amélanchier   b) Le laurier sauce   c) L'arbousier   d) Le framboisier

U82- Quel légume peut être du type festive, alliance, jocker ou native ?
a) L'aubergine   b) La citrouille   c) L'endive   d) La courgette

U83- Quelle plante est surnommée crève-chien ?
a) L'aubépine   b) Le laurier cerise   c) Le prunellier   d) La morelle noire

U84- Quelle espèce d'arbre est la plus haute ?
a) Le séquoia   b) Le tilleul   c) Le baobab   d) Le peuplier

U85- À quelle famille de plantes appartient l'oignon ?
a) Fabacées   b) Solanacées   c) Amaryllidacées   d) Astéracées

U86- Quel fruit peut être du type ariane, diva, antarès ou ravaillac ?
a) La cerise   b) La poire   c) L'ananas   d) La pomme

U87- Quelle fleur porte le surnom de « fleur de Tunis » ?
a) L'œillet d'Inde   b) Le géranium   c) La tulipe   d) Le jasmin

U88- Quel État américain a pour symbole l'iris ?
a) La Californie   b) Le Tennessee   c) Le Texas   d) La Caroline du Nord

U89- Quelles plantes herbacées, dont fait partie le « bouton-d'or », ont un nom dérivant du latin et signifiant « petite grenouille » ?
a) Les coquelicots   b) Les renoncules   c) Les ancolies   d) Les anémones

U90- Quelle est la plus grande forêt de France ?
a) La forêt landaise   b) La forêt guyanaise   c) La forêt d'Orléans   d) La forêt du Mont Ventoux

U91- De quel pays furent importées les premières tomates en Europe ?
a) L'Inde   b) La Tunisie   c) Le Mexique   d) Madagascar

U92- Quel est le fruit du plaqueminier ?
a) L'ananas   b) L'amande   c) Le kaki   d) La nèfle

U93- Quel agrume résulte d'un croisement entre une clémentine et un tangelo ?
a) Clémenvilla   b) Mandarine   c) Orange sanguine   d) Pomélo

U94- Quel légume peut être du type blanc, rouge, rave ou de Bruxelles ?
a) L'aubergine   b) Le chou   c) L'endive   d) La courgette

U95- Quel arbre produit le latex ?
a) Le chêne   b) L'hévéa   c) L'acacia   d) Le séquoia

U96- Quel est le nom commun de la plante Tradescantia que le botaniste britannique et jardinier du roi Charles Ier d'Angleterre rapporta de ses expéditions en Amérique ?
a) La calamité   b) La déchéance   c) La pauvreté   d) La misère

U97- Comment se nomme la poire japonaise très croquante et juteuse ?
a) Le nashi   b) Le fenyu   c) Le tchaï   d) Le donburi

U98- Quelle espèce d'arbre compose majoritairement la forêt des Landes ?
a) Le chêne   b) Le peuplier   c) Le pin   d) Le bouleau

U99- À quelle famille de plantes appartient la carotte ?
a) Fabacées   b) Apiacées   c) Amaryllidacées   d) Astéracées

U100- Quel pays a pour symbole national le trèfle ?
a) L'Angleterre   b) La Hongrie   c) L'Algérie   d) L'Irlande

U101- Quelle espèce d'arbre de la famille des Salicaceae, portant le nom scientifique de Salix babylonica, est dit « pleureur » ?
a) Le pin   b) Le chêne   c) Le saule   d) L'érable

U102- Sur quelle face se situe la mousse sur un arbre dans l'hémisphère nord ?
a) Au nord   b) À l'est   c) À l'ouest   d) Au sud

U103- Quelle célèbre chanson de Claude François avait pour titre le nom d'une fleur ?
a) Les capucines   b) Les camélias   c) Les magnolias   d) Les fuchsias

U104- Quel fruit est à pépins ?
a) La mangue   b) La cerise   c) La prune   d) Le coing

U105- Quelle plante est appelée «l'artichaut de Jérusalem »?
a) Le poireau   b) Le topinambour   c) Le cardon   d) Le céleri

U106- À quelle structure correspond le calice chez une fleur ?
a) L'ensemble des pétales   b) L'ensemble des sépales
c) L'ensemble des étamines   d) L'ensemble des pistils

U107- Quelle est la plus grande forêt au monde ?
a) La Taïga   b) La forêt guyanaise   c) L'Amazonie   d) La forêt du Congo

U108- Quel légume peut être du type barbatane, berinda, violette ou giniac ?
a) L'aubergine   b) Le chou   c) La patate douce   d) La blette

U109- Quelle espèce d'arbre est connue pour avoir le plus grand diamètre de tronc ?
a) Le séquoia   b) Le tilleul   c) Le baobab   d) Le peuplier

U110- Quelle structure au sein d'une fleur représente les organes reproducteurs femelles ?
a) Le pistil   b) Les sépales   c) Les étamines   d) Le pétale

U111- Quelle partie de la fleur donne, après son prélèvement et sa déshydratation, du safran ?
a) Les pétales   b) Les sépales   c) Les racines   d) Les stigmates

U112- Quelle fleur porte le surnom de clé de Saint Pierre ?
a) La tulipe   b) La pâquerette   c) La marguerite   d) La primevère

U113- Quelle plante aquatique de la famille des Nymphaeaceae donne son titre à un album de Tintin ?
a) Le nénuphar rose   b) Le lotus bleu   c) Le nymphéa blanc   d) La brasénie rouge

U114- Au Canada, quel est le nom du colza de printemps dont la teneur en acide érucique a été abaissée par sélection génétique ?
a) Colzola   b) Princolza   c) Canola   d) Cintema

U115- À quelle famille de plantes appartient le navet ?
a) Brassicacées   b) Apiacées   c) Amaryllidacées   d) Astéracées

U116- Quel fruit peut être du type sweet baby, ananas, roma ou saint-Pierre ?
a) La tomate   b) La poire   c) L'ananas   d) La pomme

U117- Comment se nomme l'ensemble des vaisseaux conduisant la sève élaborée ?
a) Le rhizome   b) Le xylème   c) Les follicules   d) Le phloème

U118- Dans Du côté de chez Swann, quelle plante potagère est décrite par Marcel Proust comme « trempées d'outre-mer et de rose et dont l'épi, finement pignoché de mauve et d'azur, se dégrade insensiblement jusqu'au pied » ?
a) Les asperges   b) Les artichauts   c) Les épis de maïs   d) Les tiges de rhubarbe

U119- Quelle plante n'est pas toxique pour l'homme ?
a) L'aubépine   b) Le laurier cerise   c) Le prunellier   d) L'airelle

U120- Quelle plante est très toxique par ingestion ?
a) La tulipe   b) Le laurier rose   c) Le jasmin   d) La pâquerette

U121- Quelle plante, dite « dent-de-lion », a des vertus diurétiques ?
a) Le pissenlit   b) Le laurier rose   c) La réglisse   d) La valériane

U122- De quel pays est originaire le figuier de barbarie ?
a) L'Australie   b) L'Afrique du sud   c) Le Mexique   d) Madagascar

U123- Selon la mythologie grecque, quel arbre serait l'arbre de la sagesse dédié à Athéna ?
a) Le bouleau   b) Le laurier   c) L'olivier   d) Le chêne

U124- De quelle espèce d'arbre est issu l'osier utilisé en vannerie ?
a) Le peuplier   b) Le cerisier   c) L'acajou   d) Le saule

U125- Quel agrume peut être du type caviar, yuzu, combawa ou meyer ?
a) L'orange   b) La clémentine   c) La mandarine   d) Le citron

U126- À quelle famille de plantes appartient le concombre ?
a) Brassicacées   b) Apiacées   c) Cucurbitacées   d) Astéracées

U127- Comment sont appelés certains rosiers sauvages ?
a) Arbre à pain   b) Églantier   c) Bougainvillier   d) Lilas

U128- Quelle algue verte apparue en 1984 sur les côtes de Monaco est devenue rapidement envahissante au point de mettre en péril la survie des espèces locales ?
a) Codium   b) Acétabularia   c) Laitue de mer   d) Taxifolia

U129- Quel légume peut être du type ronde de Nice, blanche d'Égypte, black beauty ou gold rush ?
a) L'aubergine   b) Le chou   c) L'endive   d) La courgette

U130- Quelle molécule est à l'origine de la photosynthèse ?
a) La vitamine C   b) La vitamine D   c) Le glucose   d) La chlorophylle

U131- Quel fruit est à noyau ?
a) Le kiwi   b) Le longane   c) Le nashi   d) Le melon

U132- Quelle fleur porte le surnom de clochette des bois ?
a) La tulipe   b) La pâquerette   c) Le muguet   d) La primevère

U133- Quel agrume peut être du type moro, maltaise, sanguinello ou taroco ?
a) L'orange   b) La clémentine   c) La mandarine   d) Le citron

U134- À quelle famille de plantes appartient le haricot ?
a) Fabacées   b) Apiacées   c) Cucurbitacées   d) Astéracées

U135- Quelle plante du genre Artemisia, que l'on rencontre exclusivement en montagne, est à l'origine d'une fameuse liqueur des Alpes ?
a) L'ail   b) L'aneth   c) Le génépi   d) La sauge

U136- De quelle plante consomme-t-on les graines torréfiées, notamment autour du bassin méditerranéen, où on les connaît sous le nom de pipas ?
a) Le lin   b) Le tournesol   c) Le chia   d) Le pavot

U137- Quelle plante tire son nom de l'arabe « abu rach » en référence à ses propriétés sudorifiques ?
a) La bourrache   b) Le laurier rose   c) La réglisse   d) La valériane

U138- De quel pays le poivre est-il originaire ?
a) Du Brésil   b) De Chine   c) D'Inde   d) D'Australie

U139- Quel est le symbole de la molécule psychotrope du cannabis ?
a) THC   b) CBB   c) CBD   d) GHD

U140- Quel arbre est touché par la maladie de Panama ?
a) Le dattier   b) Le bananier   c) Le pin   d) Le séquoia

U141- Sur le drapeau du Mexique, sur quoi est représenté l'aigle perché dévorant un serpent ?
a) Sur un cactus   b) Sur une orchidée   c) Sur un frangipanier   d) Sur un figuier de Barbarie

U142- Quel mode de multiplication végétative de certaines plantes consiste à donner naissance à un nouvel individu à partir d'un organe ou d'un fragment d'organe isolé (morceau de rameau, feuille, racine, tige, écaille de bulbe) ?
a) Le marcottage   b) Le greffage   c) Le bouturage   d) Le plantage

U143- De quel arbre provient la feuille présente sur drapeau libanais ?
a) Le peuplier   b) L'érable   c) L'aulne   d) Le cèdre

U144- Quel est le surnom du pitaya, fruit exotique ?
a) La pomme poire   b) La reine des fruits   c) Le fruit du dragon   d) La star fruit

U145- Quel légume n'est pas une racine ?
a) La carotte   b) Le navet   c) Le haricot   d) Le radis

U146- Quelle structure assure la protection des jeunes organes dans le bouton floral afin d'assurer l'intégrité des organes reproducteurs ?
a) Les étamines   b) Les pétales   c) La tige   d) Les sépales

U147- Comment se nomme une tige souterraine dotée de racines et qui se termine par un bourgeon ?
a) Un pétale   b) Un follicule   c) Un tigeon   d) Un rhizome

U148- Quel agrume peut être du type minneola, nova, tangerine ou nova ?
a) L'orange　　　　　b) La clémentine　　　　c) La mandarine　　　　d) Le citron

U149- À quelle famille de plantes appartient le pois chiche ?
a) Fabacées　　　　　b) Apiacées　　　　　c) Cucurbitacées　　　　d) Astéracées

U150- Que signifie le mot japonais « bonsaï » ?
a) « Petit arbre fort »　　　　　b) « Arbre dans un pot »
c) « Arbre royal »　　　　　d) « Puissant arbre apportant la sagesse »

INFORMATIQUE & NUMÉRIQUE

Répondez aux 150 questions d'informatique et de numérique avant de consulter la grille de réponses.

V1- Qui a créé Microsoft avec Bill Gates ?
a) Jeff Bezos   b) Elon Musk   c) Larry Page   d) Paul Allen

V2- Quelle est la résolution, en pixels, de la norme HD ?
a) 1920 × 1080   b) 3840 × 2160   c) 1280 × 720   d) 4096 × 2160

V3- Quelle société a présenté le premier « smartphone » GS88 ?
a) Apple   b) IBM   c) Nokia   d) Ericsson

V4- Que signifie le M dans l'acronyme « HDMI » ?
a) Multimedia   b) Movement   c) Microsoft   d) Mobile

V5- Quelle société a édité le jeu Mario Bros ?
a) Sony   b) Capcom   c) Nintendo   d) Sega

V6- De quel pays est originaire l'entreprise Nokia ?
a) Suède   b) Finlande   c) Norvège   d) Danemark

V7- Quelle est l'extension de fichier d'image compressée portant le nom officiel de ISO/CEI 10918-1 UIT-T Recommendation T.81 et déposée en 1991 ?
a) .jpg   b) .png   c) .bmp   d) .gif

V8- Quelle société d'origine française est un concurrent direct de Youtube ?
a) Videostream   b) Capvideo   c) Shareit   d) Dailymotion

V9- Que signifie le premier W dans « www » ?
a) World   b) Wild   c) Web   d) Wide

V10- Comment se nomme l'envoi répété d'un message électronique non sollicité, souvent publicitaire, à un grand nombre d'internautes ?
a) Mining   b) Spam   c) Mailing   d) Phishing

V11- Quelle est l'année de création d'Internet ?
a) 1979   b) 1983   c) 1989   d) 1991

V12- Comment se nomme le navigateur développé par Google à partir de 2008 ?
a) Mozilla   b) Opera   c) Chrome   d) Edge

V13- Quelles sont les six premières touches de la rangée alphabétique supérieure d'un clavier anglais ?
a) AZERTY   b) QSDFGH   c) QWERTY   d) WXCVBN

V14- Quelle technologie a précédé la fibre optique, pour accéder à Internet et à la téléphonie fixe grâce au même réseau câblé ?
a) Le minitel   b) Le radiocom 2000   c) Le binary   d) L'ADSL

V15- À quelle société appartient le système d'exploitation Windows ?
a) Oracle   b) IBM   c) Apple   d) Microsoft

V16- Que signifie ROM de l'acronyme CD-ROM ?
a) Read Only Memory   b) Recycle Of Memory   c) Ready On Memory   d) Remix Of Memory

V17- Que désigne l'acronyme anglais CPU ?
a) La mémoire   b) Le processeur   c) La carte vidéo   d) L'alimentation

V18- Quel système d'exploitation, créé en 1991 par Linus Torvalds, est open source et gratuit ?
a) Windows   b) Mac OS   c) Linux   d) Onyx

V19- Qu'est-ce qu'un freeware ?
a) Un logiciel malveillant   b) Une box internet   c) Un PC portable   d) Un logiciel gratuit

V20- Que signifie le « Fi » de l'acronyme Wi-Fi ?
a) Fidelity   b) Fiber   c) File   d) Field

V21- Quelle technologie permet d'utiliser un réseau informatique sur le réseau électrique d'une habitation ?
a) ADSL   b) La fibre   c) Le CPL   d) L'USB

V22- Quel caractère est accessible sur les claviers AZERTY en tapant la touche 8 ?
a) Arobase   b) Esperluette   c) Croisillon   d) Tiret bas

V23- De quelle contraction provient le mot bit ?
a) Binary digit   b) Binary megabit   c) Binary gibabit   d) Binary bitcoin

V24- Combien de couleurs déterminent 1 bit ?
a) 1   b) 2   c) 8   d) Une infinité

V25- Que signifie en langage informatique « moniteur » ?
a) Écran   b) Console   c) Clavier   d) Souris

V26- Quelle société américaine, créée en 2004 par Mark Zuckerberg, était initialement concentrée sur le réseau social Facebook ?
a) Meta   b) Alphabet   c) Sony   d) Dell

V27- Quel terme anglais désigne un canular, périmé ou invérifiable, propagé par Internet ?
a) Hoax   b) Netshit   c) Fake   d) Deadnews

V28- Comment se nommait le premier virus informatique ?
a) Worm   b) Tinba   c) Stuxnet   d) Brain

V29- Quel nom portait le premier ordinateur entièrement électronique ?
a) Colossius   b) Enigma   c) ENIAC   d) C1

V30- En quelle année a été commercialisé le premier ordinateur entièrement électronique ?
a) 1908   b) 1946   c) 1962   d) 1981

V31- Que signifie l'acronyme PC ?
a) Portable Computer   b) Portable Com   c) Personal Computer   d) Personal Capsule

V32- Qui a créé Google avec Sergey Brin ?
a) Jeff Bezos   b) Elon Musk   c) Larry Page   d) Paul Allen

V33- Quelle légende grecque est utilisée pour désigner un logiciel malveillant ?
a) Le talon d'Achille   b) Le cheval de Troie   c) Dédale et Icare   d) Le minotaure

V34- Qui a créé Facebook ?
a) Jeff Bezos   b) Bill Gates   c) Larry Page   d) Mark Zuckerberg

V35- Comment se nomme la zone au sud de la baie de San Francisco en Californie où se concentrent les sociétés technologiques aux États-Unis ?
a) Sophia-Antipolis   b) La Silicon Valley   c) Silverton   d) Tech Coast

V36- Dans quelle ville se situe le siège historique de l'entreprise Amazon ?
a) Seattle   b) New-York   c) San Francisco   d) Los Angeles

V37- Quel est le nom du développeur d'un des premiers jeux vidéos nommé « Spacewar! » ?
a) Mark Cerny   b) Éric Chahi   c) Chris Sawyer   d) Steve Russell

V38- Quelle société a développé le fameux jeu Duke Nukem ?
a) Nintendo   b) Capcom   c) 3D Realms   d) Atari

V39- En quelle année fut créée la souris d'ordinateur ?
a) 1963   b) 1969   c) 1974   d) 1976

V40- Quel sigle désigne l'adresse, le moyen d'identifier un document consultable par le Web ?
a) L'IP   b) L'URL   c) Le PPP   d) Le TCP

V41- Quel organisme est chargé de faire respecter la loi informatique et libertés en France ?
a) Le CSA   b) La HADOPI   c) La CNIL   d) La SACEM

V42- Quelle est la résolution en pixels de la norme full HD ?
a) 1 920 × 1 080   b) 3 840 × 2 160   c) 1 280 × 720   d) 4 096 × 2 160

V43- Comment se nomme une lettre d'information expédiée par mail à travers Internet ?
a) Un spam   b) Une e-letter   c) Un ver   d) Une newsletter

V44- De quel pays est originaire le premier virus informatique ?
a) Russie   b) Pakistan   c) Inde   d) Chine

V45- Quelle prise a été remplacée par la prise HDMI, pour l'interface audio/vidéo ?
a) L'HD   b) L'USB-A   c) L'ethernet   d) La péritel

V46- Comment se nomme l'appareil qui permet à l'ordinateur de se brancher à un réseau de communication ?
a) Le routeur   b) Le disque dur   c) Le modem   d) La carte mère

V47- En quelle année fut créée Apple ?
a) 1971   b) 1975   c) 1976   d) 1985

V48- Comment se nomme un matériel ou un logiciel qui vise à filtrer les informations qui entrent et qui sortent d'un réseau informatique ?
a) Un modem   b) Une RAM   c) Un firewall   d) Un moniteur

V49- Comment se nomme la suite bureautique développée par Microsoft ?
a) Office   b) Openoffice   c) Notes   d) Lotus

V50- Laquelle de ces proposition ne correspond pas à un navigateur web ?
a) Mozilla Firefox   b) Opera   c) Linux   d) Safari

V51- Quel était le titre du premier magazine de jeux vidéo français ?
a) Canard PC   b) 100% consoles   c) Gameon   d) Tilt

V52- Comment se nommait la console Megadrive de Sega aux États-Unis ?
a) Genesis   b) Gamecube   c) Commodore   d) Megadrive US

V53- Quelles touches faut-il presser pour couper un texte ?
a) Ctrl + C   b) Ctrl + X   c) Ctrl + V   d) Ctrl + P

V54- De quel pays est originaire l'application Tik Tok ?
a) États-Unis   b) Chine   c) Indonésie   d) Norvège

V55- En quelle année est apparu le navigateur Chrome ?
a) 2000   b) 2003   c) 2006   d) 2008

V56- En quelle année a été créé le premier ordinateur russe, entièrement électronique,nommé BESM ?
a) 1941   b) 1946   c) 1952   d) 1971

V57- Quel était le nom de la première console portable de Nintendo ?
a) Game Boy   b) Game Gear   c) Wii   d) DS

V58- Quel jeu développé par Notch plonge dans un univers composé de voxels, est généré de façon procédurale et intègre un système d'artisanat axé sur l'exploitation puis la transformation de ressources naturelles ?
a) Tetris   b) Minecraft   c) Mario Bros   d) Diablo

V59- Quelle société a développé le fameux jeu Street Fighter ?
a) Nintendo   b) Capcom   c) 3D Realms   d) Atari

V60- En quelle année fut créée Amazon ?
a) 1994   b) 1998   c) 2000   d) 2001

V61- En quelle année fut créée Microsoft ?
a) 1971   b) 1975   c) 1982   d) 1985

V62- Qu'est-ce qu'un throbber ?
a) Un navigateur   b) Un hacker   c) Un bug   d) Une icône indiquant le chargement d'une page

V63- De combien de bits est formé un octet ?
a) 2   b) 4   c) 8   d) 256

V64- Quel est le nom d'un des plus grands constructeurs d'ordinateurs originaire du Texas, créé en 1984 sous le nom de PC's Limited ?
a) Compaq   b) Lenovo   c) Hewlett-Packard   d) Dell

V65- Quelle est l'extension la plus utilisée pour un fichier audio, datant de 1993 ?
a) WMA   b) MP3   c) WAVE   d) AVI

V66- Que signifie le V de l'acronyme VOD ?
a) Value   b) Various   c) Video   d) Very

V67- Comment se nomme le système d'exploitation des iPad jusqu'en 2019 ?
a) IOS   b) Android   c) Linux   d) Symbian

V68- Quel est le nom donné au groupe de hackers dont beaucoup de protestants portent le Masque de Guy Fawkes, popularisé dans la bande-dessinée et le film V pour Vendetta ?
a) Bureau 121   b) Anonymous   c) Lizard squad   d) Telecomix

V69- Comment se nomme la société propriétaire de la marque Google qui en fevrier 2016 a une capitalisation qui atteint 555 milliards de dollars américains et devient ainsi la première capitalisation mondiale ?
a) Meta   b) Alphabet   c) Sony   d) Dell

V70- Quelle structure est chargée dans un ordinateur de stocker provisoirement des données ?
a) Le disque dur   b) La RAM   c) L'USB   d) La ROM

V71- Quel dispositif semi-conducteur à trois électrodes actives ouvrit la voie à la miniaturisation des composants informatiques ?
a) La résistance   b) Le condensateur   c) La diode   d) Le transistor

V72- Quelle base utilise le système binaire ?
a) La base 2   b) La base 8   c) La base 10   d) La base 100

V73- Dans les années 1990, quelle société a développé le premier ordinateur ayant battu Garry Kasparov, le champion du monde d'échecs ?
a) Apple   b) Dell   c) IBM   d) Compaq

V74- Le 11 juin 2013, quelle société rachète Waze pour un montant de 966 millions de dollars ?
a) Facebook   b) Microsoft   c) Amazon   d) Google

V75- En quelle année fut créée Facebook ?
a) 1996   b) 1998   c) 2000   d) 2004

V76- Par quel acronyme commence chaque adresse d'un site internet écrite dans un navigateur ?
a) www   b) http   c) IP   d) PCMI

V77- Quel symbole ne peut pas être inclus dans l'adresse d'un site internet ?
a) Une minuscule   b) Une lettre avec un accent   c) Un tiret   d) Un point

V78- Quel organisme, chargé de la régulation de la communication audiovisuelle et numérique, résulte de la fusion le 1er janvier 2022 du CSA et de la HADOPI ?
a) L'ARCEP   b) L'ARCOM   c) La CNIL   d) La SACEM

V79- Qu'est-ce qu'un malware ?
a) Un logiciel malveillant   b) Une box internet   c) Un PC portable   d) Un logiciel gratuit

V80- Quelle adresse mail est correcte?
a) dupont@mail.f'   b) dupônt@mail.fr   c) dupontmail.fr   d) dupont@mail.fr

V81- Que signifie le R dans l'acronyme RAM correspondant à la mémoire vive d'un ordinateur ?
a) Real   b) Rare   c) Random   d) Read

V82- Comment se nomme la technique frauduleuse destinée à leurrer l'internaute pour l'inciter à communiquer des données ?
a) Mining   b) Spam   c) Mailing   d) Phishing

V83- Quel nom porte le boîtier logeant et protégeant les principaux composants d'un appareil informatique ?
a) Une boite   b) Une tour   c) Un décodeur   d) Un protecteur

V84- Quel mathématicien du XIXe siècle créa un algèbre binaire, précurseur du langage informatique, n'acceptant que les valeurs numériques 0 et 1 ?
a) Blaise Pascal   b) Claude Shannon   c) Pythagore   d) George Boole

V85- Depuis septembre 2015, quelle est la couleur du deuxième « O » du logo de Google ?
a) Rouge   b) Vert   c) Bleu   d) Jaune

V86- À sa création en septembre 2011, quelle forme est dessinée sur le logo de Snaptchat ?
a) Un fantôme   b) Un singe   c) Une grenouille   d) Un nuage

V87- Quelle est la nationalité du créateur de Skype ?
a) Canadienne   b) Suédoise   c) Hongroise   d) Japonaise

V88- Quelle société sur internet est une plateforme communautaire payante de covoiturage ?
a) Bipbipcar   b) BlaBlacar   c) Hertz   d) Naviguons.fr

V89- Qu'est-ce que le tethering ?
a) Une discussion en visioconférence   b) Un partage de connexion
c) Un bug informatique   d) Une mesure d'audience rémunérée

V90- Qui est Larry, sur le logo de Twitter ?
a) Un loup   b) Une licorne   c) Une mouche   d) Un oiseau

V91- Quelle était l'activité première d'Amazon à ses débuts ?
a) La vente d'accessoires informatiques   b) La vente de fleurs
c) La vente de livres   d) La vente de DVD

V92- Le 14 octobre 2011, qui rachète l'application Skype ?
a) Facebook   b) Google   c) Amazon   d) Microsoft

V93- Que signifie le P de l'acronyme IP, qui désigne l'ensemble de règles pour le routage et l'adressage des paquets de données afin qu'ils puissent traverser les réseaux et arriver à la bonne destination ?
a) Per   b) Printing   c) Protocol   d) Packet

V94- Quelle société a commercialisé le fameux jeu Donkey Kong ?
a) Namco   b) Capcom   c) Nintendo   d) Sega

V95- Comment se nommait le premier ordinateur produit par Apple ?
a) Apple I   b) Macintosh   c) Minimac   d) Mac

V96- Qu'a inventé Herman Hollerith ?
a) Le PC   b) La mécanographie   c) Le pascal   d) La cryptographie

V97- Quelle société a été créée par Larry Ellison en 1977 ?
a) EA games   b) Atari   c) Lotus   d) Oracle

V98- Dans les années 80, quel fut le jeu, pour la console Atari, le plus vendu ?
a) Pac-man   b) Space invaders   c) Megamania   d) Pitfall !

V99- Qui créa une des premières banques en ligne nommée x.com ?
a) Bill Gates   b) Paul Allen   c) Jeff Besos   d) Elon Musk

V100- En quelle année fut créée la société Paypal ?
a) 1998   b) 2000   c) 2002   d) 2003

V101- Comment se nomme le moteur de recherche chinois, dont le nom signifie « Cent degrés » en chinois ?
a) Googlech   b) Yahooch   c) Baidu   d) Searchtt

V102- Quelle société allemande, dont le siège se trouve à Walldorf en Allemagne, est un des plus importants éditeurs de logiciels pour les entreprises ?
a) TeamViewer   b) SAP   c) Murex   d) Datev

V103- Qui est le fondateur de Meetic, un des plus grands sites de rencontre français ?
a) Marc Simoncini   b) Pierre-François Grimaldi   c) Christian Raisson   d) Xavier Niel

V104- Quel site français fut le leader des ventes en enchères avant d'être finalement racheté par Ebay en 2001 ?
a) Oups !   b) Encheres.com   c) Interenchers   d) Ibazar

V105- Comment appelle-t-on le temps pendant lequel une tâche est traitée par l'ordinateur ?
a) La temporisation   b) Le temps d'exécution   c) Le tempo machine   d) La latence

V106- Comment nomme-t-on l'unité de mesure de la rapidité de calcul d'un système informatique ?
a) Le bit   b) Le FLOPS   c) La vcal   d) La scal

V107- Le 10 avril 2012, qui achète l'application Instagram ?
a) Facebook   b) Google   c) Amazon   d) Microsoft

V108- Quelle était la couleur du « B » du logo de Ebay à partir de 1999 ?
a) Rouge   b) Verte   c) Bleue   d) Jaune

V109- Quel est le pays d'origine du fabricant de téléphone LG ?
a) Japon   b) Corée du Sud   c) Chine   d) Taïwan

V110- Quel mot désigne l'ensemble des mondes virtuels connectés à Internet, lesquels sont perçus en réalité augmentée ?
a) Métavers   b) Decentraland   c) Second life   d) Avatar

V111- Comment se nomme un ordinateur sur un réseau qui demande des fichiers à un autre ordinateur ?
a) Un serveur   b) Un modem   c) Un client   d) Un hôte

V112- Quel nom est donné aux dispositifs ajoutés à un ordinateur, tels qu'une souris ?
a) Un plug   b) Un périphérique   c) Un add-on   d) Un cast

V113- Comment appelle-t-on un réseau d'ordinateurs qui est confiné à un espace relativement petit ?
a) Un réseau local   b) Un réseau diffus   c) Un réseau mondial   d) Un réseau peer to peer

V114- Que signifie le dernier W dans « www » ?
a) World   b) Wild   c) Web   d) Wide

V115- Quel acronyme désigne le numéro d'identification de chaque appareil connecté à un réseau ?
a) L'IP   b) L'URL   c) Le PPP   d) Le TCP

V116- Que signifie le premier P dans P2P, l'acronyme indiquant un réseau d'échange en informatique ?
a) Perfect   b) Partition   c) Peer   d) Protocol

V117- Quelle société a développé le fameux jeu Zelda ?
a) Nintendo   b) Capcom   c) Sony   d) Atari

V118- Que signifie le B de l'acronyme USB, qui sert à connecter des périphériques informatiques à un appareil ?
a) Binary   b) Bus   c) Bit   d) Bandwidth

V119- Qu'est-ce qu'un software ?
a) Un disque dur   b) Une box internet   c) Un PC portable   d) Un logiciel

V120- Quelle société a commercialisé le premier microprocesseur ?
a) Intel   b) AMD   c) Samsung   d) Sony

V121- Quelles touches faut-il presser pour faire une recherche sur une page ?
a) Ctrl + R   b) Ctrl + X   c) Ctrl + V   d) Ctrl + F

V122- À quel type de fichier correspond l'extension .png ?
a) Un fichier temporaire   b) Un fichier audio   c) Un fichier image   d) Un fichier vidéo

V123- En quelle année a été choisi le symbole « @ » pour les emails ?
a) 1962   b) 1969   c) 1971   d)1982

V124- Quel est le nom d'un des créateurs d'Apple ?
a) Jeff Bezos   b) Bill Gates   c) Steve Jobs   d) Mark Zuckerberg

V125- Que signifie le A dans l'acronyme ARCOM ?
a) Agence   b) Affaire   c) Admission   d) Autorité

V126- Quelle pratique consiste à utiliser des serveurs informatiques à distance et hébergés sur Internet pour stocker, gérer et traiter des données ?
a) Le away computing   b) Le cloud computing   c) Le far computing   d) Le place computing

V127- Qu'est-ce que l'application WhatsApp ?
a) Une application de réseau social
b) Une application de jeu
c) Une application de messagerie instantanée et d'appels
d) Une application d'écoute de musique en streaming

V128- Qui est le fondateur de Free, un des opérateurs de téléphonie mobile français ?
a) Marc Simoncini   b) Pierre-François Grimaldi   c) Christian Raisson   d) Xavier Niel

V129- Quelle est la résolution en pixels de la norme 4K ?
a) 4 096 × 2 160   b) 1 920 × 1 080   c) 1 280 × 720   d) 3 840 × 2 160

V130- Quel est le nom de l'ancêtre du réseau Internet, construit en 1969 comme un support robuste pour transmettre des données militaires sensibles et pour relier des groupes à la pointe de la recherche à travers le territoire des États-Unis ?
a) MINET   b) INT42   c) ARPANET   d) MEDIANET

V131- À quel type de fichier correspond l'extension .avi ?
a) Un fichier temporaire   b) Un fichier audio   c) Un fichier image   d) Un fichier vidéo

V132- Comment se nommait le petit terminal de consultation de banques de données destiné à la connexion au service français de Vidéotex baptisé Télétel et utilisé en France entre 1980 et 2012 ?
a) Le radiocom   b) Le minitel   c) L'ARPANET   d) Le commodore

V133- En quelle unité est définie la vitesse d'accès au réseau ?
a) MHz   b) Mégaoctets   c) Kbps   d) Bits

V134- Quelle société a commercialisé le fameux jeu Pac Man ?
a) Namco   b) Capcom   c) Atari   d) Sega

V135- Quel nom ne correspond pas à un langage informatique ?
a) Python   b) Java   c) Pascal   d) Nero

V136- Que signifie l'acronyme DOS, qui désigne un système d'exploitation relativement basique?
a) Digital Out System   b) Disk Operating System   c) Disk Out System   d) Data Operating System

V137- Comment se nomme la technique qui recherche automatiquement de grandes quantités de données afin de découvrir des tendances et des modèles ?
a) Phishing   b) Spam   c) Mailing   d) Mining

V138- Quel nom portait le premier ordinateur produit par IBM ?
a) IBM+   b) IBM 701   c) Minitor   d) Thinkpad

V139- Qu'est-ce que le Fortran?
a) Un ordinateur   b) Une monnaie numérique
c) Un langage informatique   d) Une souris spécifique

V140- Que signifie MODEM en informatique ?
a) Memory data   b) Memory device   c) Monitor device   d) Modulateur démodulateur

V141- Quel nom portait la console Super Nintendo au Japon ?
a) Nes   b) Hiyu   c) Super Famicom   d) Nintendo Nese

V142- Quel plan gouvernemental français, lancé en 1966 par le président Charles de Gaulle, était destiné à assurer l'autonomie du pays dans les techniques de l'information et à développer une informatique européenne ?
a) Le plan Calcul   b) Le plan Numérique   c) Le plan Technologie   d) Le plan Avenir

V143- Quelles touches faut-il presser pour copier un texte ?
a) Ctrl + C   b) Ctrl + X   c) Ctrl + V   d) Ctrl + P

V144- Quelle est la couleur du carré en haut à droite du logo de Microsoft, inauguré en août 2012 ?
a) Rouge   b) Verte   c) Bleue   d) Jaune

V145- Quelle conversion est correcte ?
a) 1 Mo = 1 000 ko   b) 1 Mo = 1 000 000 octets   c) 1 Mo = 1 024 ko   d) 1 Mo = 256 ko

V146- À quel type de fichier correspond l'extension .wav ?
a) Un fichier temporaire   b) Un fichier audio   c) Un fichier image   d) Un fichier vidéo

V147- Quelle société chinoise de télécommunications a été mise sous embargo par l'administration de Donald Trump, par l'interdiction, en mai 2019, de vendre des équipements de réseaux aux États-Unis ?
a) Xiaomi   b) Huawei   c) Tik Tok   d) Lenovo

V148- Quelle société a commercialisé le fameux jeu Pong ?
a) Nintendo   b) Capcom   c) Sony   d) Atari

V149- En octobre 2006, quelle société rachète le site Youtube ?
a) Apple   b) Google   c) Facebook   d) Microsoft

V150- Qu'est-ce que le hardware ?
a) Le matériel informatique physique   b) La connexion internet
c) Les logiciels   d) Les vidéos pour adultes en ligne

Répondez aux 150 questions d'écologie et environnement avant de consulter la grille de réponses.

W1- Que signifie le P de l'acronyme « COP », la conférence internationale de l'Organisation des Nations unies sur les changements climatiques ?
a) Parties   b) Plus   c) Pact   d) Pax

W2- Quelle organisation écologiste a subi un attentat à la bombe sur leur bateau « Rainbow Warrior » de la part des services secrets français le 10 juillet 1985 ?
a) WWF   b) Greenpeace   c) Sea Shepherd   d) 350.org

W3- En France, dans quel bac de recyclage doit-on placer le plastique ?
a) Bac vert   b) Bac bleu   c) Bac jaune   d) Bac gris

W4- En France, comment appelle-t-on une décharge ?
a) Décharge en Plein Air   b) Centre de Rétention des Ordures
c) Zone de Collecte des Déchets   d) Centre de Stockage des Déchets Ultimes

W5- Quelle est la proportion d'eau à la surface de la Terre ?
a) 30 %   b) 45 %   c) 70 %   d) 90 %

W6- Quel produit n'est pas recyclable ?
a) Canette en aluminium   b) Sac plastique   c) Carton   d) Bouteille en verre

W7- En quelle unité est définie la quantité de CO_2 ?
a) En cm^3 b) En litre   c) En mole   d) En ppm

W8- Comment se nomme le groupe d'experts intergouvernemental travaillant sur l'évolution du climat et chargé d'évaluer la réalité, les causes et les conséquences du changement climatique en cours ?
a) La PAC   b) La WWF   c) Le GIEC   d) L'OMS

W9- Quelle organisation non gouvernementale, créée par David Brower en 1969, compte des milliers de groupes à travers le monde ?
a) Les amis de la Terre   b) The Ocean cleanup   c) 350.org   d) Worldwatch institute

W10- Quelle militante s'est fait connaître mondialement pour ses positions écologistes alors qu'elle n'avait que 15 ans ?
a) Lucie Pinson   b) Alexandra Cousteau   c) Julia Butterfly   d) Greta Thunberg

W11- À quelle couleur est associé le parti écologiste français ?
a) Bleu   b) Verte   c) Jaune   d) Orange

W12- En quelle année a eu lieu la COP 21 à Paris ?
a) 2012   b) 2014   c) 2015   d) 2021

W13- En moyenne, combien de temps met le verre à se décomposer ?
a) 10 ans   b) 500 ans   c) 4000 ans   d) 10000 ans

W14- Comment se nomme l'un des plus grands labels de commerce équitable fondé aux Pays-Bas en 1988 ?
a) Eco-bio   b) Biocop   c) Max Havelaar   d) Fair-commerce

W15- Qu'est-ce qu'une AMAP ?
a) *Une catastrophe naturelle*   b) *Une association écologiste*
c) *Un fond de placement écologiste*   d) *Un partenariat entre un groupe de consommateurs et une ferme*

W16- En quelle année fut signé le protocole de Montréal relatif aux substances qui appauvrissent la couche d'ozone ?
a) *1981*   b) *1987*   c) *1991*   d) *1999*

W17- Quelle molécule a en partie disparu pour former un trou dans l'atmosphère au-dessus des pôles à partir des années 80 ?
a) *L'oxygène*   b) *Le dioxyde de carbone*   c) *Le diazote*   d) *L'ozone*

W18- Dans quelle république socialiste se situait la centrale de Tchernobyl, théâtre d'un accident nucléaire en 1986 ?
a) *Russie*   b) *Ukraine*   c) *Biélorussie*   d) *Kazakhstan*

W19- Comment se nommait l'ensemble des rencontres politiques organisées en France en septembre et décembre 2007 ?
a) *Le grenelle de l'environnement*   b) *Les rencontres du bio*
c) *COP21*   d) *Le sommet de l'environnement*

W20- Qu'a interdit l'Europe le 11 mars 2013 ?
a) *La distribution gratuite de sacs plastiques*   b) *L'utilisation des pesticides*
c) *Les tests des produits cosmétiques sur les animaux*   d) *L'utilisation des phtalates*

W21- Quel nom est celui d'un label bio agricole créé en 1985 et fondé sur l'interdiction d'utilisation de produits issus de la chimie de synthèse ?
a) *Label rouge*   b) *Biotrade*   c) *Max Havelaar*   d) *AB*

W22- En quelle année est arrivée la catastrophe de « L'Amoco Cadiz » à l'origine d'une des plus grandes marées noires de l'histoire ?
a) *1971*   b) *1973*   c) *1978*   d) *1981*

W23- Que signifie « composter » en terme écologique ?
a) *Marquer un billet*   b) *Trier des déchets*
c) *Valoriser les déchets inorganiques*   d) *Valoriser les déchets organiques*

W24- Quelle lampe est la moins énergivore ?
a) *La lampe à gaz*   b) *La lampe à incandescence*
c) *L'halogène*   d) *La lampe fluorescence compacte*

W25- Que signifie le mot écologie ?
a) *C'est l'étude du climat*   b) *C'est la protection de l'environnement*
c) *C'est l'étude des milieux où vivent les êtres vivants*   d) *C'est l'étude de l'effet de serre*

W26- Qui a créé l'association de protection des océans Sea Shepherd en 1977 ?
a) *Paul Coste*   b) *Philip Mountbatten*   c) *Paul Watson*   d) *Jacques-Yves Cousteau*

W27- Comment se nommait le fameux bateau de Jacques-Yves Cousteau ?
a) *Athéna*   b) *Calypso*   c) *Poséidon*   d) *Ocean Queen*

W28- De quoi est constitué le « 7ème continent » ?
a) *De poissons*   b) *D'algues*   c) *De déchets*   d) *De roches*

W29- Qui fut le premier à être ministre de l'environnement en France ?
a) Robert Poujade   b) Brice Lalonde   c) Alain Bombard   d) Jean-Pierre Soisson

W30- Qui fut le premier à être candidat à une élection présidentielle sous l'étiquette écologiste en France ?
a) René Dumont   b) Brice Lalonde   c) Yannick Jadot   d) Jean-Pierre Soisson

W31- Quel concept reconnaît les interdépendances directes et indirectes entre le bien-être des animaux et le bien-être des humains ?
a) One Union   b) One World   c) One Welfare   d) One Space

W32- Quelle ville est à l'origine du vélo en libre service en France ?
a) Paris   b) Nice   c) Bordeaux   d) Lyon

W33- Que doit-on faire des solvants polluants comme le White Spirit après utilisation ?
a) On les vide dans l'évier   b) On les jette dans le fond du jardin
c) On les emmène à la déchetterie   d) On les brûle

W34- De combien a augmenté la production d'ordures ménagères en France entre 1960 et 2000 ?
a) Elle est restée constante   b) Elle a doublé   c) Elle a triplé   d) Elle a quadruplé

W35- Combien de kg de prospectus étaient déposés dans les boîtes aux lettres par an et par foyer en 2020 ?
a) 20 kg   b) 30 kg   c) 40 kg   d) 60 kg

W36- Comment se nomme le pictogramme d'un produit recyclable composé de 3 flèches ?
a) La farandole   b) L'écocycle   c) La triade   d) Le ruban de Möbius

W37- En quelle année fut réalisé le premier essai d'une voie de tramway en France ?
a) 1815   b) 1838   c) 1875   d) 1911

W38- En 2020, quelle part du poids des déchets représentent les emballages ?
a) 10 %   b) 30 %   c) 50 %   d) 70 %

W39- Comme nomme-t-on des déchets volumineux ?
a) Des mastodontes   b) Des gigadéchets   c) Des cubes   d) Des encombrants

W40- Qui a écrit « C'est une triste chose de songer que la nature parle et que le genre humain ne l'écoute pas » ?
a) Albert Camus   b) Marcel Proust   c) Simone de Beauvoir   d) Victor Hugo

W41- En France, dans quel bac doit-on placer le verre ?
a) Bac vert   b) Bac bleu   c) Bac jaune   d) Bac gris

W42- Quel pays n'a pas signé le protocole de Kyoto ?
a) Les États-Unis   b) La France   c) La Russie   d) La Chine

W43- Lequel de ces éléments ne va pas au compost ?
a) Coquille d'œuf   b) Marc de café   c) Litière d'animaux domestiques   d) Le papier journal

W44- Combien d'arbres sont préservés lorsque l'on recycle 1 tonne de papier ?
a) Entre 5 et 10   b) Entre 15 et 20   c) Entre 30 et 40   d) Plus de 50

W45- Sur l'étiquette énergie, quelle lettre indique l'appareil le moins énergivore ?
a) A   b) B   c) C   d) D

W46- Comment se nomme la vignette indiquant la classe environnementale d'un véhicule en fonction de ses émissions de polluants dans l'air ?
a) Vignette Quali'air   b) Vignette Autoeco   c) Vignette Autorespire   d) Vignette Crit'air

W47- Par quel facteur en moyenne est multiplié la consommation d'eau entre une douche et un bain ?
a) 1   b) 3   c) 6   d) 10

W48- Que signifie le F de l'acronyme « ONF »?
a) Français   b) Forêt   c) Force   d) Filière

W49- Quelle est la consommation annuelle d'eau pour un robinet qui goutte à raison de 5 litres d'eau par heure ?
a) $32,5 \, m^3$ b) $37 \, m^3$ c) $40,1 \, m^3$ d) $43,8 \, m^3$

W50- Comment se nommait la centrale nucléaire américaine qui a subi un incident grave en 1979 ?
a) Three mile island   b) Millstone   c) Limerick   d) Seabrook

W51- Combien de déchetteries comptait la France en 2021 ?
a) 550   b) 1575   c) 3650   d) 4600

W52- Quel était le nom du rapport qui introduisit en 1987 l'expression « développement durable » ?
a) Rapport Brundtland   b) Rapport Brunel   c) Rapport Poulsen   d) Rapport Cousteau

W53- Quel gaz n'est pas à effet de serre ?
a) Le dioxyde de carbone   b) La vapeur d'eau   c) Le diazote   d) Le méthane

W54- Quelle substance a été interdite le 24 décembre 2012 dans les contenants destinés à des enfants de moins de trois ans en France ?
a) Les phtalates   b) Le bisphénol A   c) Les alkylphénols   d) La dioxine

W55- Quel mot correspond à l'ensemble des déséquilibres ou de nuisances provoqués par une activité industrielle ou l'introduction d'un produit étranger dans un écosystème naturel ?
a) Écodanger   b) Traumasologie   c) Toxisanté   d) Écotoxicité

W56- Quel nom porte la taxe carbone en France, instaurée par la loi de finance 2014 ?
a) La taxe carbone   b) La contribution Climat-Énergie
c) La taxe anti-effet de serre   d) La taxe écocarbone

W57- Quelle science, faisant partie de l'écologie, étudie les relations des espèces vivantes entre elles ?
a) L'autoécologie   b) La bioécologie   c) La décaécologie   d) La synécologie

W58- Quelle expression est synonyme du « principe du perturbateur », qui fait supporter les frais résultant des mesures de prévention, de réduction et de lutte de la pollution à celui qui les a causés ?
a) Le boomerang   b) L'écotaxe   c) Le pollueur-payeur   d) Le retour à l'envoyeur

W59- Quel terme désigne un développement qui répond aux besoins des générations présentes sans compromettre la capacité des générations futures à répondre à leurs propres besoins ?
a) La faisabilité   b) La soutenabilité   c) La durabilité   d) L'écoresponsabilité

W60- Fin 2020, quel pourcentage de diminution de ses émissions de CO_2 l'Union européenne prévoyait-elle dans le nouvel objectif climat 2030 par rapport à 1990 ?
a) 10 %   b) 35 %   c) 40 %   d) 55 %

W61- Quel est le principal composant des panneaux solaires ?
a) Le fer   b) Le silicium   c) L'hydrogène   d) Le carbone

W62- Quel est le rendement moyen d'une éolienne ?
a) 10 %   b) 15 %   c) 20 %   d) 60 %

W63- Quel mot désigne l'utilisation des déplacements réguliers et prévisibles d'une grande quantité d'eau qui ont lieu en surface ou en profondeur pour produire de l'électricité ?
a) L'aquaénergie   b) L'hydroénergie   c) La marémotrice   d) L'écowaterproduction

W64- Quel chimiste est à l'origine de l'expression « pluies acides » en 1872 ?
a) Robert Angus Smith   b) Antoine Lavoisier   c) John Dalton   d) Fritz Haber

W65- Quel est l'élément principal constituant la batterie d'une voiture électrique en 2022 ?
a) Le plomb   b) Le silicium   c) Le lithium   d) L'hydrogène

W66- Que signifie le G de l'acronyme « GIEC »?
a) Groupe   b) Global   c) Great   d) General

W67- Quel était le principe actif de l'herbicide Roundup, herbicide le plus vendu au monde dans les années 90 ?
a) Phényluréa   b) Oxadiazine   c) Dinitroaniline   d) Glyphosate

W68- Dans quel pays a eu lieu en 1984 un des plus graves accidents chimiques de l'histoire, suite à l'explosion d'une usine d'une filiale de la firme américaine Union Carbide produisant des pesticides et conduisant à la mort de plus de 3500 personnes ?
a) Aux États-Unis   b) En Australie   c) En Inde   d) Au Vietnam

W69- Lequel de ces mots ne désigne pas un pesticide ?
a) Piscicides   b) Vapocides   c) Molluscicides   d) Taupicides

W70- Comment se nomme le principe selon lequel deux espèces exploitant une même ressource limitée ne peuvent pas coexister de manière stable si les autres facteurs écologiques sont constants ?
a) Le principe de Dicken   b) Le principe de Beer-Lambert
c) Le principe de Pauling   d) Le principe de Gause

W71- Quel mot correspond à une interaction biologique interspécifique (entre deux espèces différentes) dans laquelle une espèce inhibe le développement de l'autre ?
a) L'amensalisme   b) La biocompétition   c) L'éracologie   d) La sélection naturelle

W72- Quel élément n'est pas un intrant organique ?
a) Le fumier   b) Le compost   c) Le lisier   d) Une semence

W73- Comme se nomme la synergie entre la pisciculture et la culture végétale hors-sol ?
a) L'agroaqua   b) La pisciagronomie   c) La asolonomie   d) L'aquaponie

W74- Quel mot correspond à l'action de faire brouter les jeunes pousses jaunies par les gelées de printemps ?
a) Décrottage   b) Déprimage   c) Scarification   d) Défoliage

W75- Où trouve-t-on les plus grandes réserves d'eau douce ?
a) Dans les icebergs   b) Dans les rivières   c) Dans les calottes glacières   d) Dans les nappes phréatiques

W76- Qu'est-ce que la trame verte et bleue ?
a) Un livre écologiste   b) Des schémas régionaux de cohérence écologique
c) Une écotaxe   d) Un tarif de transport

W77- Quelle théorie affirme que l'homme n'est pas au sommet de la hiérarchie des êtres vivants ?
a) La philosoécologie   b) L'anthropoécosophie   c) L'anthroposophie   d) L'écosophie

W78- En quelle année a été arrêtée la centrale nucléaire de Fessenheim ?
a) 2012   b) 2016   c) 2020   d) 2022

W79- Lequel de ces éléments n'intervient pas dans les niveaux trophiques ?
a) Les producteurs primaires   b) Les consommateurs binaires
c) Les décomposeurs   d) Les carnivores

W80- Quel mot signifie un état d'équilibre idéal d'une communauté ou d'un écosystème ?
a) Ecoperfect   b) Point de vergence   c) Climax   d) Ecolibre

W81- Quel site expérimental situé à Oracle, dans le désert de l'Arizona, a été construit pour reproduire un système écologique artificiel clos ?
a) Noé   b) Biosphère II   c) L'arche   d) Gattaca III

W82- Quelle doctrine prône une restriction volontaire des naissances afin que la croissance démographique reste en rapport avec la croissance des richesses ?
a) Le malthusianisme   b) Le daltonisme   c) Le proudonisme   d) Le voltérisme

W83- Qu'est-ce qui correspond à la taille maximale de la population d'un organisme qu'un milieu donné peut supporter ?
a) L'écomax   b) L'écopoint   c) La capacité porteuse   d) Le point ultime

W84- Que signifie le A de l'acronyme « PAC », désignant une politique de l'Union européenne ?
a) All   b) And   c) Agricole   d) Anti

W85- Quel était le titre du documentaire américain de Davis Guggenheim sorti en 2006, traitant du changement climatique et basé en grande partie sur une présentation multimédia de Al Gore ?
a) Alerte rouge   b) Une vérité qui dérange   c) La Terre en danger   d) Chaos

W86- Quel mot définit la production des biens et des services de manière durable en limitant la consommation et le gaspillage des ressources et la production des déchets ?
a) L'économie angulaire   b) L'économie rectangulaire
c) L'économie triangulaire   d) L'économie circulaire

W87- Qu'est-ce qu'Écowatt ?
a) La météo de l'électricité   b) Un label vert
c) Une association environnementale   d) Une classification énergétique

W88- Qui a institué la journée mondiale de l'eau, le 22 mars de chaque année depuis 1993 ?
a) Greenpeace   b) L'ONU   c) La France   d) WWF

W89- Quel surnom est donné à la loi n° 2018-938 du 30 octobre 2018 pour l'équilibre des relations commerciales dans le secteur agricole et alimentaire et une alimentation saine, durable et accessible à tous ?
a) ERCSAA   b) Bien-être   c) EGalim   d) Agrivert

W90- À quelle date est célébré « le jour de la Terre » ?
a) 22 février   b) 22 avril   c) 22 juin   d) 22 novembre

W91- Que signifie le F de l'acronyme « ZFE », zone restreignant l'accès aux véhicules les moins polluants ?
a) Favorables   b) Fortes   c) Faibles   d) Full

W92- Quel est le nom de code du dioxyde de titane, additif interdit dans les rayons français en 2018 ?
a) E110   b) E121   c) E155   d) E171

W93- Quel prix vise à récompenser l'excellence en matière de protection de la nature à travers l'Europe ?
a) Prix Écoeuro   b) Prix Earth 2100   c) Prix Natura 2000   d) Prix Lovely Planet

W94- En France, dans quel bac doit-on placer le papier ?
a) Bac vert   b) Bac bleu   c) Bac jaune   d) Bac gris

W95- En moyenne, combien de temps met un chewing-gum à se décomposer ?
a) 1 mois   b) 5 ans   c) 100 ans   d) 500 ans

W96- Quel label valorise chaque année les communes et les ports de plaisance qui mènent de façon permanente une politique de développement touristique durable ?
a) Toursim friendly   b) Pavillon bleu   c) Bioville   d) Écovoyage

W97- Quel est l'acronyme du diagnostic énergétique réalisé en France sur des biens immobiliers ?
a) DPE   b) DIE   c) DLP   d) DEEL

W98- Qui est l'un des fondateurs de l'association de protection de l'environnement WWF ?
a) Paul Coste   b) Philip Mountbatten   c) Paul Watson   d) Jacques-Yves Cousteau

W99- Quel pays avait en 2018 la plus grosse capacité de production d'électricité grâce à l'éolien ?
a) Chine   b) États-Unis   c) France   d) Suède

W100- À quel siècle furent construites les premières centrales électriques en France ?
a) XVIIe   b) XVIIIe   c) XIXe   d) XXe

W101- Quel est, avec l'économique et l'environnemental, le 3e pilier du développement durable ?
a) L'aspect social   b) L'aspect sociétal   c) L'aspect individuel   d) L'aspect collaboratif

W102- Combien d'objectifs ont été définis dans Les Objectifs du Millénaire pour le Développement (OMD), approuvés par les gouvernements aux Nations Unies en septembre 2000 ?
a) 3   b) 5   c) 8   d) 12

W103- Combien de niveaux possède l'échelle internationale des événements nucléaires et radiologiques ?
a) 4   b) 7   c) 8   d) 10

W104- Quel mot est défini par la masse de matière organique morte présente dans un écosystème donné, estimée par unité de surface ou de volume ?
a) Écopoussière   b) Organodéchet   c) Masse morbide   d) Nécromasse

W105- En moyenne, combien de temps met un sac plastique à se décomposer ?
a) 10 ans   b) 150 ans   c) 200 ans   d) 450 ans

W106- En quelle année a été adoptée la loi de Grenelle I ?
a) 2004   b) 2007   c) 2009   d) 2013

W107- Comment se nomme l'ensemble des réserves d'eau à la surface du globe ?
a) Mésosphère   b) Hydrosphère   c) Lithosphère   d) Watersphère

W108- En quelle année eut lieu l'accident chimique de l'usine AZF dans la région de Toulouse ?
a) 2001   b) 2005   c) 2009   d) 2012

W109- En quelle année la Charte de l'environnement a été intégrée dans le bloc de constitutionnalité du droit français, reconnaissant les droits et les devoirs fondamentaux relatifs à la protection de l'environnement ?
a) 2002   b) 2003   c) 2005   d) 2009

W110- Quel phénomène se définit comme l'usure et la transformation par les eaux et les actions atmosphériques de l'écorce terrestre ?
a) La compression   b) Le limage   c) Le marnage   d) L'érosion

W111- En 2020, dans quel pays un dépôt de nitrate d'ammonium explosa et tua plus de 200 personnes ?
a) La Libye   b) Le Qatar   c) Le Nigeria   d) Le Liban

W112- Qui a écrit « le développement durable n'est ni une utopie ni même une contestation, mais la condition de survie de l'économie de marché » ?
a) Louis Schweitzer   b) Elon Musk   c) Hubert Rives   d) Charles de Gaulle

W113- Quelle science est synonyme d'écologie des populations d'une espèce ?
a) La synécologie   b) La bioécologie   c) La démécologie   d) L'autoécologie

W114- Comment se nomme une demande en eau qui dépasse la quantité d'eau disponible ?
a) Un hydrodéficit   b) Un stress hydrique   c) Une aquarupture   d) Une aquabalance négative

W115- Dans quel pays a eu lieu le premier sommet de la Terre en 1972 ?
a) Le Brésil   b) La France   c) Le Canada   d) La Suède

W116- Quel acronyme regroupe une famille de 209 composés aromatiques organochlorés dérivés du biphényle et extrêmement écotoxiques ?
a) PCB   b) PY   c) PCL   d) PPH

W117- Comment se nomme le phénomène qui résulte d'un processus d'accumulation des nutriments dans un écosystème donné ?
a) L'écoaccumulation   b) L'eutrophisation
c) La surabondance environnementale   d) La phytogénération

W118- Comment se nomme l'activité de création de bassins ou d'étangs pour l'épuration ?
a) L'épandage   b) Le carottage   c) L'aquastorage   d) Le lagunage

W119- Que signifie le O dans l'acronyme COV, désignant des composés polluants ?
a) Olfactif   b) Oxygène   c) Organique   d) Octane

W120- Comment se nommait le pétrolier qui sombra au large des côtes bretonnes le 12 décembre 1999 ?
a) Viking   b) Ocean liner   c) Erika   d) Queen oil

W121- Quel mot désigne l'ensemble des actions visant à limiter les impacts sur l'environnement de l'activité quotidienne des collectivités ?
a) La faisabilité   b) La soutenabilité   c) La tenabilité   d) L'écoresponsabilité

W122- À quoi s'applique la règle des 5R ?
a) Aux transports   b) Aux déchets   c) À l'eau   d) À l'éducation

W123- Qui est mis sur la liste rouge de l'UICN ?
a) Les sociétés pollueuses   b) Les espèces en voie d'extinction
c) Les pays les moins écoresponsables   d) Les produits perturbateurs endocriniens

W124- Quelle convention, entrée en vigueur en 1975, a pour but de veiller à ce que le commerce international des spécimens vivants ou morts d'animaux et de plantes sauvages ne menace pas la survie des espèces auxquelles ils appartiennent ?
a) Convention de Washington   b) Convention de Paris
c) Convention de Nairobi   d) Convention de Tokyo

W125- Quel autre nom porte le rapport de Rome sur les limites à la croissance ?
a) Rapport Martins   b) Rapport Clive   c) Rapport Andrews   d) Rapport Meadows

W126- En moyenne, combien de temps met un briquet jetable à se décomposer ?
a) 1 ans   b) 10 ans   c) 100 ans   d) 500 ans

W127- Quel est l'acronyme de l'institut français de recherche pour l'exploitation de la mer, établissement public à caractère industriel et commercial sous la tutelle du ministère de la transition écologique ?
a) IFREM   b) IFREMER   c) IFM   d) INMER

W128- En quelle année fut signé le protocole de Kyoto visant la réduction des substances qui appauvrissent la couche d'ozone ?
a) 1991   b) 1994   c) 1997   d) 2005

W129- En quelle année l'OCDE a-t-elle adopté le principe de « pollueur-payeur » ?
a) 1972   b) 1981   c) 1994   d) 2001

W130- Qui organise depuis 1972 les sommets de la Terre ?
a) L'ONU   b) Greenpeace   c) WWF   d) L'OCDE

W131- En quelle année a été adoptée la loi de Grenelle II ?
a) 2007   b) 2010   c) 2012   d) 2014

W132- Que signifie le premier W de l'acronyme « WWF »?
a) Wildlife   b) Worldwilde   c) World   d) Whole

W133- En quelle année le système d'échanges de quotas d'émissions de CO_2 de l'Union européenne a-t-il été mis en place ?
a) 1997   b) 1999   c) 2003   d) 2005

W134- Quel mot désigne l'ensemble des interactions biochimiques réalisées par les plantes entre elles, ou avec des microorganismes ?
a) L'écointeraction   b) L'allélopathie   c) La costimulation   d) L'interécoconnexion

W135- Quel mot désigne une déchetterie au Québec ?
a) Centre des poubelles   b) Écocentre   c) Recyclisation   d) Dépotoir

W136- Lequel de ces éléments n'est pas recyclable ?
a) Le verre de bouteille   b) Le carton taché d'huile   c) Le papier   d) L'aluminium des canettes

W137- Quelle surface peut recouvrir un litre d'huile de vidange déversé dans une rivière ou un lac ?
a) 100 m^2 b) 250 m^2 c) 750 m^2 d) 1000 m^2

W138- Comment se nomme la science faisant partie de l'écologie et qui concerne l'étude des individus pris séparément dans leurs milieux ?
a) L'autoécologie   b) La bioécologie   c) La démécologie   d) La synécologie

W139- Quel produit est à l'origine de l'explosion de l'usine AZF dans la région de Toulouse ?
a) Sodium   b) Poudre à canon   c) Nitrate d'ammonium   d) Nitroglycérine

W140- Quel terme a été remplacé par Zone à Faibles Émissions (=ZFE) en 2019 ?
a) Zones à Circulation Restreinte   b) Zone Sous Contrainte
c) Zone à Pollution Limitée   d) Zone Interdite aux Véhicules à Combustion

W141- Comment se nomme une réserve d'eau qui se trouve sous la surface de la terre, au-dessus d'une poche de terre imperméable ?
a) Un réservoir   b) Une nappe phréatique   c) Un aquatank   d) Une source

W142- Quel pays avait en 2020 la plus grosse capacité de production d'électricité grâce au photovoltaïque ?
a) Japon   b) États-Unis   c) Chine   d) Inde

W143- Quel numéro indique le véhicule le moins polluant du certificat qualité de l'air Crit'air ?
a) 0   b) 1   c) 2   d) 6

W144- Qui a écrit «L'écologie tend à combler le fossé que l'industrie a creusé entre l'homme et les animaux » ?
a) Albert Camus   b) Emmanuel Berl   c) Hubert Rives   d) Antoine de Saint-Exupéry

W145- Quel type d'œuf a-t-on s'il fait partie de la catégorie zéro ?
a) Issu d'élevage bio   b) Issu d'élevage en plein air
c) Issu d'élevage au sol   d) Issu d'élevage en cage

W146- Quel type d'ampoule a été interdit par la Commission Européenne le 1er janvier 2013 ?
a) Les ampoules à incandescence   b) Les LED   c) Les lampes à gaz   d) Les halogènes

W147- En quelle année une marée noire est survenue dans le golfe du Mexique suite à l'explosion de la plateforme pétrolière Deepwater Horizon ?
a) 2000   b) 2002   c) 2006   d) 2010

W148- En moyenne, combien de temps met une pile à se décomposer ?
a) 10 ans   b) 100 ans   c) 200 ans   d) 500 ans

W149- En France, dans quel bac doit-on placer les ordures ménagères autres que le verre, le plastique ou le papier ?
a) Bac vert   b) Bac bleu   c) Bac jaune   d) Bac gris

W150- Que signifie le G de l'acronyme « GES », désignant les composants gazeux qui absorbent le rayonnement infrarouge émis par la surface terrestre ?
a) Gaz   b) Global   c) Guest   d) Goal

Divertissements

SPORTS

Répondez aux 150 questions de sports avant de consulter la grille de réponses.

X1- Qui a relancé les jeux olympiques en 1896 ?
a) Napoléon   *b) Félix Faure*   *c) Pierre de Coubertin*   *d) Louis XVI*

X2- Quelle était la nationalité de l'ancien champion du monde de F1 Ayrton Senna ?
a) Portugaise   *b) Française*   *c) Argentine*   *d) Brésilienne*

X3- Quelle est la mesure d'un terrain de tennis ?
a) 21,77 m par 8,23 m   *b) 23,77 m par 8,23 m*   *c) 25,77 m par 9,23 m*   *d) 27,77 m par 9,23m*

X4- Quel record a établi Usain Bolt au 100 m à Berlin en 2009 ?
a) 9 s 48   *b) 9 s 51*   *c) 9 s 53*   *d) 9 s 58*

X5- Quel skieur était surnommé la « bomba » ?
a) Luc Alphand   *b) Alberto Tomba*   *c) Marc Girardelli*   *d) Ingemar Stenmark*

X6- Que signifie le L de la discipline de ski nommée KL ?
a) Launch   *b) Limite*   *c) Lancé*   *d) Light*

X7- Quel est le nombre de billes au billard français ?
a) 3   *b) 15*   *c) 16*   *d) 22*

X8- Quel sportif a gagné 23 médailles d'or aux jeux olympiques de 2004 à 2016 ?
a) Usain Bolt   *b) Michael Phelps*   *c) Carl Lewis*   *d) Sergueï Bubka*

X9- Quel club de football français a été le premier à gagner la Champions League ?
a) Le PSG   *b) L'AS Saint-Étienne*   *c) L'OGC Nice*   *d) L'OM*

X10- En quelle année la France est-elle devenue pour la première fois championne du monde de handball ?
a) 1993   *b) 1995*   *c) 1998*   *d) 2001*

X11- Quelle est la masse du projectile au lancer de poids ?
a) 6,52 kg   *b) 7,00 kg*   *c) 7,26 kg*   *d) 7,88 kg*

X12- Qui est le premier sprinter à être officiellement passé sous la barre des 10 s au 100 m en 1968 ?
a) Carl Lewis   *b) Silvio Leonard*   *c) Jim Hines*   *d) Calvin Smith*

X13- Quel coureur cycliste était surnommé le « blaireau » ?
a) Laurent Fignon   *b) Bernard Hinault*   *c) Richard Virenque*   *d) Laurent Jalabert*

X14- Quel pilote moto a remporté dans sa carrière 15 titres de champion du monde dans différentes catégories ?
a) Giacomo Agostini   *b) Valentino Rossi*   *c) Mike Doohan*   *d) Marc Marquez*

X15- Dans le biathlon, quelle discipline est associée au ski de fond ?
a) Le saut à ski   *b) Le tir à la carabine*   *c) Le ski de piste*   *d) Le bobsleigh*

X16- Quelle est la distance officielle d'un marathon ?
a) 41,995 km   *b) 42,000 km*   *c) 42,195 km*   *d) 42,500 km*

X17- Dans quel pays se situe le siège de la FIFA (fédération internationale de football) ?
a) La France   b) Le Qatar   c) L'Angleterre   d) La Suisse

X18- Quel tournoi de tennis ne fait pas partie du Grand Chelem ?
a) Roland Garros   b) Wimbledon   c) Coupe Davis   d) Flushing Meadow

X19- Quel sport de raquette est le plus rapide du monde ?
a) Le tennis   b) Le padel   c) Le ping-pong   d) Le badminton

X20- Comment se nomme la course hippique au trot attelé se déroulant le dernier dimanche de janvier sur l'hippodrome de Vincennes à Paris depuis 1920 ?
a) Le Grand National de Liverpool   b) Le prix de l'Arc de Triomphe
c) Le prix de Diane   d) Le grand prix d'Amérique

X21- Combien y a-t-il de quilles au bowling d'après le règlement de la FFBSQ ?
a) 6   b) 8   c) 10   d) 12

X22- Quel sportif n'a pas pratiqué professionnellement le basket-ball au plus haut niveau ?
a) Michael Jordan   b) Jackson Richardson   c) Tony Parker   d) Scottie Pippen

X23- Lors de la Coupe du monde de football en 1998, quel était le nom du marqueur du 3ème et dernier but, après les 2 buts de Zinédine Zidane ?
a) Frank Lebœuf   b) Stéphane Guivarc'h   c) Emmanuel Petit   d) Patrick Viera

X24- Quelle est la couleur du premier grade ceinture au judo ?
a) Jaune   b) Orange   c) Noire   d) Blanche

X25- Quelle patineuse a créé un mouvement sur la glace constitué par un salto arrière, jambes tendues, pieds décalés et réception sur un pied, mais qui fut interdit par la suite ?
a) Katarina Witt   b) Denise Biellmann   c) Surya Bonaly   d) Nancy Kerrigan

X26- Quelle joueuse de tennis a été agressée le 30 avril 1993 au tournoi de Hambourg ?
a) Steffi Graf   b) Monica Seles   c) Chris Evert   d) Martina Navrátilová

X27- Quel pays remporte la première édition de la coupe du monde de rugby en 1987 organisée en Nouvelle-Zélande et en Australie ?
a) L'Australie   b) La France   c) L'Angleterre   d) La Nouvelle-Zélande

X28- D'après la FFBSQ, quel est le score maximum que l'on peut atteindre à une partie de bowling ?
a) 250   b) 300   c) 350   d) 500

X29- Qui a inventé l'aérobic ?
a) Ronnie Coleman   b) Kenneth H.Cooper   c) Alain Bombard   d) Ryan Terry

X30- Quel art martial japonais, dont le nom signifie « la voie de la concordance des énergies », a été inventé par Morihei Ueshiba ?
a) Le judo   b) Le karaté   c) Le ju-jitsu   d) L'aïkido

X31- Que désigne le F du sport mécanique F1 ?
a) Fusion   b) Formule   c) Ford   d) Ferrari

X32- Comment se nomme en aviron le fait que le rameur tienne les deux rames ?
a) Pointe   b) Couple   c) Concert   d) Coaxial

X33- Quel est le synonyme de plongée libre ?
a) Plongée en bouteille   b) Plongée au tuba   c) Plongée en apnée   d) Plongée en eau de mer

X34- Quel record a établi Mike Powell au saut en longueur en 1991 à Tokyo ?
a) 8,80 m   b) 8,90 m   c) 8,95 m   d) 9,01 m

X35- Quel est le synonyme de la boxe française ?
a) La torgnole   b) La savate   c) La cravache   d) La tatane

X36- Quel est le sport collectif qui oppose deux équipes de onze joueurs et dont l'Inde a remporté la coupe du monde en 1983 et en 2011 ?
a) Le cricket   b) Le hockey sur gazon   c) Le rugby à 7   d) Le croquet

X37- Comment se nomme le jeu dont le principe est de pousser des boules en bois à l'aide de maillets à travers des arceaux ?
a) Le bilboquet   b) Le badminton   c) Le padel   d) Le croquet

X38- Quel cycliste était considéré comme « l'éternel second » ?
a) Eddy Merckx   b) Laurent fignon   c) Raymond Poulidor   d) Cadel Evans

X39- Que signifie « MX » dans l'acronyme BMX discipline cycliste olympique ?
a) Mix   b) Max   c) Motocross   d) Multicross

X40- Comment s'appelle une manche au baseball ?
a) Sleeve   b) Round   c) Half   d) Inning

X41- Quel cycliste sur piste a parcouru pour la première fois en 1984 plus de 50 km en 1 heure ?
a) Francesco Moser   b) Eddy Merckx   c) Chris Boardman   d) Jens Voigt

X42- Comment se nomme un pratiquant de deltaplane ?
a) Planiste   b) Deltaplaniste   c) Vélideltiste   d) Aéroplaniste

X43- Quel est l'acronyme de l'association américaine gérant les courses de dragsters ?
a) NHRA   b) ADR   c) RDA   d) NDR

X44- Comment se nomme le football aux Etats-Unis, lorsqu'il désigne le jeu de ballon au pied, collectif ?
a) Football   b) Ballman   c) Soccer   d) Nohandball

X45- Quel est le premier sportif de l'histoire à dépasser le milliard de dollars de gain ?
a) Cristiano Ronaldo   b) Tiger Woods   c) Michael Schumacher   d) Michael Jordan

X46- Quel est le seul terme qui correspond à un mouvement d'haltérophilie ?
a) Le soulevé   b) Le décollé   c) Le jeté   d) L'arraché

X47- Quelle discipline associe le saut à ski et le ski de fond ?
a) Le biathlon   b) Le foski   c) La masstar   d) Le ski nordique

X48- Quel est le temps d'une mi-temps au handball ?
a) 15 min   b) 20 min   c) 30 min   d) 40 min

X49- Quel nom est donné à la discipline sportive alliant le ski et un attelage à cheval ?
a) Le horse-trekking   b) Le joëring   c) Le ski à cheval   d) Le horseskiing

X50- Quel mot relatif au lexique de l'escalade correspond à s'enduire les mains de magnésie ?
a) Pofer   *b) Ruiner*   *c) Embarbouser*   *d) Vitrifier*

X51- D'après la fédération française de fléchettes, avec combien de points démarre-t-on dans un tournoi officiel ?
a) 185   *b) 384*   *c) 400*   *d) 501*

X52- Dans quel pays la France a-t-elle gagné le championnat d'Europe de football en 1984 ?
a) Espagne   *b) Italie*   *c) Allemagne*   *d) France*

X53- Comment se nomme au football américain le joueur qui distribue le jeu en lançant le ballon ?
a) Le demi d'ouverture   *b) Le running back*   *c) Le quarterback*   *d) Le linebacker*

X54- Quel sportif a couru de façon non officielle le marathon en moins de 2 h ?
a) Albert Michelsen   *b) Eliud Kipchoge*   *c) Khalid Khannouchi*   *d) Dennis Kimetto*

X55- Quel nom porte, au golf, le manche d'un club ?
a) Un swing   *b) Un armhand*   *c) Un shaft*   *d) Un plot*

X56- Comment se nomme la balle utilisée au hurling, un des jeux sur terrain les plus vieux d'Europe ?
a) Le sliotar   *b) Le kiunamac*   *c) La cryingball*   *d) La sonicball*

X57- Quel jeu est l'ancêtre du tennis ?
a) La pelote basque   *b) La pala*   *c) Le ping-pong*   *d) Le jeu de paume*

X58- Quel sport de glisse consiste à réaliser des figures à l'aide d'une planche à la surface d'une étendue d'eau tout en étant tracté par un cerf-volant ?
a) Le funboard   *b) Le foilboard*   *c) Le kitesurf*   *d) Le bodyboard*

X59- Quel célèbre joueur de basket-ball a affronté Bruce Lee dans le film « Le Jeu de la mort » ?
a) Jerry West   *b) Michael Jordan*   *c) Magic Johnson*   *d) Kareem Abdul-Jabbar*

X60- Dans quel sport s'est illustré Hulk Hogan ?
a) La boxe anglaise   *b) Le catch*   *c) La lutte*   *d) La savate*

X61- D'après la FFBSQ, combien de quilles faut-il faire tomber au bowling au premier coup pour faire un « strike » ?
a) 6   *b) 8*   *c) 9*   *d) 10*

X62- Dans quel sport collectif, la France a-t-elle été pour la première fois championne du monde ?
a) Volley-ball   *b) Handball*   *c) Football*   *d) Basket-ball*

X63- Dans quel sport s'est illustré Arnold Schwarzenegger ?
a) Le bodybuilding   *b) Le catch*   *c) Le football américain*   *d) Le hockey sur glace*

X64- Que signifie le premier M de l'acronyme MMA correspondant à un sport de combat ?
a) Martial   *b) Mixed*   *c) Multi*   *d) Movement*

X65- Quel est le synonyme de la lutte birmane, art de combat datant du IIIe siècle ?
a) Le naban   *b) Le spart*   *c) Le caman*   *d) Le gilone*

X66- Dans quelle ville ont eu lieu les premiers jeux olympiques de l'ère moderne ?
a) Paris   b) Berlinc) Athènes   d) Madrid

X67- Quel sport a été inventé par Enrique Corcuera ?
a) Le chistera   b) Le kitesurf   c) Le padel   d) Le bodyboard

X68- Comment se nomme la classe de petit dériveur en solitaire, conçue en 1947 pour l'usage des enfants ?
a) Le laser   b) Le 420   c) L'optimist   d) L'hobie cat

X69- Quel sport collectif finlandais le professeur Lauri Pihkala invente-t-il en 1912, en s'inspirant des règles du baseball, mais aussi du cricket ?
a) Le pesäpallo   b) Le laido   c) Le joëring   d) Le hockey sur gazon

X70- Combien de buts Just Fontaine a-t-il marqué lors de la coupe du monde de football en 1958 ?
a) 7   b) 9   c) 13   d) 15

X71- Quel français a été quadruple champion du monde de F1, en 1985, 1986, 1989 et 1993 ?
a) René Arnoux   b) Patrick Tambay   c) Romain Grosjean   d) Alain Prost

X72- Qui fut le premier athlète à passer les 6 m au saut à la perche ?
a) Sergueï Bubka   b) Renaud Lavillenie   c) Thierry Vigneron   d) Armand Duplantis

X73- Dans quelle ville eurent lieu pour la première fois les Jeux olympiques d'hiver ?
a) Vienne   b) Turin   c) Oslo   d) Chamonix-Mont-Blanc

X74- Quelle est la course à la voile transatlantique en solitaire, courue tous les quatre ans, fin octobre début novembre, entre Saint-Malo (Bretagne) et la Guadeloupe ?
a) La transat Jacques Vabre   b) Le Vendée globe   c) La coupe de l'América   d) La route du rhum

X75- Quelle épreuve ne fait pas partie du pentathlon moderne ?
a) L'escrime   b) La natation   c) Le tir à l'arc   d) La course à pied

X76- Quel nom porte, au golf, un trou réalisé deux coups en dessous du par ?
a) Un eagle   b) Un albatros   c) Un rough   d) Un birdie

X77- D'après la FIPJP, combien de points compte une partie de pétanque dans les phases finales d'un tournoi ?
a) 8   b) 10   c) 13   d) 15

X78- Comment se nomme l'épreuve physique et sportive qui se pratique en se déplaçant librement à travers différents types d'environnements ?
a) Le yamakasi   b) Le sautoir   c) Le freemoove   d) Le parkour

X79- Aux jeux olympiques, quelle est la hauteur minimum d'un tremplin pour un plongeur ?
a) 1 m   b) 2 m   c) 3 m   d) 5 m

X80- Comment se nomme le mur principal sur lequel rebondit la balle lors d'une partie de pelote basque ?
a) Le parvis   b) Le fronton   c) La colline   d) La paroi

X81- De quelle nationalité était Felix Baumgartner, parachutiste et sauteur extrême qui a battu plusieurs records du monde dont, le 14 octobre 2012, celui du saut le plus haut, devenant le premier à dépasser le mur du son en chute libre à Mach 1,25 ?
a) Allemande   b) Croate   c) Serbe   d) Autrichienne

X82- Comment se nomme les fines cordes reliant la voile aux élévateurs sur un parapente ?
a) Les suspentes   b) Les bouts   c) Les cordages   d) Les cordelettes

X83- Quelle cycliste a remporté en 2022, à 63 ans, un nouveau titre de championne de France ?
a) Hélène Dutrieu   b) Marianne Martin   c) Anne-Caroline Chausson   d) Jeannie Longo

X84- Quelle activité sportive met en opposition deux équipes dont les joueurs sont équipés de pistolets propulsant des billes de peinture de différents calibres grâce à du gaz comprimé ?
a) Le flashball   b) Le paintball   c) Le tir sportif   d) Le gunball

X85- Au biathlon, quelle est la quatrième épreuve, après l'épreuve individuelle, le sprint et la poursuite ?
a) La mass start   b) La gunball   c) La storm fighter   d) La flash race

X86- Quelle est la troisième épreuve lors d'un triathlon après la natation et le vélo ?
a) Le tir   b) La course à pied   c) La lutte   d) L'haltérophilie

X87- Quel comté de Norvège a donné son nom à une discipline de ski ?
a) Hedmark   b) Troms   c) Telemark   d) Finnmark

X88- En quelle année eurent lieu les premiers Jeux olympiques d'hiver ?
a) 1896   b) 1900   c) 1924   d) 1936

X89- Quelle hauteur atteint Javier Sotomayor le 27 juillet 1993 à Salamanque ?
a) 2,39 m   b) 2,43 m   c) 2,45 m   d) 2,49 m

X90- Quel athlète a passé la barre des 18 m en salle au triple saut en 2021 ?
a) Teddy Tamgho   b) Christian Olsson   c) Aliecer Urrutia   d) Hugues Fabrice Zango

X91- Avec John Carlos, qui leva le poing lors de la cérémonie de remise des médailles du 200 mètres aux Jeux olympiques d'été de 1968 à Mexico en signe de protestation à la politique menée par les États-Unis contre les noirs ?
a) Carl Lewis   b) Tommie Smith   c) Peter Norman   d) Jim Hines

X92- Que signifie le premier « T » de l'acronyme VTT correspondant à un type de vélo ?
a) Terrain   b) Tout   c) Trekking   d) Twist

X93- Quelle patineuse a été agressée par des proches de sa rivale Tonya Harding ?
a) Katarina Witt   b) Denise Biellmann   c) Surya Bonaly   d) Nancy Kerrigan

X94- Quelle compétition nautique internationale à la voile, voulue par ses initiateurs comme un défi amical et perpétuel entre Yacht Clubs de différentes nations, est définie sous la même dénomination depuis 1857 ?
a) La transat Jacques Vabre   b) Le Vendée globe   c) La Coupe de l'América   d) La route du rhum

X95- Quel skieur a remporté 3 médailles d'or aux Jeux olympiques en 1968 ?
a) Luc Alphand   b) Jean-Claude Killy   c) Denis Rey   d) Jean-Luc Crétier

X96- Quelle était la nationalité du coureur cycliste Eddy Merckx ?
a) Belge b) Hollandaise   c) Allemande   d) Française

X97- Quel sportif français s'est illustré en marche athlétique avec notamment un record du monde en 2014 ?
a) Martin Fourcade   b) Alain Mimoun   c) Jean Wadoux   d) Yohann Diniz

X98- Dans quelle discipline s'est illustrée Muriel Hermine ?
a) Le tennis   b) L'apnée   c) La natation synchronisée   d) Le 100 m

X99- Quelle joueuse de tennis française a gagné en 2013 le tournoi de Wimbledon ?
a) Amélie Mauresmo   b) Mary Pierce   c) Nathalie Tauziat   d) Marion Bartoli

X100- Quel est le joueur dont la silhouette a servi pour créer le logo de la ligue de basket-ball américaine NBA ?
a) Jerry West   b) Michael Jordan   c) Magic Johnson   d) Kareem Abdul-Jabbar

X101- Que signifie le A de l'acronyme FIFA, qui régit le football ?
a) Association   b) All   c) Amateur   d) Avenir

X102- D'après les règles de l'ISU, quelle est la longueur d'une piste de patinage de vitesse ?
a) 111 m   b) 250 m   c) 400 m   d) 500 m

X103- Quel était le lien entre Paul et Isabelle Duchesnay, le célèbre couple de patineurs artistiques ?
a) Mari et femme   b) Frère et sœur   c) Cousin et cousine   d) De simples homonymes

X104- Quel prénom portent les deux pilotes de rallye français les plus titrés au niveau mondial ?
a) Nicolas   b) Jérôme   c) Sébastien   d) Jean

X105- Que signifie le L dans l'acronyme ULM représentant un engin volant ?
a) Léger   b) Long   c) Luxe   d) Lévogyre

X106- D'après la fédération internationale d'athlétisme, quelle est la masse d'un disque pour un homme à un concours officiel ?
a) 1 kg   b) 1,5 kg   c) 2 kg   d) 2,5 kg

X107- Quel ancien pilote de F1 français a trouvé la mort dans une course de off-shore ?
a) Didier Pironi   b) Patrick Tambay   c) Olivier Panis   d) René Arnoux

X108- Quel est l'acronyme de la ligue de hockey nord américaine regroupant l'élite mondiale de ce sport ?
a) NFL   b) NBA   c) NHRA   d) NHL

X109- En aviron, comment se nomme le fait que le rameur tienne une rame à deux mains ?
a) Pointe   b) Couple   c) Unitaire   d) Axial

X110- Comment s'appelait la première championne olympique de l'histoire ?
a) Margaret abbott   b) Giuliana Chenal-Minuzzo   c) Norma Enriqueta   d) Charlotte Cooper

X111- Quel grimpeur français fit connaître l'escalade dans les années 80 grâce à des documentaires diffusés dans le monde entier comme « La vie au bout des doigts » et « Opéra vertical » ?
a) Jean-Baptiste Tribout   b) Patrick Berhaul   c) Patrick Edlinger   d) Jean-Claude Droyer

X112- Quelle écurie de F1 totalisa 15 victoires sur 16 courses en 1988 ?
a) Ferrari   b) Mclaren   c) Williams   d) Lotus

X113- Quel champion de ski nautique français comptabilise 12 titres de champion du monde, 34 titres de champion d'Europe, 6 médailles d'or aux Jeux mondiaux et 26 records du monde ?
a) Christian Jourdan   b) Patrice Martin   c) Jean-Marie Muller   d) Aymeric Benet

X114- Quel joueur français de football fut expulsé lors de la finale de la coupe du monde 2006 suite à un coup de tête ?
a) Patrick Viera   b) Florent Malouda   c) Thierry Henry   d) Zinédine Zidane

X115- D'après la fédération internationale d'athlétisme, quelle est la masse d'un javelot pour un homme à un concours officiel ?
a) 800 g   b) 1,5 kg   c) 2 kg   d) 2,5 kg

X116- Comment se nomme au golf un trou joué un coup en dessous du par ?
a) Un eagle   b) Un birdie   c) Un albatros   d) Un tee

X117- Comment se nomme le premier pilote de rallye français champion du monde ?
a) Sébastier Loeb   b) Bruno Saby   c) Didier Auriol   d) Philippe Bugalski

X118- Quelle technique est utilisée actuellement pour le saut en hauteur ?
a) Le fosbury   b) Le ciseau   c) Le rouleau ventral   d) Le rouleau costal

X119- Dans quelle catégorie moto le pilote français Olivier Jacques décrocha-t-il son unique titre de champion du monde en 2000 ?
a) 125 cm^3 b) 250 cm^3 c) 500 cm^3 d) MotoGP

X120- Quelle gymnaste réalise à Montréal en 1976, à l'âge de quatorze ans et huit mois, un 10/10 aux barres asymétriques ?
a) Aurélia Dobré   b) Nadia Comăneci   c) Nelli Kim   d) Olga Korbut

X121- Quelle discipline de patinage se court sur un anneau de 111,12 m ?
a) Le patinage de vitesse   b) Le fast-blade   c) Le short-track   d) Le roller-speed

X122- Au patinage artistique, quel saut piqué est caractérisé par un appel sur la carre arrière extérieure et une arrivée sur la carre arrière extérieure de l'autre pied ?
a) Un axel   b) Une vrille   c) Une pirouette   d) Un lutz

X123- En 1968, quelle est la première femme à brandir la torche olympique pour enflammer la vasque ?
a) Margaret abbott   b) Giuliana Chenal-Minuzzo   c) Norma Enriqueta   d) Charlotte Cooper

X124- Dans quelle discipline sportive Martin Fourcade a-t-il excellé ?
a) Le ski nordique   b) Le biathlon   c) Le ski alpin   d) Le saut à ski

X125- Comment se nomme la compétition de saut à ski qui a lieu annuellement depuis 1953 sur quatre tremplins différents en Allemagne et en Autriche ?
a) La Tournée des quatre tremplins   b) La Flèche d'argent   c) Le Récital d'or   d) L'Aigle de platine

X126- Quel sport d'équipe s'est inspiré de la série des Harry Potter ?
a) Le pesäpallo   b) Le kendo   c) Le hurling   d) Le quidditch

X127- Quel ancien pilote de F1 français a remporté une seule course à Monaco en 1996 ?
a) Didier Pironi   b) Patrick Tambay   c) Olivier Panis   d) René Arnoux

X128- D'après la FIPJP, quelle est la masse minimum d'une boule de pétanque ?
a) 500 g   b) 650 g   c) 675 g   d) 800 g

X129- Combien de joueurs sur le terrain une équipe de hockey sur glace compte-t-elle ?
a) 4   b) 5   c) 6   d) 7

X130- Quelle joueuse de tennis française est devenue numéro 1 mondial le 13 septembre 2004 ?
a) Amélie Mauresmo   b) Mary Pierce   c) Nathalie Tauziat   d) Marion Bartoli

X131- Quelle est la course à la voile, autour du monde, en solitaire, sans escale et sans assistance, qui oppose des voiliers monocoques au départ des Sables-d'Olonne et qui a lieu tous les 4 ans ?
a) La transat Jacques Vabre   b) Le Vendée globe   c) La coupe de l'América   d) La route du rhum

X132- Dans quelle ville française se sont déroulés les Jeux olympiques d'hiver de 1968 ?
a) Grenoble   b) Albertville   c) Annecy   d) Chamonix

X133- Quel tournoi de tennis a remporté Yannick Noah en 1991 en tant que capitaine d'équipe ?
a) Wimbledon   b) Flushing Meadows   c) La Coupe Davis   d) Roland Garros

X134- Combien d'anneaux comporte le symbole olympique ?
a) 4   b) 5   c) 6   d) 7

X135- Quel sport de combat grec interdisait uniquement, au temps des Jeux olympiques antiques, d'introduire le doigt dans l'œil ou dans la bouche de l'adversaire ?
a) Le MMA   b) La lutte gréco-romaine   c) La boxe grec   d) Le pancrace

X136- Quel sport le chanteur Julio Iglesias a-t-il pratiqué à haut niveau dans sa jeunesse ?
a) Le tennis   b) Le basket-ball   c) Le football   d) La lutte

X137- Qui est la première femme à avoir fini dans les points d'une course du championnat du monde de F1 ?
a) Lella Lombardi   b) Désiré Wilson   c) Maria Teresa De Filippis   d) Divina Galica

X138- Quelle sportive est devenue championne de France de planche à voile en 1986, avant de devenir animatrice et chroniqueuse de télévision ?
a) Alice Arutkin   b) Nathalie Simon   c) Maud Herbert   d) Charline Picon

X139- Comment nomme-t-on le football en salle ?
a) Football indoor   b) Futsal   c) Footin   d) Ball-in

X140- Quel terme désigne un coup gagnant au football américain ?
a) Un but   b) Un touchdown   c) Un essai   d) Un goal

X141- Quel est le temps d'une mi-temps au rugby à XV ?
a) 15 min   b) 20 min   c) 30 min   d) 40 min

X142- Combien de joueurs compte une équipe de baseball d'après les règles de la MLB ?
a) 4   b) 6   c) 8   d) 9

X143- Quelle discipline sportive consiste à détruire à l'aide d'un fusil des plateaux projetés en l'air ?
a) Birdshot   b) Tir sportif   c) Ball-trap   d) Shotgun

X144- D'après la FFFT, combien y-a-t il de barres sur un terrain de baby-foot ?
a) 4   b) 6   c) 8   d) 10

X145- Quel est le premier homme à avoir atteint la barre des 200 m en apnée ?
a) Patrick Musimu   b) Jacques Mayol   c) Guillaume Néry   d) Loic Leferme

X146- D'après la FFSG, quelle est la masse officielle d'une pierre de curling ?
a) 19,02 kg   b) 19,27 kg   c) 19,59 kg   d) 19,96 kg

X147- Quelle arme ne fait pas partie des armes disponibles en escrime ?
a) Le fleuret   b) L'épée   c) La dague   d) Le sabre

X148- Comment se nomme le premier judoka français à avoir remporté un titre de champion du monde en 1975 ?
a) Angelo Parisi   b) Jean-Luc Rougé   c) Thierry Rey   d) Teddy Riner

X149- En quelle année Yannick Noah a-t-il gagné le tournoi de tennis de Roland Garros ?
a) 1979   b) 1983   c) 1987   d) 1991

X150- Quelle ville a accueilli les Jeux olympiques d'été de 1936 ?
a) Paris   b) Berlin   c) New-York   d) Tokyo

LOISIRS & JEUX

Répondez aux 150 questions sur les loisirs et jeux avant de consulter la grille de réponses.

Y1- Combien faut-il de points au minimum pour pouvoir poser au rami ?
a) 37   b) 43   c) 51   d) 59

Y2- Dans le jeu du Pouilleux dans lequel il faut se débarrasser de toutes ses cartes pour gagner, quelle dernière carte entraîne la défaite de celui qui la détient ?
a) Le roi de cœur   b) Le valet de pique   c) La dame de trèfle   d) Le sept de pique

Y3- Au Scrabble, dans la version française, combien de points vaut la lettre Q ?
a) 1   b) 3   c) 8   d) 10

Y4- Quel jeu de société a été le plus vendu au monde au XXe siècle?
a) Cluedo   b) Uno   c) Scrabble   d) Monopoly

Y5- Combien de cases compte un jeu de Dames ?
a) 64   b) 81   c) 100   d) 121

Y6- Comment se nomme le loisir créatif qui consiste à personnaliser, notamment par collage, un album de photos, de souvenirs ou un journal intime ?
a) Le vitrifiage   b) Le scrapbooking   c) Le vintage   d) Le home staging

Y7- Comment se nomme au Yams une combinaison de 3 dés identiques ?
a) Un full   b) Un brelan   c) Une suite   d) Un yams

Y8- Comment se nomme le point de broderie en forme de « x », réalisé d'après un modèle appelé diagramme, canevas ou grille ?
a) Le point de croix   b) La tapisserie   c) La ludocouture   d) L'arlésienne

Y9- Comment se nomme une fête en plein air comportant des jeux et des stands de vente, et organisée le plus souvent au bénéfice d'une cause ?
a) Une pastorale   b) Une kermesse   c) Une rave   d) Une boum

Y10- À la belote, combien de points vaut le 9 à l'atout ?
a) 3   b) 10   c) 14   d) 20

Y11- Quel est l'atout le plus fort au tarot ?
a) Le 1   b) L'excuse   c) Le 21   d) Le roi de cœur

Y12- Comment se nomme la technique de sculpture qui se pratique sur des matières malléables ?
a) Le carrossage   b) La manosculpture   c) Le façonnage   d) Le modelage

Y13- Qui est l'inventeur du Uno ?
a) Anthony Pratt   b) Merle Robbins   c) Alfred Mosher Butts   d) Albert Lamorisse

Y14- Dans quel jeu faut-il former une combinaison de 4 cartes identiques et le faire savoir à son coéquipier discrètement sans se faire repérer par les autres joueurs ?
a) Le kem's   b) Le 8 américain   c) Le mistigri   d) La bataille

Y15- Combien de cases compte un jeu d'échec ?
a) 64   b) 81   c) 100   d) 121

Y16- Dans la version française, quelle rue est la plus chère au Monopoly ?
a) Avenue Foch   b) Avenue des Champs-Élysées   c) Avenue de Breteuil   d) Rue de la Paix

Y17- Comment se nomme la petite boule en bois qui sert de point de mire, à la pétanque. ?
a) La bille   b) Le pitchoune   c) Le cochonnet   d) Le repère

Y18- Dans le jeu de cartes Le nain jaune, combien de cases comporte le tableau de jeu utilisé ?
a) 3   b) 4   c) 5   d) 7

Y19- Combien de jeux de 54 cartes sont nécessaires pour jouer au rami ?
a) 1   b) 2   c) 3   d) 4

Y20- Dans quel jeu de cartes utilise-t-on l'expression « all-in » ?
a) La belote   b) Le rami   c) La bataille   d) Le poker

Y21- Comment se nomme au tarot la constitution, au cours de la donne, d'un talon de cartes ?
a) Le stock   b) La garde   c) Le chien   d) Le chelem

Y22- Combien de flèches compte un plateau de backgammon ?
a) 24   b) 28   c) 32   d) 36

Y23- Comment se nomme le jeu venant du Pays de Galles présenté par Perceval dans la série Kaamelott et nécessitant des centaines de bouts de bois ou un nombre incalculable de dés ?
a) Mayorte   b) Sloubi   c) Reine noire   d) Valmilet

Y24- Comment se nomme l'objet ludique fait de fils de plastique creux tressés de même couleur ou de couleurs différentes, prenant la forme d'un boudin à section carrée et terminé par une boucle ?
a) Un scoubidou   b) Un lézard   c) Un halo   d) Un tresseur

Y25- Au jeu les Mille Bornes, quelle carte n'est pas une carte d'attaque ?
a) Carte accident de la route   b) Carte crevaison   c) Carte panne d'essence   d) Carte réparation

Y26- Quelle pièce aux échecs peut se déplacer dans n'importe quelle direction sans limite de distance ?
a) Le roi   b) La reine   c) La tour   d) Le cavalier

Y27- Quel groupe de cartes n'existe pas au jeu de « La bonne paye » ?
a) Cartes transactions   b) Cartes courrier   c) Cartes achats   d) Carte en cas de besoin

Y28- Quel jeu consiste à retirer du corps d'un malade des éléments sans toucher les bords métalliques du plateau de jeu ?
a) Docteur Bidule   b) Le Doc   c) Docteur Maboul   d) Docteur Givré

Y29- Combien de catégories de questions y a-t-il au Trivial Pursuit classique ?
a) 4   b) 5   c) 6   d) 8

Y30- En France, combien de numéros comporte le tirage du Loto de la FDJ, y compris le numéro Chance ?
a) 5   b) 6   c) 7   d) 8

Y31- Comment se nomme un collectionneur de sceaux ?
a) Un numismate   b) Un philatéliste   c) Un sigillophiliste   d) Un fibulanomiste

Y32- Quelle technique de couture consiste à assembler plusieurs morceaux de tissus de tailles, formes et couleurs différentes pour réaliser différents types d'ouvrages ?
a) Le point de croix   b) La tapisserie   c) L'arlésienne   d) Le patchwork

Y33- Comment se nomme en tricot le point formant des mailles en petits V caractéristiques de ce point ?
a) Le point jersey b) Le point andalou c) Le point de croix d) Le point de riz

Y34- Quel verbe désigne l'action de chercher des occasions chez les brocanteurs ou les chiffonniers ?
a) Fouiner b) Chiner c) Déraper d) Brocanter

Y35- Comment se nomme une personne passionnée de mots croisés ?
a) Un croisiste b) Un verbiste c) Un grilloverbiste d) Un cruciverbiste

Y36- Quelle science a pour objet l'étude et la connaissance des vins ?
a) La vinologie b) L'œnologie c) La raisonologie d) La rougeologie

Y37- Combien y a-t-il de cartes au jeu des 7 familles ?
a) 32 b) 42 c) 52 d) 54

Y38- Sous quel autre nom est connu le jeu Reversi ?
a) Risk b) Qui est-ce ? c) Othello d) Pièges !

Y39- Qu'est-ce qui constitue une belote à l'atout ?
a) Le 9 et le valet b) L'as et le 10 c) La dame et le roi d) Le 7 et le 8

Y40- Qui commence aux échecs ?
a) Les blancs b) Les noirs c) Le mieux classé d) Selon le tirage au sort

Y41- Quel est le jeu de patience dont la création a été attribuée à John Spilsbury, cartographe du XVIIIe siècle ?
a) Le casse-tête chinois b) Le puzzle c) Le mikado d) Les dames

Y42- Comment se nomme en français le jeu nommé Pick-up sticks aux États-Unis ?
a) Jenga b) Le mikado c) Docteur Maboule d) Pièges !

Y43- Combien y a-t-il de W au Scrabble, dans la version française ?
a) 0 b) 1 c) 2 d) 3

Y44- Comment se nomme le jeu de casino qui consiste à miser sur les chiffres de 1 à 9 ?
a) La roulette b) Le jeu de la boule c) Le bandit manchot d) Le poker Texas Holdem

Y45- Quelle combinaison est un « craps » au jeu de casino le craps ?
a) 1 + 1 b) 1 + 6 c) 5 + 6 d) 2 + 2

Y46- Comment se nomme la récompense décernée chaque année depuis 1988 à un nouveau jeu de société lors du festival international des jeux à Cannes ?
a) Le jeu d'or b) L'as d'or c) L'as des as d) Le golden game

Y47- Qu'a créé en 1931 André Carrus ?
a) Le PMU b) La Française des Jeux c) Betclic d) Les casinos

Y48- Quel jeu a pour but de trouver un mot en devinant les lettres qui le composent en un nombre limité de tentatives ?
a) Le baccalauréat b) Le pendu c) Le Boggle d) Le Scrabble

Y49- Qui est l'inventeur du Scrabble ?
a) Anthony Pratt   b) Merle Robbins   c) Alfred Mosher Butts   d) Albert Lamorisse

Y50- Combien de cases compte le jeu de l'oie ?
a) 63   b) 81   c) 100   d) 121

Y51- Comment se nomme le jeu formé d'une balle reliée par un élastique à un socle et que l'on renvoie grâce à une palette de bois ?
a) La pala   b) Le jeu de paume   c) Le bilboquet   d) Le jokari

Y52- Quel est l'autre nom du billard indien ?
a) Carrom   b) Snooker   c) Krichnan   d) Tikka

Y53- Quel jeu connu depuis l'Antiquité est formé par deux disques ?
a) Le jokari   b) Le yo-yo   c) La toupie   d) Le spinner

Y54- Quel jeu de réflexion et de déduction a été inventé par Mordecai Meirowitz ?
a) Monopoly   b) Scrabble   c) Le solitaire   d) Mastermind

Y55- Quel jeu Hans Beck a-t-il inventé ?
a) Lego   b) Le kiki   c) Playmobil   d) Barbie

Y56- Quel jeu doit son nom à la combinaison gagnante de la partie ?
a) 666   b) 212   c) 421   d) 111

Y57- Comment se nomme la technique artistique qui consiste en une peinture légère sur papier avec des couleurs transparentes délayées dans de l'eau ?
a) L'aquarelle   b) La peinture à l'huile   c) La peinture à l'acrylique   d) Le pastel

Y58- Quel jeu africain utilise des graines qui sont placées sur un parcours de trous creusés dans le sol ou sculptés dans du bois ?
a) Le kho kho   b) Le sankatana   c) Le chinguerenguere   d) L'awalé

Y59- Comment nomme-t-on les joueurs au baccara ?
a) Les princes   b) Les pontes   c) Les chacals   d) Les présidents

Y60- De quelle origine est le jeu de construction Meccano ?
a) Italienne   b) Française   c) Anglaise   d) Danoise

Y61- Combien y a-t-il de pièces au jeu des osselets ?
a) 4   b) 5   c) 6   d) 7

Y62- Quel jeu est à l'origine du bridge ?
a) Le tarot   b) La belote   c) Le poker   d) Le whist

Y63- À quelle famille de jeu de cartes est associé le gin ?
a) La belote   b) Le bridge   c) Le rami   d) Le tarot

Y64- Quel nom porte le jeu qui consiste pour chaque joueur à placer des billes de sa couleur sur des cases, et ensuite d'actionner des tirettes situées de chaque côté du plateau pour tenter de faire tomber les billes de l'adversaire dans des trous ?
a) Mastermind   b) Pièges !   c) Avalon   d) Risk

Y65- Quel nom porte le jeu de société dans lequel le but est de se montrer rusé en posant des questions Oui/Non pour découvrir, en premier, le personnage mystère de son adversaire ?
a) Qui est-ce ?   b) C'est qui ?   c) Mysterious   d) Ni oui ni non

Y66- Comment se nomme le jeu d'adresse composé d'une tige reliée par une cordelette à une boule percée d'un ou de plusieurs trous d'un diamètre ajusté à la tige ?
a) Le yo-yo   b) Le jokari   c) Le diabolo   d) Le bilboquet

Y67- Quel est l'autre nom du billard électronique ?
a) Le shooter   b) Le bandit manchot   c) La roulette   d) Le flipper

Y68- Combien de pièces comportait à l'origine un tangram ?
a) 5   b) 6   c) 7   d) 8

Y69- Comment se nomme le plateau sur lequel les dés sont lancés ?
a) Un plat   b) Une assiette   c) Une cour   d) Une piste

Y70- Comment se nomme le plateau du jeu de go ?
a) Le goban   b) Le globe   c) Les territoires   d) Le planisphère

Y71- Quelle case n'est pas écrite sur un plateau de Scrabble ?
a) Mot compte double   b) Mot compte triple   c) Lettre compte double   d) Départ

Y72- Quelle est la couleur de la catégorie géographie au Trivial Pursuit classique ?
a) Bleue   b) Orange   c) Verte   d) Rose

Y73- En quelle année fut créé le Tiercé ?
a) 1945   b) 1954   c) 1965   d) 1976

Y74- À quel type de jeu correspond le poker menteur ?
a) Un jeu de cartes   b) Un jeu de plateau   c) Un jeu de dés   d) Un jeu d'adresse

Y75- Quel est l'autre nom du jeu de la réussite ?
a) Le succès   b) Le solo   c) La bataille   d) La patience

Y76- Comment se nomme la société mondialement connue créée en 1903 et qui produit des craies de cire pour les enfants ?
a) Crayola   b) Stabilo   c) Prismacolor   d) Rougier

Y77- En quelle année a été créé le Loto en France ?
a) 1918   b) 1925   c) 1933   d) 1945

Y78- Quel jouet destiné aux enfants permet de créer différentes combinaisons amusantes sur un corps reprenant la forme de la famille des solanacées ?
a) Madame Carotte   b) Monsieur Patate   c) Mademoiselle Radis   d) Dame Navet

Y79- Quelles cartes constituent à la belote et à l'atout un total de 34 points ?
a) Le 9 et le valet   b) L'as et le 10   c) La dame et le roi   d) Le 7 et le 8

Y80- Quel jeu a inventé Ole Kirk Christiansen ?
a) Lego   b) Big Jim   c) Playmobil   d) Action man

Y81- Au jeu les Mille Bornes, quelle catégorie de cartes n'existe pas ?
a) Carte d'attaque   b) Carte de déviation   c) Carte de défense   d) Carte botte

Y82- Quel jeu de société créé par Albert Lamorisse fut initialement édité par Miro Company sous le nom La Conquête du Monde ?
a) Stratego   b) 7 Wonders   c) Les Aventuriers du Rail   d) Risk

Y83- Quels animaux sont à l'origine des Zhu Zhu Pets ?
a) Les hamsters   b) Les lions   c) Les chiens   d) Les lapins

Y84- Quelle figurine célèbre lança Hasbro en 1964 ?
a) Big Jim   b) Action man   c) G.I. Joe   d) Kiki

Y85- Comment se nomme le jeu de quilles scandinaves en bois se jouant avec un bâton à lancer sur des quilles numérotées ?
a) Le Ragnarök   b) Le number Kubb   c) Le Kyykkä   d) Le Riddarspelet

Y86- Quelle technique manuelle de la passementerie consiste à tisser des pièces délicates telles que les mouchoirs, les napperons ou les rideaux ?
a) Le point de croix   b) La tapisserie   c) La dentelle aux fuseaux   d) Le patchwork

Y87- Quel jeu de lettres permet de trouver sur un plateau des mots pouvant être formés à partir de lettres adjacentes du plateau c'est-à-dire horizontalement, verticalement ou en diagonale ?
a) Le baccalauréat   b) Le pendu   c) Le Boggle   d) Le Scrabble

Y88- Quelle société commercialise la poupée Barbie ?
a) Hasbro   b) Lego   c) Sekiguchi   d) Mattel

Y89- Comment se nomme au jeu de cartes « le Chemin de fer » le point le plus bas ?
a) Le baccara   b) Le zéro   c) Le rail   d) Le charbon

Y90- Comment se nommait la collection de livres-jeux créée en 1984 et éditée à l'origine au sein de la collection Folio junior chez Gallimard ?
a) Pif Gadget   b) Bookgame   c) Donjons et dragons   d) Un livre dont vous êtes le héros

Y91- Comment peut être désignée une équipe au bridge ?
a) Nord-sud   b) Droite-gauche   c) Babord-tribord   d) Haut-bas

Y92- Combien de pions colorés comporte un code dans le jeu Mastermind ?
a) 2 ou 3   b) 3 ou 4   c) 4 ou 5   d) 5 ou 6

Y93- Quel est l'autre nom du jeu des petits chevaux ?
a) Le jeu de dada   b) Bourricot   c) La course   d) Le tiercé

Y94- Quel jouet tourne sur lui-même, en équilibre sur sa pointe ?
a) Le yo-yo   b) La toupie   c) Le diabolo   d) Le spinner

Y95- Quel jouet la marque Play-Doh a été l'une des premières à commercialiser, comme dans l'atelier de coiffure ?
a) Le yo-yo   b) L'écran magique   c) La pâte à modeler   d) La Barbie

Y96- Comment se nomme au Yams la combinaison rapportant 50 points ?
a) Un full   b) Un carré   c) Une suite   d) Un yams

Y97- Comment se nomme au poker une combinaison de trois cartes d'un même rang combinées à deux autres d'un même rang ?
a) Un full   b) Un brelan   c) Une suite   d) Un carré

Y98- Comment se nomme une devinette graphique, suite de dessins, de mots, de chiffres, de lettres évoquant par le son, le mot ou la phrase la solution ?
a) Un rébus   b) Une chansonnette   c) Un réflexomot   d) Un carambar

Y99- Comment se nomme un collectionneur de boutons ?
a) Un numismate   b) Un philatéliste   c) Un sigillophiliste   d) Un fibulanomiste

Y100- Au jeu des osselets, quelle est la pièce différente des quatre autres qui sont identiques ?
a) Dieu   b) Le père   c) La mère   d) La chance

Y101- Au backgammon, combien de pions faut-il sortir en premier pour gagner ?
a) 10   b) 15   c) 18   d) 25

Y102- Quel jouet, héros d'une série animée nommée La Tribu Monchhichi, a été inventé par Koichi Sekiguchi ?
a) Big Jim   b) Le Kiki   c) Le Tamagotchi   d) Barbie

Y103- Quel jeu, anciennement appelé « bûchette », est utilisé pour tirer au sort un individu lorsqu'il faut accomplir une tâche ingrate ?
a) Le jeu des osselets   b) Le cul de chouette   c) Le jeu du calisson   d) La courte paille

Y104- Comment se nomme la technique de jardinage qui est un mode de multiplication des végétaux par le développement des racines sur une portion herbacée ?
a) Le butinage   b) Le marcottage   c) Le bouturage   d) Le séquençage

Y105- Comment se nomme un centre de prêt de jeux ou de jouets ?
a) Une jouethèque   b) Une ludothèque   c) Un jouetland   d) Un trocthèque

Y106- Quel jeu de ficelle se joue à deux personnes (ou plus) et consiste à créer des figures ?
a) Le jokari   b) La ficelière   c) Le berceau du chat   d) La main créatrice

Y107- Quel nom est une variante du jeu du loup ?
a) La souris verte   b) Le toc-toc   c) Le rusé   d) Le chat perché

Y108- Quel jeu de cour d'école implique une course et un arrêt immédiat lorsque le joueur face au mur se retourne ?
a) 1, 2, 3 soleil !   b) Le loup   c) Le ballon prisonnier   d) La marelle

Y109- Quel jeu de réflexion se jouant à deux porte le nom d'un insecte ?
a) La mouche   b) Le morpion   c) La cigale   d) La fourmi

Y110- Comment était surnommé le célèbre créateur des grilles de mots fléchés publiées chaque semaine dans le magazine Télé 7 jours pendant de nombreuses années jusqu'en 2010 ?
a) Le renard   b) Le cerveau   c) Maître Capelo   d) Fléchomator

Y111- De quel objet est amateur un lucaniste ?
a) De cerfs-volants   b) De boîtes d'allumettes   c) De bouchons de vin   d) De pins

Y112- Quel jeu collectif fut inventé par les surréalistes et notamment par Jacques Prévert en 1925 ?
a) La crapette   b) Le président   c) Le cadavre exquis   d) Le pouilleux

Y113- Quelle somme maximale peut-on avoir au Fubuki sur une ligne ou une colonne ?
a) 17   b) 21   c) 24   d) 27

Y114- En quelle année fut créé l'Euromillions ?
a) 2000   b) 2002   c) 2003   d) 2004

Y115- À quoi correspond à la crapette l'injonction « crapette ! » ?
a) Un gain   b) Une faute   c) Un changement de sens   d) Une fin de partie

Y116- Comment se nomme un collectionneur de timbres ?
a) Un numismate   b) Un philatéliste   c) Un timbrophiliste   d) Un fibulanomiste

Y117- Quel point, tricoté à plat en allers-retours sur des aiguilles droites, a un aspect identique des deux côtés le rendant 100% réversible ?
a) Le point jersey   b) Le point mousse   c) Le point de croix   d) Le point de riz

Y118- Comment se nomme une balançoire constituée d'une longue pièce de bois ou de métal munie d'un siège à chacune de ses extrémités ?
a) Un tape-cul   b) Un balancier   c) Un rouleau taquin   d) Un attrape-ciel

Y119- Quel nom porte le jeu dont le but est de trouver, par écrit et en un temps limité, une série de mots appartenant à des catégories prédéfinies par les joueurs et commençant par la même lettre ?
a) Le pendu   b) Le boggle   c) Words   d) Le baccalauréat

Y120- Quel est le nom du jeu africain dont l'objectif est de mettre un bâton au milieu d'une jante et d'arriver à courir sans faire tomber la jante ?
a) Le kho kho   b) Le sankatana   c) Le chinguerenguere   d) L'awalé

Y121- Quel jeu, muni d'un roulement à billes, a connu un succès fulgurant dans les cours de récréation françaises au printemps 2017 ?
a) Le jokari   b) Le yo-yo   c) La toupie   d) Le spinner

Y122- Quelle est la carte la plus forte à la bataille dans un jeu de 52 cartes ?
a) Le 10   b) Le joker   c) L'as   d) Le roi

Y123- Combien de points annonce un joueur pour un capot à la belote contrée ?
a) 130   b) 160   c) 250   d) 500

Y124- Quel est l'autre nom du jeu de cartes « le président » ?
a) Le vendu   b) L'imposteur   c) Le trou du cul   d) Le vilain

Y125- Dans le Uno classique, quelle carte n'existe pas ?
a) Le zéro   b) +2   c) Le 10   d) Inversion

Y126- De quelle contraction provient le nom du jeu « Pictionnary »?
a) Picture et dictionary   b) Picture et legendary
c) Pictogram et dictionary   d) Pictogram et legendary

Y127- Comment se nommait la série de poupées pour garçon produite par Mattel entre 1972 et 1986 ?
a) Action man   b) Big Jim   c) G.I Joe   d) DC

Y128- Quel jeu n'est pas une variante de la belote ?
a) La coinche   *b) La contrée*   *c) Le whist*   *d) La belote bridgée*

Y129- Quelles pièces impliquent un roque aux échecs ?
a) Le roi et la reine   *b) La reine et le fou*   *c) Le cavalier et le fou*   *d) Le roi et la tour*

Y130- Combien de maisons faut-il sur chaque terrain d'un même groupe dans le Monopoly pour pouvoir acheter un hôtel ?
a) 1   *b) 2*   *c) 3*   *d) 4*

Y131- Comment se nomment les pions du jeu de go ?
a) Les jetons   *b)Les globes*   *c) Les pierres*   *d) Les tuiles*

Y132- Comment se nomme le jeu d'adresse composé de deux calottes en plastique reliées par leurs sommets, qui sont lancées en l'air et rattrapées via une ficelle tendue entre deux baguettes ?
a) Le yo-yo   *b) Le jokari*   *c) Le diabolo*   *d) Le bilboquet*

Y133- Quelle combinaison est un « pass » au jeu de casino le craps ?
a) 1 + 1   *b) 1 + 6*   *c) 5 + 6*   *d) 2 + 2*

Y134- Combien de carrés de 9 cases contient le sudoku ?
a) 4   *b) 5*   *c) 6*   *d) 9*

Y135- Comment se nomme le jeu d'adresse consistant à empiler des morceaux de bois et à construire une tour sans la faire tomber ?
a) Tower   *b) Risk*   *c) Univers*   *d) Jenga*

Y136- Dans le jeu de cartes de la bataille, quelle est la carte la plus forte après l'as en utilisant un jeu de 52 cartes ?
a) Le 10   *b) Le roi*   *c) Le dame*   *d) Le valet*

Y137- Combien de numéros, hors étoiles, comporte une grille d'Euromillions ?
a) 39   *b) 49*   *c) 50*   *d) 60*

Y138- Quelle carte n'existe pas au jeu des 7 familles ?
a) La mère   *b) Le fils*   *c) Le cousin*   *d) Le grand-père*

Y139- Quel point consiste à tricoter sur un même rang une maille à l'endroit suivie d'une maille à l'envers, et inversement au rang suivant ?
a) Le point jersey   *b) Le point andalou*   *c) Le point de croix*   *d) Le point de riz*

Y140- Comment se nomme un collectionneur de pièces de monnaie ?
a) Un numismate   *b) Un philatéliste*   *c) Un sigillophiliste*   *d) Un fibulanomiste*

Y141- Quelle catégorie de questions n'existe pas au Trivial Pursuit classique ?
a) Géographie   *b) Célébrités*   *c) Sports et loisirs*   *d) Sciences et nature*

Y142- Combien de gares y a-t-il au Monopoly ?
a) 2   *b) 3*   *c) 4*   *d) 5*

Y143- Quelle est la nationalité d'Ernő Rubik l'inventeur du Rubik's Cube ?
a) Danoise   *b) Suédoise*   *c) Hongroise*   *d) Polonaise*

Y144- Combien de pions de la même couleur faut-il aligner horizontalement, verticalement ou en diagonale pour gagner au jeu Puissance 4 ?
a) 3   b) 4   c) 5   d) 6

Y145- Dans une grille de bataille navale, les colonnes sont notées de A jusqu'à quelle lettre ?
a) I   b) J   c) K   d) L

Y146- Quelle est la seule pièce au jeu d'échec à pouvoir passer au-dessus d'autres pièces ?
a) Le cavalier   b) La tour   c) Le roi   d) La reine

Y147- Qui est l'inventeur du Cluedo ?
a) Anthony Pratt   b) Merle Robbins   c) Alfred Mosher Butts   d) Albert Lamorisse

Y148- Quel score ne faut-il pas dépasser au Black Jack ?
a) 10   b) 21   c) 28   d) 31

Y149- Combien de cartes y a-t-il dans un jeu de tarot ?
a) 32   b) 52   c) 64   d) 78

Y150- Combien de pions noirs compte un jeu de dames ?
a) 8   b) 10   c) 20   d) 36

Z ▸ TÉLÉVISION

Répondez aux 150 questions de télévision avant de consulter la grille de réponses.

Z1- Quelle série télé a été la première production originale de Netflix ?
a) Prison Break   b) Lilyhammer   c) House of cards   d) The office

Z2- De quelle couleur était la célèbre voiture de Starsky et Hutch ?
a) Verte   b) Rouge et blanche   c) Bleue   d) Jaune et rouge

Z3- Quel jeu Patrick Roy animait-il de 1990 à 1992 ?
a) Tournée manège !   b) Pyramide   c) Motus   d) Une famille en or

Z4- Quel jeu est connu pour sa phrase « C'est votre dernier mot » ?
a) Le juste prix   b) Questions pour un champion   c) Qui veut gagner des millions   d) Mot de passe

Z5- Comment se nommait le dessin animé racontant la vie d'une jeune volleyeuse ?
a) Candy   b) Lucy amour et rock' roll   c) Dora l'exploratrice   d) Jeanne et Serge

Z6- En quelle année a été créée la chaîne M6 ?
a) 1981   b) 1987   c) 1994   d) 2000

Z7- Comment se nomme le leader de la Pat'Patrouille ?
a) Ryder   b) David   c) Kev   d) Dany

Z8- Qui est le créateur du jeu télévisé « Intervilles » ?
a) Guy Lux   b) Armand Jammot   c) Jacques Antoine   d) Jeff Apploff

Z9- Grâce à quelle série la carrière de Will Smith a-t-elle explosé ?
a) Huit, ça suffit !   b) Arnold et Willy   c) Cosby Show   d) Le prince de Bel-Air

Z10- Comment se nomme dans Fort Boyard le vieil homme plutôt espiègle, avec sa longue barbe blanche et sa voix enrouée soumettant des énigmes aux candidats venus le défier ?
a) Enigmator   b) L'éminence grise   c) Le père Fouras   d) Gandalf

Z11- Comment s'appelait jusqu'en 2022 le présentateur qui donnait le bon compte au jeu « Des chiffres et des lettres » ?
a) Arielle Boulin-Prat   b) Bertrand Renard   c) Patrice Laffont   d) Maître Capelo

Z12- Dans quel dessin animé le personnage principal parlait-il en plusieurs langues, accompagné du singe anthropomorphe Babouche ?
a) Candy   b) Bob l'éponge   c) Dora l'exploratrice   d) Titeuf

Z13- De quelle émission Casimir était-il le personnage principal ?
a) L'île aux enfants   b) Le club Dorothée   c) Récréa 2   d) C'est pas sorcier

Z14- Comment se nomme la télédiffusion simultanée d'un programme dans un maximum de pays du monde ?
a) L'eurovision   b) La polyvision   c) La polydiffusion   d) Le mondovision

Z15- Dans la série Le Prisonnier, quel est le numéro porté par le héros interprété par Patrick McGoohan ?
a) Le numéro 1   b) le numéro 2   c) Le numéro 5   d) Le numéro 6

Z16- Quel dessin animé contait les aventures d'une famille de la préhistoire ?
a) Capitaine caverne   b) Bob l'éponge   c) Rahan   d) Les Pierres à Feu

Z17- Quelle émission parodique du début des années 1990 était animée par un trio d'humoristes et diffusée sur la chaîne Antenne 2 puis France 2 ?
a) La télé des Inconnus   b) Les Nuls   c) Les chevaliers du fiel   d) Les Deschiens

Z18- En quelle année a été créée la chaîne cryptée Canal+ ?
a) 1981   b) 1983   c) 1984   d) 1987

Z19- Quel était le présentateur de l'émission « Nulle part ailleurs » sur Canal+ de 1987 à 1997 ?
a) Philippe Gildas   b) Jean-Pierre Foucault   c) Patrick Sabatier   d) Cyril Hanouna

Z20- Sur quelle chaîne Yves Mourousi présenta-t-il le JT de 13h de 1975 à 1988 ?
a) TF1   b) Antenne 2   c) FR3   d) La 5

Z21- Quel nombre suivait le titre du dessin animé « Ulysse » ?
a) 21   b) 31   c) 41   d) 101

Z22- Qui est l'inventeur du premier journal télévisé français diffusé pour la première fois en 1949 ?
a) Yves Mourousi   b) Michel Drucker   c) Pierre Sabbagh   d) Léon Zitrone

Z23- En quelle année eut lieu le premier débat présidentiel diffusé à la télévision française ?
a) 1969   b) 1974   c) 1981   d) 1988

Z24- Quelle est la suite du titre de la série « Chapeau melon et …. » ?
a) cigare cubain   b) parapluie   c) bottes de cuir   d) monocle

Z25- Quels étaient les noms des deux participants du débat au cours duquel le journaliste Paul Amar avait offert des paires de gants de boxe ?
a) Tapie / Le Pen   b) Chirac / Mitterrand   c) Giscard / Mitterrand   d) Sarkozy / Hollande

Z26- Quel dessiné animé contait les aventures d'Esteban, Tao et Zia ?
a) Les mystérieuses citées d'or   b) Goldorak   c) Les chevaliers du zodiaque   d) Naruto

Z27- Dans quelle série le personnage principal était Don Diego de la Vega ?
a) Narcos   b) Zorro   c) Breaking bad   d) El Chapo

Z28- Combien y a-t-il de Tortues Ninja dans le dessin animé Tortues Ninja : Les Chevaliers d'écaille ?
a) 3   b) 4   c) 5   d) 6

Z29- Quelle série de 2015 narrait la vie du trafiquant de drogue Pablo Escobar ?
a) El Chapo   b) La casa de papel   c) Breaking bad   d) Narcos

Z30- Dans la série Les mystères de l'ouest, qui tient le rôle de James West ?
a) Kirk Douglas   b) Robert Conrad   c) Clint Eastwood   d) Peter Falk

Z31- Dans quelle série l'héroïne bougeait-elle son nez pour faire des tours de magie ?
a) Ma sorcière bien aimée   b) The witcher
c) Buffy contre les vampires   d) Les Sorciers de Waverly Place

Z32- Quelle série allemande de 1974 mettait en scène un policier dans la ville de Munich ?
a) Le clown   b) Alerte Cobra   c) L'inspecteur Derrick   d) Le renard

Z33- Comment se nomme le vaisseau dans le dessin animé « Le capitaine Flam » ?
a) Le Faucon Millénium   b) L'Arcadia   c) Le Cyberlab   d) L'Odysseus

Z34- Quel célèbre policier fait constamment référence à sa femme ?
a) Derrick   b) Rick Hunter   c) Columbo   d) Barnaby

Z35- Quel était l'animateur de E=M6, depuis ses débuts, le 10 février 1991 ?
a) Mac Lesggy   b) Les frères Bogdanoff   c) Jamy   d) Michel Chevalet

Z36- Quel était le nom du premier chien, mascotte de l'émission « 30 millions d'amis »?
a) Rebel   b) Mabrouk   c) Rex   d) Lassie

Z37- Quel était le présentateur de l'émission « Bouillon de culture », diffusée de 1991 à 2001 ?
a) Michel Field   b) Jacques Chancel   c) Frédéric Taddeï   d) Bernard Pivot

Z38- Quelle série raconte les aventures d'un groupe d'amis new-yorkais dont le QG est un bar nommé le Central Perk ?
a) Friends   b) Sauvés par le gong   c) The Big Bang theory   d) How I met your mother

Z39- Dans quelle série Hugh Laurie interprète-t-il un docteur misanthrope ?
a) Good doctor   b) Urgences   c) Docteur House   d) Nip/Tuck

Z40- Dans quelle série Roger Moore tenait seul la vedette dans les années 60 ?
a) Amicalement vôtre   b) Le prisonnier   c) Mannix   d) Le Saint

Z41- Comment se nommait la voiture conduite par David Hasselhoff dans K2000 ?
a) Christine   b) General Lee   c) KITT   d) Interceptor

Z42- Dans quelle série le héros construit-il des choses improbables avec quasiment rien ?
a) Alf   b) Le cascadeur   c) MacGyver   d) Mannix

Z43- Dans la série L'amour du risque, comment se nommait l'épouse de Jonathan ?
a) Laura   b) Sarah   c) Ann   d) Jennifer

Z44- Quel animal partageait la vedette avec « Bip-bip » d'après le titre du cartoon américain créé en 1949 ?
a) Un chien   b) Un loup   c) Un coyote   d) Un renard

Z45- Dans quelle série le personnage principal portait-il le nom de Walter White ?
a) Mission impossible   b) Zorro   c) Breaking bad   d) Les envahisseurs

Z46- Que signifie le R de l'acronyme RTF, représentant l'ancienne société nationale française chargée du service public de l'audiovisuel ?
a) Radiodiffusion   b) Radio   c) Réseau   d) Réalisation

Z47- Quelle était la marque de la voiture possédée par Robin Masters dans la série « Magnum » ?
a) Mercedes   b) Lamborghini   c) Maserati   d) Ferrari

Z48- Comment se nomme le vaisseau dans le dessin animé « Ulysse 31» ?
a) Le faucon millénium   b) L'Arcadia   c) Le Cyberlab   d) L'Odysseus

Z49- Dans quelle émission, dirigée par Évelyne Leclercq, le pianiste Charlie Oleg officiait-il ?
a) Tournez manège !   b) C'est mon choix   c) N'oubliez pas les paroles   d) Les Z'amours

Z50- Quelle émission de télé-réalité a starifié Loana ?
a) Les anges   b) Secret story   c) L'île de la tentation   d) Loft story

Z51- Comment se nommait le dessin animé dans lequel le meilleur ami du héros s'appelait « Patrick l'étoile de mer » ?
a) Capitaine caverne   b) Bob l'éponge   c) Rahan   d) Nemo

Z52- Qui était le présentateur de l'émission « Le grand échiquier » ?
a) Michel Polac   b) Bernard Pivot   c) Jacques Chancel   d) Henry Chapier

Z53- Quel présentateur animait de 1989 à 2017 l'émission Télématin ?
a) William Leymergie   b) Jean-Claude Bourret   c) Yves Mourousi   d) Henry Chapier

Z54- De quelle série Sarah Michelle Gellar était-elle l'héroïne ?
a) Ma sorcière bien aimée   b) The witcher
c) Buffy contre les vampires   d) Les Sorciers de Waverly Place

Z55- Quelle était le titre de l'émission qui sélectionnait et rediffusait les moments les plus drôles, navrants, émouvants ou les plus étranges des émissions de la veille ?
a) Nulle part ailleurs   b) Les Nuls   c) Le zapping   d) Groland

Z56- Qui était le comparse masculin de Jamy dans l'émission « C'est pas sorcier », de 1993 à 2013 ?
a) Marc   b) Jean   c) Mick   d) Fred

Z57- Quelle émission a révélé José Garcia accompagné de son compère Antoine de Caunes ?
a) Nulle part ailleurs   b) La télé des Inconnus   c) Les Deschiens   d) Groland

Z58- Quel dessiné animé contait les aventures d'Actarus, d'Alcor et du professeur Procyon ?
a) Les mystérieuses citées d'or   b) Goldorak   c) Les chevaliers du zodiaque   d) Naruto

Z59- Qui est le créateur du jeu télévisé Les chiffres et les lettres ?
a) Guy Lux   b) Armand Jammot   c) Jacques Antoine   d) Jeff Apploff

Z60- Comment se nomme le personnage de série créé et joué par Rowan Atkinson ?
a) Benny Hill   b) Columbo   c) Mr Bean   d) Le Saint

Z61- Combien de cicatrices possède Ken dans le dessin animé « Ken le survivant » ?
a) 4   b) 5   c) 6   d) 7

Z62- Dans quelle série le personnage principal s'appelait-il Jim Phelps ?
a) Mission impossible   b) Zorro   c) Breaking bad   d) Les envahisseurs

Z63- Quelle série décrit la vie de deux chirurgiens plasticiens de Miami ?
a) Good doctor   b) Urgences   c) Docteur House   d) Nip/Tuck

Z64- Comment se nommait, juste avant 1992, la chaîne France 2 ?
a) Antenne 2   b) La 2   c) FR2   d) TV2

Z65- Dans le dessin animé « Titi et Grosminet», quel animal est Titi ?
a) Un canari jaune   b) Un pigeon   c) Un chat   d) Une souris

Z66- Quel est le titre du dessin animé dont les héros sont loufoques et s'avèrent rapidement incontrôlables semant la panique dans les studios Warner Bros ?
a) Tom et Jerry   b) Bip-bip   c) Les Animaniacs   d) Woody Woodpecker

Z67- Quel grand événement a été pour la première fois retransmis à l'échelle de l'Europe ?
a) La Coupe du Monde de football en 1954   b) Les Jeux Olympiques de Berlin en 1936
c) Le prix de l'Arc de Triomphe en 1949   d) Le couronnement d'Élisabeth II en 1953

Z68- Quelle série de 2011, créée par Tom Fontana, retrace l'histoire de l'une des familles les plus puissantes de la Renaissance ?
a) Kaamelott   b) Borgia   c) Les Médicis : Maîtres de Florence   d) Marie-Antoinette

Z69- Sur quelle chaîne a été diffusé en France en 1949 le premier journal télévisé ?
a) TF1   b) France 2   c) FR3   d) RTF

Z70- Avec quel acteur Roger Moore partageait-il la vedette dans Amicalement vôtre ?
a) Tony Curtis   b) Robert Conrad   c) Clint Eastwood   d) Patrick McGoohan

Z71- À quoi se réfèrent les prénoms des Tortues Ninja ?
a) À des explorateurs   b) À des scientifiques   c) À des dieux grecs   d) À des peintres italiens

Z72- Quelle série raconte les aventures d'un groupe de scientifiques dont l'un d'eux se prénomme Sheldon Cooper ?
a) Friends   b) Sauvés par le gong   c) The Big Bang Theory   d) Breaking bad

Z73- Quelle série a révélé Johnny Depp ?
a) Lost   b) 21 Jump street   c) Sauvés par le gong   d) Quoi de neuf docteur ?

Z74- En quelle année a été lancée la série « Power Rangers : Mighty Morphin » ?
a) 1984   b) 1989   c) 1991   d) 1993

Z75- Dans quelle série est apparu Leornardo di Caprio, interprétant le rôle de Luke Brower ?
a) Le prince de Bel-Air   b) La fête à la maison   c) Sauvés par le gong   d) Quoi de neuf docteur ?

Z76- Comment se nomme le maître d'arts martiaux de Sangoku dans le dessin animé Dragon Ball ?
a) Tortue géniale   b) Goku   c) Maître des grues   d) Krilin

Z77- Dans quelle série apparaissait un lion qui avait la particularité de loucher ?
a) Riptide   b) Daktari   c) Manimal   d) Lassie

Z78- Quel personnage est Casper dans le dessin animé éponyme ?
a) Un zombie   b) Un rat   c) Un fantôme   d) Un dragon

Z79- Quelle série diffusée à partir de 1973 a dépassé les 12 000 épisodes ?
a) Les feux de l'amour   b) Dallas   c) Santa Barbara   d) Côte Ouest

Z80- Quel nombre suivait le titre du dessin animé « Albator » ?
a) 84   b) 102   c) 2100   d) 3000

Z81- Quel personnage de South Park est tué une centaine de fois au cours des nombreuses saisons de la série ?
a) Cartman   b) Kenny   c) Garisson   d) Broflovski

Z82- Quel personnage de dessin animé prononce tout le temps cette célèbre phrase « Quoi de neuf docteur ? » ?
a) Popeye   b) Titi   c) Titeuf   d) Bugs Bunny

Z83- Quelle émission de télévision, créée et présentée dès 1987 par Dominique Chapatte, était consacrée à l'automobile ?
a) Turbo   b) V6   c) Automoto   d) Top Gear

Z84- Quel jeu télévisé a été inventé et présenté par Alain Chabat ?
a) Slam   b) Motus   c) Burger Quiz   d) Pyramide

Z85- Quel personnage de BD, créé par Zep en 1992, est devenu un dessin animé racontant la vie quotidienne d'un garçon âgé de 8 ans à la mèche blonde caractéristique ?
a) Cédric   b) Totally spies !   c) Naruto   d) Titteuf

Z86- Dans le dessin animé créé par Jean-Yves Raimbaud, contre qui lutte tout le temps Oggy ?
a) Des rats   b) Des souris   c) Des cafards   d) Des mouches

Z87- Quelle émission culturelle Bernard Pivot présentait-il, entre le 10 janvier 1975 et le 22 juin 1990, chaque vendredi soir à 21 h 40 ?
a) Le grande librairie   b) Entrée libre   c) La marche du siècle   d) Apostrophes

Z88- Dans quelle série le personnage principal s'appelait-il David Vincent ?
a) Mission impossible   b) Zorro   c) Breaking bad   d) Les envahisseurs

Z89- En quelle année eut lieu le premier essai de retransmission de télévision entre l'Europe et l'Amérique via le satellite Telstar ?
a) 1953   b) 1962   c) 1967   d) 1968

Z90- Comment se nomme le méchant magicien dans le dessin animé les Schtroumpfs ?
a) Satanas   b) Jafar   c) Orko   d) Gargamel

Z91- Quel groupe devient actionnaire majoritaire de la chaîne TF1 en 1987 ?
a) Dassault   b) Hachette   c) Bouygues   d) Amazon

Z92- Dans quel endroit travaille Homer Simpson ?
a) Un magasin   b) Un bar   c) Une centrale nucléaire   d) Un garage

Z93- Quel animateur présentait l'émission « La marche du siècle »?
a) Bernard Pivot   b) Jacques Chancel   c) Jean-Marie Cavada   d) Michel Polac

Z94- Quel aliment donne une force exceptionnelle au personnage de Popeye ?
a) Les pâtes   b) Les carottes   c) Les épinards   d) La soupe

Z95- Quelle émission consacrée au football a été créée en 1977 ?
a) L'after   b) L'équipe du dimanche   c) On refait le match   d) Téléfoot

Z96- Dans le dessin animé « Diabolo et Satanas », quel animal est Diabolo ?
a) Un chien   b) Un pigeon   c) Un chat   d) Un lion

Z97- Qui a créé le jeu télévisé Fort Boyard ?
a) Guy Lux   b) Armand Jammot   c) Jacques Antoine   d) Jeff Apploff

Z98- Quel est le nom de famille du personnage Cédric dans le dessin animé éponyme ?
a) Martin   b) Durant   c) Lefevre   d) Dupont

Z99- Quelle émission, diffusée à partir de 1986, était consacrée à la publicité ?
a) Culture Pub   b) TV Pub   c) Publivore   d) Adds !!!

Z100- Quelle émission fut créée et présentée à partir de 1988 par Emmanuel Chain ?
a) Capital   b) C'est votre argent   c) Money drop   d) Qui veut être mon associé ?

Z101- Dans quel jeu, présenté notamment par Max Meynier, Patrick Roy et Vincent Lagaf', fallait-il évaluer le prix d'objets ?
a) Le Big Deal   b) La famille en or   c) Le juste prix   d) Attention à la marche !

Z102- Quel est le titre du dessin animé dans lequel quatre amis et un chien mènent des enquêtes policières sur des phénomènes paranormaux?
a) Scooby-Doo   b) Nicky Larson   c) Le club des 5   d) Les 5 compagnons

Z103- Combien y a-t-il de boules de cristal dans Dragon Ball ?
a) 5   b) 6   c) 7   d) 12

Z104- Quelle série comique, créée en 2005, retrace l'histoire du roi Arthur et de ses chevaliers ?
a) Kaamelott   b) Borgia   c) Les Médicis : Maîtres de Florence   d) Marie-Antoinette

Z105- Dans la série Urgences, quel est le nom du personnage interprété par George Clooney ?
a) Dr Douglas Ross   b) Dr Mark Greene   c) Dr John Carter   d) Dr Peter Benton

Z106- Quelle émission de talk-show Évelyne Thomas présenta-t-elle à partir de 1999 ?
a) Le divan   b) Strip-tease   c) Avis de recherche   d) C'est mon choix

Z107- En quelle année la chaîne « la 5 » arrête-t-elle d'être diffusée ?
a) 1987   b) 1989   c) 1991   d) 1992

Z108- Quel est le personnage de dessin animé créé par Friz Freleng et apparu pour la première fois en 1963 ?
a) Satanas   b) Popeye   c) Titi   d) La panthère rose

Z109- Quel jeu télévisé fut animé par Julien Lepers pendant 28 ans ?
a) Questions pour un champion   b) Motus   c) Slam   d) Pyramide

Z110- Dans la série télévisée d'animation américaine Les Simpson, créée par Matt Groening, quel est le nom du bébé qui communique en suçant une tétine ?
a) Maggie   b) Lisa   c) Marge   d) Abe

Z111- Quelle émission de musique, créée par Pierre Lescure, a été diffusée à partir de 1982 ?
a) Partoche   b) Les enfants du rock   c) Poil au rock   d) La chance aux chansons

Z112- Quel personnage de dessin animé prononce tout le temps cette célèbre phrase « J'ai cru voir un gros minet ? » ?
a) Popeye   b) Titi   c) Titeuf   d) Bugs Bunny

Z113- Combien de personnages centraux compte le dessin animé « Totally spies ! » ?
a) 1   b) 2   c) 3   d) 4

Z114- En quelle année fut diffusé pour la première fois l'Euromillions ?
a) 2000   b) 2004   c) 2006   d) 2009

Z115- Dans quelle série trois sœurs luttent-elles avec leurs pouvoirs magiques contre les sorciers, démons et autres forces maléfiques qui peuplent la ville de San Francisco ?
a) Buffy contre les vampires   b) First kill   c) Vampire academy   d) Charmed

Z116- En quelle année fut diffusée pour la première fois la série française « Thierry la fronde » ?
a) 1963   b) 1967   c) 1977   d) 1980

Z117- Dans la série « Les mystérieuses citées d'or », dans quel oiseau mécanique les personnages se déplacent-ils ?
a) L'Albatros   b) Le grand Condor   c) L'Aigle d'argent   d) Le Vautour royal

Z118- Comment se nommait, juste avant 1992, la chaîne de télévision France 3 ?
a) Antenne 3   b) La 3   c) FR3   d) TV3

Z119- Dans quelle série Bruno Cremer tenait-il le rôle vedette ?
a) Arsène Lupin   b) Maigret   c) Nestor Burma   d) Engrenages

Z120- Dans quelle série le docteur Samuel Beckett voyage-t-il à travers le temps, aidé par le contre-Amiral Al Calavicci, qui lui apparaît sous forme d'hologramme ?
a) Parallèles   b) Millénium   c) Stranger Things   d) Code Quantum

Z121- Dans quelle série un hélicoptère est-il piloté par Springfellow Hawke ?
a) Supercopter   b) Chopper Squad   c) Magnum   d) Medicopter

Z122- Dans quelle série les héros Cody, Nick et Boz possèdent-ils un robot nommé Roboz ?
a) Supercopter   b) Riptide   c) Magnum   d) Medicopter

Z123- Dans quelle minisérie, diffusée sur France 2, Laura Smet interprète-t-elle l'héroïne Louise Kerlac ?
a) La Garçonne   b) Borgia   c) Les Médicis : Maîtres de Florence   d) Marie-Antoinette

Z124- Quel était le titre de la série française, diffusée pendant 8 saisons sur Canal+ à partir de 2005, qui racontait la vie du palais de justice de Paris, ses rouages, ses acteurs, ses petites combines ?
a) Engrenages   b) Julie Lescaut
c) Les Cordier, juge et flic   d) Commissaire Moulin

Z125- Quelle émission, diffusée à partir de 1979, les frères Bogdanoff animaient-ils ?
a) Il était une fois la vie...   b) Temps X   c) C'est pas sorcier   d) E=M6

Z126- Quelle série, diffusée dès 2006, relate les aventures d'un tueur en série ?
a) Monstre   b) Journal d'un psychopathe   c) Kill it   d) Dexter

Z127- Comment se nomme la femme de Homer Simpson ?
a) Lisa   b) Marge   c) Edna   d) Patty

Z128- Dans quel État des États-Unis se trouve la ville de Point Place dans la série américaine That '70s Show ?
a) Alabama   b) Californie   c) Texas   d) Wisconsin

Z129- Quel était le titre de l'émission dont le principe consistait à inviter une célébrité et à la replonger dans sa jeunesse en lui faisant retrouver d'anciens amis, le plus souvent des camarades de lycée ?
a) Le divan   b) Strip-tease   c) Avis de recherche   d) C'est mon choix

Z130- Quel dessin animé raconte les histoires d'un détective obsédé par les femmes ?
a) Nicky Larson   b) Basil   c) Arsène Lupin   d) Max la menace

Z131- Quelle présentatrice animait l'émission politique « 7/7 » ?
a) Anne Sinclair   b) Ruth Elkrief   c) Muriel Pleynet   d) Claire Chazal

Z132- Dans le dessin animé « Goldorak », de quelle planète venait Actarus ?
a) Vénus   b) Véga   c) Euphor   d) Rigel

Z133- Quelle émission mettait en scène des marionnettes au cours d'un journal télévisé parodique ?
a) Le Muppet show   b) Le Bebete show   c) Fraggle rock   d) Les guignols de l'info

Z134- Quel chanteur présentait l'émission « La dernière séance » de 1982 à 1998 ?
a) Johnny Hallyday   b) Eddy Mitchell   c) Jacques Dutronc   d) Claude François

Z135- Qui était le présentateur de l'émission « Le grand bluff », qui connut un des plus grands audimats jamais enregistré ?
a) Patrick Sabatier   b) Jean-Pierre Foucault   c) Patrick Sébastien   d) Benjamin Castaldi

Z136- Dans quelle série comique un des personnage principaux, le colonel Klink, était-il le chef en charge d'un camp de prisonnier pendant la seconde guerre mondiale ?
a) Le camp   b) Papa Schultz   c) Attrape-moi si tu peux   d) Hogan et ses compères

Z137- Que signifie le M de la chaîne M6 ?
a) Musique   b) Millénium   c) Métropole   d) Mouvement

Z138- Mis à part le double épisode final et le 100ème, par quels mots commencent en version française tous les titres des épisodes de la série Friends ?
a) « Aujourd'hui ... »   b) « C'est l'histoire ... »   c) « Avec ... »   d) « Celui qui... »

Z139- Quelle chaîne fut lancée en France par Silvio Berlusconi en 1986 ?
a) TF1   b) MTV   c) La 5   d) M6

Z140- Quel magazine télévisé français, parlant exclusivement de la mer, était présenté à l'origine par Georges Pernoud ?
a) Les aventures de Cousteau   b) Au bout c'est la mer   c) La mer à voir   d) Thalassa

Z141- Dans la série Dallas, comment se nommait le « méchant » de la série, incarné par l'acteur Larry Hagman ?
a) Bobby Ewing   b) J.R. Ewing   c) Cliff Barnes   d) Ray Krebbs

Z142- Quel grand événement a été pour la première fois retransmis en direct ?
a) La Coupe du Monde de football en 1934   b) Les Jeux Olympiques de Berlin en 1936
c) Le prix de l'Arc de Triomphe en 1920   d) Le mariage de la princesse Élisabeth II en 1947

Z143- En quelle année fut créée la chaîne musicale américaine MTV ?
a) 1973   b) 1981   c) 1986   d) 1994

Z144- En quelle année les émissions de télévision françaises ont-elles pu être diffusées en couleur, et reçues comme telles par les foyers équipés de téléviseurs adaptés ?
a) 1949   b) 1962   c) 1967   d) 1973

Z145- Quels animaux constituent la Pat'Patrouille ?
a) Des chiens   b) Des loups   c) Des lapins   d) Des écureuils

Z146- Qui est le shérif de l'espace envoyé par le comité de défense de la planète Etolia dans le but de défendre la Terre des attaques incessantes des C-Rex ?
a) Goldorak   b) Albator   c) X-Or   d) Le capitaine Flam

Z147- Quel héros est présent sous le nom de Peter Parker dans un dessin animé paru en 1967 ?
a) L'araignée   b) Superman   c) Musclor   d) Cobra

Z148- Quel manga, dans lequel existent les « Démons à queues », a été écrit et dessiné Masashi Kishimoto ?
a) Dragon Ball   b) Naruto   c) Ken le survivant   d) Tekken

Z149- Dans le dessin animé Scooby-Doo, quel nom porte le van des héros ?
a) K2000   b) La satanique machine   c) The rocket   d) The mystery machine

Z150- Dans le dessin animé « Tom et Jerry », quel animal est Jerry ?
a) Un canari jaune   b) Un pigeon   c) Un chat   d) Une souris

Répondez aux 150 questions sur les célébrités avant de consulter la grille de réponses.

AA1- Quelle célébrité est surnommée « The Rock » ?
a) Vin Diesel   b) Sylvester Stallone   c) Arnold Schwarzenegger   d) Dwayne Johnson

AA2- Quel artiste changea son nom de scène par celui de « Love symbol » ?
a) Prince   b) Michael Jackson   c) Britney Spears   d) Rihanna

AA3- Quel numéro de maillot a porté Maradona durant sa carrière de 1976 et 1997 ?
a) 8   b) 9   c) 10   d) 11

AA4- Quelle actrice prononça cette célèbre phrase « Atmosphère ! Atmosphère ! Est-ce que j'ai une gueule d'atmosphère ? » dans le film Hôtel du Nord de Marcel Carné ?
a) Arletty   b) Mylène Demongeot   c) Marie Bell   d) Simone Signoret

AA5- Qui est le père de l'acteur Emilio Estevez ?
a) Clint Eastwood   b) Martin Sheen   c) Tom Cruise   d) Bruce Willis

AA6- Quel est le prénom du père de Michael Douglas ?
a) Tom   b) James   c) Kirk   d) Leo

AA7- Quel est le prénom du fils de Jean-Paul Belmondo, ancien pilote de F1 ?
a) Jean   b) David   c) Marc   d) Paul

AA8- Quel était le prénom de la femme du président français Valéry Giscard d'Estaing ?
a) Carla   b) Anne-Aymone   c) Maryvonne   d) Jeanne

AA9- Avec quelle star du football américain Gisele Bündchen s'est-elle mariée le 26 février 2009 ?
a) Tom Brady   b) Joe Montana   c) Brett Favre   d) Peyton Manning

AA10- Avec quelle Spice Girls David Beckman s'est-il marié ?
a) Mel B   b) Victoria   c) Mel C   d) Emma Bunton

AA11- Qui était la compagne de François Hollande au début de son quinquennat, en 2012 ?
a) Ségolène Royal   b) Anne Hidalgo   c) Martine Aubry   d) Valérie Trierweiler

AA12- Qui a été la première femme de Roger Vadim, réalisateur de cinéma ?
a) Brigitte Bardot   b) Catherine Deneuve   c) Annette Stroyberg   d) Jane Fonda

AA13- Quelle femme n'a pas été une épouse de Johnny Hallyday ?
a) Sylvie Vartan   b) Catherine Deneuve   c) Adeline Blondieau   d) Élisabeth Etienne

AA14- Avec quel champion de boxe Édith Piaf a-t-elle eu une liaison amoureuse ?
a) Rocky Marciano   b) Robert Cohen   c) Marcel Cerdan   d) Joe Louis

AA15- Quelle célébrité était surnommée « Bambi » ?
a) Prince   b) Michael Jackson   c) Britney Spears   d) Rihanna

AA16- Quel était le surnom donné au journaliste Patrick Poivre D'arvor ?
a) Pat   b) Patou   c) Le roi de l'info   d) PPDA

AA17- Avec quel président français Carla Bruni s'est-elle mariée ?
a) François Mitterrand   b) Nicolas Sarkozy   c) Valéry Giscard d'Estaing   d) Jacques Chirac

AA18- Quel est le prénom de la sœur de Kate Middleton, princesse de Galles ?
a) Diana   b) Veronica   c) Pipa   d) Meghan

AA19- Avec qui s'est marié Guillaume Canet en 2001 ?
a) Diane Kruger   b) Marion Cotillard   c) Rose Byrne   d) Mélanie Laurent

AA20- Quelle femme a été l'épouse d'Alain Delon ?
a) Francine Canovas   b) Romy Schneider   c) Dalida   d) Anne Parillaud

AA21- Avec quel top model s'est marié Richard Gere en 1991 ?
a) Claudia Schiffer   b) Eva Herzigova   c) Cindy Crawford   d) Helena Christensen

AA22- Quelle célébrité a vu une de ses chansons devenir la chanson officielle de l'État de Géorgie en 1979 ?
a) Stevie Wonder   b) James Brown   c) Ray Charles   d) Barry White

AA23- Quel chanteur a été incarcéré en 1938 pour adultère ?
a) Frank Sinatra   b) James Brown   c) Dean Martin   d) Paul Anka

AA24- Quelle célébrité est née avec un jumeau ?
a) Grace Kelly   b) Julia Roberts   c) Uma thurman   d) Scarlett Johansson

AA25- Quel homme politique prononça cette célèbre phrase « Je vous ai compris » ?
a) François Mitterrand   b) Charles de Gaulle   c) Jacques Chirac   d) Raymond Barre

AA26- Quel trafiquant de drogue fut un des hommes les plus riches du monde, avec au début des années 1990 une fortune nette connue de 30 milliards de dollars ?
a) El Chapo   b) George Jung   c) Pablo Escobar   d) Ricky Ross

AA27- De quel réalisateur célèbre Nicolas Cage est-il le neveu ?
a) Francis Ford Coppola   b) Clint Eastwood   c) Ron Howard   d) Michael Moore

AA28- Quels youtubeurs ont fait une vidéo avec le président français Emmanuel Macron ?
a) Squeezie   b) Amixem   c) Furious Jumper   d) Mcfly & Carlito

AA29- Quelle célébrité a été retrouvée morte électrocutée dans sa baignoire le 11 mars 1978 ?
a) Johnny Hallyday   b) Claude François   c) Jacques Dutronc   d) Joe Dassin

AA30- Quelle célébrité était surnommée « L'idole des jeunes » ?
a) Johnny Hallyday   b) Patrick Bruel   c) Jacques Dutronc   d) Florent Pagny

AA31- Quel acteur d'origine autrichienne est devenu gouverneur de Californie en 2003 ?
a) Sylvester Stallone   b) Wesley Snipes   c) Arnold Schwarzenegger   d) Ron Howard

AA32- Quelle célébrité possède une maison à Saint-Tropez nommée « La Madrague » ?
a) Brigitte Bardot   b) Catherine Deneuve   c) Miou-Miou   d) Marlène Jobert

AA33- Quel est le véritable prénom de l'actrice française Miou-Miou ?
a) Henriette   b) Josette   c) Sylvette   d) Jade

AA34- Quel célèbre écrivain trouva la mort lorsque son avion de reconnaissance s'abîma en mer ?
a) Jean-Paul Sartre   b) René Barjavel   c) Frédéric Dard   d) Antoine de Saint-Exupéry

AA35- Quel artiste célèbre habitait dans une propriété nommée « Neverland »?
a) Michael Jackson   b) Prince   c) Eddie Murphy   d) Mick Jagger

AA36- Quel artiste célèbre possédait une maison à Port Lligat, près de Cadaqués, en Espagne, qui est désormais une maison-musée ?
a) Picasso   b) Salvador Dalí   c) Fernando Botero   d) Eduardo Chillida

AA37- Quel acteur s'est tué au volant d'une Porsche 550 Spyder en 1955 ?
a) Paul Newman   b) William Hurt   c) James Dean   d) David Cassidy

AA38- Quel numéro arborait sur sa moto le célèbre Kevin Schwantz ?
a) 34   b) 46   c) 55   d) 99

AA39- Quel homme politique prononça cette célèbre phrase « Ich bin ein Berliner » ?
a) John Kennedy   b) Charles de Gaulle   c) Winston Churchill   d) Franklin Roosevelt

AA40- Quelle célébrité s'appelait dans le civil Jean-Philippe Smet ?
a) Dick Rivers   b) Johnny Hallyday   c) Jacques Dutronc   d) Coluche

AA41- Quel auteur célèbre écrivit les livres Christine, Misery ou encore Ça ?
a) J.K. Rowling   b) Agatha Christie   c) Stephen King   d) Guillaume Musso

AA42- Qui était considéré comme le roi du cinéma muet, notamment avec ses premiers longs-métrages Le Kid, La Ruée vers l'or et Le Cirque ?
a) Max Linder   b) Buster Keaton   c) Charlie Chaplin   d) Harold Llyod

AA43- Quel pape se prénommait dans le civil Karol Józef Wojtyła ?
a) Benoît XVI   b) Pie XI   c) Pie XII   d) Jean-Paul II

AA44- Quelle célébrité a passé pour la première fois les 500 millions d'abonnés sur Instagram en 2022 ?
a) Dwayne Johnson   b) Cristiano Ronaldo   c) Léo Messi   d) Kylie Jenner

AA45- Quelle célébrité est surnommée « Schmoll » ?
a) Johnny Hallyday   b) Patrick Bruel   c) Jacques Dutronc   d) Eddy Mitchell

AA46- Quel artiste a créé l'association « Les restos du coeur » ?
a) Coluche   b) Thierry Le Luron   c) Jean-Jacques Goldman   d) Marc Lavoine

AA47- Comment se nomme le père d'Angelina Jolie, qui est lui aussi un célèbre acteur ?
a) Jon Voight   b) Michael Douglas   c) Nicolas Cage   d) Val Kilmer

AA48- Quel acteur a été condamné en avril 2008 par la justice de Floride à trois années de prison ferme pour fraude fiscale ?
a) Wesley Snipes   b) Nicolas Cage   c) Harrison Ford   d) Bruce Willis

AA49- À quel numéro de maillot associe-t-on Michael Jordan, à quelques rares exceptions près ?
a) 23   b) 33   c) 58   d) 99

AA50- Quel acteur de cinéma américain fut également président des États-Unis au XXe siècle ?
a) Ronald Reagan   b) Jimmy Carter   c) Richard Nixon   d) Bill Clinton

AA51- Quel youtubeur français est célèbre pour sa chaîne qui était à l'origine dédiée à la musculation ?
a) GMK   b) Tibo in shape   c) Cyprien   d) Norman

AA52- Quel acteur prononça à l'écran la célèbre réplique « T'as de beaux yeux tu sais » ?
a) Louis de Funès   b) Lino Ventura   c) Jean Gabin   d) Alain Delon

AA53- Avec qui se maria Jacky Kennedy en 1968 ?
a) Yves Montand   b) David Rockefeller   c) Guy de Rothschild   d) Aristote Onassis

AA54- De quel artiste Vanessa Paradis a-t-elle été la compagne de 1991 à 1996 ?
a) Florent Pagny   b) Johnny Depp   c) Lenny Kravitz   d) Stanislas Merhar

AA55- Quel pilote de F1 a été champion du monde comme son père ?
a) Jacques Villeneuve   b) Michael Andretti   c) Damon Hill   d) Nelsinho Piquet

AA56- Quelle actrice, jouant dans la série « Mariés, deux enfants », était la compagne de Brad Pitt en 1988 ?
a) Jennifer Aniston   b) Angelina Jolie   c) Sinitta   d) Christina Applegate

AA57- Quel acteur américain finit deuxième des 24h du Mans, en 1979 ?
a) Robert Redford   b) Clint Eastwood   c) Paul Newman   d) Robert de Niro

AA58- Quelle personnalité française était une des muses de Dalí ?
a) Sheila   b) Brigitte Bardot   c) Amanda Lear   d) Catherine Deneuve

AA59- Quel homme politique prononça au cour d'un débat télévisée cette célèbre phrase « Vous n'avez pas le monopole du cœur » ?
a) François Mitterrand   b) Charles de Gaulle   c) Valéry Giscard d'Estaing   d) Jacques Chirac

AA60- Quelle célébrité s'appelait dans le civil Jean-Chrysostome Dolto ?
a) Dick Rivers   b) Carlos   c) Jacques Dutronc   d) Coluche

AA61- Avec quelle actrice Humphrey Bogart s'est-il marié en 1945 ?
a) Lauren Bacall   b) Grace Kelly   c) Audrey Hepburn   d) Bette Davis

AA62- Quelle célébrité du monde du football est surnommée « La Pulga » ?
a) Neymar   b) Pelé   c) Lionel Messi   d) Michel Platini

AA63- Quelle actrice perdit son fils de 14 ans en juillet 1981 ?
a) Catherine Deneuve   b) Miou-Miou   c) France Gall   d) Romy Schneider

AA64- Qui prononça cette mythique réplique « éparpillé par petits bouts façon puzzle » ?
a) Lino Ventura   b) Bernard Blier   c) Bourvil   d) Jean Gabin

AA65- Quel était le prénom du fils de Gérard Depardieu qui disparut en 2008 ?
a) Jean   b) Alexandre   c) Guillaume   d) Louis

AA66- Quel sportif a été emprisonné en 1992 pour avoir violé une femme de 18 ans ?
a) Tiger Woods   b) Michael Jordan   c) Joe Montana   d) Mike Tyson

AA67- Quel youtubeur a fait face à des accusations de harcèlement sexuel depuis 2018 ?
a) Squeezie   b) Amixem   c) Norman   d) Mcfly & Carlito

AA68- Quel ministre a menti a l'Assemblée Nationale le 5 décembre 2012, en déclarant ne pas avoir de compte en Suisse ?
a) François Fillon   b) Dominique Strauss-Kahn   c) Patrick Balkany   d) Jérôme Cahuzac

AA69- Quelle célébrité a vu des photos intimes d'elle être publiées par son petit ami de l'époque en 2007 ?
a) Laure Manaudou   b) Ophélie Winter   c) Paris Hilton   d) Nabilla

AA70- Quelle célèbre voiture était Herbie, l'héroïne d'un film produit par Walt Disney ?
a) Une Coccinelle   b) Une R5   c) Une Golf   d) Une Gran Torino

AA71- Avec quelle chanteuse MC Solaar était-il en couple entre 1995 et 2000 ?
a) Larusso   b) Ophélie Winter   c) Lââm   d) Patricia Kaas

AA72- Quelle célébrité est surnommée « The Doctor » ?
a) Neymar   b) Valentino Rossi   c) Lionel Messi   d) Alain Prost

AA73- Quel était le métier de Robert Chapatte, le père de Dominique Chapatte qui présente l'émission Turbo ?
a) Cycliste puis Journaliste   b) Footballeur puis acteur
c) Tennisman puis peintre   d) Pilote de F1 puis musicien

AA74- Avec quelle femme Vincent Cassel partagea-t-il sa vie de 1995 à 2013 ?
a) Monica Bellucci   b) Carla Bruni   c) Cindy Crawford   d) Kate Moss

AA75- Avec quel rappeur Kim Kardashian s'est-elle mariée en 2014 ?
a) Coolio   b) Kanye West   c) 50 Cent   d) Jay-Z

AA76- Qui fut le premier président de la nouvelle Autorité palestinienne en 1996 ?
a) Oussama ben Laden   b) Mouammar Kadhafi   c) Saddam Hussein   d) Yasser Arafat

AA77- Avec quelle chanteuse s'était fiancé en 2005 Lance Armstrong, 7 fois vainqueurs du Tour de France ?
a) Alanis Morissette   b) Sheryl Crow   c) Madonna   d) Mariah Carey

AA78- Avec qui se maria Ava Gardner en 1951 ?
a) Frank Sinatra   b) Bill Crosby   c) Yves Montand   d) Roger Moore

AA79- Quel français est devenu l'espace d'un instant, en décembre 2022, l'homme le plus riche du monde ?
a) François Pinault   b) Bernard Arnault   c) Xavier Niel   d) Gérard Mulliez

AA80- Quel footballeur est devenu, en 2018, président de la République du Liberia ?
a) Didier Drogba   b) Roger Milla   c) Samuel Eto'o   d) George Weah

AA81- Qui est le mère de l'actrice Jamie Lee Curtis, fille de Tony Curtis ?
a) Joséphine Baker   b) Arletty   c) Janet Leigh   d) Blanchette Brunoy

AA82- Quel artiste a passé pour la première fois le milliard de vue sur Youtube ?
a) Rémi Gaillard   b) Psy   c) AC/DC   d) Rihanna

AA83- Avec quelle chanteuse se maria Jacques Dutronc en 1981 ?
a) Sheila   b) Françoise Hardy   c) Jeanne Mas   d) France Gall

AA84- Quelle est la nationalité de naissance de l'actrice Virginie Efira ?
a) Belge   b) Suisse   c) Luxembourgeoise   d) Française

AA85- Quel lanceur d'alerte célèbre a dévoilé l'existence de plusieurs programmes de surveillance de masse américains et britanniques en juin 2013 ?
a) Bob Woodward   b) Erin Brockovich   c) Edward Snowden   d) Julian Assange

AA86- Quelle célébrité est surnommée « Le professeur » ?
a) Pelé   b) Valentino Rossi   c) Lionel Messi   d) Alain Prost

AA87- Quel célèbre soldat allemand était surnommé pendant la deuxième guerre mondiale, « Le renard du désert » ?
a) Erwin Rommel   b) Kurt Knispel   c) Michael Wittmann   d) Hermann Göring

AA88- Quelle nationalité a obtenu Tom Hanks en 2020, en plus de sa nationalité américaine ?
a) Grecque   b) Suisse   c) Luxembourgeoise   d) Japonaise

AA89- Quel était le prénom de la femme du Président de la République française François Mitterrand ?
a) Carla   b) Danielle   c) Anne   d) Jeanne

AA90- Qui était la femme de Kurt Cobain, le chanteur du groupe Nirvana, avec qui il a eu une fille, Frances Bean Cobain ?
a) Madonna   b) Alanis Morissette   c) Annie Lennox   d) Courtney Love

AA91- En quelle année Grace Kelly épousa-t-elle le prince de Monaco Rainier III ?
a) 1946   b) 1956   c) 1966   d) 1976

AA92- Quelle nationalité possède Arielle Dombasle, en plus de la nationalité française ?
a) Américaine   b) Italienne   c) Suédoise   d) Tchèque

AA93- Quel homme d'affaires a été emprisonné pour complicité de corruption et subordination de témoins et a obtenu par la suite une libération conditionnelle en juillet 1997 ?
a) Bernard Tapie   b) Bernard Arnault   c) Xavier Niel   d) Patrick Drahi

AA94- Quelle personnalité prononça cette célèbre phrase « Non mais allô quoi » ?
a) Loana   b) Jessica Thivenin   c) Nabilla   d) Afida Turner

AA95- Quel humoriste bat, le 19 septembre 1985, le record du monde de vitesse sur le kilomètre lancé à moto à Nardo, dans le sud de l'Italie, à une vitesse moyenne de 252 km/h ?
a) Jean Yanne   b) Thierry Le Luron   c) Coluche   d) Pierre Desproges

AA96- Quel homme d'affaires et aventurier a détenu plus de 115 records mondiaux (voile, avion, planeur, etc...) ?
a) Steve Fossett   b) Richard Branson   c) Bernard Tapie   d) Steve Jobs

AA97- Quel ministre de l'information d'un ton solennel annonce, le 1er octobre 1967, le passage de la télévision française en noir et blanc à la couleur ?
a) Alain Peyrefitte   b) Yvon Bourges   c) Christian Fouchet   d) Georges Gorse

AA98- Quel était le métier du père de Jean-Paul Belmondo ?
a) Peintre   b) Musicien   c) Acteur   d) Sculpteur

AA99- Comment était surnommé William Cody, un des personnage les plus célèbres du Far West ?
a) Billy the Kid   b) Butch Cassidy   c) Buffalo Bill   d) Bob Dalton

AA100- Avec qui s'était marié fictivement Coluche le 25 septembre 1985 ?
a) Jean Yanne   b) Thierry Le Luron   c) Guy Lux   d) Pierre Desproges

AA101- Quelle célébrité, ayant remporté trois fois la Coupe du monde de football en 1958, 1962 et 1970, est surnommée « Le roi » ?
a) Pelé   b) Diego Maradona   c) Lionel Messi   d) Edinho

AA102- Quel était le véritable patronyme du dessinateur Hergé, père du personnage Tintin ?
a) Jean March   b) Luc Valli   c) Georges Remi   d) Hervé Gérard

AA103- Quelle personnalité des affaires était surnommée « J2M » ?
a) Jean Mulliez   b) Jean-Marc Ettori   c) Jean-Marie Messier   d) Elon Musk

AA104- Quelle épouse de Guy Bedos interprète avec lui de nombreux sketches, écrits par Jean-Loup Dabadie, notamment La Drague ?
a) Sophie Daumier   b) Joëlle Bercot   c) Karen Blanguernon   d) Sylvie Joly

AA105- Qui est le premier sud-africain à recevoir le prix Nobel de la paix ?
a) Desmond Tutu   b) Frederik de Klerk   c) Albert Lutuli   d) Nelson Mandela

AA106- Qui était l'épouse du footballeur espagnol Gérard Piqué jusqu'en 2022 ?
a) Rihanna   b) Shakira   c) Eva Longoria   d) Jennifer Lopez

AA107- Quel est le prénom du fils de l'acteur Donald Sutherland, qui est principalement connu pour son rôle dans la série 24 Heures chrono où il incarne Jack Bauer ?
a) Mac   b) Junior   c) Vince   d) Kiefer

AA108- Quel homme politique prononça cette célèbre phrase « La principale leçon de l'Histoire est que l'espèce humaine est incapable d'apprendre » ?
a) John Kennedy   b) Charles de Gaulle   c) Winston Churchill   d) Franklin Roosevelt

AA109- Quel lanceur d'alerte a créé WikiLeaks ?
a) Bob Woodward   b) Erin Brockovich   c) Edward Snowden   d) Julian Assange

AA110- Quelle était la nationalité de l'actrice Greta Garbo ?
a) Américaine   b) Italienne   c) Suédoise   d) Française

AA111- Qui était marié à Joséphine de Beauharnais de 1796 à 1810 ?
a) Nicolas I   b) Louis XVI   c) Frédéric Guillaume II   d) Napoléon I

AA112- Avec quel chanteur Beyoncé s'est-elle mariée en 2008 ?
a) Coolio   b) Kanye West   c) 50 Cent   d) Jay-Z

AA113- Quelle vedette américaine a été maire de Carmel-by-the-Sea en Californie de 1986 à 1988 ?
a) Ron Howard   b) Clint Eastwood   c) Francis Ford Coppola   d) Michael Moore

AA114- Quel artiste français a passé le 2 février 2019 le milliard de vues sur Youtube avec sa chanson Taki Taki ?
a) Rémi Gaillard   b) Bob Sinclar   c) DJ Snake   d) Laurent Garnier

AA115- Quel acteur français s'est suicidé par balle le 16 juillet 1982 ?
a) Bourvil   b) Patrick Dewaere   c) Louis de Funès   d) Bernard Blier

AA116- Quelle célébrité utilise ses véritables nom et prénom sur scène ?
a) Serge Lama   b) Gérard Lenorman   c) Eddy Mitchell   d) Jacques Dutronc

AA117- Quel chanteur a été emprisonné pour «viols», à la prison de la Santé à partir du 5 novembre 2021 ?
a) Patrick Bruel   b) Florent Pagny   c) Calogero   d) Jean-Luc Lahaye

AA118- Quelle célébrité est surnommée « Mr Clutch» ?
a) Jerry West   b) Michael Jordan   c) Magic Johnson   d) Stephen Curry

AA119- De quel réalisateur célèbre Talia Shire, connue pour son rôle d'Adrian la femme de Rocky Balboa, est-elle la soeur ?
a) Ron Howard   b) Clint Eastwood   c) Francis Ford Coppola   d) Michael Moore

AA120- Quel ancien judoka français champion olympique est devenu ministre en 2011 ?
a) Djamel Bouras   b) Teddy Riner   c) Thierry Rey   d) David Douillet

AA121- Quelle célébrité a pour véritable nom Frédérique Hoschedé ?
a) Dorothée   b) Lio   c) Karen Cheryl   d) Zazie

AA122- Quel humoriste français a rempli le stade de France en 2004 ?
a) Gad Elmaleh   b) Jean-Marie Bigard   c) Franck Dubosc   d) Michel Leeb

AA123- Quel célèbre animateur de télévision français a battu le record du monde de vitesse sur 250 m départ arrêté à plus de 530 km/h, en 2006 ?
a) Vincent Perrot   b) Jean-Pierre Pernaut   c) Dominique Chapatte   d) Vincent Lagaf

AA124- Quelle célébrité s'appelle dans le civil Claude Moine ?
a) Dick Rivers   b) Johnny Hallyday   c) Eddy Mitchell   d) Coluche

AA125- Quelle drag queen remporta l'Eurovision en 2014 et acquit ainsi une notoriété internationale ?
a) Miss Fame   b) Violet Chachki   c) Sasha Velour   d) Conchita Wurst

AA126- Le 30 octobre 1938, qui décide d'interpréter La Guerre des Mondes sur les ondes de la radio CBS, créant la panique chez des milliers d'Américains croyant à une réelle invasion extraterrestre ?
a) Charlie Chaplin   b) Clark Gable   c) Orson Welles   d) James Dean

AA127- Quel numéro Valentino Rossi arborait-il sur sa moto ?
a) 34   b) 46   c) 55   d) 99

AA128- Qui est le cousin de Mike Connors, héros de la série Mannix ?
a) Eddy Mitchell   b) Charles Aznavour   c) Johnny Hallyday   d) Jacques Dutronc

AA129- À quelle femme politique est attribuée la célèbre phrase « Je suis responsable, mais pas coupable » ?
a) Yvette Roudy   b) Georgina Dufoix   c) Édith Cresson   d) Élisabeth Borne

AA130- Qui était surnommé « The King » ?
a) Johnny Hallyday   b) Frank Sintra   c) Ray Charles   d) Elvis Presley

AA131- Qui prononça cette phrase célèbre « I have a dream »?
a) Malcolm X   b) Martin Luther King   c) John Lewis   d) Fannie Lou Hamer

AA132- Quel homme politique polonais lutta de nombreuses années contre le système communiste avant de devenir président de son pays en 1990 ?
a) Wojciech Jaruzelski   b) Andrzej Duda   c) Aleksander Kwaśniewski   d) Lech Wałęsa

AA133- Comment se nommait le célèbre mercenaire français impliqué dans de nombreux coups d'état en Afrique et mort en 2007 ?
a) Bob Dylan   b) Bob Denard   c) Bob Hoskins   d) Bob Kennedy

AA134- Qui était l'épouse du basketteur français Tony Parker jusqu'en 2010 ?
a) Rihanna   b) Shakira   c) Eva Longoria   d) Jennifer Lopez

AA135- Quel tennisman est surnommé « Boum Boum» ?
a) John McEnroe   b) Ivan Lendl   c) Boris Becker   d) Björn Borg

AA136- Quel politicien a été placé en détention à la prison de Rikers Island, en mai 2011, pour des accusations d'agression sexuelle, tentative de viol et séquestration ?
a) François Fillon   b) Dominique Strauss-Kahn   c) Patrick Balkany   d) Jérôme Cahuzac

AA137- Quel acteur créa, en 1966, l'association Perce-Neige pour la protection des enfants ?
a) Louis de Funès   b) Lino Ventura   c) Jean Gabin   d) Alain Delon

AA138- Sur quelle célébrité une vidéo intime a-t-elle été publiée par son petit ami de l'époque, Rick Salomon, en 2004 ?
a) Laure Manaudou   b) Ophélie Winter   c) Paris Hilton   d) Nabilla

AA139- Quelle célébrité est décédée suite à un malaise cardiaque à Tahiti en 1980 ?
a) Bourvil   b) Claude François   c) Louis de Funès   d) Joe Dassin

AA140- Qui est le cousin de l'actrice Laura Dern, connue notamment pour son rôle dans Jurassic Park ?
a) George Clooney   b) Charlie Sheen   c) Ethan Hawke   d) Kevin Costner

AA141- Quelle célébrité s'appelait dans le civil Hervé Forneri ?
a) Dick Rivers   b) Johnny Hallyday   c) Jacques Dutronc   d) Coluche

AA142- Quel était le métier de Georges de Caunes, père d'Antoine de Caunes ?
a) Journaliste   b) Musicien   c) Acteur   d) Footballeur

AA143- Quelle célébrité est née avec une jumelle ?
a) Claudia Schiffer   b) Eva Herzigova   c) Cindy Crawford   d) Gisele Bündchen

AA144- Quel était le prénom de la femme du président de la République française Jacques Chirac ?
a) Louise   b) Danielle   c) Anne   d) Bernadette

AA145- Quel est le surnom du basketteur français Tony Parker ?
a) Airness   b) Magic Tony   c) The Clutch   d) TP

AA146- Quel chanteur devient, en 1988, le détenu numéro 155413 du centre correctionnel de State Park en Caroline du Sud ?
a) Frank Sinatra   b) James Brown   c) Ray Charles   d) George Michael

AA147- Combien d'enfants ont eu le couple Grace Kelly et le prince de Monaco Rainier III ?
a) 1   *b) 2*   *c) 3*   *d) 4*

AA148- Quel homme politique prononça au cour d'une interview télévisée l'adjectif « abracadabrantesque », le 21 septembre 2000 ?
a) François Mitterrand   *b) Charles de Gaulle*   *c) Jacques Chirac*   *d) Raymond Barre*

AA149- Quel numéro de maillot portait Zinédine Zidane en équipe de France ?
a) 8   *b) 9*   *c) 10*   *d) 11*

AA150- Quel cycliste est surnommé « Le pirate » ?
a) Lance Armstrong   *b) Jacques Anquetil*   *c) Jan Ullrich*   *d) Marco Pantani*

Répondez aux 150 questions de vie pratique avant de consulter la grille de réponses.

AB1- En France, quel est le numéro d'appel du SAMU ?
a) 15   b) 17   c) 18   d) 114

AB2- Quelle plaque de cuir, posée sur un bureau, est destinée à protéger le meuble lors de travaux tels que l'écriture, le dessin, la peinture ou le découpage ?
a) Une desserte   b) Un chevet   c) Un secrétaire   d) Un sous-main

AB3- Pour siéger à la cour d'assises, comment un juré est-il désigné ?
a) C'est un habitant du pays qui s'est proposé
b) C'est une personne ayant la nationalité du pays et qui a réussi un test
c) C'est un citoyen tiré au sort sur les listes électorales
d) C'est un individu ayant fait des études de droit

AB4- Quel nom porte l'aiguille des secondes d'une montre ou d'une horloge ?
a) La galopeuse   b) La passante   c) La trotteuse   d) La monteuse

AB5- Depuis le 1er janvier 1999, quel est le taux de conversion de l'euro en franc CFA ?
a) b) 1 € = 6559,57 F CFA   b) 1 € = 655,957 F CFA   c) b) 1 € = 65,5957 F CFA   d) b) 1 € = 6,55957 F CFA

AB6- Quel terme désigne un calendrier dont on détache chaque jour une feuille ?
a) Un almanach   b) Une éphéméride   c) Un planning   d) Un martyrologe

AB7- Dans le tableau Les Noces de Cana (1563) de Véronèse, qu'utilise le personnage de Vittoria Colonna, installée entre Charles Quint et Soliman le Magnifique ?
a) Un cure-dent en or   b) Un éventail en satin   c) Une lunette d'astronomie   d) Une palette de peinture

AB8- Quel terme désigne l'art de préparer les animaux morts pour les conserver avec l'apparence de la vie ?
a) L'anidermie   b) La taxidermie   c) La fourrurodermie   d) La vividermie

AB9- Pour quelle maladie le grog est-il couramment considéré comme un « remède de grand-mère » ?
a) Combattre la migraine b) Lutter contre les rhumes c) Limiter la pilosité   d) Éliminer les verrues

AB10- Quel personnage mythologique donne son nom à un meuble se présentant sous la forme grand miroir mobile ?
a) Maie   b) Hanap   c) Psyché   d) Scriban

AB11- Dans une voiture, quel terme désigne le miroir à l'intérieur du pare-soleil, côté passager ?
a) Le miroir d'amitié   b) Le miroir de courtoisie c) Le miroir de maquillage   d) Le miroir de détresse

AB12- Qu'est-ce qu'un massicot ?
a) Un gros marteau   b) Une machine à couper le papier c) Une balance   d) Un cale-porte

AB13- De 1969 à 2017, quel document était obligatoire en France pour toutes les personnes de plus de 16 ans, françaises ou étrangères, sans domicile fixe ni résidence fixe depuis plus de 6 mois ?
a) Le livret de résidence   b) Le livret de nationalité c) Le livret de circulation d) Le livret d'état civil

AB14- Sur quel doigt se porte habituellement l'alliance ?
a) Sur l'auriculaire droit b) Sur le majeur gauche c) Sur l'index droit   d) Sur l'annulaire gauche

AB15- Quelle fête est célébrée le 31 décembre ?
a) La saint Sylvestre   b) La saint Étienne   c) La saint Innocent   d) La Saint Barthélémy

AB16- Que signifie le L du sigle PLS désignant un geste de premiers secours à pratiquer systématiquement lorsque l'on est en présence d'une personne inconsciente, qui respire normalement et qui est couchée sur le dos ?
a) Logique   b) Larvaire   c) Latérale   d) Libre

AB17- En France, quelle autoroute, dite la Provençale, relie Aix-en-Provence à la Côte d'Azur ?
a) L'autoroute A6   b) L'autoroute A7   c) L'autoroute A8   d) L'autoroute A9

AB18- Quelle est la mesure d'une feuille au format A4 ?
a) 14,8 × 21 cm   b) 21 × 29,7 cm   c) 29,7 × 42 cm   d) 59,4 × 42 cm

AB19- Que signifie le F du sigle DGCCRF, le service du ministère de l'économie chargé de veiller au bon respect du droit de la consommation par les entreprises ?
a) Fraudes   b) Française   c) Financière   d) Facilitante

AB20- Quel terme désigne la ou les situations où la prise du médicament peut se révéler dangereuse ?
a) Posologie   b) Précaution d'emploi   c) Association déconseillée   d) Contre-indication

AB21- Quel test d'anglais a été créé en 1979 par l'Educational Testing Service pour évaluer le niveau d'anglais des locuteurs non anglophones à l'écrit et à l'oral ?
a) TOEIC Listening and Reading   b) Test of English as a Foreign Language (TOEFL)
c) SAT Reasoning Test   d) International English Language Testing System (IELTS)

AB22- Quel insecte sauteur donne son nom à un rouge brunâtre ?
a) Mouche   b) Grillon   c) Luciole   d) Puce

AB23- En France, quelle était temporairement la durée de validité des cartes nationales d'identité émises pour les majeurs entre 2014 et 2021 ?
a) 5 ans   b) 10 ans   c) 15 ans   d) 20 ans

AB24- Quel est l'indicatif téléphonique local en France de la Région Nord-Est ?
a) 01   b) 02   c) 03   d) 04

AB25- Quelle dénomination désigne le carburant automobile "superéthanol" ?
a) Le SP95   b) Le SP98   c) L'E10   d) L'E85

AB26- Quelle heure fut, à partir du XIXe siècle, la référence des fuseaux horaires, avant d'être remplacée par le temps universel coordonné (UTC) qui a conservé pour origine ce fuseau ?
a) L'heure moyenne de Paris   b) L'heure moyenne de Greenwich
c) L'heure moyenne de Londres   d) L'heure moyenne de Casablanca

AB27- Quel terme désigne l'ensemble des relations entre la France et ses anciennes colonies africaines pour en dénoncer le caractère ambigu et opaque ?
a) Francolonies   b) Franafricolonie   c) Françafrique   d) Franafrica

AB28- En France, depuis quelle année une mesure impose le paquet de cigarettes neutre : de couleur sombre, avec une photo considérée comme choquante sur les deux faces et un message répliqué sur l'ouverture du paquet et en dessous de la photographie au dos ?
a) 2015   b) 2017   c) 2019   d) 2021

AB29- Quel petit morceau de papier, dont une face représente un montant et un symbole d'un État et dont l'autre face est pré-encollée, est utilisé pour attester le paiement de taxes sur des documents légaux ou pour payer des amendes ?
a) Une amende papier   b) Un timbre fiscal   c) Une marque d'imposition   d) Une taxe imprimée

AB30- Que signifie la lettre A du sigle LRAR désignant le service postal qui permet à l'expéditeur d'un courrier de recevoir la preuve de sa bonne réception, signée par le récipiendaire ?
a) Année   b) Action   c) Avis   d) Accord

AB31- Quel nom porte la carte d'assurance maladie de l'Assurance Maladie en France, dont la première version a été diffusée en 1998 ?
a) La carte Santé   b) La carte Verte   c) La carte Pass'Santé   d) La carte Vitale

AB32- Quel insecte produit pour se protéger l'acide carminique, utilisé comme colorant rouge ?
a) La cochenille   b) Le puceron   c) La coccinelle   d) Le moustique

AB33- Quel terme désigne la transposition dans un ordre différent des lettres qui composent un mot, disposées de telle sorte qu'elles forment un autre mot ?
a) Une anacyclique   b) Une anagramme   c) Un alphagramme   d) Un analphabète

AB34- En France, jusqu'en 1972, quel était le jour de la semaine au cours duquel les élèves de primaire n'allaient pas à l'école ?
a) Le mardi   b) Le mercredi   c) Le jeudi   d) Le vendredi

AB35- Quel adjectif qualifie une voie affectée à un sens de circulation pendant certaines périodes, et au sens opposé pendant d'autres périodes ?
a) Inverse   b) Réversible   c) Alternée   d) Mixte

AB36- Dans les années 1990, quelle carte a été mise en place par la SNCF, en faveur des personnes âgées de plus de 60 ans, afin de leur proposer des tarifs avantageux ?
a) « Carte vermeil »   b) « Carte sénior »   c) « Carte troisième-âge »   d) « Carte blanche »

AB37- En France, à quel registre doit s'inscrire toute personne qui a la qualité de commerçant ?
a) Au répertoire des métiers   b) Au répertoire des entreprises
c) Au registre du commerce et des sociétés   d) Au registre des compagnies

AB38- En France, avant 2013, quel était la couleur du permis de conduire à trois volets ?
a) Verte   b) Rose   c) Blanche   d) Orange

AB39- Quel terme français désigne une « story », une vidéo de format très court, mise en ligne pour une période limitée sur les réseaux sociaux pour mettre en récit sa vie quotidienne ?
a) Une nouvelle   b) Une news   c) Un miniconte   d) Un microrécit

AB40- De quelle couleur est le fond de la plaque d'immatriculation française des corps diplomatique et consulaire ?
a) Rouge   b) Blanche   c) Verte   d) Noire

AB41- Dans la marine marchande, qui gouverne le navire avec la barre et exécute les ordres de l'officier de quart ou du capitaine ?
a) L'amiral   b) Le ducal   c) Le timonier   d) Le commodore

AB42- D'après la norme internationale ISO 8601, quel jour commence la semaine ?
a) Le samedi   b) Le dimanche   c) Le lundi   d) Le mardi

AB43- Quel terme générique désigne les placements financiers ayant l'immobilier pour support ?
a) Maison-action   b) Pierre-papier   c) Immo-titre   d) Appart-invest

AB44- En France, quel âge est requis pour le permis AM, donnant droit à la conduite d'un cyclomoteur dont la vitesse est limitée à 45, par construction d'une cylindrée inférieure à 50 cm^3 ?
a) 12 ans   b) 14 ans   c) 16 ans   d) 18 ans

AB45- Quel concours français d'inventions a été créé en 1901 par un préfet de police de l'ancien département de la Seine ?
a) Le Concours Maritte   b) Le Concours Vaubert   c) Le Concours Lépine   d) Le Concours Ballard

AB46- Quelle est la couleur de l'indigo ?
a) Rouge   b) Verte   c) Jaune   d) Bleue

AB47- Quel mois débute dans le signe zodiacal des Gémeaux et se termine dans celui du Cancer ?
a) Mai   b) Juin   c) Juillet   d) Août

AB48- Au sein de l'Union Européenne, quel est le numéro d'appel d'urgence européen ?
a) 112   b) 113   c) 114   d) 115

AB49- En France, quelle information n'est pas incluse dans les chiffres du numéro de sécurité sociale (officiellement appelé numéro d'inscription au répertoire des personnes physiques) ?
a) La commune de naissance   b) Le mois de naissance   c) Le lieu d'habitation   d) Le sexe

AB50- Quels sillons de la pulpe des doigts donnent les empreintes digitales ?
a) Les dermasillons   b) Les dermadigites   c) Les dermagraphes   d) Les dermatoglyphes

AB51- Sur combien de fuseaux horaires standards les 50 États des États-Unis sont-ils répartis ?
a) 4   b) 6   c) 8   d) 9

AB52- Quel carton à structure en nid d'abeilles permet une excellente absorption des ondes de choc ?
a) Le carton ondulé   b) Le carton contrecollé   c) Le carton laminé   d) Le carton alvéolaire

AB53- À partir de 1973, de quelle couleur est le ticket de métro parisien à piste magnétique qui fait son apparition, avec la mise en place progressive des dispositifs de contrôles automatiques, remplaçant les poinçonneurs ?
a) Jaune citron   b) Vert fluo   c) Bleu clair   d) Rouge oranger

AB54- Quel est l'indicatif téléphonique international du Royaume-Uni ?
a) 1   b) 39   c) 44   d) 57

AB55- Quel mot a une succession de lettres identique quand on le parcourt de gauche à droite ou de droite à gauche ?
a) Le chiasme   b) La litote   c) La vergence   d) Le palindrome

AB56- Quel disque phonographique d'un diamètre de 25 ou 30 cm, généralement couvert de gomme-laque noire, a été le principal support de diffusion de la musique enregistrée au cours de la première moitié du XXe siècle ?
a) Le disque 78 tours   b) Le disque microsillon   c) Le CD   d) Le disque 33 tours

AB57- Quel réseau national de détection de la foudre est équipé de 20 capteurs répartis sur le territoire métropolitain pour détecter les impacts au sol, avec une précision de 100 mètres ?
a) Météofoudre   b) Météoéclair   c) Météorage   d) Météoimpact

AB58- Depuis 2016, au cours de quel mois les Français sont-ils invités à relever le défi du « Moi(s) sans tabac » ?
a) Juillet   b) Septembre   c) Novembre   d) Janvier

AB59- Quel terme désigne la vitesse à laquelle la substance active du médicament va être absorbée, distribuée dans l'organisme, métabolisée, puis éliminée de l'organisme ?
a) Pharmacocinétique   b) Pharmacodynamique   c) Potentialisation   d) Indication

AB60- À partir de 2008, quelle sculpture préhistorique en forme de croix est représentée sur la face nationale de la pièce de 2 euros de Chypre ?
a) Le char solaire de Trundholm   b) Le disque céleste de Nebra   c) L'homme-lion   d) L'Idole de Pomos

AB61- Dans Le Parti pris des choses (1942), quel objet est décrit par Francis Ponge comme une « simple caissette à claire-voie vouée au transport de ces fruits qui de la moindre suffocation font à coup sûr une maladie » ?
a) Le carton   b) Le sac   c) Le cageot   d) Le sachet

AB62- En France, quel permis donne le droit de conduire des véhicules affectés au transport de marchandises ou de matériel dont le PTAC est supérieur à 7,5 tonnes ?
a) A   b) B   c) C   d) D

AB63- En été, quand il est 8 heures en France métropolitaine, quelle heure est-il au Japon ?
a) 14 heures   b) 15 heures   c) 16 heures   d) 17 heures

AB64- En France, depuis quelle année le port de la ceinture de sécurité est-il obligatoire à l'arrière du véhicule ?
a) 1973   b) 1979   c) 1986   d) 1990

AB65- Quel terme désigne une forme de livre où la feuille imprimée pliée 3 fois donne 16 pages ?
a) L'in-folio   b) L'in-quarto   c) L'in-octavo   d) L'in-duodecimo

AB66- Quel verre compensateur dispose de deux vergences optiques : la zone supérieure étant destinée à compenser la vision de loin et la zone inférieure à la compensation de la vision de près ?
a) Le verre progressif   b) Le verre double foyer   c) Le verre correcteur   d) Le verre polarisant

AB67- En France, en quelle année est entré en vigueur le système d'immatriculation des véhicules, utilisant le format AA-001-AA, composé de sept caractères alphanumériques ?
a) En 2004   b) En 2009   c) En 2014   d) En 2019

AB68- Depuis quelle année le passage de retour à l'heure d'hiver s'effectue le dernier dimanche d'octobre et non le dernier dimanche de septembre ?
a) 1976   b) 1986   c) 1996   d) 2006

AB69- En quelle année a été promulguée la loi Évin qui vise à lutter contre le tabagisme et l'alcoolisme ?
a) 1981   b) 1991   c) 2001   d) 2011

AB70- Quand a été instauré en France le dispositif Alerte-Enlèvement qui permet de diffuser sur plusieurs canaux une alerte en cas d'enlèvement supposé d'un mineur ?
a) Février 2006   b) Février 2011   c) Février 2016   d) Février 2021

AB71- Quel terme désigne un distributeur automatique public à monnayeur de chansons tubes enregistrées traditionnellement sur des disques ?
a) Un flipper   b) Un disc jockey   c) Un juke-box   d) Un phono-disque

AB72- En France, qui a attribué des licences 4G LTE aux opérateurs fin 2011 ?
a) L'Autorité de la concurrence   b) La FCC   c) L'ARCEP   d) L'ACMA

AB73- Quelle est la forme des panneaux de signalisation de danger en France de type A ?
a) Rond   b) Triangle   c) Carré   d) Hexagone

AB74- Quel objet est appelé en langues régionales « wassingue », « since », « gueille » ou « bâche » ?
a) Un verre   b) Une serpillière   c) Une voiture   d) Un stylo

AB75- À partir de 1938 en France, quel numéro de téléphone permettait de joindre une opératrice qui donnait le numéro recherché à partir du nom de l'usager ?
a) 11   b) 12   c) 13   d) 14

AB76- Quel mois ne possède pas 31 jours ?
a) Octobre   b) Novembre   c) Décembre   d) Janvier

AB77- Quelle est la couleur de fond des panneaux routiers de signalisation d'intérêt culturel et touristique, qui informent les usagers de la route sur un lieu ou un itinéraire à caractère touristique, comme les panneaux H21 qui indiquent la localisation d'itinéraires touristiques ?
a) Bleue   b) Marron   c) Verte   d) Jaune

AB78- En France, quand est entré en vigueur le permis à points ?
a) Le 1er juillet 1972   b) Le 1er juillet 1982   c) Le 1er juillet 1992   d) Le 1er juillet 2002

AB79- En France, qu'indiquent les deuxième et troisième chiffres du numéro de sécurité sociale (officiellement appelé numéro d'inscription au répertoire des personnes physiques) ?
a) Le numéro du département   b) Les deux derniers chiffres de l'année de naissance
c) Le code de la ville de naissance   d) Le code du pays de naissance

AB80- Quelle police de caractère est issue de son apparition en 1932 dans un journal londonien ?
a) Arial   b) Verdana   c) Times New Roman   d) Comic sans MS

AB81- Quel code, comportant au moins 4 chiffres, est destiné à authentifier le titulaire d'une carte bancaire, d'une carte SIM ou d'une carte à puce ?
a) Un code SIM   b) Un code PUK   c) Un code PIN   d) Un code NE

AB82- Depuis 1923, où se déroule la Foire de Paris ?
a) Au jardin des Tuileries   b) Au Champ-de-Mars
c) Au Grand Palais   d) Au parc des expositions de la porte de Versailles

AB83- Quelle représentation schématique des liens et des relations fonctionnelles sert à indiquer la répartition des employés et les relations de commandement qui existent entre eux ?
a) Un logigramme   b) Un histogramme   c) Un ligagramme   d) Un organigramme

AB84- Au Japon, quel rite ancestral, pratiqué initialement en famille, est appelé mimikaki ?
a) Le lavage des pieds   b) Le perçage des boutons   c) Le récurage des oreilles   d) Le ponçage des pieds

AB85- Quel fragment de stèle gravée de l'Égypte antique, portant trois versions d'un même texte, a permis le déchiffrement des hiéroglyphes au XIXe siècle ?
a) La pierre de Florette   b) La pierre de Perette   c) La pierre de Rosette   d) La pierre de Gorsette

AB86- Quelle pratique vise à provoquer, par un médecin ou sous son contrôle, le décès d'un individu atteint d'une maladie incurable source de souffrances intolérables ?
a) L'euthanasie   b) Le suicide   c) Le hara-kiri   d) La septicémie

AB87- En dermatologie, quel terme désigne une accélération de la chute des cheveux ou des poils ?
a) La calvitie   b) L'alopécie   c) L'atrichie   d) La décalvination

AB88- Dans les casinos, quel terme désigne un jeu de hasard et où l'on tire sur un manche ?
a) Un jeu d'arcade   b) Un scopitone   c) Un bandit manchot   d) Un quizz

AB89- Quelle bouteille au fond très épais, principalement utilisée dans les restaurants typiques de Lyon et de sa région, a une contenance d'exactement 46 centilitres ?
a) Un seau lyonnais   b) Une carafe lyonnaise   c) Un pot lyonnais   d) Un bol lyonnais

AB90- Quelle coiffure à bords froncés est portée sous la douche ou dans les piscines municipales ?
a) La martine   b) La charlotte   c) L'angélique   d) La ginette

AB91- Quel est le nom commun du cylindre qui verrouille ou déverrouille une serrure ?
a) Le crochet   b) La goupille   c) Le barillet   d) Le tube

AB92- Quel terme d'origine anglo-saxonne désigne un étui conçu pour protéger l'arme de poing, assurer sa conservation et lui donner un accès facile ?
a) Le fourreau   b) Le holster   c) La gaine   d) Le case

AB93- À quelle vitesse correspond 1 nœud, utilisé en navigation maritime et aérienne ?
a) 0,852 km/h   b) 1,852 km/h   c) 2,852 km/h   d) 3,852 km/h

AB94- En combien de décans sont divisés les 365 ou 366 jours de l'année ?
a) 12   b) 24   c) 36   d) 48

AB95- Quelle métropole est reliée à Paris par l'autoroute A1 ?
a) Strasbourg   b) Lille   c) Rennes   d) Bordeaux

AB96- Quel est l'écartement des rails standard, définissant la voie normale utilisée à travers le monde pour plus de 60 % des lignes ?
a) 103,5 cm   b) 123,5 cm   c) 143,5 cm   d) 163,5 cm

AB97- Pour dresser correctement une table, comment doit être placé le couteau ?
a) À gauche de l'assiette, tranchant vers l'assiette   b) À droite de l'assiette, tranchant vers l'assiette
c) À gauche de l'assiette, tranchant vers l'extérieur   d) À droite de l'assiette, tranchant vers l'extérieur

AB98- Quelle feuille de format A4 dispose de 21 carreaux complets sur une ligne et de 29 carreaux complets sur une colonne, soit un total de 609 carreaux complets ?
a) Une feuille Seyès   b) Une feuille Xerès   c) Une feuille Pexès   d) Une feuille Mewès

AB99- Quel terme désigne une prophétie autoréalisatrice qui provoque une amélioration des performances d'un sujet, en fonction du degré de croyance en sa réussite venant d'une autorité ou de son environnement ?
a) L'effet Hawthorne   b) L'effet Golem   c) L'effet Pygmalion   d) L'effet Matthieu

AB100- Que signifie la lettre D du sigle CEDEX dans une adresse postale ?
a) Directement   b) Dernier   c) Distribution   d) Demande

AB101- Quel film ou programme contient des scènes de violence physique ou psychologique importante ou qui évoquent la sexualité adulte ?
a) Déconseillé aux moins de 10 ans   b) Interdit / Déconseillé aux moins de 12 ans
c) Interdit / Déconseillé aux moins de 16 ans   d) Interdit / déconseillé aux moins de 18 ans

AB102- Quelle est la forme du panneau indiquant une aire de pique-nique ?
a) Ronde   b) Carrée   c) Triangulaire   d) Hexagonale

AB103- Quelle option permet de protéger ses coordonnées téléphoniques pour interdire que le numéro de téléphone soit dans l'annuaire téléphonique et divulgué par les renseignements ?
a) La liste blanche   b) La liste rouge   c) La liste noire   d) La liste bleue

AB104- Quel couteau de poche multifonction est constitué d'un couteau, associé à de nombreux outils, comme un ouvre-boîte ou un tournevis plat ?
a) Le couteau belge   b) Le couteau suisse   c) Le couteau hollandais   d) Le couteau anglais

AB105- Quelle est la principale langue liturgique de l'Église orthodoxe dans les pays slaves ?
a) Le slavon d'église   b) Le grec   c) Le slave papal   d) L'églicoslave

AB106- Dans une voiture avec volant à gauche et boîte manuelle, quelle pédale se situe au milieu du pédalier et se manie avec le pied droit ?
a) La pédale de frein   b) La pédale d'accélérateur   c) La pédale d'embrayage   d) Aucune

AB107- Quel escroc et imposteur est connu comme « l'homme qui a vendu la tour Eiffel » ?
a) Charles Ponzi   b) Victor Lustig   c) Francis William Abagnale Jr   d) Ferdinand Waldo Demara

AB108- Dans les pays développés, quel est le sex ratio naturel à la naissance ?
a) 95 garçons pour 100 filles   b) 100 garçons pour 100 filles
c) 105 garçons pour 100 filles   d) 110 garçons pour 100 filles

AB109- Quel terme désigne l'ensemble des techniques visant à conserver les corps des personnes mortes dans un état plus ou moins proche de celui dans lequel elles étaient vivantes ?
a) La lyophilisation   b) L'embaumement   c) La naturalisation   d) La plastination

AB110- Quelle bouteille en verre est conçue pour contenir l'équivalent de 20 bouteilles de 75 cl ?
a) Le balthazar   b) Le nabuchodonosor   c) Le melchior   d) Le souverain

AB111- À quel stade de prématurité correspond la très grande prématurité ?
a) À la naissance d'un enfant avant 5 mois de grossesse
b) À la naissance d'un enfant avant 6 mois de grossesse
c) À la naissance d'un enfant avant 7 mois de grossesse
d) À la naissance d'un enfant avant 8 mois de grossesse

AB112- Depuis l'accord international de 1959, quelle est la valeur de la mesure anglaise 1 pied ?
a) 0,2048 mètre   b) 0,2548 mètre   c) 0,3048 mètre   d) 0,3548 mètre

AB113- Quelle école a été fondée par Napoléon comme « succursale » de l'École normale de Paris en Toscane ?
a) L'École normale supérieure de Pise   b) L'École normale supérieure de Florence
c) L'École normale supérieure de Lucques   d) L'École normale supérieure de Sienne

AB114- En France, quel ancien impôt annuel, sur les véhicules en circulation, se traduisait par l'obligation d'acheter et d'apposer une figurine fiscale spéciale sur le pare-brise des véhicules ?
a) La pastille automobile   b) La vignette automobile   c) Le macaron automobile   d) Le blason automobile

AB115- À partir de 2002, quelle est la couleur dominante du billet de 20 euros ?
a) Jaune   b) Bleue   c) Verte   d) Rouge

AB116- En astrologie, qu'est-ce qui se calcule avec l'heure et le lieu de naissance de la personne ?
a) Le signe   b) L'ascendant   c) Le décan   d) La maison

AB117- En argot, quel objet du quotidien est désigné par le mot « gratte » ?
a) Un pull   b) Une brosse   c) Une guitare   d) Une cigarette

AB118- En 2000, combien de défis mathématiques réputés insurmontables ont été posés comme « les problèmes du prix du millénaire » par l'Institut de mathématiques Clay, avec une résolution pour chacun dotée d'un prix d'un million de dollars américains ?
a) 5   b) 7   c) 9   d) 11

AB119- Quel animal a donné son nom au pinceau garni de poils dont on se sert en se rasant ?
a) Le blaireau   b) Le castor   c) La loutre   d) Le raton laveur

AB120- Selon Aristote, combien de sens l'être humain possède-t-il ?
a) 4   *b) 5*   *c) 6*   *d) 7*

AB121- Quel réglage du véhicule consiste à ajuster les angles des roues conformément aux spécifications du constructeur ?
a) La hauteur de caisse   *b) L'équilibrage*   *c) La précontrainte*   *d) La géométrie*

AB122- Depuis 2011, quel est l'âge requis en France pour être Président de la République ?
a) 18 ans   *b) 21 ans*   *c) 23 ans*   *d) 24 ans*

AB123- À partir de 2002, qui est représenté sur la face nationale des pièces de 2 euros italiennes ?
a) Cicéron   *b) Jules César*   *c) Dante Alighieri*   *d) Marco Polo*

AB124- En France, quelle est la durée de validité des nouveaux titres de permis de conduire délivrés à compter du 19 janvier 2013 ?
a) 10 ans   *b) 15 ans*   *c) 20 ans*   *d) À vie*

AB125- Qu'est-ce que la cartomancie ?
a) Un art divinatoire   *b) Une technique de repérage*   *c) Un style de tatouage*   *d) L'édition de menus*

AB126- Quel est l'indicatif téléphonique international de l'Espagne ?
a) 34   *b) 35*   *c) 36*   *d) 37*

AB127- Quel alphabet permet l'écriture de nombreuses langues d'Europe de l'Est et d'Asie centrale, principalement dans l'ex-URSS ?
a) L'alphabet carien   *b) L'alphabet gotique*   *c) L'alphabet cyrillique*   *d) L'alphabet carien*

AB128- Quel adjectif qualifie un passeport doté d'une puce électronique qui contient des informations pouvant être utilisées pour authentifier l'identité du détenteur du passeport ?
a) Biométrique   *b) Électronique*   *c) Numérique*   *d) Informatique*

AB129- Quel indicateur statistique correspond au nombre moyen d'années qu'une personne peut compter vivre sans souffrir d'incapacité dans les gestes de la vie quotidienne ?
a) L'espérance de vie en bonne capacité   *b) L'espérance de vie en bonne santé*
c) L'espérance de vie en bonne validité   *d) L'espérance de vie en bonne autonomie*

AB130- En France, quel était le plafond du paiement sans contact à partir du 11 mai 2020, premier jour du dé-confinement lié à la pandémie de Covid-19 ?
a) 20 euros   *b) 30 euros*   *c) 50 euros*   *d) 100 euros*

AB131- En France, quelle information n'est pas présente sur la carte d'identité ?
a) La taille   *b) Le sexe*   *c) Le lieu de naissance*   *d) La couleur des yeux*

AB132- Quelle attache décorative est utilisée pour maintenir la manche d'une chemise quand celle-ci ne comporte pas de boutons mais deux fentes surpiquées sur un poignet mousquetaire ?
a) Un stylet de manchette   *b) Un bouton de manchette*   *c) Un clac de manchette*   *d) Un lien de manchette*

AB133- Quel pictogramme, représentant 3 pics avec flocons de neige, garantit un pneu d'hiver ?
a) Le « pictogramme montagnard » 3PMSF   *b) Le « pictogramme alpin » 3PMSF*
c) Le « pictogramme altitude » 3PMSF   *d) Le « pictogramme neige » 3PMSF*

AB134- Combien d'étoiles d'or à cinq branches sont représentées sur le drapeau européen ?
a) 9   *b) 12*   *c) 15*   *d) 18*

AB135- Quelle route relie Amsterdam à Paris en passant par Bruxelles ?
a) E17　　　　b) E18　　　　c) E19　　　　d) E20

AB136- Que mesure un baromètre ?
a) La température　　　b) La quantité d'eau　　　c) La pression atmosphérique　　　d) L'attraction terrestre

AB137- Quelle langue, voulue internationale, a été amorcée par Ludwik Lejzer Zamenhof dans le but de résoudre les problèmes de communication entre les peuples ?
a) Le babelio　　　b) L'universo　　　c) L'espéranto　　　d) Le mundo

AB138- Quelle pratique, définie par son créateur Henri Broch comme « l'art du doute », correspond à l'étude rationnelle des phénomènes présentés comme paranormaux ?
a) L'ufologie　　　b) La zététique　　　c) Le scepticisme scientifique　　　d) La pensée critique

AB139- Quel couteau permet de décorer de façon superficielle un fruit ou un légume ?
a) Un pèle-pomme　　　b) Un économe　　　c) Un canneleur　　　d) Une maryse

AB140- Depuis l'accord international de 1959, quelle est la mesure de 1 pouce ?
a) 20,4 mm　　　b) 25,4 mm　　　c) 30,4 mm　　　d) 35,4 mm

AB141- Quelle petite ouverture pratiquée dans une porte permet d'épier sans être vu ?
a) Un ponce pilate　　　b) Un caïphe　　　c) Un matthieu　　　d) Un judas

AB142- Sur une voiture, quel système électronique correspond au sigle anglais TPMS ?
a) Le contrôle automatique de la pression des pneus　　　b) La fermeture centralisée des portières
c) Le correcteur électronique de trajectoire　　　d) Le système anti-blocage des roues

AB143- Quel dernier mouvement de la Symphonie de Beethoven est devenu l'hymne officiel de l'Union européenne ?
a) Les Quatre Saisons　　　b) Pastorale　　　c) Héroïque　　　d) Ode à la joie

AB144- Que signifie le sigle CB, désignant une bande de fréquence HF ouverte à tous ?
a) La central-band　　　b) La common-band　　　c) La citizen-band　　　d) La choral-band

AB145- En argot, quel objet du quotidien est désigné par le mot « pépin » ?
a) Une clé　　　b) Un marteau　　　c) Un sac　　　d) Un parapluie

AB146- En France, quel nom porte le compteur électrique communicant conçu par Enedis et dont le déploiement a été inscrit en 2015 dans la loi « transition énergétique pour la croissance verte » ?
a) Linky　　　b) Communy　　　c) Energy　　　d) Crewy

AB147- Dans une œuvre artistique, littéraire ou historique, quelle erreur de chronologie consiste à y placer un concept ou un objet qui n'existait pas encore à l'époque illustrée par l'œuvre ?
a) Une ellipse temporelle　　b) Un anachronisme　　　c) Un parachronisme　　　d) Un synchronicité

AB148- Quel terme désigne la plus grosse bouteille de champagne, avec ses 150 litres ?
a) Primat　　　b) Sublime　　　c) Parfait　　　d) Idéal

AB149- Quelle température, en degrés Celsius, correspond à 32 degrés Fahrenheit ?
a) -20°C　　　b) 0°C　　　c) 30°C　　　d) 100°C

AB150- Quel adjectif qualifie un radar de contrôle routier installé en permanence sur le bord des routes et qui combine un cinémomètre radar à un système optique d'identification des véhicules ?
a) Verbalisateur　　　b) Circulaire　　　c) Automatique　　　d) Posté

Répondez aux 150 questions sur la gastronomie avant de consulter la grille de réponses.

AC1- Quelle spécialité culinaire rurale est une purée de pommes de terre, avec de la tome fraîche ?
a) L'aligot   b) La truffade   c) Le tripou   d) Le pounti

AC2- En Vénétie, de quelle couleur est la polenta préparée à l'avance, puis découpée en rectangles et réchauffée à la poêle ?
a) Noire   b) Rouge   c) Jaune   d) Blanche

AC3- En hommage à quelle épreuve sportive le paris-brest a-t-il été créé ?
a) Un marathon   b) Une course automobile
c) Une course cycliste   d) Un match de football

AC4- Quel plat de cuisson et de service, large et peu profond, est surmonté d'un couvercle conique en terre cuite pour préparer des ragoûts cuits à l'étouffée ?
a) Un couscoussier   b) Un tajine   c) Une sauteuse   d) Une marmitte

AC5- Quel type de poivron est produit à Lodosa, en Navarre ?
a) Le piment de Cayenne   b) Le piment Oiseau   c) Le piment Tabasco   d) Le piment de piquillo

AC6- Quelle poulette domestique, qui n'a pas encore pondu, est castrée et engraissée par une nourriture riche de céréales et de produits laitiers ?
a) La pouliche   b) La poulasse   c) La pouline   d) La poularde

AC7- À qui la soupe aux truffes noires, créée en 1975 par le chef Paul Bocuse, est-elle dédiée ?
a) À Jacques Chirac   b) À François Mitterrand   c) À Valéry Giscard d'Estaing   d) À Charles de Gaulle

AC8- Quelle spécialité italienne de charcuterie typique de la Lombardie et de l'Émilie-Romagne, a pour ingrédients principaux les abats, la mie de pain, les pistaches, les olives et du beurre ?
a) La coppa   b) La bresaola   c) La mortadelle   d) La porchetta

AC9- Quelle pâte moelleuse de forme cylindrique est pochée dans l'eau bouillante ?
a) La quenelle   b) L'andouillette   c) Le knödel   d) Le bitochki

AC10- Quel condiment d'origine anglaise, à la saveur aigre-douce et légèrement piquante, a été inventé en 1837 par la compagnie Lea & Perrins ?
a) La sauce César   b) La sauce Worcestershire   c) La sauce Mikado   d) La sauce Figaro

AC11- Quelle saucisse fumée, élaborée en Franche-Comté depuis plus de cinq siècles, tire son nom d'une ville du département du Doubs ?
a) La saucisse de Morteau   b) La saucisse de Montbéliard
c) La saucisse de Toulouse   d) La saucisse de Strasbourg

AC12- Quelle sauce de la cuisine française est traditionnellement composée d'une sauce veloutée réduite avec de la crème fraîche ?
a) La sauce cocktail   b) La sauce grenobloise   c) La sauce suprême   d) La sauce marquis

AC13- Quelle expression désigne la cuisine du sud-ouest des États-Unis influencée par la gastronomie transfrontalière ?
a) La cuisine us-mex   b) La cuisine ark-mex   c) La cuisine flo-mex   d) La cuisine tex-mex

AC14- Quel restaurant près de Lyon, fondé par Paul Bocuse, est considéré comme « un des temples de la cuisine française » ?
a) La Vague d'Or   b) L'Auberge du Pont de Collonges
c) L'Oustaù de Baumanière   d) L'Auberge du Vieux Puits

AC15- Quelle petite saucisse rouge épicée du Maghreb est élaborée à base d'un hachis de viande et de condiments ?
a) La merguez   b) La chipolata   c) Le kefta   d) L'ojja

AC16- Que signifie la lettre C du sigle AOC, le label permettant d'identifier un produit dont les étapes de fabrication sont réalisées dans une même zone géographique et selon un savoir-faire reconnu ?
a) Connue   b) Certifiée   c) Calculée   d) Contrôlée

AC17- Quel fromage italien traditionnel, originaire des Pouilles, est à base de mozzarella remplie de crème ?
a) La stracciatella di bufala   b) La burrata   c) La mozzarella di bufala   d) La ricotta

AC18- Quelle recette d'artichauts remplace le foin par une farce de champignons et d'oignons ?
a) Les artichauts à la romaine   b) Les artichauts à la barigoule
c) Les artichauts poivrade   d) Les artichauts à la juive

AC19- Dans la cuisine japonaise, que sont les Yakitori ?
a) Des sushis   b) Des brochettes   c) Des sauces   d) Des boulettes de riz

AC20- Quel plat traditionnel réunionnais est élaboré avec des saucisses coupées en morceaux, auxquels on ajoute des tomates coupées en petits dés, des oignons émincés et des piments ?
a) Le zembrocal   b) Le boucané   c) Le rougail   d) Le bouchon

AC21- Quelle recette de cuisine française est faite à base de viande de bœuf cuisant longuement à feu très doux dans un bouillon de légumes (chou, poireau, carotte, oignon, céleri, bouquet garni) ?
a) La daube   b) Le bœuf bourguignon   c) Le pot-au-feu   d) L'osso buco

AC22- Quel pain de seigle d'origine allemande est très compact et de couleur très sombre ?
a) Le bagel   b) Le oopsie roll   c) Le kaiser roll   d) Le pumpernickel

AC23- Quel saucisson, originaire d'Espagne et du Portugal, est fabriqué à partir de viande de porc, assaisonnée avec du sel et du pimentón espagnol ?
a) Le chorizo   b) La soubressade   c) La txistorra   d) La longanisse

AC24- Quel mezzé grec est composé notamment de yaourt épais et de concombres ?
a) Le houmous   b) Le tzatzíki   c) Le tahini   d) Le pekmez

AC25- Quelle purée de piments rouges est originaire de Tunisie ?
a) La harissa   b) Le ras el-hanout   c) Le tajine   d) Le dukkah

AC26- Que signifie le verbe provençal « brandar », qui a donné son nom à la brandade de morue ?
a) Hacher   b) Remuer   c) Laver   d) Broyer

AC27- Quel plat traditionnel milanais est un ragoût de jarret de veau, braisé au vin blanc sec et agrémenté de légumes ?
a) La gremolata   b) La panzanella   c) Le saltimbocca   d) L'osso buco

AC28- Quel mélange d'épices et d'herbes aromatiques est utilisé dans toute l'Afrique du Nord pour préparer des tajines, de la chorba et des couscous ?
a) Le garam masala   b) Le ras el-hanout   c) Le dukkah   d) Le baharat

AC29- Quelle variété italienne de riz, très utilisée pour la préparation du risotto et des arancini, porte le nom d'une ville située dans le val Pô ?
a) Le riz Maratelli   b) Le riz Carnaroli   c) Le riz Arborio   d) Le riz Calrose

AC30- Quel chef cuisinier français, né en 1945, a obtenu 32 étoiles au guide Michelin, le titre de « cuisinier du siècle » de Gault et Millau en 1990 et celui de meilleur restaurant au monde 1994 par la revue américaine International Herald Tribune ?
a) Paul Bocuse   *b) Joël Robuchon*   *c) Marc Veyrat*   *d) Alain Ducasse*

AC31- Quelle spécialité culinaire de charcuterie pâtissière traditionnelle de la cuisine anglaise, est à base de filet de bœuf et de farce de foie gras et de duxelles, cuits à l'étouffée au four dans une pâte feuilletée ?
a) La cottage pie   *b) La duxelles*   *c) Les feuilletés-tourtes*   *d) Le bœuf Wellington*

AC32- Quelle salade à base de persil, de menthe et de boulghour, est issue de la cuisine levantine ?
a) Le fattouche   *b) Le boulghour*   *c) Le taboulé*   *d) Le kebbé*

AC33- Quelle est la différence entre un croque-madame et un croque-monsieur ?
a) Le type de jambon   *b) La sauce béchamel*   *c) Le pain au seigle*   *d) Un œuf*

AC34- Quelles pâtes alimentaires de la forme d'un ruban d'environ un centimètre de largeur ont des bords dentelés ?
a) Les pappardelle   *b) Les mafaldine*   *c) Les tagliatelle*   *d) Les linguine*

AC35- Quel mets est appelé pain doré au Québec ?
a) Le bagel   *b) Le pain grillé*   *c) Le pain perdu*   *d) La biscotte*

AC36- Quel mets sucré est notamment constitué de pâte phyllo et de sirop de sucre ?
a) Le tulumba   *b) Le lokma*   *c) Le loukoum*   *d) Le baklava*

AC37- Quel plat est préparé avec une escalope roulée autour de jambon et de fromage, puis panée ?
a) Le cordon bleu   *b) Le poulet à la mode de Kiev*   *c) Le nugget de poulet*   *d) L'escalope à la viennoise*

AC38- Quelle spécialité culinaire italienne est un morceau de viande séchée non fumée issue des joues ou des bajoues du cochon ?
a) Le lardo   *b) La pancetta*   *c) Le guanciale*   *d) Le speck*

AC39- À quelle famille de fromage appartient le gorgonzola ?
a) À pâte fraîche   *b) À pâte persillée*   *c) À pâte molle*   *d) À pâte filée*

AC40- Quel pain traditionnel juif, riche mais sans beurre, est habituellement tressé ?
a) Le babka   *b) La matza*   *c) La challah*   *d) Le halva*

AC41- Quel classique du brunch américain est une spécialité à base d'œufs composée de moitiés de muffin anglais grillées, recouvertes d'une tranche de bacon frit, d'un œuf poché, et nappées de sauce hollandaise ?
a) Les œufs pochés   *b) Les œufs Bénédicte*   *c) Les œufs à la florentine*   *d) Les œufs brouillés*

AC42- De quelle ville est originaire le cannelé, le petit gâteau, en forme de cylindre cannelé, parfumé au rhum et à la vanille ?
a) Nantes   *b) Lyon*   *c) Bordeaux*   *d) Strasbourg*

AC43- De quelle origine est le bœuf Stroganov ?
a) Polonaise   *b) Russe*   *c) Roumaine*   *d) Autrichienne*

AC44- Quel chef cuisinier d'un restaurant gastronomique à Saulieu était un des cuisiniers français les plus médiatiques des années 1980 et années 1990 avec ses trois étoiles au Guide Michelin, et sa note de 19,5/20 au Gault et Millau ?
a) Guy Savoy   *b) Joël Robuchon*   *c) Bernard Loiseau*   *d) Georges Blanc*

AC45- D'où est originaire le « pa amb tomàquet » qui désigne des tranches de pain frottées par une moitié de tomate, de l'ail, et assaisonnées d'huile d'olive et de sel ?
a) Du Portugal   b) De Catalogne   c) De Roumanie   d) De Tunisie

AC46- Quelle spécialité de la Savoie a la forme de petits morceaux de pâte, aplatie au rouleau et coupée en carrés ?
a) La raclette   b) Les crozets   c) Les spätzle   d) Les taillerins

AC47- Quelle liqueur a un nom inventé par César Ritz qui déclama « Un grand nom pour une grande liqueur ! » ?
a) Triple sec   b) Cointreau   c) Grand Marnier   d) Amaretto

AC48- Quelles pommes de terre sont cuites et servies avec leur peau ?
a) En papillote   b) À la vapeur   c) À la plancha   d) En robe des champs

AC49- Quelle sauce classique de la cuisine française, connue sous le nom de « sauce marchand de vin », nécessite du vin rouge, de l'os à moelle, des échalotes, du thym, du poivre, du bouillon de bœuf et une sauce demi-glace ?
a) La sauce béarnaise   b) La sauce bordelaise   c) La sauce Mornay   d) La sauce Soubise

AC50- Quelle recette traditionnelle de sauce froide de la cuisine provençale est à base de basilic, d'ail, et d'huile d'olive, traditionnellement pilonnés dans un mortier ?
a) La caponata   b) Le pistou   c) La rémoulade   d) La tartare

AC51- Quel est le nom de la galette préparée à base de maïs, dans la cuisine mexicaine ?
a) Une fajita   b) Une empanada   c) Une frittata   d) Une tortilla

AC52- Quelle variété d'oranges est caractérisée par la croissance d'une deuxième orange à l'apex, qui ressemble à un nombril humain ?
a) L'orange moro   b) La navel   c) La salustiana   d) L'orange de Jaffa

AC53- Quelle friandise est élaborée à Cambrai ?
a) La stupidité de Cambrai   b) L'idiotie de Cambrai   c) La sottise de Cambrai   d) La bêtise de Cambrai

AC54- Quelle spécialité culinaire très répandue au Proche-Orient, est constituée de boulettes de pois chiches broyés mélangés à des épices qui sont frites dans l'huile ?
a) Le dürüm   b) Les falafels   c) Le chawarma   d) Le gyros

AC55- En 1928, quel chef a été le premier cuisinier à devenir officier de la Légion d'honneur ?
a) François Vatel   b) Jacques Pépin   c) Fernand Point   d) Auguste Escoffier

AC56- Quelle pâtisserie est composée de deux choux posés l'un sur l'autre, avec le chou supérieur deux fois plus petit que le chou inférieur ?
a) L'éclair   b) La profiterole   c) La chouquette   d) La religieuse

AC57- Quelle appellation d'origine désigne un fromage français de lait de vache fabriqué dans la micro-région des Monts Dore, à cheval sur les départements du Cantal et du Puy-de-Dôme ?
a) Beaufort   b) Saint-nectaire   c) Salers   d) Morbier

AC58- Quelle pâtisserie est un petit gâteau rectangulaire à base de poudre d'amandes et de blancs d'œufs ?
a) Le financier   b) Le macaron   c) Le boudoir   d) Le croquant

AC59- Quel dessert corse est composé notamment de brocciu, un fromage de lactosérum ?
a) Le pastizzu   b) Le fiadone   c) L'imbrucciata   d) Le falculelle

AC60- Quel mets traditionnel japonais est composé de tranches de poisson frais consommé cru ?
a) Le sushi　　　　　b) Le sashimi　　　　　c) Le nigiri　　　　　d) L'onigiri

AC61- Quel citron, lorsqu'il est ouvert, présente de nombreuses petites vésicules sphériques à l'origine de son appellation ?
a) Le citron bille　　　　b) Le citron boulette　　　c) Le citron caviar　　　　d) Le citron riz

AC62- En janvier 2011, quel chef français, trois étoiles au Guide Michelin, fonde le magazine de cuisine, YAM ?
a) Thierry Marx　　　　b) Mohamed Cheikh　　　c) Yannick Alléno　　　　d) Marc Veyrat

AC63- Quelle méthode de cuisson à la vapeur consiste à placer les aliments dans un contenant hermétique et à faire cuire l'ensemble ?
a) La cuisson à l'eau　　b) La cuisson vapeur　　c) La cuisson en papillote　d) La cuisson moderne

AC64- Quel plat de riz est doré dans l'huile avec des oignons sués ciselés, puis cuit au four ou bien à la cocotte pendant une vingtaine de minutes ?
a) Le riz à l'asiatique　　b) Le riz pilaf　　　　c) Le riz à la créole　　　d) Le riz al dente

AC65- Quel est le pays d'origine de la fondue bourguignonne, le plat de fondue de viande de bœuf frit à l'huile ?
a) Suisse　　　　b) Belgique　　　c) Luxembourg　　d) France

AC66- Quel beignet triangulaire est composé d'une fine pâte de blé qui enrobe une farce ?
a) Le pakora　　　　b) Le samoussa　　　c) Le jalebi　　　　d) Le chawarma

AC67- Quel fromage italien, originaire des régions de Piémont-Lombardie, entre dans la composition du célèbre tiramisu ?
a) La ricotta　　　　b) Le mascarpone　　　c) Le gorgonzola　　　d) La mozzarella

AC68- Quelle sauce mêle sauce hollandaise et crème fouettée ?
a) La sauce mikado　　b) La sauce mousseline　　c) La sauce béarnaise　　d) La sauce maltaise

AC69- À la sortie des bains de saumure, de quoi les fromages de Gouda sont-ils recouverts pendant leur affinage ?
a) D'un croûtage　　b) De moisissures blanches　　c) De paraffine　　　d) De cire noire

AC70- Quel plat traditionnel du Pays basque dans les Pyrénées-Atlantiques est un émincé d'épaule de veau, cuit avec des piments doux, des oignons et du piment d'Espelette ?
a) Le ttoro　　　　b) La garbure　　　c) La piperade　　　d) L'axoa

AC71- Quel ustensile de cuisine est une passoire fine à grille, utilisée en particulier pour filtrer les sauces ou le thé ?
a) L'indien　　　　b) Le japonais　　　c) Le chinois　　　d) Le vietnamien

AC72- Dans le Midi de la France, quel morceau de viande constituant la panse d'un cochon gras est conservé le plus souvent en salaison et parfois fumé ?
a) Le lonzu　　　　b) Les rillauds　　　c) Le bacon　　　　d) La ventrèche

AC73- Quelle pâtisserie est faite de 3 couches de pâte feuilletée et 2 couches de crème pâtissière ?
a) Un croquembouche　b) Un puits d'amour　　c) Un mille-feuille　　d) Une gougère

AC74- Quelles pâtes à farcir, d'origine italienne, se présentent sous forme de tubes de 7 à 10 cm de long et de 2 à 3 cm de diamètre ?
a) Les gnocchi　　　　b) Les cannelloni　　　c) Les tortellini　　　d) Les conchiglie

AC75- Quelle spécialité culinaire de la cuisine provençale est une confiserie en forme de navette, à base de pâte de fruits et d'amandes, nappée de glaçage royal, posée sur un fond de pain azyme ?
a) Le calisson   b) Le nougat   c) Le macaron   d) Le croquant

AC76- Quel chef pâtissier-chocolatier français est surnommé le « roi du macaron » ou encore « The Picasso of Pastry » par le magazine Vogue ?
a) Pierre Marcolini   b) Pierre Hermé   c) Christophe Michalak   d) Philippe Conticini

AC77- Quelle variété asiatique de cédrats est un agrume aromatique dont les quartiers semblent évoquer les doigts d'une main ?
a) La main d'Allah   b) La main de Dieu   c) La main de Bouddha   d) La main de Fatima

AC78- Quel est le surnom du Guide Michelin, le célèbre guide gastronomique du monde ?
a) Le guide noir   b) Le guide rouge   c) Le guide bleu   d) Le guide vert

AC79- Quel ustensile, parfait pour racler les récipients, aurait été baptisé par Léonard De Buyer en hommage à une cuisinière de son enfance ?
a) La denyse   b) L'elyse   c) La maryse   d) La lyse

AC80- Quelle sauce blanche française est préparée à partir d'un roux cuit avec du lait ?
a) La sauce hollandaise   b) La sauce béchamel   c) La sauce alfredo   d) La sauce Mornay

AC81- Quelle spécialité fromagère typique de la cuisine lyonnaise est également appelée claqueret ou tomme daubée ?
a) Le sarasson   b) La cervelle de canut   c) La faisselle   d) La rigotte de Condrieu

AC82- Quelle spécialité marseillaise est un mets composé d'abats d'agneau recouverts de sauce composée de tomate, ail, persil, huile d'olive, vin blanc, oignon ?
a) Les pieds paquets   b) Les alouettes sans tête   c) Le tablier de sapeur   d) Les tripes à la provençale

AC83- Quelle entreprise mondiale de gastronomie de luxe a été fondée en 1886 à Paris ?
a) Ladurée   b) Fauchon   c) Hédiard   d) Lenôtre

AC84- Quelle substance solide translucide, obtenue par l'ébullition prolongée de tissus conjonctifs ou d'os d'animaux, joue le rôle d'agent gélifiant en cuisine ?
a) La maca   b) La spiruline   c) L'agar-agar   d) La gélatine

AC85- Quelle crème pâtissière, allégée à chaud de blancs d'œufs battus en meringue, est également appelée crème à saint-honoré ?
a) La crème princesse   b) La crème diplomate   c) La crème mousseline   d) La crème chiboust

AC86- Quel plat traditionnel, associé à la Grèce, est composé d'aubergines grillées, d'oignons, de tomates et de viande hachée de mouton ?
a) La moussaka   b) La spanakópita   c) Le souvláki   d) Les lasagnes

AC87- Quel gâteau d'origine française est formé d'une base de meringue garnie de crème chantilly et recouverte d'une crème de marrons passée au tamis pour former des vermicelles ?
a) Le bavarois   b) Le Mont-blanc   c) Le parfait   d) Le trifle

AC88- Quel petit gâteau d'origine américaine est cuit dans un moule en papier et généralement recouvert de glaçage et décoré ?
a) Un cookie   b) Un brownie   c) Un muffin   d) Un cupcake

AC89- Quel biscuit de Bretagne a la forme d'un disque à bords relevés ?
a) Le cramique   b) L'échaudé   c) Le craquelin   d) La gimblette

AC90- Dans la cuisine niçoise, que sont les « merda de can » ?
a) Des petits poissons   b) Des biscuits salés   c) Des olives noires   d) Des gnocchis aux blettes

AC91- Quelle algue comestible de la cuisine japonaise est employée dans les makizushi et temaki ?
a) Le furikake   b) Le nori   c) L'onigiri   d) Le tobiko

AC92- Quel terme signifie donner à des légumes une forme déterminée à l'aide d'un couteau, afin d'uniformiser leur apparence et leur cuisson ?
a) Parer   b) Ciseler   c) Larder   d) Tourner

AC93- Quel est l'ingrédient principal du guacamole, la préparation culinaire d'origine mexicaine ?
a) L'avocat   b) Le concombre   c) Le pois chiche   d) L'épinard

AC94- Quelle variété d'oignon est issue du croisement d'un oignon rouge et d'une échalote ?
a) L'échalion   b) L'oignote   c) L'échoignon   d) L'oignalote

AC95- Quelle viennoiserie est faite d'un bâtonnet de pâte feuilletée torsadé, parsemé de noix et saupoudré de sucre ?
a) Un pet de nonne   b) Une religieuse   c) Un jésuite   d) Un sacristain

AC96- Quelle cheffe cuisinière, propriétaire d'un restaurant gastronomique à Valence, était la seule femme chef française à détenir trois étoiles au Guide Michelin en 2007 ?
a) Anne-Sophie Pic   b) Hélène Darroze   c) Stéphanie Le Quellec   d) Ghislaine Arabian

AC97- Quelle pâtisserie parfumée parfois à l'eau de fleur d'oranger, à la vanille et au rhum, est produite traditionnellement dans les Landes de Gascogne ?
a) Le far landais   b) La pantxineta   c) Le gâteau basque   d) Le pastis landais

AC98- Quelle charcuterie pâtissière salée, en forme de petit pain roulé et fourré d'un hachis, est composée de pâte feuilletée garnie ?
a) Le friand   b) La croustade   c) La feuillantine   d) La bouchée à la reine

AC99- Quelle fécule est issue des racines du manioc amer séchées puis traitées ?
a) Le tapioca   b) Le sagou   c) L'igname   d) Le quinoa

AC100- Quelle préparation culinaire, constituée de beurre cuit, sert généralement à napper des poissons blancs, comme la raie ou la lotte ?
a) Le beurre brun   b) Le beurre sombre   c) Le beurre noir   d) Le beurre funeste

AC101- Quel aliment est appelé chicon dans le Nord de la France, au Luxembourg et en Belgique ?
a) L'endive   b) La chicorée   c) Le fenouil   d) L'épinard

AC102- Quel consommé réduit est lié en fin de cuisson à la crème fraîche et au jaune d'œuf ?
a) Un potage   b) Un velouté   c) Une soupe   d) Un gaspacho

AC103- Quel produit culinaire est constitué de miettes de pain ou de biscotte ?
a) La semoule   b) La chapelure   c) Le panko   d) La fécule

AC104- Quelle est la forme des conchiglie, les pâtes alimentaires originaire d'Italie ?
a) Tube   b) Nid d'oiseau   c) Coquillage   d) Anneau

AC105- Quel œuf dur est farci avec de la mayonnaise puis saupoudré de jaune cuit écrasé en petits grains et d'herbes vertes ?
a) L'œuf surprise   b) L'œuf en gelée   c) L'œuf mimosa   d) L'œuf à la coque

AC106- Quelle recette de cuisine de soupe, traditionnelle de la cuisine française, est élaborée à base de coulis velouté de crustacés, crème fraîche, vin blanc, et fines herbes ?
a) Le gombo   *b) Le bouillon*   *c) La bouillabaisse*   *d) La bisque*

AC107- Qu'est-ce que le polpettone ?
a) Un pain de viande   *b) Un poulpe farci*   *c) Un dessert aux poires*   *d) Un plat de pâtes*

AC108- Quelle pâtisserie française est faite de génoise et de crème au beurre parfumée au café ?
a) Le caturra   *b) Le robusta*   *c) L'arabica*   *d) Le moka*

AC109- Quel repas individuel complet traditionnel de la culture japonaise, prêt à consommer, est présenté dans une boîte compartimentée, fermée, pratique à transporter ?
a) L'okazu   *b) Le bento*   *c) Le rãmen*   *d) Le donburi*

AC110- Quel petit biscuit rond, traditionnel de la cuisine des États-Unis, est élaboré avec des brisures ou des pépites de chocolat ?
a) Un crumble   *b) Un brownie*   *c) Un cookie*   *d) Un palet*

AC111- Quel gant de ménage, doublé de tissu épais, est utilisé en cuisine pour se protéger de la chaleur excessive des plats ou des casseroles ?
a) Une moufle   *b) Une mitaine*   *c) Une manique*   *d) Une mimique*

AC112- Quelles graines comestibles de Salvia hispanica, plante originaire du Mexique, étaient cultivées par les Aztèques à l'époque précolombienne ?
a) Les graines de quinoa   *b) Les graines de chia*   *c) Les graines de pavot*   *d) Les graines de sésame*

AC113- En 1996, quel chef cuisinier a créé le poulet de Bresse aux gousses d'ail confit, avec une royale de foie blond à l'artichaut et crêpes vonnassiennes pour un dîner du G7 à Lyon ?
a) Paul Bocuse   *b) Georges Blanc*   *c) Michel Bras*   *d) Alain Ducasse*

AC114- Quelle pâtisserie salée traditionnelle d'Alsace et d'Allemagne est élaborée à base de pâte de brioche en forme de nœud et recouverte d'éclats de gros sel ?
a) Un bagel   *b) Un bretzel*   *c) Un cracker*   *d) Une chip*

AC115- Qu'est-ce que le bortsch, préparé dans plusieurs pays slaves ?
a) Un potage de betterave   *b) Une tourte de viande*
c) Un émincé de bœuf   *d) Un gratin de pommes de terre*

AC116- Quelle pâtisserie française est constituée d'une succession de biscuit Joconde, de ganache au chocolat et de crème au beurre au café ?
a) L'opéra   *b) La tarte Sache*   *c) La dacquoise*   *d) La pavlova*

AC117- Quel dessert japonais est à base de glace râpée sur laquelle on verse un sirop au thé vert, aux fruits ou au sésame ?
a) Le wagashi   *b) Le patbingsu*   *c) Le kakigōri*   *d) Le takoyaki*

AC118- Quel apothicaire a donné son nom à un plat à base de purée de pommes de terre et de viande de bœuf hachée ?
a) Antoine Mousseline   *b) Antoine Gratin*   *c) Antoine Purée*   *d) Antoine Parmentier*

AC119- Quel pain est évidé de sa mie qui est remplacée par des petits sandwichs garnis ?
a) Un pain suédois   *b) Un pâté en croûte*   *c) Un petit four*   *d) Un pain surprise*

AC120- Quel four en terre cuit, en forme de jarre, est utilisé dans la cuisine indienne ?
a) Le tikka   *b) Le tandoor*   *c) Le masala*   *d) Le ghi*

AC121- Quel sucre est transformé en filaments enroulés autour d'un bâtonnet, jusqu'à former une sorte de boule à l'aspect cotonneux ?
a) La pomme d'amour   *b) La sucette*   *c) La barbe à papa*   *d) La réglisse*

AC122- Quel entremets est composé d'une enveloppe de meringue, fourrée de crème glacée et masquée de crème chantilly ?
a) La pavlova   *b) L'omelette norvégienne*   *c) Le fraisier*   *d) Le vacherin*

AC123- Quel plat grec est composé de morceaux de viande et de légumes grillés sur une brochette ?
a) Le souvláki   *b) Le gyros*   *c) Le saganáki*   *d) Le falafel*

AC124- Quelle spécialité de charcuterie est composée de morceaux de viande blanche entourant un mélange de farce et de salpicon, cuite dans un fond dont on fait une gelée ?
a) La terrine   *b) La ballotine*   *c) La galantine*   *d) L'aspic*

AC125- Quel entremets glacé italien typiquement sicilien est un liquide semi-congelé à base d'eau, de sucre, et originellement de citron et jus de citron de Sicile ?
a) Le sorbet   *b) La granita*   *c) La barbotine*   *d) Le semifreddo*

AC126- Quel gâteau cylindrique, originaire de Belgique, est composé de deux meringues sèches recouvertes d'une couche de chantilly, et roulé dans des copeaux de chocolat ?
a) Le merveilleux   *b) Le fabuleux*   *c) L'exceptionnel*   *d) Le magnifique*

AC127- Dans la recette traditionnelle de la tartiflette, quel fromage gratine les pommes de terre, les oignons et les lardons ?
a) Le comté   *b) L'abondance*   *c) Le beaufort*   *d) Le reblochon*

AC128- Quelle pâtisserie frite dans l'huile, en forme de donut à la texture aérée et feuilletée du croissant, a été brevetée par la boulangerie de Dominique Ansel à New York en 2013 ?
a) Le croiffin   *b) Le cruffin*   *c) Le cronut*   *d) Le croisnut*

AC129- Quel est le nom du pain au chocolat, dans le grand Sud-Ouest de la France ?
a) Le croque au chocolat   *b) Le croissant au chocolat*
c) Le couque au chocolat   *d) La chocolatine*

AC130- Qu'est-ce qu'une calzone ?
a) Une soupe   *b) Un fruit*   *c) Un gâteau*   *d) Une pizza*

AC131- Quel bonbon dur et translucide, confectionné à base de sirop de fruits confits, se présente sous la forme de petites pyramides colorées striées de blanc ?
a) Le berlingot de Carpentras   *b) Le berlingot nantais*
 c) Le berlingot des Alpes   *d) Le berlingot jurassien*

AC132- Quelle viennoiserie est une double roulade de pâte feuilletée coupée en tranches ?
a) Le cramique   *b) Le pain suisse*   *c) Le palmier*   *d) Le chinois*

AC133- Malgré son appellation courante « de blé noir », quelle plante est dépourvu de gluten ?
a) L'épeautre   *b) Le sarrasin*   *c) Le seigle*   *d) Le gruau*

AC134- Quelle pièce de viande de veau, provenant de la partie antérieure de la cuisse, est utilisée en rôti et en escalope ?
a) Le quasi   *b) La noix pâtissière* *c) Le tendron*   *d) Le filet*

AC135- Quel est l'ingrédient principal du tofu ?
a) Le sucre   *b) Le yaourt*   *c) Le riz*   *d) Le lait de soja*

AC136- Quelle spécialité culinaire est élaborée à base de saucisson chaud lyonnais cuit à l'étouffée au four dans une pâte à brioche moelleuse dorée, avant d'être servie en tranche ?
a) La rosette　　　　　　b) Le saucisson chaud　　　c) Le saucisson à l'ail　　　d) Le saucisson brioché

AC137- Quelle spécialité pâtissière originaire de Toulon a la particularité d'être décorée d'un coq ?
a) Le Francelet　　　　　b) Le Coquelet　　　　　　c) Le Chanteclair　　　　　d) Le Gaulois

AC138- Quelle sauce, faite d'œufs durs et de moutarde, est montée avec de l'huile, vinaigrée et enfin relevée de fines herbes pour accompagner la tête de veau ?
a) La sauce tartare　　　　b) La sauce ravigote　　　c) La sauce gribiche　　　d) La sauce rémoulade

AC139- Quel type de sandwich est servi chaud après avoir été grillé entre les deux plaques d'une presse ?
a) Le panini　　　　　　　b) La focaccia　　　　　　c) La ciabatta　　　　　　d) La bruschetta

AC140- Quelle tarte aux pommes caramélisées au sucre et au beurre est renversée après cuisson sur un plat et servie tiède ?
a) La tarte flambée　　　　b) La tarte Tatin　　　　　c) La tarte al d'jote　　　d) La tarte Bourdaloue

AC141- Quelle spécialité culinaire française de la commune de Jargeau, située dans le département du Loiret, est composée de chaudins et de maigre de porc ?
a) La saucisse　　　　　　b) L'andouille　　　　　　c) Le boudin　　　　　　d) Le pâté en croûte

AC142- Quel potage à base de légumes crus mixés est servi froid, notamment en Espagne ?
a) L'aguachile　　　　　　b) Le ceviche　　　　　　c) Le carpaccio　　　　　d) Le gaspacho

AC143- Qu'est-ce que le cotignac ?
a) Une gelée de coing　　　b) Un vin doux　　　　　　c) Un ragoût de veau　　　d) Une ratatouille de légumes

AC144- Quelle crème, composée de deux tiers de crème d'amandes et d'un tiers de crème pâtissière, entre dans la composition de la galette des rois ?
a) Le sabayon　　　　　　b) La panna cotta　　　　　c) La crème frangipane　　d) Le massepain

AC145- Quelle pâtisserie-boulangère bretonne, originaire de Douarnenez, à base de pâte feuilletée, de beurre demi-sel et de sucre caramélisé, aurait été inventé vers 1860 par Yves-René Scordia ?
a) Le kouign-amann　　　　b) Le gâteau breton　　　c) Le kougelhopf　　　　　d) Le far breton

AC146- Quel est l'ingrédient principal du baba ganousch ?
a) La pomme de terre　　　b) La courgette　　　　　c) Le poivron　　　　　　d) L'aubergine

AC147- Quelle crème japonaise signifiant « ultra-crémeuse », est réalisée à base de chocolat blanc, sans œufs ni farine ?
a) La crème Namelaka　　　b) La crème Purin　　　　c) La crème d'Azuki　　　d) La crème Anko

AC148- Quelle spécialité culinaire italienne est obtenue en incorporant, au fouet à feu vif, un liquide à des jaunes d'œufs ?
a) Le sabayon　　　　　　b) La cassata　　　　　　c) Le tiramisu　　　　　　d) L'affogato

AC149- Quel petit morceau de pain, long et mince au beurre, est trempé dans les œufs à la coque ?
a) La coulette　　　　　　b) La sudette　　　　　　c) La trempette　　　　　d) La mouillette

AC150- De quelle région d'Italie est originaire la sauce bolognaise, à base de bœuf haché, sauce tomate, oignon, céleri, carottes, et d'huile d'olive ?
a) De Lombardie　　　　　b) De Vénétie　　　　　　c) D'Émilie-Romagne　　　d) De Ligurie

Répondez aux 150 questions sur les voyages et lieux touristiques avant de consulter la grille de réponses.

AD1- Quel réseau ancien de routes commerciales entre l'Asie et l'Europe, reliait la ville de Chang'an en Chine à la ville d'Antioche, en Syrie ?
a) La route des épices   b) La route de l'or   c) La route des diamants   d) La route de la soie

AD2- Où se trouve l'île d'Alcatraz, qui abrita une prison fédérale de haute sécurité de 1934 à 1963 ?
a) Baie de San Francisco   b) Baie de Los Angeles   c) Baie de New York   d) Baie de Miami

AD3- Quelle ville est située à l'extrême sud de l'État de Rio de Janeiro, sur la Costa Verde ?
a) Ubatuba   b) Belo Horizonte   c) São Paulo   d) Paraty

AD4- Quelle ville croate a été construite à l'intérieur, puis autour, du palais de Dioclétien ?
a) Dubrovnik   b) Split   c) Zagreb   d) Zadar

AD5- Quelle formation volcanique, située sur la côte d'Irlande du Nord, est constituée de la juxtaposition de prismes de lave refroidie ?
a) La Route des Géants   b) La Chaussée des Géants   c) La Cour des Géants   d) La Place des Géants

AD6- Quelle expression anglaise est utilisée pour décrire le trajet parcouru par les hippies dans les années 1960 et 1970, de l'Europe vers l'Asie et inversement ?
a) La hippie road   b) La hippie trail   c) La hippie destination   d) La hippie way

AD7- Quelle commune du Mali, située à une douzaine de kilomètres au nord du fleuve Niger est surnommée « la ville aux 333 saints » ou « la Perle du désert » ?
a) Bamako   b) Gao   c) Tombouctou   d) Mopti

AD8- Dans quel pays se trouve le temple d'Angkor Vat construit par le roi Suryavarman II ?
a) Au Laos   b) Au Vietnam   c) Au Cambodge   d) Au Pakistan

AD9- Quelle ville palestinienne de Cisjordanie, est considérée comme une ville sainte pour les juifs, les chrétiens et les musulmans, par la présence du Tombeau des Patriarches ?
a) Gaza   b) Jérusalem   c) Hébron   d) Rafah

AD10- Quelle ville est reliée à Moscou par Le Chemin de fer transsibérien ?
a) Novossibirsk   b) Perm   c) Vladivostok   d) Sotchi

AD11- Où se trouvent les pyramides d'Égypte : Khéops, Khéphren et Mykérinos ?
a) Sur la nécropole de Saqqarah   b) Sur la nécropole de Derveni
c) Sur la nécropole de Gizeh   d) Sur la nécropole thébaine

AD12- Quelle est la ville la plus méridionale de l'Argentine ?
a) Ushuaïa   b) Mendoza   c) Córdoba   d) Salta

AD13- Quel vol international de passagers, exploité par Malaysia Airlines, a disparu le 8 mars 2014 entre l'aéroport international de Kuala Lumpur, en Malaisie, et celui de Pékin, en Chine ?
a) Le vol 270   b) Le vol 370   c) Le vol 470   d) Le vol 570

AD14- Quel sentier de grande randonnée part de Royan (Charente-Maritime) et se termine à Grasse (Alpes-Maritimes), reliant l'Atlantique à la Provence ?
a) GR 2   b) GR 3   c) GR 4   d) GR 5

AD15- Quel grand parc national situé dans le nord de la Tanzanie s'étend sur 14 763 km² et abrite environ quatre millions d'animaux ?
a) De Tsitsikamma   b) De Marakele   c) Kruger   d) Du Serengeti

AD16- Dans quels départements se trouvent Les gorges du Verdon ?
a) Alpes-de-Haute-Provence et Var
b) Alpes-de-Haute-Provence et Alpes-Maritimes
c) Alpes-de-Haute-Provence et Hautes-Alpes
d) Alpes-de-Haute-Provence et Vaucluse

AD17- Dans quel État des États-Unis est situé la ville de Las Vegas ?
a) La Floride
b) Le Nevada
c) L'Arkansas
d) Le Delaware

AD18- Quel monument de Bruxelles, en Belgique, construit à l'occasion de l'Exposition universelle de 1958, représente la maille conventionnelle du cristal de fer agrandie 165 milliards de fois ?
a) Le Plutonium
b) Le Protonium
c) L'Électronium
d) L'Atomium

AD19- Dans quelle commune des Alpes-Maritimes les verreries et leur célèbre verre à bulles attirent les visiteurs ?
a) Vence
b) Biot
c) Menton
d) Mougins

AD20- Quel col routier des Alpes françaises, situé à 2 642 mètres d'altitude, marque traditionnellement la limite entre les Alpes du Nord et les Alpes du Sud françaises ?
a) Le col de la Bonette
b) Le col du Galibier
c) Le col du Lautaret
d) Le col du Stelvio

AD21- Quel bateau-bus est utilisé à Venise en Italie ?
a) Le taxatto
b) Le vogatto
c) Le acquatto
d) Le vaporetto

AD22- Dans quel département est situé le ZooParc de Beauval de Saint-Aignan ?
a) La Sarthe
b) Le Loir-et-Cher
c) La Nièvre
d) L'Indre

AD23- Quel pont basculant britannique, situé à Londres, permet le passage de la Tamise aux véhicules motorisés ?
a) Le pont de Westminster
b) Le Tower Bridge
c) Le Millennium Bridge
d) L'Albert Bridge

AD24- Quel jardin exotique est situé à Générargues dans le Gard ?
a) La Bambouseraie en Cévennes
b) Le Domaine du Rayol
c) La Palmeraie du Sarthou
d) Le Jardin botanique du Kestellic

AD25- Dans quelle ville russe la Neva, les canaux et leurs quais habillés de granit contribuent à donner à la ville une apparence unique qui frappe le visiteur ?
a) Moscou
b) Saint-Pétersbourg
c) Kiev
d) Iekaterinbourg

AD26- Quel parc naturel urbain de Singapour s'étend sur 101 hectares et abrite près de 500 000 espèces de plantes dans ses jardins : Bay East Garden, Bay Central Garden et Bay South Garden ?
a) Jurong Bird Park
b) Kent Ridge Park
c) Esplanade Park
d) Gardens by the Bay

AD27- Quelle construction abrite des lieux hautement fréquentés comme les passes de Badaling, Mutianyu, Simatai ou le fort de Juyongguan ?
a) La tour Khalifa
b) Le Skygarden
c) La Grande Muraille
d) Le Bayterek

AD28- Quelle gigantesque citerne souterraine de Constantinople, l'ancienne capitale de l'Empire byzantin, est l'un des monuments les plus spectaculaires encore visibles aujourd'hui à Istanbul ?
a) La Citerne Mosquée
b) La Citerne Cathédrale
c) La Citerne Basilique
d) La Citerne Temple

AD29- Quelles calanques sont situées sur la côte ouest de la Corse, entre Ajaccio et Calvi ?
a) D'En Vau
b) De Mejan
c) De Callelongue
d) De Piana

AD30- Quelle paire d'îles sur la côte ouest de la Thaïlande, dans la baie de Phang Nga, est surnommée « James Bond Island », depuis son apparition dans L'Homme au pistolet d'or ?
a) Khao Phing Kan
b) Ko Samui
c) Ko Pha Ngan
d) Koh Kho Khao

AD31- Quelle ville italienne, située en Basilicate, est célèbre pour ses habitats troglodytiques classés sur la liste du Patrimoine mondial de l'humanité de l'Unesco ?
a) Lecce   *b) Matera*   *c) Cagliari*   *d) Bari*

AD32- Quel monolithe granitique, culminant à 396 mètres d'altitude, est situé dans la ville de Rio de Janeiro au Brésil et accessible par un téléphérique ?
a) Ben Amira   *b) Zuma Rock*   *c) Le Pain de Sucre*   *d) Peñón de Guatapé*

AD33- En Égypte, quel complexe religieux était relié au temple de Louxor par l'allée des sphinx de près de trois kilomètres de long ?
a) Karnak   *b) La vallée des Rois* *c) Le Ramesséum*   *d) Le temple d'Horus*

AD34- Quelles mines situées à Wieliczka, près de Cracovie en Pologne, sont classées depuis 1978 sur la liste du patrimoine mondial de l'Organisation de l'UNESCO ?
a) Les mines de charbon de Wieliczka   *b) Les mines de sel de Wieliczka*
c) Les mines de cuivre de Wieliczka   *d) Les mines de plomb de Wieliczka*

AD35- Quelle est la plus grande et la plus occidentale des trois îles d'Hyères ?
a) L'île de Porquerolles *b) L'île de Port-Cros* *c) L'île du Levant*   *d) L'île de la Redonne*

AD36- Quel groupe de 19 moulins à vent monumentaux, situés dans le polder d'Alblasserwaard, forme la plus grande concentration d'anciens moulins à vent des Pays-Bas ?
a) Les moulins à vent de Nashtifan   *b) Les moulins à vent de Kinderdijk*
c) Les moulins à vent de Steenmeulen   *d) Les moulins à vent de Moulbaix*

AD37- Quelle jetée de plus d'un kilomètre de long sur les rives du lac Michigan à Chicago, est aujourd'hui un parc d'attractions, fréquenté chaque année par des millions de visiteurs ?
a) La jetée Green   *b) La jetée Navy*   *c) La jetée Gold*   *d) La jetée White*

AD38- Au cours de quelle période le Concorde, l'avion de ligne supersonique, a-t-il été mise en service chez British Airways et Air France ?
a) De 1971 à 1999   *b) De 1976 à 2003*   *c) De 1981 à 2007*   *d) De 1986 à 2012*

AD39- Dans quelle ville se trouve le château des ducs de Bretagne, classé monument historique depuis 1840 ?
a) À Brest   *b) À Rennes*   *c) À Nantes*   *d) À Saint-Malo*

AD40- De qui le monument sépulcral situé dans la partie sud de la place Tian'anmen, à l'emplacement de l'ancienne Porte de Chine, est-il le mausolée ?
a) Le général Li Yuanhong   *b) Mao Zedong*   *c) Liu Shaoqi*   *d) Deng Xiaoping*

AD41- Quel quartier de Tokyo est connu pour abriter l'un des plus célèbres sanctuaires shintoïste, le Meiji-jingū, au milieu du Parc Yoyogi, une forêt artificielle plantée vers 1920 ?
a) Tsukiji   *b) Shibuya*   *c) Akihabara*   *d) Harajuku*

AD42- À Strasbourg, quel ensemble de trois ponts enjambe l'Ill, au cœur du quartier de la Petite France ?
a) Les ponts de pierre   *b) Les ponts froids*   *c) Les ponts riches*   *d) Les ponts couverts*

AD43- Quel groupe de cinq îles, situées en Polynésie française, abrite Tahiti et Moorea ?
a) Les îles Sous-le-Vent *b) Les îles du Vent* *c) Les îles Sur-le-Vent* *d) Les îles Devant-le-Vent*

AD44- Quel terme désigne un campement sommaire, temporaire et léger, qui permet de passer la nuit dans un milieu sauvage ou lorsque les conditions météorologiques l'imposent ?
a) Un trail   *b) Un bivouac*   *c) Une castramétation*   *d) Un abrivent*

AD45- Quelle gare ferroviaire new-yorkaise est située au centre de l'arrondissement de Manhattan, dans le quartier de Midtown, entre la 42e rue et Park Avenue ?
a) Pennsylvania Station   *b) Grand Central Terminal*   *c) Yonkers*   *d) Morristown Line*

AD46- Quel village des Alpes-Maritimes attire de nombreux visiteurs grâce à ses très nombreuses galeries d'art ?
a) Antibes   *b) Cannes*   *c) Saint-Paul-de-Vence*   *d) Nice*

AD47- Quel lac proglaciaire préhistorique du Pléistocène a une surface qui s'est progressivement réduite par évaporation jusqu'à ce que le Grand Lac Salé n'en constitue qu'un vestige ?
a) Le lac Mead   *b) Le lac Utah*   *c) Le lac Bonneville*   *d) Le lac Sammamish*

AD48- Quelles montagnes australiennes, en Nouvelle-Galles du Sud, sont une chaîne de montagnes de grès qui atteignent 1 112 mètres d'altitude à leur point culminant, One Tree Hill ?
a) Les montagnes Bleues   *b) Les montagnes Rouges*   *c) Les montagnes Vertes*   *d) Les montagnes Noires*

AD49- Quel temple confucéen de Hanoï, situé dans la partie ouest de la capitale du Viêt Nam, était appelé par les coloniaux « la pagode des Corbeaux » ?
a) Le Temple de la Joie   *b) Le Temple de la Littérature*
c) Le Temple de la Science   *d) Le Temple de la Révélation*

AD50- Pour remplir quelle fonction le Taj Mahal a-t-il été construit par l'empereur Shâh Jahân ?
a) Une résidence *b) Un mausolée* *c) Un lieu de promenade* *d) Une prison*

AD51- Quel sentier de randonnée pédestre, de 3510 kilomètres sur la côte Est des Etats-Unis, relie le mont Springer, en Géorgie, au mont Katahdin, dans le Maine ?
a) Le sentier des Appalaches   *b) John Muir Trail*   *c) Pacific Crest Trail* *d) Continental Divide Trail*

AD52- Quel ensemble fortifié sur la colline de la Sabika domine la plaine et la ville de Grenade ?
a) Le Généralife   *b) El corral del Carbón*   *c) El Bañuelo*   *d) L'Alhambra*

AD53- Quel est le plus grand parc du centre de Londres, en Angleterre ?
a) Regent's Park   *b) Hyde Park*   *c) Green Park*   *d) St James's Park*

AD54- Dans quel département se trouve la Côte de granit rose, la zone côtière de la Manche ?
a) Les Côtes-d'Armor   *b) Le Finistère* *c) L'Ille-et-Vilaine*   *d) Le Morbihan*

AD55- Quel jardin botanique touristique d'environ 300 espèces, situé à Marrakech au Maroc, avait été acheté par Yves Saint Laurent et Pierre Bergé en 1980 ?
a) Les Jardins Exotiques de Bouknadel   *b) Le jardin Majorelle*
c) La Ménara   *d) Le jardin d'essai du Hamma*

AD56- Dans quel département se trouve la grotte de Lascaux, l'une des plus importantes grottes ornées du Paléolithique supérieur par le nombre et la qualité esthétique de ses œuvres ?
a) Dans les Landes   *b) Dans le Gers*   *c) Dans le Lot*   *d) En Dordogne*

AD57- Quel fruit est célébré chaque année à Menton à la fin de l'hiver dans la ville ?
a) Le citron   *b) La pomme*   *c) La cerise*   *d) La prune*

AD58- Quelle île du nord de la lagune de Venise, en Italie, est connue pour sa dentelle et ses canaux bordés de maisons aux couleurs vives ?
a) Murano   *b) Burano*   *c) Chioggia*   *d) Lido*

AD59- Sur quel fleuve se trouvent les chutes Victoria ?
a) Le Congo   *b) Le Sénégal*   *c) Le Niger*   *d) Le Zambèze*

AD60- Quelle cité médiévale du sud-ouest de la France est gardée par une série de portes fortifiées : porte Salmon, Hudon, Cabilière, de l'Hôpital, du Figuier, … ?
a) Domme
b) Albi
c) Najac
d) Rocamadour

AD61- Quel nom porte le "désert" situé en Corse du Nord ?
a) Le désert des Agriates
b) Le désert du Ténéré
c) Le désert de Nubie
d) Le désert de Bayouda

AD62- En quelle année a ouvert le Futuroscope, le parc de loisirs français à thème dont les attractions mélangent approches sensorielles et projections d'images ?
a) 1977
b) 1982
c) 1987
d) 1992

AD63- Quel stratovolcan sur l'île de Tenerife, des îles Canaries, a une altitude de 3715 mètres ?
a) La Palma
b) Le Teide
c) Lanzarote
d) El Hierro

AD64- Quel parc national français a pour plus haut sommet le mont Carpiagne (645 m) ?
a) Le parc national des Ecrins
b) Le parc national de la Vanoise
c) Le parc national des Calanques
d) Le parc national du Mercantour

AD65- Quel quartier branché et touristique de Luxembourg-ville est situé au pied et au sud-est de la Ville-Haute ?
a) Grund
b) Beggen
c) Eich
d) Gasperich

AD66- Quelle ville japonaise est célèbre pour ses trois mille onsen (sources chaudes) qui lui donnent le statut de « ville la plus géothermique du monde » ?
a) Nagano
b) Osaka
c) Beppu
d) Kanazawa

AD67- Quel inselberg en grès du Territoire du Nord (Australie) est sacré pour les Pitjantjatjaras ?
a) Ykyry
b) Uluru
c) Omoro
d) Abara

AD68- Quel pont suspendu au-dessus la Garonne est situé sur la rocade de Bordeaux, dans le département de la Gironde, pour relier les villes de Lormont et de Bordeaux ?
a) Le pont d'Aquitaine
b) Le pont de pierre
c) Le Pont-Neuf
d) Le pont Jacques-Chaban-Delmas

AD69- Quel avion de ligne à réaction américain à fuselage large, construit depuis 1969 par Boeing, est souvent désigné par son surnom « Jumbo Jet » ?
a) Boeing 717
b) Boeing 727
c) Boeing 737
d) Le Boeing 747

AD70- Quel est le surnom du Sigirîya, le site archéologique et touristique majeur de l'ancienne capitale royale du Sri Lanka ?
a) Le « rocher du dragon »
b) Le « rocher du singe »
c) Le « rocher du lion »
d) Le « rocher du cobra »

AD71- Dans quel pays se trouve le salar d'Uyuni, le plus vaste désert de sel du monde ?
a) Au Chili
b) Au mexique
c) Au Pérou
d) En Bolivie

AD72- Quelle ville pittoresque de la Toscane est une ville médiévale ceinte de murailles et réputée pour ses tours, dont la Torre Rognosa ?
a) San Gimignano
b) Pienza
c) Portofino
d) Lucques

AD73- Dans quelle ville la Mosquée bleue, construite entre 1609 et 1616 sous le règne du sultan Ahmet Ier, est-elle devenue l'une des attractions touristiques les plus populaires ?
a) À Istanbul
b) À Ankara
c) À Izmir
d) À Antalya

AD74- Sur quelle côte se trouve la dune du Pilat, la plus haute dune d'Europe ?
a) Sur la côte d'Azur
b) Sur la côte d'Opale
c) Sur la côte d'Émeraude
d) Sur la côte d'Argent

AD75- Quelle ligne ferroviaire électrifiée à voie métrique et à crémaillère, située au Pays basque dans les Pyrénées-Atlantiques, a sa gare de départ située au col de Saint-Ignace, à environ 10 km de Saint-Jean-de-Luz ?
a) *Le train des chevaliers* b) *Le train de la Rhune* c) *Le train du Garlaban* d) *Le train des Pignes*

AD76- Quelle est la hauteur de la statue en bronze de la fontaine Manneken-Pis, située au cœur de Bruxelles, à deux pas de la Grand-Place ?
a) *25,5 centimètres* b) *55,5 centimètres* c) *85,5 centimètres* d) *115,5 centimètres*

AD77- Quel est le nom commercial du service de trains à grande vitesse autour de l'axe Paris – Bruxelles ?
a) *Eurostar* b) *Thalys* c) *Hermes* d) *Skytrain*

AD78- Quel château de la Loire compte quatre jardins principaux : celui de Diane de Poitiers, celui de Catherine de Médicis, le jardin Russell Page et le jardin vert ?
a) *Château de Chenonceau* b) *Château de Chambord* c) *Château royal d'Amboise* d) *Château de Blois*

AD79- Quel est la forme de l'entrepôt de sept étages du Guiness Storehouse, l'attraction touristique située à la brasserie St James Gate, à Dublin en Irlande ?
a) *Une goutte d'eau* b) *Une épée* c) *Un trèfle* d) *Une pinte*

AD80- Quelle est la plus grande île française métropolitaine ?
a) *L'île Madame* b) *L'île d'Oléron* c) *La Corse* d) *L'île de Ré*

AD81- Quelle est la plus grande réserve animalière d'Afrique du Sud ?
a) *Madikwe* b) *Le Parc national Kruger* c) *Pilanesberg* d) *Addo Elephant*

AD82- Dans quelle province finlandaise se situe le village du Père Noël près de Rovaniemi ?
a) *En Ostrobotnie* b) *En Cajanie* c) *En Laponie* d) *En Savonie du Nord*

AD83- Que signifie le nom du palais royal Gyeongbokgung, au nord de Séoul en Corée du Sud ?
a) *« Palais du Bonheur resplendissant »* b) *« Palais du Désir foudroyant »*
c) *« Palais de l'Esprit pensant»* d) *« Palais de l'Amour surprenant »*

AD84- Dans le village des Baux-de-Provence, quel site accueille des spectacles multimédia projetés sur des parois de 14 mètres de haut ?
a) *Les Gravières de Spectacle* b) *Les Carrières de Lumières*
c) *Les Gorges de Virtualités* d) *Les Sources d'Exposition*

AD85- Quels jardins royaux ont été créés en 1641 à Lahore, au Pakistan, par Shâh Jahân ?
a) *Les jardins de Shalimar* b) *Les jardins de Jinnah* c) *Les Jardins de Lodi* d) *Les jardins du Maharajah*

AD86- Quel pays d'Asie du Sud, composé de 1 199 îles, a pour capitale Malé ?
a) *Les Maldives* b) *Les Seychelles* c) *Bora-Bora* d) *Les Fidji*

AD87- Quel relief de la ville de Rio de Janeiro, s'élèvant à 704 mètres d'altitude, accueille en son sommet la statue du Christ Rédempteur ?
a) *Maracanã* b) *Corcovado* c) *Tijuca* d) *Ipanema*

AD88- Quelle station de sports d'hiver de la vallée de la Tarentaise, dans le département de la Savoie en région Auvergne-Rhône-Alpes, fait partie du domaine skiable des Trois Vallées ?
a) *Tignes* b) *Alpe d'Huez* c) *Courchevel* d) *Isola 2000*

AD89- Quel plateau des Alpes-de-Haute-Provence de 800 km² est couvert de champs de lavande ?
a) *Le plateau de Langres* b) *Le plateau du Larzac* c) *Le plateau d'Albion* d) *Le plateau de Valensole*

AD90- Quel est le nom commun donné aux deux fjords de Norvège inscrits au patrimoine mondial de l'UNESCO : le Geirangerfjord et le Nærøyfjord ?
a) Les fjords du Nord de la Norvège   b) Les fjords du Sud de la Norvège
c) Les fjords de l'Est de la Norvège   d) Les fjords de l'Ouest de la Norvège

AD91- Quelle tour a été construite sur les bords du Tage, entre 1514 et 1519 par le roi Manuel Ier de Portugal, pour garder l'entrée du port de Lisbonne ?
a) La tour de babel   b) La tour Vasco de Gama   c) La tour de Belém   d) La Tour de Galata

AD92- Dans quelles montagnes est situé le parc national de Yosemite, dans l'État de Californie ?
a) Les Montagnes Rocheuses   b) Les Appalaches   c) Les White Mountains   d) La Sierra Nevada

AD93- Quelle île grecque, autrefois appelée « île de Candie », abrite la ville d'Héraklion ?
a) Corfou   b) La Crète   c) Mykonos   d) Rhodes

AD94- Quel animal complète la liste des « big five », qui sont les cinq mammifères africains à photographier dans le cadre des safaris : le lion, le léopard, l'éléphant, le rhinocéros et ... ?
a) le buffle   b) la girafe   c) la gazelle   d) le tigre

AD95- Dans quel pays se trouve la baie d'Along ?
a) Au Laos   b) En Indonésie   c) Aux Philippines   d) Au Viêt Nam

AD96- Quel terme désigne une randonnée pédestre caractérisée par sa longue durée et par la traversée de zones sauvages difficilement accessibles ?
a) Le rafting   b) Le trekking   c) Le canyoning   d) Le running

AD97- Où se trouve Walt Disney World Resort, le complexe de loisirs créé en 1971 ?
a) En Arizona   b) En Californie   c) En Floride   d) En Virginie

AD98- Quelle plage de 4,5 km de sable du littoral français, située sur la commune de Ramatuelle, dans le Golfe de Saint-Tropez, a été rendue célèbre par Brigitte Bardot dans les années 50 ?
a) Paloma   b) Notre-Dame   c) Pampelonne   d) Miramar

AD99- Quel cirque naturel de type glaciaire est situé dans le massif montagneux des Pyrénées, dans le département des Hautes-Pyrénées, en région Occitanie ?
a) De Troumouse   b) Du Fer-à-Cheval   c) D'Archiane   d) De Gavarnie

AD100- Quelle ville a sa Medina-Azahara classée au patrimoine mondial de l'UNESCO ?
a) Séville   b) Cadix   c) Cordoue   d) Malaga

AD101- Quelle est la plus grande île stuée sur le lac Titicaca, en Bolivie ?
a) Isla de la Tierra   b) Isla de la Luna   c) Isla del Sol   d) Isla de la Estrella

AD102- Sur quelle portion du Las Vegas Boulevard se trouve le célèbre panneau indicateur « Welcome to Fabulous Las Vegas » ?
a) Le Las Vegas Way   b) Le Las Vegas Strip
c) Le Las Vegas Ring   d) Le Las Vegas Hall

AD103- Quelle arche naturelle calcaire, située sur l'île de Gozo à Malte, s'est écroulée le 8 mars 2017 après une forte tempête ?
a) La Fenêtre d'Azur   b) La Porte du Diable   c) L'Ours et le Lion   d) La Manneporte

AD104- Quelle expression désigne un circuit touristique d'environ 300 km au départ de Reykjavik et intégrant le parc national Þingvellir, la chute de Gullfoss et le champ géothermique de Geysir ?
a) Le « Carré d'or »   b) Le « Triangle d'or »   c) Le « Cercle d'or »   d) Le « Losange d'or »

AD105- Quel est le nom du grand souk du Caire, mondialement connu ?
a) Le souk de l'or   b) Le souk Khân el Khalili   c) Le souk de Ghardaïa   d) Le souk Al-Hamidiyoh

AD106- Quelle ancienne route américaine reliait Chicago (Illinois) à Santa Monica (Californie), entre les années 1926 et 1985 ?
a) La route 66   b) La route 77   c) La route 88   d) La route 99

AD107- De quelle matière sont constituées les falaises d'Étretat, en Normandie ?
a) De grès blanc   b) De craie blanche   c) De granite blanc   d) De marbre blanc

AD108- Quelle place principale de la ville de Sienne est le lieu de la course du célèbre Palio de Sienne ?
a) La Piazza del Campo   b) La Piazza della Sala   c) La Piazza San Marco   d) La Piazza Marconi

AD109- Quel est le nom actuel de la cité gallo-romaine Forum Julii ?
a) Sète   b) Marseille   c) Fréjus   d) Antibes

AD110- Quelle commune française située dans le département du Morbihan, en région Bretagne, est connue pour ses alignements de 2 934 menhirs ?
a) Carnac   b) Quiberon   c) Dinan   d) Quimper

AD111- Quel lac d'origine glaciaire, situé en Suisse et en France, est le plus grand lac alpin d'Europe ?
a) Le lac Vanern   b) Le lac Onega   c) Le lac Léman   d) Le lac Balaton

AD112- Quel gouffre, situé dans le Lot, fait 35 mètres de diamètre et 103 mètres de profondeur ?
a) Des Hirondelles   b) De Cabrespine   c) Des Trois Ponts   d) De Padirac

AD113- En quel année le tunnel sous la Manche qui relie le Royaume-Uni à la France a-t-il été inauguré et mis en service ?
a) En 1979   b) En 1984   c) En 1989   d) En 1994

AD114- Quel large plateau de Crète orientale est connu des touristes comme « la vallée aux 10 000 moulins » ?
a) Le plateau de la Sabika   b) Le plateau du Lassíthi   c) Le plateau du Donets   d) Le plateau du Gempen

AD115- Quelle ville dans le comitat de Split-Dalmatie, en Croatie, est couronnée par deux forts : le fort Spagnola construit par les Vénitiens et le fort Napoléon, construit par les Français ?
a) Hvar   b) Pula   c) Trogir   d) Rovinj

AD116- Quelle cité antique située dans la région des Aurès, au Nord-Est de l'Algérie, est surnommée la « Pompéi de l'Afrique du Nord » ?
a) Hippone   b) Timgad   c) Djemila   d) Cirta

AD117- Quelle côte italienne de la province de Salerne est connue dans le monde entier pour son relief très accidenté et les villages de Positano, Praiano et Ravello ?
a) La côte adriatique   b) La côte amalfitaine   c) La côte de la Sardaigne   d) La Riviera italienne

AD118- Quel est le surnom du château de Bran près de Brașov en Transylvanie ?
a) « Le château de Donald »   b) « Le château de Mickey »
c) « Le château de César »   d) « Le château de Dracula »

AD119- Quel site naturel américain, situé à la frontière entre l'Arizona et l'Utah, est remarquable par ses formations géomorphologiques ?
a) Four Corners Monument   b) Grand Canyon   c) Monument Valley   d) Artist's Point

AD120- Quel monument emblématique de la ville de Biarritz, dans les Pyrénées-Atlantiques, a une forme de longue coque de navire, surplombée par une statue de la Vierge ?
a) La chapelle impériale   b) Le phare de Biarritz   c) La Cité de l'océan   d) Le rocher de la Vierge

AD121- Quel parc urbain public abrite le jardin zoologique de Lyon et le jardin botanique de Lyon ?
a) Le parc de la Tête-d'Or   b) Le parc de Silésie   c) Le parc Phoenix   d) Le parc de Champagneux

AD122- Dans quelle ville sont situés les Thermes Széchenyi ?
a) Zagreb   b) Sofia   c) Prague   d) Budapest

AD123- Quelle capitale de la Camargue est un lieu de pèlerinage ?
a) Saintes-Maries-de-la-Mer   b) Aigues-Mortes   c) Le Grau-du-Roi   d) Arles

AD124- Quel château, édifié sur ordres de François Ier entre 1527 et 1529 à Marseille, a été rendu célèbre par un roman d'Alexandre Dumas, Le Comte de Monte-Cristo ?
a) D'If   b) D'Entrecasteaux   c) De Lourmarin   d) De Tarascon

AD125- Quel cirque naturel est situé dans la partie méridionale des Grands Causses ?
a) Le cirque de Morgon   b) Le cirque de Férisson   c) Le cirque de Navacelles   d) Le cirque de Bragousse

AD126- Quelle tour d'observation militaire de la ville andalouse de Séville, en Espagne, fut construite au début du XIIIe siècle pour contrôler l'accès à la ville depuis le Guadalquivir ?
a) La Tour de l'Or   b) La Tour de l'Argent   c) La Tour des Diamants   d) La Tour des Rubis

AD127- Quel temple de Bangkok abrite un grand Bouddha couché de 43 m de long et 15 m de haut ?
a) Wat Pho   b) Angkor Vat   c) Jokhang   d) Pinyin Tiān Tán

AD128- Quand a débuté la construction de la tour de Pise, connue pour son inclinaison ?
a) XIe siècle   b) XIIe siècle   c) XIIIe siècle   d) XIVe siècle

AD129- Dans quel pays se trouve le monastère de Rila, dans les gorges de la rivière Rylski ?
a) En Bulgarie   b) En Roumanie   c) En Géorgie   d) En Hongrie

AD130- Quel archipel d'une quarantaine d'îles volcaniques forme une province de l'Équateur depuis 1832 avec pour capitale Puerto Baquerizo Moreno ?
a) Les îles L'Hermite   b) Les îles Malouines   c) Les îles Galápagos   d) Les îles du Salut

AD131- Quel château se trouvant à Hietzing, à l'ouest du centre-ville de Vienne, est classé au patrimoine mondial de l'Unesco depuis 1996 ?
a) De Franzensburg   b) De Hof   c) D'Ambras   d) De Schönbrunn

AD132- Quelle île d'Afrique du Sud, au large du Cap, a été utilisée comme prison, où furent internés trois futurs présidents sud-africains : Nelson Mandela, Kgalema Motlanthe et Jacob Zuma ?
a) Seal Island   b) Duiker Island   c) Robben Island   d) Dyer Island

AD133- Quelle mine de l'État de Chihuahua est connue pour ses cristaux de sélénite ?
a) La mine Agua Rica   b) La mine de Turda   c) La mine de Naica   d) La mine Navidad

AD134- Dans quelle ville portuaire de Pologne, sur la mer Baltique, se trouve l'Opéra Baltica ?
a) Gdańsk   b) Łódź   c) Gdynia   d) Cracovie

AD135- Quel port sur le Grand Canal de Venise est une arche de 48 mètres, avec trois passages piétonniers et deux rangées de boutiques ?
a) Le pont de l'Académie   b) Le pont des Déchaussés   c) Le pont de la Constitution   d) Le pont du Rialto

AD136- Quelle cité lacustre privée, implantée au cœur du golfe de Saint-Tropez, est surnommée la « Venise provençale » ?
a) Sainte-Maxime   b) Cogolin   c) Port Grimaud   d) Gassin

AD137- Quelle ville allemande, située dans le Land de Bade-Wurtemberg au cœur de la Forêt-Noire, est connue pour son centre de villégiature et sa station thermale ?
a) Bonn   b) Baden-Baden   c) Stuttgart   d) Dresde

AD138- Quel château français implanté à Vézac, dans le département de la Dordogne, est connu pour son parc de buis, de cyprès et de cyclamens de Naples, créé par Julien de Cerval ?
a) De Saint-Privat-des-Prés   b) D'Urtubie   c) De Marqueyssac   d) De Vayres

AD139- Quelle bibliothèque de Dublin, où est conservé le célèbre Livre de Kells, est la plus grande d'Irlande ?
a) Du Sanctuary College   b) Du Trinity College   c) Du Vanity College   d) Du Holly College

AD140- Dans quel pays actuel se trouve la cité nabatéenne de Pétra ?
a) En Égypte   b) En Irak   c) En Syrie   d) En Jordanie

AD141- Quelle ville de l'État du New Jersey est réputée pour ses casinos et son port de plaisance ?
a) Princeton   b) Jersey City   c) Atlantic City   d) Newark

AD142- Quelle région montagneuse située dans le Nord-Ouest de l'Angleterre, très appréciée comme destination de vacances, doit sa renommée aux écrits de William Wordsworth ?
a) Le Lake Park   b) Le Lake District   c) Le Lake Area   d) Le Lake Place

AD143- Quel est le nom donné à l'express du désert australien, par allusion au nom des chameliers afghans qui arpentaient avec leurs bêtes les terres de l'Outback ?
a) The Overland   b) The Ghan   c) The Indian Pacific   d) The Alice Springs

AD144- Quelle île de l'archipel des Baléares est réputée pour ses fêtes, ses plages et ses paysages ?
a) Formentera   b) Ibiza   c) Majorque   d) Minorque

AD145- Quelle est la longueur de la Grande Barrière de corail, le plus grand récif corallien du monde qui s'étire depuis Bundaberg jusqu'à la pointe de la péninsule du cap York ?
a) 1 700 kilomètres   b) 2 000 kilomètres   c) 2 300 kilomètres   d) 2 600 kilomètres

AD146- Quel circuit touristique du sud-ouest de l'Irlande fait le tour de la péninsule d'Iveragh ?
a) L'Anneau de Dunloe   b) L'Anneau de Dingle   c) L'Anneau du Kerry   d) L'Anneau de Killarney

AD147- Dans quel pays se trouve le site archéologique de Carthage, classé à l'Unesco depuis 1979 ?
a) En Libye   b) En Algérie   c) En Tunisie   d) En Mauritanie

AD148- Quel théâtre de Vienne inauguré en 1888 se situe sur le Ring, le boulevard circulaire de la capitale de l'Autriche ?
a) Le Wiener Staatsoper   b) Le Theater in der Josefstadt   c) Le Volkstheater   d) Le Burgtheater

AD149- Quel château fort alsacien du XIIe siècle se dresse sur la commune française d'Orschwiller, dans le Bas-Rhin ?
a) Le château du Spesbourg   b) Le château du Ramstein
c) Le château du Haut-Koenigsbourg   d) Le château de Fleckenstein

AD150- Quelle partie de la côte de la Riviera italienne, dans la Ligurie, comprend cinq villages : Monterosso al Mare, Vernazza, Corniglia, Manarola et Riomaggiore ?
a) Cinque Citta   b) Cinque Isla   c) Cinque Terre   d) Cinque Antique

Répondez aux 150 questions sur la mode, la joaillerie et la beauté avant de consulter la grille de réponses.

AE1- Quel était le véritable nom de la créatrice Coco Chanel ?
a) Laure Chasnel   b) Charline Chasnel   c) Claudette Chasnel   d) Gabrielle Chasnel

AE2- Quel habit traditionnel est porté par les hommes des Highlands, les Hautes Terres d'Écosse ?
a) La nage   b) Le kilt   c) Le sarong   d) Le pagne

AE3- Quel magazine américain de mode féminin est édité par Condé Nast Publications, basé à New York ?
a) Biba   b) Vogue   c) Elle   d) Glamour

AE4- Quel produit cosmétique porte le nom de « blush » ?
a) Le fard à lèvres   b) Le fard à cils   c) Le fard à joues   d) Le fard à paupières

AE5- Quelle chaussure de ville pour homme, sans laçage, est fermée par une ou plusieurs boucles ?
a) Un Derby   b) Un Oxford   c) Un Richelieu   d) Une Monk

AE6- Quel parfum des Parfums Christian Dior, créé par le « nez » Edmond Roudnitska en 1966, a pour slogan « Méfiez-vous de l'eau qui dort » ?
a) Dior Homme Sport   b) Eau sauvage   c) Fahrenheit   d) Dune pour Homme

AE7- Quel prix décerné deux fois par an de 1976 à 1990, en France, à des créateurs de haute couture, a récompensé en 1986 Christian Lacroix et Karl Lagerfeld ?
a) L'Épingle d'or   b) L'Aiguille d'or   c) Le Mètre d'or   d) Le Dé d'or

AE8- Quelle robe a été inventée par Madame de Montespan pour dissimuler ses grossesses ?
a) La robe de chambre   b) La robe battante   c) La robe dos nu   d) La robe à la française

AE9- En 1982, à 53 ans, quel créateur passe le relais à son fils Olivier ?
a) Daniel Hechter   b) Pierre Balmain   c) Thierry Mugler   d) Ted Lapidus

AE10- Combien de fois par an a lieu la Semaine de la mode de Paris ?
a) Une fois   b) Deux fois   c) Trois fois   d) Quatre fois

AE11- Quel terme anglais désigne la manière, pour un homme, de porter son pantalon en dessous de la taille pour laisser apparaître ses sous-vêtements ?
a) Le sagging   b) Le lowing   c) Le underwearing   d) Le downing

AE12- Au printemps 1937, quel motif Elsa Schiaparelli demande-t-elle à son ami Salvador Dalí de dessiner pour une robe du soir en organdi blanc ?
a) Un homard   b) Un poulpe   c) Un thon   d) Un crabe

AE13- Quel sac à main de femmes ayant une forme qui s'inspire de l'aumônière et de la bourse, a été inventé à l'origine par la maison Louis Vuitton dans le but de transporter des bouteilles de champagne ?
a) Le sac champagne   b) Le sac seau   c) Le sac bouteille   d) Le sac fête

AE14- Quel créateur de chaussures de luxe, né en Malaisie, a fondé à Londres en 1996 sa propre marque ?
a) Nicholas Kirkwood   b) Manolo Blahnik   c) Jimmy Choo   d) Sergio Rossi

AE15- Quel terme qualifie le courant de mode du XXe siècle qui s'est manifesté pendant les années folles et qui est né de l'émancipation des femmes et d'une revendication pour l'égalité des sexes ?
a) Féministe   b) Égalitariste   c) Garçonne   d) Paritaire

AE16- Quelle marque de maroquinerie a pour logo un cheval de course au galop ?
a) Céline   b) Mac Douglas   c) Longchamp   d) Gérard Darel

AE17- Quel calendrier publicitaire, publié depuis 1964 et présentant des photographies consacrées à la beauté féminine, est souvent surnommé « Le Cal » ?
a) Le calendrier Coca-Cola   b) Le calendrier La Redoute   c) Le calendrier Pirelli   d) Le calendrier Danone

AE18- Quel magazine trimestriel, fondé en 2003 par Isis-Colombe Combréas et Karel Balas, est un observatoire des tendances de la mode enfantine et de la famille contemporaine ?
a) KidZ   b) MilK   c) MilleniuM   d) ModZ

AE19- À qui est attribuée la naissance du rouge à lèvres moderne, par l'invention dans les années 1920 du rouge à lèvres indélébile « Rouge Baiser » ?
a) À Paul Baudecroux   b) À Eugène Rimmel   c) À Denis Gloss   d) À Robert Lip

AE20- Quelle marque de soutiens-gorge ampliformes est commercialisée par la société Playtex ?
a) Anita   b) Lou   c) Aubade   d) Wonderbra

AE21- Quel était la nationalité de Linda Evangelista, l'une des top-model les plus connues du monde pendant les années 1990 ?
a) Australienne   b) Américaine   c) Canadienne   d) Anglaise

AE22- Quel parfum pour homme, créé par Jacques Polge pour Chanel en 1987, mettait en scène dans sa publicité plusieurs femmes criant depuis leur balcon d'hôtel sur une musique du ballet Roméo et Juliette ?
a) Pour Monsieur   b) Égoïste   c) Bleu de Chanel   d) Allure Homme

AE23- Quelle fille d'un des membres des Beatles est une styliste anglaise qui prône une mode plus responsable ?
a) Mary McCartney   b) Beatrice McCartney   c) Stella McCartney   d) Viviane McCartney

AE24- Quel terme désigne l'ensemble des plis du dos qui caractérisaient la robe à la française au XVIIIe siècle ?
a) Les plis Boucher   b) Les plis Watteau   c) Les plis Fragonard   d) Les plis Chardin

AE25- En 1980, quel joaillier français crée avec le sculpteur César un bijou en forme de sein ?
a) Robert Goossens   b) Jean Schlumberger   c) Frédéric Boucheron   d) Jean Dinh Van

AE26- Quel grand couturier français rencontre immédiatement le succès en 1947 avec les lignes « Corolle » et « En 8 » ?
a) Yves Saint Laurent   b) Pierre Cardin   c) Christian Dior   d) Hubert de Givenchy

AE27- Quel terme désigne un diamant monté seul sur une bague ?
a) Un solitaire   b) Un unique   c) Un parfait   d) Un simplissime

AE28- Quel vêtement d'une seule pièce est semblable à une robe courte mais avec les deux jambes séparées ?
a) Une salopinette   b) Un combishort   c) Un shortrobe   d) Un pullshort

AE29- De quelle couleur sont les semelles des chaussures Christian Louboutin ?
a) Jaune   b) Blanche   c) Rouge   d) Verte

AE30- Quelle société de produits cosmétiques, créée en 1902, a inventé le tube de mascara avec le produit Mascara-Matic, qui a révolutionné le maquillage des cils?
a) Helena Rubinstein   b) Elizabeth Arden   c) Estée Lauder   d) Janine Loreal

AE31- Quel sac à main de la maison française Hermès, datant des années 1980, a été baptisé du nom d'une chanteuse ?
a) Le Vartan b) Le Birkin c) Le Hardy d) Le Bardot

AE32- Quel parfum de Guerlain, élaboré dans les années 1920, a un bouchon, bleu profond, en éventail ?
a) La Petite Robe Noire b) Shalimar c) Liu d) Mitsouko

AE33- Quel sous-vêtement, inventé au XIXe siècle, succède au corps baleiné ?
a) La gaine b) La guêpière c) Le corset d) Le coutil

AE34- Quelle chaîne entourant la tête d'une femme laisse apparaître un bijou sur le front ?
a) Un collier ras du cou b) Un torque c) Un sautoir d) Une ferronnière

AE35- Quelle mannequin américain, faisant partie des Supermodels des années 1990, a représenté la marque Calvin Klein de 1987 à 2007 ?
a) Claudia Schiffer b) Stephanie Seymour c) Christy Turlington d) Helena Christensen

AE36- Quel lourd pendentif trapézoïdal, attribut des pharaons et de certaines divinités égyptiennes, était porté sur le thorax ?
a) Un pectoral b) Un torsal c) Un poitrail d) Un central

AE37- Quel nom est donné en 1947 par la rédactrice en chef du Harper's Bazaar, Carmel Snow, à la silhouette créée par le couturier Christian Dior, symbolisée par des vestes cintrées aux épaules arrondies, sur des jupes amples sous les genoux ?
a) Le « New Age » b) Le « New Look » c) Le « New Wave » d) Le « New Style »

AE38- Quelle entreprise française de maroquinerie, fondée à Paris en 1876, commercialisait à ses débuts des pipes et accessoires pour fumeurs ?
a) Lancel b) Longchamp c) Hermès d) Louis Vuitton

AE39- Quelle est la partie supérieure centrale de la bague qui accueille la pierre précieuse ou l'inscription ?
a) Le centre b) Le chaton c) Le socle d) Le nombril

AE40- Quelle entreprise américaine, de distribution de produits liés à l'habillement, a acheté entre 2000 et 2020 de nombreuses marques comme Eastpak, The North Face, Vans et Timberland ?
a) KG Corporation b) LR Corporation c) TY Corporation d) VF Corporation

AE41- Quelles boucles d'oreilles de formes circulaires traversent le lobe de l'oreille ?
a) Les dormeuses b) Les créoles c) Les crochets d) Les clous

AE42- Quelle mannequin américain s'est mariée, en 1991, avec l'acteur Richard Gere ?
a) Naomi Campbell b) Cindy Crawford c) Claudia Schiffer d) Kate Moss

AE43- Quel grand couturier français fonde sa propre entreprise avec Pierre Bergé ?
a) Christian Lacroix b) Jean-Paul Gaultier c) Christian Dior d) Yves Saint Laurent

AE44- Quel parfum français, créé en 1921 par le parfumeur Molinard, assurait dans sa publicité qu'il était « le parfum le plus tenace du monde » ?
a) Habanita b) Nirmala c) Madrigal d) Miréa

AE45- Quel terme anglais désigne un talon de chaussures mesurant habituellement entre 3,5 et 5 centimètres ?
a) Un mini heel b) Un kitten heel c) Un ant heel d) Un kid heel

AE46- Quelle marque de lingerie américaine fut fondée en 1977 par Roy Raymond et sa femme ?
a) Lise Charmel   b) Christian Cane   c) La Perla   d) Victoria's Secret

AE47- Quelle étoffe de laine à carreaux de couleurs est typique des peuples celtes ?
a) Le tartan   b) Le mérinos   c) La feutrine   d) La bure

AE48- En juillet 2000, qui devient directeur de la création Homme chez Dior, en transposant les valeurs de la maison Dior pour les interpréter au masculin ?
a) Kris Van Assche   b) Hedi Slimane   c) Anthony Vaccarello   d) Raf Simons

AE49- Quel bijou, en métal précieux ciselé, contient des parfums (ambre gris, civette ou musc) ?
a) Un odoramique   b) Une ambrisette   c) Un diffuseur joaillier   d) Une pomme de senteur

AE50- Quel grand couturier était premier tailleur de la maison Christian Dior lors de son ouverture en 1946 ?
a) André Courrèges   b) Pierre Balmain   c) Paul Poiret   d) Pierre Cardin

AE51- Quelle montre, mécanique ou à quartz, a l'intérieur de son boîtier et ses parties mobiles visibles sur la face avant ou arrière de la montre ?
a) Une montre chronographe   b) Une montre à complications
c) Une montre squelette   d) Une montre à gousset

AE52- Qu'est-ce qu'un « gloss » ?
a) Un brillant à lèvres   b) Une poudre pour les yeux   c) Un fard à joues   d) Un mascara

AE53- Quel acteur et mannequin français a été le premier visage de Bleu de Chanel et est resté le visage du parfum pendant douze ans, jusqu'à sa mort en janvier 2022 ?
a) Louis Garrel   b) Pierre Niney   c) Oscar Isaac   d) Gaspard Ulliel

AE54- Fondée en 1875, quelle manufacture d'horlogerie suisse a lancé en 1989 la « Dual Time », la première montre affichant l'heure d'un second fuseau horaire à partir d'un seul mouvement ?
a) Audemars Piguet   b) Vacheron Constantin   c) Jaeger-LeCoultre   d) Patek Philippe

AE55- Quel couturier français, qui fonde sa maison en 1961, est surnommé « Le Corbusier » de la mode ?
a) Pierre Cardin   b) André Courrèges   c) Hubert de Givenchy   d) Jean Patou

AE56- Quel tailleur britannique est célèbre pour avoir habillé les Beatles sur l'album Abbey Road et pour avoir réalisé la tenue de mariage de John Lennon et Yoko Ono ?
a) John Galliano   b) Tommy Nutter   c) Alexander Mc Queen   d) Jimmy Choo

AE57- Quel parfum pour les hommes de Guy Laroche avait pour slogan publicitaire « La douce violence d'un parfum d'homme » ?
a) Fidji   b) Drakkar Noir   c) Blue mountain   d) Monarque

AE58- Quel type de vêtement féminin a sa création attribuée à Coco Chanel en 1926 ?
a) La mini-jupe   b) La nuisette   c) Les bas nylon   d) La petite robe noire

AE59- Quelle pièce de vêtement féminin est un ruban, ou une bande élastique, placé au-dessus du genou, pour maintenir et tendre les bas ou les mi-bas ?
a) Une jarretière   b) Un tanga   c) Un porte-jarretelles   d) Un bas autofixant

AE60- Quelle dénomination commerciale a été donnée par l'entreprise Christian Dior au sac à main en l'honneur de la princesse Diana ?
a) Miss Dior   b) Lady Dior   c) Princess Dior   d) Diana Dior

AE61- Quelle matière première animale odorante, secrétée par la glande préputiale abdominale, entre dans la composition de parfums ?
a) L'ambre   b) Le musc   c) La civette   d) Le macérat

AE62- Quel film américain, réalisé par Robert Altman, a été tourné durant la semaine de la mode de Paris au printemps 1994 ?
a) Trois Femmes   b) Les flambeurs   c) Prêt-à-porter   d) Le Privé

AE63- Quelle substance noire, issue de la carbonisation incomplète de différentes matières grasses, est utilisée pour le maquillage des yeux ?
a) Le chubby   b) Le kajal   c) Le khôl   d) Le jumbo

AE64- Où a été fondé en 1985 Make-up Art Cosmetics, plus connu sous le nom de MAC Cosmetics ?
a) Aux États-Unis   b) Au Royaume-Uni   c) En Suisse   d) Au Canada

AE65- Quelle catégorie de parfums contient 4 à 6 % d'essences ?
a) L'eau de toilette   b) L'eau de parfum   c) L'eau de Cologne   d) Le parfum

AE66- Quel grand couturier s'est également illustré dans les médias par ses prédictions et le récit de ses prétendues vies antérieures ?
a) Thierry Mugler   b) Paco Rabanne   c) Cristóbal Balenciaga   d) Karl Lagerfeld

AE67- Quelle longue pièce d'étoffe, drapée à la manière d'une jupe, est portée en Malaisie, en Indonésie, au Cambodge par des personnes masculines et féminines ?
a) Le sari   b) Le sarong   c) Le boubou   d) Le souna

AE68- Quelle top model est apparue dans de nombreux vidéoclips, comme celui de Freedom! '90 de George Michael ou In the Closet de Michael Jackson ?
a) Heidi Klum   b) Linda Evangelista   c) Tyra Banks   d) Naomi Campbell

AE69- Quel parfum de Lancôme, créé en 2012 par Dominique Ropion, Anne Flipo et Olivier Polge, est construit autour de différents accords d'iris, notamment l'Iris de Dalmatie ?
a) Idole   b) La Vie est belle   c) La Nuit Trésor   d) «Ô» de Lancôme

AE70- Quelle entreprise italienne de chaussures de luxe a été créée en 1928 à Florence ?
a) San Marina   b) Aldo   c) Ferragamo   d) Bottega Veneta

AE71- Quels pantalons d'équitation, importés des Indes par les officiers anglais, sont ajustés du genou à la cheville et se portent sans bottes ?
a) Les leggings   b) Les corsaires   c) Les jodhpurs   d) Les treillis

AE72- Quel modèle de sac de la marque Longchamp, créé en 1993, est de forme trapézoïdale avec un rabat, deux poignées terminées en pointes, deux petites oreilles en cuir et un bouton-pression ?
a) L'Enveloppe   b) Le Carton   c) L'Origami   d) Le Pliage

AE73- Quel maillot de bain pour homme couvre le pénis et les testicules, tout en laissant un côté du bassin ou la majorité du bassin découvert ?
a) Le menkini   b) Le hommekini   c) Le penekini   d) Le virilkini

AE74- Quel styliste italien obtient une reconnaissance internationale lorsqu'il réalise des vêtements pour Richard Gere dans le film American Gigolo (1980) ?
a) Giorgio Armani   b) Emiliano Rinaldi   c) Gianni Versace   d) Miuccia Prada

AE75- Quel parfum féminin de Givenchy est sorti en 1957 ?
a) L'Interdit   b) Irresistible   c) Ange ou Démon   d) Organza

AE76- À qui fait référence le nom du sac Kelly, créé par l'entreprise de luxe Hermès ?
a) Kelly McGillis   b) Kelly Carlson   c) Grace Kelly   d) Kelly Preston

AE77- Quelle est la nationalité du mannequin Gisele Bündchen ?
a) Autrichienne   b) Brésilienne   c) Allemande   d) Australienne

AE78- Quel grand couturier français Audrey Hepburn rencontre-t-elle en 1953 afin qu'il lui réalise ses costumes dans Sabrina de Billy Wilder ?
a) André Courrèges   b) Guy Laroche   c) Hubert de Givenchy   d) Ted Lapidus

AE79- Quel parfum, de l'entreprise Parfums Christian Dior, créé en 1985 par le parfumeur Édouard Fléchier, a un flacon en forme de pomme couleur améthyste ?
a) Poison   b) Dolce Vita   c) J'adore   d) Dior Addict

AE80- Quel grand couturier français est né le 13 février 1933 à Aix-en-Provence ?
a) Thierry Mugler   b) Christian Lacroix   c) Jean-Paul Gaultier   d) Emanuel Ungaro

AE81- Quel produit de maquillage est désigné en anglais par le terme « concealer » ?
a) Un crayon pour les yeux   b) Un contour des lèvres
c) Un correcteur   d) Un mascara

AE82- Quel styliste anglais né en 1973 est successivement directeur artistique de Louis Vuitton, Dior Homme et Fendi ?
a) Riccardo Tisci   b) Nicolas Ghesquière   c) Virgil Abloh   d) Kim Jones

AE83- Quel est le nom donné à un sac à main de luxe devenu populaire et identifiable ?
a) First bag   b) Top bag   c) Best bag   d) It bag

AE84- Quelles chaussettes japonaises traditionnelles séparent le gros orteil des autres orteils ?
a) Les waraji   b) Les okobo   c) Les tabi   d) Les geta

AE85- Quel grand couturier français quitte finalement sa maison de couture en 2009 et poursuit son entreprise de design, XCLX ?
a) Karl Lagerfeld   b) Christian Dior   c) Yves Saint Laurent   d) Christian Lacroix

AE86- En quelle année a été créée Sephora, la chaîne de magasins de vente de parfums et de produits cosmétiques française ?
a) En 1963   b) En 1973   c) En 1983   d) En 1993

AE87- Quelle société française de maroquinerie a été fondée par Thomas Tchen en 1990 ?
a) Le Tanneur   b) Lancaster   c) Texier   d) Gérard Darel

AE88- Quel accessoire de mode féminin est une boîte, souvent en argent ou en or, destinée à remplacer le sac du soir ?
a) Une garçonnière   b) Une minaudière   c) Une malinière   d) Une sachière

AE89- Quel parfum féminin de la maison Lanvin a été créé en 1927 ?
a) Rumeur   b) Arpège   c) Oxygène   d) Mon Éclat

AE90- Quelle courte cape féminine, couvrant les épaules par-dessus un manteau, était très en vogue au XIXe siècle ?
a) La palisse   b) La cloque   c) La pèlerine   d) Le tabarro

AE91- Quel fabricant de parfums français lança en 1930 le parfum JOY en utilisant le slogan : « Joy, le parfum le plus cher au monde » ?
a) Charles Frederick Worth   b) Jacques Doucet   c) Paul Poiret   d) Jean Patou

AE92- Quel vêtement, fait d'un morceau de tissu coloré, trouve son origine en Polynésie et se porte noué au-dessus de la poitrine ou à la taille ?
a) Le bornéo   b) Le ridéo   c) Le paréo   d) Le boléro

AE93- Quelle écharpe pelucheuse longue et étroite, de fourrure ou de plumes, est portée autour du cou ?
a) Le boa   b) Le manba   c) Le cobra   d) Le naja

AE94- Quelle société italienne spécialisée dans la lingerie haut de gamme est fondée en 1954 par Ada Masotti à Bologne ?
a) Intimissimi   b) Oscalito   c) La Perla   d) Tocade Lingerie

AE95- Quel foulard en soie, lancé en 1937, est emblématique de la maison française Hermès ?
a) Le carré Hermès   b) Le triangle Hermès   c) Le losange Hermès   d) Le rectangle Hermès

AE96- En cosmétique, quel liquide sert à nettoyer, purifier, rafraîchir et tonifier la peau ?
a) Un savon   b) Un démaquillant   c) Un tonique   d) Un produit exfoliant

AE97- En quelle année la marinière de Jean Paul Gaultier est l'élément majeur de sa collection emblématique Toy Boy ?
a) En 1973   b) En 1983   c) En 1993   d) En 2003

AE98- En 1952, quel fondateur, de la marque qui porte son nom, crée pour la première fois une combinaison en néoprène permettant de surfer longtemps dans les eaux froides ?
a) Bob Harley   b) Tom Blake   c) Jack O'Neill   d) Kelly Slater

AE99- Quel styliste réalise en 1959 la robe de mariée de Brigitte Bardot, dont le modèle est ensuite divulgué dans un magazine féminin ?
a) Claude Montana   b) Jacques Esterel   c) John Voigt   d) Éric Tibusch

AE100- Quel parfum féminin de Cacharel avait pour slogans « ... C'est moi. » et « Quand le parfum se fait caresse. » ?
a) Amor Amor   b) Yes I Am   c) Loulou   d) Anaïs Anaïs

AE101- En 2022, quelle marque lance le « Trash Pouch », une pochette sac poubelle ?
a) Prada   b) Gucci   c) Balenciaga   d) Fendi

AE102- Quel parfumeur français devient en 2004 le parfumeur exclusif d'Hermès et lance pendant 14 ans des parfums pour cette maison, dont Terre d'Hermès ?
a) Olivier Cresp   b) Thierry Wasser   c) Jean-Claude Ellena   d) Olivier Polge

AE103- Quel créateur de souliers français a lancé en 2010 le motif « Cube Perspective » ?
a) Christian Louboutin   b) Pierre Hardy   c) Manolo Blahnik   d) Jean Carvin

AE104- Quel type de chapeau de cow-boy, souvent en feutre, a des bords typiquement larges ?
a) Un stetson   b) Un panama   c) Un trilby   d) Un pork pie hat

AE105- Quel créateur de mode américain a été directeur artistique de l'ensemble des collections Louis Vuitton de 1997 à 2013 avant de diriger sa propre marque ?
a) Michael Kors   b) Marc Jacobs   c) Alexander McQueen   d) Calvin Klein

AE106- Quelle styliste américaine a lancé son entreprise connue pour son logo avec un pique ?
a) Elizabeth Stewart   b) Donna Karan   c) Kate Spade   d) Leslie Fremar

AE107- Quel pantalon de sport extensible, coupé près du corps, a les jambes qui se rétrécissent progressivement vers la cheville et se terminent par un sous-pied ?
a) Un legging   b) Un fuseau   c) Un jogging   d) Un cycliste

AE108- Quelle grande couturière est surnommée « la reine du tricot » ?
a) Mary Quant   b) Vivienne Westwood   c) Rose Bertin   d) Sonia Rykiel

AE109- Quel ancien savon syrien est à base d'huile d'olive et d'huile de baies de laurier ?
a) Le savon d'Alep   b) Le savon de castille   c) Le savon marbré   d) Le savon ponce

AE110- Quel parfum Chanel a été créé en 1921 par Ernest Beaux pour Coco Chanel ?
a) N°4   b) N° 5   c) N° 6   d) N° 7

AE111- Quel parfum féminin français de Kenzo a été commercialisé à partir de 2000 ?
a) Amour   b) Flower   c) Jungle   d) Ça Sent Beau

AE112- Quel parfum pour homme commercialisé en 1995 par la firme du styliste français Jean Paul Gaultier a pour flacon un buste d'homme à la musculature proéminente, revêtu d'une marinière ?
a) Le Mâle   b) Scandal   c) Le Beau   d) Kokorico

AE113- Quel vêtement, en vogue de 1795 à 1820, fait référence à Joséphine de Beauharnais ?
a) La robe style Empire   b) La robe Bonaparte   c) La robe fourreau   d) La robe à la française

AE114- Quel pantalon de travail, créé par Adolphe Lafont en 1896, possède une poche passepoilée à la cuisse (pour le mètre pliant, le crayon et la jauge), une patte de serrage arrière (pour le marteau) et une poche à gousset (pour une montre ou la craie à tracer) ?
a) Un complet   b) Un largeot   c) Un grandin   d) Un outillon

AE115- Quelle fausse fourrure eco-friendly biologique est composée à 100% de fibres Sorana ?
a) Moka   b) Poka   c) Koza   d) Koba

AE116- Qui a créé Kenzo, la société française de conception, de fabrication et de vente de produits de prêt-à-porter ?
a) Kenzo Saeki   b) Kenzo Yokoyama   c) Kenzo Nakamura   d) Kenzo Takada

AE117- Quel est le titre du premier livre sur l'art de la parfumerie paru en Occident et publié pour la première fois à Venise en 1555 ?
a) Tra moda e profumo   b) I secreti della signora Isabelle Cortese
c) Notandissimi secreti de l'arte profumatoria
d) Per D'Annunzio il profumo è tutto e tutto è nel profumo. la mostra

AE118- Quel sac à main emblématique de l'entreprise italienne Gucci, datant du milieu des années 1950, a été rebaptisé à la fin des années 1960 ?
a) Le sac Marilyn   b) Le sac Liz   c) Le sac Jackie   d) Le sac Audrey

AE119- Quel nom est donné au nœud de rubans, à pans, attaché à un chapeau de femme, dont les deux extrémités flottent sur la nuque de la femme ?
a) Un suivez-moi-gendarme   b) Un suivez-moi-mademoiselle
c) Un suivez-moi-jeune-homme   d) Un suivez-moi-immédiatement

AE120- En quelle année fut fondée l'agence parisienne Elite Model Management ?
a) En 1952   b) En 1962   c) En 1972   d) En 1982

AE121- Quel organisateur d'événementiel lié à la mode a marqué les esprits avec le défilé géant de la marque de lingerie Victoria's Secret, en 2000, retransmis à la télévision ?
a) Tommy Ton   b) Nick Knight   c) Virgile Bramly   d) Alexandre de Betak

AE122- Quel modèle de sac à main pour femme, de forme oblongue et se portant sous le bras, a été créé en 1997 par Silvia Venturini Fendi ?
a) Le sac Boudin   b) Le sac Baguette   c) Le sac Saucisson   d) Le sac Sandwich

AE123- Quelle montre est synchronisée sur un signal horaire émis par une station disposant d'une référence de temps, comme une horloge atomique ?
a) Une montre digitale   b) Une montre analoique   c) Une montre à Quartz   d) Une montre radio-pilotée

AE124- Quel sport de haut niveau la styliste Vera Wang a-t-elle pratiqué lors de son adolescence ?
a) Le basketball   b) La natation   c) L'équitation   d) Le patinage artistique

AE125- Quelle entreprise suisse d'horlogerie de luxe, fondée en 1839, a fabriqué en 1989 la montre la plus compliquée du monde, le calibre 89, doté de 33 complications et du poinçon de Genève ?
a) Vacheron Constantin   b) Audemars Piguet   c) Richard Mille   d) Patek Philippe

AE126- Quel saphir étoilé, cabochon de 182 carats originaire du Sri Lanka, a été offert à l'actrice de cinéma muet Mary Pickford par son mari Douglas Fairbanks ?
a) L'étoile de Bombay   b) L'étoile de Delhi   c) L'étoile de Bangalore   d) L'étoile de Jaipur

AE127- Qui fonde en 1945 Celine, l'entreprise française de prêt-à-porter et de maroquinerie ?
a) Céline Zins   b) Céline Caussimon   c) Céline Bosquet   d) Céline Vipiana

AE128- Quel grand diamant, dont la forme et les proportions sont celles de la moitié d'un œuf de poule, a été offert à Catherine II de Russie ?
a) Le Pétrov   b) L'Orlov   c) Le Labrov   d) Le Kourlov

AE129- Quel diamantaire sud-africain est renommé pour avoir donné son nom au plus gros diamant brut connu, avec une masse de 3 106 carats, soit 621,2 grammes ?
a) Laurence Graff   b) Philip Oppenheimer   c) Thomas Cullinan   d) Peter Wittelsbach

AE130- Quelle journaliste britanno-américaine, rédactrice en chef de l'édition américaine du magazine Vogue, est reconnaissable au premier rang des plus grands défilés de mode par sa coupe au carré et ses lunettes de soleil ?
a) Anna Wintour   b) Diana Vreeland   c) Grace Coddington   d) Franca Sozzani

AE131- Quel est l'unique conservatoire, basé à Versailles et possédant une antenne à New York, qui trace l'histoire de la parfumerie ?
a) La Parfumothèque   b) La Sentothèque   c) L'Osmothèque   d) L'Odorathèque

AE132- Quel couvre-chef tricoté en laine a des cache-oreilles prolongés par une tresse ?
a) Le bonnet d'âne   b) Le bonnet phrygien   c) Le bonnet péruvien   d) Le kofia

AE133- Quel styliste américain, ayant obtenu en 2001 le prix Geoffrey Beene, vend en 2002 son entreprise au groupe de textile américain Phillips-Van Heusen Corporation ?
a) Giorgio Armani   b) Tommy Hilfiger   c) Ralph Lauren   d) Calvin Klein

AE134- Quel petit bijou fantaisie est porté pendu à une chaîne ou à un bracelet ?
a) Un pompon   b) Une perle   c) Une breloque   d) Un pendentif

AE135- En 1995, quel créateur de mode crée ses premières pièces en cuir stretch ?
a) Hervé Dupont   b) Pascal Coste   c) Jean-Claude Jitrois   d) Jacob Moreno

AE136- Quelle montre à mouvement automatique, fabriquée par Rolex et présentée au public en 1953, a été la première montre-bracelet de plongée étanche à 100 mètres ?
a) La Rolex Oyster Perpetual Cosmograph Daytona   b) La Rolex Oyster Perpetual Milgauss
c) La Rolex Oyster Perpetual Submariner   d) La Rolex Oyster Perpetual GMT-Master

AE137- Quel terme désigne un type d'épilation assez échancrée de la toison pubienne, qui conserve une mince bande de poils autour des grandes lèvres et un petit triangle au niveau du pubis ?
a) Le maillot à la française   b) Le maillot à l'italienne   c) Le maillot à la brésilienne   d) Le maillot à la russe

AE138- Quel couturier français a lancé les parfums « ELYsées 64-83 » en 1946, puis en 1947 « Vent Vert », et en 1949 « Jolie Madame » ?
a) Léon Barsacq   b) Jacques de Bascher   c) Jacques Heim   d) Pierre Balmain

AE139- Quel vêtement est désigné en argot par le mot « falzar » ?
a) Une robe   b) Un chemiser   c) Un pantalon   d) Un foulard

AE140- Qu'est-ce qu'un salomé ?
a) Un chapeau à ruban b) Un pull en laine   c) Une chaussure à bride   d) Un manteau à ceinture

AE141- Par qui a été fondée la marque italienne de prêt-à-porter de luxe Fendi, en 1925 ?
a) Carla et Edoardo Fendi   b) Franca et Edoardo Fendi   c) Anna et Edoardo Fendi   d) Adele et Edoardo Fendi

AE142- Quelle marque de vêtements de prêt-à-porter est fondée en 1966 par Pierre Bergé, Yves Saint Laurent, et Didier Grumbach ?
a) BLG   b) Saint Laurent rive gauche   c) Trio   d) Besalagru

AE143- Quelle est la plus ancienne savonnerie de Marseille, fondée en 1856 chemin de Sainte-Marthe, dans le 14e arrondissement ?
a) Du Midi   b) Du Fer-à-cheval   c) Marius Fabre   d) Le Sérail

AE144- Quel terme désigne un pantalon droit en toile de coton beige ?
a) Un chino   b) Un mano   c) Un fomo   d) Un taclo

AE145- Quel bracelet est constitué d'une chaîne à maillons aplatis et d'une plaque portant habituellement le prénom de son propriétaire ?
a) Un forçat   b) Une manchette   c) Un jonc   d) Une gourmette

AE146- Quel sac à main matelassé pour femme de Chanel a été créé en février 1955 ?
a) Le 1.55   b) Le 2.55   c) Le 3.55   d) Le 4.55

AE147- Quel documentariste français spécialisé dans la mode démarre, en 2008, le tournage d'une série de documentaires sur les coulisses de grandes maisons de couture intitulée Le jour d'avant ?
a) Loïc Prigent   b) Jean-Louis Comolli   c) François Caillat   d) Henri Fabiani

AE148- Quelle coutume, venant des États-Unis, permet au personnel d'une entreprise de s'habiller de manière décontractée le vendredi ?
a) Le smart Friday   b) Le simple Friday   c) Le loose Friday   d) Le casual Friday

AE149- Quel terme utilisé par les médias anglo-saxons désigne les quatre plus grandes semaines de défilés internationales : Paris, Londres, Milan et New York ?
a) « Best Four »   b) « Big Four »   c) « Top Four »   d) « Weeks Four »

AE150- Quel salon de la Fédération française de la Couture, créé en 2012, expose les collections des créateurs dans un hôtel particulier situé au 60 rue Richelieu à Paris ?
a) Le Modern apartment   b) Le Trendy apartment   c) Le Designers apartment   d) Le Fashion apartment

Langue française

Répondez aux 150 questions de vocabulaire avant de consulter la grille de réponses.

AF1- Qu'est-ce qu'un flot de paroles désordonnées ?
a) Une logorée   b) Une logorrée   c) Une logorhée   d) Une logorrhée

AF2- Qu'est-ce qu'un « chenapan » ?
a) Un grand arbre   b) Un support métallique   c) Un enfant malicieux   d) Une plante tropicale

AF3- Quel est l'antonyme (le contraire) de « belliqueux » ?
a) Sain   b) Sombre   c) Affreux   d) Pacifiste

AF4- Quel terme signifie « façonner avec délicatesse » ?
a) Grainer   b) Mouliner   c) Manœuvrer   d) Ouvrager

AF5- Que signifie « annihiler » ?
a) Arrêter de respirer   b) Anéantir   c) Accepter une vérité   d) Féminiser

AF6- Qu'est-ce qu'un « damas » ?
a) Un bateau   b) Un aliment   c) Un arbre   d) Un tissu

AF7- Que signifie « gauchir » ?
a) Garder des troupeaux   b) Devenir gaucher   c) Se moquer   d) Se déformer

AF8- Que signifie le terme « endolori » ?
a) Douloureux   b) Faible   c) Sale   d) Maladroit

AF9- Quel terme désigne l'ensemble du bétail d'une exploitation agricole ?
a) Un enclos   b) Un cheptel   c) Un sherpa   d) Un ovidé

AF10- Que signifie le terme « pêle-mêle » ?
a) En couleur   b) Malade   c) En vrac   d) En forme de pelle

AF11- Qu'est-ce qu'une « oligarchie » ?
a) Un régime politique où l'autorité appartient à quelques personnes
b) Un régime politique où l'autorité appartient à de nombreuses personnes
c) Un régime politique où l'autorité appartient à une personne
d) Un régime politique où l'autorité appartient à des robots

AF12- Qu'est-ce qu'un « chow-chow » ?
a) Un accessoire de coiffure   b) Un spectacle   c) Un four   d) Un chien

AF13- Qu'est-ce qu'un « troquet » en langage familier ?
a) Un échange   b) Une voiture   c) Un plat lillois   d) Un bistrot

AF14- Quel procédé permet de reporter une image sur une surface ?
a) Une décalogie   b) Une décalcomanie   c) Une décennie   d) Une déchetterie

AF15- Que signifie le terme « guigner » ?
a) Fabriquer   b) Danser   c) Lorgner   d) Maudire

AF16- Qu'est-ce qu'un « sobriquet » ?
a) Un chiffon   b) Un surnom   c) Un alcool   d) Un âne

AF17- Qu'est-ce qu'un « éphèbe » ?
a) Un livre b) Une tache de peau c) Un calendrier d) Un adonis

AF18- De quel mot « mémo » est-il l'abréviation ?
a) Mémoire b) Mémento c) Mémorandum d) Mémère

AF19- Qu'est-ce qu'une « épopée » ?
a) Une mouche ressemblant à une guêpe b) Une célébration de mariage
c) Une substance poreuse d) Le récit des exploits d'un héros

AF20- Que signifie le terme « manigancer » ?
a) Rater b) Exprimer c) Tramer d) Flatter

AF21- Dans le langage familier, qu'est-ce qu'une « guimbarde » ?
a) Un vêtement de travail b) Une vieille voiture c) Un café de banlieue d) Une danse en couple

AF22- Qu'est-ce qu'un « duplicata » ?
a) Un problème b) Une copie c) Un appartement d) Un organe

AF23- Qu'est-ce qu'une « sculpture chryséléphantine » ?
a) Une sculpture en forme de papillon b) Une sculpture faite d'or et d'ivoire
c) Une sculpture d'éléphant d) Une sculpture africaine

AF24- Outre un haricot sec, qu'est-ce qu'un « flageolet » ?
a) Un avion b) Une flûte c) Une bassine d) Un bonnet

AF25- En sport, qu'est-ce qu'un « jubilé » ?
a) La danse de la joie lorsqu'un but est marqué b) Le record battu par un champion
c) La célébration d'un champion qui arrête sa carrière d) Un match amical

AF26- Quel terme désigne une personne qui méprise la religion ?
a) Lascive b) Joviale c) Impie d) Importune

AF27- Que signifie le terme « mignard » ?
a) Mièvre b) Sucré c) Horrible d) Haineux

AF28- Qu'est-ce qu'une « kyrielle » ?
a) Une lumière vive b) Une longue suite c) Une petite quantité d) Une habitation modeste

AF29- Qu'est-ce qu'un « sauf-conduit » ?
a) Une arme de protection b) Un bouchon de canalisation
c) Un chapeau de cheminée d) Un laissez-passer

AF30- Qu'est-ce que la « démagogie » ?
a) Délimiter des territoires pour éviter les conflits
b) Flatter l'opinion publique pour obtenir ou garder le pouvoir
c) Diviser le peuple pour mieux le gouverner
d) Autoriser tous les comportements même illégaux

AF31- Que signifie « déglutir » ?
a) Critiquer b) Décoller c) Fariner d) Avaler

AF32- Quel est l'intrus ?
a) Aprement b) Durement c) Farouchement d) Facilement

AF33- Qu'est-ce qu'un « subalterne » ?
a) Un homme droit   b) Un sous-marin   c) Un subordonné   d) Un danger

AF34- Dans le langage familier, qu'est-ce qu'une « fripe » ?
a) Un plat d'abats   b) Une boucle de cheveux   c) Un vêtement d'occasion   d) Un enfant espiègle

AF35- Que signifie le verbe « épauler » ?
a) Monter   b) Aider   c) Embrasser   d) Masser

AF36- Quel terme désigne un intervalle de temps ?
a) Un forceps   b) Un laps   c) Un peps   d) Un claps

AF37- Qu'est-ce qu'une « lettre comminatoire » ?
a) Une lettre d'embauche   b) Une lettre d'amour   c) Une lettre menaçante   d) Une lettre d'admiration

AF38- Quel est l'intrus ?
a) Agité   b) Serein   c) Impétueux   d) Tumultueux

AF39- Que signifie « aviné » dans l'expression « Un homme aviné » ?
a) Heureux   b) Stupide   c) Anormal   d) Ivre

AF40- Qu'est-ce qu'une « entérite » ?
a) Une rencontre concertée   b) L'introduction de nouveaux militants dans un parti
c) Une inflation de l'intestin   d) Un ornement de hall d'entrée

AF41- Qu'est-ce qu'une « idée saugrenue » ?
a) Une idée forte   b) Une idée bizarre   c) Une idée arriérée   d) Une idée futuriste

AF42- Quel est l'intrus ?
a) Froussard   b) Peureux   c) Frondeur   d) Poltron

AF43- Qu'est-ce qu'une « dent-de-lion » ?
a) Une rose   b) Un œillet   c) Un pissenlit   d) Un narcisse

AF44- Quel terme désigne la qualité de ce qui est compact ?
a) La compactivité   b) La compacité   c) La compassion   d) La compatibilité

AF45- Qu'est-ce qu'un « tableau monochrome » ?
a) D'une seule couleur   b) Célèbre   c) Qui provoque une réaction   d) Resté dans le pays d'origine

AF46- Qu'est-ce qu'un « écouvillon » ?
a) Un pavillon   b) Un goupillon   c) Un goudron   d) Un poltron

AF47- Quel appareil change un billet en pièces ?
a) Un sousseur   b) Un diviseur   c) Un monnayeur   d) Un piéceur

AF48- Quel mot ne désigne pas un oiseau ?
a) Un cormoran   b) Un émeu   c) Un cacatoès   d) Un oiseau de Paradis

AF49- Quel terme désigne le côté face d'une monnaie, opposé à revers ?
a) Avers   b) Invers   c) Devers   d) Survers

AF50- Quel adjectif désigne un règlement d'une rigueur excessive ?
a) Laxiste　　　　　　b) Discord　　　　　　c) Pacifiste　　　　　　d) Draconien

AF51- Qui a donné son nom au « sadisme » qui désigne le plaisir à faire souffrir les autres ?
a) Un dictateur　　　　b) Un peintre　　　　c) Un écrivain　　　　d) Un marchand d'esclaves

AF52- Quelle matière rouge est utilisée comme désinfectant des plaies ?
a) L'éosine　　　　　　b) L'ésotérisme　　　　c) L'escogriffe　　　　d) L'estouffade

AF53- Quel terme générique désigne une affection de la peau ?
a) Une névrose　　　　b) Une mycose　　　　c) Une dermatose　　　　d) Une porose

AF54- Quel animal mugit ?
a) La girafe　　　　　　b) Le lion　　　　　　c) La vache　　　　　　d) Le chat

AF55- Quel est l'intrus ?
a) Inciter　　　　　　b) Encourager　　　　c) Exhorter　　　　　　d) Frétiller

AF56- Qu'est-ce que la « roublardise » ?
a) La fourberie　　　　b) La causerie　　　　c) La flânerie　　　　d) La flagornerie

AF57- Que signifie le verbe « palabrer » ?
a) Permuter　　　　　　b) Pérenniser　　　　c) Pérorer　　　　　　d) Persécuter

AF58- Quel terme désigne le commerce d'articles de couture et de travaux d'aiguille ?
a) La laminerie　　　　b) L'herberie　　　　c) La mercerie　　　　d) La marbrerie

AF59- Que signifie « subito » ?
a) Splendide　　　　　　b) Sur-le-champ　　　　c) Inondable　　　　d) Ahurissant

AF60- Quel est l'intrus ?
a) Abrégé　　　　　　b) Condensé　　　　c) Compendium　　　　d) Mémorial

AF61- Qu'est-ce qu'une « baudroie » ?
a) Une couronne　　　　b) Un gîte　　　　c) Une trace　　　　　　d) Un poisson

AF62- Qu'est-ce qu'une « dragonne » ?
a) Une personne âgée　　b) Une séductrice　　c) Une lanière　　　　d) Une confiserie

AF63- Quel est l'intrus ?
a) Laconique　　　　　　b) Prolixe　　　　c) Scrupuleux　　　　d) Verbeux

AF64- Qu'est-ce qu'un « dévoyé » ?
a) Un simple d'esprit　　b) Un ami fidèle　　c) Un religieux　　　　d) Un vaurien

AF65- Que signifie le terme « munificent » ?
a) Très beau　　　　　　b) Très généreux　　　c) Très explosif　　　　d) Très malheureux

AF66- Quel terme ne désigne pas le revêtement des routes ?
a) Le bitume　　　　　　b) Le goudron　　　　c) L'asphalte　　　　d) La feuillure

AF67- Qu'est-ce que le « radius » ?
a) Un légume b) Un nuage c) Un os d) Une fleur

AF68- Quel doigt de la main est appelé « médius » ?
a) Le pouce b) L'index c) Le majeur d) L'auriculaire

AF69- Quel est l'intrus ?
a) Éphémère b) Sempiternel c) Continuel d) Perpétuel

AF70- Quel est l'hybride mâle d'un âne et d'une jument ?
a) Une génisse b) Un bardot c) Un mulet d) Un ânon

AF71- Quel adjectif a pour signification « ce à quoi on ne peut rien répondre » ?
a) Méprisable b) Fortuit c) Péremptoire d) Irrespectueux

AF72- Qu'est-ce qu'un « panégyrique » ?
a) Un sport b) Un gâteau c) Un éloge d) Un défaut

AF73- Quelle bicyclette est conçue pour deux personnes ?
a) Un tricycle b) Un tandem c) Un bicycle d) Un duocipède

AF74- Quel terme désigne à la fois un jeu et un enfant ?
a) Un mistigri b) Une marelle c) Un morpion d) Un drôle

AF75- Que signifie « une douleur prandiale » ?
a) Du pancréas b) Pendant un repas c) Post-abdominale d) Qui survient la nuit

AF76- Quel terme désigne une faute commise en parlant ?
a) Une béquille b) Une coquille c) Une hérésie d) Un lapsus

AF77- Que signifie « biffer » ?
a) Manger b) Rayer c) Tourner d) Taper

AF78- Qu'est-ce que « s'agglutiner » ?
a) Dégouliner b) Manger du gluten c) Se réunir en masse compacte d) Vivre en ville

AF79- Quel est le synonyme de « rouflaquette » ?
a) Oisiveté b) Stratagème c) Coquillage d) Favoris

AF80- Quel est l'intrus ?
a) Inutilité b) Inanité c) Inefficacité d) Impétuosité

AF81- Qu'est-ce qu'un « sitar » ?
a) Un militaire b) Un urbain c) Un instrument de musique d) Un lieu

AF82- Quelle personne gouverne pendant la minorité d'un souverain ?
a) Un majeur b) Un cardinal c) Un régent d) Un préfet

AF83- Qu'est-ce qu'un « opossum » ?
a) Un adversaire b) Une ville fortifiée c) Un animal d) Un calcul

AF84- Quel est le nom de la petite bouteille d'alcool ?
a) La minusculette   b) La minette   c) La mignonnette   d) La microlette

AF85- Quel terme désigne un homme amoureux de sa propre image ?
a) Égocentrique   b) Mégalomane   c) Nanti   d) Narcisse

AF86- Quel terme désigne un siège supplémentaire placé derrière la selle d'une motocyclette ?
a) Un side-car   b) Un tan-sad   c) Un coffre   d) Un habitacle

AF87- Quel cri est employé par les charretiers pour faire aller leurs chevaux à gauche ?
a) Trot   b) Hop   c) Dia   d) Hue

AF88- Quel adjectif qualifie une voix qui évoque la sensualité ?
a) Lascive   b) Rauque   c) Suave   d) Aiguë

AF89- Que signifie le terme « rapetasser » ?
a) Réduire   b) Raccommoder   c) Râper   d) Stimuler

AF90- Qu'est-ce qu'un « tromblon » ?
a) Un fusil   b) Une attache   c) Une averse   d) Un accélérateur

AF91- Qu'est-ce qu'un « bombyx » ?
a) Une arme   b) Un indien   c) Un papillon   d) Une bouteille

AF92- Qu'est-ce qu'un « tankiste » ?
a) Un bronzage   b) Un liquide   c) Un militaire   d) Une bannière

AF93- Qu'est-ce qu'un « myosotis » ?
a) Une araignée   b) Une anomalie   c) Une inflammation   d) Une plante

AF94- Quel est l'intrus ?
a) Inappétence   b) Ardeur   c) Désaffection   d) Indifférence

AF95- Quelle est l'abréviation familière du terme « prolétaire », désignant un salarié aux revenus modestes ?
a) Prola   b) Prolé   c) Proli   d) Prolo

AF96- Qu'est-ce qu'un « havresac » ?
a) Un paradis   b) Un refuge   c) Un sac   d) Un cigare

AF97- Qu'est-ce qu'un « vasistas » ?
a) Une ouverture   b) Un récipient   c) Un musicien   d) Un tissu

AF98- Qu'est-ce qu'un « zona » ?
a) Un disque   b) Un lieu   c) Une maladie   d) Un jeune

AF99- Quel terme désigne une personne qui prend à bail des terres agricoles ?
a) Un amodiataire   b) Un locataire   c) Un bailleur   d) Un cultivateur

AF100- Qu'est-ce que la « prédestination » ?
a) Le penchant   b) Le sort   c) L'aversion   d) La prépondérance

AF101- Quel verbe signifie démêler des fibres textiles en les peignant ?
a) Tamiser   b) Blazer   c) Carder   d) Graver

AF102- Qu'est-ce qu'un « phasme » ?
a) Une étape   b) Un fantôme   c) Un ponton   d) Un insecte

AF103- Quel terme désigne l'ensemble du linge des nouveaux-nés ?
a) Le trousseau   b) La layette   c) La penderie   d) Le lange

AF104- Qu'est-ce que le « zéphyr » ?
a) La méditation   b) La brise   c) La disposition   d) L'édifice

AF105- Qu'est-ce qu'un « homoncule » ?
a) Une substance brute   b) Un petit être vivant   c) Une voile carrée   d) Un couteau tranchant

AF106- Que signifie le terme « thésauriser » ?
a) Chauffer   b) Rédiger   c) Épargner   d) Soigner

AF107- Quel terme désigne l'étude scientifique des champignons ?
a) La champilogie   b) La mycologie   c) La cépologie   d) L'amanitologie

AF108- Quel est l'inverse de la « gaucherie » ?
a) La droiterie   b) La droiture   c) La dextralité   d) La dextérité

AF109- Qu'est-ce que la « narcolepsie » ?
a) Le trafic de drogue   b) Le sommeil irrésistible c) Le sourire moqueur   d) Le son nasal

AF110- Dans le langage familier, que signifie le terme « flagada » ?
a) Très sage   b) Très branché   c) Très fatigué   d) Très chauvin

AF111- Qu'est-ce qu'un « heaume » ?
a) Un bouclier   b) Une lance   c) Un casque   d) Un cheval

AF112- Qu'est-ce qu'un « hobereau » ?
a) Un gentilhomme campagnard   b) Une distraction favorite
c) Un pot-au-feu de porc   d) Un héritage indivis

AF113- En espagnol, quel accent peut se placer sur la lettre N ?
a) L'accent aigu   b) L'accent circonflexe   c) Le tréma   d) La tilde

AF114- Que signifie le verbe « ceindre » ?
a) Nourrir   b) Allumer   c) Entourer   d) Savoir

AF115- Quel terme désigne un attachement excessif à l'argent ?
a) La luxure   b) L'orgueil   c) La paresse   d) L'avarice

AF116- Quelle terre est non cultivée temporairement pour laisser le sol se reposer ?
a) Le remembrement   b) La jachère   c) Le parcellaire   d) L'embocagement

AF117- Qu'est-ce qu'une « personne philanthrope » ?
a) Une personne savante   b) Une personne honnête
c) Une personne altruiste   d) Une personne majeure

AF118- Qu'est-ce qu'une « cohue » ?
a) Une foule bruyante   b) Un groupe militaire   c) Une personne héritière   d) Une défense pacifiste

AF119- Quel moyen de transport combine la route et le chemin de fer ?
a) Le cheminage   b) Le ferroutage   c) Le routage   d) Le routaferrage

AF120- Qu'est-ce qu'un « lèche-bottes » ?
a) Une flagelle   b) Une flamiche   c) Une flamboyance   d) Un flagorneur

AF121- Qu'est-ce qu'un « mangaka » ?
a) Un instrument à cordes   b) Un singe voisin du babouin
c) Une forêt impénétrable   d) Un dessinateur de mangas

AF122- Quel est l'intrus ?
a) Vertueux   b) Onéreux   c) Coûteux   d) Dispendieux

AF123- Qu'est-ce que la « populiculture » ?
a) L'élevage des chiots   b) La culture populaire
c) La culture liée aux bandes dessinées   d) La culture du peuplier

AF124- Quel adjectif désigne les sciences qui échappent aux explications rationnelles ?
a) Sociales   b) Molles   c) Noires   d) Occultes

AF125- Qu'est-ce que la « jactance » ?
a) La paresse   b) L'humilité   c) La fanfaronnade   d) L'envie

AF126- Quel terme désigne l'ensemble des domestiques d'une maison ?
a) La dominance   b) La domiciliation   c) La domesticité   d) La domestication

AF127- Quel terme ne désigne pas un poison ?
a) Le cyanure   b) L'arsenic   c) L'éperlan   d) Le sarin

AF128- Que sont les « coquecigrues » ?
a) Des fleurs   b) Des fadaises   c) Des protections   d) Des indices

AF129- Quel terme désigne une agglomération formée par plusieurs villes voisines dont les banlieues se rejoignent ?
a) Une conurbation   b) Un continuum   c) Un contournement   d) Une convergence

AF130- Qu'est-ce qu'un « crotale » ?
a) Un loup   b) Une araignée   c) Un serpent   d) Un oiseau

AF131- Quel nom portaient les bateaux des vikings ?
a) Baurua   b) Jonque   c) Drakkar   d) Aak

AF132- Quel terme signifie « multiplier par neuf » ?
a) Nonupler   b) Nanopler   c) Novupler   d) Neuvapler

AF133- Quel terme désigne « un garçon d'écurie » ?
a) Un mousse   b) Un lad   c) Un naissain   d) Un équidé

AF134- Qu'est-ce qu'un « drôle de ouistiti » en langage familier ?
a) Un équilibriste   b) Un photographe   c) Un sourire   d) Une personne bizarre

AF135- Qu'est-ce qu'un « mungo » ?
a) Un fruit exotique   b) Un parfum   c) Un haricot   d) Un arbre

AF136- Dans le langage familier, que signifie le terme « écluser » ?
a) Tirer la chasse   b) Éponger   c) Se protéger de la pluie   d) Boire de l'alcool

AF137- Qu'est-ce qu'un « trombinoscope » ?
a) Un petit acarien   b) Une longue vue
c) Un regroupement de portraits   d) Un joueur de trombone

AF138- Quel terme signifie « trafiquer une boisson en ajoutant des substances étrangères » ?
a) Fréter   b) Frelater   c) Ferrailler   d) Fermenter

AF139- Dans l'Antiquité, qu'étaient les « cothurnes » portés par les acteurs de tragédies ?
a) Des manteaux   b) Des masques   c) Des chaussures   d) Des gants

AF140- Quel est l'intrus ?
a) Éreintant   b) Harassant   c) Exténuant   d) Délassant

AF141- Qu'est-ce qu'une « avarie » ?
a) Un vice   b) Une bactérie   c) Un dommage   d) Une enzyme

AF142- Quel terme désigne une faute d'impression dans un ouvrage ?
a) Un consolamentum   b) Un mémorandum   c) Un erratum   d) Un positronium

AF143- Quel est l'intrus ?
a) Pelotonné   b) Recroquevillé   c) Racorni   d) Vaste

AF144- Qu'est-ce qu'une « égérie » ?
a) Un bouclier   b) Une mer   c) Une femme inspirante   d) Une morue

AF145- Qu'est-ce qu'une « personne outrecuidante » ?
a) Une personne prétentieuse   b) Une personne attentionnée
c) Une personne fragile   d) Une personne courageuse

AF146- Quel terme désigne un petit pain d'épice rond ?
a) Une nonnette   b) Une boulette   c) Une sphérette   d) Une tétette

AF147- Qu'est-ce que le « crépuscule » ?
a) Moment juste avant minuit   b) Moment juste après le lever du soleil
c) Moment juste avant le coucher du soleil   d) Moment juste après le coucher du soleil

AF148- Qu'est-ce qu'une « attitude révérencieuse » ?
a) Une attitude déférente   b) Une attitude déferlante
c) Une attitude défiante   d) Une attitude déficiente

AF149- Qu'est-ce qu'une « oraison funèbre » ?
a) Un cercueil en bois   b) Une prière pour un mourant
c) Une explication des causes du décès   d) Un discours en l'honneur d'un mort

AF150- Que sont des « récriminations » ?
a) Des mémorisations   b) Des amusements   c) Des protestations   d) Des meurtres

Répondez aux 150 questions d'orthographe avant de consulter la grille de réponses.

AG1- Quelle pièce de métal permet d'attacher plusieurs papiers ensemble ?
a) Une agrafe   b) Une agraffe   c) Une agraphe   d) Une aggraphe

AG2- Complétez la phrase : " … penses-tu ?"
a) Quand   b) Quant   c) Qu'en   d) Qu'an

AG3- Qu'est-ce qui désigne un trouble ?
a) Un disfonctionement   b) Un disfonctionnement   c) Un dysfonctionement   d) Un dysfonctionnement

AG4- Complétez la phrase : "Son … s'arrête au-dessus des genoux."
a) troiquart   b) troisquart   c) trois-quart   d) trois-quarts

AG5- Complétez la phrase : "Ce peintre a obtenu une célébrité … ."
a) postume   b) postumme   c) posthume   d) posthumme

AG6- Quel est le pluriel du mot " balai-brosse " ?
a) Des balai-brosse   b) Des balais-brosse   c) Des balai-brosses   d) Des balais-brosses

AG7- Quel moine vit dans la solitude ?
a) Un ermite   b) Un ermitte   c) Un hermite   d) Un hermitte

AG8- Complétez la phrase : "Si votre chat est …, c'est qu'il a peur ou que son territoire est menacé."
a) agrecif   b) aggrecif   c) agressif   d) aggressif

AG9- Complétez la phrase : "La blanche … des flocons commença."
a) déçante   b) décente   c) dessante   d) descente

AG10- Complétez la phrase : "Entre le joug et le front des bœufs, il y a un petit coussinet de cuir brodé de fleurs rouges et d'… éclatantes. "
a) harabesques   b) arabesques   c) arrabesques   d) harabbesques

AG11- Complétez la phrase : "Un … brun tacheté de bleu, de blanc et de noir a été aperçu dans les bois."
a) get   b) geai   c) jais   d) jet

AG12- Complétez la phrase : "Le … est omniprésent dans les décorations pendant les fêtes de fin d'année."
a) ou   b) où   c) hou   d) houx

AG13- Complétez la phrase : "La … des chemises ont été vendues."
a) plus part   b) pluspart   c) plupart   d) pluparts

AG14- Complétez la phrase : "On peut remarquer deux défauts dans les mauvais poèmes descriptifs; d'abord l'expression y est peu naturelle, presque toujours allongée et … ."
a) reddondante   b) reddondente   c) redondante   d) redondente

AG15- Complétez la phrase : "Le rôle du … est de transmettre des connaissances à des élèves."
a) professeur   b) proffesseur   c) profeseur   d) proffeseur

AG16- Complétez la phrase : "La … est un stimulant qui accélère le fonctionnement du système nerveux."
a) caféïne   b) caféine   c) cafféïne   d) cafféine

AG17- Complétez la phrase : "Il se promène tous les … ."
a) *dimanche matin*   b) *dimanche matins*   c) *dimanches matin*   d) *dimanches matins*

AG18- Complétez la phrase : "Cette femme fait don de son … pour aider les personnes âgées."
a) *tant*   b) *t'en*   c) *temp*   d) *temps*

AG19- Quel est le synonyme d'aimablement ?
a) *Gentiment*   b) *Gentimment*   c) *Gentiement*   d) *Gentiemment*

AG20- Complétez la phrase : "On ne doit pas … les autres précautions opportunes pour éviter un dommage."
a) *omètre*   b) *ommètre*   c) *omettre*   d) *ommettre*

AG21- Quelle est la bonne orthographe ?
a) *Remet-en au destin*   b) *Remet'en au destin*   c) *Remets-t-en au destin*   d) *Remets-t'en au destin*

AG22- Complétez la phrase : "Ce microscope … considérablement les plus petits corps."
a) *amplifie*   b) *emplifie*   c) *ampliphie*   d) *empliphie*

AG23- Complétez la phrase : "L'… est la reconnaissance et la compréhension des sentiments et des émotions d'un autre individu."
a) *ampatie*   b) *ampathie*   c) *empatie*   d) *empathie*

AG24- Complétez la phrase : "L'athlète avait les joues … après sa course."
a) *écarlate*   b) *écarlates*   c) *écarlatte*   d) *écarlattes*

AG25- Complétez la phrase : "Les … surviennent pendant la phase de sommeil paradoxal."
a) *cauchemar*   b) *cauchemars*   c) *cauchemard*   d) *cauchemards*

AG26- Quel conduit est situé entre la bouche et l'œsophage ?
a) *La farinx*   b) *Le farynx*   c) *Le pharinx*   d) *Le pharynx*

AG27- Complétez la phrase : "Georges déboutonna son col de chemise, relâcha le … de sa cravate."
a) *ne*   b) *neuh*   c) *nœud*   d) *neux*

AG28- Complétez la phrase : "Dans les monarchies il se forme, au moins parmi les … , un raffinement de politesse, une délicatesse de goût et une finesse de tact, dont la vanité est la principale cause."
a) *courtizans*   b) *courtizants*   c) *courtisans*   d) *courtisants*

AG29- Complétez la phrase : "Un individu … ne me menacerait pas de la sorte."
a) *censé*   b) *cencé*   c) *sensé*   d) *sencé*

AG30- Complétez la phrase : "La foule entonnait des … ."
a) *hosana*   b) *hossana*   c) *hosanas*   d) *hosannas*

AG31- Complétez la phrase : "Un … s'intéresse aux troubles de l'enfant, qu'ils soient mentaux, émotionnels ou comportementaux."
a) *pédopsichiatre*   b) *pédopsychiatre*   c) *pédopsichiâtre*   d) *pédopsychiâtre*

AG32- Complétez la phrase : "Bien entendu, le comité voudra être méthodique et … ."
a) *conciencieux*   b) *concientieux*   c) *consciencieux*   d) *conscientieux*

AG33- Quel est le pluriel du mot " chef-d'œuvre " ?
a) Des chef-d'œuvre   b) Des chef-d'oeuvres   c) Des chefs-d'œuvre   d) Des chefs-d'oeuvres

AG34- Quelles boules sont utilisées comme antimite ?
a) La naftaline   b) La naftalline   c) La naphtaline   d) La naphtalline

AG35- Quelle formule exprime l'idée que le cheminement a été chaotique ou bancal ?
a) Cahin-caha   b) Cain-Caa   c) Cahen-Caah   d) Kahin-Kaah

AG36- Complétez la phrase : "Les feuilles ... sont rangées dans le tiroir."
a) maron   b) marron   c) marons   d) marrons

AG37- Complétez la phrase : "Le cochon, gras à ne pas bouger, grognait, attendait que les ornements sacrés ne fussent plus qu'une poignée de cendre chaude, pour y ... son ventre."
a) votrer   b) vôtrer   c) vautrer   d) veautrer

AG38- Complétez la citation d'Alfred de Musset : « J'ai souffert souvent, je me suis trompé ... ; mais j'ai aimé. »
a) quelquefois   b) quelquesfois   c) quelques fois   d) quel que fois

AG39- Complétez la phrase : "Cette guerre a eu pour causes, outre l'ambition inlassable du peuple allemand, la ... dominatrice d'un système politique, social, moral, abominable à coup sûr, mais revêtu du sombre attrait de la puissance."
a) frainésie   b) frénésie   c) frainaisie   d) frénaisie

AG40- Complétez la phrase : "Ce milliardaire ... a fondé une association d'aide aux plus démunis."
a) filantrope   b) philantrope   c) philanthrope   d) filanthrope

AG41- Complétez la phrase : "Ils sont les numéros ... du secteur."
a) un   b) uns   c) une   d) unes

AG42- Complétez la phrase : "Paul vit une ... heureuse."
a) existance   b) existence   c) existanse   d) existense

AG43- Complétez la phrase : "Dès l'aube, d'ailleurs, le vent et la pluie avaient perdu leur ... et il fit, durant tout le jour, un simple petit mauvais temps d'hiver."
a) véhaimance   b) véhémence   c) vaihémance   d) vaihaimence

AG44- Complétez la phrase : "Cette année, c'est la mode des vêtements ... ."
a) gris-bleu   b) gris-bleus   c) gris-bleux   d) grix-bleux

AG45- Complétez la phrase : "Le navire se trouve à trois ... de la côte la plus proche."
a) mile   b) miles   c) mille   d) milles

AG46- Complétez la phrase : "Tu ferais mieux de ne pas ... dans le passé et de vivre un peu plus dans le présent."
a) tensevelir   b) tansevelir   c) t'ensevelir   d) t'ansevelir

AG47- Complétez la phrase : "Le chiffre d' ... est la somme des ventes de biens ou de services d'une entreprise."
a) afaire   b) afaires   c) affaire   d) affaires

AG48- Quel terme désigne un homme méprisable ?
a) Saligod   b) Saligaud   c) Saligot   d) Saligaut

AG49- Complétez la phrase : "Comme il était lui-même ... riche, il trouvait de bon goût d'avoir l'air de juger considérables les revenus moindres d'autrui."
a) coloçalement   b) colossalement   c) colloçallement   d) collossallement

AG50- Complétez la phrase : "Le rire est satanique, il est donc ... humain."
a) profondement   b) profondément   c) profondemment   d) profondémment

AG51- Complétez la phrase : "Je montais dans les tours, faisant lever des vols de pigeons, ou bien ... de leur sommeil des chauves-souris et des chouettes."
a) dérenjant   b) déranjant   c) dérengeant   d) dérangeant

AG52- Complétez la phrase : "L'avancée en âge s'accompagne parfois de pathologies comme la ... ."
a) cénilité   b) cénilitée   c) sénilité   d) sénilitée

AG53- Complétez la phrase : "Au-dessus de ces chaudes et lourdes émanations planent, ... et froides, les mortelles vapeurs d'éther."
a) subtiles   b) subtilles   c) suptiles   d) suptilles

AG54- Complétez la phrase : "L'expression aux ... signifie vivre aux frais d'une tierce personne."
a) dépen   b) dépens   c) dépend   d) dépends

AG55- Complétez la phrase : "Les enfants chantent ... ."
a) ensamble   b) ensambles   c) ensemble   d) ensembles

AG56- Complétez la phrase : "Pour suivre les prescriptions du manuel, ils tâchèrent de devenir ..., jusqu'à se priver de la main droite, temporairement."
a) embidextres   b) hembidextres   c) ambidextres   d) hambidextres

AG57- Complétez la phrase : "Dès qu'ils se sentirent sur le port, les dix hommes que la mer roulait depuis des mois se mirent en marche tout doucement, avec une hésitation d'êtres dépaysés, ... des villes."
a) désacouttumés   b) désacouttumés   c) désacoutumés   d) désaccoutumés

AG58- Complétez la phrase : "Seriez-vous capable de lister les ... péchés capitaux ?"
a) cet   b) set   c) sept   d) septs

AG59- Complétez la phrase : "Le conducteur avait eu ... de passer au feu rouge."
a) tor   b) tord   c) tors   d) tort

AG60- Complétez la phrase : "Napoléon reste supérieur encore grâce au sentiment ... qu'il a de sa destinée."
a) mistique   b) mystique   c) misthique   d) mysthique

AG61- Complétez la phrase : "J'espère qu'ils réussiront à résoudre leurs ... au cours de l'année."
a) différents   b) différends   c) diférents   d) diférends

AG62- Quelle chaussette couvre uniquement le pied ?
a) La soquette   b) La socquette   c) La sokette   d) La sockette

AG63- Complétez la phrase : "On a beaucoup discuté sur des brouillons, des fragments, les premières ... de ces trois grands livres."
a) éboches   b) ébauches   c) héboches   d) hébauches

AG64- Complétez la phrase : "Deux ... personnes sont attendues aujourd'hui."
a) s'en   b) sans   c) cent   d) cents

AG65- Complétez la phrase : "Il était ... finir ce travail pour jeudi."
a) cencé   b) sencé   c) censé   d) sensé

AG66- Complétez la phrase : "... les attestations demandées."
a) Ci-joint   b) Ci-joints   c) Ci-jointe   d) Ci-jointes

AG67- Quel est le pluriel du mot "rond-point" ?
a) Des rond-point   b) Des ronds-point   c) Des rond-points   d) Des ronds-points

AG68- Complétez la phrase : "Il y a chez l'amant la même ... et impossible exigence que chez le mari; il veut sa maîtresse absolument sienne et pourtant étrangère."
a) duplisse   b) duplice   c) duplysse   d) duplyce

AG69- Complétez la phrase : "Se sentant traqués, les malfaiteurs ont abandonné la grotte qui leur avait servi de ... ."
a) repère   b) reperre   c) repaire   d) repairre

AG70- Complétez la phrase : "L'air devint transparent à la crête des monts; leur dentelure se traçait avec une ... extraordinaire."
a) nettetée   b) nétetée   c) netteté   d) néteté

AG71- Complétez la phrase : "Un travail forcément ..., mais fignolé cependant, élémentaire certes, mais compact !"
a) sucsaint   b) succeint   c) succint   d) succinct

AG72- Quel terme désigne un garçon niais et de maintien gauche ?
a) Un dadai   b) Un dadé   c) Un dadais   d) Un dadet

AG73- Complétez la phrase : "Le vin, que la main n'arrêtait plus, s'échappa comme une brusque ..., s'épandit sur la nappe, fit des cascatelles sur les serviettes, les pantalons, le sol."
a) diarée   b) diarhée   c) diarrhée   d) diarrée

AG74- Complétez la phrase : "Le ... est une plante aromatique aux multiples propriétés."
a) tin   b) thym   c) teint   d) tain

AG75- Complétez la phrase : "Tous les articles sont soldés à ... euros."
a) quatre-vingts-dix-neuf   b) quatre-vingt-dis-neuf
c) quatre-vingt-dix-neuf   d) quatre-vingts-dis-neuf

AG76- Complétez la phrase : "Un ... est un fanfaron toujours prêt à combattre."
a) vatenguère   b) vatanguerre   c) va-t-en-guerre   d) va-tant-guerre

AG77- Complétez la phrase : "La ... est une gomme résine aromatique exsudant du tronc de certains arbres d'Asie et d'Afrique, utilisée pour son parfum et ses propriétés antispasmodiques et stimulantes."
a) mire   b) mirre   c) myrhe   d) myrrhe

AG78- Complétez la phrase : "Une fosse ... est un des systèmes autonomes d'assainissement des eaux usées de la maison."
a) septique   b) sceptique   c) ceptique   d) sceptique

AG79- Complétez la phrase : "Ce film a rapporté ... de dollars."
a) cinq cent millions   b) cinq cents millions   c) cinq cents million   d) cinqs cents

AG80- Complétez la phrase : "Il vient nous voir ... ."
a) fréquament   b) fréquamment   c) fréquement   d) fréquemment

AG81- Complétez la phrase : "J'aime tous aliments sucrés, ... les bonbons."
a) excepté   b) exceptés   c) exceptée   d) exceptées

AG82- Complétez la phrase : "Une ... désigne ce que l'on appelle couramment «un bleu»."
a) équimose   b) échimose   c) echymose   d) ecchymose

AG83- Quel est le pluriel du mot "demi-journée" ?
a) Des demi-journée   b) Des demis-journée   c) Des demi-journées   d) Des demis-journées

AG84- Complétez la phrase : "À l'apogée de l'empire maritime athénien, un millier de cités lui versaient un ... ."
a) tribu   b) tribue   c) tribus   d) tribut

AG85- Complétez la phrase : " Les délinquants dangereux doivent rester en prison au lieu de ... dans les rues et de s'attaquer à des innocents."
a) rauder   b) reauder   c) roder   d) rôder

AG86- Quel terme désigne ce qui peut être vu, entendu, senti ou touché de façon claire et précise ?
a) Distinggable   b) Dystingable   c) Distinguable   d) Dystinguable

AG87- Complétez la phrase : "L'année a commencé sous d'heureux ... ."
a) auspices   b) ospices   c) hauspices   d) hospices

AG88- Complétez la phrase : "Une ... de recherche est un poste auquel le titulaire est nommé dans le but d'effectuer des travaux de recherche dans un domaine particulier."
a) chaire   b) chère   c) chairre   d) cherre

AG89- Complétez la phrase : "Une voiture avec ... se compose d'un coffre dont l'unique porte s'ouvre de manière verticale."
a) haion   b) haillon   c) hayon   d) aillon

AG90- Complétez la phrase : "Au hockey sur glace, cette plaque sert essentiellement à arrêter le ... dans sa trajectoire."
a) palai   b) palais   c) palé   d) palet

AG91- Complétez la phrase : "Tout incitait donc un auteur de romans à ... une héroïne à la santé fragile et à la beauté délicate."
a) dépindre   b) dépaindre   c) dépeindre   d) déppindre

AG92- Complétez la phrase : "Les personnes encore ... sont priées de sortir de la salle."
a) debou   b) debous   c) debout   d) debouts

AG93- Complétez la phrase : "Un regard qui capture l'éphémère de la beauté et en révèle la vision ... sous la patine des apparences."
a) fuggace   b) fuggasse   c) fugace   d) fugasse

AG94- Complétez la phrase : "Martine doit m'... ce soir."
a) apeler   b) appeler   c) apeller   d) appeller

AG95- Complétez la phrase : "Pour comprendre un mot, il faut chercher son ... ."
a) étimologie   b) éthimologie   c) étymologie   d) éthymologie

AG96- Quel est le pluriel du mot "savoir-vivre" ?
a) Des savoir-vivre   b) Des savoirs-vivre   c) Des savoir-vivres   d) Des savoirs-vivres

AG97- Complétez la phrase : "Il est très important pour nous de savoir à quelle heure vous devez arriver, pour nous assurer que quelqu'un puisse vous ... ."
a) acceuillir   b) acceiullir   c) accueillir   d) accuiellir

AG98- Quel terme désigne un chien de chasse à poil long ?
a) Un épanieul   b) Un épagneul   c) Un épagnieul   d) Un éppanieul

AG99- Complétez la phrase : "Mon ordinateur est équipé d'une ... Internet sans fil."
a) conection   b) conexion   c) connection   d) connexion

AG100- Complétez la phrase : "Il nous offrira un avant-goût de son nouvel album, qui paraîtra... ."
a) inceçamment   b) incessamment   c) inseçamment   d) insessamment

AG101- Complétez la phrase : "L'humide et tiède nuit ..., qui sentait les herbages mouillés et la menthe, avait pris aussi de ton odeur."
a) pyrénéene   b) pyrénéenne   c) pirénéene   d) pirénéenne

AG102- Complétez la phrase : "J'ai acheté cet article au prix de 1,99 ... ."
a) euros   b) euro   c) eurro   d) eurros

AG103- Quel mot est mal orthographié ?
a) Parmis   b) Toujours   c) Dehors   d) Hormis

AG104- Quel terme désigne la limitation partielle ou totale de la mobilité d'une articulation ?
a) Une anchilose   b) Une enchilose   c) Une ankylose   d) Une enkylose

AG105- Complétez la phrase : "Pourquoi les feux ... de ce véhicule ne fonctionnent pas ?"
a) arière   b) arières   c) arrière   d) arrières

AG106- Complétez la phrase : "La moitié des peintures sont falsifiées par la faute de restaurateurs ... ."
a) impi   b) impis   c) impie   d) impies

AG107- Quel mot est bien orthographié ?
a) Accacia   b) Accolade   c) Accajou   d) Accompte

AG108- Complétez la phrase : "Ce ... paysan un peu buté s'obstine à confondre l'intelligence et l'anarchie, la machine et la laideur."
a) traditionnalisme   b) traditionalisme   c) tradittionnalisme   d) tradittionalisme

AG109- Complétez la phrase : "Pourtant, il passe le plus gros de son temps à leur remplir la panse de vinasse pas chère, à ces pochtrons, et à entretenir leur ... contre de jolis euros brillants."
a) cirose   b) cirrhose   c) sirause   d) sirrose

AG110- Quel terme désigne une personne qui collectionne les timbres-poste ?
a) Un filatéliste   b) Un filatelliste   c) Un philatéliste   d) Un philatelliste

AG111- Complétez la phrase : "En son ... intérieur, il est certain qu'elle reviendra un jour." ?
a) for　　　　　　　　　b) ford　　　　　　　　c) fors　　　　　　　　d) fort

AG112- Complétez la phrase : "Il me conduisit à travers d'... et immenses salles, dans lesquelles il me présenta à des hordes de gens, dont j'oubliais les noms au fur et à mesure qu'il les énonçait. "
a) innombrables　　　　b) inombrables　　　　c) inhombrables　　　　d) hinnombrables

AG113- Complétez la phrase : "Je suis devant un ... : faire ou ne rien faire ?"
a) dileme　　　　　　　b) dilenme　　　　　　c) dilemne　　　　　　d) dilemme

AG114- Complétez la phrase : "La « femme folle de la messe » transformé par Rabelais en « femme molle de la fesse » est le prototype de la ... ."
a) contrepèterie　　　　b) contrepètrie　　　　c) contrepéterie　　　　d) contrepètrie

AG115- Complétez la phrase : "... un cliché permet de faire apparaître les images fixées sur la pellicule."
a) Déveloper　　　　　b) Développer　　　　　c) Dévelloper　　　　　d) Dévellopper

AG116- Complétez la phrase : "Au total, le ... possède quinze points d'ossification : cinq primitifs et dix complémentaires."
a) coxix　　　　　　　b) coccyx　　　　　　　c) coxyx　　　　　　　d) coccix

AG117- Complétez la phrase : "Des azalées, des ... aux dimensions sénégaliennes donnent une note gaie à ce triste parc où les couleurs éclatantes étonnent, où leur taille gigantesque semble lutter de force avec les vieux remparts toujours solides."
a) rododendrons　　　　b) rodhodendrons　　　c) rhododendrons　　　d) rododhendrons

AG118- Complétez la phrase : "Je n'ai fait qu'une faute lors de la ... ."
a) dicté　　　　　　　　b) dycté　　　　　　　c) dictée　　　　　　　d) dyctée

AG119- Complétez la phrase : "Les bretons ont leur ... avec le cidre."
a) kouign-aman　　　　b) kouign-amann　　　c) kouin-amann　　　　d) kouin-aman

AG120- Complétez la phrase : "Un ... est une tumeur le plus souvent bénigne."
a) chyste　　　　　　　b) kyste　　　　　　　c) quiste　　　　　　　d) quyste

AG121- Complétez la phrase : "La peur de la mort .... son esprit et paralysait son corps."
a) aubnubilait　　　　　b) haubnubilait　　　　c) obnubilait　　　　　d) hobnubilait

AG122- Complétez la phrase : "La plupart des maisons sont habitées par d'antiques familles bourgeoises qui composent une sorte de nation ... dans laquelle les étrangers ne sont jamais reçus."
a) autochtone　　　　　b) otochtone　　　　　c) autoctone　　　　　d) otoctone

AG123- Complétez la phrase : "La ... est la discipline scientifique étudiant les séismes et plus généralement la propagation des ondes."
a) sismologie　　　　　b) sysmologie　　　　　c) sishmologie　　　　　d) syshmologie

AG124- Complétez la phrase : " Il est ..., calculateur et trahit sans scrupule."
a) cinique　　　　　　　b) sinique　　　　　　c) cynique　　　　　　d) synique

AG125- Complétez la phrase : "Cette maison possède des salons ... ."
a) communiquant　　　b) communiquants　　　c) communicant　　　　d) communicants

AG126- Quel nom désigne un titre de presse écrite paraissant deux fois par mois ?
a) Un bimmenssuel   b) Un bimmensuel   c) Un bimensuel   d) Un bimençuel

AG127- Complétez la phrase : "Cet événement a marqué le début des … ."
a) ostilités   b) hostilités   c) austilités   d) haustilités

AG128- Complétez la phrase : "Les Grecs revendiquent Philippopolis comme appartenant à l'… ."
a) hélénisme   b) élénisme   c) ellénisme   d) hellénisme

AG129- Complétez la phrase : "Notre … se réduit à une simple incompatibilité d'humeur."
a) différend   b) différand   c) différent   d) différant

AG130- Complétez la phrase : "Une … est un texte qui passe par la moquerie pour critiquer un sujet."
a) satire   b) satyre   c) satirre   d) satyrre

AG131- Complétez la phrase : "Maintes fois, j'ai étudié cette formidable épopée où l'on voit les … tenir tête aux conquérants."
a) abborigènes   b) aborigènes   c) arborigènes   d) arborrigènes

AG132- Complétez la phrase : "Personne n'est … ne pas respecter les règles."
a) censé   b) censés   c) sensé   d) sensés

AG133- Complétez la phrase : "Sous l'effet de l'alcool, les trois … se sentent agressés par les militaires."
a) compars   b) comparsses   c) comparces   d) comparses

AG134- Complétez la phrase : "Quelle est la différence entre un centre … et maison d'arrêt ?"
a) pénitentier   b) pénitentiaire   c) pénitenciaire   d) pénitencier

AG135- Complétez la phrase : "La … est une araignée."
a) migale   b) migalle   c) mygale   d) mygale

AG136- Complétez la phrase : " Il est difficile de distinguer un champignon … d'un champignon hallucinogène."
a) vénaineux   b) vainéneux   c) vénéneux   d) vainaineux

AG137- Complétez la phrase : "On se réjouit par avance des voyages …"
a) a venir   b) à venir   c) avenir   d) avenirs

AG138- Complétez la phrase : "C'est toi qui … dans le faux."
a) ai   b) et   c) es   d) est

AG139- Complétez la phrase : "Il doit se … autour de chaque être un complot très particulier qui n'existe pas seulement dans son imagination."
a) faumenter   b) fomenter   c) formenter   d) formanter

AG140- Complétez la phrase : "Jean ne voit pas … à vivre ici."
a) davantage   b) d'avantage   c) davantages   d) d'avantages

AG141- Complétez la phrase : "Quant à moi, au fond du canal, en bon …, je médite et tire de cette affaire des leçons qui ne me serviront pas."
a) macabé   b) maccabée   c) macchabée   d) machabé

AG142- Complétez la phrase : "Les ... sont les ressortissants des pays en guerre appartenant aux forces armées régulières ou supplétives."
a) beligérrants   b) belligérants   c) beligérrents   d) belligérents

AG143- Complétez la phrase : "En tant que navigateur ..., il a fait plusieurs fois le tour du monde".
a) infattigable   b) infattiguable   c) infatigable   d) infatiguable

AG144- Complétez la phrase : "Le choix de cette approche me semble tout à fait ...".
a) oportun   b) oportunt   c) opportun   d) opportunt

AG145- Complétez la phrase : "Un esprit ... fait preuve de tolérance et montre une grande ouverture d'esprit."
a) débonère   b) débonnère   c) débonnaire   d) débonaire

AG146- Complétez la phrase : "Le ... de ces montres est suisse."
a) fabricant   b) fabriquant   c) fabriquent   d) fabriquants

AG147- Complétez la phrase : "Il ne sera possible d'... ce vœu qu'après de nombreuses années."
a) exausser   b) exhausser   c) exaucer   d) exocer

AG148- Complétez la phrase : "Je l'ai attendu deux heures et ... ."
a) demi   b) demis   c) demies   d) demie

AG149- Complétez la phrase : "Je me dois absolument de vous dire que cette déclaration est à mille ... de la réalité sur le terrain."
a) lieu   b) lieux   c) lieues   d) lieus

AG150- Complétez la phrase : "Elle est ... hésitante."
a) tous   b) tout   c) toute   d) toutes

Répondez aux 150 questions de grammaire avant de consulter la grille de réponses.

AH1- Quel mot n'est pas un nom commun ?
a) Chant   b) Danse   c) Musicien   d) Jouer

AH2- Dans la phrase suivante, quel est le sujet ? Soudain, ils sortent de la taverne.
a) Soudain   b) Ils   c) Sortent   d) De la taverne

AH3- Que signifie le sigle COD ?
a) Cœur ou déterminant   b) Centre oral différé   c) Complément d'objet direct   d) Cercle oblique déterminé

AH4- Quel mot n'est pas un adverbe de temps ?
a) Partout   b) Jamais   c) Demain   d) Bientôt

AH5- Dans la phrase suivante, quel est le complément circonstanciel ?
Lentement, les vers grignotent la carcasse.
a) Lentement   b) Les vers   c) Grignotent   d) La carcasse

AH6- Dans la phrase suivante, quel est le COI ? Tu as emprunté un dictionnaire à ton frère.
a) Tu   b) Un dictionnaire   c) À ton frère   d) Il n'y en a pas

AH7- Quel mot n'est pas un adverbe ?
a) Fortement   b) Hier   c) Mais   d) Très

AH8- Dans la phrase suivante, quelle est l'épithète ? Tous les jours, Paul conduit sa vieille voiture.
a) Jours   b) Vieille   c) Voiture   d) Il n'y en a pas

AH9- Dans la phrase suivante, quelle est la proposition subordonnée interrogative indirecte ?
Elle veut savoir comment on distingue les torchons et les serviettes.
a) Elle veut   b) Veut savoir   c) Comment on distingue les torchons et les serviettes   d) Et les serviettes

AH10- Dans la phrase suivante, quel est l'attribut du sujet ? Mes amis sont vraiment fainéants.
a) Mes amis   b) Vraiment   c) Fainéants   d) Il n'y en a pas

AH11- Quel mot n'est pas une conjonction de subordination ?
a) Mais   b) Comme   c) Lorsque   d) Quoique

AH12- Quel mot est à la fois un nom commun et une conjonction de coordination ?
a) Puis   b) Car   c) Sur   d) Bon

AH13- Quelle branche de la linguistique étudie la manière dont les mots se combinent pour former des phrases ou des énoncés dans une langue ?
a) La lexicologie   b) La stylistique   c) La phonologie   d) La syntaxe

AH14- Quel mot n'est pas un verbe ?
a) Lier   b) Évier   c) Épier   d) Oublier

AH15- Dans la phrase suivante, quelle est la proposition subordonnée complétive conjonctive ?
Nous avouerons que nous n'avons pas aimé le repas servi hier.
a) Nous avouerons   b) Que nous n'avons pas aimé le repas servi   c) Hier   d) Il n'y en a pas

AH16- Dans la phrase suivante, quel est le complément circonstanciel ?
Les élèves vont à l'école, sans leur cartable.
a) Les élèves   b) Vont   c) À l'école   d) Il n'y en a pas

AH17- Dans la phrase suivante, quel est le groupe prépositionnel complément du nom ?
Loin de la France, les français expatriés vivent malheureux.
a) De la France   b) Expatriés   c) Malheureux   d) Il n'y en a pas

AH18- Quel mot n'est pas un pronom ?
a) La   b) Je   c) Cette   d) Quelqu'un

AH19- Dans la phrase suivante, quel est le COD ? Mes amis aiment énormément les friandises.
a) Mes amis   b) Aiment   c) Énormément   d) Les friandises

AH20- Quel nom commun a la même forme au masculin et au féminin ?
a) Gardien   b) Boulanger   c) Banquier   d) Journaliste

AH21- Quel mot n'est pas un adverbe de manière ?
a) Mieux   b) Confusément   c) Bien   d) Parfois

AH22- Dans la phrase suivante, quel est le COI ? Tous les matins, Marie prend le bus en ville.
a) Tous les matins   b) Le bus   c) En ville   d) Il n'y en a pas

AH23- Dans la phrase suivante, combien d'adjectifs qualificatifs y a-t-il ?
Dans un plan euclidien, une ellipse est une courbe plane fermée, dont chacun des points est tel que la somme des distances à deux points fixes, dits foyers, est constante.
a) 3   b) 4   c) 5   d) 6

AH24- Dans la phrase suivante, qu'exprime la proposition subordonnée ?
Il travaille beaucoup alors que sa voisine ne fait rien.
a) Concession   b) Opposition   c) Cause   d) Conséquence

AH25- Quel mot n'est pas un adjectif ?
a) Rouge   b) Trop   c) Grand   d) Faible

AH26- Dans la phrase suivante, quelle est la proposition subordonnée interrogative indirecte ?
Je ne sais jamais où sont mes clés.
a) Je ne sais   b) Jamais   c) Où sont mes clés   d) Il n'y en a pas

AH27- Quelle mot est un nom commun et une conjonction de coordination ?
a) Or   b) Ou   c) Et   d) Ni

AH28- Quel verbe est impersonnel ?
a) Falloir   b) Avoir   c) Voir   d) S'asseoir

AH29- Dans la phrase suivante, quelle est l'épithète ?
Le dernier lundi d'avril, on fête l'amour.
a) Dernier   b) Lundi   c) Avril   d) Amour

AH30- Quel verbe est intransitif ?
a) Voyager   b) Regarder   c) Parler   d) Assister

AH31- Quelle est la nature de « Oh » ?
a) Préposition   b) Interjection   c) Déterminant   d) Pronom

AH32- Quelle phrase est à la voix passive ?
a) Soudain, une voiture percute un piéton.   b) Soudain, le piéton est renversé par une voiture.
c) Les gens se retournent pour regarder l'accident.   d) L'accident provoque d'énormes embouteillages.

AH33- Quel mot n'est pas une conjonction de coordination ?
a) Donc   b) Et   c) Puisque   d) Car

AH34- Dans la phrase suivante, comment s'accorde l'adjectif ?
Les habitants de la ville ont célébré le match comme ... par l'excitation de la compétition.
a) emporté   b) emportés   c) emportée   d) emportées

AH35- Dans la phrase suivante, quel est le complément circonstanciel de temps ?
Il mangea tôt pour avoir le temps de se rendre au cinéma.
a) Il   b) Tôt   c) Pour avoir le temps de se rendre au cinéma   d) Il n'y en a pas

AH36- En linguistique, quelle branche de la grammaire étudie la forme des mots ?
a) L'orthographe   b) L'orthoépie   c) La morphologie   d) L'orthophonie

AH37- Dans la phrase suivante, quel est le sujet ?
Les hirondelles, tout au long de l'hiver, mangent des graines.
a) Les hirondelles   b) Tout au long de l'hiver   c) Mangent   d) Des graines

AH38- Dans la phrase suivante, quelle est l'apposition ?
Paris, capitale de la France, est connue dans le monde entier, notamment pour la mode.
a) Paris   b) Capitale de la France   c) Dans le monde entier   d) Notamment pour la mode

AH39- Quelle phrase est à la forme affirmative ?
a) Mes amis ne mangent pas de sucreries.   b) Mes amis mangent-ils des sucreries ?
c) Mes amis mangent des sucreries.   d) Mes amis, mangez des sucreries !

AH40- Quelle phrase est à la voix active ?
a) On aime regarder les passants.   b) L'avenue est traversée par les passants.
c) Les passants sont observés.   d) La rue sera envahie par les passants.

AH41- Dans la phrase suivante, quelle est la préposition ?
Nous savons tous que nous partirons dans quelques jours.
a) Tous   b) Que   c) Dans   d) Quelques

AH42- Quelle phrase n'est pas correcte ?
a) Je vais au coiffeur.   b) J'ai rendez-vous chez le dentiste.
c) Je pars au salon de tatouage   d) Je passe la soirée avec ma cousine.

AH43- Quelle est la nature de « Bang » ?
a) Verbe   b) Onomatopée   c) Adverbe   d) Conjonction de subordination

AH44- Dans la phrase suivante, quel est le groupe prépositionnel complément du nom ?
L'obscurité de la nuit créait une atmosphère étrange et lugubre.
a) De la nuit   b) étrange   c) Lugubre   d) Il n'y en a pas

AH45- Dans la phrase suivante, quel est le COI ? Les nostalgiques pensent très souvent au passé.
a) Les nostalgiques   b) Très souvent   c) Au passé   d) Il n'y en a pas

AH46- Dans la phrase suivante, quel est le COD ? La neige tombe sur les arbres en hiver.
a) La neige   b) Sur les arbres   c) En hiver   d) Il n'y en a pas

AH47- Dans la phrase suivante, quel est le COS ?
Le paysage semble triste tous les soirs d'hiver.
a) Le paysage   b) Triste   c) Tous les soirs d'hiver   d) Il n'y en a pas

AH48- Dans la phrase suivante, qu'exprime la proposition subordonnée ?
Tout fainéant qu'il soit, il travaille durement aujourd'hui.
a) Temps   b) Opposition   c) Manière   d) Lieu

AH49- Dans la phrase suivante, quel est l'attribut du sujet ?
Gérard peint de magnifiques portraits à la gouache.
a) Magnifiques   b) Portraits   c) À la gouache   d) Il n'y en a pas

AH50- Quel mot est un pronom interrogatif et relatif ?
a) Chacun   b) Lui   c) Qui   d) On

AH51- Dans la phrase suivante, quel est le pronom personnel complément ?
Son enfant a tellement bien travaillé que sa mère lui a promis une récompense.
a) Son   b) Que   c) Sa   d) Lui

AH52- Dans la phrase suivante, quel est le sujet ?
De nos jours, près de la ville vivent des hommes étranges.
a) De nos jours   b) Près de la ville   c) Vivent   d) Des hommes étranges

AH53- Quel mot n'est pas un déterminant ?
a) Cet   b) Un   c) Ma   d) Avec

AH54- Dans la phrase suivante, comment s'accorde l'adjectif ?
Mes amies avaient fait une promenade, mais … légèrement elles avaient pris froid.
a) vêtu   b) vêtue   c) vêtus   d) vêtues

AH55- Quelle est la forme de la phrase suivante ?
Ne rentrez pas tard ce soir !
a) Phrase déclarative   b) Phrase injonctive   c) Phrase interrogative   d) Phrase négative

AH56- Dans la phrase suivante, quelle est la proposition subordonnée interrogative indirecte ?
Le serveur m'a demandé si j'avais apprécié mon repas.
a) Le serveur   b) M'   c) A demandé   d) Si j'avais apprécié mon repas

AH57- De quel type est le verbe « se laver » ?
a) Impersonnel   b) Pronominal   c) Intransitif   d) Du troisième groupe

AH58- Dans la phrase suivante, quel est le complément circonstanciel de lieu ?
Chaque jour, dans sa maison, Martine s'ennuie énormément.
a) Chaque jour   b) Dans sa maison   c) Énormément   d) Il n'y en a pas

AH59- Dans la phrase suivante, quel est le COI ?
Le moniteur accompagne les enfants au pied des pistes de ski.
a) Le moniteur   b) Les enfants   c) Au pied des pistes de ski   d) Il n'y en a pas

AH60- Quel linguiste américain commence à développer sa théorie de la grammaire générative et transformationnelle dans les années 1950 ?
a) Noam Chomsky   b) Ferdinand de Saussure   c) Howard Zinn   d) Steven Pinker

AH61- Dans la phrase suivante, quel est le COD ? Mon ami parle souvent d'astrologie à son voisin.
a) Souvent   b) D'astrologie   c) À son voisin   d) Il n'y en a pas

AH62- Dans la phrase suivante, quel est le sujet ?
Par vous aurait péri le monstre de la Crète.
a) Par vous   b) Vous   c) Le monstre de la Crète   d) La Crète

AH63- Dans la phrase suivante, qu'exprime la proposition subordonnée ?
Il reste dans son lit parce qu'il est malade.
a) But   *b) Cause*   *c) Conséquence*   *d) Manière*

AH64- Dans la phrase suivante, quel est le COS ?
Les généreux offrent des cadeaux à tous leurs amis.
a) Les généreux   *b) Des cadeaux*   *c) À tous leurs amis*   *d) Il n'y en a pas*

AH65- Dans la phrase suivante, quel est le pronom possessif ?
Mes stylos sont noirs contrairement aux tiens.
a) Mes   *b) Noirs*   *c) Aux*   *d) Tiens*

AH66- Quel mot n'est pas un pronom personnel sujet ?
a) Nous   *b) Je*   *c) Eux*   *d) Elle*

AH67- Dans la phrase suivante, quelle est la proposition subordonnée relative ?
Au Mexique, les touristes dorment dans des hôtels qui semblent délabrés.
a) Au Mexique   *b) Les touristes*   *c) Dans des hôtels*   *d) Qui semblent délabrés*

AH68- Dans la phrase suivante, combien d'adverbes y a-t-il ?
Très poliment, il m'a répondu que je m'étais malheureusement trompée de réponse.
a) 1   *b) 2*   *c) 3*   *d) 4*

AH69- Dans la phrase suivante, quel est le sujet ?
Chaque année, comment trouvez-vous vos lieux de séjours ?
a) Chaque année   *b) Comment*   *c) Vous*   *d) Vos lieux de séjours*

AH70- Dans la phrase suivante, quel est le groupe prépositionnel complément du nom ?
L'âge de mon oncle ne cesse d'augmenter chaque année.
a) L'âge   *b) De mon oncle*   *c) D'augmenter*   *d) Chaque année*

AH71- Dans la phrase suivante, quel est le complément circonstanciel de but ?
Pour arriver le premier, lors de la course cycliste, Gérard sabota les vélos des concurrents.
a) Pour arriver le premier   *b) Lors de la course cycliste*   *c) Les vélos des concurrents*   *d) Il n'y en a pas*

AH72- Dans la phrase suivante, quel est l'attribut du sujet ?
Adeline reçoit un prix qu'elle trouve magnifique.
a) Un prix   *b) Qu'elle trouve*   *c) Magnifique*   *d) Il n'y en a pas*

AH73- Quel mot n'est pas un article défini ?
a) Un   *b) L'*   *c) Les*   *d) La*

AH74- Dans la phrase suivante, quel est le premier adjectif qualificatif ? Si des coupures d'électricité
ont lieu, alors la fourniture des services de communications fixe et mobile sera interrompue.
a) D'électricité   *b) Lieu*   *c) Fixe*   *d) Interrompue*

AH75- Dans la phrase suivante, quelle est la principale ? Vous avez du temps que lui n'a pas.
a) Vous avez du temps   *b) Du temps*   *c) Que*   *d) Que lui n'a pas*

AH76- Dans la phrase suivante, comment s'accorde l'adjectif ?
Elle n'aimait pas que des inconnus lui effleurent la main, même ... par son regard.
a) incité   *b) incités*   *c) incitée*   *d) incitées*

AH77- Quel mot n'est pas une préposition ?
a) La   *b) Par*   *c) De*   *d) À*

AH78- Quelle phrase n'a pas de COD ?
a) *Ce bateau appartient à un homme âgé.*   b) *L'homme âgé possède un bateau.*
c) *La mouette survole le bateau de l'homme âgé.*   d) *L'homme âgé appose son nom sur la coque de son bateau.*

AH79- Combien d'adverbes y a-t-il dans la phrase suivante ?
Je vous envoie cet email pour m'assurer que vous ne manquerez pas cette opportunité d'être embauché plus rapidement par de nouveaux clients.
a) *0*   b) *1*   c) *2*   d) *3*

AH80- Dans la phrase suivante, quel est le COD ?
Même s'il s'excusait, je ne lui pardonnerais jamais son comportement.
a) *Même s'il s'excusait*   b) *Lui*   c) *Jamais*   d) *Son comportement*

AH81- Dans la phrase suivante, quel est le complément de l'adjectif ?
Le fils du voisin est satisfait par sa réussite scolaire.
a) *Du voisin*   b) *Satisfait*   c) *Par sa réussite scolaire*   d) *Il n'y en a pas*

AH82- Quelle est la forme de la phrase suivante ? Les chats adorent manger du poisson.
a) *Phrase déclarative*   b) *Phrase injonctive*   c) *Phrase interrogative*   d) *Phrase négative*

AH83- Quel mot n'est pas un article indéfini ?
a) *Un*   b) *Une*   c) *Des*   d) *Ces*

AH84- Dans la phrase suivante, quel est le pronom numéral ?
Parmi tous mes amis, cinq sont des amis d'enfance.
a) *Parmi*   b) *Tous*   c) *Mes*   d) *Cinq*

AH85- Dans la phrase suivante, quelle est la proposition subordonnée interrogative indirecte ?
J'ignore quand nous pourrons célébrer ton anniversaire.
a) *J'ignore*   b) *Quand nous pourrons*
c) *Quand nous pourrons célébrer ton anniversaire*   d) *Il n'y en a pas*

AH86- Dans la phrase suivante, quelle est la fonction de « respectueux » ?
Cet homme, respectueux, a pourtant insulté toute la foule.
a) *Épithète liée*   b) *Épithète détachée*   c) *Proposition subordonnée relative*   d) *Groupe prépositionnel*

AH87- Dans la phrase suivante, quel est le complément circonstanciel de moyen ?
Je vais chaque matin à l'école en bus sans mes parents.
a) *Chaque matin*   b) *À l'école*   c) *En bus*   d) *Il n'y en a pas*

AH88- Combien de noms communs y a-t-il dans la phrase suivante ?
Choisissez le mode de paiement qui convient à votre entreprise et utilisez-le comme mode de paiement individuel ou partagé.
a) *1*   b) *3*   c) *5*   d) *7*

AH89- Dans la phrase suivante, quel est l'attribut du sujet ?
La femme reste muette devant ce terrifiant spectacle.
a) *Muette*   b) *Devant*   c) *Ce terrifiant spectacle*   d) *Il n'y en a pas*

AH90- Dans la phrase suivante, qu'exprime la proposition subordonnée ?
Étant donné qu'il pleut, la route est glissante.
a) *But*   b) *Concession*   c) *Cause*   d) *Conséquence*

AH91- Quel mot n'est pas un déterminant démonstratif ?
a) *Cette*   b) *Celui-ci*   c) *Ces*   d) *Ce*

AH92- Dans la phrase suivante, quel est le groupe prépositionnel complément du nom ?
Leur oncle italien viendra sûrement à la fin du mois.
a) Italien　　　　　　b) Sûrement　　　　　　c) Du mois　　　　　　d) Il n'y en a pas

AH93- Dans la phrase suivante, quel est le COS ?
Tous les matins, je demande à ma mère du pain beurré.
a) Tous les matins　　　b) À ma mère　　　　　c) Du pain beurré　　　d) Il n'y en a pas

AH94- Quel verbe est intransitif ?
a) Aider　　　　　　　b) Vérifier　　　　　　c) Lire　　　　　　　　d) Galoper

AH95- Dans la phrase suivante, quel est le COD ?
Le magicien fabrique toutes ses potions dans son atelier au fond des bois.
a) Toutes ses potions　　b) Dans son atelier　　c) Au fond des bois　　d) Il n'y en a pas

AH96- Dans quelle phrase les propositions sont-elles juxtaposées ?
a) J'ai donné les clés à ma concierge, elle doit me les rendre demain.
b) J'ai donné les clés à ma concierge et elle doit me les rendre demain.
c) J'ai donné les clés à ma concierge qui doit me les rendre demain.
d) J'ai donné les clés à ma concierge afin qu'elle me les rende demain.

AH97- Quel nom commun a la même forme au masculin et au féminin ?
a) Réceptionniste　　　b) Technicien　　　　　c) Marchand　　　　　d) Dessinateur

AH98- Dans la phrase suivante, quel est le complément de l'adjectif ?
Comme il aimait vivre là, Jean-Marc était fâché de déménager ailleurs.
a) Là　　　　　　　　b) Fâché　　　　　　　c) De déménager　　　d) Ailleurs

AH99- Quel mot n'est pas un déterminant possessif ?
a) Lui　　　　b) Mon　　　　c) Leur　　　　d) Sa

AH100- Dans la phrase suivante, quel est le complément d'agent ?
Ce chèque a été envoyé par la Poste, hier soir.
a) Ce chèque　　　　　b) Par la Poste　　　　c) Hier soir　　　　　d) Il n'y en a pas

AH101- Quelle expression n'est pas un groupe nominal ?
a) La table vernie　　　b) Le petit chat noir　　c) Travailler durement　　d) Des hommes puissants

AH102- Quelle phrase possède un COD ?
a) La rue est traversée par les passants.　　　b) Un livre a été offert à Jeanne par son frère.
c) Le chat regarde les oiseaux par la fenêtre.　　d) Ici, on reste toujours calmes pour ne pas déranger les autres.

AH103- Dans la phrase suivante, quel est le complément circonstanciel de lieu ?
Les champignons poussent habituellement en forêt.
a) Les champignons　　b) Habituellement　　　c) En forêt　　　　　d) Il n'y en a pas

AH104- Dans la phrase suivante, quel est le pronom interrogatif ?
Parmi ces trois boissons, laquelle préférez-vous ?
a) Parmi　　　b) Ces　　　c) Laquelle　　　d) Vous

AH105- Quelle est la nature de « celui-ci » ?
a) Pronom personnel　　b) Pronom possessif　　c) Pronom interrogatif　　d) Pronom démonstratif

AH106- Quel verbe est impersonnel ?
a) Asseoir　　　b) Vouloir　　　c) Pleuvoir　　　d) Recevoir

AH107- Dans la phrase suivante, quelle est la nature de « y » ? J'adore le cinéma, j'y vais souvent.
a) Pronom   b) Adjectif qualificatif   c) Déterminant   d) Préposition

AH108- Dans la phrase suivante, quel est le COD ? La princesse est magnifique devant son miroir.
a) La princesse   b) Magnifique   c) Devant son miroir   d) Il n'y en a pas

AH109- Quel mot n'est pas un pronom relatif ?
a) Qui   b) Dont   c) Que   d) Ou

AH110- Donnez la forme de la phrase : « Pourquoi travaillez-vous autant les mercredis ? »
a) Phrase déclarative   b) Phrase injonctive   c) Phrase interrogative   d) Phrase négative

AH111- Dans la phrase suivante, quel est l'article partitif ?
J'ai acheté une pomme, deux oranges sanguines et du pain.
a) Une   b) Deux   c) Du   d) Il n'y en a pas

AH112- Dans la phrase suivante, quel est l'attribut du COD ? Mon père le trouve toujours surprenant.
a) Le   b) Trouve   c) Toujours   d) Surprenant

AH113- Dans la phrase suivante, quel est le COD ?
Dans le musée, nous interdisons les discussions à tous les visiteurs.
a) Dans le musée   b) Les discussions   c) À tous les visiteurs   d) Il n'y en a pas

AH114- Dans la phrase suivante, quel est le pronom tonique ?
Fred aime les épinards, mais moi, je les déteste.
a) Fred   b) Moi   c) Je   d) Les

AH115- Quelle est la nature de « chacun » ?
a) Pronom personnel   b) Pronom indéfini   c) Pronom interrogatif   d) Pronom démonstratif

AH116- Combien de verbes conjugués y a-t-il dans la phrase suivante ?
Rejoignez des groupes pour communiquer avec des personnes qui partagent vos centres d'intérêt.
a) 0   b) 1   c) 2   d) 3

AH117- Dans la phrase suivante, qu'exprime la proposition subordonnée ?
Il vérifie toujours tout de peur qu'il ne fasse une erreur.
a) But   b) Concession   c) Conséquence   d) Opposition

AH118- Dans la phrase suivante, quel est le pronom indéfini ?
Quelqu'un a pris mes affaires sans me prévenir.
a) Quelqu'un   b) Mes   c) Sans   d) Me

AH119- Dans la phrase suivante, combien d'adverbes y a-t-il ? Aujourd'hui est le plus beau jour de notre vie, car hier n'existe plus et demain ne se lèvera peut-être jamais.
a) 3   b) 5   c) 7   d) 9

AH120- Dans la phrase suivante, quel est le complément de l'adjectif ?
Tout le monde put voir qu'il n'était pas insensible aux malheurs.
a) Qu'il n'était pas insensible aux malheurs   b) Insensible aux malheurs   c) Aux malheurs   d) Malheurs

AH121- Dans quelle phrase les propositions sont-elles subordonnées ?
a) J'ai commencé ce tableau, je n'ai pas le temps de le terminer.
b) J'ai commencé ce tableau, or je n'ai pas le temps de le terminer.
c) J'ai commencé ce tableau mais je n'ai pas le temps de le terminer.
d) J'ai commencé ce tableau même si je n'ai pas le temps de le terminer.

AH122- Quelle est la nature de « où » ?
a) *Préposition*   b) *Pronom relatif*   c) *Conjonction de coordination*   d) *Conjonction de subordination*

AH123- Dans la phrase suivante, combien de pronoms relatifs y a-t-il ?
Il voyait briller au sein des ténèbres une sphère rougeâtre dont le centre était occupé par un petit vieillard qui se tenait debout et dirigeait sur lui la clarté d'une lampe.
a) *0*   b) *1*   c) *2*   d) *3*

AH124- Dans la phrase suivante, quel est le sujet ?
Lire est un bon exercice pour maintenir le cerveau performant.
a) *Lire*   b) *Un bon exercice*   c) *Pour maintenir*   d) *Le cerveau*

AH125- Dans la phrase suivante, quel est l'antécédent du pronom relatif « dont » ?
Les félins, dont le tigre fait partie, sont des animaux dangereux.
a) *Les félins*   b) *Le tigre*   c) *Des animaux*   d) *Dangereux*

AH126- Quelle expression n'est pas un groupe verbal ?
a) *Parle à son ami*   b) *Court*   c) *Travaille trop*   d) *Il regarde*

AH127- Dans la phrase suivante, quel est le sujet ?
Que le bateau coule était envisageable de tous les membres de l'équipage.
a) *Le bateau*   b) *Que le bateau coule*   c) *Tous les membres de l'équipage*   d) *L'équipage*

AH128- Dans la phrase suivante, quelle est la nature de « que » ?
J'ai obtenu une note que je ne mérite pas.
a) *Pronom relatif*   b) *Conjonction de subordination*   c) *Pronom interrogatif*   d) *Adverbe exclamatif*

AH129- Dans la phrase suivante, quelle est la proposition subordonnée relative ?
La voiture que l'on m'a prêtée ne possède pas une boîte automatique.
a) *La voiture*   b) *Que l'on m'a prêtée*   c) *Une boîte automatique*   d) *Ne possède pas une boîte automatique*

AH130- Combien d'adjectifs qualificatifs y a-t-il dans la phrase suivante ?
Une commission parlementaire vote en faveur de la publication des déclarations fiscales du président.
a) *0*   b) *1*   c) *2*   d) *3*

AH131- Quel mot n'est pas un adjectif qualificatif ?
a) *Gentil*   b) *Basse*   c) *Tendresse*   d) *Doux*

AH132- Quelle phrase est simple ?
a) *Tu l'as vu hier avant que j'arrive*   b) *Tu as vu hier l'homme que je souhaitais voir.*
c) *Tu l'as vu hier bien avant moi.*   d) *Avant mon arrivée, tu as vu celui que je souhaitais voir.*

AH133- Quel mot n'est pas un adverbe ?
a) *Ici*   b) *Ainsi*   c) *Déni*   d) *Ici*

AH134- Quel verbe n'est pas défectif ?
a) *Falloir*   b) *Saisir*   c) *Neiger*   d) *Advenir*

AH135- Dans la phrase suivante, quel est le pronom personnel complément ?
J'ai acheté une robe, mais je ne l'ai jamais portée.
a) *J'*   b) *Je*   c) *Ne*   d) *L'*

AH136- Dans la phrase suivante, quel est le COD ? Je les ai emballés avec du papier cadeau.
a) *Je*   b) *Les*   c) *Avec du papier cadeau*   d) *Il n'y en a pas*

AH137- Dans la phrase suivante, de quel type est la proposition subordonnée ?
J'entends mes voisins parler.
a) Infinitive   b) Participiale   c) Relative   d) Conjonctive

AH138- Dans la phrase suivante, quel est le complément d'agent ?
Tout au long de sa vie, cette femme était appréciée de ses amies.
a) Tout au long de sa vie   b) Cette femme   c) De ses amies   d) Il n'y en a pas

AH139- Dans la phrase suivante, quelle est la nature de « en » ?
Les enfants détestent les épinards, ils en mangent simplement pour faire plaisir à leurs parents.
a) Pronom   b) Adjectif qualificatif   c) Déterminant   d) Préposition

AH140- Dans la phrase suivante, qu'exprime la proposition subordonnée ?
Bien qu'il pleuve, il fait un pique-nique.
a) But   b) Manière   c) Conséquence   d) Concession

AH141- Dans la phrase suivante, quel est le nom remplacé par le pronom relatif « que » ?
Dans ce restaurant, loin de la ville, je déteste les plats que prépare le chef.
a) Restaurant   b) Ville   c) Plats   d) Chef

AH142- Quel mot n'est pas un adverbe de lieu ?
a) Dessous   b) Maintenant   c) Là   d) Dehors

AH143- Dans la phrase suivante, de quel type est la proposition subordonnée ?
Mes sœurs vivant près de chez moi passent beaucoup de temps dans ma maison.
a) Infinitive   b) Participiale   c) Relative   d) Conjonctive

AH144- Dans quelle phrase les propositions sont-elles coordonnées ?
a) Je vais chez le médecin parce que je suis malade.   b) Je vais chez le médecin car je suis malade.
c) Je vais chez le médecin, je suis malade.   d) Je vais chez le médecin puisque je suis malade.

AH145- Dans la phrase suivante, quelle est la préposition ? Je déménagerai juste après les fêtes.
a) Je   b) Juste   c) Après   d) Les

AH146- Dans la phrase suivante, quelle est la proposition subordonnée relative ?
Le livre dont je te parle a été écrit par un écrivain argentin sur son lit de mort.
a) Le livre   b) Dont je te parle   c) Par un écrivain argentin   d) Sur son lit de mort

AH147- Dans la phrase suivante, combien d'adjectifs y a-t-il ?
Aucun bonheur n'est possible dans l'ignorance, la certitude seule fait la vie calme.
a) 1   b) 2   c) 3   d) 4

AH148- Dans la phrase suivante, combien de noms communs y a-t-il ?
Je crois que l'avenir de l'humanité est dans le progrès de la raison par la science.
a) 3   b) 4   c) 5   d) 6

AH149- Dans la phrase suivante, quelle est la nature de « que » ?
Je crois que tu ne mérites pas cette note.
a) Pronom relatif   b) Conjonction de subordination   c) Pronom interrogatif   d) Adverbe exclamatif

AH150- Quelle phrase est complexe ?
a) Ils reçoivent des cadeaux que le Père Noël apporte.
b) Chaque année, les enfants attendent avec impatience la période des fêtes de fin d'année.
c) Le déballage des cadeaux leur procure une joie immense.
d) Ensuite, ils s'amusent pendant des heures avec ces nouveaux jouets.

Répondez aux 150 questions de conjugaison avant de consulter la grille de réponses.

AI1- À quel groupe de verbes appartient le verbe « saisir » ?
a) 1er groupe   b) 2e groupe   c) 3e groupe   d) Aucun groupe

AI2- Comment se conjugue le verbe « oublier » au présent de l'indicatif, à la première personne du singulier ?
a) J'oubli   b) J'oublie   c) J'oublis   d) J'oublies

AI3- Dans la phrase suivante, comment s'accorde le participe passé ?
Les vacances ont été plus studieuses qu'on ne l'avait ...
a) prévu   b) prévus   c) prévue   d) prévues

AI4- Comment se conjugue le verbe « coudre » à la première personne du singulier du passé simple ?
a) Je cous   b) Je cousis   c) Je cousus   d) Je cousai

AI5- Quel mode grammatical exprime un fait pensé ou imaginé ?
a) L'indicatif   b) Le subjonctif   c) Le conditionnel   d) L'impératif

AI6- Comment se conjugue le verbe « croire » au futur simple de l'indicatif, à la première personne du singulier ?
a) Je croirrai   b) Je croirai   c) Je croirrais   d) Je croirais

AI7- Comment se conjugue le verbe « craindre » à l'imparfait de l'indicatif, à la première personne du singulier ?
a) Je craindais   b) Je craindai   c) Je craignais   d) Je crégnai

AI8- Comment se conjugue le verbe « courir » au présent du subjonctif, à la première personne du singulier ?
a) Je court   b) Je courd   c) Je cours   d) Je coure

AI9- Comment se conjugue le verbe « placer » au conditionnel présent, à la troisième personne du pluriel ?
a) Ils placèrent   b) Ils placeront   c) Ils placeraient   d) Ils aient placé

AI10- Comment se conjugue le verbe « savoir » à la première personne du pluriel du passé simple ?
a) Nous saurons   b) Nous savions   c) Nous sûmes   d) Nous sussions

AI11- Comment se conjugue le verbe « arranger » au présent de l'indicatif, à la première personne du pluriel ?
a) Nous arranjons   b) Nous arrangons   c) Nous arranggons   d) Nous arrangeons

AI12- Dans la phrase suivante, comment s'accorde le participe passé ?
Les adultes ont fait tous les sacrifices qu'ils ont ...
a) pu   b) pus   c) pue   d) pues

AI13- Comment se conjugue le verbe « protéger » à l'impératif présent, à la deuxième personne du singulier ?
a) Protége   b) Protéges   c) Protège   d) Protèges

AI14- À quel temps est conjugué le dernier verbe de la phrase suivante ?
C'est tout simplement, comme nous l'avons établi, l'un des verdicts les plus durs que nous ayons rendu en tant que mission d'observation.
a) Subjonctif présent   b) Subjonctif plus-que-parfait   c) Subjonctif imparfait   d) Subjonctif passé

AI15- Comment se conjugue le verbe « aimer » au conditionnel passé, à la troisième personne du pluriel ?

a) Ils auront aimé   b) Ils aient aimé   c) Ils eussent aimé   d) Ils auraient aimé

AI16- Comment se conjugue le verbe « connaître » à l'imparfait de l'indicatif, à la deuxième personne du pluriel ?

a) Vous connaiciez   b) Vous connaissiez   c) Vous connussiez   d) Vous connaîtriez

AI17- Comment se conjugue le verbe « avoir » à l'imparfait du subjonctif, à la troisième personne du singulier ?

a) Il aie   b) Il ait   c) Il eut   d) Il eût

AI18- Comment se conjugue le verbe « choir » au passé simple de l'indicatif, à la deuxième personne du singulier ?

a) Tu chois   b) Tu chis   c) Tu chus   d) Tu chusses

AI19- Quel verbe a pour forme « nous prissions », à l'imparfait du subjonctif, à la première personne du pluriel ?

a) Priser   b) Prédire   c) Prendre   d) Prier

AI20- Comment se conjugue le verbe « entendre » à la troisième personne du pluriel du passé simple ?

a) Ils entendirent   b) Ils entendinrent   c) Ils entendurent   d) Ils entendraient

AI21- À quel groupe de verbes appartient le verbe « aller » ?

a) 1er groupe   b) 2e groupe   c) 3e groupe   d) Aucun groupe

AI22- Dans la phrase suivante, comment se conjugue le verbe « relier » au futur ?
Bientôt, l'îlot des Marquises … l'île au continent.

a) relira   b) reliera   c) reliront   d) relieront

AI23- Dans la phrase suivante, comment s'accorde le participe passé ?
Des bananes, j'en ai … des centaines au cours de l'année passée.

a) mangé   b) mangés   c) mangée   d) mangées

AI24- Comment se conjugue le verbe « créer » au futur simple de l'indicatif, à la première personne du pluriel ?

a) Nous crérons   b) Nous crérrons   c) Nous créerons   d) Nous créerrons

AI25- Comment se conjugue le verbe « acquérir » au conditionnel présent, à la troisième personne du singulier ?

a) Il acquérirait   b) Il acquerait   c) Il acquerrait   d) Il acquérirrait

AI26- Comment se conjugue le verbe « mordre » au présent de l'indicatif, à la première personne du singulier ?

a) Je mor   b) Je mors   c) Je mord   d) Je mords

AI27- À quel temps est conjugué le verbe de la phrase suivante ?
Tous ces êtres m'avaient révélé des vérités.

a) Imparfait de l'indicatif   b) Plus-que-parfait de l'indicatif
c) Futur simple de l'indicatif   d) Conditionnel présent

AI28- Comment se conjugue le verbe « naviguer » au présent du subjonctif, à la première personne du singulier ?

a) J'aie navigué   b) J'eusse navigué   c) Je naviguasse   d) Je navigue

AI29- Quel mode grammatical permet d'évoquer un fait éventuel, plus ou moins probable, dépendant notamment d'une supposition ou d'une concession hypothétique ?

a) L'indicatif   b) Le subjonctif   c) Le conditionnel   d) L'impératif

AI30- Comment se conjugue le verbe « appeler » à l'imparfait de l'indicatif, à la première personne du pluriel ?

a) Nous appellions   b) Nous appelions   c) Nous appelons   d) Nous appellons

AI31- Dans la phrase suivante, comment s'accorde le participe passé ?
Les trois heures qu'il a ... n'ont pas été suffisantes.

a) dormi   b) dormis   c) dormie   d) dormies

AI32- Comment se conjugue le verbe « mentir » à la troisième personne du pluriel du passé simple ?

a) Ils mentiront   b) Ils mentaient   c) Ils mentirent   d) Ils menturent

AI33- Dans la phrase suivante, comment s'accorde le participe passé ?
Les membres de mon club ont ... à une compétition régionale.

a) participé   b) participés   c) participée   d) participées

AI34- Comment se conjugue le verbe « étudier » au futur simple de l'indicatif, à la troisième personne du pluriel ?

a) Ils étudieront   b) Ils étudiront   c) Ils étudieraient   d) Ils étudiraient

AI35- Dans la phrase suivante, comment se conjugue le verbe « envoyer » ?
Il faut que vous ... vos réponses par courrier.

a) envoiez   b) envoyez   c) envoiiez   d) envoyiez

AI36- Comment se conjugue le verbe « falloir » au passé simple de l'indicatif, à la troisième personne du singulier ?

a) Il faudra   b) Il fallut   c) Il fallait   d) Il fallût

AI37- Quel verbe a pour forme « nous repussions », à l'imparfait du subjonctif, à la première personne du pluriel ?

a) Reprendre   b) Repaître   c) Répercuter   d) Repousser

AI38- Comment se conjugue le verbe « taire » au conditionnel passé, à la troisième personne du singulier ?

a) Il aurait to   b) Il aurait ti   c) Il aurait tu   d) Il aurait tait

AI39- Dans la phrase suivante, comment se conjugue le verbe « vouloir » au présent de l'indicatif ?
Mes voisins ... quitter le pays.

a) voulent   b) vont   c) valent   d) veulent

AI40- Comment se conjugue le verbe « prendre » au conditionnel présent, à la première personne du singulier ?

a) Je prenais   b) Je pris   c) Je prendrai   d) Je prendrais

AI41- Comment se conjugue le verbe « prévaloir » au futur simple de l'indicatif, à la troisième personne du singulier ?

a) Il prévalera   b) Il prévaloira   c) Il prévalura   d) Il prévaudra

AI42- Quel mode grammatical est impersonnel ?

a) L'indicatif   b) Le subjonctif   c) L'infinitif   d) L'impératif

AI43- Dans la phrase suivante, comment s'accorde le participe passé ?
La raison qu'il a ... est totalement incohérente.
a) stipulé   b) stipulés   c) stipulée   d) stipulées

AI44- Quelle conjugaison du verbe « émouvoir » n'existe pas ?
a) J'émouvasse   b) J'émusse   c) J'ai ému   d) J'aie ému

AI45- À quel temps est conjugué le premier verbe de la phrase suivante ?
Si nous eussions vécu du temps de nos pères, nous n'eussions pas trempé avec eux dans le meurtre des prophètes !
a) Subjonctif présent   b) Subjonctif plus-que-parfait   c) Subjonctif imparfait   d) Subjonctif passé

AI46- Comment se conjugue le verbe « vouloir » à l'imparfait de l'indicatif, à la première personne du singulier ?
a) Je voulais   b) Je voudrais   c) Je voulus   d) J'ai voulu

AI47- Quel verbe ne se termine pas par un d à la troisième personne du singulier du présent de l'indicatif ?
a) Peindre   b) Répandre   c) Prendre   d) Rendre

AI48- Comment se conjugue le verbe « émouvoir » au passé simple de l'indicatif, à la troisième personne du pluriel ?
a) Ils émouvrèrent   b) Ils émirent   c) Ils émurent   d) Ils émouvrirent

AI49- Quel verbe se conjugue, à toutes les personnes, comme « dire » au présent de l'indicatif ?
a) Prédire   b) Redire   c) Contredire   d) Interdire

AI50- À quel temps est conjugué le dernier verbe de la phrase suivante ?
Je trouve que c'est un vrai dilemme et j'approuverais quelques conseils.
a) Imparfait de l'indicatif   b) Plus-que-parfait de l'indicatif
c) Futur simple de l'indicatif   d) Conditionnel présent

AI51- Comment se conjugue le verbe « ouvrir » au futur simple de l'indicatif, à la deuxième personne du singulier ?
a) Tu ouvrais   b) Tu ouvras   c) Tu ouvriras   d) Tu ouvrirais

AI52- Comment se conjugue le verbe « craindre » au présent de l'indicatif, à la première personne du singulier ?
a) Je crain   b) Je crains   c) Je craind   d) Je crainds

AI53- Dans la phrase suivante, à quel temps est conjugué le verbe ?
Nous ne mourrons pas de faim.
a) Présent de l'indicatif   b) Futur de l'indicatif   c) Impératif présent   d) Participe passé

AI54- Dans la phrase suivante, comment s'accorde le participe passé ?
Il n'oubliera jamais les filles qu'il a ...
a) rencontré   b) rencontrés   c) rencontrée   d) rencontrées

AI55- Comment se conjugue le verbe « voir » à l'impératif présent, à la deuxième personne du pluriel ?
a) Verrez   b) Voyez   c) Voyiez   d) Vîtes

AI56- Quelle conjugaison du verbe « mourir » n'existe pas ?
a) Nous mourussions   b) Nous fussions morts   c) Nous mourûmes   d) Nous fîmes morts

AI57- Comment se conjugue le verbe « cueillir » au passé simple de l'indicatif, à la troisième personne du singulier ?

a) Il cueillit   b) Il cueillut   c) Il cueilla   d) Il cueillât

AI58- Quel verbe a pour forme « nous missions », à l'imparfait du subjonctif, à la première personne du pluriel ?

a) Mettre   b) Miser   c) Masser   d) Mouvoir

AI59- Quel verbe a pour forme « je dusse », à l'imparfait du subjonctif, à la première personne du singulier ?

a) Désirer   b) Devoir   c) Dire   d) Durer

AI60- Comment se conjugue le verbe « haïr » au présent du subjonctif, à la troisième personne du singulier ?

a) Il haïrait   b) Il hait   c) Il haïsse   d) Il haït

AI61- À quel groupe de verbes appartient le verbe « éponger » ?

a) 1er groupe   b) 2e groupe   c) 3e groupe   d) Aucun groupe

AI62- Dans la phrase suivante, comment se conjugue le verbe « convaincre » au futur antérieur ?
Pascal et Pauline diront la même version que nous dès que je les … .

a) aurais convaincu   b) aurais convaincus   c) aurai convaincu   d) aurai convaincus

AI63- Dans la phrase suivante, comment s'accorde le participe passé ?
Les intempéries sont … par le changement climatique.

a) provoqué   b) provoqués   c) provoquée   d) provoquées

AI64- Quel verbe a pour forme « nous irions », au conditionnel présent, à la première personne du pluriel ?

a) Avoir   b) Faire   c) Être   d) Aller

AI65- Dans la phrase suivante, quel est le verbe conjugué ?
Choyez votre peau avec les bienfaits du miel !

a) Choir   b) Choyer   c) Chérir   d) Choisir

AI66- Comment se conjugue le verbe « vivre » au conditionnel présent, à la première personne du pluriel ?

a) Nous vivrons   b) Nous vécûmes   c) Nous vivrions   d) Nous vivions

AI67- Comment se conjugue le verbe « fuir » au présent de l'indicatif, à la deuxième personne du pluriel ?

a) Vous fuiez   b) Vous fuyez   c) Vous fuyiez   d) Vous fuiiez

AI68- Comment se conjugue le verbe « aller » au passé simple de l'indicatif, à la troisième personne du pluriel ?

a) Ils iraient   b) Ils allassent   c) Ils irent   d) Ils allèrent

AI69- Comment se conjugue le verbe « faire » au futur simple de l'indicatif, à la deuxième personne du pluriel ?

a) Vous ferez   b) Vous ferrez   c) Vous fairez   d) Vous fairrez

AI70- Dans la phrase suivante, comment s'accorde le participe passé ?
Les élèves que j'ai … travailler ont eu de mauvais résultats.

a) fait   b) faits   c) faite   d) faites

AI71- Quelle conjugaison du verbe « jouer » n'existe pas ?
a) Elle jouât   b) Elle joua   c) Elle jouera   d) Elle jouassa

AI72- Quel verbe a pour forme « nous fissions », à l'imparfait du subjonctif, à la première personne du pluriel ?
a) Finir   b) Faire   c) Être   d) Falloir

AI73- Comment se conjugue le verbe « savoir » à l'imparfait de l'indicatif, à la troisième personne du pluriel ?
a) Ils surent   b) Ils sauront   c) Ils sauraient   d) Ils savaient

AI74- Dans la phrase suivante, comment se conjugue le verbe « recevoir » au passé antérieur ?
Dès que nous … de tes nouvelles, nous fûmes soulagés.
a) eûmes reçus   b) eûmes reçu   c) aurions reçus   d) aurons reçu

AI75- Quel verbe a pour forme « nous émouvrions », au conditionnel présent, à la première personne du pluriel ?
a) Emmener   b) Emporter   c) Émouvoir   d) Émettre

AI76- Comment se conjugue le verbe « payer » au passé simple de l'indicatif, à la première personne du pluriel ?
a) Nous payerions   b) Nous payassions   c) Nous payions   d) Nous payâmes

AI77- Comment se conjugue le verbe « placer » à l'imparfait du subjonctif, à la première personne du singulier ?
a) Je plaçasse   b) Je plaçai   c) Je place   d) J'eusse placé

AI78- Dans la phrase suivante, comment s'accorde le participe passé ?
Lors de l'entraînement de boxe, avec Paul, nous nous sommes … .
a) blessé   b) blessés   c) blessée   d) blessées

AI79- Comment se conjugue le verbe « pouvoir » au conditionnel passé, à la première personne du singulier ?
a) J'ai pu   b) J'aie pu   c) J'aurais pu   d) J'aurai pu

AI80- Dans la phrase suivante, comment se conjugue le verbe « commencer » au plus-que-parfait de l'indicatif ?
Depuis que les ouvriers … les travaux, des bruits insupportables retentissaient.
a) eurent commencé   b) eurent commencés   c) avaient commencé   d) avaient commencés

AI81- Dans la phrase suivante, comment s'écrit le verbe ?
Les arbres que j'ai vu … sont désormais immenses.
a) poussé   b) poussés   c) poussait   d) pousser

AI82- Dans la phrase suivante, comment se conjugue le verbe « perdre » au présent de l'indicatif ?
Je … mon temps à ne rien faire de mes journées.
a) pers   b) perd   c) perds   d) perts

AI83- Comment se conjugue le verbe « devoir » au présent du subjonctif, à la troisième personne du pluriel ?
a) Ils doivent   b) Ils devaient   c) Ils durent   d) Ils devont

AI84- Comment se conjugue le verbe « asseoir » au passé simple de l'indicatif, à la troisième personne du singulier ?
a) Il assit   b) Il assoit   c) Il assît   d) Il assoie

AI85- Comment se conjugue le verbe « faire » au présent de l'indicatif, à la deuxième personne du pluriel ?

a) Vous fesez   b) Vous faisez   c) Vous fêtes   d) Vous faites

AI86- Quel verbe a pour forme « nous fûmes », au passé simple de l'indicatif, à la première personne du pluriel ?

a) Être   b) Fuir   c) Fumer   d) Fuiter

AI87- À quel groupe de verbes appartient le verbe « maudire » ?

a) 1er groupe   b) 2e groupe   c) 3e groupe   d) Aucun groupe

AI88- Comment se conjugue le verbe « rompre » au futur simple de l'indicatif, à la deuxième personne du singulier ?

a) Tu rompas   b) Tu rompras   c) Tu romperas   d) Tu romperras

AI89- Dans la phrase suivante, comment se conjugue le verbe « promettre » au passé composé de l'indicatif ?
Elsa ... de dire la vérité.

a) à promi   b) a promi   c) a promis   d) a promit

AI90- À quel temps est conjugué le dernier verbe de la phrase suivante ?
Mais devais-je me scandaliser de cette infidélité posthume et que tel ou tel pût donner comme objet à mes sentiments des femmes inconnues, quand cette infidélité, cette division de l'amour entre plusieurs êtres, avait commencé de mon vivant et avant même que j'écrivisse ?

a) Subjonctif présent   b) Subjonctif plus-que-parfait   c) Subjonctif imparfait   d) Subjonctif passé

AI91- Comment se conjugue le verbe « larguer » à l'imparfait de l'indicatif, à la troisième personne du singulier ?

a) Il largait   b) Il larguait   c) Il larguerait   d) Il largerait

AI92- Dans la phrase suivante, comment s'accorde le participe passé ?
Ils se sont ... l'an passé à Londres.

a) rencontré   b) rencontrés   c) rencontrée   d) rencontrées

AI93- Comment se conjugue le verbe « conduire » à l'impératif présent, à la première personne du pluriel ?

a) Conduisions   b) Conduirions   c) Conduirons   d) Conduisons

AI94- Comment se conjugue le verbe « fuir » au conditionnel présent, à la deuxième personne du pluriel ?

a) Vous fuiriez   b) Vous fuirez   c) Vous fuyeriez   d) Vous fuyiez

AI95- Comment se conjugue le verbe « couvrir » au passé simple de l'indicatif, à la deuxième personne du singulier ?

a) Tu couvrisses   b) Tu couvris   c) Tu couvrais   d) Tu couvras

AI96- Quelle conjugaison du verbe « taire » n'existe pas ?

a) J'aurai tu   b) J'aurais tu   c) J'eusse tu   d) J'eusses tu

AI97- Quel est le dernier verbe conjugué dans la phrase suivante ?
Après bien des tergiversations, c'est finalement mon idée qui a prévalu.

a) Prévoir   b) Prévenir   c) Prévaloir   d) Prévariquer

AI98- À quel temps est conjugué le premier verbe de la phrase ?
Réponds-moi, machiniste, la nature a-t-elle arrangé tous les ressorts du sentiment dans cet animal, afin qu'il ne sente pas ?
a) Participe présent   b) Subjonctif présent   c) Impératif présent   d) Conditionnel présent

AI99- Dans la phrase suivante, comment s'accorde le participe passé ?
Les sacrifices qu'elle s'est ... ont fini par porter leurs fruits.
a) imposé   b) imposés   c) imposée   d) imposées

AI100- À quel temps est conjugué le premier verbe de la phrase ?
Soudain qu'il fut né, ne cria comme les autres enfants, mies ! mies ! mies ! Mais à haute voix s'écriait, à boire ! à boire ! à boire !
a) Passé composé de l'indicatif   b) Plus-que-parfait de l'indicatif
c) Passé antérieur de l'indicatif   d) Futur antérieur de l'indicatif

AI101- Quel verbe a pour forme « nous sussions », à l'imparfait du subjonctif, à la première personne du pluriel ?
a) Soucier   b) Suivre   c) Sucer   d) Savoir

AI102- Comment se conjugue le verbe « clore » au futur simple de l'indicatif, à la première personne du singulier ?
a) Je clorai   b) Je closerai   c) Je clorais   d) Je closerais

AI103- Dans la phrase suivante, comment se conjugue le verbe « mourir » au conditionnel passé ?
Sans leur manteau et leurs gants, ils ... de froid.
a) serait mort   b) serait morts   c) seraient mort   d) seraient morts

AI104- Comment se conjugue le verbe « créer » au présent de l'indicatif, à la deuxième personne du pluriel ?
a) Vous crez   b) Vous creez   c) Vous créez   d) Vous créhez

AI105- Dans la phrase suivante, comment se conjugue le verbe « relire » au présent de l'indicatif ?
Je ... sans cesse tes messages car ta présence me manque tellement.
a) reli   b) relie   c) relis   d) relies

AI106- Dans la phrase suivante, à quels temps est conjugué le verbe sourire ?
Souriant comme sourirait un enfant malade, il fait un somme
a) Participe présent et conditionnel présent   b) Participe passé et conditionnel présent
c) Participe présent et futur de l'indicatif   d) Participe passé et futur de l'indicatif

AI107- Dans la phrase suivante, comment s'accorde le participe passé ?
Elles se sont ... les cheveux.
a) lavé   b) lavés   c) lavée   d) lavées

AI108- Comment se conjugue le verbe « être aimé » au conditionnel passé, à la première personne du pluriel ?
a) Nous ayons été aimés   b) Nous aurons été aimés
c) Nous eussions été aimés   d) Nous aurions été aimés

AI109- Dans la phrase suivante, comment se conjugue le verbe « partir » à l'impératif passé ?
Les enfants, ... de la maison avant midi !
a) partez   b) ayez partis   c) soyez partis   d) eussiez partis

AI110- Quel verbe ne se termine pas par un t à la troisième personne du singulier du présent de l'indicatif ?
a) Enfreindre   b) Coudre   c) Joindre   d) Craindre

AI111- À quel temps est conjugué le premier verbe de la phrase ?
Dans l'état présent de la question, à une époque où nos abus s'aggravent sur ce point comme sur tant d'autres, on peut se demander si une Déclaration des droits de l'animal va être utile.

a) Participe présent   b) Subjonctif présent   c) Impératif présent   d) Indicatif présent

AI112- Comment se conjugue le verbe « finir » à l'imparfait de l'indicatif, à la troisième personne du singulier ?

a) Il finait   b) Il finit   c) Il finissait   d) Il finirait

AI113- Dans la phrase suivante, comment se conjugue le verbe « rire » ?
Nous ... et plaisantions avec beaucoup d'entre eux et essayions de réconforter ceux qui se sentaient seuls.

a) rions   b) riions   c) ririons   d) rissions

AI114- Comment se conjugue le verbe « breveter » au futur simple de l'indicatif, à la première personne du pluriel ?

a) Nous breveterons   b) Nous brevetterons   c) Nous breveterrons   d) Nous brevetterrons

AI115- Quel est le temps de la subordonnée dans la phrase suivante : « Il fallait qu'il vînt demain.» ?

a) Conditionnel passé   b) Plus-que-parfait du subjonctif
c) Imparfait du subjonctif   d) Impératif passé

AI116- Comment se conjugue le verbe « acquérir » au passé simple de l'indicatif, à la troisième personne du pluriel ?

a) Ils acquérirent   b) Ils acquérèrent   c) Ils acquirent   d) Ils acquièrent

AI117- À quel groupe de verbes appartient le verbe « descendre » ?

a) 1er groupe   b) 2e groupe   c) 3e groupe   d) Aucun groupe

AI118- Quelle conjugaison du verbe « battre » n'existe pas ?

a) Je battasse   b) Je battisse   c) J'aie battu   d) J'eusse battu

AI119- Dans la phrase suivante, quel est dernier verbe conjugué ?
Les négociants craignent que la récolte américaine de maïs des États-Unis ne suffise pas à la demande.

a) Suffir   b) Suffire   c) Suffiser   d) Suffisser

AI120- Comment se conjugue le verbe « battre » au conditionnel présent, à la première personne du pluriel ?

a) Nous batrons   b) Nous batrions   c) Nous battrons   d) Nous battrions

AI121- Comment se conjugue le verbe « pouvoir » au présent de l'indicatif, à la première personne du singulier ?

a) Je peu   b) Je peus   c) Je peut   d) Je peux

AI122- Dans la phrase suivante, comment se conjugue le verbe « avoir » ?
... le courage de dire la vérité !

a) Ai   b) Aie   c) Ais   d) Ait

AI123- Comment se conjugue le verbe « dire » au présent du subjonctif, à la première personne du pluriel ?

a) Nous dîmes   b) Nous dirons   c) Nous dirions   d) Nous disions

AI124- Dans la phrase suivante, comment s'accorde le participe passé ?
Ceux qui s'expriment aujourd'hui pour condamner des actions sont les mêmes que ceux qui se sont ... hier face aux actions commises par d'autres.
a) tu   b) tus   c) tue   d) tues

AI125- Quel verbe ne se termine pas par "de" à la troisième personne du singulier du présent du subjonctif ?
a) Confondre   b) Comprendre   c) Rendre   d) Vendre

AI126- Comment se conjugue le verbe « pleuvoir » au passé simple de l'indicatif, à la troisième personne du singulier ?
a) Il pleuve   b) Il pleuva   c) Il pleuvut   d) Il plut

AI127- Comment se conjugue le verbe « dormir » à l'imparfait du subjonctif, à la troisième personne du singulier ?
a) Il dormait   b) Il dormît   c) Il dormirait   d) Il dorme

AI128- Dans la phrase suivante, comment se conjugue le verbe « avoir » au conditionnel passé ?
Si tu n'avais pas travaillé, tu ... plus de temps pour te reposer.
a) aurai eu   b) aurais eus   c) aurais eu   d) aurais eus

AI129- Dans la phrase suivante, comment s'accorde le participe passé ?
La maison des voisins s'est ... en seulement trois mois.
a) vendu   b) vendue   c) vendus   d) vendues

AI130- À quel temps est conjugué le premier verbe de la phrase ?
À peine les ont-ils déposés sur les planches, que ces rois de l'azur ,maladroits et honteux, laissent piteusement leurs grandes ailes blanches comme des avirons traîner à côté d'eux.
a) Passé composé de l'indicatif   b) Plus-que-parfait de l'indicatif
c) Passé antérieur de l'indicatif   d) Futur antérieur de l'indicatif

AI131- Comment se conjugue le verbe « s'asseoir » au futur simple de l'indicatif, à la première personne du singulier, à l'une de ses deux formes ?
a) Je m'asseoirai   b) Je m'asseoirais   c) Je m'assoirai   d) Je m'assoirais

AI132- À quel temps sont conjugués les verbes de la phrase ?
En ce qui concerne la participation à la vie politique et la liberté d'expression des minorités, il prie la délégation gouvernementale de formuler des observations.
a) Présent de l'indicatif   b) Futur de l'indicatif
c) Imparfait de l'indicatif   d) Passé simple de l'indicatif

AI133- Quelle conjugaison du verbe « vivre » n'existe pas ?
a) Tu vis   b) Tu vus   c) Tu vivrais   d) Tu vives

AI134- Comment se conjugue le verbe « construire » à l'imparfait de l'indicatif, à la troisième personne du pluriel ?
a) Ils construiraient   b) Ils construisirent   c) Ils construisaient   d) Ils construiraient

AI135- À quel groupe de verbes appartient le verbe « fuir » ?
a) 1er groupe   b) 2e groupe   c) 3e groupe   d) Aucun groupe

AI136- À quel temps est conjugué le premier verbe de la phrase ?
S'ils imaginaient avec force les jeunes hommes qui agonisent dans une rizière humide, étouffés par une eau croupie, ils feraient tout pour éviter des guerres inutiles.
a) Présent de l'indicatif   b) Futur de l'indicatif
c) Imparfait de l'indicatif   d) Conditionnel présent

AI137- Comment se conjugue le verbe « dire » au passé simple de l'indicatif, à la deuxième personne du pluriel ?

a) Vous dites   b) Vous dîtes   c) Vous disiez   d) Vous dissiez

AI138- Comment se conjugue le verbe « sentir » au conditionnel passé, à la deuxième personne du pluriel ?

a) Vous auriez sentis   b) Vous eûtes sentis   c) Vous auriez senti   d) Vous eûtes senti

AI139- Dans la phrase suivante, comment se conjugue le verbe « finir » à l'impératif passé ?
... ton travail avant le dîner !

a) Fini   b) Ai fini   c) Aie fini   d) Ais fini

AI140- Comment se conjugue le verbe « manger » au conditionnel présent, à la première personne du singulier ?

a) Je mangeais   b) Je mangerai   c) Je mangeasse   d) Je mangerais

AI141- Comment se conjugue le verbe « comprendre » au présent de l'indicatif, à la première personne du singulier ?

a) Je comprens   b) Je comprent   c) Je comprend   d) Je comprends

AI142- Quel verbe ne se termine pas par un d à la troisième personne du singulier du présent de l'indicatif ?

a) Recoudre   b) Moudre   c) Dissoudre   d) Surprendre

AI143- Comment se conjugue le verbe « joindre » à l'imparfait du subjonctif, à la troisième personne du pluriel ?

a) Ils joignent   b) Ils joignaient   c) Ils joignent   d) Ils joignissent

AI144- Comment se conjugue le verbe « vaincre » au présent de l'indicatif, à la troisième personne du singulier ?

a) Il vaint   b) Il vainc   c) Il vaind   d) Il vainque

AI145- Comment se conjugue le verbe « vaincre » au futur simple de l'indicatif, à la première personne du singulier ?

a) Je vaincrai   b) Je vincrai   c) Je vainquerai   d) Je vinquerai

AI146- À quel temps est conjugué le premier verbe de la phrase ?
Dans toute la mesure où vous en aurez le pouvoir, rappelez-les à la vraie vie, aux plaisirs et aux affections simples.

a) Présent de l'indicatif   b) Futur de l'indicatif   c) Imparfait de l'indicatif   d) Conditionnel présent

AI147- Comment se conjugue le verbe « piller » au passé simple de l'indicatif, à la deuxième personne du singulier ?

a) Tu pillais   b) Tu pillasses   c) Tu pillas   d) Tu pilleras

AI148- Quel est le verbe conjugué dans la phrase suivante ?
J'eusse aux rayons d'Homère allumé mon génie.

a) Avoir   b) Rayonner   c) Allumer   d) Arriver

AI149- Quelle conjugaison du verbe « suivre » n'existe pas ?

a) Il suivit   b) Il suivît   c) Nous suivimes   d) Nous suivîmes

AI150- À quel temps est conjugué le verbe de la phrase ?
Je le portais depuis longtemps en moi, sans me décider à l'écrire.

a) Présent de l'indicatif   b) Futur de l'indicatif   c) Imparfait de l'indicatif   d) Passé simple de l'indicatif

Répondez aux 150 questions sur les expressions et proverbes avant de consulter la grille de réponses.

AJ1- Complétez l'expression : « tuer un ... à coups de figues » ?
a) chien   b) lion   c) âne   d) rat

AJ2- Quel proverbe signifie qu'on ne peut exiger de quelqu'un ce qu'il n'est pas en mesure de faire ?
a) Bonne mère n'épargne nul.   b) À l'impossible nul n'est tenu.
c) Fais ce que dois, advienne que pourra.   d) Devoir une fière chandelle à quelqu'un.

AJ3- Quelle expression signifie qu'il est impossible de trouver ce que l'on cherche ?
a) Avoir du front tout le tour de la tête   b) Avoir bon pied bon œil
c) Autant chercher une aiguille dans une botte de foin   d) Avoir le compas dans l'œil

AJ4- Complétez le proverbe : « Aux grands maux, les grands ... . » ?
a) biens   b) combats   c) remèdes   d) médecins

AJ5- Quelle expression signifie vouloir tout avoir sans rien donner ?
a) Avoir l'estomac dans les talons   b) Avoir la grosse tête
c) Avoir le beurre et l'argent du beurre   d) Avoir du pain sur la planche

AJ6- Que signifie le proverbe : « Jamais grand nez ne gâta beau visage. » ?
a) Les apparences peuvent être trompeuses.   b) Un défaut ne compromet pas la beauté générale.
c) Des tares physiques n'entravent pas l'amour.   d) Le nez est l'élément principal du visage.

AJ7- Complétez le proverbe : « Avec des « si », on mettrait Paris en ... . » ?
a) bouteille   b) Italie   c) vente   d) sommeil

AJ8- Quel proverbe signifie qu'il faut endurer une souffrance dans sa globalité ?
a) Il vaut mieux tenir que courir.   b) La fin justifie les moyens.
c) Boire le calice jusqu'à la lie.   d) Un clou chasse l'autre.

AJ9- Complétez le proverbe : « Vendre la peau de l'... avant de l'avoir tué. » ?
a) ange   b) ami   c) ours   d) orange

AJ10- D'après l'expression, à quel animal est comparé un bavard ?
a) À une pie   b) À un singe   c) À un perroquet   d) À un âne

AJ11- Que signifie le proverbe : « Une hirondelle ne fait pas le printemps. » ?
a) Rien ne peut changer le temps qu'il fait.
b) Un seul exemple ne conduit pas à une conclusion générale.
c) Une gentillesse ne provoque pas un amour.
d) Une personne entêtée ne peut être convaincue.

AJ12- Quel proverbe signifie qu'il faut parler avec discrétion ?
a) Ventre affamé n'a point d'oreille.   b) Les murs ont des oreilles.
c) Il y a loin de la coupe aux lèvres.   d) Beau parler n'écorche point la langue.

AJ13- D'après l'expression, quel adjectif qualifie la bouche qui garde un secret ?
a) fermée   b) vide   c) cousue   d) propre

AJ14- Complétez le proverbe : « Les bons ... font les bons amis. » ?
a) contes   b) comptes   c) comtes   d) contres

AJ15- Quel proverbe signifie que les gens bons sont victimes des méchants ?
a) Qui m'aime, aime mon chien.   b) Qui se fait brebis, le loup le mange.
c) Qui ne nourrit pas le chat nourrit le rat.   d) Qui vole un œuf, vole un bœuf.

AJ16- Quel proverbe signifie qu'un individu est un vaurien ?
a) Il ne faut pas parler de corde devant un pendu.   b) Trop tendue, la corde casse.
c) La corde ne peut toujours être tendue.   d) Il ne vaut pas la corde pour le pendre.

AJ17- D'après l'expression, que faut-il faire au terrain pour évaluer une situation ?
a) L'acheter   b) L'aplanir   c) Le tâter   d) L'étudier

AJ18- Complétez le proverbe : « Petit poisson deviendra …. » ?
a) repas   b) saumon   c) grand   d) baleine

AJ19- Quelle loi est souvent symbolisée par l'expression « Œil pour œil, dent pour dent » ?
a) La loi de l'attraction   b) La loi de Murphy   c) La loi du talion   d) La loi du silence

AJ20- D'après l'expression, à combien d'épingles est tiré celui qui est habillé de façon très soigneuse ?
a) Deux   b) Trois   c) Quatre   d) Cinq

AJ21- Complétez le proverbe : « C'est le ton qui fait la …. » ?
a) musique   b) trahison   c) chanson   d) passion

AJ22- D'après l'expression, que faut-il toucher pour conjurer le mauvais sort ?
a) Du bois   b) Du sel   c) De l'or   d) Du verre

AJ23- Complétez le proverbe : « Les poules pondent avec le …. » ?
a) foin   b) poussin   c) bec   d) paysan

AJ24- D'après l'expression, qu'est-ce qu'un mouton de Panurge ?
a) Un menteur   b) Un tricheur   c) Un copieur   d) Un baratineur

AJ25- D'après l'expression, autour de quoi tourne celui qui hésite ?
a) Du poteau   b) De l'arbre   c) De la maison   d) Du pot

AJ26- Quel proverbe est également le titre d'une pièce de théâtre d'Alfred de Musset ?
a) Il faut qu'une porte soit ouverte ou fermée.   b) Il ne faut jamais parler des absents.
c) Il n'a rien fait qui n'achève bien.   d) Il ne faut jurer de rien.

AJ27- D'après l'expression, quelle est la fête de la date hypothétique ?
a) La Saint-Boniface   b) La Saint-Sylvestre   c) La Saint-Glinglin   d) La Saint-Patrick

AJ28- Complétez le proverbe : « Les chiens aboient, la … passe. » ?
a) caravane   b) vie   c) méchanceté   d) chatte

AJ29- D'après l'expression, comment est celui qui change rapidement de caractère ?
a) Soupe au lait   b) Ours mal léché   c) Entre la poire et le fromage   d) Enfant de la balle

AJ30- Complétez le proverbe : « Chose promise, chose …. » ?
a) comprise   b) due   c) interdite   d) entendue

AJ31- Que signifie l'expression « tout de go » ?
a) Poliment   b) Lentement   c) D'emblée   d) Avec ridicule

AJ32- Complétez le proverbe : « La nuit, tous les chats sont … . » ?
a) jolis   b) partis   c) gris   d) endormis

AJ33- D'après l'expression, que se regarde celui qui est égocentrique ?
a) Le bout des doigts   b) Le cœur   c) Le nez   d) Le nombril

AJ34- Que signifie le proverbe : « Une main lave l'autre. » ?
a) Les gens généreux sont abusés.   b) Le passé s'efface par les bonnes actions.
c) Il faut se rendre service mutuellement.   d) Il faut prendre des décisions pour faire changer les choses.

AJ35- Complétez l'expression : « gai comme un … » ?
a) pinson   b) pingouin   c) pinceau   d) pain

AJ36- Que signifie la locution latine « Homo homini lupus est » ?
a) L'homme est un loup pour l'homme   b) L'homme est un grand homme
c) L'homme est un animal politique   d) L'homme pense donc il est

AJ37- Complétez le proverbe : « Il vaut mieux tenir que … . » ?
a) mourir   b) nourrir   c) venir   d) courir

AJ38- D'après l'expression, quel animal est sous la roche quand une perfidie se prépare ?
a) Un reptile   b) Une araignée   c) Une anguille   d) Un crapaud

AJ39- D'après l'expression, que doit-on débarrasser lorsqu'on est chassé d'un lieu ?
a) Le garage   b) Le grenier   c) La table   d) Le plancher

AJ40- Complétez le proverbe : « À chaque jour suffit sa … . » ?
a) haine   b) maladie   c) tragédie   d) peine

AJ41- Complétez le proverbe : « Il faut séparer le bon grain de l'… . » ?
a) envahisseur   b) herbe   c) ivraie   d) amour

AJ42- Que signifie l'expression « dévoiler le pot aux roses » ?
a) Parfumer une pièce   b) Découvrir un secret   c) Offrir des fleurs   d) Laver des taches

AJ43- Quel proverbe, faisant allusion à la fable de La Fontaine La lice et sa compagne, signifie que, lorsque l'on est trop gentil envers une personne, cette dernière risque d'en abuser ?
a) Cœur qui soupire n'a pas ce qu'il désire.   b) À cœur vaillant, rien d'impossible.
c) Loin des yeux, loin du cœur.   d) Si vous lui donnez un pied, il en prendra quatre.

AJ44- Complétez le proverbe : « Il ne faut pas courir deux … à la fois. » ?
a) hommes   b) objectifs   c) projets   d) lièvres

AJ45- D'après l'expression, où se trouve-t-on quand on est au point mort ?
a) Dans une ruelle   b) Dans une impasse   c) Dans une avenue   d) Dans un boulevard

AJ46- Quel proverbe signifie que le commencement est difficile ?
a) Il n'y a que la vérité qui blesse.   b) Il n'y a que le premier pas qui coûte.
c) Erreur n'est pas compte.   d) L'exception confirme la règle.

AJ47- Que signifie l'expression « donner un coup de poignard dans le dos » ?
a) Tuer   b) Trahir   c) Aider   d) Saboter

AJ48- D'après l'expression, que doit-on enfoncer pour surmonter des difficultés fictives ?
a) Une véranda close   b) Une fenêtre fermée   c) Une porte ouverte   d) Un balcon vitré

AJ49- Complétez le proverbe : « L'occasion fait le … . » ?
a) lion   b) larron   c) patron   d) pognon

AJ50- Quel proverbe vante l'expérience ?
a) C'est en forgeant qu'on devient forgeron.   b) Bien mal acquis ne profite jamais.
c) À l'œuvre on connaît l'ouvrier.   d) À chacun son métier.

AJ51- D'après l'expression, quels professionnels sont toujours les plus mal chaussés ?
a) Les vendeurs   b) Les marcheurs   c) Les danseurs   d) Les cordonniers

AJ52- Complétez le proverbe : « Qui dépense et ne compte pas, mange son bien et ne le … pas. » ?
a) vit   b) rit   c) goûte   d) dort

AJ53- Complétez le proverbe : « Chien qui aboie ne … pas. » ?
a) mord   b) mange   c) court   d) caresse

AJ54- Que signifie le proverbe : « Il faut battre le fer pendant qu'il est chaud. » ?
a) Il faut agir comme on l'entend.   b) Il faut gagner de l'argent rapidement.
c) Il faut réagir vite à une opportunité.   d) Il faut distribuer ses faveurs sans attendre.

AJ55- D'après l'expression, comment file celui qui part sans dire au revoir ?
a) À l'anglaise   b) À la russe   c) À l'allemande   d) À l'italienne

AJ56- Complétez le proverbe : « Charité bien … commence par soi-même. » ?
a) pensée   b) ordonnée   c) justifiée   d) appréciée

AJ57- Que signifie l'expression « faire la bombe » ?
a) Taper   b) Se noyer   c) Faire la fête   d) Dormir

AJ58- Complétez le proverbe : « L'… est mère de tous les vices. » ?
a) oisiveté   b) absurdité   c) inimitié   d) intériorité

AJ59- Que signifie le proverbe : « C'est le nid d'une souris dans l'oreille d'un chat. » ?
a) C'est sale.   b) C'est vérifiable.   c) C'est impossible.   d) C'est minuscule.

AJ60- D'après l'expression, qu'est-ce qui est mis dans les roues pour rendre une tâche plus difficile ?
a) Des freins   b) Des moyeux   c) Des rayons   d) Des bâtons

AJ61- Que signifie le proverbe : « Le vin est tiré, il faut le boire. » ?
a) Il faut réparer ses torts.   b) Il faut manger et boire sans se priver.
c) Il faut respecter ses engagements.   d) Il faut prendre des risques.

AJ62- D'après l'expression, que défend celui qui défend son domaine ?
a) Son champ rond   b) Son pré carré   c) Son territoire rectangulaire   d) Son terrain ovale

AJ63- D'après l'expression, que décroche celui qui parvient à ses fins ?
a) Le palmier   b) Le cocotier   c) L'olivier   d) L'amandier

AJ64- Complétez le proverbe : « La fin justifie les … . » ?
a) besoins   b) débuts   c) envies   d) moyens

AJ65- D'après l'expression, qu'a dans le tiroir une femme enceinte ?
a) Une araignée   b) Un polichinelle   c) De la poussière   d) Du pain

AJ66- Que signifie le proverbe : « C'est la montagne qui accouche d'une souris. » ?
a) Les enfants ne ressemblent pas à leurs parents.   b) Les épreuves insurmontables le sont.
c) La puissance est comme la faiblesse.   d) Les projets ambitieux ont des résultats dérisoires.

AJ67- Complétez l'expression : « par monts et par … » ?
a) pics   b) mers   c) rivières   d) vaux

AJ68- Complétez le proverbe : « Un tiens … mieux que deux tu l'auras. » ?
a) faut   b) vaut   c) peut   d) doit

AJ69- D'après l'expression, dans quoi roule-t-on celui qui est dupé ?
a) Dans le miel   b) Dans le sucre   c) Dans la farine   d) Dans la poussière

AJ70- Que signifie le proverbe : « Se faire marchand de poissons la veille de Pâques. » ?
a) Obtenir de l'argent.   b) Se mettre des contraintes.
c) Agir à contretemps.   d) Profiter des opportunités.

AJ71- Complétez l'expression : « Attendre quelqu'un comme les moines l'… . » ?
a) abbé   b) aumône   c) évangile   d) infamie

AJ72- Complétez le proverbe : « Avoir un … dans la gorge. » ?
a) rat   b) chat   c) lama   d) putois

AJ73- Que signifie l'expression « au diable Vauvert » ?
a) En vivant une vie aventureuse   b) Approximativement
c) Dans un endroit indéfini, très lointain   d) À profusion

AJ74- Complétez l'expression : « jeter un pavé dans la … . » ?
a) mare   b) rivière   c) mer   d) lune

AJ75- Complétez le proverbe : « Le jeu n'en vaut pas la … . » ?
a) nouvelle   b) chandelle   c) règle   d) pareille

AJ76- Que signifie l'expression « vouer aux gémonies » ?
a) Dédier à une profession   b) Livrer au mépris public
c) Adorer par ses pairs   d) Travailler durement

AJ77- Complétez l'expression : « l'enfer est pavé de bonnes … . » ?
a) personnes   b) âmes   c) choses   d) intentions

AJ78- D'après l'expression, que sont les « bœuf-carottes » ?
a) Les syndicats   b) Le patronat   c) La police des polices   d) Le gouvernement

AJ79- Complétez le proverbe : « Il y a un Dieu pour les … . » ?
a) saints   b) diables   c) ivrognes   d) enfants

AJ80- D'après l'expression, quel animal échaudé craint l'eau froide ?
a) Le chien   b) Le chat   c) Le crocodile   d) L'aigle

AJ81- Complétez le proverbe : « Tous les goûts sont dans la … . » ?
a) famille   b) maison   c) nature   d) fortune

AJ82- Complétez l'expression : « il faut tourner … fois sa langue dans sa bouche avant de parler » ?
a) trois   b) cinq   c) sept   d) neuf

AJ83- Complétez l'expression : « se regarder en chiens de … . » ?
a) garde   b) faïence   c) concours   d) race

AJ84- Complétez le proverbe : « Le … est l'ennemi du bien. » ?
a) mal   b) pire   c) mieux   d) meilleur

AJ85- Complétez l'expression : « regarder par le petit bout de la … » ?
a) longue-vue   b) jumelle   c) lorgnette   d) lunette

AJ86- Complétez le proverbe : « Mieux vaut ami grondeur que … . » ?
a) flatteur   b) hurleur   c) bafouilleur   d) parleur

AJ87- Que signifie le proverbe : « Quand on sème des épines, on ne va pas sans sabots. » ?
a) Les désordres font souffrir tout le monde autour de nous.
b) On reconnaît les personnes à leurs réalisations.
c) La peur paralyse les faibles.
d) Celui qui a provoqué des malheurs doit se méfier.

AJ88- Que signifie l'expression : « yoyoter de la touffe » ?
a) Se couper les cheveux   b) Sauter très haut   c) Avoir perdu la raison   d) Tomber d'épuisement

AJ89- Complétez le proverbe : « Méfiance est mère de … . » ?
a) pureté   b) sûreté   c) pauvreté   d) tranquillité

AJ90- Que signifie l'expression : « à bouche que veux-tu » ?
a) Facilement   b) Abondamment   c) Rapidement   d) Grossièrement

AJ91- Complétez l'expression : « la … du crapaud n'atteint pas la blanche colombe » ?
a) bave   b) saleté   c) diablesse   d) lourdeur

AJ92- Complétez le proverbe : « L' … ne fait pas le moine » ?
a) envie   b) habit   c) amour   d) espoir

AJ93- Que signifie le proverbe : « On ne fait pas d'omelette sans casser des œufs. » ?
a) Il faut se méfier pour ne pas être tromper.   b) Il faut faire des sacrifices pour obtenir quelque chose.
c) La vérité est difficile à obtenir.   d) On ne corrige jamais ses défauts.

AJ94- Que signifie l'expression : « faire des gorges chaudes » ?
a) S'enrhumer   b) Murmurer   c) Lire   d) Se moquer

AJ95- Complétez le proverbe : « Nécessité fait … . » ?
a) foi   b) loi   c) bien   d) devoir

AJ96- D'après l'expression, comment est le chèque sans provision ?
a) En carton   b) En blanc   c) En bois   d) En noir

AJ97- Que signifie le proverbe : « Les arbres cachent la forêt. » ?
a) Les riches écrasent les pauvres.   b) Le talent n'est pas dans les mains des plus célèbres.
c) Les détails empêchent la vue d'ensemble.   d) Un problème cache toutes les joies.

AJ98- Que signifie l'expression : « avoir du sang de navet » ?
a) Être d'origine noble   b) Ne jamais avoir froid
c) Être stupide   d) Manquer de dynamisme et de courage

AJ99- Que signifie l'expression : « tomber en quenouille » ?
a) Être épuisé   b) Être laissé à l'abandon   c) Faire un malaise   d) Souffrir

AJ100- Complétez l'expression : « se croire le premier ... du pape » ?
a) cardinal   b) confiseur   c) tailleur   d) moutardier

AJ101- Que signifie le proverbe : « Nul n'est prophète en son pays. » ?
a) Les desseins des hommes n'aboutissent pas.   b) Il faut lutter contre l'adversité.
c) Personne n'est apprécié à sa valeur chez lui.   d) Il est impossible de se tirer d'affaire.

AJ102- Quelle épée annonce un danger constant ?
a) L'épée de Roland   b) L'épée de Damoclès   c) L'épée de Jeanne d'Arc   d) L'épée de Charlemagne

AJ103- D'après l'expression, qu'est-ce qui est mis à l'oreille lorsqu'on se doute de quelque chose ?
a) La puce   b) La boucle   c) La main   d) La bouche

AJ104- Que signifie le proverbe : « Qui dort, dîne. » ?
a) Le sommeil est réparateur.   b) Il faut dormir et manger correctement.
c) On oublie sa faim en dormant.   d) Le sommeil par les rêves nourrit l'esprit.

AJ105- Complétez le proverbe : « Chercher midi à ... heures. » ?
a) onze   b) douze   c) treize   d) quatorze

AJ106- Que signifie l'expression : « faire le Jacques » ?
a) Faire l'acteur   b) Faire le savant   c) Faire l'imbécile   d) Faire le malin

AJ107- Complétez le proverbe : « Qui ne dit mot, ... » ?
a) dément   b) ment   c) consent   d) vend

AJ108- D'après l'expression, qu'est-ce qui est ensablé chez celui qui entend mal ?
a) Les anglaises   b) Les finlandaises   c) Les portugaises   d) Les irlandaises

AJ109- Quel proverbe est employé quand il pleut et qu'il fait soleil en même temps ?
a) Entre l'arbre et l'écorce, il ne faut pas mettre le doigt.   b) Le diable bat sa femme et marie sa fille.
c) Le chardon gagne à fréquenter la rose.   d) Petite pluie abat grand vent.

AJ110- Dans l'album Le Sceptre d'Ottokar des Aventures de Tintin, quel proverbe est choisi par Hergé pour être la devise de l'État fictif de Syldavie ?
a) Qui s'y frotte s'y pique.   b) Qui vole un œuf vole un bœuf.
c) À bon entendeur, salut.   d) Heureux qui fait le bien.

AJ111- Qu'est-ce qu'un « bouillon d'onze heures » ?
a) Un cocktail   b) Un apéritif   c) Un délice   d) Un poison

AJ112- Que signifie l'expression : « tailler une bavette » ?
a) Travailler   b) Manger   c) Discuter   d) Tuer

AJ113- Quel proverbe excuse les écarts de conduite des personnes jeunes ?
a) Mieux vaut tard que jamais.   b) Chacun voit midi à sa porte.
c) Il faut que jeunesse se passe.   d) Il faut attendre le boiteux.

AJ114- Quel proverbe signifie que la chance va toujours aux plus favorisés ?
a) La pluie du matin n'arrête pas le pèlerin.   b) Il n'est pire eau que l'eau qui dort.
c) L'eau va à la rivière.   d) Après la pluie, le beau temps.

AJ115- Complétez l'expression : « tirer des ... sur la comète » ?
a) plans   b) fusées   c) conclusions   d) pétards

AJ116- Complétez le proverbe : « Qui se ressemble, ... » ?
a) vit ensemble   b) s'adopte   c) mange ensemble   d) s'assemble

AJ117- D'après l'expression, comment est la main dans un gant de velours ?
a) Ferme   b) De fer   c) Froide   d) Longue

AJ118- Que signifie le proverbe : « Attendre que les alouettes tombent toutes rôties. » ?
a) Se débarrasser rapidement des tâches à accomplir.
b) Chercher des problèmes là où il n'y en a pas.
c) Les difficultés arrivent facilement.
d) Être un paresseux qui veut tout obtenir sans effort.

AJ119- Que signifie le proverbe : « Il n'est point de rose qui ne devienne gratte-cul. » ?
a) Le plaisir précède le chagrin.   b) La vie est un cycle jusqu'à la mort.
c) Toute chose est positive et négative.   d) Les belles femmes s'enlaidissent en vieillissant.

AJ120- Que signifie l'expression : « rater le coche » ?
a) Tomber dans l'eau   b) Tomber en panne d'essence
c) Se faire voler un taxi   d) Manquer une occasion

AJ121- Complétez le proverbe : « Lorsque le ... se ramollit, la pluie va venir. » ?
a) pain   b) soleil   c) temps   d) pied

AJ122- Que signifie l'expression : « marquer à la culotte » ?
a) Adopter un enfant   b) Avoir la diarrhée   c) Surveiller attentivement   d) Se déshabiller

AJ123- Quel proverbe signifie qu'il n'y a point de plaisir sans chagrin ?
a) Il n'y a pas de roses sans épines.   b) Il n'y a pas de montagnes sans vallées.
c) Il n'y a pas de feu sans fumée.   d) Il n'y a pas de fumée sans feu.

AJ124- D'après l'expression, où ne se trouve pas la langue de celui qui parle facilement ?
a) Dans la bouche   b) Dans la poche   c) Dans la bouteille   d) Dans le palais

AJ125- Complétez le proverbe : « Qui trop embrasse, mal ... . » ?
a) finit   b) étreint   c) embrasse   d) caresse

AJ126- Complétez l'expression : « se croire sorti de la cuisse de ... » ?
a) Mars   b) Hercule   c) Zeus   d) Jupiter

AJ127- Que signifie le proverbe : « Faute de grives, on mange des merles. » ?
a) Il faut se contenter de ce que l'on a.   b) Chaque chose a un substitut.
c) Tout est remplaçable.   d) Les satisfactions peuvent résider dans tout.

AJ128- Complétez l'expression : « Gros-Jean comme ... » ?
a) avant   b) devant   c) maintenant   d) perdant

AJ129- Complétez le proverbe : « Qui va à la chasse ... sa place. » ?
a) perd   b) prend   c) veut   d) donne

AJ130- D'après l'expression, comment est celui qui perd une partie sans marquer de point ?
a) Fanny   b) Julie   c) Sophie   d) Laury

AJ131- Quel proverbe signifie qu'on ne corrige jamais certains défauts ?
a) Tel père, tel fils.   b) Qui a bu, boira.
c) Tout nouveau, tout beau.   d) Erreur n'est pas compte.

AJ132- Complétez le proverbe : « Août tarit les fonts ou emporte les ... . » ?
a) bons   b) maisons   c) avions   d) ponts

AJ133- Complétez le proverbe : « Un homme ... en vaut deux. » ?
a) grand   b) riche   c) heureux   d) averti

AJ134- Que signifie le proverbe : « Qui trop se hâte, reste en chemin. » ?
a) Les jeunes doivent encore progresser.   b) Pour atteindre son but, il faut ménager ses forces.
c) Il faut profiter de sa vie, sans attendre la mort.   d) Il faut accomplir ses tâches rapidement.

AJ135- Que signifie l'expression : « à brûle-pourpoint » ?
a) Naïvement   b) Facilement   c) Chaudement   d) Brusquement

AJ136- Complétez le proverbe : « Noël au balcon, Pâques au ... . » ?
a) balcon   b) tison   c) salon   d) canon

AJ137- D'après l'expression, que doit-on passer pour pardonner ?
a) Le plumeau   b) Le chiffon   c) La serpillière   d) L'éponge

AJ138- Que signifie le terme « soûl » dans le proverbe « À merle soûl, cerises amères. » ?
a) ivre   b) gavé   c) chantant   d) éloigné

AJ139- Que signifie le proverbe : « Rira bien qui rira le dernier. » ?
a) On subit les moqueries des moqueurs.   b) Les derniers pleurent toujours.
c) Celui qui se moque sera raillé.   d) Être premier apporte le bonheur.

AJ140- Que signifie l'expression : « fleur de nave » ?
a) Intelligent   b) Jeune   c) Beau   d) Imbécile

AJ141- Complétez le proverbe : « En avril n'ôte pas un fil ; en ..., fais ce qu'il te plaît. » ?
a) janvier   b) février   c) mai   d) juillet

AJ142- D'après l'expression, comment est le nez de celui qui a du flair ?
a) Aquilin   b) En trompette   c) Retroussé   d) Creux

AJ143- Complétez le proverbe : « Qui veut aller loin, ménage sa … . » ?
a) force   b) jambe   c) monture   d) corpulence

AJ144- Complétez l'expression : « payer … sur l'ongle » ?
a) émeraude   b) rubis   c) saphir   d) diamant

AJ145- Que signifie le proverbe : « À chemin battu, il ne croît point d'herbe. » ?
a) Chaque route apporte son lot de bénéfices.
b) La pauvreté succède à la richesse.
c) Il n'y a pas de profit à faire dans un négoce dont trop de gens se mêlent.
d) Les croyances sont des vérités éprouvées.

AJ146- Que signifie l'expression : « tenir le crachoir » ?
a) Manger salement   b) Laver la vaisselle   c) Monopoliser la parole   d) Boire excessivement

AJ147- Complétez le proverbe : « Tout vient à point à qui sait … . » ?
a) prendre   b) attendre   c) vendre   d) défendre

AJ148- D'après l'expression, dans quoi se jette celui qui va au devant d'un danger ?
a) Dans l'eau   b) Dans un ravin c) Dans un fleuve   d) Dans la gueule du loup

AJ149- Complétez le proverbe : « Tous les … mènent à Rome. » ?
a) anciens   b) chemins   c) écrits   d) théorèmes

AJ150- Que signifie le proverbe : « Le vent de prospérité change bien souvent de côté. » ?
a) Les malheurs succèdent aux malheurs.
b) Le sort d'une personne est instable et peut changer rapidement.
c) Il faut compter sur le hasard pour avoir une vie heureuse.
d) Il faut s'entourer des bonnes personnes.

MOTS D'ORIGINE ÉTRANGÈRE

Répondez aux 150 questions sur les mots d'origine étrangère avant de consulter la grille de réponses.

AK1- Quel mot arabe désigne un édifice couvert en coupole ?
a) Une dikka b) Une qibla c) Une koubba d) Un minaret

AK2- Quel mot portugais désigne la musique inspirée de la samba et exécutée par un ensemble d'instruments à percussion ?
a) Le fado b) La capoeira c) La bossa nova d) La batucada

AK3- Que désigne le mot russe « koulibiac » ?
a) Un mammifère marin b) Un chant militaire c) Un pâté en croûte d) Un homme expérimenté

AK4- Quel mot japonais désigne un condiment de couleur verte au goût piquant ?
a) Yakitori b) Wasabi c) Mochi d) Saké

AK5- Quel mot d'origine turque désigne une veste d'uniforme garnie de brandebourgs ?
a) Un dolman b) Un cardigan c) Un caban d) Une marinière

AK6- Que signifiait à l'origine le mot persan « lächkär », qui a donné le mot « lascar » ?
a) Mercenaire b) Assassin c) Patron d) Travailleur

AK7- Quelle est l'origine du mot « gilet » ?
a) Allemande b) Anglaise c) Chinoise d) Turque

AK8- Quel mot est issu de la contraction de l'expression latine « sine nobilitate », signifiant « sans noblesse » ?
a) Sinate b) Snob c) State d) Slip

AK9- Quel mot arabe désigne, dans une mosquée, la niche creusée dans le mur indiquant la direction de La Mecque et vers laquelle les fidèles se tournent pour prier ?
a) La kaaba b) L'iqama c) Le mihrab d) Le miradj

AK10- De quelle origine est le mot « bouquin », désignant un livre ?
a) Anglaise b) Turque c) Néerlandaise d) Égyptienne

AK11- Quel mot anglais désigne une piste circulaire, où les chevaux tournent au pas avant de prendre part à la course ?
a) Un flap b) Un paddock c) Un box d) Un stabling

AK12- Qu'est-ce qu'un fiasco ?
a) Un arbre b) Une décoration c) Une tonalité musicale d) Un échec

AK13- Quel mot espagnol désigne le tissu rouge dont se sert le matador pour fatiguer le taureau avant de lui porter l'estocade ?
a) La faka b) La camisa c) La muleta d) La montera

AK14- De quelle origine est le mot « smocks », désignant des fronces sur des vêtements ?
a) Autrichienne b) Anglaise c) Belge d) Suédoise

AK15- Que signifie le mot chinois « mah-jong », désignant un jeu qui s'apparente aux dominos ?
a) « Je joue » b) « Je gagne » c) « Je choisis » d) « Je domine »

AK16- Que désigne le mot espagnol « paso-doble » ?
a) Une avenue b) Une paire de chaussures c) Une danse d) Une petite maison

AK17- Quel mot d'origine japonaise désigne un tir à l'arc, pratiqué avec un arc asymétrique et des flèches en bambou ?
a) Kendo   b) Kyudo   c) Kaïdo   d) Kordo

AK18- Que désigne le mot d'origine néerlandaise « échoppe » ?
a) Un petit récipient   b) Une petite blague   c) Un petit repas   d) Une petite boutique

AK19- Que désigne le mot italien « tifosi » ?
a) Des brigands   b) Des soldats   c) Des étrangers   d) Des supporters

AK20- Quel mot d'origine turque désigne un félin d'Afrique et d'Asie du Sud-Ouest, à longues pattes et au pelage fauve, voisin du lynx ?
a) Chacal   b) Caracal   c) Serval   d) Bengal

AK21- Quelle dentelle d'ameublement assez lourde, obtenue avec des fils tressés et noués à la main, provient d'un mot arabe ?
a) Le crochet   b) Le patchwork   c) Le macramé   d) La napperon

AK22- De quelle origine est le mot « kumquat », désignant un fruit ressemblant à une petite orange ?
a) Chinoise   b) Népalaise   c) Indienne   d) Brésilienne

AK23- Quel mot portugais désigne le vaste cratère circulaire issu d'un effondrement le long de failles concentriques ?
a) Le lahar   b) Le basalte   c) La caldeira   d) Le magma

AK24- Que désigne le mot d'origine arabe « mastaba » ?
a) Un monument funéraire   b) Un indigent   c) Une roue à godet   d) Une troupe de musiciens

AK25- Que désigne le mot allemand « panzer » ?
a) Une grenade   b) Un casque   c) Un fusil   d) Un char

AK26- Que désigne le mot arabe « éfrit » ?
a) Un homme intelligent   b) Un gentil elfe   c) Un génie malfaisant   d) Un ancien prisonnier

AK27- Quel adjectif anglais désigne un boxeur très éprouvé par les coups de l'adversaire, mais encore debout ?
a) Punchy   b) Groggy   c) Hitty   d) Sleeppy

AK28- De quelle origine est le mot « boulevard », désignant de larges voies de communication ?
a) Espagnole   b) Italienne   c) Néerlandaise   d) Portugaise

AK29- Que désigne le mot arabe « darbouka » ?
a) Un plat   b) Un arbre   c) Un véhicule   d) Un tambour

AK30- Quel mot espagnol désigne une tour de surveillance, pour la garde d'un camp de prisonniers ?
a) Un tenedor   b) Un mirador   c) Un germador   d) Un veridor

AK31- Quel mot anglais désigne un homme d'une grande élégance ?
a) Un smart   b) Un gentleman   c) Un dandy   d) Un lord

AK32- Quel mot japonais, signifiant « la voie de la concordance des énergies », désigne un art martial japonais avec combat à mains nues, créé vers 1925 ?
a) Judo   b) Aïkido   c) Kendo   d) Jujitsu

AK33- Quel mot anglais désigne l'ensemble d'épreuves consistant à parcourir en voiture un itinéraire compliqué de chicanes et d'embûches ?
a) Un wipe out   b) Un steeple-chase   c) Un gymkhana   d) Un bibendum

AK34- Que désigne le mot hébreu « menora » ?
a) Un livre   b) Un dessert   c) Un collier   d) Un chandelier

AK35- Que désigne le mot d'origine turque « janissaire » ?
a) Un soldat   b) Un véhicule   c) Un cervidé   d) Un bijou

AK36- De quelle origine est le mot « kopeck », désignant un sou ?
a) Allemande   b) Indienne   c) Slave   d) Russe

AK37- Quel mot anglais désigne, au tennis, le coup consistant à faire passer la balle à droite ou à gauche de l'adversaire quand celui-ci monte au filet ?
a) Un passing-shot   b) Un flush   c) Un lift   d) Un knock-out

AK38- Quelle composition de mots anglo-américains a donné le mot « motel » ?
a) Move - Hotel   b) Modern - Hotel   c) Motor - Hotel   d) Model - Hotel

AK39- Quel mot portugais désigne un navire de moyen tonnage, rapide, à trois ou quatre mâts, utilisé entre le XIIIe et le XVIe siècles ?
a) La péniche   b) La caravelle   c) La balancelle   d) La frégate

AK40- Qu'est-ce qu'un « knicker » ?
a) Une chaussure de marche   b) Une protection de genou
c) Un pantalon de sport moulant   d) Une corde à sauter

AK41- Que désigne le mot anglais « dead-heat », employé dans les courses hippiques ?
a) Ex aequo   b) Gagnant   c) Dernier   d) Éliminé

AK42- Quel mot arabe désigne l'interprète officiel de la loi musulmane ?
a) L'idole   b) Le prophète   c) Le mufti   d) Le muezzin

AK43- Quel mot allemand désigne un produit de consommation destiné à remplacer un produit naturel devenu rare ?
a) Un ersatz   b) Un placebo   c) Un simili   d) Un palliatif

AK44- Quel mot japonais désigne, au judo et dans d'autres arts martiaux, le degré progressif de qualification dans la ceinture noire, allant de un à dix ?
a) Le ippon   b) Le dan   c) Le yuko   d) L'hakime

AK45- Quel mot russe désigne une maison de campagne, aux abords d'une grande ville ?
a) Une taïga   b) Une casbah   c) Un ksar   d) Une datcha

AK46- Que désigne le mot d'origine espagnole « arobase » ?
a) Le caractère typographique &   b) Le caractère typographique #
c) Le caractère typographique @   d) Le caractère typographique §

AK47- Que désigne le mot d'origine néerlandaise « polder » ?
a) Une plaine conquise par la mer et protégée par des digues
b) Un petit récipient en verre pour une cuisson au four
c) Une plante à fleurs jaunes oléagineuse
d) Une personne qui présente des articles de mode vestimentaire

AK48- De quelle origine est le mot « maelström », désignant un tourbillon ?
a) Suédoise   *b) Néerlandaise*   *c) Danoise*   *d) Islandaise*

AK49- Qu'est-ce que le « macumba », pratiqué dans certaines régions du Brésil ?
a) Un culte proche du vaudou   *b) Un sport de combat*
c) Une danse traditionnelle   *d) Un rite initiatique*

AK50- Quel mot japonais désigne la salle où se pratiquent les arts martiaux ?
a) Bento   *b) Kendo*   *c) Dojo*   *d) Kyuto*

AK51- De quelle origine est le mot « mastiff », désignant un chien de garde ?
a) Allemande   *b) Portugaise*   *c) Anglaise*   *d) Slave*

AK52- Quel mot turc désigne un homme qui aime ses aises et qui se fait servir par son entourage ?
a) Un kador   *b) Un pacha*   *c) Un padre*   *d) Un tenor*

AK53- Que désigne le mot américain « mustang » ?
a) Un chien   *b) Un serpent*   *c) Un cheval*   *d) Un loup*

AK54- Quel mot américain désigne un short s'arrêtant au-dessus du genou ?
a) Un bermuda   *b) Un legging*   *c) Un jogging*   *d) Un slip*

AK55- Quel mot espagnol désigne un carreau de revêtement mural en faïence à décor bleu, de tradition arabe, fabriqué en Espagne et au Portugal ?
a) Un azulakero   *b) Un azo*   *c) Un azulejo*   *d) Un azuro*

AK56- Quel mot d'origine chinoise désigne un taffetas à l'aspect jaunâtre ?
a) Viscose   *b) Gourgouran*   *c) Rayonne*   *d) Nankin*

AK57- Que désigne le mot d'origine hindie « nansouk » ?
a) Un marché couvert   *b) Un tissu léger*   *c) Un petit pain*   *d) Un serviteur*

AK58- Quel mot anglais issu de l'arabe désigne le poil de chèvre angora ?
a) Raphia   *b) Mohair*   *c) Ramie*   *d) Pashmînâ*

AK59- Quel mot anglais désigne un mélange de fumée et de brouillard stagnant parfois au-dessus des villes et des industries ?
a) Le smoke   *b) Le smol*   *c) Le smog*   *d) Le smoof*

AK60- De quelle origine est le mot « bazooka », désignant un tube ouvert aux deux extrémités, tirant des projectiles ?
a) Américaine   *b) Russe*   *c) Indienne*   *d) Japonaise*

AK61- Quel mot d'origine arabe désigne une vive altercation ?
a) Une alcôve   *b) Une algarade*   *c) Un alfange*   *d) Une alchimie*

AK62- Quel mot anglais désigne un individu qui n'était pas considéré comme favori dans un concours, mais qui prend pourtant une des premières places ?
a) Un looser   *b) Un outsider*   *c) Un pretender*   *d) Un lucker*

AK63- Quel mot d'origine persane désigne une pipe orientale composée d'un flacon rempli d'eau parfumée, que la fumée traverse avant d'arriver à la bouche ?
a) Une cadine   *b) Un nicham*   *c) Un bosan*   *d) Un narguilé*

AK64- Quel mot russe désignait les assemblées de la Russie d'ancien régime ?
a) Le soviet   *b) La douma*   *c) L'oukase*   *d) Le nakaz*

AK65- Que signifie le mot toscan « Baldacco », qui a donné le mot « baldaquin », désignant la tenture dressée sur un lit ?
a) Bagdad   *b) Barrage*   *c) Balcon*   *d) Balançoire*

AK66- Que désigne le mot japonais « bonze » ?
a) Un moyen de paiement   *b) Une statue précieuse*   *c) Un arbre miniature*   *d) Un moine bouddhiste*

AK67- Quel mot anglais désigne une étoffe de coton lustré, que l'on employait autrefois pour faire des doublures de vêtements ?
a) Un offset   *b) Un mohair*   *c) Une moleskine*   *d) Un blazer*

AK68- Quelle est la signification du mot portugais « lambada », désignant une danse d'inspiration brésilienne, pratiquée dans les années 1990 ?
a) Corps à corps   *b) Face à face*   *c) Coup de fouet*   *d) Pont de pierre*

AK69- De quelle origine est le mot « amiral », désignant un grade des marines militaires ?
a) Turque   *b) Arabe*   *c) Mongole*   *d) Viking*

AK70- Quel mot d'origine chinoise désigne la roche argileuse blanche et friable utilisée pour fabriquer des porcelaines et des faïences fines ?
a) La marne   *b) L'ocre*   *c) Le kaolin*   *d) Le feldspath*

AK71- De quelle origine est le mot « nénuphar », désignant des nymphéacées des étangs et mares ?
a) Chinoise   *b) Arabe*   *c) Japonaise*   *d) Néerlandaise*

AK72- Que désigne le mot d'origine turque « bouzouki » ?
a) Une formule de politesse   *b) Un jouet en bois*
c) Un instrument de musique   *d) Une galette de viande*

AK73- Quel mot anglais désigne l'état d'un boxeur envoyé à terre, mais qui n'est pas mis hors de combat ?
a) Kick-out   *b) Knock-down*   *c) Fall-in*   *d) Stop-away*

AK74- Quel mot d'origine arabe désigne un cercle de la sphère céleste, parallèle à l'horizon ?
a) Un pôle   *b) Une aura*   *c) Un almicantarat*   *d) Un méridien*

AK75- Quel mot arabe désigne un édifice musulman destiné aux sciences ?
a) Un ryad   *b) Une madrasa*   *c) Un ima*   *d) Une oasis*

AK76- Que désigne le mot d'origine italienne « ocarina » ?
a) Un piano   *b) Un violon*   *c) Une guitare*   *d) Une flûte*

AK77- De quelle origine est le mot « banque », désignant un établissement financier ?
a) Allemande   b) Anglaise   c) Russe   d) Italienne

AK78- Quel mot d'origine portugaise désigne une confiture de fruits passés au tamis, à peine blanchis, afin de n'en conserver que la pulpe mise à cuire avec du sucre ?
a) La marmelade   b) La bibace   c) La compote   d) La sucrerie

AK79- Que désigne le mot japonais « haïku » ?
a) Un homme sage   b) Un petit poème   c) Une prise de combat   d) Un jeu de réflexion

AK80- Quel mot d'origine arabe désigne une personne importante dans son domaine ?
a) Un aréopage   b) Un manitou   c) Un cador   d) Un ponte

AK81- Que désigne le mot espagnol « bronca » ?
a) Poumon   b) Tempête   c) Tollé   d) Friandise

AK82- De quelle origine est le mot « anorak », désignant une veste de sport imperméable et chaude ?
a) Slave   b) Esquimau   c) Britannique   d) Autrichienne

AK83- De quelle origine est le mot « baffle », désignant une enceinte acoustique ?
a) Anglaise   b) Allemande   c) Turque   d) Japonaise

AK84- Que désigne le mot d'origine arabe « ramdam » ?
a) Papier   b) Débarcadère   c) Jeûne   d) Vacarme

AK85- Quel mot anglais désigne un professionnel qui reçoit les paris sur les courses ?
a) Un betman   b) Un sportsman   c) Un turfiste   d) Un bookmaker

AK86- Que désigne le mot anglais « no man's land » ?
a) Un désert humain froid
b) Un lieu isolé non habité
c) Un espace inoccupé compris entre les premières lignes de deux belligérants
d) Un établissement réservé aux femmes

AK87- De quelle origine est le mot « sorbet », désignant une glace fondante ?
a) Turque   b) Italienne   c) Espagnole   d) Indienne

AK88- Quel mot anglais désigne le lieu où les officiers et sous-officiers d'une garnison prennent leurs repas ?
a) Une cafétéria   b) Un salon   c) Un mess   d) Un self-service

AK89- Que signifie le mot arabe « safara », qui a donné le mot « safari » ?
a) Girafe   b) Jungle   c) Sable   d) Voyager

AK90- Que désigne le mot d'origine chinoise « longane » ?
a) Un fruit   b) Un récipient   c) Un véhicule   d) Un vêtement

AK91- Quel mot d'origine arabe désigne une sorte de grande écharpe que l'on porte enroulée autour de la tête ?
a) Un snood   b) Un fichu   c) Un chèche   d) Un bandana

AK92- Que désigne le mot portugais « piranha » ?
a) Un plat à base d'insecte
b) Un poisson vorace
c) Un dictateur sanguinaire
d) Un parfum agréable

AK93- Quel mot russe désigne un bonnet doublé de fourrure, dont les pointes protègent les oreilles, le front et la nuque ?
a) Une chapka
b) Une kippa
c) Une calotte
d) Un colback

AK94- Que désigne le mot japonais « kakemono » ?
a) Une peinture suspendue verticalement
b) Une histoire drôle
c) Un spectacle de danse
d) Une photographie en noir et blanc

AK95- Quel adjectif d'origine arabe désigne un cheval dont la robe est dépourvue de poils blancs ?
a) Bringe
b) Saur
c) Alezan
d) Zain

AK96- Que désigne le mot espagnol « panatela » ?
a) Un pain
b) Un cigare
c) Une margarine
d) Un meuble

AK97- De quelle origine est le mot « mousmé », désignant une jeune fille ?
a) Arabe
b) Indienne
c) Japonaise
d) Espagnole

AK98- Que signifie le mot arabe « sèmm », qui a donné le mot « seum » ?
a) Colère
b) Sang
c) Venin
d) Noir

AK99- Quel mot italien est une indication de tempo lent ?
a) Crescendo
b) Adagio
c) Piano
d) A cappella

AK100- Que désigne le mot d'origine hindie « naja » ?
a) Une mygale
b) Un aigle
c) Un cobra
d) Un éléphant

AK101- Que signifie le mot arabe « baraka » dans l'expression « avoir la baraka » ?
a) Haine
b) Santé
c) Richesse
d) Chance

AK102- Quel nom arabe d'une ville chinoise a donné son nom à une étoffe lisse et brillante, principalement de soie ?
a) Soie
b) Satin
c) Velours
d) Cretonne

AK103- Que désigne le mot anglais « charter » ?
a) Une arme
b) Un chariot
c) Un classement
d) Un avion

AK104- Que désigne le mot d'origine néerlandaise « nable » ?
a) Une construction au niveau de la mer
b) Un trou percé dans le fond d'une embarcation
c) Une eau non consommable
d) Un arbre dont les racines sont plantées dans l'eau

AK105- Qu'est-ce qui a donné son nom au mot « bougie » ?
a) Une abeille marocaine
b) Un prince tunisien
c) Une ville d'Algérie
d) Une pyramide égyptienne

AK106- Quel mot portugais désigne une très grande algue brune marine, qui vit fixée sur les rochers côtiers ou forme des populations flottantes ?
a) La coralline
b) La sargasse
c) La porphyra
d) La céramie

AK107- Quel mot russe signifiant « publicité » désignait la politique de transparence de la vie publique conduite, à partir de 1985, par M. Gorbatchev ?
a) Perestroïka
b) Glasnost
c) Guépéou
d) Czarisme

AK108- Quel mot d'origine norvégienne désigne un produit dont on enduit la semelle du ski pour en améliorer la glisse ?
a) Le joëring   *b) Le fart*   *c) Le vetur*   *d) Le pram*

AK109- Que désigne le mot chinois « wok » ?
a) Une vision   *b) Une poêle*   *c) Une niche*   *d) Un couteau*

AK110- Que désigne le mot hébreu « nabi » ?
a) Une stèle   *b) Un hôtel*   *c) Un prophète*   *d) Un tapis*

AK111- Que désigne le mot espagnol « pampero » ?
a) Un ruisseau   *b) Un parapluie*   *c) Un petit pamplemousse*   *d) Un vent*

AK112- Quelle est la signification du mot sanskrit « mahatma » ?
a) Montagne   *b) Chef*   *c) Grande âme*   *d) Route*

AK113- Que signifie le mot arabe « bordj » ?
a) Un lieu fortifié   *b) Une péninsule*   *c) Un petit village*   *d) Une route de montagne*

AK114- Que désigne le mot japonais « seppuku » ?
a) Jeu de dés   *b) Suicide rituel par éviscération*   *c) Veste bleue*   *d) Sabre sacré*

AK115- Que désigne le mot italien « cassate » ?
a) Une caissette   *b) Un siège*   *c) Un entremets*   *d) Une toge*

AK116- Quel mot brésilien désigne une zone peu peuplée semi-aride du Nordeste brésilien où l'élevage extensif l'emporte sur une agriculture vivrière peu productive ?
a) Le sertão   *b) Le ceará*   *c) L'amapá*   *d) Le goiás*

AK117- Que désigne le mot chinois « sampan » ?
a) Une voile   *b) Une statue*   *c) Un temple*   *d) Une embarcation*

AK118- Quel mot russe est un acronyme ?
a) Kacha   *b) Izba*   *c) Goulag*   *d) Jaleïka*

AK119- Que désigne le mot d'origine turque « koumys » ?
a) Un dessert   *b) Une petite table*   *c) Une boisson*   *d) Un étranger*

AK120- Après l'accident de Tchernobyl, quel mot a également désigné un technicien chargé d'intervenir sur un site nucléaire après un accident ou un dysfonctionnement majeur ?
a) Un liquidateur   *b) Un traqueur*   *c) Un limier*   *d) Une fouine*

AK121- Quelle est la signification du mot slave « kremlin » ?
a) Vaisseau   *b) Royal*   *c) Forteresse*   *d) Cité*

AK122- Quel mot japonais désigne une brochette de viande ?
a) Sashimi   *b) Tofu*   *c) Tempura*   *d) Yakitori*

AK123- Quel mot portugais désigne un aliment obtenu à partir de la fécule verte de manioc ?
a) Le sagou   *b) Le cozido*   *c) Le bacalhau*   *d) Le tapioca*

AK124- Quel mot d'origine arabe désigne une petite embarcation à voile ?
a) Une felouque   *b) Un accon*   *c) Une baris*   *d) Une betchete*

AK125- Que désigne le mot sanskrit « padma » ?
a) Un île   *b) Un lotus*   *c) Une épice*   *d) Un goéland*

AK126- De quelle origine est le mot « microphone », désignant un appareil électroacoustique ?
a) Allemande   *b) Canadienne*   *c) Anglaise*   *d) Hollandaise*

AK127- Que désigne le mot vietnamien « quôc-ngu » ?
a) Un système d'écriture   *b) L'hiver*   *c) Le blé*   *d) Le ciel*

AK128- Quel mot russe désigne une bouilloire à robinet, utilisée pour chauffer l'eau du thé ?
a) Un mitigeur   *b) Un samovar*   *c) Un bief*   *d) Un ob*

AK129- Que désigne le mot arabe « oued » ?
a) Une oasis   *b) Un dattier*   *c) Un cours d'eau*   *d) Une maisonnette*

AK130- Quel mot hébreu désigne une exploitation agricole collective ?
a) Un charivari   *b) Un kibboutz*   *c) Un lazaret*   *d) Un golem*

AK131- De quelle origine est l'adjectif « kitsch », qualifiant un objet dont le mauvais goût réjouit les uns mais dégoûte les autres ?
a) Hollandaise   *b) Allemande*   *c) Flamande*   *d) Danoise*

AK132- Quel mot arabe désigne une coiffure traditionnelle des Bédouins, constituée d'un morceau de tissu plié et maintenue sur la tête par un cordon ?
a) Un camaïeu   *b) Un chèche*   *c) Un keffieh*   *d) Un fez*

AK133- Quel mot espagnol désigne un plateau constitué par les restes d'une coulée volcanique dominant les environs par inversion de relief ?
a) Un lapilli   *b) Une mesa*   *c) Un téphra*   *d) Un gour*

AK134- Quel mot russe désigne un paysan ?
a) Un aoule   *b) Un obrok*   *c) Un moujik*   *d) Un terem*

AK135- De quelle origine est le mot « patio », désignant un espace découvert clos ?
a) Italienne   *b) Espagnole*   *c) Grecque*   *d) Portugaise*

AK136- Quel mot japonais désigne une méthode thérapeutique consistant à appliquer des pressions des doigts sur certains points du corps ?
a) Shiatsu   *b) Bushido*   *c) Ikebana*   *d) Shogun*

AK137- De quelle origine est le mot « zèbre », désignant un équidé à robe rayée ?
a) Espagnole   *b) Portugaise*   *c) Rwandaise*   *d) Hollandaise*

AK138- Quel mot anglais désigne une danse d'origine américaine, variante du fox-trot, s'exécutant sur une musique à deux temps ?
a) Le charleston   *b) La line dance*   *c) Le one-step*   *d) Le clown-walk*

AK139- Quel mot chinois désigne le système de transcription de l'écriture chinoise en alphabet latin, adopté en République populaire de Chine depuis 1958 ?
a) Hukou   *b) Yangqin*   *c) Pinyin*   *d) Wushu*

AK140- Quel mot vietnamien désigne un condiment obtenu par macération de poisson dans la saumure ?
a) Bo bun   *b) Niaqué*   *c) Bánh xèo*   *d) Nuoc-mâm*

AK141- De quelle origine est le mot « paréo », désignant un vêtement qui se porte noué au-dessus de la poitrine ou à la taille ?
a) Malaisienne   b) Tahitienne   c) Indonésienne   d) Australienne

AK142- Quel mot russe désigne une tente démontable, à armature extensible de bois, sur laquelle sont tendues des plaques de feutre ?
a) La datcha   b) Le domovoï   c) Le valenki   d) La yourte

AK143- Quel mot d'origine sanskrit désigne un ermitage destiné aux exercices spirituels et où le guru vit avec ses disciples ?
a) Une lamaserie   b) Un ashram   c) Une pagode   d) Une kaaba

AK144- Que désigne le mot tupi « margay » ?
a) Une marguerite   b) Un chat   c) Une banane   d) Une sarbacane

AK145- Quel mot allemand désigne un traité imposé par le vainqueur au vaincu ?
a) Un diktat   b) Un ersatz   c) Un horst   d) Un rösti

AK146- Quel mot russe désigne l'ensemble des intellectuels d'un pays ?
a) La diaspora   b) L'intelligentsia   c) La douma   d) La perestroïka

AK147- Quel mot japonais désigne à la fois un jeu et un empereur ?
a) Mikado   b) Umami   c) Kendo   d) Haïku

AK148- Quel mot russe désigne une formation végétale constituée de conifères ?
a) La taïga   b) La toundra   c) La steppe   d) La levada

AK149- Que désigne le mot d'origine turque « kilim » ?
a) Une lanterne   b) Un café   c) Un pain   d) Un tapis

AK150- Quel mot chinois désigne un grand journal mural écrit à la main, et par extension, un panneau d'affichage ?
a) Laogai   b) Dazibao   c) Taijitu   d) Pai gow

Actualités

Répondez aux 40 questions d'actualités sur l'année 2010, avant de consulter la grille de réponses.

10-1- Quelle plate-forme pétrolière du golfe du Mexique explose le 20 avril 2010 provoquant une marée noire de grande envergure ?
a) *Deepwater Horizon*   b) *Allegheny*
c) *Bravo*   d) *Piper Alpha*

10-2- Lors du premier jour de quelle compétition sportive un accident coûte-t-il la vie à une spectatrice et blesse 3 autres spectateurs, entre Buenos Aires et Córdoba ?
a) *Le Rallye des gazelles*   b) *Le Rallye Dakar*
c) *La Panamerica*   d) *Le Rallye Codasur*

10-3- Quel physicien français, lauréat du prix Nobel de physique en 1992 pour ses travaux sur les détecteurs de particules à hautes énergies, disparaît le 29 septembre 2010 ?
a) *Georges Charpak*   b) *Louis Michel*
c) *Pierre-Gilles de Gennes*   d) *Louis Néel*

10-4- Où a lieu le tremblement de terre de magnitude de 7,0 à 7,3, survenu le 12 janvier ?
a) *Au Chili*   b) *Au Japon*
c) *En Haïti*   d) *En Arménie*

10-5- Le 19 mai, de quel homme politique le Viêt Nam célèbre-t-il le 120e anniversaire de la naissance ?
a) *Pol Pot*   b) *Hô Chi Minh*
c) *Nguyen Minh Triet*   d) *Ngo Viet Thu*

10-6- Pour quelle œuvre, « raciste » à l'égard des Africains, la maison d'édition Casterman annonce-t-elle avoir été assignée en justice ?
a) *Tintin au Congo*   b) *Achille Talon au pouvoir*
c) *Zoulouland*   d) *Namibia*

10-7- À partir du 14 avril, quel événement paralyse le trafic aérien plusieurs jours ?
a) *L'éruption d'un volcan*   b) *Une grève*
c) *Une tempête*   d) *De fortes pluies*

10-8- En 2010, a été célébré le bicentenaire de la naissance de quel grand compositeur ?
a) *Amadeus Mozart*   b) *Johann Sebastian Bach*
c) *Ludwig van Beethoven*   d) *Frédéric Chopin*

10-9- Dans quel pays ont lieu les attentats commis par Taimour Abdulwahab al-Abdaly ?
a) *En Suède*   b) *En France*
c) *En Allemagne* d) *Aux États-Unis*

10-10- Dans quel pays la présidente Cristina Kirchner signe-t-elle un décret de déclassification des archives de la dictature militaire ?   a) *Au Chili*   b) *En Argentine*
c) *Au Brésil*   d) *Au Portugal*

10-11- Le 30 septembre 2010, dans quel pays une tentative de coup d'État est réprimée par le gouvernement de Rafael Correa ?
a) *En Argentine*   b) *En Haïti*
c) *En Équateur*   d) *À Cuba*

10-12- Quel homme politique, président de l'Assemblée nationale de 1993 à 1997, disparaît le 7 janvier 2010 ?
a) *Charles Pasqua*   b) *Raymond Barre*
c) *Dominique Baudis*   d) *Philippe Séguin*

10-13- Quel produit a été annoncé le 27 janvier 2010 par Steve Jobs lors d'une conférence de presse d'Apple ?
a) *L'iPod* b) *L'iPhone* c) *L'iPad* d) *L'iMac*

10-14- Le 13 mai 2010, devant quel pape 500 000 catholiques sont-ils réunis à Fátima pour une messe ?
a) *Jean-Paul II*   b) *Benoît XVI*
c) *François*   d) *Pie XII*

10-15- Du 11 juin au 11 juillet 2010, où a eu lieu la Coupe du monde de football ?
a) *En Afrique du Sud*   b) *En France*
c) *En Corée du sud*   d) *Au Japon*

10-16- Le 22 avril 2010, à qui le Premier ministre belge Yves Leterme propose-t-il la démission de son gouvernement ?
a) *Au Roi Philippe*   b) *Au Roi Baudouin*
c) *Au Roi Albert II*   d) *Au Roi Léopold III*

10-17- En juillet 2010, qui remporte la 97e édition du tour de France cycliste ?
a) *Alberto Contador*   b) *Lance Armstrong*
c) *Andy Schleck*   d) *Cadel Evans*

10-18- Le 4 janvier 2010, quel anniversaire de la mort d'Albert Camus a été célébré ?
a) *Le tricentenaire*   b) *Le bicentenaire*
c) *Le centenaire*   d) *Le cinquantenaire*

10-19- Le 5 août 2010, dans quel pays deux éboulements dans une mine d'or et de cuivre causent l'emmurement accidentel de 33 mineurs à 700 mètres de profondeur ?
a) *En Afrique du sud*   b) *En Russie*
c) *Au Chili*   d) *Au Kazakhstan*

10-20- Quel film réalisé par Jacques Audiard, remporte lors de la cérémonie des César du cinéma 2010 neuf récompenses ?
a) *Des hommes et des dieux*   b) *Séraphine*
c) *The artist*   d) *Un prophète*

10-21- Où ont eu lieu les XXIe Jeux olympiques d'hiver du 12 au 28 février 2010 ?
a) À Nagano   b) À Vancouver
c) À Turin   d) À Sotchi

10-22- Le 8 octobre 2010, quel écrivain chinois reçoit le prix Nobel de la paix ?
a) Mo Yan   b) Liu Xiaobo
c) Yu Hua   d) Su Tong

10-23- Quelle construction est inaugurée pour le cinquantenaire de l'indépendance sénégalaise ?
a) Le phare des mamelles
b) La cathédrale du souvenir africain
c) Le pont Faidherbe
d) Le Monument de la Renaissance africaine

10-24- Quel est le pays de production du film « Oncle Boonmee, celui qui se souvient de ses vies antérieures », qui remporte la Palme d'or lors du festival de Cannes 2010 ?
a) Cambodge   b) Viêt Nam
c) Thaïlande   d) Chine

10-25- Quel match de tennis, du premier tour du simple messieurs de Wimbledon 2010, est devenu le plus long match de tennis professionnel ?
a) Le match Monfils – Fish
b) Le match Roddick – Verdasco
c) Le match Murray – Ferrer
d) Le match Isner – Mahut

10-26- Dans quelle ville a eu lieu l'Exposition universelle de 2010 qui s'est tenue du 1er mai au 31 octobre ?
a) À Milan   b) À Shanghai
c) À Saragosse   d) À Astana

10-27- Le 7 février 2010, qui remporte le Super Bowl XLIV ?
a) Les Jets de New York   b) Les Colts d'Indianapolis
c) Les Saints de la Nouvelle-Orléans
d) Les Vikings du Minnesota

10-28- Le 28 janvier 2010, quel ancien premier ministre français, de mai 2005 à mai 2007, est acquitté en première instance dans l'affaire Clearstream ?
a) Lionel Jospin   b) François Fillon
c) Dominique de Villepin d) Alain Juppé

10-29- Le 24 avril 2010, quel télescope fête ses 20 ans ?
a) Granat   b) Hubble   c) Subaru   d) Gemini nord

10-30- Le 28 mai 2010, quel pays est choisi par l'UEFA pour accueillir l'Euro 2016 ?
a) L'Allemagne   b) La France
c) L'Italie   d) La Hongrie

10-31- Le 27 janvier 2010, dans son discours sur l'état de l'Union, quel président des États-Unis annonce sa volonté de réformer la finance ?
a) Barack Obama   b) Bill Clinton
c) George W. Bush   d) Donald Trump

10-32- Quelle tempête, qui s'abat sur plusieurs pays d'Europe occidentale, dont la France, entre le 26 février et le 1er mars, constitue pour le premier ministre François Fillon une « catastrophe nationale » ?
a) La tempête Klaus   b) La tempête Xynthia
c) La tempête Martin   d) La tempête Lothar

10-33- Quel écrivain, auteur du roman L'Attrape-cœurs, disparaît le 27 janvier ?
a) Philip Roth   b) J. D. Salinger
c) James Harrison   d) James Salter

10-34- En France, quelles élections ont lieu en mars 2010 ?
a) Municipales   b) Départementales
c) Régionales   d) Législatives

10-35- Sorti en 2010, quel film américain réalisé par Tim Burton est une adaptation des romans de Lewis Carroll ?
a) La Chasse au Snark
b) Alice au pays des merveilles
c) Sylvie et Bruno
d) Edward aux mains d'argent

10-36- Quel président de la République polonaise meurt dans un accident d'avion en avril 2010 ?
a) Lech Wałęsa   b) Aleksander Kwaśniewski
c) Lech Kaczyński   d) Andrzej Duda

10-37- Le 22 janvier 2010, quel président de Bolivie est ré-investi pour un second mandat ?
a) Luis Arce   b) Evo Morales
c) Hugo Chávez   d) Rafael Correa

10-38- Le 11 mai 2010, qui est nommé Premier ministre du Royaume-Uni ?
a) David Cameron   b) Gordon Brown
c) Tony Blair   d) Theresa May

10-39- Quel film américano-britannique réalisé par Ridley Scott et sorti en 2010, commence par la mort de Richard Cœur de Lion à Châlus et le début du règne mouvementé du Roi Jean d'Angleterre ?
a) Robin des Bois   b) Le Sang des templiers
c) Le Roi   d) Cœur de dragon

10-40- Quel chanteur de « La femme est l'avenir de l'homme » disparaît le 13 mars 2010 ?
a) Charles Trenet   b) Léo Ferré
c) Roger Dumas   d) Jean Ferrat

Répondez aux 40 questions d'actualités sur l'année 2011, avant de consulter la grille de réponses.

11-1- Quel est le nom donné au numéro 1011 de Charlie Hebdo, paru le 2 novembre 2011, qui a provoqué plusieurs attaques à l'égard du journal, dont l'incendie criminel de ses locaux ?
a) Intouchables 2   b) Charia Hebdo
c) Tout ça pour ça   d) L'amour plus fort que la haine

11-2- Après un conflit de 8 ans, quelle guerre prend fin le 18 décembre 2011 ?
a) La guerre d'Afghanistan
b) Le conflit israélo-libanais
c) La deuxième guerre d'Ossétie du sud
d) La guerre d'Irak

11-3- Quelle star américaine, aux huit mariages et sept maris, disparaît le 23 mars 2011 ?
a) Jane Fonda   b) Anna Nicole Smith
c) Elizabeth Taylor   d) Elizabeth Montgomery

11-4- En France, le 30 novembre 2011, au profit de quoi le signal analogique est-il éteint ?
a) L'ADSL   b) La télévision numérique terrestre
c) La fibre   d) Le réseau hertzien

11-5- Le 1er janvier 2011, quel pays entre dans la zone euro, devenant le 17e membre ?
a) La Hongrie   b) La Croatie
c) La Suède   d) L'Estonie

11-6- Le 17 décembre 2011, dans quel pays Kim Jong-un succède-t-il à Kim Jong-il ?
a) En Chine   b) Au Cambodge
c) En Birmanie   d) En Corée du Nord

11-7- En Tunisie, le 12 décembre 2011, qui est élu à la présidence de la République ?
a) Zine el-Abidine Ben Ali   b) Moncef Marzouki
c) Béji Caïd Essebsi   d) Kaïs Saïed

11-8- Le 15 janvier 2011, pour quel médicament accusé de la mort d'au moins 1 500 personnes entre 1975 et 2010, l'inspection générale des affaires sociales rend-elle ses conclusions ?
a) La Dépakine   b) Le Levothyrox
c) Le Mediator   d) Le Distilbène

11-9- Le 23 octobre 2011, où a lieu la finale de la Coupe du monde de rugby à XV ?
a) À Auckland   b) À Paris
c) À Londres   d) Au Cap

11-10- Le 29 avril 2011, quel mariage a lieu ?
a) De Guillaume de Luxembourg et de Stéphanie de Lannoy
b) De Felipe de Borbón et de Letizia Ortiz
c) D'Albert II de Monaco et de Charlene Wittstock
d) Du prince William et de Catherine Middleton

11-11- Le 1er juin 2011, qui est réélu à la présidence de la FIFA ?
a) Michel Platini   b) João Havelange
c) Joseph Blatter   d) Gianni Infantino

11-12- Quel entrepreneur et inventeur américain meurt le 5 octobre 2011 à cinquante-six ans ?
a) Tim Cook   b) Steve Jobs
c) Steve Wozniak   d) Stephen Hawking

11-13- Le 12 avril 2011, quel anniversaire du premier vol spatial habité, effectué par le soviétique Youri Gagarine, est célébré ?
a) Le vingtième   b) Le trentième
c) Le quarantième   d) Le cinquantième

11-14- Dans l'affaire du Sofitel de New York quelle personnalité politique est accusée d'agression sexuelle, viol et séquestration ?
a) Dominique Strauss-Kahn   b) Joe Biden
c) Nicolas Hulot   d) Damien Abad

11-15- Quel État fédéral d'Afrique de l'Est, dont la capitale est Djouba, proclame son indépendance le 9 juillet 2011 ?
a) L'Éthiopie   b) La république du Tchad
c) La république du Soudan du Sud
d) La République fédérale de Somalie

11-16- En France, le 11 décembre 2011, quelle ligne ferroviaire est mise en service ?
a) La LGV Rhin-Rhône
b) La LGV Sud Europe Atlantique
c) La LGV Bretagne-Pays de la Loire
d) La LGV Méditerranée

11-17- À quel âge la chanteuse britannique Amy Winehouse meurt-elle le 23 juillet 2011 ?
a) À 22 ans   b) À 27 ans
c) À 32 ans   d) À 37 ans

11-18- Pour quel rôle à la télévision Peter Falk, mort en juin 2011, est-il célèbre ?
a) Mannix   b) Le lieutenant Columbo
c) Hercule Poirot   d) Sherlock Holmes

11-19- Qui est condamné à 3 ans de prison avec sursis dans l'affaire Vivendi Universal par le tribunal correctionnel de Paris ?
a) Jean-Marie Messier   b) Bernard Tapie
c) Pierre Botton   d) Ziad Takieddine

11-20- Le 20 octobre 2011, quelle organisation annonce l'arrêt définitif de ses activités armées ?
a) Les brigades rouges   b) Le FLNC   c) L'ETA
d) L'Armée républicaine irlandaise véritable

11-21- Le 27 décembre 2011, quel détroit le vice-président iranien Mohammad Reza Rahimi menace-t-il de fermer ?
a) Le détroit de Bab-el-Mandeb
b) Le détroit de Mackinac
c) Le détroit d'Ormuz
d) Le détroit de Kalmar

11-22- Quel président de la république de Côte d'Ivoire est finalement arrêté le 11 avril 2011 par les forces d'Alassane Ouattara ?
a) Félix Houphouët-Boigny   b) Robert Guéï
c) Henri Konan Bédié   d) Laurent Gbagbo

11-23- Quel actrice française, ayant remporté en 1977 le César de la meilleure actrice pour Docteur Françoise Gailland, s'éteint le 28 février 2011 ?
a) Anémone   b) Annie Girardot
c) Jeanne Moreau   d) Mireille Darc

11-24- Quel poète suédois remporte le prix Nobel de littérature en 2011 ?
a) Lars Forssell   b) Tomas Tranströmer
c) Mattias Alkberg   d) Niklas Rådström

11-25- Du 26 au 30 janvier 2011, où se tient le forum économique mondial ?
a) À Genève   b) À Davos   c) À Londres   d) À Lugano

11-26- Le 16 décembre 2011, dans quel pays la tempête tropicale Washi provoque-t-elle un millier de morts et disparus ?
a) Les Philippines   b) La Malaisie
c) Le Japon   d) La Thaïlande

11-27- Le 31 décembre 2011, quel secrétaire général des Nations unies termine son premier mandat ?
a) Ban Ki-moon   b) Kofi Annan
c) Boutros Boutros-Ghali   d) António Guterres

11-28- Le 31 mars 2011, quel département devient officiellement le 101e département de France et son 5e département d'outre-mer ?
a) Mayotte   b) La Réunion
c) La Nouvelle-Calédonie   d) Tahiti

11-29- Le 1er juillet 2011, quelle langue est reconnue comme une des deux langues officielles du Maroc ?
a) La langue française   b) La langue amazighe
c) L'hébreu   d) La langue anglaise

11-30- Le 6 avril 2011, en l'honneur de quel écrivain le président de la République française Nicolas Sarkozy dévoile-t-il une plaque au Panthéon de Paris ?
a) Aimé Césaire   b) Maurice Genevoix
c) André Malraux   d) Alexandre Dumas

11-31- Retirée du service en juillet 2011 après 135 vols, en quelle année la navette spatiale américaine conçue et utilisée par la NASA avait-elle été inaugurée ?
a) 1978   b) 1981   c) 1983   d) 1988

11-32- Quel accident majeur est survenu au Japon après le tsunami du 11 mars 2011 ?
a) Le crash du vol Japan Airlines 123
b) L'accident nucléaire de Fukushima
c) L'incendie du grand magasin Sennichi à Osaka
d) Le glissement de terrain à Atami

11-33- Du 7 au 20 février 2011, quel événement sportif a lieu à Garmisch-Partenkirchen ?
a) Les championnats du monde de saut à ski
b) La coupe du monde de Biathlon
c) Le rallye d'Allemagne
d) Les championnats du monde de ski alpin

11-34- Le 10 février 2011, quelle œuvre de Salvador Dalí est vendue aux enchères à Londres pour 15,8 millions d'euros ?
a) La persistance de la Mémoire
b) Le grand masturbateur
c) Métamorphose de Narcisse
d) Le Portrait de Paul Éluard

11-35- Où s'est tenu le 11e Forum social mondial du 6 au 11 février 2011 ?
a) À Dakar   b) À Doha   c) Au Caire   d) À Lagos

11-36- Quel est le titre du premier quotidien exclusivement destiné au support numérique, lancé par Rupert Murdoch en février 2011 ?
a) The Telegraph   b) The Economist
c) The Daily   d) The Sun

11-37- Quel mouvement de manifestations, non violent, est né sur la Puerta del Sol à Madrid, en Espagne, le 15 mai 2011 ?
a) Les gilets jaunes   b) Pax Christi
c) Le mouvement des Indignés   d) Nuit debout

11-38- Le 27 juin 2011, contre quel homme d'État la Cour pénale internationale lance-t-elle un mandat d'arrêt pour crime contre l'humanité ?
a) Saddam Hussein   b) Omar Bongo
c) Mouammar Kadhafi   d) Radovan Karadžić

11-39- À partir du 25 janvier 2011, de quel président de la République arabe d'Égypte les manifestants réclament-ils la démission ?
a) Zine el-Abidine Ben Ali   b) Hosni Moubarak
c) Mahmoud Ahmadinejad   d) Abdelaziz Bouteflika

11-40- Le 18 mars 2011, quelle sonde arrive en orbite autour de Mercure ?
a) Voyager 2   b) Rosetta
c) Messenger   d) Mars Express

Répondez aux 40 questions d'actualités sur l'année 2012, avant de consulter la grille de réponses.

12-1- Le 26 mai 2012, quel pays remporte le Concours Eurovision de la chanson 2012 avec la chanson Euphoria, interprétée par Loreen ?
a) La Norvège
b) La Suède
c) La Finlande
d) Les Pays-Bas

12-2- Quelle particule élémentaire a eu son existence confirmée de manière expérimentale en 2012 grâce à l'utilisation du Grand collisionneur de hadrons ?
a) Le neutrino
b) L'antineutrino
c) Le méson
d) Le boson de Higgs

12-3- Quel criminel présenté comme le premier « tueur sur Internet » a été arrêté dans un cybercafé de Berlin le 4 juin 2012 ?
a) Peter Sutcliffe
b) Luka Rocco Magnotta
c) Ivan Milat
d) Lawrence Bittaker

12-4- Le 28 juin 2012, de quel philosophe fête-t-on le tricentenaire de la naissance ?
a) Voltaire
b) Montesquieu
c) Jean-Jacques Rousseau
d) Denis Diderot

12-5- Quel jubilé la reine Élisabeth II a-t-elle fêté du 2 au 5 juin 2012 ?
a) Son jubilé d'argent
b) Son jubilé de d'or
c) Son jubilé de diamant
d) Son jubilé de platine

12-6- Le 21 décembre 2012, quelle chanson atteint le milliard de vues sur YouTube ?
a) Gangnam Style
b) Bailando
c) Sugar
d) Sorry

12-7- Le 6 mai 2012, au second tour de l'élection présidentielle française, qui est élu Président de la République Française ?
a) François Hollande
b) Nicolas Sarkozy
c) Emmanuel Macron
d) Jacques Chirac

12-8- Qui est secrétaire général du Parti communiste chinois et président de la Commission militaire centrale à partir du 15 novembre 2012 ?
a) Hu Jintao
b) Jiang Zemin
c) Xi Jinping
d) Zhao Ziyang

12-9- Le 13 janvier, quel paquebot de croisière fait naufrage au large de l'île de Giglio ?
a) L'Express Samina
b) Le Sea Diamond
c) Le Costa Concordia
d) Le MV Princess Ashika

12-10- Où se trouve le « deuxième Louvre » inauguré le 4 décembre 2012 ?
a) À Albi
b) À Lens
c) À Valenciennes
d) À Troyes

12-11- Sous quel nom est mieux connue la Conférence des Nations unies sur le développement durable, qui a eu lieu du 20 au 22 juin 2012 à Rio de Janeiro, au Brésil ?
a) Rio 2012
b) COP 18
c) Rio+20
d) GW2012

12-12- Quel astronaute a réalisé un selfie alors qu'il sortait hors de la station le 5 septembre ?
a) Thomas Pesquet
b) Guennadi Padalka
c) Akihiko Hoshide
d) Steven L. Smith

12-13- Les 16 et 17 juin 2012, au second tour de l'élection présidentielle en Égypte, qui est élu ?
a) Hosni Moubarak
b) Mohamed Morsi
c) Mohamed Tantawi
d) Adli Mansour

12-14- Du 27 juillet au 12 août 2012, où ont eu lieu les Jeux olympiques d'été ?
a) À Pékin
b) À Rio de Janeiro
c) À Athènes
d) À Londres

12-15- Qui devient la première ministre du Québec le 19 septembre 2012 et la première femme à occuper cette fonction ?
a) Christy Clark
b) Alison Redford
c) Pauline Marois
d) Rachel Notley

12-16- Le 17 janvier 2012, quel conflit armé débute par l'insurrection de groupes salafistes djihadistes et indépendantistes pro-Azawad ?
a) La guerre du Yémen
b) La guerre du Soudan
c) La guerre du Tchad
d) La guerre du Mali

12-17- Le 21 décembre, en Italie, qui présente sa démission de la tête du gouvernement ?
a) Mario Draghi
b) Silvio Berlusconi
c) Matteo Renzi
d) Mario Monti

12-18- Le 22 juillet 2012, qui devient le premier britannique à remporter le Tour de France ?
a) Christopher Froome
b) Geraint Thomas
c) Bradley Wiggins
d) Mark Cavendish

12-19- Le 2 mai, quel tableau d'Edvard Munch est vendu par Sotheby's pour un montant de 119,9 millions de dollars, devenant la peinture la plus chère jamais vendue aux enchères ?
a) Puberté
b) Le Cri
c) Séparation
d) Vampire

12-20- Quel film indépendant américain, coécrit et réalisé par Benh Zeitlin, obtient au Festival du cinéma américain de Deauville 2012 le Grand prix et le Prix de la Révélation ?
a) Case départ
b) Les Bêtes du Sud sauvage
c) Bull
d) Little Miss Sunshine

12-21- Le 6 août, quel robot arrive sur Mars ?
a) *Dextre* b) *Lunokhod 1*
c) *Curiosity* d) *Opportunity*

12-22- Quel pôle cinématographique, porté par le réalisateur et producteur français Luc Besson, est inauguré le 21 septembre 2012 ?
a) *La maison du 7e art* b) *La Cité du cinéma*
c) *Le pôle 92* d) *La cinémart*

12-23- À qui est attribué le prix Nobel de la paix 2012 ?
a) *À Barack Obama* b) *À l'Union européenne*
c) *À Al Gore*
d) *À l'Agence internationale de l'énergie atomique*

12-24- Qui remporte la première saison de The Voice, la plus belle voix, le 12 mai 2012 ?
a) *Slimane Nebchi* b) *Kendji Girac*
c) *Stéphan Rizon* d) *Yoann Fréget*

12-25- Dans quelle ville a lieu le Sixième forum mondial de l'eau, du 12 au 17 mars 2012 ?
a) *À Mexico* b) *À Istanbul*
c) *À Marseille* d) *À Brasilia*

12-26- Le 26 avril 2012, quel ancien président du Liberia est reconnu coupable, par le Tribunal spécial pour la Sierra Leone, de crimes de guerre et crimes contre l'humanité commis lors de la guerre civile sierra-léonaise ?
a) *Charles Taylor* b) *George Weah*
c) *Moses Blah* d) *Ruth Perry*

12-27- Dans quel calendrier, le 21 décembre 2012 correspondait à la date supposée de la fin du monde ?
a) *Dans le calendrier maya*
b) *Dans le calendrier incas*
c) *Dans le calendrier chinois*
d) *Dans le calendrier hébraïque*

12-28- Quel surnom est donné à la grève étudiante québécoise de 2012, générale et illimitée, dans les établissements d'enseignement supérieur québécois du 13 février au 7 septembre 2012 ?
a) *La feuille rouge* b) *Le terminus*
c) *La récréation* d) *Le printemps érable*

12-29- Le 7 mai 2012, qui prend ses fonctions de président de la fédération russe ?
a) *Vladimir Poutine* b) *Dmitri Medvedev*
c) *Boris Eltsine* d) *Mikhaïl Gorbatchev*

12-30- Le 25 mars 2012, qui devient le quatrième président de la république du Sénégal ?
a) *Abdoulaye Wade* b) *Abdou Diouf*
c) *Macky Sall* d) *Léopold Sédar Senghor*

12-31- Le 6 novembre 2012, qui est réélu lors de l'élection présidentielle américaine de 2012 ?
a) *Bill Clinton* b) *George W. Bush*
c) *Barack Obama* d) *Donald Trump*

12-32- Quel parachutiste a battu le 14 octobre 2012 le record du monde du saut le plus haut, devenant le premier à dépasser le mur du son en chute libre à Mach 1,25 ?
a) *Dean Potter* b) *Felix Baumgartner*
c) *Tom Rice* d) *Léo Valentin*

12-33- Le 3 novembre 2012, quel maire de New York annonce l'annulation du marathon de New York prévu le lendemain en raison des dégâts occasionnés par l'ouragan Sandy ?
a) *Rudy Giuliani* b) *Bill de Blasio*
c) *Michael Bloomberg* d) *Eric Adams*

12-34- Sorti en 2012, quel est le titre du 23e film de James Bond d'EON Production qui marque le cinquantième anniversaire de la saga James Bond ?
a) *Quantum of Solace* b) *Skyfall*
c) *Casino Royale* d) *007 Spectre*

12-35- Le 26 février 2012, qui devient le premier acteur français à remporter l'Oscar du meilleur acteur ?
a) *Gérard Depardieu* b) *Jean Dujardin*
c) *Timothée Chalamet* d) *Alain Delon*

12-36- Quelle militante pakistanaise des droits des femmes subit une tentative d'assassinat le 9 octobre 2012 ?
a) *Vandana Shiva* b) *Malala Yousafzai*
c) *Disha Ravi* d) *Zarifa Ghafari*

12-37- Quel est le surnom du One World Trade Center, lancé après les attentats du 11 septembre 2001, dont la structure en acier de la tour a été achevée le 30 août 2012 ?
a) *Liberty Tower* b) *NY Tower*
c) *Freedom Tower* d) *First Tower*

12-38- D'où part le Tour de France 2012 ?
a) *De Luxembourg* b) *De Munich*
c) *De Liège* d) *De Copenhague*

12-39- Le 20 août 2012, quelle entreprise a sa capitalisation boursière qui dépasse celle du géant de l'informatique Microsoft avec 622 milliards de dollars ?
a) *Google* b) *Tesla* c) *Apple* d) *Amazon*

12-40- Quel homme d'État allemand a été élu président de la République fédérale d'Allemagne, le 18 mars 2012 ?
a) *Christian Wulff* b) *Joachim Gauck*
c) *Horst Köhler* d) *Frank-Walter Steinmeier*

Répondez aux 40 questions d'actualités sur l'année 2013, avant de consulter la grille de réponses.

13-1- Le 29 octobre 2013, quelle ligne ferroviaire avec tunnel passant sous le Bosphore est inaugurée à Istanbul, en Turquie ?
a) La LGV Ankara-Istanbul
b) Le Hizli Tren
c) La Filia
d) Le Marmaray

13-2- Le 3 juillet 2013, quel roi annonce son abdication après 20 ans de règne, en faveur de son fils le Prince Philippe de Belgique ?
a) Baudouin b) Léopold III c) Albert II d) Robert I

13-3- Le 24 juillet, dans quelle ville d'Espagne un train déraille dans une courbe dangereuse à 179 km/h, causant 78 morts et 140 blessés ?
a) Cordoba
b) Saint-Jacques-de-Compostelle
c) Valence
d) Madrid

13-4- Le 18 décembre 2013, quel organe totalement artificiel est implanté pour la première fois chez l'homme ?
a) Un poumon
b) Un cœur
c) Un foie
d) Un intestin

13-5- Quel homme célèbre disparaît le 5 décembre 2013, à Johannesburg ?
a) Christiaan Barnard
b) Frederik de Klerk
c) Nelson Mandela
d) Desmond Tutu

13-6- Quel est le prénom du premier enfant de William de Cambridge et de sa femme Catherine Middleton, né le 22 juillet ?
a) George Alexander Louis
b) Jean Charles Albert
c) Albert George Francis
d) Charles Marc George

13-7- Quel est le titre du trente-cinquième album de la bande dessinée Astérix, publié le 24 octobre 2013 et qui est le premier album qui ne soit pas dessiné par Albert Uderzo?
a) Astérix chez les Pictes
b) Le ciel lui tombe sur la tête
c) La Galère d'Obélix
d) Le Fils d'Astérix

13-8- Quel projet titanesque, dévoilé à l'automne 2013 par le gouvernement chinois, prévoyait la construction d'infrastructures portuaires, ferroviaires, terrestres dans le bassin méditerranéen, permettant à la Chine de s'approvisionner en matières premières et de se mettre sur le devant de la scène internationale ?
a) La nouvelle route de la soie
b) Le nouveau Orient-Express
c) Appro2030
d) C-Raw

13-9- Quel interprète sort en 2013, son premier album solo, Subliminal ?
a) Booba b) Maître Gims c) Niska d) Dadju

13-10- Quelle opération militaire de l'Armée française au Mali est lancée en janvier 2013 ?
a) L'opération Léopard
b) L'opération Épervier
c) L'opération Serval
d) L'opération Squale

13-11- Quelle mannequin s'est fait connaître du grand public en apparaissant seins nus dans le clip Blurred Lines de Robin Thicke en 2013 ?
a) Ginta Lapina
b) Emily Ratajkowski
c) Frida Gustavsson
d) Barbara Palvin

13-12- Le 1er décembre 2013, quelle sonde est lancée en direction de la Lune ?
a) Chang'e 3 b) Rosetta c) Voyager 3 d) Mars Express

13-13- Le 21 août 2013, dans quel pays a lieu le massacre de la Ghouta ?
a) En Libye
b) Au Congo
c) En Syrie
d) Au Yémen

13-14- Le 14 janvier, lors d'un interview télévisé avec Oprah Winfrey, qui avoue son dopage ?
a) Carl Lewis
b) Lance Armstrong
c) Magic Johnson
d) Michael Jordan

13-15- Quel homme d'État français, Premier ministre de 1981 à 1984, disparaît le 7 juin ?
a) Pierre Bérégovoy
b) Pierre Mauroy
c) Laurent Fabius
d) Jacques Chirac

13-16- En 2013, quelle ville est choisie comme hôte des Jeux olympiques d'été de 2020 ?
a) Tokyo b) Madrid c) Paris d) Los Angeles

13-17- Quel interprète américain, ayant commencé sa carrière avec le groupe The Velvet Underground, décède le 27 octobre 2013 ?
a) Lou Reed
b) Kurt Cobain
c) David Bowie
d) Jimi Hendrix

13-18- Le 14 février, quel athlète, six fois médaillé d'or aux jeux paralympiques, tire sur sa compagne Reva Steenkamp et la tue ?
a) Oscar Pistorius
b) Jonas Jacobsson
c) Abdellatif Baka
d) Daniel Dias

13-19- En septembre 2013, dans quelle ville française ont lieu les Jeux de la francophonie ?
a) À Marseille b) À Nice c) À Bordeaux d) À Lille

13-20- Quel athlète français, disparu le 27 juin 2013, est resté célèbre pour avoir gagné 32 titres de champion de France et le marathon des Jeux olympiques d'été de 1956 à Melbourne ?
a) Alain Mimoun
b) Mehdi Baala
c) Joseph Guillemot
d) Mahiedine Mekhissi

13-21- Quelle ressortissante française, arrêtée en 2005 et condamnée à 96 ans de prison, est libérée le 23 janvier 2013 à la suite de l'annulation de sa condamnation par la Cour suprême du Mexique ?
a) Ingrid Betancourt   *b) Sophie Pétronin*
c) Florence Cassez   *d) Marie Moarbes*

13-22- Le 11 juin 2013, dans quel pays le groupe ERT, obéissant aux directives du gouvernement, annonce que ses chaînes de télévision vont cesser d'émettre le soir même ?
a) En Grèce   *b) En Espagne*
c) En Turquie   *d) En Russie*

13-23- Le 14 juin, dans quel pays Hassan Rohani est élu à la présidence ?
a) Le Yémen   *b) La République d'Irak*
c) La République Islamique d'Iran
d) La République Islamique du Pakistan

13-24- Le 11 février 2013, quel pape annonce sa renonciation ?
a) Jean-Paul II   *b) Pie XII*
c) Benoît XVI   *d) Fernand*

13-25- Quel homme politique et avocat tunisien est assassiné le 6 février 2013, provoquant des manifestations violentes et la plus grave crise gouvernementale depuis la révolution de 2011 ?
a) Fares Koussay El Heni   *b) Zine el-Abidine Ben Ali*
c) Béji Caïd Essebsi   *d) Chokri Belaïd*

13-26- Les 23 et 24 mars 2013, en Centrafrique, qui se proclame président lorsque le chef d'État François Bozizé fuit les rebelles ?
a) Ange-Félix Patassé   *b) Michel Djotodia*
c) Jean-Bedel Bokassa   *d) Ferdinand N'Guendet*

13-27- Le 13 mars 2013, quel argentin est élu pape et prend le nom de François ?
a) Jorge Mario Bergoglio   *b) Julio Cortázar*
c) José Hernández   *d) Jorge Luis Borges*

13-28- Le 22 novembre 2013, dans quel jeu télévisé Julien est éliminé après 152 victoires sur 156 participations ?
a) Questions pour un champion
b) Attention à la marche !
c) Tout le monde veut prendre sa place   *d) Le Bigdil*

13-29- Le 5 mars 2013, quel président de la république vénézuélien meurt ?
a) Nicolás Maduro   *b) Hugo Chávez*
c) Rafael Antonio Caldera   *d) Ramón José Velásquez*

13-30- Le 22 janvier 2013, de quel traité fête-t-on le cinquantième anniversaire ?
a) Le traité de Versailles   *b) Le traité de Rome*
c) Le traité de Nice   *d) Le traité de l'Élysée*

13-31- Qui préside le jury du festival de Cannes qui décerne la palme d'or à La Vie d'Adèle : Chapitres 1 et 2, de Abdellatif Kechiche ?
a) Jeanne Moreau   *b) Joel Coen*
c) Steven Spielberg   *d) Spike Lee*

13-32- Quel auteur du manifeste Indignez-vous ! disparaît le 27 février 2013 ?
a) Edgar Morin   *b) Stéphane Hessel*
c) Michel Onfray   *d) Albert Jacquard*

13-33- Le 18 mai 2013, quelle loi est promulguée en France ?
a) Loi contre les violences faites aux femmes
b) La loi handicap
c) La loi autorisant le mariage entre personnes de même sexe
d) La loi Evin contre le tabagisme et l'alcoolisme

13-34- Le 1er juillet, quel pays intègre l'Union européenne ?
a) La Croatie   *b) La Slovaquie*
c) La Hongrie   *d) La Suède*

13-35- En avril, quel immeuble, d'ateliers de confection, s'est effondré à Dacca, au Bangladesh, provoquant 1100 morts ?
a) Athena Plaza   *b) Rana Plaza*
c) Ambassador Tower   *d) Queen Tower*

13-36- Le 27 juin 2013, qui présente pour la dernière fois le Grand Journal sur Canal+ ?
a) Philippe Gildas   *b) Michel Denisot*
c) Antoine de Caunes   *d) José Garcìa*

13-37- Le 3 octobre, où fait naufrage une embarcation de migrants clandestins africains, causant 366 morts ?
a) À Toulon   *b) À Valence*
c) À Lampedusa   *d) À Tarifa*

13-38- Dans quelle ville des États-Unis un double attentat est survenu le 15 avril 2013 lors de la 117e édition du marathon de la ville ?
a) New-York   *b) Miami*
c) Los Angeles   *d) Boston*

13-39- Dès le 6 juin 2013, quel consultant fait des révélations sur les activités de la NSA, publiées dans The Guardian ?
a) Edward Snowden   *b) Julian Assange*
c) Chelsea Manning   *d) Daniel Ellsberg*

13-40- Le 30 avril 2013, en faveur de qui la reine Beatrix des Pays-Bas abdique-t-elle ?
a) Son petit-fils qui devient le roi Marc-Alexander
b) Son cousin qui devient le roi Georges-Antoine
c) Son fils qui devient le roi Willem-Alexander
d Son oncle qui devient le roi Karl-Alexander

Répondez aux 40 questions d'actualités sur l'année 2014, avant de consulter la grille de réponses.

14-1- Le 18 septembre, par référendum, quel pays décide de continuer à faire partie du Royaume-Uni ?
a) L'Angleterre
b) L'Écosse
c) Le pays de Galles
d) L'Irlande du Nord

14-2- Le 1er janvier 2014, quelle monnaie est remplacée par l'euro en Lettonie ?
a) La couronne
b) Le lats
c) Le litas
d) Le tengue

14-3- Quel Premier ministre d'Israël de 2001 à 2006 disparaît le 11 janvier 2014 ?
a) Ariel Sharon
b) Ehud Olmert
c) Ehud Barak
d) Benyamin Netanyahou

14-4- Quel avion de la Malaysia Airlines effectuant la liaison entre Amsterdam et Kuala Lumpur, s'est écrasé dans la région de Donetsk en Ukraine, le 17 juillet 2014 ?
a) Un Airbus A340
b) Un Irkout MC-21
c) Un Boeing 777
d) Un Douglas DC-10

14-5- Quel roman de Lydie Salvayre, traitant des rapports avec sa mère, a remporté le prix Goncourt le 5 novembre 2014 ?
a) La Carte et le Territoire
b) L'Ordre du jour
c) Pas pleurer
d) Les Ombres errantes

14-6- Le 28 janvier 2014, quel Premier ministre ukrainien démissionne ?
a) Oleksandr Tourtchynov
b) Serhi Arbouzov
c) Mykola Azarov
d) Arseni Iatseniouk

14-7- Le 17 décembre, quels pays annoncent la reprise de leurs relations diplomatiques ?
a) Les États-Unis et Cuba
b) La Corée du nord et la Corée du sud
c) La France et le Tchad
d) Le Brésil et l'Uruguay

14-8- En 2014, quel économiste français reçoit le « Prix Nobel d'économie », « pour son analyse du pouvoir de marché et de la régulation » ?
a) Thomas Piketty
b) Jean Tirole
c) Charles Gave
d) Thomas Philippon

14-9- Quel virement remplace définitivement et totalement le virement classique en France, à partir du 1er février, pour les paiements nationaux et transfrontaliers ?
a) SEPA
b) CERFA
c) CAA
d) VPC

14-10- Le 21 février 2014, en Italie, qui devient, à 39 ans, le plus jeune chef de gouvernement de l'Union européenne ?
a) Giuseppe Conte
b) Enrico Letta
c) Matteo Salvini
d) Matteo Renzi

14-11- En janvier 2014, de quelle femme le magazine Closer révèle-t-il la liaison « depuis deux ans » avec le président de la République française, François Hollande ?
a) Valérie Trierweiler
b) Ségolène Royal
c) Julie Gayet
d) Carla Bruni

14-12- Quel footballeur international portugais, surnommé « O pantera negra », disparaît le 5 janvier 2014 ?
a) Luís Figo
b) Eusébio
c) Pauleta
d) Deco

14-13- Quel est le titre du 15e album studio de AC/DC, paru fin 2014 et qui est le premier album du groupe sans le guitariste Malcolm Young ?
a) Rock or Bust
b) Shot In The Dark
c) Black Ice
d) Power Up

14-14- Du 7 au 23 février, dans quelle ville se déroulent les XXIIe Jeux olympiques d'hiver ?
a) À Moscou
b) À Sotchi
c) À Mourmansk
d) À Saint-Pétersbourg

14-15- Quel réalisateur français d'Hiroshima mon amour (1959) et de L'Année dernière à Marienbad (1961) disparaît le 1er mars 2014 ?
a) Alain Resnais
b) Jean-Luc Godard
c) Bertrand Tavernier
d) Marcel Carné

14-16- Qui interprète Shake It Off, le premier single officiel de l'album 1989, sorti le 18 août ?
a) Selena Gomez
b) Ariana Grande
c) Blake Lively
d) Taylor Swift

14-17- Le 10 août, lors de l'élection présidentielle en Turquie, qui est élu ?
a) Doğu Perinçek
b) Recep Tayyip Erdoğan
c) Fethullah Gülen
d) Osman Kavala

14-18- Quelle était la destination prévue du vol 370 Malaysia Airlines, disparu le 8 mars avec 227 passagers et 12 membres d'équipage ?
a) Tokyo au Japon
b) Changi à Singapour
c) Kuala Lumpur en Malaisie
d) Pékin en Chine

14-19- Le 11 août, à 63 ans, quel acteur américain se suicide dans sa maison de Paradise Cay ?
a) Bruce Willis
b) Tony Scott
c) Heath Ledger
d) Robin Williams

14-20- Le 9 juillet, après sa victoire au Concours Eurovision avec la chanson Rise Like a Phoenix, qui défile pour Jean-Paul Gaultier lors du défilé de mode de la Collection Haute Couture Automne / Hiver 2014-2015 du couturier ?
a) Andrej Pejic
b) Conchita Wurst
c) Bilal Hassani
d) Barbara Pravi

14-21- Quelle série télévisée américaine, créée par Mike Judge et diffusée à partir du 6 avril 2014, décrit les aventures de quatre programmeurs vivant ensemble et essayant de percer ?
a) The big bang theory
b) Halt and Catch Fire
c) Silicon Valley
d) Mr Robot

14-22- Quel guitariste français d'origine gitane disparaît le 5 novembre 2014 ?
a) Manitas de Plata
b) Kendji Girac
c) Paco Baliardo
d) Patchai Reyes

14-23- Le 15 septembre 2014, quel studio de jeux vidéo, créateur du jeu Minecraft, est racheté par Microsoft pour environ 2,5 milliards d'euros ?
a) Blizzard
b) Konami
c) Mojang Studios
d) EA Games

14-24- Le 31 mars, à la suite de la défaite de la gauche aux élections municipales, qui est nommé au poste de Premier ministre ?
a) Emmanuel Macron
b) Bernard Kouchner
c) Manuel Valls
d) Jean-Marc Ayrault

14-25- Quels tennismen gagnent le double de Roland Garros, 30 ans après Leconte-Noah ?
a) Édouard Roger-Vasselin et Julien Benneteau
b) Arnaud Clément et Pierre-Hugues Herbert
c) Julien Benneteau et Arnaud Clément
d) Pierre-Hugues Herbert et Édouard Roger-Vasselin

14-26- Le 9 octobre 2014, quel écrivain français obtient le prix Nobel de littérature ?
a) Jean-Marie Gustave Le Clézio
b) Annie Ernaux
c) Gao Xingjian
d) Patrick Modiano

14-27- Qui est élu président de la République du Panama lors de l'élection du 4 mai 2014 ?
a) Laurentino Cortizo
b) Ricardo Martinelli
c) Juan Carlos Varela
d) Martín Torrijos

14-28- Quel animateur de Le Grand Échiquier, disparaît le 22 décembre ?
a) Guy Lux
b) Jacques Chancel
c) Bernard Pivot
d) Léon Zitrone

14-29- À partir du 18 mars 2014, à la suite de la crise de Crimée, quelle ville a le statut de ville d'importance fédérale de Russie ?
a) Sébastopol
b) Yalta
c) Simferopol
d) Alouchta

14-30- Quel est le nom du trio, réunissant les chanteurs Jacques Dutronc, Eddy Mitchell et Johnny Hallyday, qui se produit une première fois sur la scène de Bercy, du 5 au 10 novembre 2014 ?
a) Les potes
b) Les éternels
c) Les Vieilles Canailles
d) La dernière séance

14-31- Le 19 juin 2014, qui devient roi après l'abdication de son père Juan Carlos Ier ?
a) Alphonse XIII d'Espagne
b) Felipe VI d'Espagne
c) Amédée Ier d'Espagne
d) Pablo VII d'Espagne

14-32- Quelle chanson de Michel Sardou est reprise par Louane Emera pour le film français La Famille Bélier ?
a) En chantant
b) Je vole
c) Les vieux mariés
d) Rouge

14-33- En 2014, dans le clip de quelle chanson, Black M interprète-t-il Charlie Chaplin, Mohamed Ali, Albator ou Joker ?
a) Sur ma route
b) Désolé
c) Ma direction
d) Je suis chez moi

14-34- Le 24 juillet 2014, qui est élu président de la république d'Irak par le Parlement ?
a) Jalal Talabani
b) Fouad Massoum
c) Barham Salih
d) Abdel Latif Jamal Rachid

14-35- Quelle chanson de Mark Ronson et Bruno Mars, parue le 10 novembre, a dans ses paroles de nombreuses répétitions de la phrase « Don't believe me just watch » ?
a) Locked Out of Heaven
b) Red
c) Treasure
d) Uptown Funk

14-36- Le 9 août 2014, dans quelle ville des États-Unis débutent des émeutes, à la suite de la mort du jeune Michael Brown ?
a) À Chicago
b) À Cleveland
c) À Ferguson
d) À Charlotte

14-37- Dans quel pays le coup d'État de 2014 est déclenché par Prayuth Chan-ocha, commandant en chef de l'Armée royale ?
a) En Birmanie
b) Au Vietnam
c) En Thaïlande
d) Au Cambodge

14-38- Lors des élections européennes de 2014, quel parti devient le premier parti de France au niveau européen, avec 32% des représentants français élus au sein du Parlement européen ?
a) Le parti socialiste
b) L'union pour un mouvement populaire
c) Europe écologie les Verts
d) Le Front national

14-39- Quel est le titre du premier album studio de Kendji Girac, sorti le 8 septembre ?
a) L'école de la vie
b) Kendji
c) Mi vida
d) Ensemble

14-40- Lors de la Coupe du monde de football, organisée par la FIFA, qui remporte le titre en s'imposant en finale contre l'Argentine ?
a) La France
b) L'Espagne
c) La Croatie
d) L'Allemagne

Répondez aux 40 questions d'actualités sur l'année 2015, avant de consulter la grille de réponses.

15-1- Quelle affaire, révélée par l'Agence américaine de protection de l'environnement, a entraîné la démission du président du directoire du groupe, Martin Winterkorn ?
a) L'affaire Elf
b) L'affaire L'Oréal
c) L'affaire Volkswagen
d) L'affaire Vinci

15-2- Quel était le surnom de Claude Chamboissier, mort le 4 janvier 2015, qui était membre du groupe musical Les Musclés, dans l'émission le Club Dorothée sur TF1 ?
a) Cerisier b) Mûrier c) Fraisier d) Framboisier

15-3- Dans quelle chanson sortie le 20 novembre, Adele met-elle en scène une conversation ?
a) Easy on Me
b) Hello
c) Skyfall
d) Rolling in the Deep

15-4- Le 1er janvier 2015, quel pays adopte l'euro à la place du litas et devient le 19e pays membre de la zone euro ?
a) La Roumanie
b) La Lituanie
c) La Hongrie
d) La Lettonie

15-5- Dans quel pays la rupture du barrage de Bento Rodrigues, le 5 novembre, provoque l'écoulement de millions de tonnes de boues ?
a) Au Brésil
b) Au Chili
c) Au Honduras
d) Au Vénézuela

15-6- Le 31 octobre, qui remporte la finale de la Coupe du monde de rugby à XV 2015 ?
a) L'Afrique du Sud
b) L'Australie
c) La Nouvelle-Zélande
d) La France

15-7- Quelle humoriste française, interprète de la bourgeoise snob du sketch Catherine, meurt le 4 septembre ?
a) Anne Roumanoff
b) Sylvie Joly
c) Florence Foresti
d) Chantal Ladesou

15-8- Qui mène l'attentat contre Charlie Hebdo, le 7 janvier 2015 ?
a) Khaled Kelkal
b) Mohamed Merah
c) Chérif et Saïd Kouachi
d) Zacarias Moussaoui

15-9- Le 2 septembre, qui est nommé ministre du travail en remplacement de François Rebsamen, démissionnaire ?
a) Fleur Pellerin
b) Najat Vallaud-Belkacem
c) Rama Yade
d) Myriam El Khomri

15-10- En 2015, quel jeu télévisé fête ses 25 ans ?
a) Qui veut gagner des millions ?
b) Des chiffres et des lettres
c) Motus
d) N'oubliez pas les paroles !

15-11- À quel chanteur, mort assassiné par son père, la chanson de Charlie Puth et Meghan Trainor rend-elle hommage ?
a) Otis Redding
b) Marvin Gaye
c) Kurt Cobain
d) Jim Morrison

15-12- Dans quel quartier de Bordeaux a été inauguré le stade multifonctions, Nouveau stade de Bordeaux, le 18 mai 2015 ?
a) La Bastide
b) Bordeaux-Lac
c) Caudéran
d) Bordeaux Maritime

15-13- Le 23 janvier 2015, dans quel pays Salmane ben Abdelaziz Al Saoud devient-il roi à la suite de la mort de son demi-frère Abdallah ben Abdelaziz Al Saoud ?
a) Au Soudan
b) Aux Émirats arabes unis
c) En Égypte
d) En Arabie saoudite

15-14- Pour quel personnage Leonard Nimoy, mort le 27 février, est-il principalement connu ?
a) Néo b) Thor c) Luke Skywalker d) M. Spock

15-15- Le 8 mars, quels appareils deviennent obligatoires dans tous les logements français ?
a) Les échelles de secours
b) Les extincteurs
c) Les détecteurs de fumée
d) Les pompes à chaleur

15-16- Qui a peint le tableau intitulé « Quand te maries-tu ? », acheté par le Qatar le 7 février 2015 pour 300 millions de dollars ?
a) Paul Cézanne
b) Claude Monet
c) Auguste Renoir
d) Paul Gauguin

15-17- Quelle série télévisée raconte l'histoire de Annalise Keating, professeure de droit pénal ?
a) Murder
b) Scandal
c) Suits : Avocats sur mesure
d) Revenge

15-18- Quel film français réalisé par Jacques Audiard, retraçant l'histoire d'un réfugié tamoul en France, remporte la Palme d'or du Festival de Cannes 2015 ?
a) Un prophète
b) De rouille et d'os
c) Dheepan
d) Les Frères Sisters

15-19- Le 9 mars, quelle nageuse meurt dans un accident d'hélicoptère, lors du tournage de l'émission de télé-réalité Dropped ?
a) Mylène Lazare
b) Camille Muffat
c) Charlotte Bonnet
d) Coralie Balmy

15-20- Quelle Miss France fait une apparition dans le clip On verra, du rappeur français Nekfeu, extrait de l'album Feu ?
a) Valérie Bègue
b) Karine Ferri
c) Iris Mittenaere
d) Malika Ménard

15-21- Le 10 décembre 2015, qui est investi président de la Nation argentine, succédant à Cristina Fernández de Kirchner ?
a) Néstor Kirchner   b) Alberto Fernández
c) Mauricio Macri   d) Eduardo Duhalde

15-22- Le 21 mars, dans quel pays le président Ernest Bai Koroma annonce-t-il le confinement face à l'épidémie d'Ebola ?
a) Au Burkina Faso   b) Au Libéria
c) En Gambie   d) En Sierra Leone

15-23- Quel pensionnaire de la Comédie-Française reçoit en 2015 le César du meilleur acteur pour sa prestation dans le film Yves Saint Laurent de Jalil Lespert ?
a) Pierre Niney   b) Louis Garrel
c) François Civil   d) Benoît Magimel

15-24- Le 22 avril 2015, dans quel pays le volcan Calbuco entre-t-il en éruption ?
a) Panama   b) Argentine   c) Chili   d) Colombie

15-25- Dans quel film, Marty McFly et Emmett Brown débarquent-ils le 21 octobre 2015 pour sauver les futurs enfants de Marty ?
a) Stargate: Continuum   b) Interstellar
c) Retour vers le futur 2   d) Terminator Genisys

15-26- Quelle chanson de The Weeknd est extraite de la bande originale du film Cinquante nuances de Grey ?
a) Die for You   b) Creepin'
c) Earned It   d) Blinding Lights

15-27- Quelle est la cause du crash de l'A320 de Germanwings dans les Alpes du Sud françaises, le 24 mars 2015 provoquant la mort des 144 passagers et des 6 membres d'équipage ?
a) Erreur de pilotage   b) Défaillance technique
c) Suicide du copilote d) Météo

15-28- Quel acteur français, ayant incarné à la télévision le commissaire Navarro, meurt le 11 février 2015 ?
a) Bernard Giraudeau   b) Roger Hanin
c) Philippe Noiret   d) Bruno Cremer

15-29- Quel architecte allemand, concepteur du toit du stade olympique de Munich de 1972, obtient le Prix Pritzker en 2015 ?
a) Günter Behnisch   b) Frei Otto
c) Werner Ruhnau   d) Thomas Sieverts

15-30- Quel est le nom donné à la rafle des intellectuels arméniens du 24 avril 1915 à Constantinople, dont le centième anniversaire a été commémoré en 2015 ?
a) Dimanche noir   b) Dimanche rouge
c) Dimanche blanc   d) Dimanche bleu

15-31- Quel projet, situé dans la partie sud-est du parc de la Villette et composé d'une salle de concert de 2 400 places, d'espaces d'exposition, d'ateliers pédagogiques et de salles de répétitions, a été inauguré le 14 janvier 2015 ?
a) La Philharmonie de Paris
b) L'Opéra de Paris
c) Le Palais des Spectacles de Paris
d) La Scène musicale de Paris

15-32- Quelle entreprise américaine, créée en 2015 en Californie, est le conglomérat des sociétés précédemment détenues par la société Google ?
a) X   b) Verily   c) Alphabet   d) Meta

15-33- Quel est le nom de la conférence de Paris de 2015 sur les changements climatiques, qui s'est tenue du 30 novembre au 12 décembre 2015 au Bourget en France ?
a) COP 20   b) COP 21   c) COP 22   d) COP 23

15-34- Quel opus de la saga Star Wars, coécrit et réalisé par J. J. Abrams, est sorti en 2015, soit dix ans après la sortie de La Revanche des Sith ?
a) Star Wars, épisode IX : L'Ascension de Skywalker
b) Star Wars, épisode VIII : Les Derniers Jedi
c) Star Wars, épisode VII : Le Réveil de la Force
d) Star Wars, épisode VI : Le Retour du Jedi

15-35- En 2015, quelle chanteuse française se classe n°1 aux États-Unis au sein du Billboard Dance Club avec Stolen car, qu'elle chante en duo avec Sting ?
a) Zazie   b) Jenifer
c) Mylène Farmer   d) Vanessa Paradis

15-36- Quel yacht à moteur à voiles de luxe, conçu par Philippe Starck pour Andreï Melnitchenko, a été mis à l'eau en 2015 ?
a) A   b) M   c) X   d) Z

15-37- Le 30 avril 2015, comme prévu, à la surface de quelle planète la sonde spatiale MESSENGER s'écrase-t-elle ?
a) Mars   b) Mercure   c) Jupiter   d) Vénus

15-38- Le 2 mai 2015, qui sort victorieux du combat de boxe contre Manny Pacquiao, annoncé comme le « combat du siècle »?
a) Mike Tyson   b) Floyd Mayweather
c) Floyd Mayweather Jr.   d) Tommy Fury

15-39- Où se sont tenus les Iers Jeux européens, du 12 au 28 juin 2015 ?
a) À Bakou   b) À Budapest   c) À Berlin   d) À Erevan

15-40- Quelle ville a accueilli l'exposition universelle de 2015, après celle de 1906 ?
a) Paris   b) Milan   c) Londres   d) Barcelone

Répondez aux 40 questions d'actualités sur l'année 2016, avant de consulter la grille de réponses.

16-1- Le 12 décembre 2016, en Italie, à la suite de la démission de Matteo Renzi, qui est nommé Président du Conseil ?
a) Giuseppe Conte
b) Enrico Letta
c) Paolo Gentiloni
d) Romano Prodi

16-2- Le 13 octobre 2016, qui obtient le prix Nobel de littérature « pour avoir créé de nouvelles expressions poétiques dans la grande tradition de la chanson américaine » ?
a) Bruce Springsteen
b) Johnny Cash
c) Bob Dylan
d) Eminem

16-3- Quel interprète de Chez Laurette, Wight Is Wight, Quand j'étais chanteur ou encore Le Loir-et-Cher, disparaît le 2 janvier 2016 ?
a) Didier Barbelivien
b) Michel Delpech
c) Jacques Dutronc
d) Maxime Le Forestier

16-4- Le 9 mars 2016, qui est investi Président de la République du Portugal ?
a) Pedro Passos Coelho
b) António Costa
c) Marcelo Rebelo de Sousa
d) Jorge Sampaio

16-5- Quel membre de l'Académie française, connu pour ses émissions de vulgarisation historique, disparaît le 27 mars 2016 ?
a) Marcel Jullian
b) André Castelot
c) Alain Decaux
d) Pierre Nora

16-6- Quelle bataille lors de la guerre civile syrienne se termine le 22 décembre 2016 ?
a) La bataille d'Alep
b) La bataille d'Homs
c) La bataille de Racca
d) La bataille de Douma

16-7- Quel acteur, interprète de l'adjudant Gerber de la gendarmerie de Saint-Tropez, disparaît le 4 janvier 2016 ?
a) Jean Lefebvre
b) Jean Girault
c) Michel Galabru
d) Christian Marin

16-8- Le 26 février 2016, qui est élu président de la FIFA ?
a) Michel Platini
b) Sepp Blatter
c) Aleksander Čeferin
d) Gianni Infantino

16-9- Quel est le titre du vingt-sixième et dernier album studio de David Bowie, sorti mondialement le 8 janvier 2016, date du soixante-neuvième anniversaire de l'artiste et deux jours avant sa mort ?
a) The Next Day
b) Blackstar
c) Toy
d) Reality

16-10- En France, qui est nommé Premier ministre après la démission de Manuel Valls ?
a) Bernard Cazeneuve
b) Stéphane Le Foll
c) Jean-Marc Ayrault
d) Édouard Philippe

16-11- Quel mouvement, commencé le 31 mars à la suite de la loi Travail, revendique par des manifestations sur des places publiques, principalement en France ?
a) Nuit froide
b) Nuit debout
c) Nuit sombre
d) Nuit violente

16-12- À quel âge le chanteur Prince meurt-il le 21 avril 2016 à Chanhassen, dans son complexe de Paisley Park ?
a) À 47 ans
b) À 57 ans
c) À 67 ans
d) À 77 ans

16-13- Qui interprète J'ai cherché, la chanson qui représente la France au Concours Eurovision de la chanson 2016 ?
a) Amir
b) Emmanuel Moire
c) Keen'V
d) Daniel Lévi

16-14- Le 24 mars 2016, qui est reconnu coupable du génocide de Srebrenica et condamné à 40 ans de prison par le Tribunal pénal international pour l'ex-Yougoslavie ?
a) Ratko Mladić
b) Radovan Karadžić
c) Slobodan Milošević
d) Momčilo Krajišnik

16-15- Quel était le nom de naissance du boxeur Mohamed Ali mort le 3 juin 2016 ?
a) Cassius Marcellus Clay, Jr.
b) Cassius Marcellus Day, Jr.
c) Cassius Marcellus May, Jr.
d) Cassius Marcellus Pray, Jr.

16-16- Le 13 octobre 2016, quel roi de Thaïlande meurt à l'âge de 88 ans après 70 ans de règne ?
a) Rama VII
b) Rama VIII
c) Rama IX
d) Rama X

16-17- Quelle chanson enregistrée en 1976 par Claude François, est reprise en 2016 par M. Pokora ?
a) Le lundi au soleil
b) Comme d'habitude
c) Cette année-là
d) Alexandrie Alexandra

16-18- Quand Michel Rocard, mort le 2 juillet, avait-il exercé la fonction de Premier ministre ?
a) De 1987 à 1990
b) De 1988 à 1991
c) De 1989 à 1992
d) De 1990 à 1993

16-19- Quelle série télévisée américaine, diffusée depuis le 15 juillet 2016 sur Netflix, débute par la disparition du jeune Will Byers ?
a) Riverdale
b) Stranger Things
c) Cobra Kai
d) The Boys

16-20- Quels documents confidentiels, issus du cabinet d'avocats panaméen Mossack Fonseca, commencent à être publiés en avril 2016 ?
a) Les Panama Papers
b) Les Virgin Papers
c) Les Bahamas Papers
d) Les Caïmans papers

16-21- Qui succède à Jean-Louis Debré en tant que Président du Conseil constitutionnel ?
a) Laurent Fabius b) Lionel Jospin
c) Alain Juppé d) Édouard Balladur

16-22- Quel était le surnom de Pierre Tchernia, mort le 8 octobre 2016, en référence à l'émission de télévision homonyme qu'il présenta à partir de septembre 1967 ?
a) « Monsieur Météo » b) « Monsieur Cinéma »
c) « Monsieur Science » d) « Monsieur Célébrités »

16-23- Quelle Missionnaire de la Charité est canonisée le 4 septembre 2016 par le pape François ?
a) Mère Teresa b) Sainte Thérèse de Lisieux
c) Sœur Emmanuelle d) Irmã Dulce

16-24- Lors de la 28e cérémonie des Molières, le 23 mai 2016, quel présentateur de la cérémonie est récompensé par le Molière de l'humour, qui est décerné pour la première fois ?
a) Alex Lutz b) Malik Bentalha
c) Alex Vizorek d) Alexandre Astier

16-25- Quelle chanson de Justin Timberlake, présente sur la bande originale du film d'animation Les Trolls, est dévoilée en avant première lors de l'intervalle de la finale du Concours Eurovision de la chanson 2016 ?
a) SexyBack b) Can't Stop the Feeling!
c) Mirrors d) It's Gonna Be Me

16-26- Le 5 août 2016, en raison du risque terroriste, de quel évènement Martine Aubry, maire de Lille, annonce-t-elle l'annulation ?
a) La fête de la bière b) Le carnaval
c) La grande braderie d) La foire

16-27- Le 5 mai 2016, quel travailliste est élu maire de Londres ?
a) Ken Livingstone b) Boris Johnson
c) Sadiq Khan d) Jeremy Corbyn

16-28- Quel était le nom du parti politique français lancé en avril par Emmanuel Macron ?
a) En marche b) En avant
c) Ensemble d) Entourage

16-29- Dans Le Quai des brumes, à quelle actrice, disparue le 20 décembre, Jean Gabin adresse-t-il : « T'as d'beaux yeux, tu sais. » ?
a) Michèle Morgan b) Danielle Darrieux
c) Micheline Presle d) Gaby Basset

16-30- Le 9 juin, quel chroniqueur dans Les Pieds dans le plat sur Europe 1 annonce qu'il prend sa retraite radiophonique après 51 ans ?
a) Michel Drucker b) Patrick Sébastien
c) Jean-Pierre Foucault d) Philippe Bouvard

16-31- Quelle chaîne payante de télévision française d'information en continu devient, en 2016, accessible par la TNT gratuitement ?
a) BFM TV b) LCI
c) CNews d) France 24

16-32- Le 12 mai 2016, dans quel pays Michel Temer devient-il président par intérim, en raison de la suspension de Dilma Rousseff ?
a) Au Paraguay b) Au Honduras
c) Au Mexique d) Au Brésil

16-33- Quelle organisation a signé un cessez-le-feu avec l'État colombien qui entre en vigueur le 29 août 2016 ?
a) Le Hezbollah b) Les FARC
c) Le Hamas d) Le cartel de Sinaloa

16-34- Quelle chanson de Renaud, sortie le 26 janvier 2016, exprime sa colère contre les médias qui l'ont traité selon lui comme s'il était mort ?
a) À la Close b) Cœur perdu
c) Toujours debout d) Chanson dégueulasse

16-35- Au cours de quelle soirée l'attaque terroriste islamiste au camion-bélier s'est-elle déroulée à Nice sur la promenade des Anglais ?
a) Le 1er mai 2016 b) Le 21 juin 2016
c) Le 14 juillet 2016 d) Le 15 août 2016

16-36- En 2016, qui est choisi par Donald Trump comme colistier, pour l'élection présidentielle américaine de novembre 2016 ?
a) Rudy Giuliani b) Liz Cheney
c) Kamala Harris d) Mike Pence

16-37- En quelle année Fidel Castro, mort le 2 novembre 2016, devient-il Premier ministre de Cuba ?
a) 1949 b) 1959 c) 1969 d) 1979

16-38- Le 28 août 2016, lors de l'élection présidentielle au Gabon, qui a été réélu ?
a) Jean Ping b) Ali Bongo
c) Guy Nzouba-Ndama d) Paul Biya

16-39- Le 23 juin 2016, quel pays choisit par référendum de quitter l'Union européenne ?
a) Le Royaume-Uni b) Le Danemark
c) L'Espagne d) La Pologne

16-40- En 2016, qui se voit confier le rôle de maîtresse de cérémonie de la cérémonie des César ?
a) Audrey Lamy b) Anne Roumanoff
c) Florence Foresti d) Blanche Gardin

Répondez aux 40 questions d'actualités sur l'année 2017, avant de consulter la grille de réponses.

17-1- En juillet, en France, quel chef d'état-major des armées démissionne par désaccord avec la politique du président de la République ?
a) *Édouard Guillaud*   b) *Pierre de Villiers*
c) *Jean-Louis Georgelin*   d) *Henri Bentégeat*

17-2- Qui remporte son 13e Rallye Dakar ?
a) *Carlos Sainz*   b) *Sébastien Loeb*
c) *Nasser al-Attiyah*   d) *Stéphane Peterhansel*

17-3- Le 16 juillet 2017, en France, à quel événement rend-on hommage 75 ans plus tard ?
a) *La rafle du Vélodrome d'Hiver*
b) *L'accession au pouvoir de De Gaulle*
c) *Les accords de Versailles*
d) *La libération de Paris*

17-4- Quel est le visage représenté sur les masques dans la série télévisée espagnole La casa de papel diffusée à partir du 2 mai 2017 ?
a) *Pablo Picasso*   b) *Salvador Dalí*
c) *Le Che*   d) *Christophe Colomb*

17-5- Le 3 août, quel footballeur s'engage au PSG pour un montant de 222 millions d'euros, faisant de lui le joueur le plus cher ?
a) *Kylian Mbappé*   b) *Lionel Messi*
c) *Neymar*   d) *Zlatan Ibrahimović*

17-6- Le 2 mai 2017, quel propriétaire de la station OÜI FM revient à l'antenne après onze ans d'absence, avec l'émission Radio Jack ?
a) *Sébastien Cauet*   b) *Christophe Dechavanne*
c) *Arthur*   d) *Cyril Hanouna*

17-7- Quel syndicaliste français, secrétaire général de la CFDT de 2002 à 2012 et président du think tank Terra Nova, meurt le 2 janvier ?
a) *Laurent Berger*   b) *Jean Kaspar*
c) *François Chérèque*   d) *Edmond Maire*

17-8- Qui devient secrétaire général des Nations unies, succédant à Ban Ki-moon ?
a) *Kofi Annan*   b) *António Guterres*
c) *Boutros Boutros-Ghali*   d) *Javier Pérez de Cuéllar*

17-9- Quel chef cuisinier décroche, en février 2017, trois étoiles au Guide Michelin pour son restaurant Le 1947 situé à Courchevel ?
a) *Guy Savoy*   b) *Yannick Alléno*
c) *Laurent Petit*   d) *Alain Ducasse*

17-10- Le 13 février 2017, dans quel pays Kim Jong-nam, demi-frère du dirigeant nord-coréen Kim Jong-un, est-il assassiné ?
a) *Au Cambodge*   b) *En Indonésie*
c) *Au Japon*   d) *En Malaisie*

17-11- Quelle reine de beauté est élue Miss France 2016 et Miss Univers 2016 ?
a) *Camille Cerf*   b) *Maëva Coucke*
c) *Iris Mittenaere*   d) *Vaimalama Chaves*

17-12- Le 1er juin 2017, quel président des États-Unis d'Amérique annonce le retrait de son pays de l'accord de Paris sur le climat ?
a) *Donald Trump*   b) *Joe Biden*
c) *Barack Obama*   d) *Bill Clinton*

17-13- Quelle est la nationalité du lanceur Polar Satellite Launch Vehicle qui met en orbite 104 satellites le 15 février 2017 ?
a) *Russe*   b) *Indienne*   c) *Finlandaise*   d) *Française*

17-14- Où des militaires de l'opération Sentinelle ont-ils subi une attaque terroriste le 3 février ?
a) *Au Carrousel du Louvre*   b) *À la tour Eiffel*
c) *Au Bataclan*   d) *Au Grand Palais*

17-15- Combien de Tours de France Christopher Froome a-t-il déjà remporté lorsqu'il gagne l'édition 2017 ?
a) *Un*   b) *Deux*   c) *Trois*   d) *Quatre*

17-16- En octobre 2017, quel producteur de cinéma américain est accusé de harcèlement sexuel, agression sexuelle ou viol, selon le New York Times et le New Yorker ?
a) *Kevin Spacey*   b) *Harvey Weinstein*
c) *Jeffrey Epstein*   d) *Ary Abittan*

17-17- Quel est le titre du premier album studio du chanteur français Dadju, sorti le 24 novembre 2017 avec les chansons Reine, Bob Marley et Django ?
a) *Cullinan*   b) *Poison*   c) *Gentleman 2.0*   d) *Antidote*

17-18- Quel homme politique espagnol organise un référendum sur l'indépendance de la Catalogne et cherche à proclamer la sécession du territoire ?
a) *Pep Guardiola*   b) *Carles Puigdemont*
c) *Miquel Calçada*   d) *Eduard Punset*

17-19- En mai 2017, qui a peint sur un immeuble à Douvres un drapeau européen fissuré, sur lequel un ouvrier efface au marteau une étoile ?
a) *Banksy*   b) *CornBread*
c) *Mr. Brainwash*   d) *Keith Haring*

17-20- En octobre 2017, quel robot obtient la nationalité saoudienne, faisant d'elle le premier andro-gynoïde au monde à recevoir la citoyenneté d'un État ?
a) *Luna*   b) *Roomba*   c) *Surena*   d) *Sophia*

17-21- Quel rappeur joue, aux côtés de Catherine Deneuve, dans le film de Thierry Klifa sorti en 2017 et intitulé Tout nous sépare ?
a) Akhenaton   b) Booba   c) Nekfeu   d) Orelsan

17-22- Le 27 juin 2017, qui est élu président de l'Assemblée nationale en France ?
a) Claude Bartolone   b) Richard Ferrand
c) Bernard Accoyer   d) François de Rugy

17-23- Quelle expression française est le titre d'un single de Katy Perry, en featuring avec le groupe de hip-hop américain Migos, issu de son album Witness, sorti en 2017 ?
a) Bon Appétit   b) Comme ci comme ça
c) Salut   d) Et voilà

17-24- En 2017, lors d'une vente d'art, quelle œuvre Dmitri Rybolovlev vend-il aux enchères de Christie's à New York pour 450 millions de dollars au Prince héritier d'Arabie saoudite, Mohammed ben Salmane ?
a) Silver Car Crash   b) Salvator Mundi
c) Les Femmes d'Alger   d) Shot Sage Blue Marilyn

17-25- En mai 2017, quel groupe moldave se reforme pour un concert exceptionnel à Chișinău ?
a) O-Zone   b) Slave   c) Europe   d) Radio killer

17-26- Quelle entreprise privée américaine, fondée le 20 décembre 2017 par Devin Finzer et Alex Atallah à New York, propose une place de marché pour les jetons non fongibles (NFT) ?
a) Rarible   b) OpenSea
c) SuperRare   d) Binance NFT

17-27- Quel interprète de James Bond, entre 1973 et 1985, meurt le 23 mai 2017 ?
a) Sean Connery   b) Roger Moore
c) George Lazenby   d) Timothy Dalton

17-28- Quelle série télévisée américaine, diffusée depuis 2017, est l'adaptation d'un roman de science-fiction dystopique écrit par Margaret Atwood en 1985 ?
a) Killing Eve   b) Captive
c) See
d) The Handmaid's Tale : La Servante écarlate

17-29- Quel « chancelier de l'unité » allemand meurt le 16 juin 2017 ?
a) Olaf Scholz   b) Gerhard Schröder
c) Helmut Kohl   d) Helmut Schmidt

17-30- À quel âge est mort, le 20 mars 2017, David Rockefeller, l'homme d'affaires et milliardaire américain ?
a) 71 ans   b) 81 ans   c) 91 ans   d) 101 ans

17-31- Qu'est-ce que Simone Veil, disparue le 30 juin 2017, n'a pas fait ?
a) Elle a été la première femme à avoir accédé à la fonction de chef de gouvernement en France
b) Elle a fait adopter la loi dépénalisant le recours à l'interruption volontaire de grossesse (IVG)
c) Elle a été la première présidente du Parlement européen
d) Elle est entrée au Panthéon

17-32- Dans Le Sens de la fête, le film français écrit et réalisé par Éric Toledano et Olivier Nakache, sorti en 2017, qui est Max interprété par Jean-Pierre Bacri ?
a) Un fonctionnaire   b) Un organisateur de mariage
c) Un publicitaire   d) Un boulanger

17-33- Quel groupe de deep house français se fait connaître en 2017 avec le titre Be Mine?
a) Quarterhead   b) Lagique
c) Ofenbach   d) The Avener

17-34- En 2017, quel personnage de la saga Star Wars apparaît dans le clip de la chanson Friday du rappeur français Booba ?
a) C-3PO b) Jabba le Hutt c) R2-D2 d) Chewbacca

17-35- Quel journal publie un article le 25 janvier qui déclenche l'affaire Fillon ?
a) Le Figaro   b) Le Canard enchaîné
c) Le Point   d) Paris-Match

17-36- Quelle personnalité, ayant obtenu en 1992 le César de la meilleure actrice pour La Vieille qui marchait dans la mer, disparaît ?
a) Miou-Miou   b) Brigitte Fossey
c) Jeanne Moreau   d) Mylène Demongeo

17-37- Quel pionnier du rock'n'roll avec les chansons comme Maybellene, Roll Over Beethoven, Rock and Roll Music et Johnny B. Goode, disparaît le 18 mars 2017 ?
a) Jerry Lee Lewis   b) Chuck Berry
c) Marvin Gaye   d) Bruce Springsteen

17-38- Quel clip est la première vidéo à dépasser les 4 milliards de vues sur YouTube ?
a) Gangnam Style   b) Shape of You
c) Despacito   d) Baby Shark

17-39- Dans Gauguin - Voyage de Tahiti, le film d'Édouard Deluc, qui joue le rôle de Gauguin ?
a) Vincent Cassel   b) Guillaume Canet
c) Nicolas Bedos   d) Gilles Lellouche

17-40- Le 5 décembre 2017, quelle célébrité disparaît le même jour que l'écrivain Jean d'Ormesson ?
a) Charles Aznavour   b) Johnny Hallyday
c) Jean-Paul Belmondo   d) Yves Rénier

Répondez aux 40 questions d'actualités sur l'année 2018, avant de consulter la grille de réponses.

18-1- Le 28 août, quel ministre français annonce sa décision de démissionner du gouvernement au micro de la matinale de France Inter ?
a) Nicolas Hulot
b) Caroline Cayeux
c) Gérard Collomb
d) Christophe Castaner

18-2- Le 14 août, dans quelle ville italienne l'effondrement du pont Morandi cause 43 morts et interrompt la traversée de la ville par l'autoroute A10 ?
a) Milan
b) Gênes
c) Naples
d) Florence

18-3- Quel réalisateur américain d'origine tchécoslovaque, connu pour Vol au-dessus d'un nid de coucou, est mort le 13 avril 2018 ?
a) Miloš Forman
b) Jiří Menzel
c) Jan Němec
d) Václav Vorlíček

18-4- Le 6 janvier, avec une cargaison de condensat de gaz naturel, quel navire est impliqué dans une collision au large de Shanghai avec le vraquier hongkongais CF Crystal, provoquant une marée noire ?
a) Erika
b) MT Sanchi
c) Abt Summer
d) Haven

18-5- Le 12 novembre, qui remporte la Route du Rhum pour sa septième participation, avec sept minutes d'avance sur son poursuivant ?
a) Francis Joyon
b) François Gabart
c) Thomas Coville
d) Armel Le Cléac'h

18-6- Quel est le véritable nom du narcotrafiquant mexicain El Chapo, dont le procès débute le 5 novembre 2018 ?
a) Pablo Escobar
b) Joaquín Guzmán
c) Gilberto Rodriguez
d) Amado Carrillo Fuentes

18-7- Le 20 août 2018, quel pays se dote d'une nouvelle monnaie, le Bolivar souverain ?
a) Le Chili
b) Le Venezuela
c) Le Pérou
d) La Bolivie

18-8- Le 22 janvier 2018, quel ancien footballeur devient président du Liberia ?
a) Abedi Pelé
b) Yaya Touré
c) George Weah
d) Mohamed Salah

18-9- Quel accord de libre-échange, signé le 30 novembre entre les États-Unis, le Mexique et le Canada, remplace l'ALENA ?
a) VANO
b) ACÉUM
c) CEDH
d) GECW

18-10- Quel est le titre du 3e album studio de Kendji Girac sorti le 31 août 2018 et qui contient les tubes Maria Maria, Pour oublier et Tiago ?
a) Amigo
b) Kendji
c) Ensemble
d) Mi vida

18-11- Le 2 août 2018, qui devient la première entreprise privée à atteindre une capitalisation boursière de 1 000 milliards de dollars?
a) Google
b) Apple
c) Tesla
d) Microsoft

18-12- En 2018, qui reçoit le Prix Rive Gauche à Paris pour son livre Une vie sans fin ?
a) Mario Vargas Llosa
b) Frédéric Beigbeder
c) Olivier Steiner
d) Grégoire Delacourt

18-13- Avec quel titre France Gall, disparue le 7 janvier, avait-elle remporté le premier prix en tant que candidate du Luxembourg au Concours Eurovision de la chanson ?
a) Poupée de cire, poupée de son
b) Les Sucettes
c) Les Années folles
d) Homme tout petit

18-14- Quel physicien français, co-inventeur d'une technique d'amplification par dérive de fréquence, reçoit, conjointement avec Donna Strickland, le prix Nobel de physique en 2018 ?
a) Georges Charpak
b) Jacques Friedel
c) Gérard Mourou
d) André Brahic

18-15- Le 17 janvier, quel projet d'aéroport est abandonné par l'annonce d'Édouard Philippe ?
a) Notre-Dame-des-Landes
b) Nantes-Nord
c) Château Bougon
d) Nantes Altlantique

18-16- Quel gagnant du prix Goncourt pour Les Flamboyants, est élu à l'Académie française ?
a) Dany Laferrière
b) Marc Lambron
c) François Cheng
d) Patrick Grainville

18-17- Le 23 juin, dans quel pays une équipe de foot d'enfants, coincés dans une grotte, entraîne un sauvetage médiatisé mondialement ?
a) Au Japon
b) En Thaïlande
c) En Chine
d) Au Canada

18-18- Quel homme de radio, connu pour Les Dossiers extraordinaires, Les Dossiers d'Interpol et Histoires vraies, meurt le 26 mai ?
a) Zappy Max
b) Philippe Gildas
c) Pierre Bellemare
d) Christian Barbier

18-19- Quel monument est dégradé le 1er décembre lors de l'«acte III» des Gilets jaunes ?
a) La tour Eiffel
b) Le Sacré Coeur
c) La cathédrale Notre-Dame de Paris
d) L'Arc de triomphe de l'Étoile

18-20- Le 25 septembre, quel ancien Premier ministre français annonce sa candidature à la mairie de Barcelone ?
a) Édouard Philippe
b) Jean-Marc Ayrault
c) Jean Castex
d) Manuel Valls

18-21- Quelle société a développé le lanceur spatial super lourd Falcon Heavy, dont le vol inaugural a eu lieu le 6 février 2018 ?
a) *Thales Alenia Space*   b) *Virgin Galactic*
c) *SpaceX*   d) *Blue Origin*

18-22- Le 5 décembre 2018, pour quel ancien président des funérailles nationales sont-elles organisées à Washington ?
a) *Ronald Reagan*   b) *George H. W. Bush*
c) *Jimmy Carter*   d) *Gerald Ford*

18-23- Quel auteur-compositeur-interprète franco-congolais est élu « Révélation française de l'année » aux NRJ Music Awards 2018 ?
a) *Gims*   b) *Ninho*   c) *Niska*   d) *Dadju*

18-24- Le 28 novembre, qui est élue au second tour de l'élection présidentielle en Géorgie ?
a) *Guiorgia Margvelachvili*
b) *Mikheila Saakachvili*
c) *Nina Bourdjanadzé*
d) *Salomé Zourabichvili*

18-25- Le 21 décembre 2018, dans quel pays la dernière mine de charbon de Prosper-Haniel, est-elle fermée ?
a) *En France*   b) *En Allemagne*
c) *Au Luxembourg*   d) *En Belgique*

18-26- Du 14 juin au 5 juillet 2018, où a eu lieu la Coupe du monde de football ?
a) *En France*   b) *En Russie*
c) *En Italie*   d) *Au Japon*

18-27- De quelle maladie souffrait le physicien théoricien et cosmologiste britannique Stephen Hawking, mort le 14 mars 2018 à Cambridge ?
a) *De l'amyotrophie spinale de type 1*
b) *De la chorée de Huntington*
c) *De sclérose latérale amyotrophique*
d) *De la maladie de Behçet*

18-28- Quel était le surnom d'Aretha Franklin, morte le 16 août 2018 à Détroit ?
a) *« The god of Soul »*   b) *« The Queen Of Soul »*
c) *« Miss Soul »*   d) *« The Lady of Soul »*

18-29- Du 9 février au 25 février 2018, où se sont déroulés les Jeux olympiques d'hiver de 2018 ?
a) *À Sotchi*   b) *À Pyeongchang*
c) *À Turin*   d) *À Pékin*

18-30- Le 15 décembre, qui est élu métropolite de l'Église orthodoxe d'Ukraine ?
a) *Pape*   b) *Épiphane*
c) *Patriarche*   d) *Cardinale*

18-31- Qui chante Ta marinière, le deuxième single de l'album Il suffit d'y croire ?
a) *Hoshi*   b) *Anne Richard*
c) *Clara Luciani*   d) *Louane*

18-32- Quel film de Robin Campillo marque la 43e cérémonie des César du cinéma en remportant six prix sur treize nominations ?
a) *Une affaire de famille*
b) *120 battements par minute*
c) *Qu'importe si les bêtes meurent*
d) *Illusions Perdues*

18-33- En 2018, qui devient le premier architecte indien à recevoir le prix Pritzker ?
a) *Bijoy Jain*   b) *Raj Rewal*
c) *Anant Raje*   d) *Balkrishna Vithaldas Doshi*

18-34- Le 15 décembre 2018, qui est élue Miss France 2019 ?
a) *Iris Mittenaere*   b) *Alicia Aylies*
c) *Marine Lorphelin*   d) *Vaimalama Chaves*

18-35- Dans quelle chanson, sortie le 6 avril, Aya Nakamura évoque une relation sans lendemain avec un homme qui lui a couru après ?
a) *SMS*   b) *Djadja*   c) *40 %*   d) *Baby*

18-36- Quelle chanteuse interprète le personnage d'Ally Campana dans A Star Is Born, le film musical réalisé par Bradley Cooper et sorti en 2018 ?
a) *Lady Gaga*   b) *Madonna*
c) *Beyoncé*   d) *Rihanna*

18-37- Le 16 avril 2018, quelle organisation écrit une lettre annonçant sa dissolution ?
a) *Sentier lumineux*   b) *Hamas*
c) *ETA*   d) *Al-Qaïda*

18-38- Le 15 septembre 2018, qui lance une petite phrase : « Je traverse la rue et je vous trouve un travail » à un homme de 25 ans expliquant qu'il ne trouve pas d'emploi dans le secteur de l'horticulture malgré ses efforts ?
a) *Nicolas Sarkozy*   b) *Emmanuel Macron*
c) *Bernard Arnault*   d) *Bernard Tapie*

18-39- Quel est le titre du 51e et dernier album studio de Johnny Hallyday, publié de manière posthume le 19 octobre 2018 ?
a) *De l'amour*   b) *Mon pays c'est l'amour*
c) *Rester vivant*   d) *L'Attente*

18-40- En 2018, où le prince Harry, duc de Sussex, et Meghan Markle se sont-ils mariés ?
a) *À l'abbaye de Westminster*
b) *À Buckingham Palace*
c) *À la chapelle Saint-Georges à Windsor*
d) *À Kensington Palace*

Répondez aux 40 questions d'actualités sur l'année 2019, avant de consulter la grille de réponses.

19-1- Quel film sud-coréen, coécrit et réalisé par Bong Joon-ho, remporte au Festival de Cannes 2019 la Palme d'or ?
a) Parasite   b) Seo Bok   c) Carter   d) The chaser

19-2- En 2019, de la mort de quel artiste les Pays-Bas célèbrent-ils les 350 ans ?
a) Vincent van Gogh   b) Jérôme Bosch
c) Adriaen van de Velde   d) Rembrandt

19-3- Lors de la 44e cérémonie des César, quel prix est remis pour la première fois ?
a) « César anniversaire »   b) « César des lycéens »
c) « César des Césars »   d) « César d'or »

19-4- En 2019, en raison de quoi le Diplôme national du Brevet est-il déplacé début Juillet en France ?
a) Le covid-19   b) La canicule
c) La tempête Miguel   d) Une fuite des sujets

19-5- Le 23 janvier 2019, dans quel pays le président de l'Assemblée nationale, Juan Guaidó, s'autoproclame-t-il président de la République par intérim, en concurrence avec le président élu, Nicolás Maduro ?
a) Au Chili   b) Au Pérou
c) Au Venezuela   d) En Argentine

19-6- Quel footballeur argentino-italien disparaît en vol le 21 janvier entre Nantes et Cardiff à bord d'un avion Piper Malibu ?
a) Marco Verratti   b) Emiliano Sala
c) Raggi Andrea   d) Fabio Grosso

19-7- Quelle était la nationalité de Niki Lauda, le pilote de course automobile mort le 20 mai ?
a) Autrichienne   b) Allemande
c) Luxembourgeoise   d) Belge

19-8- Le 12 janvier 2019, dans quelle rue parisienne une explosion accidentelle de gaz dans une boulangerie fait quatre morts ?
a) Rue de Rivoli   b) Rue Montorgueil
c) Rue de Trévise   d) Rue Saint-Dominique

19-9- Au cours de quel mois a eu lieu l'incendie de la cathédrale Notre-Dame de Paris ?
a) Mars   b) Avril   c) Juin   d) Octobre

19-10- Quel film de science fiction américain, réalisé par Ridley Scott, a son action qui se situe à Los Angeles en 2019 lorsqu'un ancien policier Rick Deckard reprend du service pour traquer un groupe de réplicants ?
a) Daybreakers   b) Blade Runner
c) The Island   d) Predator

19-11- Le 4 août, qui survole La Manche sur sa propre invention, le Flyboard Air ?
a) Vincent Reffet   b) Frédéric Fugen
c) Franky Zapata   d) Yves Rossy

19-12- Le 25 janvier, quelle situation politique de 35 jours se termine lorsque le gouvernement et le Congrès des États-Unis parviennent à un accord sur le financement de la construction d'un mur entre les États-Unis et le Mexique ?
a) Le new deal   b) Le wall
c) Le countdown   d) Le shutdown

19-13- Quel film dramatique français écrit et réalisé par Xavier Legrand, reçoit en 2019 quatre Césars ?
a) Elle   b) Jusqu'à la garde   c) Fatima   d) Timbuktu

19-14- Qui est élu 16e roi de Malaisie ?
a) Muhammad Faris Petra   b) Halim Muadzam Shah
c) Abdullah Shah   d) Mizan Zainal Abidin

19-15- Le 20 juin 2019, où a lieu l'hommage à Karl Lagerfeld intitulé « Karl for ever » ?
a) Au Grand Palais   b) Sous la tour Eiffel
c) Au château de Versailles   d) Au musée d'Orsay

19-16- Quel compositeur français naturalisé américain, ayant remporté trois Oscars, meurt le 26 janvier 2019 ?
a) Francis Lai   b) Michel Legrand
c) Frédéric Botton   d) Michel Colombier

19-17- Le 10 décembre 2019, qui devient la nouvelle Première ministre de Finlande, ce qui fait d'elle, à 34 ans, la plus jeune chef de gouvernement de l'histoire finlandaise ?
a) Mari Kiviniemi   b) Anneli Jäätteenmäki
c) Sanna Marin   d) Magdalena Andersson

19-18- Quelle économiste reçoit le «prix Nobel d'économie», avec Abhijit Banerjee et Michael Kremer, pour leurs travaux sur la réduction de la pauvreté et des inégalités économiques ?
a) Laurence Boone   b) Natacha Valla
c) Esther Duflo   d) Françoise Milewski

19-19- Quelle branche des Forces armées des États-Unis, pour la conduite d'opérations militaires dans l'espace, a été créée ?
a) Les Space Seals   b) La United States Space Force
c) Les Space GI   d) La Space Task Force

19-20- Quel pilote moto remporte son sixième titre en MotoGP ?
a) Valentino Rossi   b) Jorge Lorenzo
c) Marc Márquez   d) Casey Stoner

19-21- Quel chef d'entreprise américain, principalement connu pour avoir dirigé Ford Motor Company de 1970 à 1978 puis Chrysler de 1978 à 1992, est mort le 2 juillet 2019 ?
a) Lee Iacocca
b) Stephen Chazen
c) Steve Fossett
d) Donald Petersen

19-22- Le 28 octobre, dans quel pays Sophie Wilmès est nommée Première ministre chargée des affaires courantes ?
a) En Suisse
b) En Belgique
c) En Autriche
d) En Irlande

19-23- Qui a écrit, composé et interprété la chanson féministe Balance ton quoi ?
a) Amel Bent
b) Clara Luciani
c) Angèle
d) Pomme

19-24- Le 9 novembre, quel événement est célébré lors de son trentième anniversaire ?
a) La création de l'Union Européenne
b) La chute du mur de Berlin
c) La mise en place de l'euro
d) La scission de la Yougoslavie

19-25- Quel est le titre du septième roman écrit par Michel Houellebecq, paru en 2019, et qui raconte la vie de Florent-Claude Labrousse, 46 ans, ingénieur agronome dépressif ?
a) Soumission
b) Sérotonine
c) Anéantir
d) Rester vivant

19-26- Quel gazoduc effectue les premières livraisons de la Russie vers la Chine ?
a) Force de Sibérie
b) Nord Stream 1
c) Nord Stream 2
d) Yamal

19-27- Qui joue le rôle de Kévin Queffelec, dans le film français Rendez-vous chez les Malawas, réalisé et écrit par James Huth ?
a) Kad Merad
b) Vincent Desagnat
c) Michaël Youn
d) Philippe Lacheau

19-28- Le 25 novembre 2019, dans quel pays une collision entre deux hélicoptères entraîne-t-elle la mort de 13 soldats français ?
a) Au Tchad
b) Aux Comores
c) Au Mali
d) Au Yémen

19-29- Dans la tête de quel personnage se glisse Amélie Nothomb dans son vingt-huitième roman intitulé Soif ?
a) Jules César
b) Jésus-Christ
c) Aristote
d) Charlemagne

19-30- Du 20 septembre au 2 novembre 2019, dans quel pays se déroule la Coupe du monde de rugby à XV ?
a) En Australie
b) En France
c) En Irlande
d) Au Japon

19-31- Quel empereur du japon abdique ?
a) Naruhito
b) Hirohito
c) Yoshihito
d) Akihito

19-32- Quel homme d'État français, président de la République de 1995 à 2007, meurt le 26 septembre 2019 ?
a) François Mitterrand
b) Georges Pompidou
c) Valérie Giscard d'Estaing
d) Jacques Chirac

19-33- Du 7 juin au 7 juillet 2019, quel événement sportif est organisé en France ?
a) La Coupe du monde de volley-ball
b) La Coupe du monde féminine de football
c) Les mondiaux du cyclisme sur piste
d) Les championnats du monde d'échecs

19-34- Quel film américain réalisé par Anthony et Joe Russo, sorti en 2019, effectue le meilleur démarrage de l'histoire du cinéma en rapportant plus de 1,2 milliard de dollars de recettes mondiales lors de son premier week-end d'exploitation ?
a) Avengers: Endgame
b) Spider-man : Far from home
c) Star Wars - Le réveil de la Force
d) Iron man 3

19-35- Le 13 octobre 2019, dans quel pays Kaïs Saïed l'emporte avec 72,71 % des suffrages lors de l'élection présidentielle ?
a) En Algérie b) En Égypte c) En Libye d) En Tunisie

19-36- Le 11 septembre, 2019, quel télescope spatial détecte de la vapeur d'eau sur l'exoplanète K2-18 b ?
a) Le James-Webb
b) Granat
c) Hubble
d) COS-B

19-37- Quelle est la première femme élue présidente de la Commission européenne ?
a) Christine Lagarde
b) Nicola Sturgeon
c) Ursula von der Leyen
d) Eva Kaili

19-38- Quelle phrase est prononcée par Greta Thunberg dans son discours lors du sommet des Nations unies sur l'action climatique ?
a) « I have a dream »
b) « Make our planet great again »
c) « How dare you? »
d) « Sky is the limit »

19-39- Quel réalisateur du film Le Miraculé, sorti en 1987, meurt le 8 août 2019 ?
a) Marcel Carné
b) Jean-Pierre Mocky
c) François Truffaut
d) Henri-Georges Clouzot

19-40- À qui succède Boris Johnson, nommé Premier ministre du Royaume-Uni ?
a) À Theresa May
b) À Liz Truss
c) À David Cameron
d) À Rishi Sunak

Répondez aux 40 questions d'actualités sur l'année 2020, avant de consulter la grille de réponses.

20-1- Quel était le surnom de Diego Maradona, mort le 25 novembre 2020 ?
a) El Pibe de Oro
b) El rey
c) El profesor
d) El fenomeno

20-2- Le 18 avril, à l'initiative de quelle chanteuse le concert de charité, One World: Together at Home, réunit-il à distance plusieurs artistes pour soutenir le personnel soignant ?
a) Rihanna
b) Beyoncé
c) Lady Gaga
d) Katy Perry

20-3- Le 15 janvier, lorsque le Premier ministre de Russie Dmitri Medvedev démissionne, qui est nommé à sa place ?
a) Viktor Zoubkov
b) Mikhaïl Fradkov
c) Mikhaïl Michoustine
d) Sergueï Stepachine

20-4- Quelle mini-série américaine, créée par Scott Frank et Allan Scott, suit Elisabeth Harmon, une prodige des échecs orpheline ?
a) Mat !
b) Le Jeu de la dame
c) Échec et Mat !
d) La « roque » star

20-5- Quel chef d'entreprise, président du Groupe Samsung, meurt le 25 octobre ?
a) Lee Kun-hee
b) Lee Jae-yong
c) Huh Chang-Soo
d) Jong-Kyun Shin

20-6- Qui a peint l'œuvre, Le Jardin du presbytère de Nuenen au printemps, volée au musée de Laren aux Pays-Bas, le 30 mars ?
a) Paul Cézanne
b) Vincent van Gogh
c) Paul Gauguin
d) Edvard Munch

20-7- Quel acteur britannique, ayant joué le rôle de Juan Sanchez Villa-Lobos Ramirez dans le film Highlander, meurt le 31 octobre 2020 ?
a) Sean Connery
b) Roger Moore
c) Pierce Brosnan
d) Michael Caine

20-8- À quelle date la France met-elle en confinement pour la première fois tout le pays face au coronavirus ?
a) Le 14 février 2020
b) Le 17 mars 2020
c) Le 1er avril 2020
d) Le 16 mai 2020

20-9- Le 20 novembre 2020, quel groupe sort son nouvel album Be, incluant les chansons Dynamite et Life Goes On ?
a) Black Pumas
b) Rage Against the Machine
c) BTS
d) Placebo

20-10- Quand se termine le Tour de France 2020 ?
a) Le 20 juillet
b) Le 20 août
c) Le 20 septembre
d) Le 20 octobre

20-11- Quel programme télévisé diffusé en direct a remplacé le concours Eurovision de la chanson 2020, annulé à cause du coronavirus ?
a) N'oubliez pas les paroles
b) Le grand cabaret
c) Diversion
d) Eurovision: Europe Shine a Light

20-12- Le 11 septembre, qui signe l'album Mesdames, composé de 10 duos avec notamment Véronique Sanson, Louane et Laura Smet ?
a) Grand Corps Malade
b) Calogero
c) Bénabar
d) Maître Gims

20-13- Quel homme afro-américain meurt à la suite de son interpellation par plusieurs policiers dont le policier Derek Chauvin, le 25 mai à Minneapolis, aux États-Unis ?
a) Tyre Nichols
b) George Floyd
c) Donovan Lewis
d) Keenan Anderson

20-14- En 2020, quel rappeur français dévoile les titres Bro bro et Wow ?
a) Zola
b) Ninho
c) Booba
d) Jul

20-15- Quelle « reine du suspense » meurt le 31 janvier 2020 ?
a) Toni Morrison
b) Joan Didion
c) Mary Higgins Clark
d) Anne Rice

20-16- Le 22 janvier 2020, lors de l'élection présidentielle en Grèce, qui devient la première femme élue à la présidence de la République ?
a) Ánna Karamánou
b) Ekateríni Sakellaropoúlou
c) Isavélla Dára
d) Iríni Lambráki

20-17- Qui interprète le Joker en 2019, dans le film Joker de Todd Phillips, lui valant l'Oscar du meilleur acteur lors de la cérémonie 2020 ?
a) Jack Nicholson
b) Joaquin Phoenix
c) Heath Ledger
d) Jared Leto

20-18- En quelle année Valéry Giscard d'Estaing, mort le 2 décembre 2020, est-il devenu président de la République française ?
a) 1969
b) 1974
c) 1979
d) 1981

20-19- Le 3 juillet 2020, en France, qui est nommé Premier ministre après la démission d'Édouard Philippe ?
a) Élisabeth Borne
b) Bernard Cazeneuve
c) Jean Castex
d) Manuel Valls

20-20- Le 17 septembre 2020, quel perchiste franchit 6,15 m en plein air à Rome, vingt-six ans après les 6,14 m de Sergueï Bubka ?
a) Armand Duplantis
b) Renaud Lavillenie
c) Vladimir Polyakov
d) Thierry Vigneron

20-21- Quelle série télévisée américaine produite par Shonda Rhimes et diffusée depuis le 25 décembre, se déroule dans la haute société londonienne lors de la Régence anglaise ?
a) *Downton Abbey*   b) *La Chronique des Bridgerton*
c) *Victoria*   d) *The Last Kingdom*

20-22- En février, quel juriste chinois publie l'article Alerte au virus : quand la fureur est plus forte que la peur, qui condamne la réponse du gouvernement chinois face au COVID-19 ?
a) *Xu Zhangrun*   b) *Zhang Zhan*
c) *Liu Hu*   d) *Jiang Weiping*

20-23- Le 23 août, quel club de football remporte la Ligue des champions pour la 6e fois en battant le PSG, sur un but de Coman ?
a) *Le FC Barcelone*   b) *Le Bayern Munich*
c) *Le Real de Madrid*   d) *Le Manchester United*

20-24- Quel chanteur de Aline, Les Paradis perdus et Les Mots bleus meurt le 16 avril ?
a) *Didier Barbelivien*   b) *Christophe*
c) *Salvatore Adamo*   d) *Michel Polnareff*

20-25- Le 24 novembre 2020, quel ancien joueur international français de rugby à XV est retrouvé mort au parc de Saint-Cloud, après une chute d'une dizaine de mètres ?
a) *Christophe Dominici*   b) *Benoît Dauga*
c) *Christian Califano*   d) *Fabien Pelous*

20-26- Le 23 janvier 2020, à cause de l'épidémie du coronavirus, dans quel pays le gouvernement place en quarantaine toute la métropole de Wuhan et les villes de Huanggang et Ezhou ?
a) *Au Cambodge* b) *Au Japon* c) *En Chine* d) *Au Laos*

20-27- Quel était le titre du best-seller publié en 1986 par Rika Zaraï, disparue le 23 décembre ?
a) *Ma médecine naturelle* b) *Mes secrets pour guérir*
c) *L'espérance a raison*   d) *Ces émotions soins*

20-28- Le 30 mai 2020, quel vaisseau de SpaceX, lancé par une fusée Falcon 9, réalise son premier vol habité pour la NASA ?
a) *Hermès*   b) *STS-132*
c) *Crew Dragon*   d) *Blue Origin NS-18*

20-29- En 2020, quel César n'est pas attribué pour la première fois depuis 1976 ?
a) *Le César du meilleur espoir masculin*
b) *Le César des lycéens*
c) *Le César d'honneur*
d) *Le César du public*

20-30- Élu à l'Académie française en 2020, qui a été premier italien à entrer sous la Coupole ?
a) *Erri De Luca*   b) *Maurizio Serra*
c) *Alessandro Baricco*   d) *Stefano Benni*

20-31- Le 26 janvier 2020, quel ancien sportif américain meurt dans un accident d'hélicoptère en Californie à Calabasas ?
a) *Kobe Bryant*   b) *Dean Potter*
c) *Nicky Hayden*   d) *Mohammed Ali*

20-32- Quel est le nom du projet de monnaie unique, datant des années 1960 et dont la mise en place était prévue pour le troisième trimestre 2020, en remplacement du franc CFA dans les huit États membres de l'Union économique et monétaire ouest-africaine?
a) *L'éva*   b) *L'eco*   c) *Le NRA*   d) *La MAO*

20-33- Nommé à onze reprises aux César 2020, qui reçoit celui du meilleur scénario original, pour son film La Belle Époque ?
a) *Albert Dupontel*   b) *Michael Haneke*
c) *Pierre Schoeller*   d) *Nicolas Bedos*

20-34- Quelle auteure des bandes dessinées humoristiques Les Frustrés et Cellulite, est morte le 11 février 2020 ?
a) *Catherine Meurisse*   b) *Claire Bretécher*
c) *Julie Doucet*   d) *Aurélia Aurita*

20-35- Le 27 juin 2020, qui devient Premier ministre d'Irlande ?
a) *Enda Kenny*   b) *Brian Cowen*
c) *Micheál Martin*   d) *Leo Varadkar*

20-36- Quel est le titre du 5e album studio du chanteur canadien Justin Bieber, avec 3 chansons dédiées à son épouse : All around me, Forever, et Second Emotion ?
a) *Believe* b) *Changes* c) *Journals* d) *Purpose*

20-37- Dans quel pays s'est déroulé le Rallye Dakar 2020 ?
a) *En Argentine*   b) *En Arabie saoudite*
c) *Au Chili*   d) *Au Sénégal*

20-38- Le 10 juin 2020, quelle œuvre attribuée à Banksy, volée derrière le Bataclan en janvier 2019, est découverte dans une ferme des Abruzzes en Italie ?
a) *Flower Thrower*   b) *The sad young girl*
c) *Umbrella Girl*   d) *Bomb hugger*

20-39- Le 4 octobre 2020, lors de la 100e édition du Grand Prix de l'Arc de Triomphe, quelle jument est privée par Sottsass d'un triplé inédit ?
a) *Found*   b) *Waldgeist*   c) *Trêve*   d) *Enable*

20-40- Qui a écrit Vie de Gérard Fulmard, le roman paru le 3 janvier 2020 aux éditions de Minuit ?
a) *Mark Polizzotti*   b) *Claude Eveno*
c) *Jean Echenoz*   d) *Pierre Michon*

Répondez aux 40 questions d'actualités sur l'année 2021, avant de consulter la grille de réponses.

21-1- Quel danseur français, directeur de la danse du ballet de l'Opéra national de Paris, de 1990 à 1995, meurt le 5 mars 2021 ?
a) Benjamin Millepied
b) Roland Petit
c) Jean Babilée
d) Patrick Dupond

21-2- Qui était le batteur des Rolling Stones de 1963 jusqu'à la fin de sa vie, le 24 août 2021 ?
a) Neil Peart
b) Charlie Watts
c) Ginger Baker
d) Hal Blaine

21-3- Quel bâtiment de Washington D.C est pris d'assaut le 6 janvier, après les résultats de l'élection présidentielle américaine de 2020 ?
a) La Maison Blanche
b) Le Lincoln Memorial
c) Le Capitole
d) Le Jefferson Memorial

21-4- Le 20 avril 2021, quel président du Tchad, depuis 1990, est tué sur le front dans le nord du pays par les rebelles du FACT ?
a) Idi Amin Dada
b) Mobutu Sese Seko
c) Idriss Déby
d) Jean-Bédel Bokassa

21-5- Quel groupe automobile multinational résulte de la fusion, le 16 janvier 2021, de Fiat Chrysler Automobiles et du Groupe PSA ?
a) Stellantis
b) Geely
c) Daimler
d) General Motors

21-6- Le 9 avril, à quel âge meurt le prince Philip, mari d'Élisabeth II ?
a) 69 ans
b) 79 ans
c) 89 ans
d) 99 ans

21-7- Quel acteur, auteur de neuf scénarios écrits avec Agnès Jaoui, meurt le 18 janvier ?
a) André Dussollier
b) Jean-Pierre Darroussin
c) Jean-Pierre Bacri
d) Gérard Darmon

21-8- Quelle série télévisée française suit les aventures d'un capitaine de la brigade criminelle de Paris qui traque les pires criminels ?
a) The fall
b) Luther
c) Shetland
d) Sherlock

21-9- Quel régime politique en Afghanistan est rétabli en août 2021, à l'issue d'une offensive des talibans ?
a) La république islamique d'Afghanistan
b) L'émirat islamique d'Afghanistan
c) L'état islamique d'Afghanistan
d) Le talibanat d'Afghanistan

21-10- Quel militant des droits de l'homme sud-africain, ayant reçu le prix Nobel de la paix en 1984 pour son combat pacifique contre l'apartheid, est mort le 26 décembre 2021 ?
a) Desmond Tutu
b) Nelson Mandela
c) Frederik Willem de Klerk
d) Albert Lutuli

21-11- Quel drame américain, réalisé par Chloé Zhao, obtient l'Oscar du meilleur film en 2021 ?
a) Parasite
b) Nomadland
c) Moonlight
d) Argo

21-12- Le 18 février 2021, quel astromobile atterrit sur la planète Mars ?
a) Perseverance
b) Rover
c) Curiosity
d) Rosetta

21-13- Quelle était la nationalité de Patrick Juvet qui a connu le succès en tant que chanteur dans les années 1970 avec Où sont les femmes ? ou I Love America ?
a) Suisse
b) Belge
c) Luxembourgeoise
d) Française

21-14- Quel film espagnol écrit et réalisé par Pedro Almodóvar, avec Penélope Cruz dans le rôle de Janis, fait l'ouverture de la Mostra de Venise 2021 ?
a) Volver
b) Madres paralelas
c) Julieta
d) Douleur et gloire

21-15- En quelle année est sorti en disque Émilie Jolie, le conte musical de Philippe Chatel, disparu en 2021 ?
a) 1975
b) 1977
c) 1979
d) 1981

21-16- Qui joue le rôle de Serge, alias OSS 1001, dans la comédie d'espionnage française OSS 117 : Alerte rouge en Afrique noire, réalisée par Nicolas Bedos et sortie en 2021 ?
a) Pierre Bellemare
b) Gilles Cohen
c) Jean Dujardin
d) Pierre Niney

21-17- En mars 2021, quel mouvement politique français d'extrême droite est dissout par décret en Conseil des ministres sur le fondement du code de la sécurité intérieure ?
a) Le Front national
b) Génération identitaire
c) L'ETA
d) Civitas

21-18- En 2021, qui est sacrée artiste féminine de l'année aux Victoires de la musique ?
a) Jeanne Added
b) Angèle
c) Pomme
d) Clara Luciani

21-19- Le 1er février, dans quel pays un coup d'État militaire renverse le gouvernement d'Aung San Suu Kyi ?
a) Au Laos
b) En Thaïlande
c) Au Cambodge
d) En Birmanie

21-20- Le 1er août 2021, quel pilote français remporte sa première victoire en F1 au Grand Prix de Hongrie ?
a) Romain Grosjean
b) Esteban Ocon
c) Pierre Gasly
d) Jean-Éric Vergne

21-21- Quelle opération d'évacuation de ressortissants a été organisée par les forces armées françaises, à l'été 2021 à la suite de la prise de Kaboul par les Talibans ?
a) L'opération Apagan   b) L'opération Serval
c) L'opération Aden   d) L'opération Addax

21-22- Le 4 janvier 2021, quel pays rouvre sa frontière avec le Qatar, mettant fin à une crise diplomatique de trois ans ?
a) Le Bahreïn   b) Dubaï
c) L'Arabie saoudite   d) Les Émirats arabes unis

21-23- Quel mot espagnol signifiant « chef » est le titre d'un single du rappeur français Ninho ?
a) Chief   b) Capo   c) Patrón   d) Jefe

21-24- Quelle récompense cinématographique a été décernée pour la première fois en 2021 lors de la cérémonie des César ?
a) Le César du meilleur film publicitaire
b) Le César anniversaire
c) Le César de la meilleure affiche
d) Le César des Césars

21-25- Quel est le prénom de la fille du prince Harry et de Meghan Markle, née le 4 juin 2021 ?
a) Charlotte   b) Lilibet   c) Beatrice   d) Eugenie

21-26- Quel festival international de cinéma annuel prend la suite du Festival international du film policier de Beaune ?
a) Reims Polar   b) Festival du Film de Cabourg
c) Berlinale   d) Premiers plans d'Angers

21-27- En raison de la pandémie de Covid-19, où a été enregistré sans public, du 14 au 17 janvier 2021, le spectacle Les Enfoirés à côté de vous ?
a) Au summum de Grenoble
b) Au palais Nikaïa de Nice
c) À la Halle Tony-Garnier de Lyon
d) À l'Accor Arena de Paris-Bercy

21-28- Le 29 mai 2021, qui est officiellement nommé comme entraîneur de l'Olympique Lyonnais à la suite de Rudi Garcia ?
a) Laurent Blanc   b) Peter Bosz
c) Sylvinho   d) Bruno Génésio

21-29- Quel chanteur français sort le 12 mars son premier album intitulé Vague à l'âme ?
a) Bosh   b) Dadju   c) Hatik   d) Slimane

21-30- Quelle récompense, lors du festival international du film de Berlin, a été créée en 2021 pour remplacer le prix Alfred-Bauer ?
a) La Caméra de la Berlinale
b) Le prix du jury de la Berlinale
c) Le prix FIPRESCI de la Berlinale
d) Le prix spécial de la Berlinale

21-31- Quel drame biographique américano-britannique, réalisé par Kevin Macdonald et sorti en 2021, raconte l'histoire d'un mauritanien détenu à tort au camp de Guantánamo ?
a) The guard   b) Désigné coupable
c) The Road to Guantánamo d) Dark Waters

21-32- Du 9 au 13 novembre 2021, quelle vice-présidente des États-Unis fait une visite protocolaire à Paris, pour apaiser les récentes tensions entre les deux pays ?
a) Kamala Harris   b) Janet Yellen
c) Hillary Clinton   d) Condoleezza Rice

21-33- Le 22 février 2021, quel groupe annonce sa séparation dans une vidéo, intitulée Epilogue, après vingt-huit ans de carrière ?
a) Gorillaz   b) The Chemical Brothers
c) Coldplay   d) Daft Punk

21-34- Le 5 mai 2021, le bicentenaire de la mort de quel grand homme célèbre-t-on ?
a) Napoléon Ier   b) Louis Pasteur
c) Victor Hugo   d) Charles Baudelaire

21-35- Quel roman de Mohamed Mbougar Sarr reçoit le prix Goncourt 2021 ?
a) De purs hommes   b) Terre ceinte
c) La Plus Secrète Mémoire des hommes   d) La cale

21-36- Quel magazine mensuel français de vulgarisation scientifique a été créé en juin pour se consacrer aux actualités scientifiques ?
a) Epsiloon   b) Tout comprendre
c) La recherche   d) Comment ça marche

21-37- Quel était le pseudonyme de Ray David Grammont, le chanteur français de reggae, mort le 16 février 2021, et connu pour ses tubes Sûr et certain ou Chacun sa route ?
a) Pierpoljak   b) Doc Gynéco   c) Tonton David   d) Féfé

21-38- Le 15 janvier 2021, quel ministre de l'économie s'oppose au rachat du groupe Carrefour par le canadien Couche-Tard ?
a) Michel Sapin   b) Arnaud Montebourg
c) Bruno Le Maire   d) Emmanuel Macron

21-39- Qui remporte son septième Ballon d'or, en 2021 ?
a) Cristiano Ronaldo   b) Luka Modrić
c) Fabio Cannavaro   d) Lionel Messi

21-40- Quel est le titre du triple album de rap français, sorti le 5 novembre 2021, regroupant 157 rappeurs des Bouches-du-Rhône et de la région parisienne ?
a) Civilisation   b) Le Classico organisé
c) Prose combat   d) V

Répondez aux 40 questions d'actualités sur l'année 2022, avant de consulter la grille de réponses.

22-1- Pour quel film Jean-Louis Trintignant, décédé le 17 juin 2022, avait-il reçu en 2013 le César du meilleur acteur ?
a) Happy End   b) Les Plus Belles Années d'une vie
c) Amour   d) Z

22-2- Quel est le titre du troisième album studio de Stromae sorti le 4 mars 2022 et incluant les titres Santé, L'Enfer et Fils de joie ?
a) Racine carrée   b) Multitude
c) Cheese   d) Peace or violence

22-3- À quel âge s'est éteinte Élisabeth II, le 8 septembre 2022 ?
a) À 92 ans   b) À 94 ans   c) À 96 ans   d) 101 ans

22-4- Qui a réalisé le film Couleurs de l'incendie, sorti en 2022, une adaptation du roman du même nom de Pierre Lemaitre publié en 2018 ?
a) Gérard Jugnot   b) Clovis Cornillac
c) Benoît Poelvoorde   d) Kad Merad

22-5- Quelle était la nationalité de Vangelis, décédé le 17 mai et célèbre pour ses musiques de films comme Les Chariots de feu, Antarctica ou Blade Runner ?
a) Espagnole b) Italienne c) Grecque d) Autrichienne

22-6- Dans quel film américain réalisé par Michael Bay, sorti en 2022, Will Sharp participe-t-il à un braquage pour financer les soins médicaux de sa femme ?
a) Ambulance   b) No pain no gain
c) Le prix à payer   d) Braquage à l'italienne

22-7- Quel président de la République italienne depuis 2015 a été réélu à 80 ans ?
a) Sergio Mattarella   b) Pietro Grasso
c) Giorgio Napolitano   d) Sandro Pertini

22-8- Qui a écrit Le Mage du Kremlin, le roman paru en avril qui relate la rencontre imaginée à Moscou, entre l'auteur et l'énigmatique Vadim Baranov, surnommé le Tsar ?
a) Giuliano da Empoli   b) Evgueni Zamiatine
c) Ray Bradbury   d) Mikhaïl Boulgakov

22-9- Quel président de l'Ukraine a eu son mandat marqué par l'invasion par la Russie ?
a) Petro Porochenko   b) Viktor Iouchtchenko
c) Volodymyr Zelensky   d) Viktor Ianoukovytch

22-10- Quel film réalisé par Régis Roinsard, sorti en 2022, est l'adaptation du roman éponyme d'Olivier Bourdeaut ?
a) Un Amour impossible b) Les pires
c) Serre moi fort   d) En attendant Bojangles

22-11- Quelle femme politique américaine, secrétaire d'État des États-Unis entre 1997 et 2001 dans l'administration du président Bill Clinton, est décédée le 23 mars 2022 ?
a) Madeleine Albright   b) Condoleezza Rice
c) Hillary Clinton   d) Janet Reno

22-12- Où ont eu lieu les Jeux olympiques d'hiver de 2022, du 4 au 20 février ?
a) À Turin b) À Pékin c) À Albertville d) À Sotchi

22-13- Quel est le prénom de celui qui succède officiellement à son demi-frère Khalifa ben Zayed Al Nahyane, président des Emirats arabes unis, au lendemain de sa mort ?
a) Humaid   b) Mohammed   c) Saoud   d) Rachid

22-14- Quel film dramatique français de Xavier Giannoli remporte sept César en 2022 ?
a) 120 battements par minute   b) Illusions perdues
c) L'avenir   d) Un autre monde

22-15- Quel rappeur belge sort, le 28 octobre 2022, son premier album studio, À l'abri ?
a) Lomepal b) Fresh La Peufra c) Tiakola d) Damso

22-16- De quelle forme est le robot du projet SquRo, créé en 2022 par une équipe de l'Université de Pékin, et qui pourra pénétrer à travers les ruines pour chercher des disparus ?
a) Un chat b) Un chien c) Un serpent d) Un rat

22-17- Quel est le titre de la fiction inspirée de Céline Dion, pour laquelle Valérie Lemercier remporte le César de la Meilleure actrice ?
a) Jessica   b) Aline   c) Claire   d) Hélène

22-18- Le 19 mars 2022, quelle équipe de rugby à XV remporte le tournoi des Six Nations 2022 et le Grand Chelem ?
a) L'équipe d'Écosse   b) L'équipe d'Angleterre
c) L'équipe du Pays de Galles   d) L'équipe de France

22-19- Entre 2008 et 2021, quel personnage a été interprété par William Hurt, décédé le 13 mars 2022, dans les films Marvel, comme L'Incroyable Hulk, Captain America: Civil War ou Black Widow ?
a) Magnéto   b) Thaddeus « Thunderbolt » Ross
c) Thanos   d) Docteur Fatalis

22-20- Lors des Internationaux de France de tennis 2022 au stade Roland-Garros à Paris, quel titre de Roland-Garros Rafael Nadal remporte-t-il en tournoi en simple ?
a) Son onzième   b) Son quatorzième
c) Son quinzième   d) Son seizième

22-21- En finale de la Coupe du monde de football 2022 au Qatar, à dix minutes de la fin du temps réglementaire, quel joueur français marque deux buts en quatre-vingt-dix-sept secondes pour ramener la France à égalité ?
a) Kylian Mbappé
b) Olivier Giroud
c) Kingsley Coman
d) Benjamin Pavard

22-22- À quel acteur, mort à 37 ans, la cérémonie des César du cinéma 2022 est-elle dédiée ?
a) À Gaspard Ulliel
b) À Guillaume Depardieu
c) À Anton Yelchin
d) À Cameron Boyce

22-23- Le 12 octobre, quelle judokate française devient championne du monde en plus de 78 kg à Tachkent en battant Béatriz Souza ?
a) Cécile Nowak
b) Marie-France Colignon
c) Gévrise Emane
d) Romane Dicko

22-24- Quel artiste peintre français, connu pour la couleur noire, est décédé le 25 octobre 2022 ?
a) Nicolas de Staël
b) Pierre Soulages
c) Marc Chagall
d) Hans Hartung

22-25- Combien de femmes avaient été nommées Première ministre en France, avant Élisabeth Borne, le 16 mai 2022 ?
a) 0
b) 1
c) 2
d) 3

22-26- Pendant combien d'années Jean-Pierre Pernaut, décédé le 2 mars 2022, a-t-il présenté le Journal de 13 heures ?
a) Pendant 13 ans
b) Pendant 23 ans
c) Pendant 33 ans
d) Pendant 43 ans

22-27- Quel acteur français, ayant obtenu à deux reprises le César du meilleur acteur ainsi que deux fois le Molière du comédien, meurt le 13 avril 2022 à l'âge de 96 ans ?
a) André Dussollier
b) Pierre Richard
c) Jacques François
d) Michel Bouquet

22-28- Dans quel film d'anticipation, à New York en 2022, une nouvelle forme d'aliment de Soylent, parvient à nourrir la population ?
a) Bienvenue à Gattaca
b) Soleil vert
c) District 9
d) High-Rise

22-29- Lors de la 94e cérémonie des Oscars, quel acteur monte sur scène pour gifler violemment l'humoriste et présentateur Chris Rock, qui a fait une blague sur l'alopécie de sa femme ?
a) Leonardo DiCaprio
b) Joaquin Phoenix
c) Will Smith
d) Denzel Washington

22-30- Quelle écrivaine française, auteure de Les Armoires vides et La Place, reçoit le prix Nobel de littérature en 2022 ?
a) Louise Glück
b) Annie Ernaux
c) Audrey Diwan
d) Virginie Despentes

22-31- Quelle grande école d'application française a été créée le 1er janvier 2022 pour remplacer l'École nationale d'administration (ENA) ?
a) L'Institut national du service public (INSP)
b) L'Institut supérieur du service public (ISSP)
c) L'École nationale du service public (ENSP)
d) L'École supérieure du service public (ESSP)

22-32- Quel joueur international argentin de rugby à XV est tué par balles à Paris ?
a) Pablo Matera
b) Federico Martín Aramburú
c) Agustin Creevy
d) Julián Montoya

22-33- Quel jour de l'année est mort Joseph Aloisius Ratzinger, le pape Benoît XVI ?
a) Le 4 janvier
b) Le 21 mars
c) le 15 août
d) Le 31 décembre

22-34- En France, le 20 avril 2022, qui a présenté le débat télévisé de l'entre-deux-tours de l'élection présidentielle, opposant Marine Le Pen à Emmanuel Macron ?
a) David Pujadas et Ruth Elkrief
b) Julien Arnaud et Audrey Pulvar
c) Jean-Michel Aphatie et Charlotte d'Ornellas
d) Gilles Bouleau et Léa Salamé

22-35- Quelle était la profession du français Luc Montagnier, décédé le 8 février 2022 ?
a) Néphrologue
b) Biologiste virologue
c) Généticien
d) Cancérologue

22-36- Combien de candidats étaient en lice pour l'élection présidentielle française ?
a) 8
b) 10
c) 12
d) 14

22-37- Quel cycliste gagne son premier Liège-Bastogne-Liège, puis le Tour d'Espagne avant de devenir champion du monde sur route ?
a) Remco Evenepoel
b) Wout van Aert
c) Tadej Pogačar
d) Julian Alaphilippe

22-38- Le 2 mars 2022, à la prison d'Arles, qui est agressé par un codétenu et en meurt quelques jours plus tard, à l'hôpital nord de Marseille ?
a) Yvan Colonna
b) Antonio Ferrara
c) Patrick Henry
d) Cheb Mami

22-39- Quel acteur, ayant été le premier noir à recevoir l'Oscar du meilleur acteur en 1964, est décédé le 6 janvier 2022 ?
a) Harry Belafonte
b) Sidney Poitier
c) Bill Cosby
d) James Earl Jones

22-40- En 2022, sur le Maxi Edmond de Rothschild, en solitaire, qui remporte la Route du Rhum en battant le record de l'épreuve ?
a) Franck Cammas
b) Charles Caudrelier
c) Thomas Coville
d) Armel Le Cléac'h

Répondez aux 40 questions d'actualités sur l'année 2023, avant de consulter la grille de réponses.

23-1- Le 1er janvier 2023, quel pays adhère à la zone euro et à l'espace Schengen ?
a) Croatie   *b) Bulgarie*   *c) Moldavie*   *d) Roumanie*

23-2- Qui devient Premier ministre du Luxembourg le 17 novembre 2023 ?
a) Sam Tanson   *b) Fred Keup*
c) Xavier Bettel   *d) Luc Frieden*

23-3- Quel écrivain norvégien est lauréat du prix Nobel de littérature en 2023 ?
a) Jon Fosse   *b) Peter Handke*
c) Tomas Tranströmer   *d) Harold Pinter*

23-4- Quel grand couturier disparaît le 3 février 2023 ?
a) Pierre Cardin   *b) Emanuel Ungaro*
c) Kenzō Takada   *d) Paco Rabanne*

23-5- Quel pays remporte le Tournoi des Six Nations 2023 pour la quinzième fois de son histoire en réalisant le Grand Chelem ?
a) France   *b) Irlande*   *c) Angleterre*   *d) Italie*

23-6- Quel acronyme désigne la mission spatiale de l'Agence spatiale européenne lancée en avril 2023 vers les satellites naturels de Jupiter ?
a) ASEJU   *b) NINJU*   *c) JUPI*   *d) JUICE*

23-7- Dans quelle ville ont eu lieu les obsèques nationales de Silvio Berlusconi, en juin 2023 ?
a) Rome   *b) Milan*   *c) Venise*   *d) Palerme*

23-8- Quel est le nom du président de la Fédération espagnole de football qui a été suspendu trois ans par la Fifa après un baiser forcé sur la joueuse Jenni Hermoso ?
a) Luis Rubiales   *b) Luis de la Fuente*
c) Luis Enrique   *d) Luis Suárez*

23-9- Quel prototype d'agent conversationnel utilisant l'intelligence artificielle enregistre 1,6 milliard de visites en mars 2023, 4 mois après son lancement ?
a) ChatOMG   *b) ChatKLP*   *c) ChatMND*   *d) ChatGPT*

23-10- Le 8 janvier 2023, dans quel pays des partisans de l'ancien président envahissent-il la place des Trois Pouvoirs ?
a) Colombie   *b) Argentine*   *c) Vénézuela*   *d) Brésil*

23-11- Quelle ébauche de chanson composée par John Lennon en 1978 est finalisée en 2023 par Paul McCartney et Ringo Starr ?
a) Always Alive   *b) Stay Right*
c) Now and Then   *d) Come and Play*

23-12- Quelle lettre rebaptise le réseau social de microblogage Twitter depuis le 24 juillet 2023 ?
a) W   *b) X*   *c) Y*   *d) Z*

23-13- Qui interprète la chanson Flowers, sortie le 12 janvier 2023, qui a établi un record sur Spotify en ayant été écoutée plus de 101 millions de fois au cours de la première semaine d'existence du single ?
a) Miley Cyrus   *b) Selena Gomez*
c) Taylor Swift   *d) Katy Perry*

23-14- Quel jeu d'action-aventure, sorti sur la console de jeu Nintendo Switch, est le vingtième jeu de la franchise The Legend of Zelda ?
a) Twilight Princess   *b) Tears of the Kingdom*
c) Ocarina of Time   *d) A Link to the Past*

23-15- Quel nom hindi désignant l'Inde a été utilisé par le Président indien pour les invitations à dîner envoyées pour le samedi 9 septembre 2023, à l'occasion du sommet du G20 ?
a) Bharat   *b) Gharat*
c) Kharat   *d) Tharat*

23-16- Quelle organisation paramilitaire russe se rebelle contre le gouvernement russe en juin 2023 ?
a) Groupe Wagner   *b) Groupe Mozart*
c) Groupe Vivaldi   *d) Groupe Ravel*

23-17- Quel long métrage d'animation musical sorti en 2023 est le 62e «Classique d'animation» des studios Disney ?
a) Wish : Anna et la Bonne Étoile
b) Wish : Aïda et la Bonne Étoile
c) Wish : Azra et la Bonne Étoile
d) Wish : Asha et la Bonne Étoile

23-18- Où s'est posée la sonde spatiale indienne Chandrayaan-3, le 23 août 2023, trois jours après l'échec de la sonde russe?
a) La Lune   *b) Mars*
c) Jupiter   *d) Mercure*

23-19- Quel était le nom du personnage de la série télévisée Friends interprété par Matthew Perry, mort le 28 octobre 2023 ?
a) Ross   *b) Chandler*
c) Richard   *d) Joey*

23-20- Quel groupe bancaire achète le Crédit suisse, son principal concurrent national, en 2023 ?
a) NAB   *b) Julius Bär*
c) UBS   *d) Groupe Raiffeisen*

23-21- En simple messieurs, quel joueur renverse en finale du Tournoi de Wimbledon 2023 le quadruple tenant du titre Novak Djokovic ?
a) Rafael Nadal
b) Ben Shelton
c) Daniil Medvedev
d) Carlos Alcaraz

23-22- Dans quel roman, paru le 6 janvier 2023, Patrick Grainville se penche-t-il sur la destinée de trois artistes : Isabel Rawsthorne, Francis Bacon et Alberto Giacometti ?
a) Falaise des fous
b) Trio des Ardents
c) Les Yeux de Milos
d) Le Paradis des orages

23-23- Quel avion d'affaires long courrier construit par Dassault Aviation entre en service commercial fin 2023 ?
a) Falcon 6X
b) Falcon 7E
c) Falcon 8Q
d) Falcon 9K

23-24- Sous quel nom a été couronné le roi du Royaume-Uni de Grande-Bretagne et d'Irlande du Nord, le 6 mai 2023 ?
a) Charles I
b) Charles II
c) Charles III
d) Charles IV

23-25- Quel pays adhère à l'OTAN le 4 avril 2023 ?
a) Serbie
b) Norvège
c) Ukraine
d) Finlande

23-26- Où se déroule la COP 28, la conférence internationale de l'Organisation des Nations unies, du 30 novembre au 12 décembre 2023 ?
a) Glasgow
b) Dubaï
c) Charm el-Cheikh
d) Sydney

23-27- En février 2023, quelle célébrité est mise en examen après avoir été impliquée dans un accident de la route survenu alors qu'elle conduisait sous l'emprise de stupéfiants ?
a) Étienne Daho
b) Renaud
c) Pierre Palmade
d) Jane Birkin

23-28- Quelle chaîne de télévision française, créée le 3 avril 2023, remplace la chaîne Boing, diffusant des programmes destinés aux petits ?
a) Gulli
b) Cartoonito
c) Canal J
d) Boomerang

23-29- Quel est le titre du 40e album de la BD Astérix, publié en octobre 2023 ?
a) La Fille de Vercingétorix
b) Astérix et la Transitalique
c) L'Iris blanc
d) Astérix et le Griffon

23-30- Quel jeu de société a fêté ses 75 ans de création en 2023 ?
a) Le Monopoly
b) Le 1000 bornes
c) Trivial Pursuit
d) Le Scrabble

23-31- Quel auteur de bande dessinée, connu notamment pour Les Cahiers d'Esther, reçoit en 2023 le grand prix de la ville d'Angoulême pour l'ensemble de son œuvre ?
a) Riad Sattouf
b) Joann Sfar
c) Éric Corbeyran
d) Christophe Blain

23-32- Quelle interprète et musicienne irlandaise, connue du grand public pour sa reprise de Nothing Compares 2 U en 1990, meurt le 26 juillet 2023 ?
a) Annie Lennox
b) Dolores O'Riordan
c) Sharon Shannon
d) Sinéad O'Connor

23-33- Mis en examen pour prise illégale d'intérêts dans le cadre de ses fonctions de ministre de la Justice, qui est relaxé en 2023 par la Cour de justice de la République ?
a) Christiane Taubira
b) François Bayrou
c) Nicole Belloubet
d) Éric Dupond-Moretti

23-34- Quelle est la nationalité de Narges Mohammadi, militante des droits humains, qui reçoit le prix Nobel de la paix 2023 ?
a) Iranienne
b) Ukrainienne
c) Palestinienne
d) Pakistanaise

23-35- Qui a remporté le Concours Eurovision de la chanson à deux reprises : en 2012 avec Euphoria et en 2023 avec Tattoo ?
a) Loreen
b) Netta
c) Kalush Orchestra
d) Dima Bilan

23-36- Dans quelle région du Maroc se trouvait l'épicentre du tremblement de terre meurtrier du 8 septembre 2023 ?
a) Meknès-Tafilalet
b) Grand Casablanca
c) Marrakech-Safi
d) Chaouia-Ouardigha

23-37- Quel astrophysicien meurt à Paris le 13 octobre 2023 ?
a) Hubert Reeves
b) Stephen Hawking
c) James E. Hansen
d) Jean-Pierre Luminet

23-38- Qui figure sur l'affiche officielle de la 48e cérémonie des César du cinéma, dans une scène tirée du film Annette ?
a) Valérie Lemercier
b) Marion Cotillard
c) Carole Bouquet
d) Juliette Binoche

23-39- Quel rassemblement de grands voiliers, bateaux et navires militaires s'est déroulé en juin 2023 sur les quais de Seine à Rouen ?
a) Le Débord
b) L'Escale
c) L'Armada
d) La Caravelle

23-40- Au cours de quel mois ont eu lieu les élections sénatoriales françaises de 2023 ?
a) Février
b) Avril
c) Septembre
d) Décembre

Tous les corrigés

GRILLE DE RÉPONSES
A- GÉOGRAPHIE

Pour chaque réponse juste, cochez la case.

☐ A1- b) Le tropique du Cancer	☐ A26- b) En Russie	☐ A51- a) Mayotte
☐ A2- c) 40 075 km	☐ A27- a) La Mer Baltique	☐ A52- a) Le détroit de Malacca
☐ A3- d) La Fédération de Russie	☐ A28- d) La Mer Bleue	☐ A53- d) Montpellier
☐ A4- b) La Nouvelle-Zélande	☐ A29- a) L'Iran	☐ A54- c) Au Pérou
☐ A5- c) L'Océan Arctique	☐ A30- a) Le Río Grande	☐ A55- d) Saint-Pétersbourg
☐ A6- a) L'Amazone	☐ A31- d) L'Irak	☐ A56- c) Nantes
☐ A7- a) Au Tibet	☐ A32- d) La Bulgarie	☐ A57- a) Vietnam
☐ A8- c) Dans le Golfe du Mexique	☐ A33- c) La Biélorussie	☐ A58- a) Le Mont Olympe
☐ A9- a) Le Golfe Persique	☐ A34- b) La Mer Adriatique	☐ A59- a) En Sicile
☐ A10- a) Quito	☐ A35- d) Valladolid	☐ A60- d) Groenland
☐ A11- c) Le Groenland	☐ A36- b) Valence	☐ A61- a) Les Pyrénées
☐ A12- d) La Fosse des Mariannes	☐ A37- c) Aux Pays-Bas	☐ A62- b) 14
☐ A13- c) L'Himalaya	☐ A38- a) 13	☐ A63- b) En Algérie
☐ A14- b) Le Honduras	☐ A39- b) 40	☐ A64- b) Le Liban
☐ A15- d) Le lac Léman	☐ A40- b) Auvergne-Rhône-Alpes	☐ A65- d) Le Finistère
☐ A16- a) Bratislava	☐ A41- b) K2	☐ A66- a) Amiens
☐ A17- c) Le Golfe du Lion	☐ A42- b) Caen	☐ A67- a) Saint-Raphaël
☐ A18- a) Portugal	☐ A43- c) L'Australie	☐ A68- a) Le Piton de la Fournaise
☐ A19- b) Le Labourd	☐ A44- d) Le Caire	☐ A69- c) En Italie
☐ A20- d) Maputo	☐ A45- d) La Manche	☐ A70- b) La Guadeloupe
☐ A21- d) L'Arizona	☐ A46- b) Afrique	☐ A71- b) La Gironde
☐ A22- b) Haïti	☐ A47- b) Le Territoire de Belfort	☐ A72- d) Le Mont Rushmore
☐ A23- c) Les îles Malouines	☐ A48- c) 85	☐ A73- b) 72
☐ A24- a) Le Lesotho	☐ A49- c) La Cordillère des Andes	☐ A74- b) En Lombardie
☐ A25- c) Le lac Michigan	☐ A50- a) 38	☐ A75- a) Le Var

TOTAL 1 (bonnes réponses) : ...... / 25   TOTAL 2 (bonnes réponses) : ...... / 25   TOTAL 3 (bonnes réponses) : ...... / 25

☐ A76- b) Le Massif central	☐ A101- a) La Volga	☐ A126- a) San Francisco
☐ A77- a) Cahors	☐ A102- c) 120	☐ A127- b) Toulouse
☐ A78- a) Nouvelle Aquitaine	☐ A103- c) Dublin	☐ A128- b) Une métropole
☐ A79- a) En Égypte	☐ A104- c) Vaucluse	☐ A129- d) Ko Lanta
☐ A80- c) Amsterdam	☐ A105- c) République démocratique du Congo	☐ A130- d) Le Canal de Panama
☐ A81- b) Fernand de Magellan	☐ A106- c) La Chine	☐ A131- b) Moorea
☐ A82- b) Canberra	☐ A107- a) La Montagne Sainte-Victoire	☐ A132- a) Sri Lanka
☐ A83- a) Russie	☐ A108- c) La mer de Béring	☐ A133- a) Bakou
☐ A84- a) La péninsule de Corée	☐ A109- c) Honshū	☐ A134- b) Cayenne
☐ A85- d) 360	☐ A110- d) Rouen	☐ A135- b) La Mer Morte
☐ A86- c) Avignon	☐ A111- b) Yémen	☐ A136- d) Labrador
☐ A87- c) Bouches-du-Rhône	☐ A112- c) Corcovado	☐ A137- b) Macao
☐ A88- a) Au Mont Gerbier-de-Jonc	☐ A113- d) Venise	☐ A138- d) En Arabie Saoudite
☐ A89- b) Danemark	☐ A114- d) Athènes	☐ A139- a) Le Mont Ventoux
☐ A90- c) 550 000 km^2	☐ A115- a) Rabat	☐ A140- b) Bastia
☐ A91- b) Istanbul	☐ A116- c) Zimbabwe	☐ A141- b) Sousse
☐ A92- d) Rio de Janeiro	☐ A117- d) Los Angeles	☐ A142- b) Le Barrage des Trois-Gorges
☐ A93- d) France	☐ A118- a) Cap-vert	☐ A143- d) L'île de Ré
☐ A94- b) Islande	☐ A119- b) Ottawa	☐ A144- a) Turquie
☐ A95- c) Dubaï	☐ A120- a) Belfast	☐ A145- a) Étretat
☐ A96- b) Nîmes	☐ A121- b) Congo	☐ A146- c) 4808 mètres
☐ A97- d) Lyon	☐ A122- a) Crimée	☐ A147- a) La Nouvelle-Zélande
☐ A98- b) Le Tunnel du Fréjus	☐ A123- c) Canada	☐ A148- d) La Paz
☐ A99- b) 15	☐ A124- a) Géorgie	☐ A149- b) les « chutes du Voile de la Mariée »
☐ A100- b) Vaison-la-Romaine	☐ A125- b) L'Albanie	☐ A150- c) Anchorage
TOTAL 4 (bonnes réponses) : ...... / 25	TOTAL 5 (bonnes réponses) : ...... / 25	TOTAL 6 (bonnes réponses) : ...... / 25

Résultat :

TOTAL 1 (bonnes réponses) : ...... / 25	TOTAL 4 (bonnes réponses) : ...... / 25	
TOTAL 2 (bonnes réponses) : ...... / 25	TOTAL 5 (bonnes réponses) : ...... / 25	TOTAL GÉNÉRAL (bonnes réponses) :
TOTAL 3 (bonnes réponses) : ...... / 25	TOTAL 6 (bonnes réponses) : ...... / 25	...... / 150

GRILLE DE RÉPONSES
B- HISTOIRE

Pour chaque réponse juste, cochez la case.

☐ B1- d) La Préhistoire	☐ B26- c) Alexandre le Grand	☐ B51- b) Stonehenge
☐ B2- b) Triangulaire	☐ B27- c) Le Néolithique	☐ B52- d) Boris Eltsine
☐ B3- c) Frédéric II	☐ B28- c) Le Mayflower	☐ B53- d) En Ukraine
☐ B4- d) La guerre de Vendée	☐ B29- a) Du Chemin des Dames	☐ B54- b) La SDN
☐ B5- b) La nuit du 4 août	☐ B30- d) Le 6 juin 1944	☐ B55- d) 476
☐ B6- a) La Phalange espagnole	☐ B31- c) Louis XIV	☐ B56- b) L'édit de Nantes
☐ B7- b) À Washington	☐ B32- b) De 1861 à 1865	☐ B57- c) Le ghetto de Varsovie
☐ B8- c) La romanisation	☐ B33- b) L'Axe	☐ B58- c) Le pacte de Varsovie
☐ B9- b) Ostpolitik	☐ B34- c) Diane de Poitiers	☐ B59- d) La « der des ders »
☐ B10- a) Charles X	☐ B35- d) Le calendrier républicain	☐ B60- b) Louis XIII
☐ B11- a) En 1848	☐ B36- c) La Ligne Hindenburg	☐ B61- b) 1492
☐ B12- b) Francisco Franco	☐ B37- c) Charles de Gaulle	☐ B62- d) Ramsès II
☐ B13- c) Tournai	☐ B38- c) Aix-la-Chapelle	☐ B63- c) 1905
☐ B14- b) De la Saint-Barthélemy	☐ B39- c) De 1095 à 1099	☐ B64- d) Brassempouy
☐ B15- d) « Le Gros »	☐ B40- a) George VI	☐ B65- a) Le national-socialisme
☐ B16- a) Au Palais des Tuileries	☐ B41- c) L'art pariétal	☐ B66- c) Nicolas II
☐ B17- b) Mazarin	☐ B42- c) Thomas Woodrow Wilson	☐ B67- c) Mao Zedong
☐ B18- a) La Grande Guerre	☐ B43- b) la Santa María	☐ B68- d) Massalia
☐ B19- a) « Duce »	☐ B44- b) Le doge	☐ B69- d) La Troisième République
☐ B20- b) En 395	☐ B45- b) Néfertiti	☐ B70- b) Le Téméraire
☐ B21- b) François Ier	☐ B46- b) 1989	☐ B71- a) L'édit de Fontainebleau
☐ B22- a) « La Pucelle d'Orléans »	☐ B47- c) Les Huns	☐ B72- a) L'Hispanie
☐ B23- d) Le 1er mars 1815	☐ B48- b) Les huguenots	☐ B73- c) En 331 av. J.-C.
☐ B24- c) Nagasaki	☐ B49- b) « Le Bref »	☐ B74- c) Louis-Philippe
☐ B25- d) Philippe Pétain	☐ B50- a) Mahatma Gandhi	☐ B75- b) Le parti bolchevique

| TOTAL 1 (bonnes réponses) : ...... / 25 | TOTAL 2 (bonnes réponses) : ...... / 25 | TOTAL 3 (bonnes réponses) : ...... / 25 |

- ☐ B76- b) La gabelle
- ☐ B77- b) L'agora
- ☐ B78- c) Jeanne d'Albret
- ☐ B79- c) RFA
- ☐ B80- a) Harry S. Truman
- ☐ B81- b) Aristide Briand
- ☐ B82- d) 116 ans
- ☐ B83- b) Vercingétorix
- ☐ B84- a) Les Trente Glorieuses
- ☐ B85- c) Le Front de libération nationale
- ☐ B86- a) Ve siècle avant J.-C.
- ☐ B87- d) La Nuit de cristal
- ☐ B88- c) L'Empire néo-babylonien
- ☐ B89- b) Les accords d'Évian
- ☐ B90- a) La dynastie Qing
- ☐ B91- b) Le Front populaire
- ☐ B92- a) Napoléon Bonaparte
- ☐ B93- c) Louis-Napoléon Bonaparte
- ☐ B94- c) Charles Quint
- ☐ B95- b) Ottoman
- ☐ B96- a) L'Ecclésia
- ☐ B97- c) François Ravaillac
- ☐ B98- b) La prise du palais des Tuileries
- ☐ B99- b) En Belgique
- ☐ B100- c) Jean Jaurès

- ☐ B101- b) Le jeu de paume
- ☐ B102- a) Un moujik
- ☐ B103- c) Le 26 août 1789
- ☐ B104- b) Constantinople
- ☐ B105- c) L'abolitionnisme
- ☐ B106- c) La baie des Cochons
- ☐ B107- d) À Vienne
- ☐ B108- a) La guerre du Kosovo
- ☐ B109- b) La démocratie
- ☐ B110- a) La Monarchie de Juillet
- ☐ B111- c) Helmut Kohl
- ☐ B112- c) Lee Harvey Oswald
- ☐ B113- c) Justinien
- ☐ B114- b) En 1953
- ☐ B115- c) 1958
- ☐ B116- b) -509
- ☐ B117- d) Jean Ier
- ☐ B118- a) Jefferson Davis
- ☐ B119- d) La maison de Habsbourg
- ☐ B120- b) Les Sabins
- ☐ B121- d) Aliénor d'Aquitaine
- ☐ B122- b) La place Tian'anmen
- ☐ B123- a) Napoléon Ier, François Ier et Alexandre Ier
- ☐ B124- b) 1923
- ☐ B125- b) L'archiduc François-Ferdinand

- ☐ B126- a) Les États généraux
- ☐ B127- a) Les Montagnards
- ☐ B128- d) La Glasnost
- ☐ B129- b) Le Grand Bond en avant
- ☐ B130- c) Les Mérovingiens
- ☐ B131- c) Rome
- ☐ B132- a) La Toussaint rouge
- ☐ B133- b) La Détente
- ☐ B134- b) 1515
- ☐ B135- b) Abraham Lincoln
- ☐ B136- a) La Grosse Bertha
- ☐ B137- b) Childéric Ier
- ☐ B138- b) L'Indochine française
- ☐ B139- a) La plèbe
- ☐ B140- c) Le « rideau de fer »
- ☐ B141- d) Le baron Haussmann
- ☐ B142- d) Slobodan Milošević
- ☐ B143- a) Un kamikaze
- ☐ B144- c) Ahmed Ben Bella
- ☐ B145- d) Le palais du Reichstag
- ☐ B146- b) Tarquin le Superbe
- ☐ B147- a) À Helmut Kohl
- ☐ B148- b) Joseph Goebbels
- ☐ B149- d) Dans l'Empire Ottoman
- ☐ B150- a) Le génocide des Tutsi

| TOTAL 4 (bonnes réponses) : ...... / 25 | TOTAL 5 (bonnes réponses) : ...... / 25 | TOTAL 6 (bonnes réponses) : ...... / 25 |

Résultat :

TOTAL 1 (bonnes réponses) : ...... / 25	TOTAL 4 (bonnes réponses) : ...... / 25	
TOTAL 2 (bonnes réponses) : ...... / 25	TOTAL 5 (bonnes réponses) : ...... / 25	TOTAL GÉNÉRAL (bonnes réponses) :
TOTAL 3 (bonnes réponses) : ...... / 25	TOTAL 6 (bonnes réponses) : ...... / 25	...... / 150

GRILLE DE RÉPONSES
C- MYTHOLOGIE & RELIGION

Pour chaque réponse juste, cochez la case.

☐ C1- a) Héphaïstos

☐ C2- d) L'athéisme

☐ C3- c) Le lotus

☐ C4- a) L'islam

☐ C5- b) Un brahmane

☐ C6- d) Une chèvre

☐ C7- d) Anubis

☐ C8- c) La scientologie

☐ C9- c) Le shintoïsme

☐ C10- d) Troie

☐ C11- a) Le Panthéon

☐ C12- b) Un cheval ailé

☐ C13- b) Thésée

☐ C14- a) Hélène

☐ C15- c) La Pythie

☐ C16- c) Athéna

☐ C17- a) La main de Fatima

☐ C18- d) Les Cyclopes

☐ C19- b) Satan

☐ C20- a) Méduse

☐ C21- d) L'Acropole

☐ C22- d) Janus

☐ C23- a) Jean Calvin

☐ C24- a) Nyx

☐ C25- b) Martin Luther

☐ C26- d) Ysun

☐ C27- b) Gabriel

☐ C28- b) La synagogue

☐ C29- c) Le mythe de Midas et de Dionysos

☐ C30- b) Achille

☐ C31- d) Le Bön

☐ C32- c) Fama

☐ C33- d) Seth

☐ C34- b) L'Ancien Testament

☐ C35- b) Gaïa

☐ C36- b) L'Église orthodoxe

☐ C37- b) Le paganisme

☐ C38- c) Aïd al-Fitr

☐ C39- c) Léto

☐ C40- b) Le sanskrit

☐ C41- b) Les Saturnales

☐ C42- a) Apollon

☐ C43- b) À La Mecque

☐ C44- c) L'ichthus

☐ C45- d) En cygne

☐ C46- d) La Pentecôte

☐ C47- a) Il leur envoie le Déluge

☐ C48- c) Danaé

☐ C49- a) Les Achéens

☐ C50- b) En bois

☐ C51- c) Gilgamesh

☐ C52- b) Estsanatlehi

☐ C53- c) Typhon

☐ C54- c) Dalila

☐ C55- b) Océanos

☐ C56- d) Iris

☐ C57- b) Agnostique

☐ C58- d) La menorah

☐ C59- b) Deva

☐ C60- a) Le kérygme

☐ C61- d) Prométhée

☐ C62- c) Mahomet

☐ C63- a) Le Catharisme

☐ C64- b) 5

☐ C65- a) Cerbère

☐ C66- c) Un labyrinthe

☐ C67- c) Un évangile

☐ C68- b) animiste

☐ C69- d) Romulus et Rémus

☐ C70- b) Viracocha

☐ C71- a) Tirawa

☐ C72- b) Verser une pièce de monnaie à Juventas

☐ C73- c) Día de los Muertos

☐ C74- c) Le catéchisme

☐ C75- d) En bois résineux

TOTAL 1 (bonnes réponses) : ...... / 25

TOTAL 2 (bonnes réponses) : ...... / 25

TOTAL 3 (bonnes réponses) : ...... / 25

- [ ] C76- a) Bernadette Soubirous
- [ ] C77- b) Écho
- [ ] C78- a) 5
- [ ] C79- b) Thor
- [ ] C80- d) Une hérésie
- [ ] C81- c) Aphrodite
- [ ] C82- b) Le baptême
- [ ] C83- a) En 632
- [ ] C84- c) L'étoile de David
- [ ] C85- d) Uranus
- [ ] C86- b) Virgile
- [ ] C87- d) Lilith
- [ ] C88- a) Hélios
- [ ] C89- c) L'Évangile selon Jean
- [ ] C90- d) Le shabbat
- [ ] C91- b) Hermaphrodite
- [ ] C92- c) Le pasteur
- [ ] C93- b) Les satyres
- [ ] C94- b) YHWH
- [ ] C95- a) 12
- [ ] C96- b) Karma
- [ ] C97- c) Junon
- [ ] C98- b) L'embaumement
- [ ] C99- d) Mars
- [ ] C100- b) Le Coran

- [ ] C101- d) Moïse
- [ ] C102- d) Le Valhalla
- [ ] C103- b) Vénus
- [ ] C104- a) Terminus
- [ ] C105- b) Un dogme
- [ ] C106- a) Le temple du Soleil
- [ ] C107- c) Hermès
- [ ] C108- a) Le grand torii
- [ ] C109- c) 613
- [ ] C110- c) Nirvana
- [ ] C111- c) Héraclès et l'hydre de Lerne
- [ ] C112- a) Le muezzin
- [ ] C113- c) L'Apocalypse
- [ ] C114- d) Énée
- [ ] C115- c) La Tour de Babel
- [ ] C116- a) Les Valkyries
- [ ] C117- d) Anchise
- [ ] C118- a) Kippa
- [ ] C119- b) La sunna
- [ ] C120- c) Icare
- [ ] C121- c) La cathédrale Notre-Dame de Reims
- [ ] C122- b) Calypso
- [ ] C123- d) Les Danaïdes
- [ ] C124- d) Mahatma
- [ ] C125- b) Le lever du soleil

- [ ] C126- b) L'Achéron
- [ ] C127- b) La Cène
- [ ] C128- a) Les trois Curiaces
- [ ] C129- a) Le sang des dieux
- [ ] C130- c) Ladon
- [ ] C131- a) Agamemnon
- [ ] C132- b) Jérusalem
- [ ] C133- c) Le Sikhisme
- [ ] C134- a) « Tomber de Charybde en Scylla »
- [ ] C135- c) L'hostie
- [ ] C136- a) Le Tartare
- [ ] C137- b) Salomon
- [ ] C138- c) L'autel
- [ ] C139- a) Un géant de bronze
- [ ] C140- a) Héra
- [ ] C141- b) Le mihrab
- [ ] C142- b) En Ásgard
- [ ] C143- b) Ithaque
- [ ] C144- c) Le Vatican
- [ ] C145- a) À Carpentras
- [ ] C146- c) Bacchus
- [ ] C147- b) Perséphone
- [ ] C148- a) Le retable
- [ ] C149- b) Atlas
- [ ] C150- c) Esculape

TOTAL 4 (bonnes réponses) : ...... / 25

TOTAL 5 (bonnes réponses) : ...... / 25

TOTAL 6 (bonnes réponses) : ...... / 25

Résultat :

TOTAL 1 (bonnes réponses) : ...... / 25
TOTAL 2 (bonnes réponses) : ...... / 25
TOTAL 3 (bonnes réponses) : ...... / 25

TOTAL 4 (bonnes réponses) : ...... / 25
TOTAL 5 (bonnes réponses) : ...... / 25
TOTAL 6 (bonnes réponses) : ...... / 25

TOTAL GÉNÉRAL (bonnes réponses) :

...... / **150**

Pour chaque réponse juste, cochez la case.

☐ D1- b) La métriopathie

☐ D2- c) Le sujet

☐ D3- a) Platon

☐ D4- b) Le spiritualisme

☐ D5- c) L'Académie

☐ D6- b) Platon

☐ D7- a) L'Être et le Néant

☐ D8- b) La sagesse

☐ D9- a) La spéculation

☐ D10- d) Le nominalisme

☐ D11- d) Nietzsche

☐ D12- c) « Amour de la sagesse »

☐ D13- a) La beauté

☐ D14- b) John Locke

☐ D15- b) Le désir

☐ D16- b) Aristote

☐ D17- b) Kant

☐ D18- b) L'axiologie

☐ D19- b) Phédon

☐ D20- a) Allemande

☐ D21- d) Une névrose

☐ D22- d) Le sensualisme

☐ D23- a) la justice

☐ D24- b) Michel Onfray

☐ D25- a) La gnoséologie

☐ D26- d) Socrate

☐ D27- b) L'épicurisme

☐ D28- d) La philosophie pratique

☐ D29- c) Le Capital

☐ D30- a) L'ethnocentrisme

☐ D31- d) La parcimonie

☐ D32- c) La phénoménologie

☐ D33- a) L'aliénation

☐ D34- d) « Être c'est être perçu ou percevoir »

☐ D35- c) Sartre

☐ D36- b) La justice

☐ D37- d) Le complexe d'Œdipe

☐ D38- a) L'utilitarisme

☐ D39- b) L'art

☐ D40- d) La Nature

☐ D41- b) Le Bien

☐ D42- a) Voltaire

☐ D43- a) La scolastique

☐ D44- d) Le consentement

☐ D45- b) Charles de Montesquieu

☐ D46- b) Simone de Beauvoir

☐ D47- a) La prohibition de l'inceste

☐ D48- a) Le scepticisme

☐ D49- d) Alain Finkielkraut

☐ D50- d) Le travail

☐ D51- b) Spinoza

☐ D52- b) Les rêves

☐ D53- b) Écossaise

☐ D54- d) Le refoulement

☐ D55- b) Manichéenne

☐ D56- d) Jean-Paul Sartre

☐ D57- b) Le réel

☐ D58- d) Cicéron

☐ D59- b) Simone de Beauvoir

☐ D60- d) Locke

☐ D61- d) À Genève

☐ D62- b) Le syllogisme

☐ D63- b) Le mécanisme

☐ D64- d) La causalité

☐ D65- c) L'animal-machine

☐ D66- d) Élisabeth Badinter

☐ D67- b) Épictète

☐ D68- d) Karl Marx

☐ D69- c) La vérité

☐ D70- a) Francis Bacon

☐ D71- c) Mérope

☐ D72- b) Henri Bergson

☐ D73- b) L'eudémonisme

☐ D74- a) Emmanuel Kant

☐ D75- a) Hobbes

TOTAL 1 (bonnes réponses) : ...... / 25   TOTAL 2 (bonnes réponses) : ...... / 25   TOTAL 3 (bonnes réponses) : ...... / 25

☐ D76- c) Saint Augustin	☐ D101- c) La liberté	☐ D126- c) Le transcendant
☐ D77- c) La métaphysique	☐ D102- b) René Descartes	☐ D127- d) Schopenhauer
☐ D78- b) Alexis de Tocqueville	☐ D103- a) La méditation	☐ D128- b) La Revue de métaphysique et de morale
☐ D79- b) Hannah Arendt	☐ D104- c) Le Vocabulaire de la psychanalyse	☐ D129- d) Esprit
☐ D80- c) Le déterminisme	☐ D105- c) Friedrich Nietzsche	☐ D130- b) Contraint à un suicide forcé
☐ D81- b) Richard Wagner	☐ D106- a) Le Prince	☐ D131- d) Le directeur d'une école de philosophie
☐ D82- b) Léviathan	☐ D107- d) Épicure	☐ D132- b) Epictète
☐ D83- a) Le Deuxième Sexe	☐ D108- b) Blaise Pascal	☐ D133- c) L'Encyclopédie des sciences philosophiques
☐ D84- d) Michel de Montaigne	☐ D109- b) Summum bonum	☐ D134- b) Présocratiques
☐ D85- b) Thomas d'Aquin	☐ D110- b) Émile Littré	☐ D135- c) Les Pensées
☐ D86- a) Luc Ferry	☐ D111- c) Pascal	☐ D136- d) « Je pense, donc je suis »
☐ D87- b) Le ça, le moi et le surmoi	☐ D112- b) La Critique de la raison pure	☐ D137- c) Socrate
☐ D88- c) Jean-Jacques Rousseau	☐ D113- d) Le devoir	☐ D138- b) Le prix Nobel de littérature
☐ D89- a) Nicolas Machiavel	☐ D114- b) Le déni	☐ D139- d) Rabelais
☐ D90- b) Lituanienne	☐ D115- b) Les Essais	☐ D140- c) Diogène de Sinope
☐ D91- b) L'Éthique	☐ D116- c) Glaucon	☐ D141- b) La tranquillité de l'âme
☐ D92- d) Jean-Paul Sartre	☐ D117- c) Le Cœur	☐ D142- b) Baruch Spinoza
☐ D93- c) Les Confessions	☐ D118- c) Épaphrodite	☐ D143- d) Le bien commun
☐ D94- a) La morale	☐ D119- d) Sigmund Freud	☐ D144- b) De la caverne
☐ D95- c) Le Monde comme volonté et comme représentation	☐ D120- b) Le fantasme	☐ D145- c) idées factices
☐ D96- c) Hume	☐ D121- a) Montesquieu	☐ D146- d) Socrate
☐ D97- d) Le holisme	☐ D122- b) Aristote	☐ D147- c) La réalité psychique
☐ D98- d) Les Principes des Mathématiques	☐ D123- a) À Pythagore	☐ D148- a) Le narcissisme
☐ D99- b) Le Rêve de D'Alembert	☐ D124- c) Le contractualisme	☐ D149- d) Socrate
☐ D100- a) L'Encyclopédie	☐ D125- b) La théorie des formes	☐ D150- d) Émile-Auguste Chartier
TOTAL 4 (bonnes réponses) : ...... / 25	TOTAL 5 (bonnes réponses) : ...... / 25	TOTAL 6 (bonnes réponses) : ...... / 25

Résultat :

TOTAL 1 (bonnes réponses) : ...... / 25	TOTAL 4 (bonnes réponses) : ...... / 25
TOTAL 2 (bonnes réponses) : ...... / 25	TOTAL 5 (bonnes réponses) : ...... / 25
TOTAL 3 (bonnes réponses) : ...... / 25	TOTAL 6 (bonnes réponses) : ...... / 25

TOTAL GÉNÉRAL (bonnes réponses) :

...... / 150

Pour chaque réponse juste, cochez la case.

☐ E1- d) La fête du Travail

☐ E2- b) 12 grains de raisin

☐ E3- a) D'Allemagne

☐ E4- c) Un obi

☐ E5- c) Un brin de muguet

☐ E6- a) L'Irish Stew

☐ E7- a) Jack Lang

☐ E8- b) XOXO

☐ E9- a) Rouge

☐ E10- b) 13 ans

☐ E11- a) Mardi gras

☐ E12- d) « Trick or Treat »

☐ E13- b) Une pièce d'or

☐ E14- b) « Jesus »

☐ E15- c) Le festival des Vieilles Charrues

☐ E16- d) Une « Vestale d'argent »

☐ E17- d) Du pont des Arts

☐ E18- c) La morue

☐ E19- d) Une couronne de laurier

☐ E20- b) La Fête des voisins

☐ E21- b) Le quatrième jeudi de novembre

☐ E22- d) Le Palio

☐ E23- b) Le cochon d'Inde

☐ E24- c) Du sel

☐ E25- d) Les us et coutumes

☐ E26- a) La fête du Citron

☐ E27- a) Des aiguilles

☐ E28- b) Le cor des Alpes

☐ E29- d) Le sambodrome

☐ E30- c) La bouillabaisse

☐ E31- c) Le jeu de la jarretière

☐ E32- c) Les calendes

☐ E33- b) Le 2ème dimanche après Noël

☐ E34- b) Le sari

☐ E35- b) Wellington

☐ E36- a) Une bouteille

☐ E37- d) Mai

☐ E38- d) La fleur de cerisier

☐ E39- c) Le yin et le yang

☐ E40- b) La fideuà

☐ E41- c) La bauta

☐ E42- d) La fête des lanternes

☐ E43- d) Guy Fawkes Night

☐ E44- b) Tino Rossi

☐ E45- c) Du bois

☐ E46- d) La fête des Lumières

☐ E47- a) Un castell

☐ E48- b) La Saint-Glinglin

☐ E49- a) Rudolph

☐ E50- b) 25 ans

☐ E51- d) Le réveillon de la Saint-Sylvestre

☐ E52- c) Le premier lundi de septembre

☐ E53- b) Le feng shui

☐ E54- d) À Nice

☐ E55- d) La piñata

☐ E56- b) Aux Hospices de Beaune

☐ E57- c) La socca

☐ E58- d) Le 1er avril

☐ E59- a) Willem-Alexander

☐ E60- c) À Toulouse

☐ E61- a) Sensei

☐ E62- b) La Quinceañera

☐ E63- c) Un vêtement

☐ E64- b) À Angoulême

☐ E65- b) Le dernier dimanche de mai

☐ E66- c) Les floralies

☐ E67- a) Le 4 juillet

☐ E68- b) Strasbourg

☐ E69- a) Dinner For One

☐ E70- d) Les santons

☐ E71- a) Le 14 février

☐ E72- d) Le maté

☐ E73- b) Le 8 mars

☐ E74- d) Des « Nuits blanches »

☐ E75- b) Collectionner les fèves de galettes des rois

TOTAL 1 (bonnes réponses) : ...... / 25 | TOTAL 2 (bonnes réponses) : ...... / 25 | TOTAL 3 (bonnes réponses) : ...... / 25

☐ E76- b) Un fest-noz

☐ E77- c) Holi

☐ E78- a) Une Schultüte

☐ E79- c) La braderie de Lille

☐ E80- a) En 1984

☐ E81- b) Le kimono

☐ E82- a) Le souvláki

☐ E83- d) Le carnaval de Dunkerque

☐ E84- a) Le Concours des villes et villages fleuris

☐ E85- a) Le chrysanthème

☐ E86- c) 1969

☐ E87- d) Martin Luther King Jr

☐ E88- a) L'Oktoberfest

☐ E89- a) Le lait de poule

☐ E90- a) En Thaïlande

☐ E91- b) La feijoada

☐ E92- b) La soirée du henné

☐ E93- c) Le labret

☐ E94- b) Le gâteau basque

☐ E95- b) Le festival de jazz

☐ E96- b) Roch Hachana

☐ E97- c) La danse du lion

☐ E98- b) La procession du Saint-Sang

☐ E99- b) Les espadrilles

☐ E100- c) L'ajiaco

☐ E101- d) Du Japon

☐ E102- a) En Espagne

☐ E103- c) Kanpai

☐ E104- b) Le béret

☐ E105- c) Le Burning Man

☐ E106- b) Étoile

☐ E107- c) Ra's as-Sana

☐ E108- a) Le Dio vi salvi Regina

☐ E109- c) En blanc

☐ E110- d) Un délai de 15 minutes entre l'heure prévue pour un cours et son heure réelle de début

☐ E111- d) La montera

☐ E112- c) 13

☐ E113- b) La coiffe bigoudène

☐ E114- b) 20 ans

☐ E115- b) Une petite serviette chaude

☐ E116- b) Le bruit des pétards

☐ E117- a) Par les hommes des Highlands

☐ E118- a) Irezumi

☐ E119- d) Les vendredis 13

☐ E120- c) 21

☐ E121- c) Le mortarboard

☐ E122- d) Le 17 mars

☐ E123- d) Une Jack-o'-lantern

☐ E124- b) Le 6 décembre

☐ E125- a) Sous une branche de gui

☐ E126- c) La fontaine de Trevi

☐ E127- c) De lait d'ânesse

☐ E128- b) Le calendrier de l'Avent

☐ E129- a) Le sifflet

☐ E130- d) Maneki-neko

☐ E131- a) Le bouquet final

☐ E132- c) 80 ans

☐ E133- b) Vesak

☐ E134- d) À Nice

☐ E135- a) La Befana

☐ E136- b) La marmotte

☐ E137- d) Le père Fouettard

☐ E138- c) En Thaïlande

☐ E139- a) Bike Week de Daytona

☐ E140- b) Le fairy bread

☐ E141- c) Le mercredi des Cendres

☐ E142- c) La Saint-André

☐ E143- b) Un calumet

☐ E144- b) La fête des grands-mères

☐ E145- c) Un tatouage traditionnel permanent

☐ E146- c) Le famadihana

☐ E147- d) Des vieilles chaussettes

☐ E148- b) À Pampelune

☐ E149- a) La Saint-Nicolas

☐ E150- b) Une bataille d'oranges

| TOTAL 4 (bonnes réponses) : ...... / 25 | TOTAL 5 (bonnes réponses) : ...... / 25 | TOTAL 6 (bonnes réponses) : ...... / 25 |

Résultat :

TOTAL 1 (bonnes réponses) : ...... / 25	TOTAL 4 (bonnes réponses) : ...... / 25	
TOTAL 2 (bonnes réponses) : ...... / 25	TOTAL 5 (bonnes réponses) : ...... / 25	TOTAL GÉNÉRAL (bonnes réponses) :
TOTAL 3 (bonnes réponses) : ...... / 25	TOTAL 6 (bonnes réponses) : ...... / 25	...... / 150

GRILLE DE RÉPONSES
F- ÉCONOMIE & FINANCE

Pour chaque réponse juste, cochez la case.

☐ F1- a) Le prix Nobel d'économie

☐ F2- b) L'indice de développement humain (IDH)

☐ F3- c) Les bons Roosa

☐ F4- c) Le krach de 1929

☐ F5- a) Le modèle de Solow

☐ F6- b) La Grande Dépression

☐ F7- a) En Allemagne

☐ F8- b) La monnaie fiduciaire

☐ F9- a) Les inégalités de revenus

☐ F10- b) L'Observatoire français des conjonctures économiques (OFCE)

☐ F11- c) Paul Samuelson

☐ F12- d) Les Échos

☐ F13- b) La microéconomie

☐ F14- a) Une économie du marché

☐ F15- b) Les accords de Bretton Woods

☐ F16- c) 2002

☐ F17- b) Thomas Piketty

☐ F18- c) La conjoncture

☐ F19- d) La Communauté européenne du charbon et de l'acier (CECA)

☐ F20- a) L'intérêt

☐ F21- b) Léon Walras

☐ F22- c) Milton Friedman

☐ F23- d) L'INSEE

☐ F24- b) John Maynard Keynes

☐ F25- a) Les prix d'un hamburger

☐ F26- c) Wall Street

☐ F27- a) « Trop d'impôt tue l'impôt »

☐ F28- a) Une économie d'échelle

☐ F29- b) Le plein emploi

☐ F30- a) La Banque centrale

☐ F31- b) Le progrès technique

☐ F32- c) L'externalisation

☐ F33- d) De spécialisation

☐ F34- a) La macroéconomie

☐ F35- c) Esther Duflo

☐ F36- c) Jean-Baptiste Say

☐ F37- b) Le pouvoir d'achat

☐ F38- d) Le keynésianisme

☐ F39- b) Le produit intérieur brut

☐ F40- c) Le traité de Maastricht

☐ F41- c) Le dollar américain

☐ F42- d) Le monétarisme

☐ F43- a) Un pôle de compétitivité

☐ F44- c) La formation brute de capital fixe (FBCF)

☐ F45- b) James Meade

☐ F46- a) Le Conseil d'analyse économique

☐ F47- a) PSC

☐ F48- b) Cotation Assistée en Continu

☐ F49- a) Le plan Marshall

☐ F50- c) La Silicon Valley

☐ F51- d) Les Trente Glorieuses

☐ F52- a) La délocalisation

☐ F53- b) Carl Menger

☐ F54- c) L'État-providence

☐ F55- a) Adam Smith

☐ F56- d) Maurice Allais

☐ F57- b) Le monopole

☐ F58- a) Une PME

☐ F59- c) La taxe Tobin

☐ F60- c) Nikolaï Dmitrievitch Kondratiev

☐ F61- b) La valeur ajoutée

☐ F62- c) L'économétrie

☐ F63- a) Le yen

☐ F64- b) Joseph Schumpeter

☐ F65- c) Le G30

☐ F66- a) Le New Deal

☐ F67- c) Économie souterraine

☐ F68- a) Le revenu primaire

☐ F69- c) Mario Draghi

☐ F70- a) 1800

☐ F71- d) La loi de Say

☐ F72- b) Un bon du Trésor

☐ F73- a) Un dividende

☐ F74- d) L'école classique

☐ F75- c) L'Organisation mondiale du commerce (OMC)

TOTAL 1 (bonnes réponses) : ...... / 25   TOTAL 2 (bonnes réponses) : ...... / 25   TOTAL 3 (bonnes réponses) : ...... / 25

☐ F76- b) L'écu

☐ F77- c) La redistribution des revenus

☐ F78- b) La Grèce

☐ F79- d) Le malthusianisme

☐ F80- d) L'étalon-or

☐ F81- d) Une cryptomonnaie

☐ F82- c) Le modèle Heckscher-Ohlin-Samuelson (HOS)

☐ F83- a) Le Dow Jones

☐ F84- b) La production en série

☐ F85- d) Le dumping environnemental

☐ F86- b) Karl Marx

☐ F87- a) Un ménage

☐ F88- c) La collectivisation

☐ F89- d) Le yuan

☐ F90- c) L'inflation

☐ F91- c) La soutenabilité de la dette publique

☐ F92- a) La concurrence pure et parfaite

☐ F93- d) De changes flottants

☐ F94- b) Une bulle

☐ F95- c) Joseph Stiglitz

☐ F96- b) Le système monétaire européen (SME)

☐ F97- a) La Banque mondiale

☐ F98- b) L'épargne

☐ F99- b) Le protectionnisme

☐ F100- a) L'élasticité-prix

☐ F101- d) La rivalité

☐ F102- b) La mondialisation

☐ F103- d) Une agence de notation financière

☐ F104- c) Les biens complémentaires

☐ F105- a) L'avantage comparatif

☐ F106- c) Non marchands

☐ F107- b) Robert Mundell

☐ F108- a) La taxe carbone

☐ F109- b) Un monopsone

☐ F110- d) L'oligopole

☐ F111- d) Une privatisation

☐ F112- a) Satoshi Nakamoto

☐ F113- a) Le FMI

☐ F114- d) Christine Lagarde

☐ F115- c) Les facteurs de production

☐ F116- a) L'atomicité

☐ F117- c) La crise des subprimes

☐ F118- b) La révolution industrielle

☐ F119- d) Euronext

☐ F120- a) L'Amérique du Nord

☐ F121- b) Les Trente Piteuses

☐ F122- a) Le Mercosur

☐ F123- b) La croissance économique

☐ F124- a) L'allocation des ressources

☐ F125- d) L'altermondialisme

☐ F126- b) Raymond Barre

☐ F127- b) Le dumping social

☐ F128- a) En 1957

☐ F129- a) L'Ibex 35

☐ F130- c) La destruction créatrice

☐ F131- d) La main invisible

☐ F132- d) Le club de Rome

☐ F133- a) Le capitalisme

☐ F134- d) Un bien de Giffen

☐ F135- a) Le principe du pollueur-payeur

☐ F136- a) Le rand

☐ F137- a) Le déficit budgétaire

☐ F138- d) Le chemin d'expansion du revenu

☐ F139- d) Passager clandestin

☐ F140- a) Le droit de douane

☐ F141- a) La théorie du consommateur

☐ F142- d) La FED

☐ F143- b) Les critères de convergence

☐ F144- d) Le taux marginal de substitution

☐ F145- a) L'ASEAN

☐ F146- c) 100

☐ F147- a) Le Palais Brongniart

☐ F148- b) Alan Greenspan

☐ F149- c) En Suisse

☐ F150- b) Le communisme

TOTAL 4 (bonnes réponses) : ...... / 25

TOTAL 5 (bonnes réponses) : ...... / 25

TOTAL 6 (bonnes réponses) : ...... / 25

Résultat :

TOTAL 1 (bonnes réponses) : ...... / 25

TOTAL 2 (bonnes réponses) : ...... / 25

TOTAL 3 (bonnes réponses) : ...... / 25

TOTAL 4 (bonnes réponses) : ...... / 25

TOTAL 5 (bonnes réponses) : ...... / 25

TOTAL 6 (bonnes réponses) : ...... / 25

TOTAL GÉNÉRAL (bonnes réponses) :

...... / 150

Pour chaque réponse juste, cochez la case.

☐ G1- d) Amancio Ortega Gaona

☐ G2- a) Yves Guillemot

☐ G3- d) Stellantis

☐ G4- a) À Limoges

☐ G5- d) GAFAM

☐ G6- d) Aux Pays-Bas

☐ G7- a) Publicis Groupe

☐ G8- b) PETROBRAS

☐ G9- c) Star Alliance

☐ G10- b) Moët

☐ G11- d) Nielsen

☐ G12- c) Détroit

☐ G13- c) China Mobile

☐ G14- b) La part de marché

☐ G15- c) Apple

☐ G16- d) Bernard Arnault

☐ G17- c) Belge

☐ G18- c) Air liquide

☐ G19- a) Mercedes

☐ G20- b) Le bilan comptable

☐ G21- d) Michael Bloomberg

☐ G22- b) L'Oréal

☐ G23- b) Chaebol

☐ G24- d) Pinault-Printemps-Redoute

☐ G25- c) Tata

☐ G26- c) Big Blue

☐ G27- b) La rentabilité

☐ G28- d) Alibaba Group

☐ G29- b) Par Jean-Baptiste Colbert

☐ G30- c) L'actif

☐ G31- d) Richard Branson

☐ G32- d) Renault

☐ G33- d) SpaceX

☐ G34- b) Pernod Ricard

☐ G35- c) The Walt Disney Company

☐ G36- d) L'exercice comptable

☐ G37- c) Liliane Bettencourt

☐ G38- d) Président-directeur général

☐ G39- b) Fragonard

☐ G40- b) Hermès International

☐ G41- c) Montblanc

☐ G42- d) Le passif

☐ G43- a) Studio Ghibli

☐ G44- c) Alphabet Inc.

☐ G45- c) Playmobil

☐ G46- b) L'analyse financière

☐ G47- d) Paternaliste

☐ G48- c) Les centres d'appels

☐ G49- c) Le compte du résultat

☐ G50- b) Thales Alenia Space

☐ G51- d) L'Olympique de Marseille

☐ G52- b) Airbus

☐ G53- a) Jean-Marie Messier

☐ G54- c) Une niche

☐ G55- a) Finlandaise

☐ G56- b) Orange

☐ G57- b) Swiss Watch

☐ G58- c) Du nom de son inventeur et de sa ville d'origine

☐ G59- c) Les flux de trésorerie

☐ G60- b) La Game Boy

☐ G61- b) Gautam Adani

☐ G62- d) Bolloré

☐ G63- a) Playtex

☐ G64- c) PepsiCo

☐ G65- b) Les capitaux propres

☐ G66- b) GPEC

☐ G67- d) À Séoul

☐ G68- a) Paul Allen

☐ G69- b) Safran

☐ G70- d) Leonardo S.p.A.

☐ G71- d) Directeur administratif et financier

☐ G72- b) Frigidaire

☐ G73- b) Sodexo

☐ G74- b) Richard Mille

☐ G75- d) L'Ordre des experts-comptables

TOTAL 1 (bonnes réponses) : ...... / 25   TOTAL 2 (bonnes réponses) : ...... / 25   TOTAL 3 (bonnes réponses) : ...... / 25

- [ ] G76- b) Burnout
- [ ] G77- b) Engie
- [ ] G78- c) Larry Page
- [ ] G79- c) À Clermont-Ferrand
- [ ] G80- d) TotalEnergies
- [ ] G81- b) Alstom
- [ ] G82- c) Danoise
- [ ] G83- d) Thierry Breton
- [ ] G84- a) Swatch et Mercedes-Benz
- [ ] G85- d) L'amortissement comptable
- [ ] G86- a) Le Crédit agricole
- [ ] G87- d) Le Falcon 2000
- [ ] G88- d) Challenges
- [ ] G89- c) Nestlé
- [ ] G90- a) Le tableau de financement
- [ ] G91- c) Twist, swing et tango
- [ ] G92- d) À Seattle
- [ ] G93- b) Le président du conseil d'administration
- [ ] G94- c) Iliad
- [ ] G95- d) Caterpillar Inc
- [ ] G96- b) Carrefour
- [ ] G97- c) Le juste-à-temps
- [ ] G98- b) Hitachi
- [ ] G99- a) UPS
- [ ] G100- d) Turn-over

TOTAL 4 (bonnes réponses) : ...... / 25

- [ ] G101- c) Un solde intermédiaire de gestion (SIG)
- [ ] G102- d) Turin
- [ ] G103- c) X
- [ ] G104- d) Vinci
- [ ] G105- b) Beko
- [ ] G106- a) Nicolas
- [ ] G107- b) Carambar & Co.
- [ ] G108- d) À Paris
- [ ] G109- c) Duracell
- [ ] G110- c) Le modèle PESTEL
- [ ] G111- a) La marge commerciale
- [ ] G112- b) Tropico
- [ ] G113- b) 1858
- [ ] G114- d) ArcelorMittal
- [ ] G115- d) Toyota
- [ ] G116- a) Le Code de commerce
- [ ] G117- b) Facom
- [ ] G118- c) Henri Fayol
- [ ] G119- a) Pfizer
- [ ] G120- b) Une provision
- [ ] G121- c) Adidas
- [ ] G122- c) À Maranello
- [ ] G123- b) Le Swoosh
- [ ] G124- b) Starbucks
- [ ] G125- d) TEPCO

TOTAL 5 (bonnes réponses) : ...... / 25

- [ ] G126- b) Axa
- [ ] G127- a) Raider
- [ ] G128- c) RTL Group
- [ ] G129- a) Les stocks
- [ ] G130- c) Damart
- [ ] G131- a) Le pilotage
- [ ] G132- d) Philip Morris
- [ ] G133- b) Kimberly-Clark
- [ ] G134- b) Le conseil de surveillance
- [ ] G135- a) Bouygues
- [ ] G136- d) Minnesota Mining and Manufacturing
- [ ] G137- b) Dr. Martens
- [ ] G138- d) Gérard Mulliez
- [ ] G139- c) Le logo TGV
- [ ] G140- c) Polti
- [ ] G141- a) Electronic Arts
- [ ] G142- d) Le fonds de roulement
- [ ] G143- b) Les lunettes de soleil
- [ ] G144- d) Puma
- [ ] G145- c) H&M
- [ ] G146- c) Vodafone Group
- [ ] G147- d) Cascade Investment
- [ ] G148- b) Cherie Blair
- [ ] G149- c) Capgemini
- [ ] G150- b) Sophie la girafe

TOTAL 6 (bonnes réponses) : ...... / 25

Résultat :

TOTAL 1 (bonnes réponses) : ...... / 25	TOTAL 4 (bonnes réponses) : ...... / 25	
TOTAL 2 (bonnes réponses) : ...... / 25	TOTAL 5 (bonnes réponses) : ...... / 25	TOTAL GÉNÉRAL (bonnes réponses) : ...... / 150
TOTAL 3 (bonnes réponses) : ...... / 25	TOTAL 6 (bonnes réponses) : ...... / 25	

Pour chaque réponse juste, cochez la case.

- ☐ H1- b) « Les Sages »
- ☐ H2- c) Le président du Sénat
- ☐ H3- b) le fédéralisme
- ☐ H4- b) La règle de droit
- ☐ H5- b) Xavier Bettel
- ☐ H6- b) Arlette Laguiller
- ☐ H7- c) Le Front populaire
- ☐ H8- d) Hillary Clinton
- ☐ H9- b) Jacques Chirac
- ☐ H10- b) Bernard Kouchner
- ☐ H11- a) 1804
- ☐ H12- b) La cohabitation
- ☐ H13- c) Benito Mussolini
- ☐ H14- c) Pierre Mendès France
- ☐ H15- b) Une Constitution
- ☐ H16- c) Aníbal Cavaco Silva
- ☐ H17- b) Le Sénat
- ☐ H18- b) Benoît Hamon
- ☐ H19- d) Napoléon Bonaparte
- ☐ H20- b) François Mitterrand
- ☐ H21- b) 1997
- ☐ H22- c) 1841
- ☐ H23- b) François Fillon
- ☐ H24- b) 1919
- ☐ H25- c) L'hôtel de Matignon

- ☐ H26- d) Une ordonnance
- ☐ H27- b) René Viviani
- ☐ H28- b) Robert Badinter
- ☐ H29- c) Sciences Po
- ☐ H30- d) Le Conseil supérieur de la magistrature
- ☐ H31- b) Au Panthéon
- ☐ H32- c) Les affaires Benalla
- ☐ H33- d) La dissolution parlementaire
- ☐ H34- c) La tutelle
- ☐ H35- c) Michel Debré
- ☐ H36- d) Le conseil de prud'hommes
- ☐ H37- d) sociale
- ☐ H38- d) Eva Joly
- ☐ H39- d) 1958
- ☐ H40- d) Au Palais Bourbon
- ☐ H41- c) La Cour de justice de l'Union européenne
- ☐ H42- b) Saint-Jean-de-Luz
- ☐ H43- b) Édith Cresson
- ☐ H44- c) « Stare decisis »
- ☐ H45- c) Le projet de loi Devaquet
- ☐ H46- c) 1906
- ☐ H47- b) Jacques Chaban-Delmas
- ☐ H48- b) La place Vendôme
- ☐ H49- c) La Cour suprême
- ☐ H50- c) 2000

- ☐ H51- b) Romano Prodi
- ☐ H52- c) L'article 38
- ☐ H53- d) Section française de l'Internationale ouvrière
- ☐ H54- c) 1975
- ☐ H55- d) 2000
- ☐ H56- b) Bernard Cazeneuve
- ☐ H57- c) Le tribunal administratif
- ☐ H58- b) L'affaire des diamants
- ☐ H59- b) La loi Aubry II
- ☐ H60- b) Charles Pasqua
- ☐ H61- d) La capacité juridique
- ☐ H62- c) 16 ans
- ☐ H63- a) Un décret
- ☐ H64- b) Mariano Rajoy
- ☐ H65- c) Laurent Fabius
- ☐ H66- b) Le droit naturel
- ☐ H67- c) Hugo Chávez
- ☐ H68- c) Le ministère des Affaires étrangères
- ☐ H69- b) La Cour des comptes
- ☐ H70- b) La loi Le Chapelier
- ☐ H71- b) Un non-lieu
- ☐ H72- d) Pierre Laval
- ☐ H73- c) George W. Bush
- ☐ H74- b) La croix de Lorraine
- ☐ H75- a) Jacques Delors

TOTAL 1 (bonnes réponses) : ...... / 25 TOTAL 2 (bonnes réponses) : ...... / 25 TOTAL 3 (bonnes réponses) : ...... / 25

☐ H76- b) La jurisprudence

☐ H77- c) La votation populaire

☐ H78- d) Lille

☐ H79- c) La France insoumise

☐ H80- b) La loi Pelletier

☐ H81- b) Le Pacte d'acier

☐ H82- a) Loi Neuwirth

☐ H83- c) Theresa May

☐ H84- c) 1905

☐ H85- a) Lech Wałęsa

☐ H86- c) La Déclaration universelle des droits de l'homme

☐ H87- d) À Berne

☐ H88- c) Pierre Waldeck-Rousseau

☐ H89- c) L'appel

☐ H90- a) Che Guevara

☐ H91- b) 1965

☐ H92- a) Xi Jinping

☐ H93- b) 1974

☐ H94- b) « Dany le Rouge »

☐ H95- b) Josip Broz Tito

☐ H96- a) Égypte

☐ H97- b) Laurent-Désiré Kabila

☐ H98- b) Le droit privé

☐ H99- b) Le mouvement des Gilets jaunes

☐ H100- b) Le gouvernement de Michel Rocard

☐ H101- c) Un âne

☐ H102- b) L'UNEF

☐ H103- a) Un pourvoi en cassation

☐ H104- d) Fidel Castro

☐ H105- b) Yasser Arafat

☐ H106- a) Le Brésil

☐ H107- c) 1907

☐ H108- b) 1962

☐ H109- b) Pierre Pflimlin

☐ H110- d) La politique agricole commune

☐ H111- d) Le droit de la concurrence

☐ H112- b) Jacob Zuma

☐ H113- d) Un centre judiciaire

☐ H114- b) Irak

☐ H115- c) La loi Évin

☐ H116- c) Le 10 Downing Street

☐ H117- d) Solidarité

☐ H118- c) Edgar Faure

☐ H119- d) Aux conseils

☐ H120- b) Le Riksdag

☐ H121- c) À Colombey-les-Deux-Églises

☐ H122- b) Félix Houphouët-Boigny

☐ H123- d) Monica Lewinsky

☐ H124- a) Le contreseing

☐ H125- c) Le vote blanc

☐ H126- c) Le droit des successions

☐ H127- d) Shinzō Abe

☐ H128- b) Le bail emphytéotique

☐ H129- a) Ministre de la Culture

☐ H130- c) Raymond Barre

☐ H131- b) 2013

☐ H132- c) La Nouvelle Union populaire écologique et sociale

☐ H133- c) Dimitri Medvedev

☐ H134- c) Ministre de la ville

☐ H135- c) Vincent Auriol

☐ H136- b) Une parodie de procès

☐ H137- c) Ayatollah

☐ H138- a) « Garde des Sceaux »

☐ H139- a) Association loi de 1901

☐ H140- b) Olivier Véran

☐ H141- b) David Ben Gourion

☐ H142- a) Éric de Montgolfier

☐ H143- b) Pablo Escobar

☐ H144- b) L'état d'urgence sanitaire

☐ H145- d) David Douillet

☐ H146- c) « Impeachment »

☐ H147- a) L'euroscepticisme

☐ H148- b) « Bercy »

☐ H149- a) La Turquie

☐ H150- c) Félix Faure

TOTAL 4 (bonnes réponses) : ...... / 25

TOTAL 5 (bonnes réponses) : ...... / 25

TOTAL 6 (bonnes réponses) : ...... / 25

Résultat :

TOTAL 1 (bonnes réponses) : ...... / 25

TOTAL 2 (bonnes réponses) : ...... / 25

TOTAL 3 (bonnes réponses) : ...... / 25

TOTAL 4 (bonnes réponses) : ...... / 25

TOTAL 5 (bonnes réponses) : ...... / 25

TOTAL 6 (bonnes réponses) : ...... / 25

TOTAL GÉNÉRAL (bonnes réponses) :

...... / 150

GRILLE DE RÉPONSES
I- LITTÉRATURE

Pour chaque réponse juste, cochez la case.

☐ I1- c) Fred Vargas

☐ I2- b) Antigone

☐ I3- a) Aujourd'hui

☐ I4- d) Sido

☐ I5- b) Thérèse Desqueyroux

☐ I6- b) 40

☐ I7- b) Les didascalies

☐ I8- a) Jean-Baptiste Poquelin

☐ I9- b) Pantagruel

☐ I10- c) Romain Gary

☐ I11- d) M. Orgon

☐ I12- b) Le prix Goncourt

☐ I13- d) Joachim du Bellay

☐ I14- c) Daniel Pennac

☐ I15- d) André Gide

☐ I16- b) La marquise

☐ I17- c) Jean de La Bruyère

☐ I18- a) 20 ans

☐ I19- d) Les Mémoires d'outre-tombe

☐ I20- a) L'Après-midi d'un faune

☐ I21- b) Ferdinand Bardamu

☐ I22- a) Sac au dos

☐ I23- d) Léopoldine

☐ I24- b) Un lion

☐ I25- a) Poil de Carotte

☐ I26- d) la peine

☐ I27- b) Françoise Sagan

☐ I28- d) Bajazet

☐ I29- c) Oscar Wilde

☐ I30- b) Le K

☐ I31- b) Théophile Gautier

☐ I32- c) Je m'en vais

☐ I33- b) Le Bourgeois gentilhomme

☐ I34- d) Vladimir et Estragon

☐ I35- d) Du baron Thunder-ten-tronckh

☐ I36- b) À la recherche du temps perdu

☐ I37- a) La Joconde

☐ I38- c) Jules Verne

☐ I39- d) Annie Ernaux

☐ I40- a) Patrick Modiano

☐ I41- b) Mario Vargas Llosa

☐ I42- c) Bouillon de culture

☐ I43- c) Jack London

☐ I44- d) Vernon Subutex

☐ I45- a) Pablo Neruda

☐ I46- b) Iphigénie

☐ I47- c) Le Renard et la Cigogne

☐ I48- d) Harpagon

☐ I49- b) La Bibliothèque verte

☐ I50- a) La Couleur pourpre

☐ I51- b) Incipit

☐ I52- b) Georges Perec

☐ I53- c) Léopold Sédar Senghor

☐ I54- c) Le Choix de Sophie

☐ I55- d) 1974

☐ I56- c) Un chant de Noël

☐ I57- d) Blanquette

☐ I58- c) J. R. R. Tolkien

☐ I59- d) Ceux de 14

☐ I60- a) Le Corbeau

☐ I61- b) Eurydice

☐ I62- c) Le Passage

☐ I63- b) Robert Laffont

☐ I64- d) Trois Femmes puissantes

☐ I65- b) Jacques Prévert

☐ I66- c) Alexandre Soljenitsyne

☐ I67- b) Don Juan

☐ I68- b) Jean d'Ormesson

☐ I69- d) Marguerite Audoux

☐ I70- c) 7

☐ I71- b) Dulcinée

☐ I72- c) Le roman épistolaire

☐ I73- d) Gérard de Nerval

☐ I74- c) Marguerite Yourcenar

☐ I75- c) Le fantastique

TOTAL 1 (bonnes réponses) : ...... / 25   TOTAL 2 (bonnes réponses) : ...... / 25   TOTAL 3 (bonnes réponses) : ...... / 25

☐ I76- d) Paul et Virginie	☐ I101- b) Albert Cohen	☐ I126- a) Michel Houellebecq
☐ I77- d) Le Malade imaginaire	☐ I102- a) Victor Hugo	☐ I127- b) monotone
☐ I78- a) Frédéric Dard	☐ I103- d) Jean Giraudoux	☐ I128- b) Fénelon
☐ I79- d) Poèmes saturniens	☐ I104- a) Une métonymie	☐ I129- c) La Métamorphose
☐ I80- d) Michel Leiris	☐ I105- b) Fuir	☐ I130- b) Les Rougon-Macquart
☐ I81- c) Elsa Triolet	☐ I106- c) La Promesse de l'aube	☐ I131- b) Un cochon
☐ I82- d) À Oran	☐ I107- a) Joseph Joffo	☐ I132- a) Santiago
☐ I83- a) Fiodor Dostoïevski	☐ I108- a) Les Trois Mousquetaires	☐ I133- d) Beaumarchais
☐ I84- c) Alphonse de Lamartine	☐ I109- c) Un lapin	☐ I134- b) Amin Maalouf
☐ I85- b) Une périphrase	☐ I110- b) Les Amours jaunes	☐ I135- a) Thomas More
☐ I86- a) Milan	☐ I111- c) Le roi Venceslas de Pologne	☐ I136- b) Hans Christian Andersen
☐ I87- d) Stefan Zweig	☐ I112- b) Chantal Thomas	☐ I137- c) Jean Valjean
☐ I88- b) Bernard Clavel	☐ I113- c) Les Enfants terribles	☐ I138- d) Raymond Queneau
☐ I89- d) Le Rat et L'Huître	☐ I114- c) Les Frères Karamazov	☐ I139- c) Georges Duroy
☐ I90- a) Charles Baudelaire	☐ I115- d) François de La Rochefoucauld	☐ I140- d) L'apologue
☐ I91- d) Gustave Flaubert	☐ I116- d) « Art »	☐ I141- a) Le Bruit et la Fureur
☐ I92- b) Gala	☐ I117- d) Pierre de Ronsard	☐ I142- d) Doña Urraque
☐ I93- c) Jean-Marie Gustave Le Clézio	☐ I118- c) L'anaphore	☐ I143- a) Georges Perec
☐ I94- b) Britannicus	☐ I119- d) Si c'est un homme	☐ I144- d) Et si c'était vrai...
☐ I95- a) La Comédie humaine	☐ I120- c) XVIIIe siècle	☐ I145- c) Anatole France
☐ I96- d) Guy de Maupassant	☐ I121- b) John Updike	☐ I146- c) Rhinocéros
☐ I97- a) Paul Verlaine	☐ I122- d) Prostituée	☐ I147- b) Colson Whitehead
☐ I98- a) Arthur Rimbaud	☐ I123- b) Les enquêtes de Mma Ramotswe	☐ I148- a) Ma vie avec Mozart
☐ I99- c) Julie ou la Nouvelle Héloïse	☐ I124- b) Le Gun Club	☐ I149- b) Médée
☐ I100- d) Jeanne Duval	☐ I125- c) Les Bonnes	☐ I150- d) Frédéric Beigbeder
TOTAL 4 (bonnes réponses) : ...... / 25	TOTAL 5 (bonnes réponses) : ...... / 25	TOTAL 6 (bonnes réponses) : ...... / 25

Résultat :

TOTAL 1 (bonnes réponses) : ...... / 25   TOTAL 4 (bonnes réponses) : ...... / 25

TOTAL 2 (bonnes réponses) : ...... / 25   TOTAL 5 (bonnes réponses) : ...... / 25

TOTAL 3 (bonnes réponses) : ...... / 25   TOTAL 6 (bonnes réponses) : ...... / 25

TOTAL GÉNÉRAL (bonnes réponses) :

...... / 150

Pour chaque réponse juste, cochez la case.

- ☐ J1- d) Comme d'habitude
- ☐ J2- b) The Jackson Five
- ☐ J3- c) The Offspring
- ☐ J4- b) Mireille Mathieu
- ☐ J5- c) Une nuance
- ☐ J6- d) Iggy Pop
- ☐ J7- b) Laurent Voulzy
- ☐ J8- a) Axl Rose
- ☐ J9- b) Je vais t'aimer
- ☐ J10- d) Gainsbarre
- ☐ J11- c) Rolling Stone
- ☐ J12- a) Axel Bauer
- ☐ J13- b) Under Pressure
- ☐ J14- d) Ma cabane au Canada
- ☐ J15- a) Maurice Ravel
- ☐ J16- a) Still Loving You
- ☐ J17- d) Étienne Roda-Gil
- ☐ J18- b) Le chant grégorien
- ☐ J19- b) Johnny Cash
- ☐ J20- a) Ennio Morricone
- ☐ J21- b) La portée
- ☐ J22- c) Jean-Michel Jarre
- ☐ J23- b) L'Aziza
- ☐ J24- b) Bohemian Rhapsody
- ☐ J25- b) Fidelio

- ☐ J26- b) Sting
- ☐ J27- c) Gangnam Style
- ☐ J28- c) 1750
- ☐ J29- b) Youssou N'Dour
- ☐ J30- a) Mademoiselle chante...
- ☐ J31- d) Les instruments à cordes
- ☐ J32- c) 1979
- ☐ J33- b) Bob Dylan
- ☐ J34- a) Frank Sinatra
- ☐ J35- b) A cappella
- ☐ J36- a) Reginald Kenneth Dwight
- ☐ J37- b) Un troubadour
- ☐ J38- a) Alain Souchon
- ☐ J39- d) M. Pokora
- ☐ J40- a) La noire
- ☐ J41- c) Nicola Sirkis
- ☐ J42- b) Ella Fitzgerald
- ☐ J43- d) Louane
- ☐ J44- c) The Sound of Silence
- ☐ J45- b) Antonio Vivaldi
- ☐ J46- c) David Guetta
- ☐ J47- d) Véronique Jannot
- ☐ J48- c) Dangerous
- ☐ J49- b) Nekfeu
- ☐ J50- c) 35 ans

- ☐ J51- d) Paul Anka
- ☐ J52- a) Nathalie
- ☐ J53- b) Enrico Caruso
- ☐ J54- b) Évidemment
- ☐ J55- a) Luis Fonsi
- ☐ J56- b) Sonny Bono
- ☐ J57- a) Britannique
- ☐ J58- c) Stevie Wonder
- ☐ J59- b) Jacques Dutronc
- ☐ J60- d) Britney Spears
- ☐ J61- a) Jean-Jacques Goldman
- ☐ J62- c) Capri c'est fini
- ☐ J63- b) Louis Armstrong
- ☐ J64- b) Quasimodo
- ☐ J65- a) Jérémy Frerot
- ☐ J66- a) Guns N' Roses
- ☐ J67- d) Lonely Boy
- ☐ J68- d) Ringo Starr
- ☐ J69- c) O-Zone
- ☐ J70- a) Memphis
- ☐ J71- b) Ma plus belle histoire d'amour
- ☐ J72- a) Ricky Martin
- ☐ J73- b) La ronde
- ☐ J74- b) Akhenaton
- ☐ J75- c) Amir

TOTAL 1 (bonnes réponses) : ...... / 25 TOTAL 2 (bonnes réponses) : ...... / 25 TOTAL 3 (bonnes réponses) : ...... / 25

☐ J76- d) Le grunge	☐ J101- d) Vanessa Paradis	☐ J126- b) Charles Aznavour
☐ J77- c) Aserejé	☐ J102- b) Twitter	☐ J127- c) Texas
☐ J78- c) Les Grammy Awards	☐ J103- a) Serge Lama	☐ J128- c) Bodyguard
☐ J79- d) La Grenade	☐ J104- c) Laura Pausini	☐ J129- a) Boris Vian
☐ J80- d) Les instruments à cordes frappées	☐ J105- b) Mistral gagnant	☐ J130- c) Jean-Jacques Debout
☐ J81- b) Wham!	☐ J106- d) À Brigitte Bardot	☐ J131- b) Bertrand Cantat
☐ J82- b) Marie Myriam	☐ J107- b) Néerlandaise	☐ J132- b) Le negro spiritual
☐ J83- a) Le soupir	☐ J108- a) Stomy Bugsy	☐ J133- c) Georges Moustaki
☐ J84- b) Didier Barbelivien	☐ J109- a) Johannes Brahms	☐ J134- d) L'Âme des poètes
☐ J85- b) Eddy Mitchell	☐ J110- c) The Star-Spangled Banner	☐ J135- a) Bruno Mars
☐ J86- b) Kendji Girac	☐ J111- c) À Donatella Versace	☐ J136- b) The Beach Boys
☐ J87- d) Destiny's Child	☐ J112- b) La Stratocaster	☐ J137- c) Une fille aux yeux clairs
☐ J88- a) Le scat	☐ J113- a) Slimane	☐ J138- d) Patrick Bruel
☐ J89- d) Madonna	☐ J114- c) Harry Styles	☐ J139- b) Michel Jonasz
☐ J90- c) Eric Clapton	☐ J115- d) Zombie	☐ J140- c) Laurent Boutonnat
☐ J91- b) Ensemble	☐ J116- a) Mia Frye	☐ J141- b) Francis Cabrel
☐ J92- c) Grecque	☐ J117- c) Jean-Philippe Smet	☐ J142- c) Aya Nakamura
☐ J93- c) Une partition de musique	☐ J118- d) The Black Eyed Peas	☐ J143- b) Louis Bertignac
☐ J94- b) Take That	☐ J119- d) Le point d'orgue	☐ J144- b) Sunday Bloody Sunday
☐ J95- c) Senza Una Donna	☐ J120- c) New Kids on the Block	☐ J145- a) Muse
☐ J96- a) My Heart Will Go On	☐ J121- b) Jeune et con	☐ J146- c) Le Big Bazar
☐ J97- d) Alain Baschung	☐ J122- b) Placebo	☐ J147- d) Manu Katché
☐ J98- c) Un baryton	☐ J123- b) Ne me quitte pas	☐ J148- b) Miami
☐ J99- d) Manhattan-Kaboul	☐ J124- a) Metallica	☐ J149- c) Les Copains d'abord
☐ J100- a) Abbey Road	☐ J125- b) Jolie Môme	☐ J150- d) Bénabar
TOTAL 4 (bonnes réponses) : ...... / 25	TOTAL 5 (bonnes réponses) : ...... / 25	TOTAL 6 (bonnes réponses) : ...... / 25

Résultat :

TOTAL 1 (bonnes réponses) : ...... / 25	TOTAL 4 (bonnes réponses) : ...... / 25	**TOTAL GÉNÉRAL** (bonnes réponses) :
TOTAL 2 (bonnes réponses) : ...... / 25	TOTAL 5 (bonnes réponses) : ...... / 25	
TOTAL 3 (bonnes réponses) : ...... / 25	TOTAL 6 (bonnes réponses) : ...... / 25	**...... / 150**

Pour chaque réponse juste, cochez la case.

☐ K1- b) Le « septième art »

☐ K2- c) Philippe Noiret

☐ K3- c) Mimi-Siku

☐ K4- d) Will Smith

☐ K5- b) Sébastien Thiéry

☐ K6- a) Parasite

☐ K7- b) Claude Brasseur

☐ K8- d) La Fièvre du Samedi Soir

☐ K9- b) Godefroy de Montmirail

☐ K10- c) Lady Gaga

☐ K11- d) Dustin Hoffman

☐ K12- c) Laveurs de carreaux

☐ K13- b) Avatar

☐ K14- a) Un œuf de Fabergé

☐ K15- b) Don Shirley

☐ K16- a) Winona Ryder

☐ K17- b) Les hommes préfèrent les blondes

☐ K18- a) Taxi Driver

☐ K19- c) Bohemian Rhapsody

☐ K20- c) Steven Spielberg

☐ K21- a) Anthony Perkins

☐ K22- d) Connor MacLeod

☐ K23- d) Indiana Jones et la Dernière Croisade

☐ K24- a) Universal Pictures

☐ K25- b) Les Greasers

☐ K26- c) Glenn Close

☐ K27- c) Jean-Jacques Annaud

☐ K28- b) Scarlett O'Hara

☐ K29- c) Arthur Fleck

☐ K30- d) Un bus

☐ K31- b) Le Bon, la Brute et le Truand

☐ K32- c) Martin Scorsese

☐ K33- c) Paul Hogan

☐ K34- b) Spotlight

☐ K35- b) 1971

☐ K36- a) Robin Williams

☐ K37- d) Le Quesnoy

☐ K38- b) 1936

☐ K39- c) Aldo Raine

☐ K40- c) La Chatte sur un toit brûlant

☐ K41- b) Jean-Luc Godard

☐ K42- a) Le Pacha

☐ K43- c) François Truffaut

☐ K44- c) Péplum

☐ K45- a) Numérobis

☐ K46- d) The Artist

☐ K47- c) Maximus Decimus

☐ K48- d) Elliott

☐ K49- b) Tchao Pantin

☐ K50- d) Ben Affleck

☐ K51- b) Moulin Rouge

☐ K52- c) Tant qu'il y aura des hommes

☐ K53- a) Angus et Laura

☐ K54- b) Larry Flynt

☐ K55- c) Edward Norton

☐ K56- b) Les Tontons flingueurs

☐ K57- c) Isla Nublar

☐ K58- d) Bruno Moynot

☐ K59- c) L'Ours d'or

☐ K60- b) Gene Kelly

☐ K61- b) The Social Network

☐ K62- b) Red Is Dead

☐ K63- a) Love Actually

☐ K64- b) Coline Serreau

☐ K65- a) Quentin Tarantino

☐ K66- b) Académie de Welton

☐ K67- b) Renée Zellweger

☐ K68- d) Tobey Maguire

☐ K69- b) Tom Hanks

☐ K70- b) Hannibal Lecter

☐ K71- a) Sofia

☐ K72- c) Clark Gable

☐ K73- c) George VI

☐ K74- a) Denzel Washington

☐ K75- d) Liam Neeson

TOTAL 1 (bonnes réponses) : ...... / 25 | TOTAL 2 (bonnes réponses) : ...... / 25 | TOTAL 3 (bonnes réponses) : ...... / 25

- [ ] K76- d) Marcus Loew
- [ ] K77- a) John Malkovich
- [ ] K78- a) Orson Welles
- [ ] K79- b) Iron Man
- [ ] K80- d) En Suisse
- [ ] K81- c) Bienvenue à Gattaca
- [ ] K82- c) Million Dollar Baby
- [ ] K83- b) La dolce vita
- [ ] K84- b) Cédric Klapisch
- [ ] K85- d) Henry Fonda
- [ ] K86- d) Une école de combat aérien
- [ ] K87- d) John Nash
- [ ] K88- b) Broadway
- [ ] K89- c) Gérard Depardieu
- [ ] K90- a) Sean Penn
- [ ] K91- c) Sidney Poitier
- [ ] K92- a) Le Splendid
- [ ] K93- d) Le Dernier Roi d'Écosse
- [ ] K94- c) Atlanta
- [ ] K95- b) Fabien Onteniente
- [ ] K96- c) Sarah Bernhardt
- [ ] K97- b) C'est arrivé près de chez vous
- [ ] K98- b) Maïwenn
- [ ] K99- d) M. Night Shyamalan
- [ ] K100- c) « Chaussettes »

- [ ] K101- b) Adieu les cons
- [ ] K102- d) L'Étrange Histoire de Benjamin Button
- [ ] K103- c) Le Songe d'une nuit d'été
- [ ] K104- c) L'Empire contre-attaque
- [ ] K105- a) Jean-Pierre Bacri
- [ ] K106- c) Charlie Babbitt
- [ ] K107- b) Hartman
- [ ] K108- c) 1988
- [ ] K109- d) Robert De Niro
- [ ] K110- b) La saga Austin Powers
- [ ] K111- a) Casse-tête chinois
- [ ] K112- a) Humphrey Bogart
- [ ] K113- b) Au bowling
- [ ] K114- c) Le Dîner de cons
- [ ] K115- b) Jake LaMotta
- [ ] K116- c) Oliver Stone
- [ ] K117- a) Bernie
- [ ] K118- d) Jack Sparrow
- [ ] K119- c) Nos femmes
- [ ] K120- c) Le Dictateur
- [ ] K121- b) L'Ex-femme de ma vie
- [ ] K122- d) Clint Eastwood
- [ ] K123- c) Bertolt Brecht
- [ ] K124- a) Dustin Hoffman
- [ ] K125- b) Jean Poiret

- [ ] K126- a) Le Goût des autres
- [ ] K127- b) Natalie Wood
- [ ] K128- d) Eve Ensler
- [ ] K129- c) Adolphe
- [ ] K130- a) Grosse Chaleur
- [ ] K131- d) Vol au-dessus d'un nid de coucou
- [ ] K132- c) Ma femme s'appelle Maurice
- [ ] K133- d) Out of Africa
- [ ] K134- b) Fin de partie
- [ ] K135- d) Le théâtre de Chaillot
- [ ] K136- b) Douze Hommes en colère
- [ ] K137- d) My Fair Lady
- [ ] K138- b) Bernardo Bertolucci
- [ ] K139- c) Gilbert Melki
- [ ] K140- b) Huit Femmes
- [ ] K141- b) Mel Gibson
- [ ] K142- c) Variations énigmatiques
- [ ] K143- b) Les Parents terribles
- [ ] K144- a) Isabelle Carré
- [ ] K145- c) Michel Galabru
- [ ] K146- c) Johnny Cash
- [ ] K147- c) Les Chariots de feu
- [ ] K148-c) Marion Cotillard et Guillaume Canet
- [ ] K149- a) La Route
- [ ] K150- b) La Couleur de l'argent

TOTAL 4 (bonnes réponses) : ...... / 25

TOTAL 5 (bonnes réponses) : ...... / 25

TOTAL 6 (bonnes réponses) : ...... / 25

Résultat :

TOTAL 1 (bonnes réponses) : ...... / 25

TOTAL 2 (bonnes réponses) : ...... / 25

TOTAL 3 (bonnes réponses) : ...... / 25

TOTAL 4 (bonnes réponses) : ...... / 25

TOTAL 5 (bonnes réponses) : ...... / 25

TOTAL 6 (bonnes réponses) : ...... / 25

TOTAL GÉNÉRAL (bonnes réponses) :

...... / 150

Pour chaque réponse juste, cochez la case.

☐ L1- b) Morris

☐ L2- b) Robert Capa

☐ L3- c) Christo et Jeanne-Claude

☐ L4- d) L'École d'Athènes

☐ L5- b) L'impressionnisme

☐ L6- c) Alla prima

☐ L7- c) Johannes Vermeer

☐ L8- b) Le prix Turner

☐ L9- d) Le modelage

☐ L10- d) Une araignée

☐ L11- c) Jean Van Hamme

☐ L12- a) Les moaï

☐ L13- c) Les géoglyphes de Nazca

☐ L14- b) La Cène

☐ L15- a) Le Discobole

☐ L16- b) Le mouvement nabi

☐ L17- c) Dans son mausolée

☐ L18- a) Maeght

☐ L19- b) René Magritte

☐ L20- b) Le mouvement surréaliste

☐ L21- b) À Saint-Rémy-de-Provence

☐ L22- c) Jeff Koons

☐ L23- b) La nouvelle objectivité

☐ L24- c) Tres de mayo

☐ L25- c) Le 14 août 1945

☐ L26- b) Fernando Botero

☐ L27- a) Le retable

☐ L28- b) Hokusai

☐ L29- b) Pont-Aven

☐ L30- c) Le Crabe aux pinces d'or

☐ L31- b) Whaam!

☐ L32- b) Edward Hopper

☐ L33- a) Steve McCurry

☐ L34- d) Amedeo Modigliani

☐ L35- d) Marc Chagall

☐ L36- b) Un requin-tigre

☐ L37- c) La Madone

☐ L38- b) Jeff Widener

☐ L39- c) Raphaël

☐ L40- c) MoMA

☐ L41- a) Lucian

☐ L42- b) Le Baiser

☐ L43- a) Le Fils de l'homme

☐ L44- b) 1937

☐ L45- d) Alberto Korda

☐ L46- c) César

☐ L47- b) La Persistance de la mémoire

☐ L48- a) Annie Leibovitz

☐ L49- d) La cire perdue

☐ L50- c) L'art pariétal

☐ L51- c) Nestor Halambique

☐ L52- a) Les CryptoPunks

☐ L53- b) Le pop art

☐ L54- b) Impression, soleil levant

☐ L55- a) Le Salvator Mundi

☐ L56- b) Au-dessus de la clavicule gauche

☐ L57- b) Niki de Saint Phalle

☐ L58- c) Le land art

☐ L59- d) Le Parc des Princes

☐ L60- a) Le pointillisme

☐ L61- c) Le port de Copenhague

☐ L62- a) En bronze

☐ L63- c) Bleu

☐ L64- b) L'Angélus

☐ L65- d) Le sgraffito

☐ L66- a) Alberto Giacometti

☐ L67- d) Giuseppe Arcimboldo

☐ L68- c) Man Ray

☐ L69- d) La Renaissance de Harlem

☐ L70- b) Auguste Rodin

☐ L71- d) Bernar Venet

☐ L72- b) Les Raboteurs de parquet

☐ L73- b) Anne Geddes

☐ L74- b) Tintin et les Picaros

☐ L75- b) L'ocre

TOTAL 1 (bonnes réponses) : ...... / 25   TOTAL 2 (bonnes réponses) : ...... / 25   TOTAL 3 (bonnes réponses) : ...... / 25

☐ L76- d) Mexicaine	☐ L101- d) Une coquille Saint-Jacques	☐ L126- b) Le Désespéré
☐ L77- d) Cabu	☐ L102- d) En Nouvelle-Calédonie	☐ L127- c) Vassily Kandinsky
☐ L78- c) 32	☐ L103- c) L'hyperréalisme	☐ L128- b) Édouard Bracame
☐ L79- b) La gouache	☐ L104- c) Les Tuniques bleues	☐ L129- c) William Turner
☐ L80- d) Eddie Adams	☐ L105- d) La Liberté guidant le peuple	☐ L130- d) La Ronde de nuit
☐ L81- b) Le Baiser	☐ L106- c) Sempé	☐ L131- c) L'Origine du monde
☐ L82- d) Néerlandaise	☐ L107- b) Le pastel	☐ L132- b) Supermarket Lady
☐ L83- c) Le Jardin des délices	☐ L108- d) Kevin Carter	☐ L133- d) Charlie Brown
☐ L84- c) 4	☐ L109- a) Giverny	☐ L134- c) Paul Durand-Ruel
☐ L85- b) L'ukiyo-e	☐ L110- c) Un bouquet	☐ L135- d) Gustave Caillebotte
☐ L86- b) Yves Klein	☐ L111- a) Les Mangeurs de pommes de terre	☐ L136- a) La Création d'Adam
☐ L87- d) La Guerre du Viêt Nam	☐ L112- a) Auguste Bartholdi	☐ L137- d) Paul Cézanne
☐ L88- d) Keith Haring	☐ L113- a) Jean-Michel Basquiat	☐ L138- b) Diego Vélasquez
☐ L89- d) Sassette	☐ L114- d) American Gothic	☐ L139- b) I.R.$.
☐ L90- c) Les « portraits du Fayoum »	☐ L115- c) Paul Cézanne	☐ L140- b) Miss.Tic
☐ L91- c) Un coeur	☐ L116- c) Moulin-Rouge - La Goulue	☐ L141- a) Jacques-Louis David
☐ L92- c) La Terre vue du ciel	☐ L117- d) Victor Vasarely	☐ L142- b) La Grande Odalisque
☐ L93- a) Théodore Géricault	☐ L118- d) Le Baiser de l'hôtel de ville	☐ L143- d) Winston Churchill
☐ L94- a) Théo	☐ L119- a) Philippe Chappuis	☐ L144- d) John Singer Sargent
☐ L95- c) Norman Rockwell	☐ L120- c) Michel-Ange	☐ L145- c) Die Brücke (Le Pont)
☐ L96- b) X33 et X33bis	☐ L121- a) Paul Véronèse	☐ L146- b) La période bleue
☐ L97- d) Le Bal du moulin de la Galette	☐ L122- d) Rosa Bonheur	☐ L147- a) Henri
☐ L98- a) James Tissot	☐ L123- a) Diego Rivera	☐ L148- c) Raymond Depardon
☐ L99- a) Apprenti forgeron	☐ L124- d) Fernand Léger	☐ L149- b) Mary Cassatt
☐ L100- d) Les Ménines	☐ L125- d) L'Absinthe	☐ L150- a) Des nénuphars
TOTAL 4 (bonnes réponses) : ...... / 25	TOTAL 5 (bonnes réponses) : ...... / 25	TOTAL 6 (bonnes réponses) : ...... / 25

Résultat :

TOTAL 1 (bonnes réponses) : ...... / 25
TOTAL 2 (bonnes réponses) : ...... / 25
TOTAL 3 (bonnes réponses) : ...... / 25

TOTAL 4 (bonnes réponses) : ...... / 25
TOTAL 5 (bonnes réponses) : ...... / 25
TOTAL 6 (bonnes réponses) : ...... / 25

TOTAL GÉNÉRAL (bonnes réponses) :

...... / **150**

Pour chaque réponse juste, cochez la case.

☐ M1- d) Philippe Starck

☐ M2- b) Le Palais idéal

☐ M3- b) L'Arche de la Défense

☐ M4- b) Le prix Pritzker

☐ M5- c) Jean Nouvel

☐ M6- b) Eugène Viollet-le-Duc

☐ M7- a) Le compas d'or

☐ M8- a) Le Palais-Royal

☐ M9- d) Ray et Charles Eames

☐ M10- c) Le barrage de Malpasset

☐ M11- b) L'East Side Gallery

☐ M12- c) Sur l'île de la Cité

☐ M13- d) Orange international

☐ M14- c) L'architecture romane

☐ M15- d) Vitra

☐ M16- a) Le moucharabieh

☐ M17- a) Le 1er arrondissement

☐ M18- b) Le palais de Topkapi

☐ M19- c) Eero Saarinen

☐ M20- d) De Vaux-le-Vicomte

☐ M21- a) Ski Dubaï

☐ M22- a) Zaha Hadid

☐ M23- c) Le style Tudor

☐ M24- c) Le pont du 25 Avril

☐ M25- b) Les ogives

☐ M26- a) À Kuala Lumpur

☐ M27- b) Le château de Versailles

☐ M28- c) Le barrage des Trois-Gorges

☐ M29- c) Une bergère

☐ M30- b) La lampe Tizio

☐ M31- d) Bow window

☐ M32- c) Un pont-levis

☐ M33- a) Un carreau de faïence décoré

☐ M34- c) L'Athénée roumain

☐ M35- d) Une marquise

☐ M36- a) 330 m

☐ M37- b) En Charente-Maritime

☐ M38- d) Isamu Noguchi

☐ M39- a) Les maisons cubiques

☐ M40- b) Le musée Guggenheim

☐ M41- d) Baïes

☐ M42- b) Kartell

☐ M43- a) L'école du Bauhaus

☐ M44- a) La grande cloche de la tour Élisabeth

☐ M45- a) La chaise Barcelona

☐ M46- d) Le lac Powell

☐ M47- c) Un éléphant

☐ M48- c) En marbre de Carrare

☐ M49- a) Renzo Piano

☐ M50- b) La Bourse de commerce de Paris

☐ M51- a) Un peintre

☐ M52- c) La chaise Lierna

☐ M53- d) Un arc-boutant

☐ M54- c) La lampe Pipistrello

☐ M55- c) Brésilienne

☐ M56- a) Chapel of sound

☐ M57- b) L'arc de triomphe

☐ M58- a) La vallée du Tarn

☐ M59- b) Luma Arles

☐ M60- d) Le Ball Chair

☐ M61- c) « Le Corbusier »

☐ M62- c) Renzo Piano

☐ M63- d) Le palais du Reichstag

☐ M64- c) Le fauteuil club

☐ M65- d) Milan

☐ M66- d) Le Musée de Holon

☐ M67- b) Barcelone

☐ M68- b) Les cariatides

☐ M69- a) La Neue Nationalgalerie

☐ M70- b) L'hôtel des Invalides

☐ M71- b) Un lambrequin

☐ M72- c) La maison dansante

☐ M73- c) Le Museum of the Future

☐ M74- b) Le trencadis

☐ M75- a) Rocking chair

TOTAL 1 (bonnes réponses) : ...... / 25

TOTAL 2 (bonnes réponses) : ...... / 25

TOTAL 3 (bonnes réponses) : ...... / 25

☐ M76- c) Louis Le Vau	☐ M101- b) L'ezkaratze	☐ M126- b) Le zellige
☐ M77- b) Un jacquemart	☐ M102- c) Un cul-de-four	☐ M127- a) L'ordre
☐ M78- a) Jieldé	☐ M103- d) Un penthouse	☐ M128- d) Le réfectoire
☐ M79- a) Le Marina Bay Sands	☐ M104- b) "Moins est plus"	☐ M129- c) Étienne-Louis Boullée
☐ M80- c) La scagliola	☐ M105- d) "Plus n'en est pas moins, moins est ennui"	☐ M130- a) La Cité interdite
☐ M81- a) Le béton précontraint	☐ M106- c) L'architecture georgienne	☐ M131- a) Érasme
☐ M82- c) Une boudeuse	☐ M107- a) Le fronton	☐ M132- d) Jørn Utzon
☐ M83- b) Le Trianon de porcelaine	☐ M108- c) Le Parc Güell	☐ M133- a) La « Dame de fer »
☐ M84- a) La clef de voûte	☐ M109- d) La Cité radieuse	☐ M134- b) La chaise Louis Ghost
☐ M85- c) Basile-le-Bienheureux	☐ M110- c) Une barrière de protection	☐ M135- c) Euralille
☐ M86- b) Le barnum	☐ M111- d) La gargouille	☐ M136- c) Le pont de la Concorde
☐ M87- a) Jules Hardouin-Mansart	☐ M112- d) « Rococo »	☐ M137- b) Le 18e arrondissement
☐ M88- c) À Porto Rico	☐ M113- a) New York	☐ M138- c) XIXe siècle
☐ M89- d) Le Corbusier	☐ M114- b) Modulor	☐ M139- b) Chichén Itzá
☐ M90- b) Le Seven Mile Bridge	☐ M115- d) Le nombre d'or	☐ M140- c) La conception assistée par ordinateur
☐ M91- b) La route de l'Atlantique	☐ M116- b) Tiny house	☐ M141- b) Un linteau
☐ M92- d) De Neuschwanstein	☐ M117- c) Les pilotis	☐ M142- a) Un beffroi
☐ M93- c) Scala de Milan	☐ M118- b) Une commode	☐ M43- b) La Géode
☐ M94- c) En Chine	☐ M119- a) Pronaos	☐ M144- b) Alexandre-Théodore Brongniart
☐ M95- a) Greek Revival	☐ M120- c) La fontaine de Trevi	☐ M145- c) La porte de Brandebourg
☐ M96- b) Le chien-assis	☐ M121- d) La niche	☐ M146- b) Le Capitole
☐ M97- a) L'échauguette	☐ M122- c) Vitruve	☐ M147- d) Sur l'île Seguin
☐ M98- c) Les chaises bleues	☐ M123- d) La Maison rose	☐ M148- c) L'avenue de la Grande-Armée
☐ M99- d) Les folies	☐ M124- d) Les accotoirs	☐ M149- a) L'agora
☐ M100- c) En Inde	☐ M125- b) Ieoh Ming Pei	☐ M150- c) Georges Pompidou

TOTAL 4 (bonnes réponses) : ...... / 25	TOTAL 5 (bonnes réponses) : ...... / 25	TOTAL 6 (bonnes réponses) : ...... / 25

Résultat :

TOTAL 1 (bonnes réponses) : ...... / 25	TOTAL 4 (bonnes réponses) : ...... / 25	
TOTAL 2 (bonnes réponses) : ...... / 25	TOTAL 5 (bonnes réponses) : ...... / 25	TOTAL GÉNÉRAL (bonnes réponses) :
TOTAL 3 (bonnes réponses) : ...... / 25	TOTAL 6 (bonnes réponses) : ...... / 25	**...... / 150**

GRILLE DE RÉPONSES
N- INVENTIONS & DÉCOUVERTES

Pour chaque réponse juste, cochez la case.

- ☐ N1- b) 1967
- ☐ N2- b) Suède
- ☐ N3- d) Russie
- ☐ N4- a) Le premier bébé éprouvette
- ☐ N5- c) qwertyuiop
- ☐ N6- b) Baron
- ☐ N7- d) Alexander Graham Bell
- ☐ N8- b) Le bas en nylon
- ☐ N9- c) John Boyd Dunlop
- ☐ N10- a) L'hélicoptère
- ☐ N11- d) Suède
- ☐ N12- c) Le four à micro-ondes
- ☐ N13- a) États-Unis
- ☐ N14- b) 2005
- ☐ N15- d) Nicolas Appert
- ☐ N16- b) Jean-François
- ☐ N17- c) Rendre luminescentes des souris
- ☐ N18- c) Ils étaient écrits de droite à gauche en miroir
- ☐ N19- d) Le sandwich
- ☐ N20- a) En Italie
- ☐ N21- a) Un hollandais
- ☐ N22- b) 1901
- ☐ N23- d) Mari et femme
- ☐ N24- c) Blaise Pascal
- ☐ N25- a) Howard Carter

- ☐ N26- b) Une transmission sans fil
- ☐ N27- d) Au Chili
- ☐ N28- c) Le dentifrice
- ☐ N29- b) Valentina Terechkova
- ☐ N30- a) Londres
- ☐ N31- c) Chine
- ☐ N32- b) Une presse à raisin
- ☐ N33- d) Un mouton, un canard et un coq
- ☐ N34- c) Londres
- ☐ N35- a) Du mercure
- ☐ N36- c) La machine à vapeur
- ☐ N37- a) La latitude et la longitude
- ☐ N38- b) Philippe Lebon
- ☐ N39- c) Samuel Morse
- ☐ N40- d) Draisienne
- ☐ N41- c) Suédoise
- ☐ N42- c) Génération
- ☐ N43- a) Versatile
- ☐ N44- b) Cultiver des bactéries
- ☐ N45- d) Samuel Colt
- ☐ N46- b) Le stéthoscope
- ☐ N47- a) Gaston Planté
- ☐ N48- d) En Algérie
- ☐ N49- d) Solex
- ☐ N50- c) En France

- ☐ N51- b) Benz
- ☐ N52- d) L'escalier de secours
- ☐ N53- a) La couche-culotte
- ☐ N54- c) Stephanie Kwolek
- ☐ N55- d) Ada Lovelace
- ☐ N56- b) Le café
- ☐ N57- b) Le cookie
- ☐ N58- d) Autrichienne
- ☐ N59- b) Le lave-vaisselle
- ☐ N60- a) Le Monopoly
- ☐ N61- a) Bette Nesmith Graham
- ☐ N62- b) Robert Koch
- ☐ N63- c) Le rein
- ☐ N64- b) L'essuie-glace
- ☐ N65- d) La psychanalyse
- ☐ N66- a) Le scanner
- ☐ N67- a) Karl Landsteiner
- ☐ N68- a) Le tube de Coolidge
- ☐ N69- b) L'insuline
- ☐ N70- d) Mondiale
- ☐ N71- d) France
- ☐ N72- c) La nitroglycérine
- ☐ N73- a) Le tungstène
- ☐ N74- a) 3
- ☐ N75- c) Administration

TOTAL 1 (bonnes réponses) : ...... / 25   TOTAL 2 (bonnes réponses) : ...... / 25   TOTAL 3 (bonnes réponses) : ...... / 25

☐ N76- c) 1967	☐ N101- a) Louis-Nicolas Vauquelin	☐ N126- a) Fernand de Magellan
☐ N77- a) Kodak	☐ N102- b) Belgique	☐ N127- a) La caravelle
☐ N78- b) Nautilus	☐ N103- d) Paris	☐ N128- c) En 1974
☐ N79- d) Fil	☐ N104- b) Levi Straus	☐ N129- c) Le Guiness World Records
☐ N80- d) L'Océan Atlantique	☐ N105- c) James Cook	☐ N130- c) Marc Encyclopédie
☐ N81- b) Cyclotrons	☐ N106- a) L'araire	☐ N131- b) Une boîte plastique de conservation
☐ N82- d) Zoé	☐ N107- b) Roy Jacuzzi	☐ N132- b) Charles Boycott
☐ N83- a) Polymérisation	☐ N108- c) Seeberger	☐ N133- d) Frisbee
☐ N84- c) Magnétophone	☐ N109- a) La fourchette	☐ N134- a) Dick Fosbery
☐ N85- b) Mill	☐ N110- a) La bakélite	☐ N135- c) Comte de Cardigan
☐ N86- a) ENIAC	☐ N111- b) Le chanteur de jazz	☐ N136- b) Ray Dolby
☐ N87- c) 1982	☐ N112- d) Lacq	☐ N137- b) Des chaussures
☐ N88- d) Larry Page	☐ N113- c) Charlemagne	☐ N138- a) Massicot
☐ N89- b) La fermeture éclair	☐ N114- a) Guérin	☐ N139- c) La réparation d'un pneu
☐ N90- a) Le camembert	☐ N115- c) La cortisone	☐ N140- d) Charles Francis Richter
☐ N91- a) Le scaphandre	☐ N116- a) 1940	☐ N141- c) Un rouge à lèvres
☐ N92- d) 1885	☐ N117- d) Le transistor	☐ N142- b) En 1913
☐ N93- d) Hippolyte Mège-Mouriès	☐ N118- d) Le carbone 14	☐ N143- c) Piano
☐ N94- c) Le lithium	☐ N119- b) General Electric	☐ N144- b) Les incas
☐ N95- b) Lord Kelvin	☐ N120- c) Tahiti	☐ N145- a) La constante d'Archimède
☐ N96- d) Antoine Lavoisier	☐ N121- b) Ian Fleming	☐ N146- c) Le velcro
☐ N97- d) L'espéranto	☐ N122- d) Les statistiques	☐ N147- b) Athènes
☐ N98- a) Roland Moreno	☐ N123- b) Bartolomeu Dias	☐ N148- d) Le frein à disque
☐ N99- c) Le parapluie	☐ N124- d) San Salvador	☐ N149- c) La gomme
☐ N100- b) Micral	☐ N125- c) Amerigo Vespucci	☐ N150- a) Dans une prison
TOTAL 4 (bonnes réponses) : ...... / 25	TOTAL 5 (bonnes réponses) : ...... / 25	TOTAL 6 (bonnes réponses) : ...... / 25

Résultat :

TOTAL 1 (bonnes réponses) : ...... / 25	TOTAL 4 (bonnes réponses) : ...... / 25	**TOTAL GÉNÉRAL (bonnes réponses) :**
TOTAL 2 (bonnes réponses) : ...... / 25	TOTAL 5 (bonnes réponses) : ...... / 25	**...... / 150**
TOTAL 3 (bonnes réponses) : ...... / 25	TOTAL 6 (bonnes réponses) : ...... / 25	

GRILLE DE RÉPONSES
O- SCIENCES DE LA TERRE

Pour chaque réponse juste, cochez la case.

☐ O1- a) Une réflexion

☐ O2- d) Tellurique

☐ O3- b) Quand la Lune est entre la Terre et le Soleil

☐ O4- d) Effusif

☐ O5- a) La lithosphère

☐ O6- b) Alfred Wegener

☐ O7- b) L'eau

☐ O8- c) La matière organique

☐ O9- d) La pression

☐ O10- c) Une roche

☐ O11- a) La pesanteur

☐ O12- b) Quartz

☐ O13- c) La présence d'un ancien océan

☐ O14- d) L'Antarctique

☐ O15- b) Le forage

☐ O16- a) Hypocentre

☐ O17- c) Logarithmique

☐ O18- c) La vapeur d'eau

☐ O19- c) 6370 km

☐ O20- a) Le fer

☐ O21- d) La chambre

☐ O22- b) La Pangée

☐ O23- b) 1 à 3 cm

☐ O24- d) Zone de convergence

☐ O25- a) Le manteau

☐ O26- c) La plaque indienne et la plaque eurasienne

☐ O27- b) Une zone de fracture

☐ O28- d) Un endroit sans marée

☐ O29- b) La fosse Calypso

☐ O30- a) Au niveau d'une dorsale

☐ O31- c) En 79 après JC

☐ O32- b) Un niveau de marée

☐ O33- c) 4,5 milliards d'années

☐ O34- b) L'asthénosphère

☐ O35- a) Qui a la capacité à s'étirer

☐ O36- a) Une vague

☐ O37- c) Carbone

☐ O38- c) Le palladium

☐ O39- b) 12,2 km

☐ O40- d) John Tuzo Wilson

☐ O41- c) 11 000 m

☐ O42- a) Les ondes sismiques

☐ O43- b) Sédimentaires

☐ O44- d) La chaleur interne

☐ O45- a) Le chrome

☐ O46- c) Au Chili

☐ O47- d) Mouvement de filtration de l'eau à travers le sol

☐ O48- b) Mars

☐ O49- c) 6.10^{24} kg

☐ O50- a) L'air

☐ O51- d) Géo

☐ O52- b) Le magnétisme

☐ O53- b) 6,2

☐ O54- c) Le vanadium

☐ O55- a) Haroun Tazieff

☐ O56- b) Les infrarouges

☐ O57- c) 270 g/L

☐ O58- b) L'attraction conjointe de la Lune et du Soleil

☐ O59- a) La pédologie

☐ O60-d) L'ozone

☐ O61- a) L'Amérique

☐ O62- b) 2,8 %

☐ O63- c) La différence d'altitude

☐ O64- b) De l'érosion de la croûte terrestre

☐ O65- b) En limite de plaques tectoniques

☐ O66- a) Beaufort

☐ O67- b) Réplique

☐ O68- d) Le saphir

☐ O69- a) Lac Baïkal

☐ O70- c) 40 000 km

☐ O71- d) 5500°C

☐ O72- b) Un équilibre entre les roches et le manteau

☐ O73- c) La science des eaux continentales

☐ O74- d) Le moho

☐ O75- b) Déterminer la chronologie de formation des roches

TOTAL 1 (bonnes réponses) : ...... / 25   TOTAL 2 (bonnes réponses) : ...... / 25   TOTAL 3 (bonnes réponses) : ...... / 25

- [ ] O76- b) Le solidus
- [ ] O77- a) La variation de la température en fonction de la profondeur
- [ ] O78- c) Il y a 12 000 ans
- [ ] O79- a) Processus de transformation des sédiments en roche
- [ ] O80- c) Anthropocène
- [ ] O81- b) L'échantillonnage par forage
- [ ] O82- c) Culumostratus
- [ ] O83- d) Würm
- [ ] O84- a) Bouclier magnétique
- [ ] O85- b) 1013 hPa
- [ ] O86- d) L'étude de l'atmosphère
- [ ] O87- a) Crétacé
- [ ] O88- d) Aristote
- [ ] O89- c) Un courant océanique
- [ ] O90- b) La solidification
- [ ] O91- c) Un cyclone de la mer de Chine
- [ ] O92- d) nœud
- [ ] O93- a) Blizzard
- [ ] O94- b) La stratigraphie
- [ ] O95- c) 6
- [ ] O96- c) Meteosat 1
- [ ] O97- b) Cumulonimbus
- [ ] O98- b) L'hadéen
- [ ] O99- d) Les fossiles
- [ ] O100- b) 15%

- [ ] O101- c) Lieu où l'activité volcanique est importante
- [ ] O102- c) Le mistral
- [ ] O103- b) Prix Craaford
- [ ] O104- a) La mesure de la pesanteur
- [ ] O105- d) L'argile
- [ ] O106- a) Benjamin Franklin
- [ ] O107- c) L'énergie géothermique
- [ ] O108- c) Bourreau
- [ ] O109- d) La matière organique
- [ ] O110- a) Venezuela
- [ ] O111- c) Katrina
- [ ] O112- d) Cirrus
- [ ] O113- c) Climat océanique
- [ ] O114- b) Des vagues scélérates
- [ ] O115- d) Le silicium
- [ ] O116- d) Pérovskite
- [ ] O117- b) La ceinture de feu
- [ ] O118- b) Explosif
- [ ] O119- d) La teneur d'un liquide en particules suspendues
- [ ] O120- a) Stalactite
- [ ] O121- a) Le quaternaire
- [ ] O122- c) Les formes du relief terrestre
- [ ] O123- a) Hydrosphère
- [ ] O124- c) Le biofaciés
- [ ] O125- b) Uranium/Plomb

- [ ] O126- a) Zircon
- [ ] O127- c) Un tsunami
- [ ] O128- b) Sahara
- [ ] O129- d) 15°C
- [ ] O130- a) Des vents
- [ ] O131- a) Un milieu écologique étendu et homogène, à la surface du globe terrestre
- [ ] O132- c) Pascal.seconde
- [ ] O133- b) Étude de la répartition des espèces fossiles dans les strates
- [ ] O134- d) Un sol perpétuellement gelé
- [ ] O135- c) 75%
- [ ] O136- b) Le pôle Nord géographique
- [ ] O137- d) Une unité d'angle solide
- [ ] O138- a) La Cordillère des Andes
- [ ] O139- c) Une subdivision chronologique
- [ ] O140- b) Un procédé de raffinage du pétrole
- [ ] O141- d) D'eau douce
- [ ] O142- c) Biosphère
- [ ] O143- b) 159 L
- [ ] O144- d) Un des produits du pétrole
- [ ] O145- a) Spéléologie
- [ ] O146- d) Une maison creusée dans la roche
- [ ] O147- b) La poussée d'Archimède
- [ ] O148- c) Hydrogéologie
- [ ] O149- a) Dioxyde de carbone
- [ ] O150- a) Liquéfié

TOTAL 4 (bonnes réponses) : ...... / 25

TOTAL 5 (bonnes réponses) : ...... / 25

TOTAL 6 (bonnes réponses) : ...... / 25

Résultat :

TOTAL 1 (bonnes réponses) : ...... / 25
TOTAL 2 (bonnes réponses) : ...... / 25
TOTAL 3 (bonnes réponses) : ...... / 25

TOTAL 4 (bonnes réponses) : ...... / 25
TOTAL 5 (bonnes réponses) : ...... / 25
TOTAL 6 (bonnes réponses) : ...... / 25

TOTAL GÉNÉRAL (bonnes réponses) :

...... / **150**

GRILLE DE RÉPONSES
P- PHYSIQUE & CHIMIE

Pour chaque réponse juste, cochez la case.

☐ P1- b) Na

☐ P2- c) Le proton et le neutron

☐ P3- d) Masse

☐ P4- b) 4,4

☐ P5- c) $U = R \times I$

☐ P6- a) Henri Becquerel

☐ P7- d) Le diazote

☐ P8- c) 0°C

☐ P9- b) 300 000 km/s

☐ P10- a) 380 000 km

☐ P11- d) Spoutnik

☐ P12- b) Hydrogène

☐ P13- b) Le carbone

☐ P14- d) 330 m/s

☐ P15- c) Au

☐ P16- c) Bleue

☐ P17- a) Dioxyde de carbone

☐ P18- c) 3 décibels

☐ P19- c) 24 heures

☐ P20- d) 8 minutes

☐ P21- b) La nicotine

☐ P22- a) Bleue

☐ P23- a) 3,6

☐ P24- c) 9,8

☐ P25- b) L'électron

☐ P26- d) 10^{-15} m

☐ P27- b) Acide

☐ P28- d) Les infrarouges

☐ P29- a) Loi de Snell-Descartes

☐ P30- a) Polychromatique

☐ P31- d) $6,02 \times 10^{23}$

☐ P32- b) 0

☐ P33- d) Hydrogène

☐ P34- b) 5900°C

☐ P35- c) Cuivre/étain

☐ P36- b) Or

☐ P37- a) Proton

☐ P38- c) Le fluor

☐ P39- d) Le centre de la Terre

☐ P40- d) Géostationnaire

☐ P41- a) De la masse

☐ P42- c) 2.10^{20} N

☐ P43- d) L'eau

☐ P44- b) Sodium

☐ P45- a) L'aspirine

☐ P46- d) La vitamine C

☐ P47- b) CO_2

☐ P48- a) L'acide lactique

☐ P49- d) Au-delà de 20 000 Hz

☐ P50- d) Le fer

☐ P51- a) Les rayons X

☐ P52- c) Sucre

☐ P53- c) Erlenmeyer

☐ P54- d) Le poids

☐ P55- a) Isaac Newton

☐ P56- d) L'énergie cinétique et l'énergie potentielle

☐ P57- b) Albert Einstein

☐ P58- c) Énergie thermique

☐ P59- a) Le dioxygène

☐ P60- c) N

☐ P61- b) Loi de Boyle-Mariotte

☐ P62- b) 10^{-10} m

☐ P63- d) Le dioxyde de carbone

☐ P64- a) Un voltmètre

☐ P65- a) Le tesla

☐ P66- d) L'état solide à l'état gazeux

☐ P67- c) La distance

☐ P68- d) 4 ans

☐ P69- b) 0,0001 m

☐ P70- c) Hélium

☐ P71- b) Dispersif

☐ P72- d) La masse des nucléons

☐ P73- c) Perdu deux électrons

☐ P74- a) Qu'il possède 6 protons et 6 électrons

☐ P75- a) Ils ont le même numéro atomique

TOTAL 1 (bonnes réponses) : ...... / **25**

TOTAL 2 (bonnes réponses) : ...... / **25**

TOTAL 3 (bonnes réponses) : ...... / **25**

- [ ] P76- c) Dmtri Mendeleïev
- [ ] P77- b) Héliocentrique
- [ ] P78- c) L'objet est à vitesse constante en ligne droite
- [ ] P79- a) Un dynamomètre
- [ ] P80- a) Être soumis à une force
- [ ] P81- d) À distance attractive
- [ ] P82- c) $F = 1/T$
- [ ] P83- c) 2 Hz
- [ ] P84- b) 1 Hz
- [ ] P85- a) SO_2
- [ ] P86- a) Quand elles ont la même formule brute
- [ ] P87- c) Un mélange homogène
- [ ] P88- c) masse / volume
- [ ] P89- b) 1
- [ ] P90- d) La fusion
- [ ] P91- a) La température de fusion
- [ ] P92- c) $C_4H_9NO_3$
- [ ] P93- b) Ampoule à décanter
- [ ] P94- d) Température de vaporisation
- [ ] P95- b) La mole
- [ ] P96- d) Antoine Lavoisier
- [ ] P97- c) L'eau est le solvant
- [ ] P98- d) Le radium
- [ ] P99- a) Le vide
- [ ] P100- a) Henry Cavendish

- [ ] P101- c) Benjamin Franklin
- [ ] P102- b) Le faraday
- [ ] P103- c) 1921
- [ ] P104- b) Heike Kamerlingh Onnes
- [ ] P105- a) La dynamite
- [ ] P106- c) La paillasse
- [ ] P107- a) Alexander Fleming
- [ ] P108- b) e^-
- [ ] P109- d) Le joule
- [ ] P110- c) Une particule élémentaire
- [ ] P111- c) Des ondes électromagnétiques
- [ ] P112- b) Carl Wilhelm Scheele
- [ ] P113- b) Les atomes se conservent
- [ ] P114- d) Le CuO_2 est un produit
- [ ] P115- c) Quand les réactifs sont consommés entièrement à l'état final
- [ ] P116- d) De molécules mobiles et désordonnées
- [ ] P117- a) Un manomètre
- [ ] P118- b) Le volume diminue
- [ ] P119- b) Alessandro Volta
- [ ] P120- a) Au poids
- [ ] P121- c) Henri Moissan
- [ ] P122- d) L'URSS
- [ ] P123- d) Hans Geiger
- [ ] P124- c) Le photon
- [ ] P125- c) Les ultrasons

- [ ] P126- b) L'hélium
- [ ] P127- a) La vapeur d'eau
- [ ] P128- b) Robert Oppenheimer
- [ ] P129- d) N_2
- [ ] P130- c) La liquéfaction
- [ ] P131- b) Un anion
- [ ] P132- a) La seconde
- [ ] P133- b) La température corporelle d'un cheval
- [ ] P134- c) La glace a un volume plus grand que l'eau liquide
- [ ] P135- d) Sa trajectoire
- [ ] P136- c) D'eau
- [ ] P137- a) James Chadwick
- [ ] P138- a) Un noyau d'hélium
- [ ] P139- b) Un proton
- [ ] P140- d) Une solution ionique
- [ ] P141- d) Le chat de Schrödinger
- [ ] P142- a) Niels Bohr
- [ ] P143- d) 300 000 km/s
- [ ] P144- d) Un atome lourd et un neutron
- [ ] P145- b) En énergie
- [ ] P146- a) Zéro
- [ ] P147- b) 1
- [ ] P148- c) De l'énergie chimique en énergie thermique
- [ ] P149- c) Cl^-
- [ ] P150- d) Le vide

TOTAL 4 (bonnes réponses) : ...... / **25**   TOTAL 5 (bonnes réponses) : ...... / **25**   TOTAL 6 (bonnes réponses) : ...... / **25**

Résultat :

TOTAL 1 (bonnes réponses) : ...... / **25**   TOTAL 4 (bonnes réponses) : ...... / **25**
TOTAL 2 (bonnes réponses) : ...... / **25**   TOTAL 5 (bonnes réponses) : ...... / **25**
TOTAL 3 (bonnes réponses) : ...... / **25**   TOTAL 6 (bonnes réponses) : ...... / **25**

TOTAL GÉNÉRAL (bonnes réponses) :
...... / **150**

Pour chaque réponse juste, cochez la case.

☐ Q1- c) 180°

☐ Q2- c) 2

☐ Q3- d) 2π

☐ Q4- d) 55 000

☐ Q5- c) N

☐ Q6- c) Pythagore

☐ Q7- a) Le plus grand côté d'un triangle rectangle

☐ Q8- b) 180°

☐ Q9- d) $(\pi R^2 \times h)/3$

☐ Q10- a) Une figure à 4 côtés

☐ Q11- b) Parallèles

☐ Q12- c) Un compas

☐ Q13- b) πR^2

☐ Q14- d) Isocèle

☐ Q15- b) Compris entre 0 et 1

☐ Q16- b) Des mesures de longueurs

☐ Q17- c) Une arête

☐ Q18- b) 1

☐ Q19- c) Une asymptote

☐ Q20- a) Archimède

☐ Q21- a) 0

☐ Q22- c) 125

☐ Q23- d) 36

☐ Q24- d) 360°

☐ Q25- b) La symétrie centrale

☐ Q26- d) Le micromètre

☐ Q27- c) La somme des chiffres qui le constituent est divisible par 3

☐ Q28- a) Un vecteur

☐ Q29- c) 2

☐ Q30- b) La médaille Fields

☐ Q31- c) La médiane

☐ Q32- a) La médiane

☐ Q33- b) Les calculs entre parenthèses

☐ Q34- c) Le numérateur

☐ Q35- b) 0

☐ Q36- b) Entre 0 et 90°

☐ Q37- c) $(B \times H)/2$

☐ Q38- d) Un tétraèdre

☐ Q39- d) Une droite qui passe par l'origine

☐ Q40- a) Affine

☐ Q41- b) Laurent Schwartz

☐ Q42- c) À 1

☐ Q43- b) $c \times h$

☐ Q44- d) $4/3\pi R^3$

☐ Q45- a) 1 cm sur le dessin correspond à 200 cm en réel

☐ Q46- b) Un repère orthonormé

☐ Q47- a) 2πR

☐ Q48- d) 6

☐ Q49- b) Dont la somme est égale à 90 °

☐ Q50- c) Rectangle

☐ Q51- b) Un rectangle

☐ Q52- a) 101

☐ Q53- a) $5,214.10^3$

☐ Q54- d) L'étendue

☐ Q55- b) Un sommet

☐ Q56- b) Le nanomètre

☐ Q57- d) D

☐ Q58- c) $a^2 - b^2$

☐ Q59- a) Un parallélogramme

☐ Q60- c) Perpendiculaires

☐ Q61- d) 1 000 000

☐ Q62- a) La hauteur

☐ Q63- a) $4\pi R^2$

☐ Q64- b) Une équerre

☐ Q65- c) $a^2 - 2ab + b^2$

☐ Q66- d) Impossible

☐ Q67- b) Les bissectrices

☐ Q68- d) La quatrième proportionnelle

☐ Q69- c) 94 000 cm

☐ Q70- a) La symétrie axiale

☐ Q71- b) 4

☐ Q72- b) 60°

☐ Q73- d) Une fréquence

☐ Q74- b) Uniquement du hasard

☐ Q75- c) Le triangle est rectangle

TOTAL 1 (bonnes réponses) : ...... / **25**   TOTAL 2 (bonnes réponses) : ...... / **25**   TOTAL 3 (bonnes réponses) : ...... / **25**

☐ Q76- a) Lemniscate	☐ Q101- b) Impossible	☐ Q126- c) 120
☐ Q77- b) Diagramme en camembert	☐ Q102- b) 7	☐ Q127- c) 9
☐ Q78- b) Le côté adjacent sur l'hypoténuse	☐ Q103- a) 2010	☐ Q128- b) Archimède
☐ Q79- b) (D × d)/2	☐ Q104- d) 0 ; 1 ; 1 ; 2 ; 3 ; 5 ; 8 …	☐ Q129- c) 8
☐ Q80- d) Un disque	☐ Q105- d) 1/4	☐ Q130- a) Un rectangle
☐ Q81- b) Équilatéral	☐ Q106- c) Leur somme est égale à 180°	☐ Q131- d) 16/9
☐ Q82- c) 9	☐ Q107- b) Un produit	☐ Q132- c) 10^{100}
☐ Q83- c) -2 et 2	☐ Q108- d) 10	☐ Q133- d) Un disque
☐ Q84- c) 1/2	☐ Q109- a) Un rapporteur	☐ Q134- d) 26
☐ Q85- a) $(a + b)^2$	☐ Q110- d) L × l × h	☐ Q135- b) 1/6
☐ Q86- b) Le produit de d par d à la puissance 2	☐ Q111- d) 3600	☐ Q136- a) Une droite
☐ Q87- c) Entre 90° et 180°	☐ Q112- b) Elle passe par son milieu et le coupe perpendiculairement	☐ Q137- c) Une hyperbole
☐ Q88- c) Le nombre formé par ses deux derniers chiffres est divisible par 4	☐ Q113- c) L'homothétie	☐ Q138- c) Le centre de gravité
☐ Q89- a) 4	☐ Q114- a) 8,8 litres	☐ Q139- c) Le côté opposé sur le côté adjacent
☐ Q90- a) Le nombre d'or	☐ Q115- a) Commun	☐ Q140- b) R
☐ Q91- c) Euclide	☐ Q116- a) Le côté opposé sur l'hypoténuse	☐ Q141- c) Incompatibles
☐ Q92- a) Les hauteurs	☐ Q117- a) Décagone	☐ Q142- a) Un carré identique
☐ Q93- d) Une face	☐ Q118- a) Il est pair et divisible par 3	☐ Q143- b) Divisées par 2
☐ Q94- d) Droite d'Euler	☐ Q119- b) -8	☐ Q144- c) -1
☐ Q95- c) 375 g	☐ Q120- d) 1/4	☐ Q145- d) La mesure des angles
☐ Q96- b) La bissectrice	☐ Q121- b) Une parabole	☐ Q146- a) (d) et (d') sont parallèles entre elles
☐ Q97- b) 1/3	☐ Q122- d) Les médiatrices	☐ Q147- a) 5
☐ Q98- c) Le femtomètre	☐ Q123- a) 3	☐ Q148- c) 60°
☐ Q99- d) 50	☐ Q124- a) Certain	☐ Q149- a) Géométrique
☐ Q100- c) Arithmétique	☐ Q125- c) $7{,}82.10^{-3}$	☐ Q150- a) -1 ; 0 ; 1
TOTAL 4 (bonnes réponses) : …… / 25	TOTAL 5 (bonnes réponses) : …… / 25	TOTAL 6 (bonnes réponses) : …… / 25

Résultat :

TOTAL 1 (bonnes réponses) : …… / 25
TOTAL 2 (bonnes réponses) : …… / 25
TOTAL 3 (bonnes réponses) : …… / 25

TOTAL 4 (bonnes réponses) : …… / 25
TOTAL 5 (bonnes réponses) : …… / 25
TOTAL 6 (bonnes réponses) : …… / 25

TOTAL GÉNÉRAL (bonnes réponses) :

…… / 150

GRILLE DE RÉPONSES
R- ASTRONOMIE

Pour chaque réponse juste, cochez la case.

☐ R1- b) L'Ångström

☐ R2- c) 3,26 années-lumière

☐ R3- d) 8

☐ R4- c) Jupiter

☐ R5- a) D'eau

☐ R6- d) Étoile

☐ R7- c) La Voie Lactée

☐ R8- a) -270°C

☐ R9- b) La position des étoiles

☐ R10- d) L'astrolabe

☐ R11- c) 80

☐ R12- d) L'étoile du Berger

☐ R13- c) Sirius

☐ R14- d) La planète bleue

☐ R15- a) Le Soleil

☐ R16- d) Jupiter

☐ R17- b) Une nébuleuse

☐ R18- c) Pythagore

☐ R19- d) 365 jours

☐ R20- a) Mercure

☐ R21- b) L'hydrogène

☐ R22- d) Rouge

☐ R23- d) Rosetta

☐ R24- a) Voyager 1

☐ R25- b) Réaction de fusion nucléaire

☐ R26- c) Rouge

☐ R27- b) Andromède

☐ R28- d) Cosmonautes

☐ R29- b) Missionary 1

☐ R30- c) Saturne

☐ R31- a) Vénus

☐ R32- d) 13,6

☐ R33- d) Vénus

☐ R34- c) 700 000

☐ R35- b) Big Bang

☐ R36- d) 2061

☐ R37- a) Titan

☐ R38- b) Challenger

☐ R39- d) Ptolémée

☐ R40- d) 2000 km/h

☐ R41- b) 4

☐ R42- b) Gnomon

☐ R43- c) Mars

☐ R44- c) 74 minutes

☐ R45- b) Rigel

☐ R46- a) Mercure

☐ R47- c) Vénus

☐ R48- d) Mars

☐ R49- b) Saturne

☐ R50- c) 11 fois

☐ R51- b) 1998

☐ R52- b) La Lune

☐ R53- b) Un anticyclone

☐ R54- d) Radiant

☐ R55- b) Catalogue de Messier

☐ R56- a) Mir

☐ R57- c) Hubble

☐ R58- c) Copernic

☐ R59- d) 10^{-10} m

☐ R60- b) Hélium

☐ R61- b) La tache rouge sur Jupiter

☐ R62- c) Explorer 1

☐ R63- a) Laïka

☐ R64- b) Un trou noir

☐ R65- a) Grande Ourse

☐ R66- c) Véronique

☐ R67- d) Vostok 1

☐ R68- d) 450 ans

☐ R69- d) Mercure

☐ R70- c) Hélium

☐ R71- a) Michael Collins

☐ R72- c) Galileo

☐ R73- c) Johannes Kepler

☐ R74- d) 39

☐ R75- a) Io

TOTAL 1 (bonnes réponses) : ...... / 25   TOTAL 2 (bonnes réponses) : ...... / 25   TOTAL 3 (bonnes réponses) : ...... / 25

☐ R76- d) William Herschel	☐ R101- b) Un véhicule se déplaçant sur un astre	☐ R126- a) La Lune Gibbeuse
☐ R77- b) Les photons	☐ R102- b) Uranus	☐ R127- d) L'hydrogène
☐ R78- c) 1979	☐ R103- c) Stephen Hawking	☐ R128- c) La thermosphère
☐ R79- a) De noms des navires de James Cook	☐ R104- a) Alexandre Friedmann	☐ R129- c) Mars
☐ R80- b) La force gravitationnelle	☐ R105- a) Jean-Loup Chrétien	☐ R130- d) 29,5 jours
☐ R81- d) Le vent solaire	☐ R106- c) Pluton	☐ R131- b) La hauteur
☐ R82- d) La Lune	☐ R107- b) 8	☐ R132- b) 150 000 000 km
☐ R83- b) Satellite zombie	☐ R108- d) Supernova	☐ R133- a) Kourou
☐ R84- d) 28 000 km/h	☐ R109- b) Française	☐ R134- c) Annulaire
☐ R85- c) Tombaugh	☐ R110- c) L'Almageste	☐ R135- a) LHC
☐ R86- a) Cérès	☐ R111- a) Des micro-ondes	☐ R136- d) Claudie Haigneré
☐ R87- b) Thomas Pesquet	☐ R112- c) Radiotélescope d'Arecibo	☐ R137- a) Uranus
☐ R88- b) Nikita Khrouchtchev	☐ R113- a) Solstice d'hiver	☐ R138- c) L'inclinaison
☐ R89- c) En Arctique	☐ R114- c) $F = G.m_A.m_B/d^2$	☐ R139- b) -63°C
☐ R90- a) Mars/Septembre	☐ R115- b) Mercure	☐ R140- b) L'exosphère
☐ R91- a) 0	☐ R116- d) La couche la plus externe de l'atmosphère du Soleil	☐ R141- c) Le centre de la voie Lactée
☐ R92- c) Un effondrement d'une étoile	☐ R117- c) Une protoétoile	☐ R142- b) Le rouge
☐ R93- d) Son atmosphère	☐ R118- b) Cap Canaveral	☐ R143- a) 0 m/s
☐ R94- b) Uranus	☐ R119- c) Micro-ondes	☐ R144- d) Un type de quasar
☐ R95- b) Saturne	☐ R120- c) Vénus	☐ R145- c) L'obliquité
☐ R96- a) Regroupement d'étoiles n'appartenant pas à la même constellation	☐ R121- b) Vénus	☐ R146- b) 4,6 milliards d'années
☐ R97- c) L'azimut	☐ R122- a) La nutation	☐ R147- a) Le périgée
☐ R98- b) Agency	☐ R123- c) Le point vernal	☐ R148- b) La précession
☐ R99- d) La représentation de la Terre à différentes ères	☐ R124- d) Un phénomène lumineux important	☐ R149- b) Baïkonour
☐ R100- a) L'ionosphère	☐ R125- d) Vénus	☐ R150- d) Jupiter
TOTAL 4 (bonnes réponses) : ...... / 25	TOTAL 5 (bonnes réponses) : ...... / 25	TOTAL 6 (bonnes réponses) : ...... / 25

Résultat :

TOTAL 1 (bonnes réponses) : ...... / 25	TOTAL 4 (bonnes réponses) : ...... / 25	
TOTAL 2 (bonnes réponses) : ...... / 25	TOTAL 5 (bonnes réponses) : ...... / 25	TOTAL GÉNÉRAL (bonnes réponses) :
TOTAL 3 (bonnes réponses) : ...... / 25	TOTAL 6 (bonnes réponses) : ...... / 25	...... / 150

Pour chaque réponse juste, cochez la case.

☐ S1- c) 206	☐ S26- c) 65%	☐ S51- a) Les rayons X
☐ S2- b) L'acupuncture	☐ S27- b) Hématie	☐ S52- a) L'iris
☐ S3- d) L'aorte	☐ S28- b) Dentiste	☐ S53- d) Métacarpes
☐ S4- a) L'oreille	☐ S29- d) Des cellules eucaryotes	☐ S54- b) La malléole
☐ S5- c) 12	☐ S30- c) Les muscles	☐ S55- c) La kératine
☐ S6- b) Luc Montagnier	☐ S31- a) Les reins	☐ S56- b) Cérébral
☐ S7- c) Alzheimer	☐ S32- b) Leucocyte	☐ S57- c) Besoin irrépressible de boire de l'eau
☐ S8- d) Stockholm	☐ S33- d) Sud-africaine	☐ S58- a) L'hippocampe
☐ S9- a) Phytothérapie	☐ S34- d) Les cônes	☐ S59- b) L'adrénaline
☐ S10- d) Antibiotiques	☐ S35- a) La dialyse	☐ S60- a) Thrombocyte
☐ S11- a) Ulna	☐ S36- d) L'érythropoïétine	☐ S61- c) 4
☐ S12- d) Le fémur	☐ S37- a) 33	☐ S62- d) LH
☐ S13- c) Une vertèbre	☐ S38- d) Hématie	☐ S63- c) La gastro-entérologie
☐ S14- b) Un médecin spécialiste du cancer	☐ S39- b) 32	☐ S64- a) Trompe de Fallope
☐ S15- d) La cornée	☐ S40- d) L'hépatologie	☐ S65- b) L'axis
☐ S16- c) Globules blancs	☐ S41- c) Münchhausen	☐ S66- c) Perte des plaquettes
☐ S17- a) Le Vidal	☐ S42- d) L'IRM	☐ S67- a) Carpes
☐ S18- b) La fovéa	☐ S43- b) Les neurones	☐ S68- c) Du mariage
☐ S19- b) L'hématologie	☐ S44- b) Sodium	☐ S69- b) L'étrier
☐ S20- d) 24	☐ S45- b) Le paracétamol	☐ S70- d) Edme Mariotte
☐ S21- b) Les fontanelles	☐ S46- c) La vitamine D	☐ S71- c) Le cervelet
☐ S22- a) Rachis	☐ S47- a) O_2	☐ S72- b) Stendhal
☐ S23- c) La testostérone	☐ S48- c) Des crampes	☐ S73- a) Le tympan
☐ S24- d) Le taux de sucre dans le sang	☐ S49- b) Le curare	☐ S74- d) 8
☐ S25- b) De la hauteur	☐ S50- a) La grossesse	☐ S75- d) Un cardiofréquencemètre

TOTAL 1 (bonnes réponses) : ...... / 25	TOTAL 2 (bonnes réponses) : ...... / 25	TOTAL 3 (bonnes réponses) : ...... / 25

- ☐ S76- a) Dans l'endomètre
- ☐ S77- b) L'eau
- ☐ S78- c) 100 000
- ☐ S79- b) Un tensiomètre
- ☐ S80- a) L'hypophyse
- ☐ S81- a) Un clapet cardiaque
- ☐ S82- b) La cochlée
- ☐ S83- c) Le pancréas
- ☐ S84- d) De la poussière
- ☐ S85- c) 60 battements par minute
- ☐ S86- b) Dans la moelle osseuse
- ☐ S87- c) Par l'oreillette droite
- ☐ S88- b) 1 g/L
- ☐ S89- a) L'urètre
- ☐ S90- c) L'appareil uro-génital masculin
- ☐ S91- b) 2
- ☐ S92- c) Une lentille convergente
- ☐ S93- c) Les adipocytes
- ☐ S94- d) L'artère carotide
- ☐ S95- d) Le collagène
- ☐ S96- c) La veine pulmonaire
- ☐ S97- d) La perte des globules blancs
- ☐ S98- c) 28 jours
- ☐ S99- a) La gériatrie
- ☐ S100- b) Tarses

TOTAL 4 (bonnes réponses) : ...... / 25

- ☐ S101- c) La trompe d'eustache
- ☐ S102- a) Par le ventricule droit
- ☐ S103- a) Perte de la parole
- ☐ S104- a) De rentrer chez lui
- ☐ S105- b) L'insuline
- ☐ S106- d) La ménopause
- ☐ S107- b) 4
- ☐ S108- a) L'humérus
- ☐ S109- b) L'artère pulmonaire
- ☐ S110- d) Une otite
- ☐ S111- c) 14 jours
- ☐ S112- c) L'artère pulmonaire
- ☐ S113- a) Peter Pan
- ☐ S114- a) Aide
- ☐ S115- d) Les hormones
- ☐ S116- b) Perte des globules rouges
- ☐ S117- a) L'encéphalopathie spongiforme bovine
- ☐ S118- d) Les uretères
- ☐ S119- a) L'andropause
- ☐ S120- c) Arythmie
- ☐ S121- b) L'étrier
- ☐ S122- c) Dans la salive
- ☐ S123- a) Le glucagon
- ☐ S124- a) Potassium
- ☐ S125- d) Millimètre de mercure

TOTAL 5 (bonnes réponses) : ...... / 25

- ☐ S126- b) Officine
- ☐ S127- a) 15
- ☐ S128- a) Les reins
- ☐ S129- b) Des ponts
- ☐ S130- d) Universitaire
- ☐ S131- c) Crise d'épilepsie
- ☐ S132- a) Le baume du tigre
- ☐ S133- c) PACES
- ☐ S134- b) L'aide-soignant
- ☐ S135- b) La maladie de Lyme
- ☐ S136- a) Sucre
- ☐ S137- b) Pfizer
- ☐ S138- d) La scintigraphie
- ☐ S139- c) Les yeux
- ☐ S140- c) Un courant électrique
- ☐ S141- c) Chlore
- ☐ S142- b) Edward Jenner
- ☐ S143- a) L'orgelet
- ☐ S144- a) Le sébum
- ☐ S145- b) Tétraplégie
- ☐ S146- c) Métatarses
- ☐ S147- a) Un phlébologue
- ☐ S148- a) Mondiale
- ☐ S149- c) 12
- ☐ S150- d) La cuticule

TOTAL 6 (bonnes réponses) : ...... / 25

Résultat :

TOTAL 1 (bonnes réponses) : ...... / 25
TOTAL 2 (bonnes réponses) : ...... / 25
TOTAL 3 (bonnes réponses) : ...... / 25

TOTAL 4 (bonnes réponses) : ...... / 25
TOTAL 5 (bonnes réponses) : ...... / 25
TOTAL 6 (bonnes réponses) : ...... / 25

TOTAL GÉNÉRAL (bonnes réponses) :
...... / 150

Pour chaque réponse juste, cochez la case.

☐ T1- c) L'anguille	☐ T26- c) Le varan	☐ T51- c) 80 km/h
☐ T2- b) Le fourmilier	☐ T27- d) Le chien	☐ T52- c) De la cordillère des Andes
☐ T3- d) La Côte d'Ivoire	☐ T28- a) Le dogue allemand	☐ T53- a) D'octobre à avril
☐ T4- b) Un papillon	☐ T29- b) L'espadon	☐ T54- d) Le cabri
☐ T5- d) Le monarque	☐ T30- c) La chèvre	☐ T55- d) Cervidés
☐ T6- b) La laie	☐ T31- d) Le loup de Tasmanie	☐ T56- b) 6
☐ T7- d) Wallaby	☐ T32- a) L'Australie	☐ T57- d) Le moloch
☐ T8- c) Le condor	☐ T33- c) Le tarsier	☐ T58- b) L'autruche
☐ T9- d) La hase	☐ T34- b) L'anguille	☐ T59- a) En Afrique du Nord
☐ T10- a) Le guépard	☐ T35- b) 6	☐ T60- b) L'Algérie
☐ T11- b) L'éléphant	☐ T36- b) La baleine bleue	☐ T61- b) Un oiseau
☐ T12- b) Le loup	☐ T37- a) Le vautour	☐ T62- c) La gerboise
☐ T13- a) Ziva	☐ T38- c) Paonne	☐ T63- b) L'hermine
☐ T14- d) Un chapon	☐ T39- d) Le colibri-abeille	☐ T64- d) La poule
☐ T15- c) La vipère	☐ T40- b) Warré	☐ T65- c) La dengue
☐ T16- c) 8	☐ T41- a) Le canard	☐ T66- a) Le faon
☐ T17- b) 12 000	☐ T42- d) 50 000	☐ T67- c) Un poisson clown
☐ T18- a) Le colibri	☐ T43- b) La maladie du sommeil	☐ T68- d) 14 heures
☐ T19- d) Le renard	☐ T44- a) Le moustique	☐ T69- b) Les sphéniscidés
☐ T20- c) La méduse	☐ T45- d) Un escargot	☐ T70- a) L'éléphant de mer
☐ T21- a) Une espèce qui pond des œufs	☐ T46- d) Un canard	☐ T71- a) Un chien
☐ T22- c) Les jaguars	☐ T47- d) Le lynx	☐ T72- d) Le yack
☐ T23- a) Le goujon	☐ T48- b) Un sanglier	☐ T73- b) Le putois
☐ T24- d) Un ours	☐ T49- b) Le crocodile	☐ T74- c) L'anaconda
☐ T25- b) Le narval	☐ T50- b) Le sphynx	☐ T75- d) Le glouton

| TOTAL 1 (bonnes réponses) : ...... / 25 | TOTAL 2 (bonnes réponses) : ...... / 25 | TOTAL 3 (bonnes réponses) : ...... / 25 |

T76- b) Marsupiales	T101- a) Rodeur mortel	T126- c) Une antilope
T77- c) Greyhound	T102- c) L'éterlou	T127- b) 3
T78- b) L'âne	T103- d) Le concombre	T128- c) Le potto de Bosman
T79- c) Bleue	T104- b) Le criquet	T129- d) Une larve
T80- d) L'ornithorynque	T105- b) Le corbillat	T130- b) De feuilles d'eucalyptus
T81- a) 20 jours	T106- a) Verrat	T131- c) La mésange
T82- d) La myxomatose	T107- b) Le poulain	T132- a) Une hyène
T83- b) Le gulo gulo	T108- c) Requin-baleine	T133- d) La flèche bleue
T84- b) 6	T109- a) La tortue	T134- b) Un coquillage
T85- a) Les salamandres tachetées	T110- d) Le mandrill	T135- c) Le ratel
T86- d) Le renne	T111- d) Le Canada	T136- b) Un serpent
T87- a) L'orvet	T112- c) Le zébu	T137- a) La vache des mers
T88- b) Les cétacés	T113- b) L'autruche	T138- b) Un zèbre
T89- c) Le hamster	T114- d) L'émeu	T139- b) Un cheval
T90- d) Le cochon	T115- a) Le faucon pèlerin	T140- a) 1
T91- c) Le crapaud	T116- c) Le chameau	T141- a) Omble de fontaine
T92- c) Canidés	T117- a) La baleine	T142- b) Le chamois
T93- a) Le blaireau	T118- c) Un éléphant	T143- b) Aristote
T94- d) Le Loup des Malouines	T119- d) Le gypaète barbu	T144- a) Asteroidea
T95- a) La pie	T120- b) Les marmottes	T145- d) Le tigre
T96- b) La rage	T121- c) Le cerf	T146- b) Des éponges de mer
T97- b) 120 jours	T122- b) Un poney	T147- a) L'occitan
T98- c) Le bouquin	T123- a) Le rat trompette	T148- a) 30 m
T99- b) Février à mai	T124- a) Le lycaon	T149- d) 5000°C
T100- d) Le chevreuil	T125- c) Le serval	T150- b) Le martinet

TOTAL 4 (bonnes réponses) : ...... / 25   TOTAL 5 (bonnes réponses) : ...... / 25   TOTAL 6 (bonnes réponses) : ...... / 25

Résultat :

TOTAL 1 (bonnes réponses) : ...... / 25
TOTAL 2 (bonnes réponses) : ...... / 25
TOTAL 3 (bonnes réponses) : ...... / 25

TOTAL 4 (bonnes réponses) : ...... / 25
TOTAL 5 (bonnes réponses) : ...... / 25
TOTAL 6 (bonnes réponses) : ...... / 25

TOTAL GÉNÉRAL (bonnes réponses) :

...... / 150

GRILLE DE RÉPONSES
U- FLORE

Pour chaque réponse juste, cochez la case.

☐ U1- a) Pays-Bas	☐ U26- a) Des pommes	☐ U51- c) Cucurbitacées
☐ U2- d) Le platane	☐ U27- b) La fleur de courgette	☐ U52- a) Les oiseaux de paradis
☐ U3- a) Chardonnay	☐ U28- a) Peace	☐ U53- b) Un lotus
☐ U4- c) L'amandier	☐ U29- b) Le kiwi	☐ U54- c) De laurier
☐ U5- a) Un cerisier	☐ U30- c) La langue de belle-mère	☐ U55- a) L'ensemble des pétales
☐ U6- b) Mars/avril	☐ U31- d) Le nordmann	☐ U56- d) La noix de pécan
☐ U7- c) Les primevères	☐ U32- c) Le gui	☐ U57- a) La carotte
☐ U8- b) Laitue	☐ U33- a) Une plante grasse	☐ U58- d) Le dragonnier
☐ U9- c) La mangrove	☐ U34- d) Le poivron	☐ U59- d) La belladone
☐ U10- d) L'orange amère	☐ U35- d) La rose	☐ U60- c) Edelweiss
☐ U11- b) Solanacées	☐ U36- a) Le houx	☐ U61- b) Les véroniques
☐ U12- c) Les coquelicots	☐ U37- c) Le chrysanthème	☐ U62- b) Des poires
☐ U13- d) Les tournesols	☐ U38- c) Les étamines	☐ U63- d) Le bougainvillier
☐ U14- b) Le lys	☐ U39- d) La ciboulette	☐ U64- d) Clématite
☐ U15- a) Parc de Yellowstone	☐ U40- b) Le xylème	☐ U65- b) Le buis
☐ U16- b) Mimosa	☐ U41- b) Chine	☐ U66- b) La queue de souris
☐ U17- d) 11	☐ U42- b) Le coing	☐ U67- d) Des pommes de terre
☐ U18- d) Le cyanure	☐ U43- b) Au printemps	☐ U68- c) Le palmier
☐ U19- c) Des tomates	☐ U44- d) Le muguet	☐ U69- b) La ricine
☐ U20- c) Le poireau	☐ U45- c) Le ginkgo	☐ U70- a) Le pédoncule
☐ U21- a) Le mélèze	☐ U46- a) Le palmier à bétel	☐ U71- d) Astéracées
☐ U22- b) Les œillets	☐ U47- a) Fabacées	☐ U72- b) Le lierre
☐ U23- c) Le poireau	☐ U48- b) Parc national des Cévennes	☐ U73- a) La tulipe
☐ U24- c) Brésil	☐ U49- b) Le haricot	☐ U74- b) La poire
☐ U25- d) Le blé noir	☐ U50- d) Le noyer	☐ U75- b) Le pin

TOTAL 1 (bonnes réponses) : ...... / 25   TOTAL 2 (bonnes réponses) : ...... / 25   TOTAL 3 (bonnes réponses) : ...... / 25

- [ ] U76- c) La violette
- [ ] U77- d) Le crocus
- [ ] U78- c) La noix de cajou
- [ ] U79- a) Earl grey
- [ ] U80- c) Le mimosa
- [ ] U81- b) Le laurier sauce
- [ ] U82- c) L'endive
- [ ] U83- d) La morelle noire
- [ ] U84- a) Le séquoia
- [ ] U85- c) Amaryllidacées
- [ ] U86- d) La pomme
- [ ] U87- a) L'œillet d'Inde
- [ ] U88- b) Le Tennessee
- [ ] U89- b) Les renoncules
- [ ] U90- b) La forêt guyanaise
- [ ] U91- c) Le Mexique
- [ ] U92- c) Le kaki
- [ ] U93- a) Clémenvilla
- [ ] U94- b) Le chou
- [ ] U95- b) L'hévéa
- [ ] U96- d) La misère
- [ ] U97- a) Le nashi
- [ ] U98- c) Le pin
- [ ] U99- b) Apiacées
- [ ] U100- d) L'Irlande

- [ ] U101- c) Le saule
- [ ] U102- a) Au nord
- [ ] U103- c) Les magnolias
- [ ] U104- d) Le coing
- [ ] U105- b) Le topinambour
- [ ] U106- b) L'ensemble des sépales
- [ ] U107- c) L'Amazonie
- [ ] U108- a) L'aubergine
- [ ] U109- a) Le séquoia
- [ ] U110- a) Le pistil
- [ ] U111- d) Les stigmates
- [ ] U112- d) La primevère
- [ ] U113- b) Le lotus bleu
- [ ] U114- c) Canola
- [ ] U115- a) Brassicacées
- [ ] U116- a) La tomate
- [ ] U117- d) Le phloème
- [ ] U118- a) Les asperges
- [ ] U119- d) L'airelle
- [ ] U120- b) Le laurier rose
- [ ] U121- a) Le pissenlit
- [ ] U122- c) Le Mexique
- [ ] U123- c) L'olivier
- [ ] U124- d) Le saule
- [ ] U125- d) Le citron

- [ ] U126- c) Cucurbitacées
- [ ] U127- b) Églantier
- [ ] U128- d) Taxifolia
- [ ] U129- d) La courgette
- [ ] U130- d) La chlorophylle
- [ ] U131- b) Le longane
- [ ] U132- c) Le muguet
- [ ] U133- a) L'orange
- [ ] U134- a) Fabacées
- [ ] U135- c) Le génépi
- [ ] U136- b) Le tournesol
- [ ] U137- a) La bourrache
- [ ] U138- c) D'Inde
- [ ] U139- a) THC
- [ ] U140- b) Le bananier
- [ ] U141- d) Sur un figuier de Barbarie
- [ ] U142- c) Le bouturage
- [ ] U143- d) Le cèdre
- [ ] U144- c) Le fruit du dragon
- [ ] U145- c) Le haricot
- [ ] U146- d) Les sépales
- [ ] U147- d) Un rhizome
- [ ] U148- c) La mandarine
- [ ] U149- a) Fabacées
- [ ] U150- b) « Arbre dans un pot »

| TOTAL 4 (bonnes réponses) : ...... / 25 | TOTAL 5 (bonnes réponses) : ...... / 25 | TOTAL 6 (bonnes réponses) : ...... / 25 |

Résultat :

TOTAL 1 (bonnes réponses) : ...... / 25	TOTAL 4 (bonnes réponses) : ...... / 25	
TOTAL 2 (bonnes réponses) : ...... / 25	TOTAL 5 (bonnes réponses) : ...... / 25	TOTAL GÉNÉRAL (bonnes réponses) :
TOTAL 3 (bonnes réponses) : ...... / 25	TOTAL 6 (bonnes réponses) : ...... / 25	...... / 150

Pour chaque réponse juste, cochez la case.

- ☐ V1- d) Paul Allen
- ☐ V2- c) 1280 × 720
- ☐ V3- d) Ericsson
- ☐ V4- a) Multimedia
- ☐ V5- c) Nintendo
- ☐ V6- b) Finlande
- ☐ V7- a) .jpg
- ☐ V8- d) Dailymotion
- ☐ V9- a) World
- ☐ V10- b) Spam
- ☐ V11- c) 1989
- ☐ V12- c) Chrome
- ☐ V13- c) QWERTY
- ☐ V14- d) L'ADSL
- ☐ V15- d) Microsoft
- ☐ V16- a) Read Only Memory
- ☐ V17- b) Le processeur
- ☐ V18- c) Linux
- ☐ V19- d) Un logiciel gratuit
- ☐ V20- a) Fidelity
- ☐ V21- c) Le CPL
- ☐ V22- d) Tiret bas
- ☐ V23- a) Binary digit
- ☐ V24- b) 2
- ☐ V25- a) Écran

- ☐ V26- a) Meta
- ☐ V27- a) Hoax
- ☐ V28- d) Brain
- ☐ V29- c) ENIAC
- ☐ V30- b) 1946
- ☐ V31- c) Personal Computer
- ☐ V32- c) Larry Page
- ☐ V33- b) Le cheval de Troie
- ☐ V34- d) Mark Zuckerberg
- ☐ V35- b) La Silicon Valley
- ☐ V36- a) Seattle
- ☐ V37- d) Steve Russell
- ☐ V38- c) 3D Realms
- ☐ V39- a) 1963
- ☐ V40- b) L'URL
- ☐ V41- c) La CNIL
- ☐ V42- a) 1 920 × 1 080
- ☐ V43- d) Une newsletter
- ☐ V44- b) Pakistan
- ☐ V45- d) La péritel
- ☐ V46- c) Le modem
- ☐ V47- c) 1976
- ☐ V48- c) Un firewall
- ☐ V49- a) Office
- ☐ V50- c) Linux

- ☐ V51- d) Tilt
- ☐ V52- a) Genesis
- ☐ V53- b) Ctrl + X
- ☐ V54- b) Chine
- ☐ V55- d) 2008
- ☐ V56- c) 1952
- ☐ V57- a) Game Boy
- ☐ V58- b) Minecraft
- ☐ V59- b) Capcom
- ☐ V60- a) 1994
- ☐ V61- b) 1975
- ☐ V62- d) Une icône indiquant le chargement d'une page
- ☐ V63- c) 8
- ☐ V64- d) Dell
- ☐ V65- b) MP3
- ☐ V66- c) Video
- ☐ V67- a) IOS
- ☐ V68- b) Anonymous
- ☐ V69- b) Alphabet
- ☐ V70- b) La RAM
- ☐ V71- d) Le transistor
- ☐ V72- a) La base 2
- ☐ V73- c) IBM
- ☐ V74- d) Google
- ☐ V75- d) 2004

TOTAL 1 (bonnes réponses) : ...... / 25 TOTAL 2 (bonnes réponses) : ...... / 25 TOTAL 3 (bonnes réponses) : ...... / 25

- [ ] V76- b) http
- [ ] V77- b) Une lettre avec un accent
- [ ] V78- b) L'ARCOM
- [ ] V79- a) Un logiciel malveillant
- [ ] V80- d) dupont@mail.fr
- [ ] V81- c) Random
- [ ] V82- d) Phishing
- [ ] V83- b) Une tour
- [ ] V84- d) George Boole
- [ ] V85- d) Jaune
- [ ] V86- a) Un fantôme
- [ ] V87- b) Suédoise
- [ ] V88- b) BlaBlacar
- [ ] V89- b) Un partage de connexion
- [ ] V90- d) Un oiseau
- [ ] V91- c) La vente de livres
- [ ] V92- d) Microsoft
- [ ] V93- c) Protocol
- [ ] V94- c) Nintendo
- [ ] V95- a) Apple I
- [ ] V96- b) La mécanographie
- [ ] V97- d) Oracle
- [ ] V98- a) Pac-man
- [ ] V99- d) Elon Musk
- [ ] V100- a) 1998

- [ ] V101- c) Baidu
- [ ] V102- b) SAP
- [ ] V103- a) Marc Simoncini
- [ ] V104- d) Ibazar
- [ ] V105- b) Le temps d'exécution
- [ ] V106- b) Le FLOPS
- [ ] V107- a) Facebook
- [ ] V108- c) Bleue
- [ ] V109- b) Corée du Sud
- [ ] V110- a) Métavers
- [ ] V111- c) Un client
- [ ] V112- b) Un périphérique
- [ ] V113- a) Un réseau local
- [ ] V114- c) Web
- [ ] V115- a) L'IP
- [ ] V116- c) Peer
- [ ] V117- a) Nintendo
- [ ] V118- b) Bus
- [ ] V119- d) Un logiciel
- [ ] V120- a) Intel
- [ ] V121- d) Ctrl + F
- [ ] V122- c) Un fichier image
- [ ] V123- c) 1971
- [ ] V124- c) Steve Jobs
- [ ] V125- d) Autorité

- [ ] V126- b) Le cloud computing
- [ ] V127- c) Une application de messagerie instantanée et d'appels
- [ ] V128- d) Xavier Niel
- [ ] V129- a) 4 096 × 2 160
- [ ] V130- c) ARPANET
- [ ] V131- d) Un fichier vidéo
- [ ] V132- b) Le minitel
- [ ] V133- c) Kbps
- [ ] V134- a) Namco
- [ ] V135- d) Nero
- [ ] V136- b) Disk Operating System
- [ ] V137- d) Mining
- [ ] V138- b) IBM 701
- [ ] V139- c) Un langage informatique
- [ ] V140- d) Modulateur démodulateur
- [ ] V141- c) Super Famicom
- [ ] V142- a) Le plan Calcul
- [ ] V143- a) Ctrl + C
- [ ] V144- b) Verte
- [ ] V145- c) 1 Mo = 1 024 ko
- [ ] V146- b) Un fichier audio
- [ ] V147- b) Huawei
- [ ] V148- d) Atari
- [ ] V149- b) Google
- [ ] V150- a) Le matériel informatique physique

TOTAL 4 (bonnes réponses) : ...... / 25

TOTAL 5 (bonnes réponses) : ...... / 25

TOTAL 6 (bonnes réponses) : ...... / 25

Résultat :

TOTAL 1 (bonnes réponses) : ...... / 25

TOTAL 2 (bonnes réponses) : ...... / 25

TOTAL 3 (bonnes réponses) : ...... / 25

TOTAL 4 (bonnes réponses) : ...... / 25

TOTAL 5 (bonnes réponses) : ...... / 25

TOTAL 6 (bonnes réponses) : ...... / 25

TOTAL GÉNÉRAL (bonnes réponses) :

...... / 150

Pour chaque réponse juste, cochez la case.

☐ W1- a) Parties

☐ W2- b) Greenpeace

☐ W3- c) Bac jaune

☐ W4- d) Centre de Stockage des Déchets Ultimes

☐ W5- c) 70 %

☐ W6- b) Sac plastique

☐ W7- d) En ppm

☐ W8- c) Le GIEC

☐ W9- a) Les amis de la Terre

☐ W10- d) Greta Thunberg

☐ W11- b) Verte

☐ W12- c) 2015

☐ W13- c) 4000 ans

☐ W14- c) Max Havelaar

☐ W15- d) Un partenariat entre un groupe de consommateurs et une ferme

☐ W16- b) 1987

☐ W17- d) L'ozone

☐ W18- b) Ukraine

☐ W19- a) Le grenelle de l'environnement

☐ W20- c) Les tests des produits cosmétiques sur les animaux

☐ W21- d) AB

☐ W22- c) 1978

☐ W23- d) Valoriser les déchets organiques

☐ W24- d) La lampe fluorescence compacte

☐ W25- c) C'est l'étude des milieux où vivent les êtres vivants

☐ W26- c) Paul Watson

☐ W27- b) Calypso

☐ W28- c) De déchets

☐ W29- a) Robert Poujade

☐ W30- a) René Dumont

☐ W31- c) One Welfare

☐ W32- d) Lyon

☐ W33- c) On les emmène à la déchetterie

☐ W34- b) Elle a doublé

☐ W35- c) 40 kg

☐ W36- d) Le ruban de Möbius

☐ W37- b) 1838

☐ W38- b) 30 %

☐ W39- d) Des encombrants

☐ W40- d) Victor Hugo

☐ W41- a) Bac vert

☐ W42- a) Les États-Unis

☐ W43- c) Litière d'animaux domestiques

☐ W44- b) Entre 15 et 20

☐ W45- a) A

☐ W46- d) Vignette Crit'air

☐ W47- b) 3

☐ W48- b) Forêt

☐ W49- d) 43,8 m^3

☐ W50- a) Three mile island

☐ W51- d) 4600

☐ W52- a) Rapport Brundtland

☐ W53- c) Le diazote

☐ W54- b) Le bisphénol A

☐ W55- d) Écotoxicité

☐ W56- b) La contribution Climat-Énergie

☐ W57- d) La synécologie

☐ W58- c) Le pollueur-payeur

☐ W59- b) La soutenabilité

☐ W60- d) 55 %

☐ W61- b) Le silicium

☐ W62- c) 20 %

☐ W63- c) La marémotrice

☐ W64- a) Robert Angus Smith

☐ W65- c) Le lithium

☐ W66- a) Groupe

☐ W67- d) Glyphosate

☐ W68- c) En Inde

☐ W69- b) Vapocides

☐ W70- d) Le principe de Gause

☐ W71- a) L'amensalisme

☐ W72- d) Une semence

☐ W73- d) L'aquaponie

☐ W74- b) Déprimage

☐ W75- c) Dans les calottes glacières

TOTAL 1 (bonnes réponses) : ...... / 25   TOTAL 2 (bonnes réponses) : ...... / 25   TOTAL 3 (bonnes réponses) : ...... / 25

☐ W76- b) Des schémas régionaux de cohérence écologique	☐ W101- a) L'aspect social	☐ W126- c) 100 ans
☐ W77- d) L'écosophie	☐ W102- c) 8	☐ W127- b) IFREMER
☐ W78- c) 2020	☐ W103- c) 8	☐ W128- c) 1997
☐ W79- b) Les consommateurs binaires	☐ W104- d) Nécromasse	☐ W129- a) 1972
☐ W80- c) Climax	☐ W105- d) 450 ans	☐ W130- a) L'ONU
☐ W81- b) Biosphère II	☐ W106- c) 2009	☐ W131- b) 2010
☐ W82- a) Le malthusianisme	☐ W107- b) Hydrosphère	☐ W132- c) World
☐ W83- c) La capacité porteuse	☐ W108- a) 2001	☐ W133- d) 2005
☐ W84- c) Agricole	☐ W109- c) 2005	☐ W134- b) L'allélopathie
☐ W85- b) Une vérité qui dérange	☐ W110- d) L'érosion	☐ W135- b) Écocentre
☐ W86- d) L'économie circulaire	☐ W111- d) Le Liban	☐ W136- b) Le carton taché d'huile
☐ W87- a) La météo de l'électricité	☐ W112- a) Louis Schweitzer	☐ W137- d) 1000 m^2
☐ W88- b) L'ONU	☐ W113- c) La démécologie	☐ W138- a) L'autoécologie
☐ W89- c) EGalim	☐ W114- b) Un stress hydrique	☐ W139- c) Nitrate d'ammonium
☐ W90- b) 22 avril	☐ W115- d) La Suède	☐ W140- a) Zones à Circulation Restreinte
☐ W91- c) Faibles	☐ W116- a) PCB	☐ W141- b) Une nappe phréatique
☐ W92- d) E171	☐ W117- b) L'eutrophisation	☐ W142- c) Chine
☐ W93- c) Prix Natura 2000	☐ W118- d) Le lagunage	☐ W143- a) 0
☐ W94- b) Bac bleu	☐ W119- c) Organique	☐ W144- b) Emmanuel Berl
☐ W95- b) 5 ans	☐ W120- c) Erika	☐ W145- a) Issu d'élevage bio
☐ W96- b) Pavillon bleu	☐ W121- d) L'écoresponsabilité	☐ W146- a) Les ampoules à incandescence
☐ W97- a) DPE	☐ W122- b) Aux déchets	☐ W147- d) 2010
☐ W98- b) Philip Mountbatten	☐ W123- b) Les espèces en voie d'extinction	☐ W148- c) 200 ans
☐ W99- a) Chine	☐ W124- a) Convention de Washington	☐ W149- d) Bac gris
☐ W100- c) XIXe	☐ W125- d) Rapport Meadows	☐ W150- a) Gaz
TOTAL 4 (bonnes réponses) : ...... / 25	TOTAL 5 (bonnes réponses) : ...... / 25	TOTAL 6 (bonnes réponses) : ...... / 25

Résultat :

TOTAL 1 (bonnes réponses) : ...... / 25	TOTAL 4 (bonnes réponses) : ...... / 25	
TOTAL 2 (bonnes réponses) : ...... / 25	TOTAL 5 (bonnes réponses) : ...... / 25	TOTAL GÉNÉRAL (bonnes réponses) :
TOTAL 3 (bonnes réponses) : ...... / 25	TOTAL 6 (bonnes réponses) : ...... / 25	...... / 150

Pour chaque réponse juste, cochez la case.

☐ X1- c) Pierre de Coubertin	☐ X26- b) Monica Seles	☐ X51- d) 501
☐ X2- d) Brésilienne	☐ X27- d) La Nouvelle-Zélande	☐ X52- d) France
☐ X3- b) 23,77 m par 8,23 m	☐ X28- b) 300	☐ X53- c) Le quarterback
☐ X4- d) 9 s 58	☐ X29- b) Kenneth H. Cooper	☐ X54- b) Eliud Kipchoge
☐ X5- b) Alberto Tomba	☐ X30- d) L'aïkido	☐ X55- c) Un shaft
☐ X6- c) Lancé	☐ X31- b) Formule	☐ X56- a) Le sliotar
☐ X7- a) 3	☐ X32- b) Couple	☐ X57- d) Le jeu de paume
☐ X8- b) Michael Phelps	☐ X33- c) Plongée en apnée	☐ X58- c) Le kitesurf
☐ X9- d) L'OM	☐ X34- c) 8,95 m	☐ X59- d) Kareem Abdul-Jabbar
☐ X10- b) 1995	☐ X35- b) La savate	☐ X60- b) Le catch
☐ X11- c) 7,26 kg	☐ X36- a) Le cricket	☐ X61- d) 10
☐ X12- c) Jim Hines	☐ X37- d) Le croquet	☐ X62- b) Handball
☐ X13- b) Bernard Hinault	☐ X38- c) Raymond Poulidor	☐ X63- a) Le bodybuilding
☐ X14- a) Giacomo Agostini	☐ X39- c) Motocross	☐ X64- b) Mixed
☐ X15- b) Le tir à la carabine	☐ X40- d) Inning	☐ X65- a) Le naban
☐ X16- c) 42,195 km	☐ X41- a) Francesco Moser	☐ X66- c) Athènes
☐ X17- d) La Suisse	☐ X42- c) Vélideltiste	☐ X67- c) Le padel
☐ X18- c) Coupe Davis	☐ X43- a) NHRA	☐ X68- c) L'optimist
☐ X19- d) Le badminton	☐ X44- c) Soccer	☐ X69- a) Le pesäpallo
☐ X20- d) Le grand prix d'Amérique	☐ X45- b) Tiger Woods	☐ X70- c) 13
☐ X21- c) 10	☐ X46- d) L'arraché	☐ X71- d) Alain Prost
☐ X22- b) Jackson Richardson	☐ X47- d) Le ski nordique	☐ X72- a) Sergueï Bubka
☐ X23- c) Emmanuel Petit	☐ X48- c) 30 min	☐ X73- d) Chamonix-Mont-Blanc
☐ X24- d) Blanche	☐ X49- b) Le joëring	☐ X74- d) La route du rhum
☐ X25- c) Surya Bonaly	☐ X50- a) Pofer	☐ X75- c) Le tir à l'arc

| TOTAL 1 (bonnes réponses) : ...... / **25** | TOTAL 2 (bonnes réponses) : ...... / **25** | TOTAL 3 (bonnes réponses) : ...... / **25** |

☐ X76- a) Un eagle	☐ X101- a) Association	☐ X126- d) Le quidditch
☐ X77- c) 13	☐ X102- c) 400 m	☐ X127- c) Olivier Panis
☐ X78- d) Le parkour	☐ X103- b) Frère et soeur	☐ X128- b) 650 g
☐ X79- c) 3 m	☐ X104- c) Sébastien	☐ X129- c) 6
☐ X80- b) Le fronton	☐ X105- a) Léger	☐ X130- a) Amélie Mauresmo
☐ X81- d) Autrichienne	☐ X106- c) 2 kg	☐ X131- b) Le Vendée globe
☐ X82- a) Les suspentes	☐ X107- a) Didier Pironi	☐ X132- a) Grenoble
☐ X83- d) Jeannie Longo	☐ X108- d) NHL	☐ X133- c) La Coupe Davis
☐ X84- b) Le paintball	☐ X109- a) Pointe	☐ X134- b) 5
☐ X85- a) La mass start	☐ X110- d) Charlotte Cooper	☐ X135- d) Le pancrace
☐ X86- b) La course à pied	☐ X111- c) Patrick Edlinger	☐ X136- c) Le football
☐ X87- c) Telemark	☐ X112- b) Mclaren	☐ X137- a) Lella Lombardi
☐ X88- c) 1924	☐ X113- b) Patrice Martin	☐ X138- b) Nathalie Simon
☐ X89- c) 2,45 m	☐ X114- d) Zinédine Zidane	☐ X139- b) Futsal
☐ X90- d) Hugues Fabrice Zango	☐ X115- a) 800 g	☐ X140- b) Un touchdown
☐ X91- b) Tommie Smith	☐ X116- b) Un birdie	☐ X141- d) 40 min
☐ X92- b) Tout	☐ X117- c) Didier Auriol	☐ X142- d) 9
☐ X93- d) Nancy Kerrigan	☐ X118- a) Le fosbury	☐ X143- c) Ball-trap
☐ X94- c) La Coupe de l'América	☐ X119- b) 250 cm^3	☐ X144- c) 8
☐ X95- b) Jean-Claude Killy	☐ X120- b) Nadia Comăneci	☐ X145- a) Patrick Musimu
☐ X96- a) Belge	☐ X121- c) Le short-track	☐ X146- d) 19,96 kg
☐ X97- d) Yohann Diniz	☐ X122- d) Un lutz	☐ X147- c) La dague
☐ X98- c) La natation synchronisée	☐ X123- c) Norma Enriqueta	☐ X148- b) Jean-Luc Rougé
☐ X99- d) Marion Bartoli	☐ X124- b) Le biathlon	☐ X149- b) 1983
☐ X100- a) Jerry West	☐ X125- a) La Tournée des quatre tremplins	☐ X150- b) Berlin
TOTAL 4 (bonnes réponses) : ...... / 25	TOTAL 5 (bonnes réponses) : ...... / 25	TOTAL 6 (bonnes réponses) : ...... / 25

Résultat :

TOTAL 1 (bonnes réponses) : ...... / 25	TOTAL 4 (bonnes réponses) : ...... / 25	
TOTAL 2 (bonnes réponses) : ...... / 25	TOTAL 5 (bonnes réponses) : ...... / 25	TOTAL GÉNÉRAL (bonnes réponses) :
TOTAL 3 (bonnes réponses) : ...... / 25	TOTAL 6 (bonnes réponses) : ...... / 25	...... / 150

Pour chaque réponse juste, cochez la case.

☐ Y1- c) 51	☐ Y26- b) La reine	☐ Y51- d) Le jokari
☐ Y2- b) Le valet de pique	☐ Y27- c) Cartes achats	☐ Y52- a) Carrom
☐ Y3- c) 8	☐ Y28- c) Docteur Maboul	☐ Y53- b) Le yo-yo
☐ Y4- d) Monopoly	☐ Y29- c) 6	☐ Y54- d) Mastermind
☐ Y5- c) 100	☐ Y30- b) 6	☐ Y55- c) Playmobil
☐ Y6- b) Le scrapbooking	☐ Y31- c) Un sigillophiliste	☐ Y56- c) 421
☐ Y7- b) Un brelan	☐ Y32- d) Le patchwork	☐ Y57- a) L'aquarelle
☐ Y8- a) Le point de croix	☐ Y33- a) Le point jersey	☐ Y58- d) L'awalé
☐ Y9- b) Une kermesse	☐ Y34- b) Chiner	☐ Y59- b) Les pontes
☐ Y10- c) 14	☐ Y35- d) Un cruciverbiste	☐ Y60- c) Anglaise
☐ Y11- c) Le 21	☐ Y36- b) L'œnologie	☐ Y61- b) 5
☐ Y12- d) Le modelage	☐ Y37- b) 42	☐ Y62- d) Le whist
☐ Y13- b) Merle Robbins	☐ Y38- c) Othello	☐ Y63- c) Le rami
☐ Y14- a) Le kem's	☐ Y39- c) La dame et le roi	☐ Y64- b) Pièges !
☐ Y15- a) 64	☐ Y40- a) Les blancs	☐ Y65- a) Qui est-ce ?
☐ Y16- d) Rue de la Paix	☐ Y41- b) Le puzzle	☐ Y66- d) Le bilboquet
☐ Y17- c) Le cochonnet	☐ Y42- b) Le mikado	☐ Y67- d) Le flipper
☐ Y18- c) 5	☐ Y43- b) 1	☐ Y68- c) 7
☐ Y19- b) 2	☐ Y44- b) Le jeu de la boule	☐ Y69- d) Une piste
☐ Y20- d) Le poker	☐ Y45- b) 1 + 6	☐ Y70- a) Le goban
☐ Y21- c) Le chien	☐ Y46- b) L'as d'or	☐ Y71- d) Départ
☐ Y22- a) 24	☐ Y47- a) Le PMU	☐ Y72- a) Bleue
☐ Y23- b) Sloubi	☐ Y48- b) Le pendu	☐ Y73-b) 1954
☐ Y24- a) Un scoubidou	☐ Y49- c) Alfred Mosher Butts	☐ Y74- c) Un jeu de dés
☐ Y25- d) Carte réparation	☐ Y50- a) 63	☐ Y75- d) La patience

TOTAL 1 (bonnes réponses) : ...... / 25   TOTAL 2 (bonnes réponses) : ...... / 25   TOTAL 3 (bonnes réponses) : ...... / 25

☐ Y76- a) Crayola	☐ Y101- b) 15	☐ Y126- a) Picture et dictionary
☐ Y77- c) 1933	☐ Y102- b) Le Kiki	☐ Y127- b) Big Jim
☐ Y78- b) Monsieur Patate	☐ Y103- d) La courte paille	☐ Y128- c) Le whist
☐ Y79- a) Le 9 et le valet	☐ Y104- b) Le marcottage	☐ Y129- d) Le roi et la tour
☐ Y80- a) Lego	☐ Y105- b) Une ludothèque	☐ Y130- d) 4
☐ Y81- b) Carte de déviation	☐ Y106- c) Le berceau du chat	☐ Y131- c) Les pierres
☐ Y82- d) Risk	☐ Y107- d) Le chat perché	☐ Y132- c) Le diabolo
☐ Y83- a) Les hamsters	☐ Y108- a) 1, 2, 3 soleil !	☐ Y133- c) 5 + 6
☐ Y84- c) G.I. Joe	☐ Y109- b) Le morpion	☐ Y134- d) 9
☐ Y85- b) Le number Kubb	☐ Y110- c) Maître Capelo	☐ Y135- d) Jenga
☐ Y86- c) La dentelle aux fuseaux	☐ Y111- a) De cerfs-volants	☐ Y136- b) Le roi
☐ Y87- c) Le Boggle	☐ Y112- c) Le cadavre exquis	☐ Y137- c) 50
☐ Y88- d) Mattel	☐ Y113- c) 24	☐ Y138- c) Le cousin
☐ Y89- a) Le baccara	☐ Y114- d) 2004	☐ Y139- d) Le point de riz
☐ Y90- d) Un livre dont vous êtes le héros	☐ Y115- b) Une faute	☐ Y140- a) Un numismate
☐ Y91- a) Nord-sud	☐ Y116- b) Un philatéliste	☐ Y141- b) Célébrités
☐ Y92- c) 4 ou 5	☐ Y117- b) Le point mousse	☐ Y142- c) 4
☐ Y93- a) Le jeu de dada	☐ Y118- a) Un tape-cul	☐ Y143- c) Hongroise
☐ Y94- b) La toupie	☐ Y119- d) Le baccalauréat	☐ Y144- b) 4
☐ Y95- c) La pâte à modeler	☐ Y120- c) Le chinguerenguere	☐ Y145- b) J
☐ Y96- d) Un yams	☐ Y121- d) Le spinner	☐ Y146- a) Le cavalier
☐ Y97- a) Un full	☐ Y122- c) L'as	☐ Y147- a) Anthony Pratt
☐ Y98- a) Un rébus	☐ Y123- c) 250	☐ Y148- b) 21
☐ Y99- d) Un fibulanomiste	☐ Y124- c) Le trou du cul	☐ Y149- d) 78
☐ Y100- b) Le père	☐ Y125- c) Le 10	☐ Y150- c) 20
TOTAL 4 (bonnes réponses) : ...... / 25	TOTAL 5 (bonnes réponses) : ...... / 25	TOTAL 6 (bonnes réponses) : ...... / 25

Résultat :

TOTAL 1 (bonnes réponses) : ...... / 25
TOTAL 2 (bonnes réponses) : ...... / 25
TOTAL 3 (bonnes réponses) : ...... / 25

TOTAL 4 (bonnes réponses) : ...... / 25
TOTAL 5 (bonnes réponses) : ...... / 25
TOTAL 6 (bonnes réponses) : ...... / 25

TOTAL GÉNÉRAL (bonnes réponses) :

...... / 150

Pour chaque réponse juste, cochez la case.

☐ Z1- b) Lilyhammer

☐ Z2- b) Rouge et blanche

☐ Z3- d) Une famille en or

☐ Z4- c) Qui veut gagner des millions

☐ Z5- d) Jeanne et Serge

☐ Z6- b) 1987

☐ Z7- a) Ryder

☐ Z8- a) Guy Lux

☐ Z9- d) Le prince de Bel-Air

☐ Z10- c) Le père Fouras

☐ Z11- b) Bertrand Renard

☐ Z12- c) Dora l'exploratrice

☐ Z13- a) L'île aux enfants

☐ Z14- d) Le mondovision

☐ Z15- d) Le numéro 6

☐ Z16- d) Les Pierres à Feu

☐ Z17- a) La télé des Inconnus

☐ Z18- c) 1984

☐ Z19- a) Philippe Gildas

☐ Z20- a) TF1

☐ Z21- b) 31

☐ Z22- c) Pierre Sabbagh

☐ Z23- b) 1974

☐ Z24- c) bottes de cuir

☐ Z25- a) Tapie / Le Pen

☐ Z26- a) Les mystérieuses citées d'or

☐ Z27- b) Zorro

☐ Z28- b) 4

☐ Z29- d) Narcos

☐ Z30- b) Robert Conrad

☐ Z31- a) Ma sorcière bien aimée

☐ Z32- c) L'inspecteur Derrick

☐ Z33- c) Le Cyberlab

☐ Z34- c) Columbo

☐ Z35- a) Mac Lesggy

☐ Z36- b) Mabrouk

☐ Z37- d) Bernard Pivot

☐ Z38- a) Friends

☐ Z39- c) Docteur House

☐ Z40- d) Le Saint

☐ Z41- c) KITT

☐ Z42- c) MacGyver

☐ Z43- d) Jennifer

☐ Z44- c) Un coyote

☐ Z45- c) Breaking bad

☐ Z46- a) Radiodiffusion

☐ Z47- d) Ferrari

☐ Z48- d) L'Odysseus

☐ Z49- a) Tournez manège !

☐ Z50- d) Loft story

☐ Z51- b) Bob l'éponge

☐ Z52- c) Jacques Chancel

☐ Z53- a) William Leymergie

☐ Z54- c) Buffy contre les vampires

☐ Z55- c) Le zapping

☐ Z56- d) Fred

☐ Z57- a) Nulle part ailleurs

☐ Z58- b) Goldorak

☐ Z59- b) Armand Jammot

☐ Z60- c) Mr Bean

☐ Z61- d) 7

☐ Z62- a) Mission impossible

☐ Z63- d) Nip/Tuck

☐ Z64- a) Antenne 2

☐ Z65- a) Un canari jaune

☐ Z66- c) Les Animaniacs

☐ Z67- d) Le couronnement d'Élisabeth II en 1953

☐ Z68- b) Borgia

☐ Z69- d) RTF

☐ Z70- a) Tony Curtis

☐ Z71- d) À des peintres italiens

☐ Z72- c) The Big Bang Theory

☐ Z73- b) 21 Jump street

☐ Z74- d) 1993

☐ Z75- d) Quoi de neuf docteur ?

TOTAL 1 (bonnes réponses) : ...... / **25**

TOTAL 2 (bonnes réponses) : ...... / **25**

TOTAL 3 (bonnes réponses) : ...... / **25**

☐ Z76- a) Tortue géniale	☐ Z101- c) Le juste prix	☐ Z126- d) Dexter
☐ Z77- b) Daktari	☐ Z102- a) Scooby-Doo	☐ Z127- b) Marge
☐ Z78- c) Un fantôme	☐ Z103- c) 7	☐ Z128- d) Wisconsin
☐ Z79- a) Les feux de l'amour	☐ Z104- a) Kaamelott	☐ Z129- c) Avis de recherche
☐ Z80- a) 84	☐ Z105- a) Dr Douglas Ross	☐ Z130- a) Nicky Larson
☐ Z81- b) Kenny	☐ Z106- d) C'est mon choix	☐ Z131- a) Anne Sinclair
☐ Z82- d) Bugs Bunny	☐ Z107- d) 1992	☐ Z132- c) Euphor
☐ Z83- a) Turbo	☐ Z108- d) La panthère rose	☐ Z133- d) Les guignols de l'info
☐ Z84- c) Burger Quiz	☐ Z109- a) Questions pour un champion	☐ Z134- b) Eddy Mitchell
☐ Z85- d) Titeuf	☐ Z110- a) Maggie	☐ Z135- c) Patrick Sébastien
☐ Z86- c) Des cafards	☐ Z111- b) Les enfants du rock	☐ Z136- b) Papa Schultz
☐ Z87- d) Apostrophes	☐ Z112- b) Titi	☐ Z137- c) Métropole
☐ Z88- d) Les envahisseurs	☐ Z113- c) 3	☐ Z138- d) « Celui qui… »
☐ Z89- b) 1962	☐ Z114- b) 2004	☐ Z139- c) La 5
☐ Z90- d) Gargamel	☐ Z115- d) Charmed	☐ Z140- d) Thalassa
☐ Z91- c) Bouygues	☐ Z116- a) 1963	☐ Z141- b) J.R. Ewing
☐ Z92- c) Une centrale nucléaire	☐ Z117- b) Le grand Condor	☐ Z142- b) Les Jeux Olympiques de Berlin en 1936
☐ Z93- c) Jean-Marie Cavada	☐ Z118- c) FR3	☐ Z143- b) 1981
☐ Z94- c) Les épinards	☐ Z119- b) Maigret	☐ Z144- c) 1967
☐ Z95- d) Téléfoot	☐ Z120- d) Code Quantum	☐ Z145- a) Des chiens
☐ Z96- a) Un chien	☐ Z121- a) Supercopter	☐ Z146- c) X-Or
☐ Z97- c) Jacques Antoine	☐ Z122- b) Riptide	☐ Z147- a) L'araignée
☐ Z98- d) Dupont	☐ Z123- a) La Garçonne	☐ Z148- b) Naruto
☐ Z99- a) Culture Pub	☐ Z124- a) Engrenages	☐ Z149- d) The mystery machine
☐ Z100- a) Capital	☐ Z125- b) Temps X	☐ Z150- d) Une souris

TOTAL 4 (bonnes réponses) : …… / 25	TOTAL 5 (bonnes réponses) : …… / 25	TOTAL 6 (bonnes réponses) : …… / 25

Résultat :

TOTAL 1 (bonnes réponses) : …… / 25	TOTAL 4 (bonnes réponses) : …… / 25	TOTAL GÉNÉRAL (bonnes réponses) :
TOTAL 2 (bonnes réponses) : …… / 25	TOTAL 5 (bonnes réponses) : …… / 25	**…… / 150**
TOTAL 3 (bonnes réponses) : …… / 25	TOTAL 6 (bonnes réponses) : …… / 25	

Pour chaque réponse juste, cochez la case.

- ☐ AA1- d) Dwayne Johnson
- ☐ AA2- a) Prince
- ☐ AA3- c) 10
- ☐ AA4- a) Arletty
- ☐ AA5- b) Martin Sheen
- ☐ AA6- c) Kirk
- ☐ AA7- d) Paul
- ☐ AA8- b) Anne-Aymone
- ☐ AA9- a) Tom Brady
- ☐ AA10- b) Victoria
- ☐ AA11- d) Valérie Trierweiler
- ☐ AA12- a) Brigitte Bardot
- ☐ AA13- b) Catherine Deneuve
- ☐ AA14- c) Marcel Cerdan
- ☐ AA15- b) Michael Jackson
- ☐ AA16- d) PPDA
- ☐ AA17- b) Nicolas Sarkozy
- ☐ AA18- c) Pipa
- ☐ AA19- a) Diane Kruger
- ☐ AA20- a) Francine Canovas
- ☐ AA21- c) Cindy Crawford
- ☐ AA22- c) Ray Charles
- ☐ AA23- a) Frank Sinatra
- ☐ AA24- d) Scarlett Johansson
- ☐ AA25- b) Charles de Gaulle

- ☐ AA26- c) Pablo Escobar
- ☐ AA27- a) Francis Ford Coppola
- ☐ AA28- d) Mcfly & Carlito
- ☐ AA29- b) Claude François
- ☐ AA30- a) Johnny Hallyday
- ☐ AA31- c) Arnold Schwarzenegger
- ☐ AA32- a) Brigitte Bardot
- ☐ AA33- c) Sylvette
- ☐ AA34- d) Antoine de Saint-Exupéry
- ☐ AA35- a) Michael Jackson
- ☐ AA36- b) Salvador Dalí
- ☐ AA37- c) James Dean
- ☐ AA38- a) 34
- ☐ AA39- a) John Kennedy
- ☐ AA40- b) Johnny Hallyday
- ☐ AA41- c) Stephen King
- ☐ AA42- c) Charlie Chaplin
- ☐ AA43- d) Jean-Paul II
- ☐ AA44- b) Cristiano Ronaldo
- ☐ AA45- d) Eddy Mitchell
- ☐ AA46- a) Coluche
- ☐ AA47- a) Jon Voight
- ☐ AA48- a) Wesley Snipes
- ☐ AA49- a) 23
- ☐ AA50- a) Ronald Reagan

- ☐ AA51- b) Tibo in shape
- ☐ AA52- c) Jean Gabin
- ☐ AA53- d) Aristote Onassis
- ☐ AA54- c) Lenny Kravitz
- ☐ AA55- c) Damon Hill
- ☐ AA56- d) Christina Applegate
- ☐ AA57- c) Paul Newman
- ☐ AA58- c) Amanda Lear
- ☐ AA59- c) Valéry Giscard d'Estaing
- ☐ AA60- b) Carlos
- ☐ AA61- a) Lauren Bacall
- ☐ AA62- c) Lionel Messi
- ☐ AA63- d) Romy Schneider
- ☐ AA64- b) Bernard Blier
- ☐ AA65- c) Guillaume
- ☐ AA66- d) Mike Tyson
- ☐ AA67- c) Norman
- ☐ AA68- d) Jérôme Cahuzac
- ☐ AA69- a) Laure Manaudou
- ☐ AA70- a) Une Coccinelle
- ☐ AA71- b) Ophélie Winter
- ☐ AA72- b) Valentino Rossi
- ☐ AA73- a) Cycliste puis Journaliste
- ☐ AA74- a) Monica Bellucci
- ☐ AA75- b) Kanye West

TOTAL 1 (bonnes réponses) : ...... / 25   TOTAL 2 (bonnes réponses) : ...... / 25   TOTAL 3 (bonnes réponses) : ...... / 25

☐ AA76- d) Yasser Arafat	☐ AA101- a) Pelé	☐ AA126- c) Orson Welles
☐ AA77- b) Sheryl Crow	☐ AA102- c) Georges Remi	☐ AA127- b) 46
☐ AA78- a) Frank Sinatra	☐ AA103- c) Jean-Marie Messier	☐ AA128- b) Charles Aznavour
☐ AA79- b) Bernard Arnault	☐ AA104- a) Sophie Daumier	☐ AA129- b) Georgina Dufoix
☐ AA80- d) George Weah	☐ AA105- c) Albert Lutuli	☐ AA130- d) Elvis Presley
☐ AA81- c) Janet Leigh	☐ AA106- b) Shakira	☐ AA131- b) Martin Luther King
☐ AA82- b) Psy	☐ AA107- d) Kiefer	☐ AA132- d) Lech Wałęsa
☐ AA83- b) Françoise Hardy	☐ AA108- c) Winston Churchill	☐ AA133- b) Bob Denard
☐ AA84- a) Belge	☐ AA109- d) Julian Assange	☐ AA134- c) Eva Longoria
☐ AA85- c) Edward Snowden	☐ AA110- c) Suédoise	☐ AA135- c) Boris Becker
☐ AA86- d) Alain Prost	☐ AA111- d) Napoléon I	☐ AA136- b) Dominique Strauss-Kahn
☐ AA87- a) Erwin Rommel	☐ AA112- d) Jay-Z	☐ AA137- b) Lino Ventura
☐ AA88- a) Grecque	☐ AA113- b) Clint Eastwood	☐ AA138- c) Paris Hilton
☐ AA89- b) Danielle	☐ AA114- c) DJ Snake	☐ AA139- d) Joe Dassin
☐ AA90- d) Courtney Love	☐ AA115- b) Patrick Dewaere	☐ AA140- c) Ethan Hawke
☐ AA91- b) 1956	☐ AA116- d) Jacques Dutronc	☐ AA141- a) Dick Rivers
☐ AA92- a) Américaine	☐ AA117- d) Jean-Luc Lahaye	☐ AA142- a) Journaliste
☐ AA93- a) Bernard Tapie	☐ AA118- a) Jerry West	☐ AA143- d) Gisele Bündchen
☐ AA94- c) Nabilla	☐ AA119- c) Francis Ford Coppola	☐ AA144- d) Bernadette
☐ AA95- c) Coluche	☐ AA120- d) David Douillet	☐ AA145- d) TP
☐ AA96- a) Steve Fossett	☐ AA121- a) Dorothée	☐ AA146- b) James Brown
☐ AA97- d) Georges Gorse	☐ AA122- b) Jean-Marie Bigard	☐ AA147- c) 3
☐ AA98- d) Sculpteur	☐ AA123- a) Vincent Perrot	☐ AA148- c) Jacques Chirac
☐ AA99- c) Buffalo Bill	☐ AA124- c) Eddy Mitchell	☐ AA149- c) 10
☐ AA100- b) Thierry Le Luron	☐ AA125- d) Conchita Wurst	☐ AA150- d) Marco Pantani

TOTAL 4 (bonnes réponses) : ...... / 25	TOTAL 5 (bonnes réponses) : ...... / 25	TOTAL 6 (bonnes réponses) : ...... / 25

Résultat :

TOTAL 1 (bonnes réponses) : ...... / 25	TOTAL 4 (bonnes réponses) : ...... / 25	**TOTAL GÉNÉRAL (bonnes réponses) :**
TOTAL 2 (bonnes réponses) : ...... / 25	TOTAL 5 (bonnes réponses) : ...... / 25	
TOTAL 3 (bonnes réponses) : ...... / 25	TOTAL 6 (bonnes réponses) : ...... / 25	**...... / 150**

Pour chaque réponse juste, cochez la case.

☐ AB1- a) 15

☐ AB2- d) Un sous-main

☐ AB3- c) C'est un citoyen tiré au sort sur les listes électorales

☐ AB4- c) La trotteuse

☐ AB5- b) 1 € = 655,957 F CFA

☐ AB6- b) Une éphéméride

☐ AB7- a) Un cure-dent en or

☐ AB8- b) La taxidermie

☐ AB9- b) Lutter contre les rhumes

☐ AB10- c) Psyché

☐ AB11- b) Le miroir de courtoisie

☐ AB12- b) Une machine à couper le papier

☐ AB13- c) Le livret de circulation

☐ AB14- d) Sur l'annulaire gauche

☐ AB15- a) La saint Sylvestre

☐ AB16- c) Latérale

☐ AB17- c) L'autoroute A8

☐ AB18- b) 21 × 29,7 cm

☐ AB19- a) Fraudes

☐ AB20- d) Contre-indication

☐ AB21- a) TOEIC Listening and Reading

☐ AB22- d) Puce

☐ AB23- c) 15 ans

☐ AB24- c) 03

☐ AB25- d) L'E85

☐ AB26- b) L'heure moyenne de Greenwich

☐ AB27- c) Françafrique

☐ AB28- b) 2017

☐ AB29- b) Un timbre fiscal

☐ AB30- c) Avis

☐ AB31- d) La carte Vitale

☐ AB32- a) La cochenille

☐ AB33- b) Une anagramme

☐ AB34- c) Le jeudi

☐ AB35- b) Réversible

☐ AB36- a) « Carte vermeil »

☐ AB37- c) Au registre du commerce et des sociétés

☐ AB38- b) Rose

☐ AB39- d) Un microrécit

☐ AB40- c) Verte

☐ AB41- c) Le timonier

☐ AB42- c) Le lundi

☐ AB43- b) Pierre-papier

☐ AB44- b) 14 ans

☐ AB45- c) Le Concours Lépine

☐ AB46- d) Bleue

☐ AB47- b) Juin

☐ AB48- a) 112

☐ AB49- c) Le lieu d'habitation

☐ AB50- d) Les dermatoglyphes

☐ AB51- b) 6

☐ AB52- d) Le carton alvéolaire

☐ AB53- a) Jaune citron

☐ AB54- c) 44

☐ AB55- d) Le palindrome

☐ AB56- a) Le disque 78 tours

☐ AB57- c) Météorage

☐ AB58- c) Novembre

☐ AB59- a) Pharmacocinétique

☐ AB60- d) L'Idole de Pomos

☐ AB61- c) Le cageot

☐ AB62- c) C

☐ AB63- b) 15 heures

☐ AB64- d) 1990

☐ AB65- c) L'in-octavo

☐ AB66- b) Le verre double foyer

☐ AB67- b) En 2009

☐ AB68- c) 1996

☐ AB69- b) 1991

☐ AB70- a) Février 2006

☐ AB71- c) Un juke-box

☐ AB72- c) L'ARCEP

☐ AB73- b) Triangle

☐ AB74- b) Une serpillière

☐ AB75- b) 12

TOTAL 1 (bonnes réponses) : ...... / 25   TOTAL 2 (bonnes réponses) : ...... / 25   TOTAL 3 (bonnes réponses) : ...... / 25

- [ ] AB76- b) Novembre
- [ ] AB77- b) Marron
- [ ] AB78- c) Le 1er juillet 1992
- [ ] AB79- b) Les deux derniers chiffres de l'année de naissance
- [ ] AB80- c) Times New Roman
- [ ] AB81- c) Un code PIN
- [ ] AB82- d) Au parc des expositions de la porte de Versailles
- [ ] AB83- d) Un organigramme
- [ ] AB84- c) Le récurage des oreilles
- [ ] AB85- c) La pierre de Rosette
- [ ] AB86- a) L'euthanasie
- [ ] AB87- b) L'alopécie
- [ ] AB88- c) Un bandit manchot
- [ ] AB89- c) Un pot lyonnais
- [ ] AB90- b) La charlotte
- [ ] AB91- c) Le barillet
- [ ] AB92- b) Le holster
- [ ] AB93- b) 1,852 km/h
- [ ] AB94- c) 36
- [ ] AB95- b) Lille
- [ ] AB96- c) 143,5 cm
- [ ] AB97- b) À droite de l'assiette, tranchant vers l'assiette
- [ ] AB98- a) Une feuille Seyès
- [ ] AB99- c) L'effet Pygmalion
- [ ] AB100- c) Distribution

- [ ] AB101- b) Interdit / Déconseillé aux moins de 12 ans
- [ ] AB102- b) Carrée
- [ ] AB103- b) La liste rouge
- [ ] AB104- b) Le couteau suisse
- [ ] AB105- a) Le slavon d'église
- [ ] AB106- a) La pédale de frein
- [ ] AB107- b) Victor Lustig
- [ ] AB108- c) 105 garçons pour 100 filles
- [ ] AB109- b) L'embaumement
- [ ] AB110- b) Le nabuchodonosor
- [ ] AB111- b) À la naissance d'un enfant avant 6 mois de grossesse
- [ ] AB112- c) 0,3048 mètre
- [ ] AB113- a) L'École normale supérieure de Pise
- [ ] AB114- b) La vignette automobile
- [ ] AB115- b) Bleue
- [ ] AB116- b) L'ascendant
- [ ] AB117- c) Une guitare
- [ ] AB118- b) 7
- [ ] AB119- a) Le blaireau
- [ ] AB120- b) 5
- [ ] AB121- d) La géométrie
- [ ] AB122- a) 18 ans
- [ ] AB123- c) Dante Alighieri
- [ ] AB124- b) 15 ans
- [ ] AB125- a) Un art divinatoire

- [ ] AB126- a) 34
- [ ] AB127- c) L'alphabet cyrillique
- [ ] AB128- a) Biométrique
- [ ] AB129- b) L'espérance de vie en bonne santé
- [ ] AB130- c) 50 euros
- [ ] AB131- d) La couleur des yeux
- [ ] AB132- b) Un bouton de manchette
- [ ] AB133- b) Le « pictogramme alpin » 3PMSF
- [ ] AB134- b) 12
- [ ] AB135- c) E19
- [ ] AB136- c) La pression atmosphérique
- [ ] AB137- c) L'espéranto
- [ ] AB138- b) La zététique
- [ ] AB139- c) Un canneleur
- [ ] AB140- b) 25,4 mm
- [ ] AB141- d) Un judas
- [ ] AB142- a) Le contrôle automatique de la pression des pneus
- [ ] AB143- d) Ode à la joie
- [ ] AB144- c) La citizen-band
- [ ] AB145- d) Un parapluie
- [ ] AB146- a) Linky
- [ ] AB147- b) Un anachronisme
- [ ] AB148- b) Sublime
- [ ] AB149- b) 0°C
- [ ] AB150- c) Automatique

TOTAL 4 (bonnes réponses) : ...... / 25

TOTAL 5 (bonnes réponses) : ...... / 25

TOTAL 6 (bonnes réponses) : ...... / 25

Résultat :

TOTAL 1 (bonnes réponses) : ...... / 25

TOTAL 2 (bonnes réponses) : ...... / 25

TOTAL 3 (bonnes réponses) : ...... / 25

TOTAL 4 (bonnes réponses) : ...... / 25

TOTAL 5 (bonnes réponses) : ...... / 25

TOTAL 6 (bonnes réponses) : ...... / 25

TOTAL GÉNÉRAL (bonnes réponses) :

...... / 150

GRILLE DE RÉPONSES
AC- GASTRONOMIE

Pour chaque réponse juste, cochez la case.

☐ AC1- a) L'aligot

☐ AC2- d) Blanche

☐ AC3- c) Une course cycliste

☐ AC4- b) Un tajine

☐ AC5- d) Le piment de piquillo

☐ AC6- d) La poularde

☐ AC7- c) À Valéry Giscard d'Estaing

☐ AC8- c) La mortadelle

☐ AC9- a) La quenelle

☐ AC10- b) La sauce Worcestershire

☐ AC11- a) La saucisse de Morteau

☐ AC12- c) La sauce suprême

☐ AC13- d) La cuisine tex-mex

☐ AC14- b) L'Auberge du Pont de Collonges

☐ AC15- a) La merguez

☐ AC16- d) Contrôlée

☐ AC17- b) La burrata

☐ AC18- b) Les artichauts à la barigoule

☐ AC19- b) Des brochettes

☐ AC20- c) Le rougail

☐ AC21- c) Le pot-au-feu

☐ AC22- d) Le pumpernickel

☐ AC23-a) Le chorizo

☐ AC24- b) Le tzatzíki

☐ AC25- a) La harissa

☐ AC26- b) Remuer

☐ AC27- d) L'osso buco

☐ AC28- b) Le ras el-hanout

☐ AC29- c) Le riz Arborio

☐ AC30- b) Joël Robuchon

☐ AC31- d) Le bœuf Wellington

☐ AC32- c) Le taboulé

☐ AC33- d) Un œuf

☐ AC34- b) Les mafaldine

☐ AC35- c) Le pain perdu

☐ AC36- d) Le baklava

☐ AC37- a) Le cordon bleu

☐ AC38- c) Le guanciale

☐ AC39- b) À pâte persillée

☐ AC40- c) La challah

☐ AC41- b) Les œufs Bénédicte

☐ AC42- c) Bordeaux

☐ AC43- b) Russe

☐ AC44- c) Bernard Loiseau

☐ AC45- b) De Catalogne

☐ AC46- b) Les crozets

☐ AC47- c) Grand Marnier

☐ AC48- d) En robe des champs

☐ AC49- b) La sauce bordelaise

☐ AC50- b) Le pistou

☐ AC51- d) Une tortilla

☐ AC52- b) La navel

☐ AC53- d) La bêtise de Cambrai

☐ AC54- b) Les falafels

☐ AC55- d) Auguste Escoffier

☐ AC56- d) La religieuse

☐ AC57- b) Saint-nectaire

☐ AC58- a) Le financier

☐ AC59- b) Le fiadone

☐ AC60- b) Le sashimi

☐ AC61- c) Le citron caviar

☐ AC62- c) Yannick Alléno

☐ AC63- c) La cuisson en papillote

☐ AC64- b) Le riz pilaf

☐ AC65- a) Suisse

☐ AC66- b) Le samoussa

☐ AC67- b) Le mascarpone

☐ AC68- b) La sauce mousseline

☐ AC69- c) De paraffine

☐ AC70- d) L'axoa

☐ AC71- c) Le chinois

☐ AC72- d) La ventrèche

☐ AC73- c) Un mille-feuille

☐ AC74- b) Les cannelloni

☐ AC75- a) Le calisson

TOTAL 1 (bonnes réponses) : ...... / 25

TOTAL 2 (bonnes réponses) : ...... / 25

TOTAL 3 (bonnes réponses) : ...... / 25

- [ ] AC76- b) Pierre Hermé
- [ ] AC77- c) La main de Bouddha
- [ ] AC78- b) Le guide rouge
- [ ] AC79- c) La maryse
- [ ] AC80- b) La sauce béchamel
- [ ] AC81- b) La cervelle de canut
- [ ] AC82- a) Les pieds paquets
- [ ] AC83- b) Fauchon
- [ ] AC84- d) La gélatine
- [ ] AC85- d) La crème chiboust
- [ ] AC86- a) La moussaka
- [ ] AC87- b) Le Mont-blanc
- [ ] AC88- d) Un cupcake
- [ ] AC89- c) Le craquelin
- [ ] AC90- d) Des gnocchis aux blettes
- [ ] AC91- b) Le nori
- [ ] AC92- d) Tourner
- [ ] AC93- a) L'avocat
- [ ] AC94- a) L'échalion
- [ ] AC95- d) Un sacristain
- [ ] AC96- a) Anne-Sophie Pic
- [ ] AC97- d) Le pastis landais
- [ ] AC98- a) Le friand
- [ ] AC99- a) Le tapioca
- [ ] AC100- c) Le beurre noir

- [ ] AC101- a) L'endive
- [ ] AC102- b) Un velouté
- [ ] AC103- b) La chapelure
- [ ] AC104- c) Coquillage
- [ ] AC105- c) L'œuf mimosa
- [ ] AC106- d) La bisque
- [ ] AC107- a) Un pain de viande
- [ ] AC108- d) Le moka
- [ ] AC109- b) Le bento
- [ ] AC110- c) Un cookie
- [ ] AC111- c) Une manique
- [ ] AC112- b) Les graines de chia
- [ ] AC113- b) Georges Blanc
- [ ] AC114- b) Un bretzel
- [ ] AC115- a) Un potage de betterave
- [ ] AC116- a) L'opéra
- [ ] AC117- c) Le kakigōri
- [ ] AC118- d) Antoine Parmentier
- [ ] AC119- d) Un pain surprise
- [ ] AC120- b) Le tandoor
- [ ] AC121- c) La barbe à papa
- [ ] AC122- d) Le vacherin
- [ ] AC123- a) Le souvláki
- [ ] AC124- c) La galantine
- [ ] AC125- b) La granita

- [ ] AC126- a) Le merveilleux
- [ ] AC127- d) Le reblochon
- [ ] AC128- c) Le cronut
- [ ] AC129- d) La chocolatine
- [ ] AC130- d) Une pizza
- [ ] AC131- a) Le berlingot de Carpentras
- [ ] AC132- c) Le palmier
- [ ] AC133- b) Le sarrasin
- [ ] AC134- b) La noix pâtissière
- [ ] AC135- d) Le lait de soja
- [ ] AC136- d) Le saucisson brioché
- [ ] AC137- c) Le Chanteclair
- [ ] AC138- c) La sauce gribiche
- [ ] AC139- a) Le panini
- [ ] AC140- b) La tarte Tatin
- [ ] AC141- b) L'andouille
- [ ] AC142- d) Le gaspacho
- [ ] AC143- a) Une gelée de coing
- [ ] AC144- c) La crème frangipane
- [ ] AC145- a) Le kouign-amann
- [ ] AC146- d) L'aubergine
- [ ] AC147- a) La crème Namelaka
- [ ] AC148- a) Le sabayon
- [ ] AC149- d) La mouillette
- [ ] AC150- c) D'Émilie-Romagne

| TOTAL 4 (bonnes réponses) : ...... / 25 | TOTAL 5 (bonnes réponses) : ...... / 25 | TOTAL 6 (bonnes réponses) : ...... / 25 |

Résultat :

TOTAL 1 (bonnes réponses) : ...... / 25
TOTAL 2 (bonnes réponses) : ...... / 25
TOTAL 3 (bonnes réponses) : ...... / 25

TOTAL 4 (bonnes réponses) : ...... / 25
TOTAL 5 (bonnes réponses) : ...... / 25
TOTAL 6 (bonnes réponses) : ...... / 25

TOTAL GÉNÉRAL (bonnes réponses) :

...... / 150

GRILLE DE RÉPONSES
AD- VOYAGES & LIEUX TOURISTIQUES

Pour chaque réponse juste, cochez la case.

☐ AD1- d) La route de la soie

☐ AD2- a) Baie de San Francisco

☐ AD3- d) Paraty

☐ AD4- b) Split

☐ AD5- b) La Chaussée des Géants

☐ AD6- b) La hippie trail

☐ AD7- c) Tombouctou

☐ AD8- c) Au Cambodge

☐ AD9- c) Hébron

☐ AD10- c) Vladivostok

☐ AD11- c) Sur la nécropole de Gizeh

☐ AD12- a) Ushuaïa

☐ AD13- b) Le vol 370

☐ AD14- c) GR 4

☐ AD15- d) Du Serengeti

☐ AD16- a) Alpes-de-Haute-Provence et Var

☐ AD17- b) Le Nevada

☐ AD18- d) L'Atomium

☐ AD19- b) Biot

☐ AD20- b) Le col du Galibier

☐ AD21- d) Le vaporetto

☐ AD22- b) Le Loir-et-Cher

☐ AD23- b) Le Tower Bridge

☐ AD24- a) La Bambouseraie en Cévennes

☐ AD25- b) Saint-Pétersbourg

☐ AD26- d) Gardens by the Bay

☐ AD27- c) La Grande Muraille

☐ AD28- c) La Citerne Basilique

☐ AD29- d) De Piana

☐ AD30- a) Khao Phing Kan

☐ AD31- b) Matera

☐ AD32- c) Le Pain de Sucre

☐ AD33- a) Karnak

☐ AD34- b) Les mines de sel de Wieliczka

☐ AD35-a) L'île de Porquerolles

☐ AD36- b) Les moulins à vent de Kinderdijk

☐ AD37- b) La jetée Navy

☐ AD38- b) De 1976 à 2003

☐ AD39- c) À Nantes

☐ AD40- b) Mao Zedong

☐ AD41- d) Harajuku

☐ AD42- d) Les ponts couverts

☐ AD43- b) Les îles du Vent

☐ AD44- b) Un bivouac

☐ AD45- b) Grand Central Terminal

☐ AD46- c) Saint-Paul-de-Vence

☐ AD47- c) Le lac Bonneville

☐ AD48- a) Les montagnes Bleues

☐ AD49- b) Le Temple de la Littérature

☐ AD50- b) Un mausolée

☐ AD51- a) Le sentier des Appalaches

☐ AD52- d) L'Alhambra

☐ AD53- b) Hyde Park

☐ AD54- a) Les Côtes-d'Armor

☐ AD55- b) Le jardin Majorelle

☐ AD56- d) En Dordogne

☐ AD57- a) Le citron

☐ AD58- b) Burano

☐ AD59- d) Le Zambèze

☐ AD60- d) Rocamadour

☐ AD61- a) Le désert des Agriates

☐ AD62- c) 1987

☐ AD63- b) Le Teide

☐ AD64- c) Le parc national des Calanques

☐ AD65- a) Grund

☐ AD66- c) Beppu

☐ AD67- b) Uluru

☐ AD68- a) Le pont d'Aquitaine

☐ AD69- d) Le Boeing 747

☐ AD70- c) Le « rocher du lion »

☐ AD71- d) En Bolivie

☐ AD72- a) San Gimignano

☐ AD73- a) À Istanbul

☐ AD74- d) Sur la côte d'Argent

☐ AD75- b) Le train de la Rhune

TOTAL 1 (bonnes réponses) : ...... / 25   TOTAL 2 (bonnes réponses) : ...... / 25   TOTAL 3 (bonnes réponses) : ...... / 25

☐ AD76- b) 55,5 centimètres	☐ AD101- c) Isla del Sol	☐ AD126- a) La Tour de l'Or
☐ AD77- b) Thalys	☐ AD102- b) Le Las Vegas Strip	☐ AD127- a) Wat Pho
☐ AD78- a) Château de Chenonceau	☐ AD103- a) La Fenêtre d'Azur	☐ AD128- b) XIIe siècle
☐ AD79- d) Une pinte	☐ AD104- c) Le « Cercle d'or »	☐ AD129- a) En Bulgarie
☐ AD80- c) La Corse	☐ AD105- b) Le souk Khân el Khalili	☐ AD130- c) Les îles Galápagos
☐ AD81- b) Le Parc national Kruger	☐ AD106- a) La route 66	☐ AD131- d) De Schönbrunn
☐ AD82- c) En Laponie	☐ AD107- b) De craie blanche	☐ AD132- c) Robben Island
☐ AD83- a) « Palais du Bonheur resplendissant »	☐ AD108- a) La Piazza del Campo	☐ AD133- c) La mine de Naica
☐ AD84- b) Les Carrières de Lumières	☐ AD109- c) Fréjus	☐ AD134- a) Gdańsk
☐ AD85- a) Les jardins de Shalimar	☐ AD110- a) Carnac	☐ AD135- d) Le pont du Rialto
☐ AD86- a) Les Maldives	☐ AD111- c) Le lac Léman	☐ AD136- c) Port Grimaud
☐ AD87- b) Corcovado	☐ AD112- d) De Padirac	☐ AD137- b) Baden-Baden
☐ AD88- c) Courchevel	☐ AD113- d) En 1994	☐ AD138- c) De Marqueyssac
☐ AD89- d) Le plateau de Valensole	☐ AD114- b) Le plateau du Lassíthi	☐ AD139- b) Du Trinity College
☐ AD90- d) Les fjords de l'Ouest de la Norvège	☐ AD115- a) Hvar	☐ AD140- d) En Jordanie
☐ AD91- c) La tour de Belém	☐ AD116- b) Timgad	☐ AD141- c) Atlantic City
☐ AD92- d) La Sierra Nevada	☐ AD117- b) La côte amalfitaine	☐ AD142- b) Le Lake District
☐ AD93- b) La Crète	☐ AD118- d) « Le château de Dracula »	☐ AD143- b) The Ghan
☐ AD94- a) le buffle	☐ AD119- c) Monument Valley	☐ AD144- b) Ibiza
☐ AD95- d) Au Viêt Nam	☐ AD120- d) Le rocher de la Vierge	☐ AD145- c) 2 300 kilomètres
☐ AD96- b) Le trekking	☐ AD121- a) Le parc de la Tête-d'Or	☐ AD146- c) L'Anneau du Kerry
☐ AD97- c) En Floride	☐ AD122- d) Budapest	☐ AD147- c) En Tunisie
☐ AD98- c) Pampelonne	☐ AD123- a) Saintes-Maries-de-la-Mer	☐ AD148- d) Le Burgtheater
☐ AD99- d) De Gavarnie	☐ AD124- a) D'If	☐ AD149- c) Le château du Haut-Koenigsbourg
☐ AD100- c) Cordoue	☐ AD125- c) Le cirque de Navacelles	☐ AD150- c) Cinque Terre
TOTAL 4 (bonnes réponses) : ...... / 25	TOTAL 5 (bonnes réponses) : ...... / 25	TOTAL 6 (bonnes réponses) : ...... / 25

Résultat :

TOTAL 1 (bonnes réponses) : ...... / 25	TOTAL 4 (bonnes réponses) : ...... / 25	
TOTAL 2 (bonnes réponses) : ...... / 25	TOTAL 5 (bonnes réponses) : ...... / 25	TOTAL GÉNÉRAL (bonnes réponses) :
TOTAL 3 (bonnes réponses) : ...... / 25	TOTAL 6 (bonnes réponses) : ...... / 25	...... / 150

Pour chaque réponse juste, cochez la case.

☐ AE1- d) Gabrielle Chasnel

☐ AE2- b) Le kilt

☐ AE3- b) Vogue

☐ AE4- c) Le fard à joues

☐ AE5- d) Une Monk

☐ AE6- b) Eau sauvage

☐ AE7- d) Le Dé d'or

☐ AE8- b) La robe battante

☐ AE9- d) Ted Lapidus

☐ AE10- b) Deux fois

☐ AE11- a) Le sagging

☐ AE12- a) Un homard

☐ AE13- b) Le sac seau

☐ AE14- c) Jimmy Choo

☐ AE15- c) Garçonne

☐ AE16- c) Longchamp

☐ AE17- c) Le calendrier Pirelli

☐ AE18- b) MilK

☐ AE19- a) À Paul Baudecroux

☐ AE20- d) Wonderbra

☐ AE21- c) Canadienne

☐ AE22- b) Égoïste

☐ AE23- c) Stella McCartney

☐ AE24- b) Les plis Watteau

☐ AE25- d) Jean Dinh Van

☐ AE26- c) Christian Dior

☐ AE27- a) Un solitaire

☐ AE28- b) Un combishort

☐ AE29- c) Rouge

☐ AE30- a) Helena Rubinstein

☐ AE31- b) Le Birkin

☐ AE32- b) Shalimar

☐ AE33- c) Le corset

☐ AE34- d) Une ferronnière

☐ AE35- c) Christy Turlington

☐ AE36- a) Un pectoral

☐ AE37- b) Le « New Look »

☐ AE38- a) Lancel

☐ AE39- b) Le chaton

☐ AE40- d) VF Corporation

☐ AE41- b) Les créoles

☐ AE42- b) Cindy Crawford

☐ AE43- d) Yves Saint Laurent

☐ AE44- a) Habanita

☐ AE45- b) Un kitten heel

☐ AE46- d) Victoria's Secret

☐ AE47- a) Le tartan

☐ AE48- b) Hedi Slimane

☐ AE49- d) Une pomme de senteur

☐ AE50- d) Pierre Cardin

☐ AE51- c) Une montre squelette

☐ AE52- a) Un brillant à lèvres

☐ AE53- d) Gaspard Ulliel

☐ AE54- a) Audemars Piguet

☐ AE55- b) André Courrèges

☐ AE56- b) Tommy Nutter

☐ AE57- b) Drakkar Noir

☐ AE58- d) La petite robe noire

☐ AE59- a) Une jarretière

☐ AE60- b) Lady Dior

☐ AE61- b) Le musc

☐ AE62- c) Prêt-à-porter

☐ AE63- c) Le khôl

☐ AE64- d) Au Canada

☐ AE65- c) L'eau de Cologne

☐ AE66- b) Paco Rabanne

☐ AE67- b) Le sarong

☐ AE68- d) Naomi Campbell

☐ AE69- b) La Vie est belle

☐ AE70- c) Ferragamo

☐ AE71- c) Les jodhpurs

☐ AE72- d) Le Pliage

☐ AE73- c) Le penekini

☐ AE74- a) Giorgio Armani

☐ AE75- a) L'Interdit

TOTAL 1 (bonnes réponses) : ...... / 25   TOTAL 2 (bonnes réponses) : ...... / 25   TOTAL 3 (bonnes réponses) : ...... / 25

- ☐ AE76- c) Grace Kelly
- ☐ AE77- b) Brésilienne
- ☐ AE78- c) Hubert de Givenchy
- ☐ AE79- a) Poison
- ☐ AE80- d) Emanuel Ungaro
- ☐ AE81- c) Un correcteur
- ☐ AE82- d) Kim Jones
- ☐ AE83- d) It bag
- ☐ AE84- c) Les tabi
- ☐ AE85- d) Christian Lacroix
- ☐ AE86- b) En 1973
- ☐ AE87- b) Lancaster
- ☐ AE88- b) Une minaudière
- ☐ AE89- b) Arpège
- ☐ AE90- c) La pèlerine
- ☐ AE91- d) Jean Patou
- ☐ AE92- c) Le paréo
- ☐ AE93- a) Le boa
- ☐ AE94- c) La Perla
- ☐ AE95- a) Le carré Hermès
- ☐ AE96- c) Un tonique
- ☐ AE97- b) En 1983
- ☐ AE98- c) Jack O'Neill
- ☐ AE99- b) Jacques Esterel
- ☐ AE100- c) Loulou

- ☐ AE101- c) Balenciaga
- ☐ AE102- c) Jean-Claude Ellena
- ☐ AE103- b) Pierre Hardy
- ☐ AE104- a) Un stetson
- ☐ AE105- b) Marc Jacobs
- ☐ AE106- c) Kate Spade
- ☐ AE107- b) Un fuseau
- ☐ AE108- d) Sonia Rykiel
- ☐ AE109- a) Le savon d'Alep
- ☐ AE110- b) N° 5
- ☐ AE111- b) Flower
- ☐ AE112- a) Le Mâle
- ☐ AE113- a) La robe style Empire
- ☐ AE114- b) Un largeot
- ☐ AE115- d) Koba
- ☐ AE116- d) Kenzo Takada
- ☐ AE117- c) Notandissimi secreti de l'arte profumatoria
- ☐ AE118- c) Le sac Jackie
- ☐ AE119- c) Un suivez-moi-jeune-homme
- ☐ AE120- c) En 1972
- ☐ AE121- d) Alexandre de Betak
- ☐ AE122- b) Le sac Baguette
- ☐ AE123- d) Une montre radio-pilotée
- ☐ AE124- d) Le patinage artistique
- ☐ AE125- d) Patek Philippe

- ☐ AE126- a) L'étoile de Bombay
- ☐ AE127- d) Céline Vipiana
- ☐ AE128- b) L'Orlov
- ☐ AE129- c) Thomas Cullinan
- ☐ AE130- a) Anna Wintour
- ☐ AE131- c) L'Osmothèque
- ☐ AE132- c) Le bonnet péruvien
- ☐ AE133- d) Calvin Klein
- ☐ AE134- c) Une breloque
- ☐ AE135- c) Jean-Claude Jitrois
- ☐ AE136- c) La Rolex Oyster Perpetual Submariner
- ☐ AE137- c) Le maillot à la brésilienne
- ☐ AE138- d) Pierre Balmain
- ☐ AE139- c) Un pantalon
- ☐ AE140- c) Une chaussure à bride
- ☐ AE141- d) Adele et Edoardo Fendi
- ☐ AE142- b) Saint Laurent rive gauche
- ☐ AE143- b) Du Fer-à-cheval
- ☐ AE144- a) Un chino
- ☐ AE145- d) Une gourmette
- ☐ AE146- b) Le 2.55
- ☐ AE147- a) Loïc Prigent
- ☐ AE148- d) Le casual Friday
- ☐ AE149- b) « Big Four »
- ☐ AE150- c) Le Designers apartment

TOTAL 4 (bonnes réponses) : ...... / 25

TOTAL 5 (bonnes réponses) : ...... / 25

TOTAL 6 (bonnes réponses) : ...... / 25

Résultat :

TOTAL 1 (bonnes réponses) : ...... / 25	TOTAL 4 (bonnes réponses) : ...... / 25	
TOTAL 2 (bonnes réponses) : ...... / 25	TOTAL 5 (bonnes réponses) : ...... / 25	TOTAL GÉNÉRAL (bonnes réponses) :
TOTAL 3 (bonnes réponses) : ...... / 25	TOTAL 6 (bonnes réponses) : ...... / 25	...... / 150

GRILLE DE RÉPONSES
AF- VOCABULAIRE

Pour chaque réponse juste, cochez la case.

☐ AF1- d) Une logorrhée

☐ AF2- c) Un enfant malicieux

☐ AF3- d) Pacifiste

☐ AF4- d) Ouvrager

☐ AF5- b) Anéantir

☐ AF6- d) Un tissu

☐ AF7- d) Se déformer

☐ AF8- a) Douloureux

☐ AF9- b) Un cheptel

☐ AF10- c) En vrac

☐ AF11- a) Un régime politique où l'autorité appartient à quelques personnes

☐ AF12- d) Un chien

☐ AF13- d) Un bistrot

☐ AF14- b) Une décalcomanie

☐ AF15- c) Lorgner

☐ AF16- b) Un surnom

☐ AF17- d) Un adonis

☐ AF18- c) Mémorandum

☐ AF19- d) Le récit des exploits d'un héros

☐ AF20- c) Tramer

☐ AF21- b) Une vieille voiture

☐ AF22- b) Une copie

☐ AF23- b) Une sculpture faite d'or et d'ivoire

☐ AF24- b) Une flûte

☐ AF25- c) La célébration d'un champion qui arrête sa carrière

☐ AF26- c) Impie

☐ AF27- a) Mièvre

☐ AF28- b) Une longue suite

☐ AF29- d) Un laissez-passer

☐ AF30- b) Flatter l'opinion publique pour obtenir ou garder le pouvoir

☐ AF31- d) Avaler

☐ AF32- d) Facilement

☐ AF33- c) Un subordonné

☐ AF34- c) Un vêtement d'occasion

☐ AF35- b) Aider

☐ AF36- b) Un laps

☐ AF37- c) Une lettre menaçante

☐ AF38- b) Serein

☐ AF39- d) Ivre

☐ AF40- c) Une inflation de l'intestin

☐ AF41- b) Une idée bizarre

☐ AF42- c) Frondeur

☐ AF43- c) Un pissenlit

☐ AF44- b) La compacité

☐ AF45- a) D'une seule couleur

☐ AF46- b) Un goupillon

☐ AF47- c) Un monnayeur

☐ AF48- d) Un oiseau de Paradis

☐ AF49- a) Avers

☐ AF50- d) Draconien

☐ AF51- c) Un écrivain

☐ AF52- a) L'éosine

☐ AF53- c) Une dermatose

☐ AF54- c) La vache

☐ AF55- d) Frétiller

☐ AF56- a) La fourberie

☐ AF57- c) Pérorer

☐ AF58- c) La mercerie

☐ AF59- b) Sur-le-champ

☐ AF60- d) Mémorial

☐ AF61- d) Un poisson

☐ AF62- c) Une lanière

☐ AF63- c) Scrupuleux

☐ AF64- d) Un vaurien

☐ AF65- b) Très généreux

☐ AF66- d) La feuillure

☐ AF67- c) Un os

☐ AF68- c) Le majeur

☐ AF69- a) Éphémère

☐ AF70- c) Un mulet

☐ AF71- c) Péremptoire

☐ AF72- c) Un éloge

☐ AF73- b) Un tandem

☐ AF74- c) Un morpion

☐ AF75- b) Pendant un repas

TOTAL 1 (bonnes réponses) : ...... / 25 | TOTAL 2 (bonnes réponses) : ...... / 25 | TOTAL 3 (bonnes réponses) : ...... / 25

AF76- d) Un lapsus	AF101- c) Carder	AF126- c) La domesticité
AF77- b) Rayer	AF102- d) Un insecte	AF127- c) L'éperlan
AF78- c) Se réunir en masse compacte	AF103- b) La layette	AF128- b) Des fadaises
AF79- d) Favoris	AF104- b) La brise	AF129- a) Une conurbation
AF80- d) Impétuosité	AF105- b) Un petit être vivant	AF130- c) Un serpent
AF81- c) Un instrument de musique	AF106- c) Épargner	AF131- c) Drakkar
AF82- c) Un régent	AF107- b) La mycologie	AF132- a) Nonupler
AF83- c) Un animal	AF108- d) La dextérité	AF133- b) Un lad
AF84- c) La mignonnette	AF109- b) Le sommeil irrésistible	AF134- d) Une personne bizarre
AF85- d) Narcisse	AF110- c) Très fatigué	AF135- c) Un haricot
AF86- b) Un tan-sad	AF111- c) Un casque	AF136- d) Boire de l'alcool
AF87- c) Dia	AF112- a) Un gentilhomme campagnard	AF137- c) Un regroupement de portraits
AF88- a) Lascive	AF113- d) La tilde	AF138- b) Frelater
AF89- b) Raccommoder	AF114- c) Entourer	AF139- c) Des chaussures
AF90- a) Un fusil	AF115- d) L'avarice	AF140- d) Délassant
AF91- c) Un papillon	AF116- b) La jachère	AF141- c) Un dommage
AF92- c) Un militaire	AF117- c) Une personne altruiste	AF142- c) Un erratum
AF93- d) Une plante	AF118- a) Une foule bruyante	AF143- d) Vaste
AF94- b) Ardeur	AF119- b) Le ferroutage	AF144- c) Une femme inspirante
AF95- d) Prolo	AF120- d) Un flagorneur	AF145- a) Une personne prétentieuse
AF96- c) Un sac	AF121- d) Un dessinateur de mangas	AF146- a) Une nonnette
AF97- a) Une ouverture	AF122- a) Vertueux	AF147- d) Moment juste après le coucher du soleil
AF98- c) Une maladie	AF123- d) La culture du peuplier	AF148- a) Une attitude déférente
AF99- a) Un amodiataire	AF124- d) Occultes	AF149- d) Un discours en l'honneur d'un mort
AF100- b) Le sort	AF125- c) La fanfaronnade	AF150- c) Des protestations

TOTAL 4 (bonnes réponses) : ...... / 25   TOTAL 5 (bonnes réponses) : ...... / 25   TOTAL 6 (bonnes réponses) : ...... / 25

Résultat :

TOTAL 1 (bonnes réponses) : ...... / 25
TOTAL 2 (bonnes réponses) : ...... / 25
TOTAL 3 (bonnes réponses) : ...... / 25

TOTAL 4 (bonnes réponses) : ...... / 25
TOTAL 5 (bonnes réponses) : ...... / 25
TOTAL 6 (bonnes réponses) : ...... / 25

TOTAL GÉNÉRAL (bonnes réponses) :

...... / 150

Pour chaque réponse juste, cochez la case.

☐ AG1- a) Une agrafe

☐ AG2- c) Qu'en

☐ AG3- d) Un dysfonctionnement

☐ AG4- d) trois-quarts

☐ AG5- c) posthume

☐ AG6- d) Des balais-brosses

☐ AG7- a) Un ermite

☐ AG8- c) agressif

☐ AG9- d) descente

☐ AG10- b) arabesques

☐ AG11- b) geai

☐ AG12- d) houx

☐ AG13- c) plupart

☐ AG14- c) redondante

☐ AG15- a) professeur

☐ AG16- b) caféine

☐ AG17- c) dimanches matin

☐ AG18- d) temps

☐ AG19- a) Gentiment

☐ AG20- c) omettre

☐ AG21- d) Remets-t'en au destin

☐ AG22- a) amplifie

☐ AG23- d) empathie

☐ AG24- b) écarlates

☐ AG25- b) cauchemars

☐ AG26- d) Le pharynx

☐ AG27- c) nœud

☐ AG28- c) courtisans

☐ AG29- c) sensé

☐ AG30- d) hosannas

☐ AG31- b) pédopsychiatre

☐ AG32- c) consciencieux

☐ AG33- c) Des chefs-d'œuvre

☐ AG34- c) La naphtaline

☐ AG35- a) Cahin-caha

☐ AG36- b) marron

☐ AG37- c) vautrer

☐ AG38- a) quelquefois

☐ AG39- b) frénésie

☐ AG40- c) philanthrope

☐ AG41- a) un

☐ AG42- b) existence

☐ AG43- b) véhémence

☐ AG44- a) gris-bleu

☐ AG45- d) milles

☐ AG46- c) t'ensevelir

☐ AG47- d) affaires

☐ AG48- b) Saligaud

☐ AG49- b) colossalement

☐ AG50- b) profondément

☐ AG51- d) dérangeant

☐ AG52- c) sénilité

☐ AG53- a) subtiles

☐ AG54- b) dépens

☐ AG55- c) ensemble

☐ AG56- c) ambidextres

☐ AG57- d) désaccoutumés

☐ AG58- c) sept

☐ AG59- d) tort

☐ AG60- b) mystique

☐ AG61- b) différends

☐ AG62- b) La socquette

☐ AG63- b) ébauches

☐ AG64- d) cents

☐ AG65- c) censé

☐ AG66- a) Ci-joint

☐ AG67- d) Des ronds-points

☐ AG68- b) duplice

☐ AG69- c) repaire

☐ AG70- c) netteté

☐ AG71- d) succinct

☐ AG72- c) Un dadais

☐ AG73- c) diarrhée

☐ AG74- b) thym

☐ AG75- c) quatre-vingt-dix-neuf

TOTAL 1 (bonnes réponses) : ...... / 25   TOTAL 2 (bonnes réponses) : ...... / 25   TOTAL 3 (bonnes réponses) : ...... / 25

☐ AG76- c) va-t-en-guerre	☐ AG101- b) pyrénéenne	☐ AG126- c) Un bimensuel
☐ AG77- d) myrrhe	☐ AG102- b) euro	☐ AG127- b) hostilités
☐ AG78- a) septique	☐ AG103- a) Parmis	☐ AG128- d) hellénisme
☐ AG79- b) cinq cents millions	☐ AG104- c) Une ankylose	☐ AG129- a) différend
☐ AG80- d) fréquemment	☐ AG105- c) arrière	☐ AG130- a) satire
☐ AG81- a) excepté	☐ AG106- d) impies	☐ AG131- b) aborigènes
☐ AG82- d) ecchymose	☐ AG107- b) Accolade	☐ AG132- a) censé
☐ AG83- c) Des demi-journées	☐ AG108- b) traditionalisme	☐ AG133- d) comparses
☐ AG84- d) tribut	☐ AG109- b) cirrhose	☐ AG134- b) pénitentiaire
☐ AG85- d) rôder	☐ AG110- c) Un philatéliste	☐ AG135- c) mygale
☐ AG86- c) Distinguable	☐ AG111- a) for	☐ AG136- c) vénéneux
☐ AG87- a) auspices	☐ AG112- a) innombrables	☐ AG137- b) à venir
☐ AG88- a) chaire	☐ AG113- d) dilemme	☐ AG138- c) es
☐ AG89- c) hayon	☐ AG114- a) contrepèterie	☐ AG139- b) fomenter
☐ AG90- d) palet	☐ AG115- b) Développer	☐ AG140- b) d'avantage
☐ AG91- c) dépeindre	☐ AG116- b) coccyx	☐ AG141- c) macchabée
☐ AG92- c) debout	☐ AG117- c) rhododendrons	☐ AG142- b) belligérants
☐ AG93- c) fugace	☐ AG118- c) dictée	☐ AG143- c) infatigable
☐ AG94- b) appeler	☐ AG119- b) kouign-amann	☐ AG144- c) opportun
☐ AG95- c) étymologie	☐ AG120- b) kyste	☐ AG145- c) débonnaire
☐ AG96- a) Des savoir-vivre	☐ AG121- c) obnubilait	☐ AG146- a) fabricant
☐ AG97- c) accueillir	☐ AG122- a) autochtone	☐ AG147- c) exaucer
☐ AG98- b) Un épagneul	☐ AG123- a) sismologie	☐ AG148- d) demie
☐ AG99- d) connexion	☐ AG124- c) cynique	☐ AG149- c) lieues
☐ AG100- b) incessamment	☐ AG125- d) communicants	☐ AG150- b) tout

TOTAL 4 (bonnes réponses) : ...... / 25	TOTAL 5 (bonnes réponses) : ...... / 25	TOTAL 6 (bonnes réponses) : ...... / 25

Résultat :

TOTAL 1 (bonnes réponses) : ...... / 25	TOTAL 4 (bonnes réponses) : ...... / 25	
TOTAL 2 (bonnes réponses) : ...... / 25	TOTAL 5 (bonnes réponses) : ...... / 25	TOTAL GÉNÉRAL (bonnes réponses) :
TOTAL 3 (bonnes réponses) : ...... / 25	TOTAL 6 (bonnes réponses) : ...... / 25	...... / 150

Pour chaque réponse juste, cochez la case.

☐ AH1- d) Jouer

☐ AH2- b) Ils

☐ AH3- c) Complément d'objet direct

☐ AH4- a) Partout

☐ AH5- a) Lentement

☐ AH6- c) À ton frère

☐ AH7- c) Mais

☐ AH8- b) Vieille

☐ AH9- c) Comment on distingue les torchons et les serviettes

☐ AH10- c) Fainéants

☐ AH11- a) Mais

☐ AH12- b) Car

☐ AH13- d) La syntaxe

☐ AH14- b) Évier

☐ AH15- b) Que nous n'avons pas aimé le repas servi

☐ AH16- c) À l'école

☐ AH17- d) Il n'y en a pas

☐ AH18- c) Cette

☐ AH19- d) Les friandises

☐ AH20- d) Journaliste

☐ AH21- d) Parfois

☐ AH22- d) Il n'y en a pas

☐ AH23- c) 5

☐ AH24- b) Opposition

☐ AH25- b) Trop

☐ AH26- c) Où sont mes clés

☐ AH27- a) Or

☐ AH28- a) Falloir

☐ AH29- a) Dernier

☐ AH30- a) Voyager

☐ AH31- b) Interjection

☐ AH32- b) Soudain, le piéton est renversé par une voiture.

☐ AH33- c) Puisque

☐ AH34- b) emportés

☐ AH35- b) Tôt

☐ AH36- c) La morphologie

☐ AH37- a) Les hirondelles

☐ AH38- b) Capitale de la France

☐ AH39- c) Mes amis mangent des sucreries.

☐ AH40- a) On aime regarder les passants.

☐ AH41- c) Dans

☐ AH42- a) Je vais au coiffeur.

☐ AH43- b) Onomatopée

☐ AH44- a) De la nuit

☐ AH45- c) Au passé

☐ AH46- d) Il n'y en a pas

☐ AH47- d) Il n'y en a pas

☐ AH48- b) Opposition

☐ AH49- d) Il n'y en a pas

☐ AH50- c) Qui

☐ AH51- d) Lui

☐ AH52- d) Des hommes étranges

☐ AH53- d) Avec

☐ AH54- d) vêtues

☐ AH55- b) Phrase injonctive

☐ AH56- d) Si j'avais apprécié mon repas

☐ AH57- b) Pronominal

☐ AH58- b) Dans sa maison

☐ AH59- d) Il n'y en a pas

☐ AH60- a) Noam Chomsky

☐ AH61- d) Il n'y en a pas

☐ AH62- c) Le monstre de la Crète

☐ AH63- b) Cause

☐ AH64- c) À tous leurs amis

☐ AH65- d) Tiens

☐ AH66- c) Eux

☐ AH67- d) Qui semblent délabrés

☐ AH68- c) 3

☐ AH69- c) Vous

☐ AH70- b) De mon oncle

☐ AH71- a) Pour arriver le premier

☐ AH72- d) Il n'y en a pas

☐ AH73- a) Un

☐ AH74- c) Fixe

☐ AH75- a) Vous avez du temps

TOTAL 1 (bonnes réponses) : ...... / 25   TOTAL 2 (bonnes réponses) : ...... / 25   TOTAL 3 (bonnes réponses) : ...... / 25

☐ AH76- b) incités	☐ AH101- c) Travailler durement	☐ AH126- d) Il regarde
☐ AH77- a) La	☐ AH102- c) Le chat regarde les oiseaux par la fenêtre.	☐ AH127- b) Que le bateau coule
☐ AH78- a) Ce bateau appartient à un homme âgé.	☐ AH103- c) En forêt	☐ AH128- a) Pronom relatif
☐ AH79- c) 2	☐ AH104- c) Laquelle	☐ AH129- b) Que l'on m'a prêtée
☐ AH80- d) Son comportement	☐ AH105- d) Pronom démonstratif	☐ AH130- c) 2
☐ AH81- c) Par sa réussite scolaire	☐ AH106- c) Pleuvoir	☐ AH131- c) Tendresse
☐ AH82- a) Phrase déclarative	☐ AH107- a) Pronom	☐ AH132- c) Tu l'as vu hier bien avant moi.
☐ AH83- d) Ces	☐ AH108- d) Il n'y en a pas	☐ AH133- c) Déni
☐ AH84- d) Cinq	☐ AH109- d) Ou	☐ AH134- b) Saisir
☐ AH85- c) Quand nous pourrons célébrer ton anniversaire	☐ AH110- c) Phrase interrogative	☐ AH135- d) L'
☐ AH86- b) Épithète détachée	☐ AH111- c) Du	☐ AH136- b) Les
☐ AH87- c) En bus	☐ AH112- d) Surprenant	☐ AH137- a) Infinitive
☐ AH88- c) 5	☐ AH113- b) Les discussions	☐ AH138- c) De ses amies
☐ AH89- a) Muette	☐ AH114- b) Moi	☐ AH139- a) Pronom
☐ AH90- c) Cause	☐ AH115- b) Pronom indéfini	☐ AH140- d) Concession
☐ AH91- b) Celui-ci	☐ AH116- c) 2	☐ AH141- c) Plats
☐ AH92- c) Du mois	☐ AH117- a) But	☐ AH142- b) Maintenant
☐ AH93- b) À ma mère	☐ AH118- a) Quelqu'un	☐ AH143- b) Participiale
☐ AH94- d) Galoper	☐ AH119- c) 7	☐ AH144- b) Je vais chez le médecin car je suis malade.
☐ AH95- a) Toutes ses potions	☐ AH120- c) Aux malheurs	☐ AH145- c) Après
☐ AH96- a) J'ai donné les clés à ma concierge, elle doit me les rendre demain.	☐ AH121- d) J'ai commencé ce tableau même si je n'ai pas le temps de le terminer.	☐ AH146- b) Dont je te parle
☐ AH97- a) Réceptionniste	☐ AH122- b) Pronom relatif	☐ AH147- c) 3
☐ AH98- c) De déménager	☐ AH123- c) 2	☐ AH148- c) 5
		☐ AH149- b) Conjonction de subordination
☐ AH99- a) Lui	☐ AH124- a) Lire	☐ AH150- a) Ils reçoivent des cadeaux que le Père Noël apporte.
☐ AH100- b) Par la Poste	☐ AH125- a) Les félins	

TOTAL 4 (bonnes réponses) : ...... / 25	TOTAL 5 (bonnes réponses) : ...... / 25	TOTAL 6 (bonnes réponses) : ...... / 25

Résultat :

TOTAL 1 (bonnes réponses) : ...... / 25	TOTAL 4 (bonnes réponses) : ...... / 25	**TOTAL GÉNÉRAL (bonnes réponses) :**
TOTAL 2 (bonnes réponses) : ...... / 25	TOTAL 5 (bonnes réponses) : ...... / 25	
TOTAL 3 (bonnes réponses) : ...... / 25	TOTAL 6 (bonnes réponses) : ...... / 25	**...... / 150**

Pour chaque réponse juste, cochez la case.

☐ AI1- b) 2e groupe

☐ AI2- b) J'oublie

☐ AI3- a) prévu

☐ AI4- b) Je cousis

☐ AI5- b) Le subjonctif

☐ AI6- b) Je croirai

☐ AI7- c) Je craignais

☐ AI8- d) Je coure

☐ AI9- c) Ils placeraient

☐ AI10- c) Nous sûmes

☐ AI11- d) Nous arrangeons

☐ AI12- a) pu

☐ AI13- c) Protège

☐ AI14- d) Subjonctif passé

☐ AI15- d) Ils auraient aimé

☐ AI16- b) Vous connaissiez

☐ AI17- d) Il eût

☐ AI18- c) Tu chus

☐ AI19- c) Prendre

☐ AI20- a) Ils entendirent

☐ AI21- c) 3e groupe

☐ AI22- b) reliera

☐ AI23- a) mangé

☐ AI24- c) Nous créerons

☐ AI25- c) Il acquerrait

☐ AI26- d) Je mords

☐ AI27- b) Plus-que-parfait de l'indicatif

☐ AI28- d) Je navigue

☐ AI29- c) Le conditionnel

☐ AI30- b) Nous appelions

☐ AI31- a) dormi

☐ AI32- c) Ils mentirent

☐ AI33- a) participé

☐ AI34- a) Ils étudieront

☐ AI35- d) envoyiez

☐ AI36- b) Il fallut

☐ AI37- b) Repaître

☐ AI38- c) Il aurait tu

☐ AI39- d) veulent

☐ AI40- d) Je prendrais

☐ AI41- d) Il prévaudra

☐ AI42- c) L'infinitif

☐ AI43- c) stipulée

☐ AI44- a) J'émouvasse

☐ AI45- b) Subjonctif plus-que-parfait

☐ AI46- a) Je voulais

☐ AI47- a) Peindre

☐ AI48- c) Ils émurent

☐ AI49- b) Redire

☐ AI50- d) Conditionnel présent

☐ AI51- c) Tu ouvriras

☐ AI52- b) Je crains

☐ AI53- b) Futur de l'indicatif

☐ AI54- d) rencontrées

☐ AI55- b) Voyez

☐ AI56- d) Nous fîmes morts

☐ AI57- a) Il cueillit

☐ AI58- a) Mettre

☐ AI59- b) Devoir

☐ AI60- c) Il haïsse

☐ AI61- a) 1er groupe

☐ AI62- d) aurai convaincus

☐ AI63- d) provoquées

☐ AI64- d) Aller

☐ AI65- b) Choyer

☐ AI66- c) Nous vivrions

☐ AI67- b) Vous fuyez

☐ AI68- d) Ils allèrent

☐ AI69- a) Vous ferez

☐ AI70- a) fait

☐ AI71- d) Elle jouassa

☐ AI72- b) Faire

☐ AI73- d) Ils savaient

☐ AI74- b) eûmes reçu

☐ AI75- c) Émouvoir

TOTAL 1 (bonnes réponses) : ...... / 25

TOTAL 2 (bonnes réponses) : ...... / 25

TOTAL 3 (bonnes réponses) : ...... / 25

- [ ] AI76- d) Nous payâmes
- [ ] AI77- a) Je plaçasse
- [ ] AI78- b) blessés
- [ ] AI79- c) J'aurais pu
- [ ] AI80- c) avaient commencé
- [ ] AI81- d) pousser
- [ ] AI82- c) perds
- [ ] AI83- a) Ils doivent
- [ ] AI84- a) Il assit
- [ ] AI85- d) Vous faites
- [ ] AI86- b) Fuir
- [ ] AI87- c) 3e groupe
- [ ] AI88- b) Tu rompras
- [ ] AI89- c) a promis
- [ ] AI90- c) Subjonctif imparfait
- [ ] AI91- b) Il larguait
- [ ] AI92- b) rencontrés
- [ ] AI93- d) Conduisons
- [ ] AI94- a) Vous fuiriez
- [ ] AI95- b) Tu couvris
- [ ] AI96- d) J'eusses tu
- [ ] AI97- c) Prévaloir
- [ ] AI98- c) Impératif présent
- [ ] AI99- b) imposés
- [ ] AI100- c) Passé antérieur de l'indicatif

- [ ] AI101- d) Savoir
- [ ] AI102- a) Je clorai
- [ ] AI103- d) seraient morts
- [ ] AI104- c) Vous créez
- [ ] AI105- c) relis
- [ ] AI106- a) Participe présent et conditionnel présent
- [ ] AI107- a) lavé
- [ ] AI108- d) Nous aurions été aimés
- [ ] AI109- c) soyez partis
- [ ] AI110- b) Coudre
- [ ] AI111- d) Indicatif présent
- [ ] AI112- c) Il finissait
- [ ] AI113- b) riions
- [ ] AI114- b) Nous brevetterons
- [ ] AI115- c) Imparfait du subjonctif
- [ ] AI116- c) Ils acquirent
- [ ] AI117- c) 3e groupe
- [ ] AI118- a) Je battasse
- [ ] AI119- b) Suffire
- [ ] AI120- d) Nous battrions
- [ ] AI121- d) Je peux
- [ ] AI122- b) Aie
- [ ] AI123- d) Nous disions
- [ ] AI124- b) tus
- [ ] AI125- b) Comprendre

- [ ] AI126- d) Il plut
- [ ] AI127- b) Il dormît
- [ ] AI128- c) aurais eu
- [ ] AI129- b) vendue
- [ ] AI130- a) Passé composé de l'indicatif
- [ ] AI131- c) Je m'assoirai
- [ ] AI132- a) Présent de l'indicatif
- [ ] AI133- b) Tu vus
- [ ] AI134- c) Ils construisaient
- [ ] AI135- c) 3e groupe
- [ ] AI136- c) Imparfait de l'indicatif
- [ ] AI137- b) Vous dîtes
- [ ] AI138- c) Vous auriez senti
- [ ] AI139- c) Aie fini
- [ ] AI140- d) Je mangerais
- [ ] AI141- d) Je comprends
- [ ] AI142- c) Dissoudre
- [ ] AI143- d) Ils joignissent
- [ ] AI144- b) Il vainc
- [ ] AI145- a) Je vaincrai
- [ ] AI146- b) Futur de l'indicatif
- [ ] AI147- c) Tu pillas
- [ ] AI148- c) Allumer
- [ ] AI149- c) Nous suivimes
- [ ] AI150- c) Imparfait de l'indicatif

TOTAL 4 (bonnes réponses) : ...... / 25   TOTAL 5 (bonnes réponses) : ...... / 25   TOTAL 6 (bonnes réponses) : ...... / 25

Résultat :

TOTAL 1 (bonnes réponses) : ...... / 25
TOTAL 2 (bonnes réponses) : ...... / 25
TOTAL 3 (bonnes réponses) : ...... / 25

TOTAL 4 (bonnes réponses) : ...... / 25
TOTAL 5 (bonnes réponses) : ...... / 25
TOTAL 6 (bonnes réponses) : ...... / 25

TOTAL GÉNÉRAL (bonnes réponses) :

...... / 150

GRILLE DE RÉPONSES
AJ- EXPRESSIONS & PROVERBES

Pour chaque réponse juste, cochez la case.

☐ AJ1- c) âne

☐ AJ2- b) À l'impossible nul n'est tenu.

☐ AJ3- c) Autant chercher une aiguille dans une botte de foin

☐ AJ4- c) remèdes

☐ AJ5- c) Avoir le beurre et l'argent du beurre

☐ AJ6- b) Un défaut ne compromet pas la beauté générale.

☐ AJ7- a) bouteille

☐ AJ8- c) Boire le calice jusqu'à la lie.

☐ AJ9- c) ours

☐ AJ10- a) À une pie

☐ AJ11- b) Un seul exemple ne conduit pas à une conclusion générale.

☐ AJ12- b) Les murs ont des oreilles.

☐ AJ13- c) cousue

☐ AJ14- b) comptes

☐ AJ15- b) Qui se fait brebis, le loup le mange.

☐ AJ16- d) Il ne vaut pas la corde pour le pendre.

☐ AJ17- c) Le tâter

☐ AJ18- c) grand

☐ AJ19- c) La loi du talion

☐ AJ20- c) Quatre

☐ AJ21- c) chanson

☐ AJ22- a) Du bois

☐ AJ23- c) bec

☐ AJ24- c) Un copieur

☐ AJ25- d) Du pot

☐ AJ26- a) Il faut qu'une porte soit ouverte ou fermée.

☐ AJ27- c) La Saint-Glinglin

☐ AJ28- a) caravane

☐ AJ29- a) Soupe au lait

☐ AJ30- b) due

☐ AJ31- c) D'emblée

☐ AJ32- c) gris

☐ AJ33- d) Le nombril

☐ AJ34- c) Il faut se rendre service mutuellement.

☐ AJ35- a) pinson

☐ AJ36- a) L'homme est un loup pour l'homme

☐ AJ37- d) courir

☐ AJ38- c) Une anguille

☐ AJ39- d) Le plancher

☐ AJ40- d) peine

☐ AJ41- c) ivraie

☐ AJ42- b) Découvrir un secret

☐ AJ43- d) Si vous lui donnez un pied, il en prendra quatre.

☐ AJ44- d) lièvres

☐ AJ45- b) Dans une impasse

☐ AJ46- b) Il n'y a que le premier pas qui coûte.

☐ AJ47- b) Trahir

☐ AJ48- c) Une porte ouverte

☐ AJ49- b) larron

☐ AJ50- a) C'est en forgeant qu'on devient forgeron.

☐ AJ51- d) Les cordonniers

☐ AJ52- c) goûte

☐ AJ53- a) mord

☐ AJ54- c) Il faut réagir vite à une opportunité.

☐ AJ55- a) À l'anglaise

☐ AJ56- b) ordonnée

☐ AJ57- c) Faire la fête

☐ AJ58- a) oisiveté

☐ AJ59- c) C'est impossible.

☐ AJ60- d) Des bâtons

☐ AJ61- c) Il faut respecter ses engagements.

☐ AJ62- b) Son pré carré

☐ AJ63- b) Le cocotier

☐ AJ64- d) moyens

☐ AJ65- b) Un polichinelle

☐ AJ66- d) Les projets ambitieux ont des résultats dérisoires.

☐ AJ67- d) vaux

☐ AJ68- b) vaut

☐ AJ69- c) Dans la farine

☐ AJ70- c) Agir à contretemps.

☐ AJ71- a) abbé

☐ AJ72- b) chat

☐ AJ73- c) Dans un endroit indéfini, très lointain

☐ AJ74- a) mare

☐ AJ75- b) chandelle

TOTAL 1 (bonnes réponses) : ...... / 25   TOTAL 2 (bonnes réponses) : ...... / 25   TOTAL 3 (bonnes réponses) : ...... / 25

- [ ] AJ76- b) Livrer au mépris public
- [ ] AJ77- d) intentions
- [ ] AJ78- c) La police des polices
- [ ] AJ79- c) ivrognes
- [ ] AJ80- b) Le chat
- [ ] AJ81- c) nature
- [ ] AJ82- c) sept
- [ ] AJ83- b) faïence
- [ ] AJ84- c) mieux
- [ ] AJ85- c) lorgnette
- [ ] AJ86- a) flatteur
- [ ] AJ87- d) Celui qui a provoqué des malheurs doit se méfier.
- [ ] AJ88- c) Avoir perdu la raison
- [ ] AJ89- b) sûreté
- [ ] AJ90- b) Abondamment
- [ ] AJ91- a) bave
- [ ] AJ92- b) habit
- [ ] AJ93- b) Il faut faire des sacrifices pour obtenir quelque chose.
- [ ] AJ94- d) Se moquer
- [ ] AJ95- b) loi
- [ ] AJ96- c) En bois
- [ ] AJ97- c) Les détails empêchent la vue d'ensemble.
- [ ] AJ98- d) Manquer de dynamisme et de courage
- [ ] AJ99- b) Être laissé à l'abandon
- [ ] AJ100- d) moutardier

- [ ] AJ101- c) Personne n'est apprécié à sa valeur chez lui.
- [ ] AJ102- b) L'épée de Damoclès
- [ ] AJ103- a) La puce
- [ ] AJ104- c) On oublie sa faim en dormant.
- [ ] AJ105- d) quatorze
- [ ] AJ106- c) Faire l'imbécile
- [ ] AJ107- c) consent
- [ ] AJ108- c) Les portugaises
- [ ] AJ109- b) Le diable bat sa femme et marie sa fille.
- [ ] AJ110- a) Qui s'y frotte s'y pique.
- [ ] AJ111- d) Un poison
- [ ] AJ112- c) Discuter
- [ ] AJ113- c) Il faut que jeunesse se passe.
- [ ] AJ114- c) L'eau va à la rivière.
- [ ] AJ115- a) plans
- [ ] AJ116- d) s'assemble
- [ ] AJ117- b) De fer
- [ ] AJ118- d) Être un paresseux qui veut tout obtenir sans effort.
- [ ] AJ119- d) Les belles femmes s'enlaidissent en vieillissant.
- [ ] AJ120- d) Manquer une occasion
- [ ] AJ121- a) pain
- [ ] AJ122- c) Surveiller attentivement
- [ ] AJ123- a) Il n'y a pas de roses sans épines.
- [ ] AJ124- b) Dans la poche
- [ ] AJ125- b) étreint

- [ ] AJ126- d) Jupiter
- [ ] AJ127- a) Il faut se contenter de ce que l'on a.
- [ ] AJ128- b) devant
- [ ] AJ129- a) perd
- [ ] AJ130- a) Fanny
- [ ] AJ131- b) Qui a bu, boira.
- [ ] AJ132- d) ponts
- [ ] AJ133- d) averti
- [ ] AJ134- b) Pour atteindre son but, il faut ménager ses forces.
- [ ] AJ135- d) Brusquement
- [ ] AJ136- b) tison
- [ ] AJ137- d) L'éponge
- [ ] AJ138- b) gavé
- [ ] AJ139- c) Celui qui se moque sera raillé.
- [ ] AJ140- d) Imbécile
- [ ] AJ141- c) mai
- [ ] AJ142- d) Creux
- [ ] AJ143- c) monture
- [ ] AJ144- b) rubis
- [ ] AJ145- c) Il n'y a pas de profit à faire dans un négoce dont trop de gens se mêlent.
- [ ] AJ146- c) Monopoliser la parole
- [ ] AJ147- b) attendre
- [ ] AJ148- d) Dans la gueule du loup
- [ ] AJ149- b) chemins
- [ ] AJ150- b) Le sort d'une personne est instable et peut changer rapidement.

TOTAL 4 (bonnes réponses) : ...... / 25

TOTAL 5 (bonnes réponses) : ...... / 25

TOTAL 6 (bonnes réponses) : ...... / 25

Résultat :

TOTAL 1 (bonnes réponses) : ...... / 25
TOTAL 2 (bonnes réponses) : ...... / 25
TOTAL 3 (bonnes réponses) : ...... / 25

TOTAL 4 (bonnes réponses) : ...... / 25
TOTAL 5 (bonnes réponses) : ...... / 25
TOTAL 6 (bonnes réponses) : ...... / 25

TOTAL GÉNÉRAL (bonnes réponses) :

...... / 150

Pour chaque réponse juste, cochez la case.

☐ AK1- c) Une koubba

☐ AK2- d) La batucada

☐ AK3- c) Un pâté en croûte

☐ AK4- b) Wasabi

☐ AK5- a) Un dolman

☐ AK6- a) Mercenaire

☐ AK7- d) Turque

☐ AK8- b) Snob

☐ AK9- c) Le mihrab

☐ AK10- c) Néerlandaise

☐ AK11- b) Un paddock

☐ AK12- d) Un échec

☐ AK13- c) La muleta

☐ AK14- b) Anglaise

☐ AK15- b) « Je gagne »

☐ AK16- c) Une danse

☐ AK17- b) Kyudo

☐ AK18- d) Une petite boutique

☐ AK19- d) Des supporters

☐ AK20- b) Caracal

☐ AK21- c) Le macramé

☐ AK22- a) Chinoise

☐ AK23- c) La caldeira

☐ AK24- a) Un monument funéraire

☐ AK25- d) Un char

☐ AK26- c) Un génie malfaisant

☐ AK27- b) Groggy

☐ AK28- c) Néerlandaise

☐ AK29- d) Un tambour

☐ AK30- b) Un mirador

☐ AK31- c) Un dandy

☐ AK32- b) Aïkido

☐ AK33- c) Un gymkhana

☐ AK34- d) Un chandelier

☐ AK35- a) Un soldat

☐ AK36- d) Russe

☐ AK37- a) Un passing-shot

☐ AK38- c) Motor - Hotel

☐ AK39- b) La caravelle

☐ AK40- c) Un pantalon de sport moulant

☐ AK41- a) Ex aequo

☐ AK42- c) Le mufti

☐ AK43- a) Un ersatz

☐ AK44- b) Le dan

☐ AK45- d) Une datcha

☐ AK46- c) Le caractère typographique @

☐ AK47- a) Une plaine conquise par la mer et protégée par des digues

☐ AK48- b) Néerlandaise

☐ AK49- a) Un culte proche du vaudou

☐ AK50- c) Dojo

☐ AK51- c) Anglaise

☐ AK52- b) Un pacha

☐ AK53- c) Un cheval

☐ AK54- a) Un bermuda

☐ AK55- c) Un azulejo

☐ AK56- d) Nankin

☐ AK57- b) Un tissu léger

☐ AK58- b) Mohair

☐ AK59- c) Le smog

☐ AK60- a) Américaine

☐ AK61- b) Une algarade

☐ AK62- b) Un outsider

☐ AK63- d) Un narguilé

☐ AK64- b) La douma

☐ AK65- a) Bagdad

☐ AK66- d) Un moine bouddhiste

☐ AK67- c) Une moleskine

☐ AK68- c) Coup de fouet

☐ AK69- b) Arabe

☐ AK70- c) Le kaolin

☐ AK71- b) Arabe

☐ AK72- c) Un instrument de musique

☐ AK73- b) Knock-down

☐ AK74- c) Un almicantarat

☐ AK75- b) Une madrasa

TOTAL 1 (bonnes réponses) : ...... / 25   TOTAL 2 (bonnes réponses) : ...... / 25   TOTAL 3 (bonnes réponses) : ...... / 25

- [ ] AK76- d) Une flûte
- [ ] AK77- d) Italienne
- [ ] AK78- a) La marmelade
- [ ] AK79- b) Un petit poème
- [ ] AK80- c) Un cador
- [ ] AK81- c) Tollé
- [ ] AK82- b) Esquimau
- [ ] AK83- a) Anglaise
- [ ] AK84- d) Vacarme
- [ ] AK85- d) Un bookmaker
- [ ] AK86- c) Un espace inoccupé compris entre les premières lignes de deux belligérants
- [ ] AK87- a) Turque
- [ ] AK88- c) Un mess
- [ ] AK89- d) Voyager
- [ ] AK90- a) Un fruit
- [ ] AK91- c) Un chèche
- [ ] AK92- b) Un poisson vorace
- [ ] AK93- a) Une chapka
- [ ] AK94- a) Une peinture suspendue verticalement
- [ ] AK95- d) Zain
- [ ] AK96- b) Un cigare
- [ ] AK97- c) Japonaise
- [ ] AK98- c) Venin
- [ ] AK99- b) Adagio
- [ ] AK100- c) Un cobra

- [ ] AK101- d) Chance
- [ ] AK102- b) Satin
- [ ] AK103- d) Un avion
- [ ] AK104- b) Un trou percé dans le fond d'une embarcation
- [ ] AK105- c) Une ville d'Algérie
- [ ] AK106- b) La sargasse
- [ ] AK107- b) Glasnost
- [ ] AK108- b) Le fart
- [ ] AK109- b) Une poêle
- [ ] AK110- c) Un prophète
- [ ] AK111- d) Un vent
- [ ] AK112- c) Grande âme
- [ ] AK113- a) Un lieu fortifié
- [ ] AK114- b) Suicide rituel par éviscération
- [ ] AK115- c) Un entremets
- [ ] AK116- a) Le sertão
- [ ] AK117- d) Une embarcation
- [ ] AK118- c) Goulag
- [ ] AK119- c) Une boisson
- [ ] AK120- a) Un liquidateur
- [ ] AK121- c) Forteresse
- [ ] AK122- d) Yakitori
- [ ] AK123- d) Le tapioca
- [ ] AK124- a) Une felouque
- [ ] AK125- b) Un lotus

- [ ] AK126- c) Anglaise
- [ ] AK127- a) Un système d'écriture
- [ ] AK128- b) Un samovar
- [ ] AK129- c) Un cours d'eau
- [ ] AK130- b) Un kibboutz
- [ ] AK131- b) Allemande
- [ ] AK132- c) Un keffieh
- [ ] AK133- b) Une mesa
- [ ] AK134- c) Un moujik
- [ ] AK135- b) Espagnole
- [ ] AK136- a) Shiatsu
- [ ] AK137- b) Portugaise
- [ ] AK138- c) Le one-step
- [ ] AK139- c) Pinyin
- [ ] AK140- d) Nuoc-mâm
- [ ] AK141- b) Tahitienne
- [ ] AK142- d) La yourte
- [ ] AK143- b) Un ashram
- [ ] AK144- b) Un chat
- [ ] AK145- a) Un diktat
- [ ] AK146- b) L'intelligentsia
- [ ] AK147- a) Mikado
- [ ] AK148- a) La taïga
- [ ] AK149- d) Un tapis
- [ ] AK150- b) Dazibao

TOTAL 4 (bonnes réponses) : ...... / 25

TOTAL 5 (bonnes réponses) : ...... / 25

TOTAL 6 (bonnes réponses) : ...... / 25

Résultat :

TOTAL 1 (bonnes réponses) : ...... / 25	TOTAL 4 (bonnes réponses) : ...... / 25	
TOTAL 2 (bonnes réponses) : ...... / 25	TOTAL 5 (bonnes réponses) : ...... / 25	TOTAL GÉNÉRAL (bonnes réponses) :
TOTAL 3 (bonnes réponses) : ...... / 25	TOTAL 6 (bonnes réponses) : ...... / 25	...... / 150

GRILLE DE RÉPONSES - QUESTIONS D'ACTUALITÉS
10- ANNÉE 2010

Pour chaque réponse juste, cochez la case.

☐ 10-1- a) Deepwater Horizon

☐ 10-2- b) Le Rallye Dakar

☐ 10-3- a) Georges Charpak

☐ 10-4- c) En Haïti

☐ 10-5- b) Hô Chi Minh

☐ 10-6- a) Tintin au Congo

☐ 10-7- a) L'éruption d'un volcan

☐ 10-8- d) Frédéric Chopin

☐ 10-9- a) En Suède

☐ 10-10- b) En Argentine

☐ 10-11- c) En Équateur

☐ 10-12- d) Philippe Séguin

☐ 10-13- c) L'iPad

☐ 10-14- b) Benoît XVI

☐ 10-15- a) En Afrique du Sud

☐ 10-16- c) Au Roi Albert II

☐ 10-17- a) Alberto Contador

☐ 10-18- d) Le cinquantenaire

☐ 10-19- c) Au Chili

☐ 10-20- d) Un prophète

☐ 10-21- b) À Vancouver

☐ 10-22- b) Liu Xiaobo

☐ 10-23- d) Le Monument de la Renaissance africaine

☐ 10-24- c) Thaïlande

☐ 10-25- d) Le match Isner – Mahut

☐ 10-26- b) À Shanghai

☐ 10-27- c) Les Saints de la Nouvelle-Orléans

☐ 10-28- c) Dominique de Villepin

☐ 10-29- b) Hubble

☐ 10-30- b) La France

☐ 10-31- a) Barack Obama

☐ 10-32- b) La tempête Xynthia

☐ 10-33- b) J. D. Salinger

☐ 10-34- c) Régionales

☐ 10-35- b) Alice au pays des merveilles

☐ 10-36- c) Lech Kaczyński

☐ 10-37- b) Evo Morales

☐ 10-38- a) David Cameron

☐ 10-39- a) Robin des Bois

☐ 10-40- d) Jean Ferrat

TOTAL 1 (bonnes réponses) : ...... / **20**

TOTAL 2 (bonnes réponses) : ...... / **20**

Résultat :

TOTAL GÉNÉRAL (bonnes réponses) :

...... / **40**

GRILLE DE RÉPONSES - QUESTIONS D'ACTUALITÉS
11- ANNÉE 2011

Pour chaque réponse juste, cochez la case.

☐ 11-1- b) Charia Hebdo

☐ 11-2- d) La guerre d'Irak

☐ 11-3- c) Elizabeth Taylor

☐ 11-4- b) La télévision numérique terrestre

☐ 11-5- d) L'Estonie

☐ 11-6- d) En Corée du Nord

☐ 11-7- b) Moncef Marzouki

☐ 11-8- c) Le Mediator

☐ 11-9- a) À Auckland

☐ 11-10- d) Du prince William et de Catherine Middleton

☐ 11-11- c) Joseph Blatter

☐ 11-12- b) Steve Jobs

☐ 11-13- d) Le cinquantième

☐ 11-14- a) Dominique Strauss-Kahn

☐ 11-15- c) La république du Soudan du Sud

☐ 11-16- a) La LGV Rhin-Rhône

☐ 11-17- b) À 27 ans

☐ 11-18- b) Le lieutenant Columbo

☐ 11-19- a) Jean-Marie Messier

☐ 11-20- c) L'ETA

☐ 11-21- c) Le détroit d'Ormuz

☐ 11-22- d) Laurent Gbagbo

☐ 11-23- b) Annie Girardot

☐ 11-24- b) Tomas Tranströmer

☐ 11-25- b) À Davos

☐ 11-26- a) Les Philippines

☐ 11-27- a) Ban Ki-moon

☐ 11-28- a) Mayotte

☐ 11-29- b) La langue amazighe

☐ 11-30- a) Aimé Césaire

☐ 11-31- b) 1981

☐ 11-32- b) L'accident nucléaire de Fukushima

☐ 11-33- d) Les championnats du monde de ski alpin

☐ 11-34- d) Le Portrait de Paul Éluard

☐ 11-35- a) À Dakar

☐ 11-36- c) The Daily

☐ 11-37- c) Le mouvement des Indignés

☐ 11-38- c) Mouammar Kadhafi

☐ 11-39- b) Hosni Moubarak

☐ 11-40- c) Messenger

TOTAL 1 (bonnes réponses) : ...... / 20

TOTAL 2 (bonnes réponses) : ...... / 20

Résultat :

TOTAL GÉNÉRAL (bonnes réponses) :

...... / 40

GRILLE DE RÉPONSES - QUESTIONS D'ACTUALITÉS
12- ANNÉE 2012

Pour chaque réponse juste, cochez la case.

- ☐ 12-1- b) La Suède
- ☐ 12-2- d) Le boson de Higgs
- ☐ 12-3- b) Luka Rocco Magnotta
- ☐ 12-4- c) Jean-Jacques Rousseau
- ☐ 12-5- c) Son jubilé de diamant
- ☐ 12-6- a) Gangnam Style
- ☐ 12-7- a) François Hollande
- ☐ 12-8- c) Xi Jinping
- ☐ 12-9- c) Le Costa Concordia
- ☐ 12-10- b) À Lens
- ☐ 12-11- c) Rio+20
- ☐ 12-12- c) Akihiko Hoshide
- ☐ 12-13- b) Mohamed Morsi
- ☐ 12-14- d) À Londres
- ☐ 12-15- c) Pauline Marois
- ☐ 12-16- d) La guerre du Mali
- ☐ 12-17- d) Mario Monti
- ☐ 12-18- c) Bradley Wiggins
- ☐ 12-19- b) Le Cri
- ☐ 12-20- b) Les Bêtes du Sud sauvage

- ☐ 12-21- c) Curiosity
- ☐ 12-22- b) La Cité du cinéma
- ☐ 12-23- b) À l'Union européenne
- ☐ 12-24- c) Stéphan Rizon
- ☐ 12-25- c) À Marseille
- ☐ 12-26- a) Charles Taylor
- ☐ 12-27- a) Dans le calendrier maya
- ☐ 12-28- d) Le printemps érable
- ☐ 12-29- a) Vladimir Poutine
- ☐ 12-30- c) Macky Sall
- ☐ 12-31- c) Barack Obama
- ☐ 12-32- b) Felix Baumgartner
- ☐ 12-33- c) Michael Bloomberg
- ☐ 12-34- b) Skyfall
- ☐ 12-35- b) Jean Dujardin
- ☐ 12-36- b) Malala Yousafzai
- ☐ 12-37- c) Freedom Tower
- ☐ 12-38- c) De Liège
- ☐ 12-39- c) Apple
- ☐ 12-40- b) Joachim Gauck

TOTAL 1 (bonnes réponses) : ...... / **20**

TOTAL 2 (bonnes réponses) : ...... / **20**

Résultat :

TOTAL GÉNÉRAL (bonnes réponses) :

...... / **40**

GRILLE DE RÉPONSES - QUESTIONS D'ACTUALITÉS
13- ANNÉE 2013

Pour chaque réponse juste, cochez la case.

☐ 13-1- d) Le Marmaray

☐ 13-2- c) Albert II

☐ 13-3- b) Saint-Jacques-de-Compostelle

☐ 13-4- b) Un cœur

☐ 13-5- c) Nelson Mandela

☐ 13-6- a) George Alexander Louis

☐ 13-7- a) Astérix chez les Pictes

☐ 13-8- a) La nouvelle route de la soie

☐ 13-9- b) Maître Gims

☐ 13-10- c) L'opération Serval

☐ 13-11- b) Emily Ratajkowski

☐ 13-12- a) Chang'e 3

☐ 13-13- c) En Syrie

☐ 13-14- b) Lance Armstrong

☐ 13-15- b) Pierre Mauroy

☐ 13-16- a) Tokyo

☐ 13-17- a) Lou Reed

☐ 13-18- a) Oscar Pistorius

☐ 13-19- b) À Nice

☐ 13-20- a) Alain Mimoun

☐ 13-21- c) Florence Cassez

☐ 13-22- a) En Grèce

☐ 13-23- c) La République Islamique d'Iran

☐ 13-24- c) Benoît XVI

☐ 13-25- d) Chokri Belaïd

☐ 13-26- b) Michel Djotodia

☐ 13-27- a) Jorge Mario Bergoglio

☐ 13-28- c) Tout le monde veut prendre sa place

☐ 13-29- b) Hugo Chávez

☐ 13-30- d) Le traité de l'Élysée

☐ 13-31- c) Steven Spielberg

☐ 13-32- b) Stéphane Hessel

☐ 13-33- c) La loi autorisant le mariage entre personnes de même sexe

☐ 13-34- a) La Croatie

☐ 13-35- b) Rana Plaza

☐ 13-36- b) Michel Denisot

☐ 13-37- c) À Lampedusa

☐ 13-38- d) Boston

☐ 13-39- a) Edward Snowden

☐ 13-40- c) Son fils qui devient le roi Willem-Alexander

TOTAL 1 (bonnes réponses) : ...... / **20**

TOTAL 2 (bonnes réponses) : ...... / **20**

Résultat :

TOTAL GÉNÉRAL (bonnes réponses) :

...... / **40**

GRILLE DE RÉPONSES - QUESTIONS D'ACTUALITÉS
14- ANNÉE 2014

Pour chaque réponse juste, cochez la case.

☐ 14-1- b) L'Écosse

☐ 14-2- b) Le lats

☐ 14-3- a) Ariel Sharon

☐ 14-4- c) Un Boeing 777

☐ 14-5- c) Pas pleurer

☐ 14-6- c) Mykola Azarov

☐ 14-7- a) Les États-Unis et Cuba

☐ 14-8- b) Jean Tirole

☐ 14-9- a) SEPA

☐ 14-10- d) Matteo Renzi

☐ 14-11- c) Julie Gayet

☐ 14-12- b) Eusébio

☐ 14-13- a) Rock or Bust

☐ 14-14- b) À Sotchi

☐ 14-15- a) Alain Resnais

☐ 14-16- d) Taylor Swift

☐ 14-17- b) Recep Tayyip Erdoğan

☐ 14-18- d) Pékin en Chine

☐ 14-19- d) Robin Williams

☐ 14-20- b) Conchita Wurst

☐ 14-21- c) Silicon Valley

☐ 14-22- a) Manitas de Plata

☐ 14-23- c) Mojang Studios

☐ 14-24- c) Manuel Valls

☐ 14-25- a) Édouard Roger-Vasselin et Julien Benneteau

☐ 14-26- d) Patrick Modiano

☐ 14-27- c) Juan Carlos Varela

☐ 14-28- b) Jacques Chancel

☐ 14-29- a) Sébastopol

☐ 14-30- c) Les Vieilles Canailles

☐ 14-31- b) Felipe VI d'Espagne

☐ 14-32- b) Je vole

☐ 14-33- a) Sur ma route

☐ 14-34- b) Fouad Massoum

☐ 14-35- d) Uptown Funk

☐ 14-36- c) À Ferguson

☐ 14-37- c) En Thaïlande

☐ 14-38- d) Le Front national

☐ 14-39- b) Kendji

☐ 14-40- d) L'Allemagne

TOTAL 1 (bonnes réponses) : ...... / **20**

TOTAL 2 (bonnes réponses) : ...... / **20**

Résultat :

TOTAL GÉNÉRAL (bonnes réponses) :

...... / **40**

GRILLE DE RÉPONSES - QUESTIONS D'ACTUALITÉS
15- ANNÉE 2015

Pour chaque réponse juste, cochez la case.

☐ 15-1- c) L'affaire Volkswagen

☐ 15-2- d) Framboisier

☐ 15-3- b) Hello

☐ 15-4- b) La Lituanie

☐ 15-5- a) Au Brésil

☐ 15-6- c) La Nouvelle-Zélande

☐ 15-7- b) Sylvie Joly

☐ 15-8- c) Chérif et Saïd Kouachi

☐ 15-9- d) Myriam El Khomri

☐ 15-10- c) Motus

☐ 15-11- b) Marvin Gaye

☐ 15-12- b) Bordeaux-Lac

☐ 15-13- d) En Arabie saoudite

☐ 15-14- d) M. Spock

☐ 15-15- c) Les détecteurs de fumée

☐ 15-16- d) Paul Gauguin

☐ 15-17- a) Murder

☐ 15-18- c) Dheepan

☐ 15-19- b) Camille Muffat

☐ 15-20- d) Malika Ménard

☐ 15-21- c) Mauricio Macri

☐ 15-22- d) En Sierra Leone

☐ 15-23- a) Pierre Niney

☐ 15-24- c) Chili

☐ 15-25- c) Retour vers le futur 2

☐ 15-26- c) Earned It

☐ 15-27- c) Suicide du copilote

☐ 15-28- b) Roger Hanin

☐ 15-29- b) Frei Otto

☐ 15-30- b) Dimanche rouge

☐ 15-31- a) La Philharmonie de Paris

☐ 15-32- c) Alphabet

☐ 15-33- b) COP 21

☐ 15-34- c) Star Wars, épisode VII : Le Réveil de la Force

☐ 15-35- c) Mylène Farmer

☐ 15-36- a) A

☐ 15-37- b) Mercure

☐ 15-38- c) Floyd Mayweather Jr.

☐ 15-39- a) À Bakou

☐ 15-40- b) Milan

TOTAL 1 (bonnes réponses) : ...... / **20**

TOTAL 2 (bonnes réponses) : ...... / **20**

Résultat :

TOTAL GÉNÉRAL (bonnes réponses) :

...... / **40**

GRILLE DE RÉPONSES - QUESTIONS D'ACTUALITÉS
16- ANNÉE 2016

Pour chaque réponse juste, cochez la case.

☐ 16-1- c) Paolo Gentiloni

☐ 16-2- c) Bob Dylan

☐ 16-3- b) Michel Delpech

☐ 16-4- c) Marcelo Rebelo de Sousa

☐ 16-5- c) Alain Decaux

☐ 16-6- a) La bataille d'Alep

☐ 16-7- c) Michel Galabru

☐ 16-8- d) Gianni Infantino

☐ 16-9- b) Blackstar

☐ 16-10- a) Bernard Cazeneuve

☐ 16-11- b) Nuit debout

☐ 16-12- b) À 57 ans

☐ 16-13- a) Amir

☐ 16-14- b) Radovan Karadžić

☐ 16-15- a) Cassius Marcellus Clay, Jr.

☐ 16-16- c) Rama IX

☐ 16-17- c) Cette année-là

☐ 16-18- b) De 1988 à 1991

☐ 16-19- b) Stranger Things

☐ 16-20- a) Les Panama Papers

☐ 16-21- a) Laurent Fabius

☐ 16-22- b) « Monsieur Cinéma »

☐ 16-23- a) Mère Teresa

☐ 16-24- a) Alex Lutz

☐ 16-25- b) Can't Stop the Feeling!

☐ 16-26- c) La grande braderie

☐ 16-27- c) Sadiq Khan

☐ 16-28- a) En marche

☐ 16-29- a) Michèle Morgan

☐ 16-30- c) Jean-Pierre Foucault

☐ 16-31- b) LCI

☐ 16-32- d) Au Brésil

☐ 16-33- b) Les FARC

☐ 16-34- c) Toujours debout

☐ 16-35- c) Le 14 juillet 2016

☐ 16-36- d) Mike Pence

☐ 16-37- b) 1959

☐ 16-38- b) Ali Bongo

☐ 16-39- a) Le Royaume-Uni

☐ 16-40- c) Florence Foresti

TOTAL 1 (bonnes réponses) : ...... / **20**

TOTAL 2 (bonnes réponses) : ...... / **20**

Résultat :

TOTAL GÉNÉRAL (bonnes réponses) :

...... / **40**

GRILLE DE RÉPONSES - QUESTIONS D'ACTUALITÉS
17- ANNÉE 2017

Pour chaque réponse juste, cochez la case.

- ☐ 17-1- b) Pierre de Villiers
- ☐ 17-2- d) Stéphane Peterhansel
- ☐ 17-3- a) La rafle du Vélodrome d'Hiver
- ☐ 17-4- b) Salvador Dalí
- ☐ 17-5- c) Neymar
- ☐ 17-6- c) Arthur
- ☐ 17-7- c) François Chérèque
- ☐ 17-8- b) António Guterres
- ☐ 17-9- b) Yannick Alléno
- ☐ 17-10- d) En Malaisie
- ☐ 17-11- c) Iris Mittenaere
- ☐ 17-12- a) Donald Trump
- ☐ 17-13- b) Indienne
- ☐ 17-14- a) Au Carrousel du Louvre
- ☐ 17-15- c) Trois
- ☐ 17-16- b) Harvey Weinstein
- ☐ 17-17- c) Gentleman 2.0
- ☐ 17-18- b) Carles Puigdemont
- ☐ 17-19- a) Banksy
- ☐ 17-20- d) Sophia

- ☐ 17-21- c) Nekfeu
- ☐ 17-22- d) François de Rugy
- ☐ 17-23- a) Bon Appétit
- ☐ 17-24- b) Salvator Mundi
- ☐ 17-25- a) O-Zone
- ☐ 17-26- b) OpenSea
- ☐ 17-27- b) Roger Moore
- ☐ 17-28- d) The Handmaid's Tale : La Servante écarlate
- ☐ 17-29- c) Helmut Kohl
- ☐ 17-30- d) 101 ans
- ☐ 17-31- a) Elle a été la première femme à avoir accédé à la fonction de chef de gouvernement en France
- ☐ 17-32- b) Un organisateur de mariage
- ☐ 17-33- c) Ofenbach
- ☐ 17-34- c) R2-D2
- ☐ 17-35- b) Le Canard enchaîné
- ☐ 17-36- c) Jeanne Moreau
- ☐ 17-37- b) Chuck Berry
- ☐ 17-38- c) Despacito
- ☐ 17-39- a) Vincent Cassel
- ☐ 17-40- b) Johnny Hallyday

TOTAL 1 (bonnes réponses) : ...... / 20

TOTAL 2 (bonnes réponses) : ...... / 20

Résultat :

TOTAL GÉNÉRAL (bonnes réponses) :

...... / 40

GRILLE DE RÉPONSES - QUESTIONS D'ACTUALITÉS
18- ANNÉE 2018

Pour chaque réponse juste, cochez la case.

☐ 18-1- a) Nicolas Hulot

☐ 18-2- b) Gênes

☐ 18-3- a) Miloš Forman

☐ 18-4- b) MT Sanchi

☐ 18-5- a) Francis Joyon

☐ 18-6- b) Joaquín Guzmán

☐ 18-7- b) Le Venezuela

☐ 18-8- c) George Weah

☐ 18-9- b) ACEUM

☐ 18-10- a) Amigo

☐ 18-11- b) Apple

☐ 18-12- b) Frédéric Beigbeder

☐ 18-13- a) Poupée de cire, poupée de son

☐ 18-14- c) Gérard Mourou

☐ 18-15- a) Notre-Dame-des-Landes

☐ 18-16- d) Patrick Grainville

☐ 18-17- b) En Thaïlande

☐ 18-18- c) Pierre Bellemare

☐ 18-19- d) L'Arc de triomphe de l'Étoile

☐ 18-20- d) Manuel Valls

☐ 18-21- c) SpaceX

☐ 18-22- b) George H. W. Bush

☐ 18-23- d) Dadju

☐ 18-24- d) Salomé Zourabichvili

☐ 18-25- b) En Allemagne

☐ 18-26- b) En Russie

☐ 18-27- c) De sclérose latérale amyotrophique

☐ 18-28- b) « The Queen Of Soul »

☐ 18-29- b) À Pyeongchang

☐ 18-30- b) Épiphane

☐ 18-31- a) Hoshi

☐ 18-32- b) 120 battements par minute

☐ 18-33- d) Balkrishna Vithaldas Doshi

☐ 18-34- d) Vaimalama Chaves

☐ 18-35- b) Djadja

☐ 18-36- a) Lady Gaga

☐ 18-37- c) ETA

☐ 18-38- b) Emmanuel Macron

☐ 18-39- b) Mon pays c'est l'amour

☐ 18-40- c) À la chapelle Saint-Georges à Windsor

TOTAL 1 (bonnes réponses) : ...... / **20**

TOTAL 2 (bonnes réponses) : ...... / **20**

Résultat :

TOTAL GÉNÉRAL (bonnes réponses) :

...... / **40**

GRILLE DE RÉPONSES - QUESTIONS D'ACTUALITÉS
19- ANNÉE 2019

Pour chaque réponse juste, cochez la case.

☐ 19-1- a) Parasite

☐ 19-2- d) Rembrandt

☐ 19-3- b) « César des lycéens »

☐ 19-4- b) La canicule

☐ 19-5- c) Au Venezuela

☐ 19-6- b) Emiliano Sala

☐ 19-7- a) Autrichienne

☐ 19-8- c) Rue de Trévise

☐ 19-9- b) Avril

☐ 19-10- b) Blade Runner

☐ 19-11- c) Franky Zapata

☐ 19-12- d) Le shutdown

☐ 19-13- b) Jusqu'à la garde

☐ 19-14- c) Abdullah Shah

☐ 19-15- a) Au Grand Palais

☐ 19-16- b) Michel Legrand

☐ 19-17- c) Sanna Marin

☐ 19-18- c) Esther Duflo

☐ 19-19- b) La United States Space Force

☐ 19-20- c) Marc Márquez

☐ 19-21- a) Lee Iacocca

☐ 19-22- b) En Belgique

☐ 19-23- c) Angèle

☐ 19-24- b) La chute du mur de Berlin

☐ 19-25- b) Sérotonine

☐ 19-26- a) Force de Sibérie

☐ 19-27- c) Michaël Youn

☐ 19-28- c) Au Mali

☐ 19-29- b) Jésus-Christ

☐ 19-30- d) Au Japon

☐ 19-31- d) Akihito

☐ 19-32- d) Jacques Chirac

☐ 19-33- b) La Coupe du monde féminine de football

☐ 19-34- a) Avengers: Endgame

☐ 19-35- d) En Tunisie

☐ 19-36- c) Hubble

☐ 19-37- c) Ursula von der Leyen

☐ 19-38- c) « How dare you? »

☐ 19-39- b) Jean-Pierre Mocky

☐ 19-40- a) À Theresa May

TOTAL 1 (bonnes réponses) : ...... / 20

TOTAL 2 (bonnes réponses) : ...... / 20

Résultat :

TOTAL GÉNÉRAL (bonnes réponses) :

...... / 40

GRILLE DE RÉPONSES - QUESTIONS D'ACTUALITÉS
20- ANNÉE 2020

Pour chaque réponse juste, cochez la case.

☐ 20-1- a) El Pibe de Oro

☐ 20-2- c) Lady Gaga

☐ 20-3- c) Mikhaïl Michoustine

☐ 20-4- b) Le Jeu de la dame

☐ 20-5- a) Lee Kun-hee

☐ 20-6- b) Vincent van Gogh

☐ 20-7- a) Sean Connery

☐ 20-8- b) Le 17 mars 2020

☐ 20-9- c) BTS

☐ 20-10- c) Le 20 septembre

☐ 20-11- d) Eurovision: Europe Shine a Light

☐ 20-12- a) Grand Corps Malade

☐ 20-13- b) George Floyd

☐ 20-14- a) Zola

☐ 20-15- c) Mary Higgins Clark

☐ 20-16- b) Ekateríni Sakellaropoúlou

☐ 20-17- b) Joaquin Phoenix

☐ 20-18- b) 1974

☐ 20-19- c) Jean Castex

☐ 20-20- a) Armand Duplantis

☐ 20-21- b) La Chronique des Bridgerton

☐ 20-22- a) Xu Zhangrun

☐ 20-23- b) Le Bayern Munich

☐ 20-24- b) Christophe

☐ 20-25- a) Christophe Dominici

☐ 20-26- c) En Chine

☐ 20-27- a) Ma médecine naturelle

☐ 20-28- c) Crew Dragon

☐ 20-29- c) Le César d'honneur

☐ 20-30- b) Maurizio Serra

☐ 20-31- a) Kobe Bryant

☐ 20-32- b) L'eco

☐ 20-33- d) Nicolas Bedos

☐ 20-34- b) Claire Bretécher

☐ 20-35- c) Micheál Martin

☐ 20-36- b) Changes

☐ 20-37- b) En Arabie saoudite

☐ 20-38- b) The sad young girl

☐ 20-39- d) Enable

☐ 20-40- c) Jean Echenoz

TOTAL 1 (bonnes réponses) : ...... / 20

TOTAL 2 (bonnes réponses) : ...... / 20

Résultat :

TOTAL GÉNÉRAL (bonnes réponses) :

...... / 40

GRILLE DE RÉPONSES - QUESTIONS D'ACTUALITÉS
21- ANNÉE 2021

Pour chaque réponse juste, cochez la case.

- ☐ 21-1- d) Patrick Dupond
- ☐ 21-2- b) Charlie Watts
- ☐ 21-3- c) Le Capitole
- ☐ 21-4- c) Idriss Déby
- ☐ 21-5- a) Stellantis
- ☐ 21-6- d) 99 ans
- ☐ 21-7- c) Jean-Pierre Bacri
- ☐ 21-8- b) Luther
- ☐ 21-9- b) L'émirat islamique d'Afghanistan
- ☐ 21-10- a) Desmond Tutu
- ☐ 21-11- b) Nomadland
- ☐ 21-12- a) Perseverance
- ☐ 21-13- a) Suisse
- ☐ 21-14- b) Madres paralelas
- ☐ 21-15- c) 1979
- ☐ 21-16- d) Pierre Niney
- ☐ 21-17- b) Génération identitaire
- ☐ 21-18- c) Pomme
- ☐ 21-19- d) En Birmanie
- ☐ 21-20- b) Esteban Ocon

- ☐ 21-21- a) L'opération Apagan
- ☐ 21-22- c) L'Arabie saoudite
- ☐ 21-23- d) Jefe
- ☐ 21-24- b) Le César anniversaire
- ☐ 21-25- b) Lilibet
- ☐ 21-26- a) Reims Polar
- ☐ 21-27- c) À la Halle Tony-Garnier de Lyon
- ☐ 21-28- b) Peter Bosz
- ☐ 21-29- c) Hatik
- ☐ 21-30- b) Le prix du jury de la Berlinale
- ☐ 21-31- b) Désigné coupable
- ☐ 21-32- a) Kamala Harris
- ☐ 21-33- d) Daft Punk
- ☐ 21-34- a) Napoléon Ier
- ☐ 21-35- c) La Plus Secrète Mémoire des hommes
- ☐ 21-36- a) Epsiloon
- ☐ 21-37- c) Tonton David
- ☐ 21-38- c) Bruno Le Maire
- ☐ 21-39- d) Lionel Messi
- ☐ 21-40- b) Le Classico organisé

TOTAL 1 (bonnes réponses) : ...... / **20**

TOTAL 2 (bonnes réponses) : ...... / **20**

Résultat :

TOTAL GÉNÉRAL (bonnes réponses) :

...... / **40**

GRILLE DE RÉPONSES - QUESTIONS D'ACTUALITÉS
22- ANNÉE 2022

Pour chaque réponse juste, cochez la case.

☐ 22-1- c) Amour

☐ 22-2- b) Multitude

☐ 22-3- c) À 96 ans

☐ 22-4- b) Clovis Cornillac

☐ 22-5- c) Grecque

☐ 22-6- a) Ambulance

☐ 22-7- a) Sergio Mattarella

☐ 22-8- a) Giuliano da Empoli

☐ 22-9- c) Volodymyr Zelensky

☐ 22-10- d) En attendant Bojangles

☐ 22-11- a) Madeleine Albright

☐ 22-12- b) À Pékin

☐ 22-13- b) Mohammed

☐ 22-14- b) Illusions perdues

☐ 22-15- b) Fresh La Peufra

☐ 22-16- d) Un rat

☐ 22-17- b) Aline

☐ 22-18- d) L'équipe de France

☐ 22-19- b) Thaddeus « Thunderbolt » Ross

☐ 22-20- b) Son quatorzième

☐ 22-21- a) Kylian Mbappé

☐ 22-22- a) À Gaspard Ulliel

☐ 22-23- d) Romane Dicko

☐ 22-24- b) Pierre Soulages

☐ 22-25- b) 1

☐ 22-26- c) Pendant 33 ans

☐ 22-27- d) Michel Bouquet

☐ 22-28- b) Soleil vert

☐ 22-29- c) Will Smith

☐ 22-30- b) Annie Ernaux

☐ 22-31- a) L'Institut national du service public (INSP)

☐ 22-32- b) Federico Martín Aramburú

☐ 22-33- d) Le 31 décembre

☐ 22-34- d) Gilles Bouleau et Léa Salamé

☐ 22-35- b) Biologiste virologue

☐ 22-36- c) 12

☐ 22-37- a) Remco Evenepoel

☐ 22-38- a) Yvan Colonna

☐ 22-39- b) Sidney Poitier

☐ 22-40- b) Charles Caudrelier

TOTAL 1 (bonnes réponses) : ...... / **20**

TOTAL 2 (bonnes réponses) : ...... / **20**

Résultat :

TOTAL GÉNÉRAL (bonnes réponses) :

...... / **40**

GRILLE DE RÉPONSES - QUESTIONS D'ACTUALITÉS
23- ANNÉE 2023

Pour chaque réponse juste, cochez la case.

- ☐ 23-1- a) Croatie
- ☐ 23-2- d) Luc Frieden
- ☐ 23-3- a) Jon Fosse
- ☐ 23-4- d) Paco Rabanne
- ☐ 23-5- b) Irlande
- ☐ 23-6- d) JUICE
- ☐ 23-7- b) Milan
- ☐ 23-8- a) Luis Rubiales
- ☐ 23-9- d) ChatGPT
- ☐ 23-10- d) Brésil
- ☐ 23-11- c) Now and Then
- ☐ 23-12- b) X
- ☐ 23-13- a) Miley Cyrus
- ☐ 23-14- b) Tears of the Kingdom
- ☐ 23-15- a) Bharat
- ☐ 23-16- a) Groupe Wagner
- ☐ 23-17- d) Wish : Asha et la Bonne Étoile
- ☐ 23-18- a) La Lune
- ☐ 23-19- b) Chandler
- ☐ 23-20- c) UBS

- ☐ 23-21- d) Carlos Alcaraz
- ☐ 23-22- b) Trio des Ardents
- ☐ 23-23- a) Falcon 6X
- ☐ 23-24- c) Charles III
- ☐ 23-25- d) Finlande
- ☐ 23-26- b) Dubaï
- ☐ 23-27- c) Pierre Palmade
- ☐ 23-28- b) Cartoonito
- ☐ 23-29- c) L'Iris blanc
- ☐ 23-30- d) Le Scrabble
- ☐ 23-31- a) Riad Sattouf
- ☐ 23-32- d) Sinéad O'Connor
- ☐ 23-33- d) Éric Dupond-Moretti
- ☐ 23-34- a) Iranienne
- ☐ 23-35- a) Loreen
- ☐ 23-36- c) Marrakech-Safi
- ☐ 23-37- a) Hubert Reeves
- ☐ 23-38- b) Marion Cotillard
- ☐ 23-39- c) L'Armada
- ☐ 23-40- c) Septembre

TOTAL 1 (bonnes réponses) : ...... / **20**

TOTAL 2 (bonnes réponses) : ...... / **20**

Résultat :

TOTAL GÉNÉRAL (bonnes réponses) :

...... / **40**

Recapitulatif des scores

Pour visualiser vos résultats, nous vous conseillons de reporter ci-dessous vos notes.
Ensuite, attribuez une couleur à chacun de vos résultats.
Veuillez utiliser le code couleur suivant, qui dépend du niveau d'acquisition, pour chaque compétence.

Pour les différents thèmes, notés sur 150.
Noir (méconnaissance du thème) :   Entre 0-30
Marron (connaissances faibles) :   Entre 30-60
Rouge (non maîtrisé) :   Entre 60-75
Orange (assez bien maîtrisé) :   Entre 75-90
Jaune (bien maîtrisé) :   Entre 90-105
Bleu (très bien maîtrisé) :   Entre 105-120
Vert (maîtrise excellente) :   Entre 120-150

Pour les questions d'actualités, notées sur 40.
Noir (méconnaissance du thème) :   Entre 0-8
Marron (connaissances faibles) :   Entre 8-16
Rouge (non maîtrisé) :   Entre 16-20
Orange (assez bien maîtrisé) :   Entre 20-24
Jaune (bien maîtrisé) :   Entre 24-28
Bleu (très bien maîtrisé) :   Entre 28-32
Vert (maîtrise excellente) :   Entre 32-40

Monde & Humanité

	note	couleur
A- Géographie	...... / 150	
B- Histoire	...... / 150	
C- Mythologie & Religion	...... / 150	
D- Philosophie	...... / 150	
E- Fêtes, Cultures & Traditions	...... / 150	

Monde des Affaires

F- Économie & Finance	...... / 150	
G- Entreprises & Gestion	...... / 150	
H- Droit & Politique	...... / 150	

Arts

I- Littérature	...... / 150	
J- Musique	...... / 150	
K- Cinéma & Théâtre	...... / 150	
L- Peinture, Photographie & Arts visuels	...... / 150	
M- Architecture & Design	...... / 150	

Sciences

N- Inventions & Découvertes	...... / 150	
O- Sciences de la Terre	...... / 150	
P- Physique & Chimie	...... / 150	
Q- Mathématiques	...... / 150	
R- Astronomie	...... / 150	
S- Médecine & Corps humain	...... / 150	
T- Faune	...... / 150	
U- Flore	...... / 150	
V- Informatique & Numérique	...... / 150	
W- Écologie & Environnement	...... / 150	

Divertissements

	note	couleur
X- Sports	...... / **150**	
Y- Loisirs & Jeux	...... / **150**	
Z- Télévision	...... / **150**	
AA- Célébrités	...... / **150**	
AB- Vie pratique	...... / **150**	
AC- Gastronomie	...... / **150**	
AD- Voyages & Lieux touristiques	...... / **150**	
AE- Mode, Joaillerie & Beauté	...... / **150**	

Langue française

AF- Vocabulaire	...... / **150**	
AG- Orthographe	...... / **150**	
AH- Grammaire	...... / **150**	
AI- Conjugaison	...... / **150**	
AJ- Expressions & Proverbes	...... / **150**	
AK- Mots d'origine étrangère	...... / **150**	

Actualités depuis 2010

10- Actualités de l'année 2010	...... / **40**	
11- Actualités de l'année 2011	...... / **40**	
12- Actualités de l'année 2012	...... / **40**	
13- Actualités de l'année 2013	...... / **40**	
14- Actualités de l'année 2014	...... / **40**	
15- Actualités de l'année 2015	...... / **40**	
16- Actualités de l'année 2016	...... / **40**	
17- Actualités de l'année 2017	...... / **40**	
18- Actualités de l'année 2018	...... / **40**	
19- Actualités de l'année 2019	...... / **40**	
20- Actualités de l'année 2020	...... / **40**	
21- Actualités de l'année 2021	...... / **40**	
22- Actualités de l'année 2022	...... / **40**	
23- Actualités de l'année 2023	...... / **40**	

Printed in France by Amazon
Brétigny-sur-Orge, FR

19342462R00288